令和3年版

図解
地方税

石橋 茂 編著

一般財団法人 大蔵財務協会

は じ め に

　地方公共団体は、福祉、教育、安全対策や道路、上下水道をはじめとした社会資本の整備など、地域住民の日常生活に密着した様々な行政サービスを提供しており、地方税は、これらの行政経費に充てるための財源として重要な役割を果たしています。

　ところで、一口に地方税といっても地方税には、現在、住民税、事業税、固定資産税など多くの税目が法定されており、その他に総務大臣の同意を得て課税する法定外税もあります。ところが、これらの税目は、正式な名称で呼ばれることは希れであり、一括りにされて地方税と呼称されています。

　しかしながら、地方税の間口は広く、その制度も度重なる税制改正により年々複雑化してきています。また、その課税の仕組みも、住民税や事業税のように国税である所得税や法人税を基礎に構築されているものもあれば、固定資産税のように市町村が固定資産を独自に評価して課税するものもあり、それは様々であり複雑で難解なものとなっています。

　そこで、平成16年10月に、地方税の各税目の基本的な仕組み、内容などを分かりやすく体系的にまとめた解説書を、大蔵財務協会の「図解シリーズ」の一環として初刊しました。

　その後、各年度の税制改正を織り込むなどして改訂を重ねてまいりましたが、この度、令和3年版の「図解地方税」を刊行することとしました。

　今回の改訂にあたっては、令和3年度税制改正において、現下の経済情勢等が踏まえられ、固定資産税の令和3年度の評価替えに当たり、現行の土地に係る負担調整措置等が継続された上で、令和3年度に限り負担調整措置等により課税標準額が増加する土地について前年度の課税標準額に据え置く特別な措置が講じられているほか、住宅及び土地の取得に係る不動産取得税の税率の特例措置の適用期限の延長、自動車税及び軽自動車税の環境性能割の税率区分等の見直し等が講じられていますので、これらの改正内容を織り込むこととしました。

　本書が、地方税に携われている税理士などの専門家はもとより、地方税の実務に携われている方々や一般の納税者の皆様のお役に立てれば幸甚です。

　終わりに、今回の改訂に際しまして、大蔵財務協会の編集局からいただきましたご厚情と多大なご協力に心から深謝します。

　令和3年6月

石　橋　　茂

―― 凡　　例 ――

本書の文中、文末引用の略称は、次のとおりです。

(1)　法令

地法………………………地方税法

地令………………………地方税法施行令

地規………………………地方税法施行規則

所法………………………所得税法

所令………………………所得税法施行令

所規………………………所得税法施行規則

法法………………………法人税法

法令………………………法人税法施行令

措法………………………租税特別措置法

措令………………………租税特別措置法施行令

措規………………………租税特別措置法施行規則

暫定措置法………………地方法人特別税等に関する暫定措置法

(2)　通知又は通達

取扱通知（県）…………地方税法の施行に関する取扱いについて（道府県税関係）

　　　　　　　　　　　（平成22年４月１日総税都第16号各都道府県知事宛総務大

　　　　　　　　　　　臣通知）

取扱通知（市）…………地方税法の施行に関する取扱いについて（市町村税関係）

　　　　　　　　　　　（平成22年４月１日総税市第16号各都道府県知事宛総務大

　　　　　　　　　　　臣通知）

〈例〉

地法23①四の二イ　地方税法第23条第１項第４号の２イ

㊟　本書は、令和３年４月１日現在の法令通知によっています。

〔目　　次〕

第1章　総　説

第1　地方団体と地方税 ……………………………………………………1

　1　地方団体の課税権 …………………………………………………1

　2　条例と地方税法の関係 ……………………………………………1

　3　地方税の賦課徴収に関する規定の形式 ………………………2

　4　地方税の税率 ………………………………………………………2

第2　現行の地方税 …………………………………………………………3

　1　地方税の体系 ………………………………………………………3

　2　地方税の概要 ………………………………………………………4

　　⑴　道府県税 …………………………………………………………4

　　⑵　市町村税 …………………………………………………………6

第2章　住民税

第1節　個人住民税 ………………………………………………………9

第1　納税義務者等 …………………………………………………………10

　1　住所を有する個人…………………………………………………10

　　⑴　住民基本台帳法の適用を受ける個人………………………11

　　⑵　外国人住民に対する個人住民税の取扱い…………………13

　2　住所を有しない個人………………………………………………14

　3　事務所、事業所又は家屋敷を有する個人……………………14

第2　非課税……………………………………………………………………16

第3　均等割……………………………………………………………………18

第4　所得割……………………………………………………………………19

　1　所得割の税額の算定方法…………………………………………19

　2　所得割の課税標準…………………………………………………20

　3　課税標準の算定……………………………………………………21

(1) 総所得金額等の計算の概要····················21

(2) 各種所得の金額の計算····················22

(3) 青色事業専従者給与····················22

(4) 事業専従者控除····················24

(5) 非居住者期間を有する者に係る所得の算定····················25

(6) 損益通算····················26

(7) 損失の繰越控除····················27

(8) 居住用財産の譲渡損失の損益通算及び繰越控除の特例····················31

4 所得控除····················40

(1) 所得控除の種類····················41

(2) 所得税の所得控除との比較····················41

(3) 各種所得控除の内容····················42

(4) 所得控除の順序····················54

5 税率····················55

6 税額計算····················56

7 税額控除····················58

(1) 調整控除（所得税と個人住民税の人的控除額の差に基づく負担増の調整措置）····················58

(2) 配当控除····················61

(3) 住宅借入金等特別税額控除（住宅ローン控除）····················63

(4) 寄附金税額控除····················65

(5) 外国税額控除····················75

第5 個人住民税における課税の特例····················78

1 肉用牛の売却による農業所得の課税の特例····················78

2 上場株式等に係る配当所得等に係る課税の特例····················79

3 長期譲渡所得に係る課税の特例····················81

4 優良住宅地の造成等のために土地等を譲渡した場合の長期譲渡所得に係る課税の特例····················83

5 居住用財産を譲渡した場合の長期譲渡所得に係る課税の特例····················87

6 短期譲渡所得に係る課税の特例····················88

7 株式等に係る譲渡所得等に係る課税の特例····················90

8 先物取引に係る雑所得等に係る課税の特例····················98

第6　退職所得に係る課税の特例 ··100

第7　道府県民税利子割 ···105

第8　道府県民税配当割 ···108

第9　道府県民税株式等譲渡所得割 ····································114

第10　個人住民税の申告 ··118

　1　住所を有する者の申告 ···119

　　(1)　申告を要する者 ··119

　　(2)　申告が免除される者 ··119

　　(3)　所得税の確定申告書を提出した者 ························121

　2　住所を有しない者で事務所等のみを有するものの申告 ·······122

　3　寄附金税額控除申告書の提出 ····································123

　4　扶養親族申告書の提出 ···123

　5　国外扶養親族を有する者が扶養控除等及び非課税限度額制度の適用を受

　　ける場合の書類の添付等 ··124

　6　給与支払報告書及び公的年金等支払報告書の提出 ········126

第11　賦課及び徴収 ···128

　1　賦課期日 ··128

　2　個人住民税の賦課の方法 ··129

　3　徴収の方法 ···130

　　(1)　普通徴収 ···130

　　(2)　特別徴収 ···132

第2節　法人住民税 ···141

第1　納税義務者等 ···141

　1　納税義務者 ···141

　　(1)　道府県民税 ··141

　　(2)　市町村民税 ··142

　　(3)　都民税 ···142

　2　公益法人等及び人格のない社団等に対する課税の取扱い ·······144

　3　外国法人に対する課税の取扱い ··································145

　4　法人課税信託の受託者に係る課税の取扱い ···················146

第2　課税団体 ···148

— 3 —

第3　非課税 ……………………………………………………………150

第4　均等割 ……………………………………………………………152

　1　均等割の税率 ……………………………………………………152

　2　資本金等の額とは ………………………………………………155

　3　税率適用区分の基準の特則 ……………………………………157

　4　均等割額の計算 …………………………………………………158

　5　従業者とは ………………………………………………………158

第5　法人税割 …………………………………………………………161

　1　課税標準となる法人税額 ………………………………………161

　　(1)　連結申告法人以外の法人 ……………………………………161

　　(2)　連結申告法人 …………………………………………………163

　　(3)　法人税割の課税標準の算定上控除されるもの ……………167

　2　法人税割の税率 …………………………………………………178

　3　税額控除 …………………………………………………………179

　　(1)　特定寄附金に係る法人税割額の控除（企業版ふるさと納税）…………180

　　(2)　控除対象所得税額等相当額又は個別控除対象所得税額等相当額の控除 …181

　　(3)　外国税額控除 …………………………………………………182

　　(4)　仮装経理に基づく過大申告の場合の更正に伴う法人税割額の控除 ………191

　　(5)　租税条約の実施に係る更正に伴う法人税割額の控除 ……………192

第6　申告納付 …………………………………………………………193

　1　中間申告 …………………………………………………………193

　2　確定申告 …………………………………………………………199

　　(1)　連結法人以外の法人 …………………………………………199

　　(2)　連結法人 ………………………………………………………200

　3　大法人の電子申告の義務化 ……………………………………203

　4　公共法人等に係る均等割の申告納付 …………………………204

　5　期限後申告 ………………………………………………………205

第7　分割法人に係る法人税割額の算定方法 ………………………206

　1　課税標準の分割の方法 …………………………………………206

　2　分割の基準となる従業者の数 …………………………………208

　3　分割基準となる従業者数の修正又は決定 ……………………208

　4　関係都道府県知事又は市町村長による従業者数の修正の請求 ……………209

第8　修正申告及び更正の請求 ……………………………………………210

　1　修正申告 …………………………………………………………………210

　2　更正の請求 ………………………………………………………………213

第9　更正又は決定 ……………………………………………………………215

第10　（参考）地方法人税の概要 …………………………………………219

第3節　森林環境税 ……………………………………………………222

第3章　事業税及び特別法人事業税

第1節　個人事業税 ……………………………………………………225

第1　課税客体 …………………………………………………………………225

　1　第1種事業 ………………………………………………………………225

　2　第2種事業 ………………………………………………………………227

　3　第3種事業 ………………………………………………………………229

第2　納税義務者 ………………………………………………………………232

第3　課税団体 …………………………………………………………………233

第4　課税標準及び課税標準の算定の方法 …………………………………234

　1　課税標準となる事業の所得 ……………………………………………234

　2　課税標準の算定の方法 …………………………………………………234

　3　個人事業税と青色申告特別控除との関係 ……………………………235

　4　所得税の所得の計算の例によらないもの ……………………………236

　　(1)　医業等を行う個人の社会保険診療報酬に係る所得の課税除外 ……236

　　(2)　外国所得税額の必要経費算入 ………………………………………236

　　(3)　青色事業専従者給与の取扱い ………………………………………237

　　(4)　事業専従者控除 ………………………………………………………239

　5　特別の計算をする事業の所得 …………………………………………241

　6　損益の合算又は通算 ……………………………………………………241

　7　損失の控除及び事業主控除 ……………………………………………242

　　(1)　青色申告書を提出している年分の損失の繰越控除 ………………242

　　(2)　白色申告書を提出している年分の被災事業用資産の損失の繰越控除 ……243

— 5 —

(3)	事業用資産の譲渡損失の控除	244
(4)	青色申告書を提出している年分の事業用資産の譲渡損失の繰越控除	244
(5)	事業主控除	245
(6)	各種控除の順序	245

第5　税率及び事業税額の計算 ……246

1　税率 ……246

2　税額計算 ……246

第6　賦課及び徴収 ……249

1　個人事業税の賦課の方法 ……249

2　徴収の方法 ……251

第7　個人事業税の申告 ……252

第2節　法人事業税 ……255

第1　課税客体及び納税義務者 ……256

1　課税客体 ……256

2　納税義務者等 ……256

第2　課税団体 ……259

1　内国法人に係る課税団体 ……259

2　外国法人に係る課税団体 ……261

3　組合及び有限責任事業組合に係る課税団体 ……265

第3　非課税 ……266

第4　事業年度及び課税標準 ……268

1　事業年度 ……268

2　課税標準 ……268

3　付加価値割の課税標準の算定方法 ……268

(1)	報酬給与額	269
(2)	純支払利子	277
(3)	純支払賃借料	282
(4)	単年度損益	286
(5)	外国において事業を行う特定内国法人の付加価値額の算定方法	288
(6)	雇用安定控除の特例	290
(7)	給与等の引上げ及び設備投資を行った場合の特例	292

(8) 給与等の支給額が増加した場合の特例 ……………………………294

4　資本割の課税標準の算定の方法 …………………………………296

(1) 資本金等の額 ………………………………………………………296

(2) 無償減資等又は無償増資等を行った場合の資本金等の額 ………296

(3) 資本金等の額が資本金の額及び資本準備金の額の合算額又は出資金の
額に満たない場合の課税標準の特則 ……………………………298

(4) 月割による資本金等の額が課税標準となる場合 ………………298

(5) 特定持株会社に係る特例 …………………………………………299

(6) 資本金等の額が1,000億円を超える法人に係る特例…………………302

(7) 外国において事業を行う特定内国法人の資本金等の額の算定方法 ………303

(8) 外国法人の資本金等の額の算定方法 ……………………………304

5　所得割の課税標準の算定方法 ……………………………………305

(1) 所得の算定の原則 …………………………………………………307

(2) 法人事業税における特別の定め …………………………………308

(3) 外国において事業を行う特定内国法人の所得の算定方法 ………316

6　収入割の課税標準の算定の方法 …………………………………318

(1) 電気供給業及びガス供給業 ………………………………………318

(2) 保険業 ………………………………………………………………321

(3) 外国において事業を行う特定内国法人の収入金額の算定方法 …………323

7　課税事業と非課税事業とを併せて行う法人等の課税標準額の算定方法 ……323

(1) 鉱物の掘採事業と鉱物の精錬事業とを一貫して行う法人の付加価値額
及び所得 ……………………………………………………………323

(2) 石灰石の採掘事業と加工（製造）事業とを一貫して行う法人の付加価
値額及び所得 ………………………………………………………324

(3) 課税事業と非課税事業とを併せて行う法人等の付加価値額及び所得 ……324

8　法人事業税の課税標準の特例 ……………………………………325

第5　法人事業税の標準税率 …………………………………………326

1　電気供給業、ガス供給業及び保険業以外の事業 ………………328

2　電気供給業（小売電気事業等及び発電事業等を除く。）、ガス供給業、保
険業及び貿易保険業 ………………………………………………331

3　電気供給業（小売電気事業等及び発電事業等に限る。） ………………331

第6　算出税額から控除される事業税額 ……………………………334

—7—

1	特定寄附金に係る事業税額の控除（企業版ふるさと納税）	334
2	仮装経理に基づく過大申告の場合の更正に伴う事業税額の控除	335
3	租税条約の実施に係る更正に伴う事業税額の控除	336

第7　申告納付 …………………………………………………………338

1	中間申告納付	339
2	確定申告納付	343
3	清算中の法人の申告納付	350
4	大法人の電子申告の義務化	351

第8　期限後申告及び修正申告納付 ………………………………353

第9　分割法人の事業税額の算定方法及び課税標準額の総額の更正等…356

1	分割法人の事業税額の算定方法	356
2	分割法人が前期の実績に基づいてする中間申告の納付税額の算定方法	357
3	法人事業税の分割基準	359
(1)	事業に係る分割基準	359
(2)	分割基準となる数値	360
(3)	分割基準の算定方法	361
(4)	分割基準を異にする事業を併せて行う場合の分割の方法	368
4	分割法人の課税標準額の総額の更正等	369

第10　外形課税対象法人に係る徴収猶予 ………………………371

第11　更正及び決定 …………………………………………………373

1	法人税の課税標準を基準とする所得割等の更正及び決定	373
2	都道府県知事の調査による所得割等の更正及び決定	374
3	都道府県知事の調査による付加価値割等の更正及び決定	374
4	不足税額及びその延滞金の徴収	375

第12　更正の請求 ……………………………………………………378

1	申告期限から5年以内にする更正の請求及び後発的な事由による更正の請求	378
2	法人事業税又は法人税について更正等を受けたことに伴う更正の請求	379
3	分割基準の誤りに伴う更正の請求	379
4	税務官署に対する更正又は決定の請求	380

第13　法人事業税の市町村に対する交付 ………………………381

第3節　特別法人事業税 …………………………………………………383

第4章　不動産取得税

第1　課税客体 ……………………………………………………………388

　1　課税対象となる不動産 ………………………………………………388

　2　不動産の取得 …………………………………………………………389

　　(1)　不動産の取得の意義 ……………………………………………389

　　(2)　不動産登記と不動産の取得 ……………………………………390

　　(3)　共有と不動産の取得 ……………………………………………391

　　(4)　意思表示の瑕疵と不動産の取得 ………………………………391

　　(5)　契約の解除と不動産の取得 ……………………………………393

　3　不動産の取得の時期 …………………………………………………394

第2　納税義務者 …………………………………………………………395

　1　不動産の取得者 ………………………………………………………395

　2　家屋が新築された場合の納税義務者 ………………………………395

　3　宅地建物取引業者等が請負契約に基づいて家屋を新築した場合の特例 ……397

　4　家屋の改築、増築及び移築が行われた場合の課税の取扱い ………399

　5　区分所有建物に係る課税の特例 ……………………………………401

　6　主体構造部と附帯設備の取得者が異なる場合の課税の特例 ………401

　7　土地区画整理事業等に係る土地の仮換地等に係る課税の特例 ………402

第3　非課税及び納税義務の免除 ………………………………………404

　1　非課税措置 ……………………………………………………………404

　　(1)　国等に対する非課税 ……………………………………………404

　　(2)　用途による非課税 ………………………………………………405

　　(3)　適用期限が定められている用途非課税等 ……………………408

　　(4)　外国の政府に対する非課税 ……………………………………409

　　(5)　公共用地の非課税 ………………………………………………409

　　(6)　取得の事情等を考慮した非課税 ………………………………409

　　(7)　形式的な所有権の移転等の場合の非課税 ……………………411

　2　納税義務の免除及び徴収猶予 ………………………………………414

3　生前一括贈与により農地等を取得した場合における不動産取得税の徴収猶予 ……416

第4　課税標準 ……418

1　不動産の価格の決定 ……418

(1)　固定資産課税台帳に固定資産の価格が登録されている不動産 ……418

(2)　固定資産課税台帳に固定資産の価格が登録されていない不動産 ……419

2　宅地評価土地に係る価格の特例措置 ……419

第5　課税標準の特例措置 ……420

1　新築住宅の取得に係る特例 ……420

(1)　共同住宅等以外の住宅を建築した場合又は新築建売住宅を購入した場合 ……420

(2)　共同住宅等を建築した場合又は新築建売共同住宅等を購入した場合 ……421

(3)　住宅建築後1年以内に当該住宅と一構となるべき住宅を新築し、又は増築した場合 ……423

2　個人の耐震基準適合既存住宅の取得に対する特例 ……424

3　公営住宅等の取得に係る特例 ……425

4　その他の課税標準の特例 ……425

第6　税率及び免税点 ……436

1　税率 ……436

2　免税点 ……436

第7　税額の減額措置 ……439

1　住宅用土地の取得に対する税額の減額 ……439

2　個人の取得した耐震基準不適合既存住宅を耐震改修した場合の税額の減額 ……445

3　不動産取得日から1年以内に被収用不動産等の代替不動産と認定された場合における税額の減額 ……446

4　心身障害者を多数雇用する事業所の事業主が助成金の支給を受けて取得する事業用施設に対する税額の減額 ……448

5　サービス付き高齢者向け住宅の敷地の用に供する土地に対する税額の減額 ……448

6　宅地建物取引業者が買取中古住宅を改修して個人に譲渡した場合の当該買取中古住宅に対する税額の減額 ……449

7　宅地建物取引業者が買取中古住宅を改修して個人に譲渡した場合の当該

買取中古住宅の敷地の用に供する土地の取得に対する税額の減額 ……………451

第5章　固定資産税

第1　課税客体 ……………………………………………………………454

　1　課税客体となる固定資産 ………………………………………………454

　2　課税客体となる土地 ……………………………………………………455

　　(1)　土地の意義 …………………………………………………………455

　　(2)　立木等及び埋立地等の取扱い ……………………………………456

　　(3)　地目の認定 …………………………………………………………456

　　(4)　地積の認定 …………………………………………………………457

　3　課税客体となる家屋 ……………………………………………………458

　　(1)　家屋の意義 …………………………………………………………458

　　(2)　家屋の認定 …………………………………………………………458

　　(3)　家屋であるか償却資産であるかの判定 …………………………459

　　(4)　建築設備の取扱い …………………………………………………460

　4　課税客体となる償却資産 ………………………………………………461

第2　納税義務者 …………………………………………………………462

　1　固定資産税の納税義務者 ………………………………………………462

　　(1)　登記簿に登記されている土地及び家屋に係る納税義務者 ……462

　　(2)　登記簿に登記されていない土地及び家屋に係る納税義務者 ……464

　　(3)　登記簿上の所有者が死亡している場合等の土地及び家屋に係る納税義

　　　　務者 ………………………………………………………………464

　　(4)　償却資産に係る納税義務者 ………………………………………464

　　(5)　賦課期日と納税義務者との関係 …………………………………465

　2　納税義務者とされる質権者又は地上権者 ……………………………465

　3　所有者とみなされて納税義務者となる者 ……………………………466

第3　課税団体 ……………………………………………………………469

第4　非課税制度 …………………………………………………………471

第5　課税標準 ……………………………………………………………477

　1　固定資産税の課税標準 …………………………………………………477

(1) 固定資産の価格の意義 …………………………………………477

(2) 課税標準の態様 …………………………………………………477

2 土地及び家屋の課税標準 ……………………………………………479

(1) 価格の据置制度 …………………………………………………479

(2) 据置年度における土地の価格修正制度 ……………………481

3 償却資産の課税標準 …………………………………………………482

第6 課税標準の特例 ………………………………………………………483

1 公益事業等に対する課税標準の特例 ……………………………483

2 住宅用地に対する課税標準の特例 ………………………………510

3 被災住宅用地に対する課税標準の特例 …………………………515

4 長期避難指示等に係る被災住宅用地に対する課税標準の特例等 …517

第7 固定資産の評価及び価格等の決定 ………………………………518

1 評価及び価格の決定の概要 ………………………………………518

2 固定資産評価員 ………………………………………………………519

3 固定資産の評価 ………………………………………………………519

(1) 固定資産の評価の原則 …………………………………………519

(2) 固定資産評価基準 ………………………………………………521

(3) 土地の評価の概要 ………………………………………………523

(4) 家屋の評価の概要 ………………………………………………530

4 価格等の決定と固定資産課税台帳への登録及び路線価の閲覧 …533

5 固定資産課税台帳と登録事項 ……………………………………534

6 土地価格等縦覧帳簿及び家屋価格等縦覧帳簿の縦覧 …………539

7 固定資産課税台帳の閲覧 …………………………………………540

8 固定資産課税台帳記載事項の証明 ………………………………542

9 審査の申出及び不服申立て ………………………………………544

(1) 固定資産の価格に係る不服審査 ……………………………544

(2) 賦課決定に係る不服申立て ……………………………………550

第8 税率及び免税点 ………………………………………………………552

1 税率 ……………………………………………………………………552

2 免税点 …………………………………………………………………552

第9 区分所有家屋及びその敷地（共用土地）に対する課税の特例 ……554

第10 新築住宅等に対する固定資産税の減額措置 ……………………558

1 新築住宅に対する固定資産税の減額 ……………………………………558

2 認定長期優良住宅に対する固定資産税の減額 ……………………………561

3 市街地再開発事業の施行に伴い与えられた家屋等に対する固定資産税の
減額 ……………………………………………………………………………561

4 サービス付き高齢者向け住宅に対する固定資産税の減額 …………………562

5 防災街区整備事業の施設建築物に対する固定資産税の減額 ………………563

6 高規格堤防の整備に伴う建替家屋に対する固定資産税の減額 ……………564

7 耐震改修された既存住宅に対する固定資産税の減額 ……………………566

8 バリアフリー改修が行われた住宅に対する固定資産税の減額 ……………567

9 省エネ改修を行った既存住宅に対する固定資産税の減額 ………………568

10 耐震改修された認定長期優良住宅に対する固定資産税の減額 ……………569

11 省エネ改修を行った認定長期優良住宅に対する固定資産税の減額 ………570

12 耐震改修が行われた要安全確認計画記載建築物等に対する固定資産税の
減額 ……………………………………………………………………………571

13 利便性等向上改修工事が行われた改修実演芸術公演施設に対する固定資
産税及び都市計画税の減額 ………………………………………………573

第11 宅地等に対する税負担の調整措置 …………………………………………575

1 商業地等 ………………………………………………………………………580

2 住宅用地 ………………………………………………………………………581

3 条例による固定資産税額の減額措置 ………………………………………582

第12 農地に対する固定資産税の課税…………………………………………584

1 農地に対する課税の概要 ……………………………………………………584

2 農地に対する税負担の調整措置 ……………………………………………587

3 宅地化農地に対する課税の特例 ……………………………………………589

第13 償却資産に対する固定資産税………………………………………………593

1 課税客体となる償却資産 ……………………………………………………593

(1) 課税客体となる償却資産の意義 …………………………………………593

(2) 事業の用に供することができる資産 ……………………………………593

(3) その資産の減価償却額又は減価償却費が損金又は必要な経費に算入さ
れる資産 ……………………………………………………………………595

(4) 法人税又は所得税を課されない者が所有する資産 ……………………597

(5) 課税客体とされない償却資産 ……………………………………………597

(6) 非課税とされる償却資産 ・・・・・・・・・・・・・・・・・・・・・・・・・598

2 納税義務者 ・・・598

(1) 償却資産に係る固定資産税の納税義務者 ・・・・・・・・・・・・・・598

(2) 納税義務者に対する特則 ・・・・・・・・・・・・・・・・・・・・・・・・・・・・598

3 課税団体 ・・・601

4 課税標準 ・・・602

(1) 償却資産の課税標準 ・・・・・・・・・・・・・・・・・・・・・・・・・・・・・・・602

(2) 総務大臣が指定する償却資産の課税標準 ・・・・・・・・・・・・・・603

(3) 大規模償却資産の課税標準等 ・・・・・・・・・・・・・・・・・・・・・・・・604

(4) 課税標準の特例 ・・・・・・・・・・・・・・・・・・・・・・・・・・・・・・・・・・・606

5 償却資産の評価 ・・・・・・・・・・・・・・・・・・・・・・・・・・・・・・・・・・・・・606

6 免税点及び申告 ・・・・・・・・・・・・・・・・・・・・・・・・・・・・・・・・・・・・・612

第14 賦課徴収 ・・615

1 賦課 ・・・615

(1) 賦課期日 ・・・615

(2) 賦課の期間制限 ・・・・・・・・・・・・・・・・・・・・・・・・・・・・・・・・・・・615

(3) 納期 ・・・615

2 徴収の方法 ・・・616

3 減免 ・・・617

第6章　その他の都道府県税

第1節　地方消費税 ・・・・・・・・・・・・・・・・・・・・・・・・・・・・・・・619

第2節　道府県たばこ税及び市町村たばこ税 ・・・・・・・・・・・622

第3節　ゴルフ場利用税 ・・・・・・・・・・・・・・・・・・・・・・・・・・・・・625

第4節　軽油引取税 ・・・・・・・・・・・・・・・・・・・・・・・・・・・・・・・・627

第1　軽油等の意義 ・・・・・・・・・・・・・・・・・・・・・・・・・・・・・・・・・・・・・627

1 軽油とは ……………………………………………………………627

2 炭化水素油とは ……………………………………………………628

3 混和 …………………………………………………………………628

第2 元売業者及び特約業者 …………………………………………629

第3 軽油の引取りに対する課税 ……………………………………636

1 軽油の引取りと軽油の現実の納入 ……………………………636

2 みなし引取り ………………………………………………………637

3 課税の対象とならない軽油の引取り …………………………638

4 軽油の流通過程における軽油引取税の課税関係 ……………639

5 引取課税における課税団体 ……………………………………645

6 引取課税に係る課税標準 ………………………………………648

7 税率 …………………………………………………………………648

8 引取課税に係る軽油引取税の徴収の方法 ……………………649

第4 軽油引取税のみなす課税 ………………………………………652

第5 引取り以外に対する課税 ………………………………………654

1 特別徴収義務者が燃料炭化水素油を販売した場合 …………654

2 石油製品販売業者が混和軽油又は燃料炭化水素油を販売した場合 ………656

3 自動車の保有者が炭化水素油を自動車の燃料として消費した場合 ………657

4 特別徴収義務の消滅した特別徴収義務者が軽油を所有している場合 ………657

第6 課税免除 …………………………………………………………658

1 輸出及び二重課税の回避のための課税免除 …………………658

2 用途による課税免除 ……………………………………………658

3 用途による課税免除の手続 ……………………………………661

第7 製造等の承認を受ける義務及び軽油引取税の補完的納税義務 ……665

1 製造等に係る承認 ………………………………………………665

2 軽油引取税の補完的納税義務 …………………………………665

第8 軽油の引取りに係る報告等 ……………………………………667

1 軽油の引取りに係る報告 ………………………………………667

2 帳簿記載義務及び事業の開廃等の届出 ………………………668

第9 軽油引取税の指定市に対する交付 ……………………………669

第5節　自動車税 ……670

第1　環境性能割 ……670
1　課税客体 ……670
2　納税義務者 ……672
3　課税団体 ……673
4　非課税 ……673
5　課税標準 ……676
6　税率及び免税点 ……679
7　徴収の方法 ……684
8　自動車税環境性能割の免除 ……685
9　自動車税環境性能割の市町村に対する交付 ……685

第2　種別割 ……687
1　課税の対象となる自動車 ……687
2　納税義務者 ……687
3　課税団体 ……688
4　非課税の範囲 ……688
5　税率 ……688
　(1)　標準税率 ……688
　(2)　積雪地域における税率の特例 ……692
　(3)　自動車税種別割のグリーン化 ……693
6　賦課期日及び納期 ……696
7　自動車税種別割における月割課税制度 ……696
8　徴収の方法 ……697
9　賦課徴収に関する申告又は報告の義務 ……698
10　継続検査と自動車税種別割の納付 ……698

第6節　鉱区税 ……700

第7節　狩猟税 ……701

第8節　水利地益税 ……703

－ 16 －

第7章　その他の市町村税

第1節　軽自動車税 ……705

第1　環境性能割 ……705
第2　種別割 ……708
1　課税客体 ……708
2　納税義務者 ……709
3　課税団体 ……710
4　非課税の範囲 ……710
5　標準税率 ……711
6　軽自動車税種別割のグリーン化 ……712
7　賦課及び徴収の方法 ……714
8　継続検査と軽自動車税種別割の納付 ……715

第2節　市町村たばこ税 ……717

第3節　鉱産税 ……718

第4節　入湯税 ……719

第5節　事業所税 ……720

第1　課税客体及び納税義務者 ……721
1　通常の場合 ……721
2　親族等特殊関係者が事業を行う場合の納税義務者の特則 ……721
第2　課税団体 ……723
第3　非課税の範囲 ……724
1　人的非課税 ……724
2　用途非課税 ……725
3　その他非課税 ……727
第4　課税標準 ……729

1	資産割の課税標準	729
2	従業者割の課税標準	730
3	課税標準算定上の特例	733
4	適用期限が定められていない課税標準の特例	734
5	適用期限が定められている課税標準の特例	736

第5　税率及び免税点 ……………………………………………738

1	税率	738
2	免税点	738

第6　申告納付 ……………………………………………743

第7　事業所税の使途 ……………………………………………744

第6節　都市計画税 ……745

1	課税客体等	745
(1)	課税区域	745
(2)	課税客体及び納税義務者	746
2	非課税の範囲	746
3	課税標準	746
4	税率	747
5	賦課期日及び納期	747
6	賦課徴収等	748
7	土地に対する負担調整措置	748

第7節　水利地益税、共同施設税及び宅地開発税 ……749

1	水利地益税	749
2	共同施設税	749
3	宅地開発税	750

第8節　国民健康保険税 ……751

1	課税団体	751
2	納税義務者	751
3	納税義務者に対する課税額	753
4	基礎課税額の算定	754

5　後期高齢者支援金等課税額の算定 ……………………………………760

6　介護納付金課税額の算定 ……………………………………………762

7　低所得者に対する減額 ………………………………………………765

8　賦課期日及び月割課税 ………………………………………………769

9　徴収の方法 ……………………………………………………………770

第8章　法定外税

第1　設定手続 ……………………………………………………………774

第2　総務大臣の同意 ……………………………………………………775

第3　法定外税の実施状況 ………………………………………………776

第9章　東日本大震災に係る地方税制上の措置

第1　東日本大震災（原子力発電所事故災害を除きます。）に対処

　　するための措置 ……………………………………………………779

第2　原子力発電所事故災害に対処するための措置 ………………789

第10章　新型コロナウイルス感染症緊急経済 対策における地方税制上の措置

索　　引 …………………………………………………………………803

第1章　総　説

第1　地方団体と地方税

1　地方団体の課税権

　都道府県、市町村又は特別区（以下「地方団体」と総称します。）は、地域住民のために、福祉、教育、衛生、警察、消防等の行政サービスや生活及び産業を支える基盤となる道路や上下水道等の社会資本の整備等、地域や住民の日常生活に密接に結びついた行政サービスを提供しています。そして、最近では、地方分権の推進に伴い地方団体の行う仕事の分野も一層広がっています。

　地方税は、地方団体が、このような行政に要する経費に充てる財源を調達するため、その地域住民等から徴収する税金であり、地方団体の財政収入の大宗をなしています。いわゆる三位一体改革の一環として、所得税から個人住民税への3兆円規模の本格的な税源移譲が行われ、また、社会保障・税一体改革の中で地方消費税の充実が図られるなど、地方税は、今後ますます重要な役割を果たしていくことになります。

　この地方団体が地方税を賦課徴収しうる権能（すなわち、地方団体の課税権）は、地方団体の権能として、憲法並びに地方自治法及び地方税法に明示されているところであり、例えば、地方税法第2条においては、「地方団体は、この法律の定めるところによって、地方税を賦課徴収することができる」とされています。そして、地方団体は、その権能を、地域住民の代表により構成される議会によって制定される税条例によって具体的に行使します。

2　条例と地方税法の関係

　それぞれの地方団体の住民である国民は、当然のことながら、この地方税のほかに、国税も負担しています。このため、国民から租税を徴収するにあたっては、国民の総合的な税負担や国と地方団体との役割分担に応じた税源配分等を考慮して租税体系を組み立てる必要があり、また、地方団体が課税権を行使するにあたっての地方団体相互間の課税権の調整やその賦課徴収の手続等を明確にしておく必要があることから、地方税法においては、地方団体の自主性を尊重しつつ、地方団体の賦課徴収できる税目、税率その他の手続等地方税制に関する基本的なことについて大枠が定められてい

ます。したがって、地方団体は、地方税法が定める規定の枠内で税条例を制定して、賦課徴収を行うこととなります。

このように、地方税は、地方税法そのものによって賦課徴収されるものではなく、同法の枠内において、地方団体が制定した条例に基づき賦課徴収されるものであり、この点、地方税法は、所得税法等の国税に関する法律とその趣を異にしています。

3 地方税の賦課徴収に関する規定の形式

地方団体は、その地方税の税目、課税客体、課税標準、税率その他賦課徴収について定めをするには、当該地方団体の条例によらなければなりません（地法3①）。

また、地方団体の長は、条例の実施のための手続その他その施行について必要な事項を規則で定めることができます（地法3②）。

なお、条例の制定にあたっては、法律が条例に委ねている事項だけでなく、法律等で規定されている事項のうち基本的なものは、重複をいとわず総合的に規定することが適当であるとされています。

4 地方税の税率

地方税の税率は、地方団体が条例で税目ごとに定めることとなります。この場合、地方団体は、地方税法の規定にしたがって各税目の税率を定めることとなります。

地方税法においては、国税及び地方税を通じた国民の総合的な税負担や国の経済施策・物の流通対策等との関連から、税目によっては、ある程度の規制を加える必要があるので、地方団体の採るべき税率について、標準税率、制限税率、一定税率及び任意税率を定めています。各税率の意義は、次のとおりです。

用　語	用　語　の　意　義
標準税率	地方団体が課税する場合において通常よるべき税率として地方税法に定められている税率で、その財政上その他の必要があると認める場合においては、これによることを要しない税率をいいます（地法1五）。
制限税率	地方団体が課税する場合において超えてはならないものとして地方税法に定められている税率をいいます。
一定税率	地方団体が課税する場合において地方税法に定められている税率以外の税率によることができない税率をいいます。
任意税率	地方税法に税率が定められておらず、地方団体が任意に定めることができる税率をいいます。

第2　現行の地方税

1　地方税の体系

　地方税とは、地方団体がその地域内の税源から直接に賦課徴収するものをいい、そ
れは、道府県が課する道府県税と市町村が課する市町村税とに区分されます。そして、
その税の使途から普通税（税の使途が特定されていないものをいいます。）と目的税（税
の使途が特定されているものをいいます。）とに区分されます。現行の地方税の体系を
示すと、次のとおりです。

　なお、東京都は、特別区の存する区域においては、道府県税である税の全部と市町
村税である市町村民税（法人に対して課するものに限ります。）、固定資産税、特別土地
保有税、事業所税、都市計画税並びに法定外普通税及び法定外目的税を課するものと
され、また、特別区の存する区域外においては、道府県税である税を都税として課す
ることとされています。また、特別区は、市町村税である税のうち、東京都が課する
こととされている税以外の税を特別区税として課することとされています。

地方税	道府県税	普通税	道府県民税 事業税 地方消費税 不動産取得税 道府県たばこ税 ゴルフ場利用税	軽油引取税 自動車税 鉱区税 道府県法定外普通税 固定資産税（特例分）
		目的税	狩猟税 水利地益税	道府県法定外目的税
	市町村税	普通税	市町村民税 固定資産税 軽自動車税 市町村たばこ税	鉱産税 特別土地保有税（課税停止） 市町村法定外普通税
		目的税	入湯税 事業所税 都市計画税 水利地益税	共同施設税 宅地開発税 国民健康保険税 市町村法定外目的税

第1章 総　説

2　地方税の概要

(1)　道府県税

　道府県税は、直接税である道府県民税、事業税及び自動車税と間接税である地方消費税、不動産取得税、道府県たばこ税及び軽油引取税を主な税として構築されており、その税収入の規模は、令和3年度で18兆4,967億円（特別法人事業譲与税を含みます。）（令和3年度地方財政計画額）となっています。

　道府県税は、基幹税とされている道府県民税と法人事業税が所得を基にして課するものであることから、その税収入が景気に左右されやすく、安定性に欠けていると言われていました。このようなことから、法人事業税に、応益課税としての性格の明確化及び税収の安定化等を図るため、資本金の額1億円超の法人を対象に、平成16年4月1日以後に開始する事業年度から、外形基準を4分の1とする外形標準課税が導入されました。そして、平成27年度及び平成28年度の税制改正において、外形標準課税を8分の5まで拡大しています。

　また、地方消費税は、他の税と比較して税源の偏在性が小さく税収が安定的であること、消費一般に広く課税するため、車体や燃料などに対する個別の消費課税に比べ多額の税収の確保が図られることから、基幹税の一つとして充実を図ることが望ましい税目であると考えられています。

　道府県民税、法人事業税、地方消費税の3税で、道府県税の税収入（特別法人事業譲与税を含みます。）の75.5%（令和3年度地方財政計画額によります。）を占めています。

　道府県税の税目のうち、主な税目の概要は、次のとおりです。

税　目	納税義務者	課税標準	税　率
道府県民税	（個人） 都道府県内に住所を有する個人	均等割…定額課税	1,000円（ただし、平成26年度から令和5年度までは、1,500円となります。）
		所得割…前年の所得	4%
	（法人） 道府県内に事務所等を有する法人等	均等割…定額課税	2万円～80万円
		法人税割…法人税額又は個別帰属法人税額	1%

－4－

第2　現行の地方税

税　目	納税義務者	課税標準	税　　率
道府県民税	(配当割) 特定配当等の支払を受ける都道府県内に住所を有する個人	支払を受けるべき特定配当等の額	(一定税率) 5％
	(株式等譲渡所得割) 源泉徴収選択口座内における上場株式等の譲渡の対価等の支払を受ける都道府県内に住所を有する個人	特定株式等譲渡所得金額	(一定税率) 5％
事業税	事業を行う個人及び法人	個人…前年の所得	328頁から331頁までを参照
		法人 　付加価値割…付加 　　価値額 　資本割…資本金等 　　の額 　所得割…所得 　収入割…収入金額	
地方消費税	(譲渡割) 　課税資産の譲渡等を行った事業者 (貨物割) 　課税貨物を保税地域から引き取る者	(譲渡割) 　課税資産の譲渡等に係る消費税額から仕入等に係る消費税額等を控除した消費税額 (貨物割) 　課税貨物に係る消費税額	(一定税率) ・令和元年10月〜　78分の22 ※　620頁参照
不動産取得税	不動産の取得者	取得した不動産の価格	4％（ただし、土地及び住宅は平成18年4月1日から令和3年3月31日までは3％）

第1章　総　説

税　目		納税義務者	課税標準	税　率
道府県たばこ税		卸売販売業者等	製造たばこの本数	（一定税率） 1,000本につき1,000円 ※　令和3年10月1日から 　　　　　　　1,070円 となります。
ゴルフ場利用税		ゴルフ場の利用者		1人1日につき800円
軽油引取税		現実の納入を伴う軽油の引取りを行う者等	軽油の数量	（一定税率） 1klにつき15,000円（ただし、当分の間、1klにつき32,100円）
自動車税	環境性能割	自動車の取得者	自動車の取得価額	0～3％（環境性能等による。）
	種別割	自動車の所有者		例　自家用乗用車（1,000cc超1,500cc以下） 　　　　　…年額30,500円 ※　689頁参照
鉱区税		鉱業権者	鉱区の面積	（一定税率） 例　砂鉱以外の採掘鉱区 　　100アールごとに年額400円
固定資産税（特例分）		大規模償却資産の所有者	市町村が課することができる固定資産税の課税標準となるべき額を超える部分の金額	1.4％
狩猟税		狩猟者の登録を受ける者		（一定税率） 5,500円～16,500円

（注）　上表の税率は、一定税率と記されているものを除いて、標準税率です。なお、退職所得の分離課税に係る所得割の税率は、一定税率とされています。

(2)　市町村税

　市町村税は、市町村民税、固定資産税、市町村たばこ税、事業所税及び都市計画税を主な税として構築されており、その税収入の規模は、令和3年度で21兆1,108億円（令和3年度地方財政計画額）となっています。

—6—

第2 現行の地方税

　市町村税では、市町村民税と固定資産税が基幹税とされており、この両税で市町村税の税収入の86.4％（令和3年度地方財政計画額によります。）を占めています。

　基幹税目の一つである市町村民税のうち、個人に対して課する市町村民税は、地域社会の費用を住民がその能力に応じて広く負担を分任するという負担分任に基づき課されるものであり、福祉等の対人行政サービスなどの受益に対する負担として対応関係が明確に認識できるという利点をもっています。

　また、固定資産税は、どの市町村にも広く存在する固定資産を課税対象としており、その税源の偏りも小さく、また、その税収入が安定性に富んでいることから、市町村税としてふさわしい税として、市町村民税とともに地方分権を支える市町村税の基幹税として、重要な役割を果たしていくものと考えられます。

　市町村税の税目のうち、主な税目の概要は次表のとおりです。

　なお、特別土地保有税は、平成15年度以降、当分の間、新たな課税は行わないこととされています（地法附則31）。したがって、「図解　地方税」においては、この税については省略しています。

税　目		納税義務者	課税標準等	税　率
市町村民税		（個人）市区町村内に住所を有する個人	均等割…定額課税	3,000円（ただし、平成26年度から令和5年度までは、3,500円となります。）
			所得割…前年の所得	6％
		（法人）市町村内に事務所等を有する法人等	均等割…定額課税	5万円〜300万円
			法人税割…法人税額又は個別帰属法人税額	6％
固定資産税		固定資産の所有者	価格	1.4％
軽自動車税	環境性能割	軽自動車の取得者	軽自動車の取得価額	0〜2％（環境性能等による。）
	種別割	軽自動車等の所有者		例　四輪以上の自家用軽乗用車…年額10,800円
市町村たばこ税		卸売販売業者等	製造たばこの本数	（一定税率）1,000本につき6,122円　※　令和3年10月1日から6,552円となります。

—7—

第1章　総　説

税　目	納税義務者	課税標準等	税　率
鉱産税	鉱業者	鉱物の価格	1％
特別土地保有税（課税停止）	土地の所有者又は取得者	土地の取得価額	（一定税率） 土地に対するもの…1.4％ 土地の取得に対するもの …3％
入湯税	入湯客		1人1日につき150円
事業所税	事業所等において事業を行う者	資産割…事業所床面積 従業者割…従業者給与総額	（一定税率） 資産割…1㎡につき600円 従業者割…0.25％
都市計画税	原則として、市街化区域内に所在する土地又は家屋の所有者	価格	0.3％（制限税率のみが定められています。）

(注)　上表の税率は、一定税率又は制限税率と記されているものを除いて、標準税率です。
　　　なお、退職所得の分離課税に係る所得割の税率は、一定税率とされています。

－8－

第2章　住民税

第1節　個人住民税

　個人住民税とは、道府県が個人に対して課する道府県民税及び都が個人に対して課する都民税と市町村が個人に対して課する市町村民税及び東京都の特別区が個人に対して課する特別区民税を総称したものであり、それは、下図のような税によって構成されています。

　個人住民税は、地域社会の費用を住民がその能力に応じて広く負担を分任するという負担分任の性格や地方公共団体が提供する福祉等の行政サービスなどの受益に対する対価として、対応関係を明確に認識できるという応益性の性格を有しており、地方自治を支える基幹税として位置づけられています。

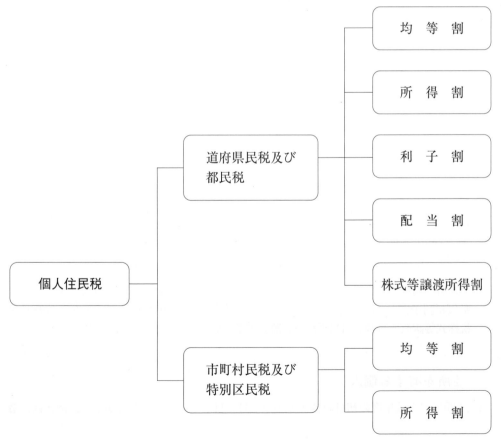

第2章　住民税

第1　納税義務者等

　個人住民税の納税義務者は、次の左欄に掲げる者とされており、これらの者に対しては、その左欄の納税義務者の区分に応じ、右欄の個人住民税が課されます（地法24①、294①、734②、736③）。

納　税　義　務　者			課される住民税
道府県民税及び都民税	①	都道府県内に住所を有する個人	均等割額及び所得割額の合算額
	②	都道府県内に事務所、事業所又は家屋敷を有する個人で当該事務所、事業所又は家屋敷を有する市町村又は特別区（以下「市区町村」といいます。）内に住所を有しないもの	均等割額
	③	利子等の支払又はその取扱いをする者の営業所等で都道府県内に所在するものを通じて利子等の支払を受ける個人	利子割額
	④	特定配当等の支払を受ける個人で当該特定配当等の支払を受けるべき日現在において都道府県内に住所を有するもの	配当割額
	⑤	所得税において源泉徴収することを選択した特定口座における上場株式等の譲渡の対価等の支払を受ける個人で当該譲渡の対価等の支払を受けるべき日の属する年の1月1日現在において都道府県内に住所を有するもの	株式等譲渡所得割額
市町村民税及び特別区民税	①	市区町村内に住所を有する個人	均等割額及び所得割額の合算額
	②	市区町村内に事務所、事業所又は家屋敷を有する個人で当該事務所、事業所又は家屋敷を有する市区町村内に住所を有しないもの	均等割額

（注）　道府県民税及び都民税の③から⑤までに掲げる納税義務者については、「第7　道府県民税利子割」（105頁）、「第8　道府県民税配当割」（108頁）及び「第9　道府県民税株式等譲渡所得割」（114頁）を参照して下さい。

1　住所を有する個人

　賦課期日（当該年度の初日の属する年の1月1日をいいます。したがって、例えば、令

— 10 —

第1節　個人住民税

和3年度の個人住民税の場合は、令和3年1月1日が賦課期日となります。なお、賦課期日の意義については128頁を参照してください。）に都道府県又は市区町村内に住所を有する個人に対しては、均等割額及び所得割額の合算額によって当該年度の個人住民税が課されます。

この場合において、住所の具体の取扱いは、次によることとなります。

(1)　住民基本台帳法の適用を受ける個人

住民基本台帳法の適用を受ける者については、住所を有する個人とは、次の者をいいます（地法24②、294②）。

区　　分	住　所　を　有　す　る　個　人
道府県民税及び都民税の場合	その都道府県の区域内の市区町村の住民基本台帳に記録されている者
市町村民税及び特別区民税の場合	その市区町村の住民基本台帳に記録されている者

したがって、この法律の適用を受ける者の住所は、住民基本台帳に記録されているところの市区町村にあることとなり、当該個人についての個人住民税は、当該個人が記録されている住民基本台帳に係る市区町村又はその市区町村を包括する都道府県が課することとなります。

イ　住民基本台帳の記録と実際の住所が異なる場合の取扱い

この場合は、次によることとされています（地法294③）。

	個人住民税の課税上の取扱い
住民基本台帳の住所が異なる場合	イ　市区町村又は都道府県は、当該市区町村の住民基本台帳に記録されていない個人が当該市区町村内に住所を有する者である場合には、その者を当該市区町村の住民基本台帳に記録されているものとみなして、その者に市町村民税若しくは特別区民税又は道府県民税若しくは都民税を課することができます（地法294③、24②カッコ書）。この場合において、市区町村長は、その者が他の市区町村の住民基本台帳に記録されていることを知ったときは、その旨を他の市区町村長に通知しなければならないものとされています。 ロ　イにより個人住民税を課された者に対しては、その者が記録されている住民基本台帳に係る市区町村は、市町村民税又は特別区民税を課することができないこととされています（地法294④）。また、この場合においては、道府県民税又は都民税についても同様の取扱いとなります（地法24②カッコ書）。

－11－

第2章　住民税

ロ　住所の意義

　　住所は、個人住民税の納税義務を確定させるための不可欠の要素となります。個人住民税における住所については、地方税法において特に規定されていませんが、個人住民税における住所の概念は、民法第22条に規定する住所の概念によっており、それは、次のとおりとされています。

	個人住民税における住所の概念
住　　　所	個人住民税における住所は、納税義務者本人の生活の本拠をいいます（取扱通知(市) 2 章 6 ）。そして、生活の本拠とは、その人の日常生活の状況、住民基本台帳登載の状況、職業、選挙権行使の状況、家族の生活の状況等、その者の生活関係のすべての面を総合して、その中心をいうものと解されています。 　なお、住所の個数は、個人住民税の課税の重複を避けるため、地方税法上その施行地を通じて 1 人 1 箇所に限られます（同通知 2 章 6 ）。

留意点

　　住所の具体的な認定に当たっては、住民基本台帳法の施行に伴う住所の認定に関する諸通知によることとされていますが、その認定に当たっては、次の点に特に留意することとされています（取扱通知（市） 2 章 6 ）。

	住所の認定に当たっての留意事項
①	勤務する事務所又は事業所との関係上家族と離れて居住している者の住所は、本人の日常生活関係、家族との連絡状況の実情を調査確認して認定することとなりますが、確定困難な者で、勤務日以外には家族のもとにおいて生活を共にする者については、家族の居住地にあるものとして取り扱うことになります。
②	職業の関係上家族の居住地を離れて転々と居を移している者又は職務の性質上年間において一定期間家族の居住地を離れて別に起居している者の住所は、家族の居住地にあるものとして取り扱います。ただし、同一場所に 1 年以上居住している場合においては、本人の住所は、当該場所にあるものとして取り扱うことになります。
③	船舶に乗り組んでいる船員の住所については、航海と航海の中間期間又は休暇等に際して妻子その他の家族のもとにおいて生活を共にする関係を失わず、かつ、本人が船舶及び家族の居住地以外に居を構えてそこを生活の中心としているような状況がない限り、その住所は、家族の居住地にあるものとして取り扱います。もし本人と家族の居住地との間に右のような関係がなく、又は船舶及び家族の居住地以外の場所に本人の生活の中心が存

－12－

第1節　個人住民税

	しない場合には、本人の住所は、航海を終われば通常帰港する関係にある主たる定けい港所在の市区町村にあるものとして取り扱うことになります。
④	地方税法の施行地（日本国内）に住所を有するかどうかは、実質的に判断すべきであるから、たまたま出国した者であっても、その者の出国の期間、目的、出国中の居住の状況等から単に旅行にすぎないと認められる場合には、その出国中であっても、その出国前の住所があるものとして取り扱うこととされています。
⑤	所得税において、国家公務員又は地方公務員については国内に住所を有しない期間についても国内に住所を有するものとみなすものとする所得税法第3条第1項の規定は、個人住民税については、適用されないこととされています。
⑥	自衛隊員の住所については別途「自衛隊員の住所の認定等について」（昭和30年12月1日付自丙市発第137号）に、海上保安庁所属船舶職員の住所については別途「海上保安庁所属船舶職員の住所の認定について」（昭和37年7月13日付自丙市発第18号）により、それぞれ取り扱うこととされています。これによりますと、例えば、自衛隊員のうち営内居住者（営舎に居住することを義務とされている隊員又は特に営舎内に居住することを命ぜられている隊員をいいます。）又は船舶乗組員（船舶内に居住することを義務とされている隊員をいいます。）の住所は、原則としてそれぞれ当該営舎又は当該船舶の定けい港の所在する市区町村にあるものとするとされています。ただし、営内居住者又は船舶乗組員のうち、その家族の住所が営舎又は船舶の定けい港所在地に近接する地にあり、家族を扶養する等家族と密接な生活関係がある場合は、家族の居住地にあるものとされています。

(2)　外国人住民に対する個人住民税の取扱い

　住民基本台帳法の一部を改正する法律（平成21年法律第77号・原則として平成24年7月9日から施行）により、同法は、中長期在留者等同法第30条の45に規定する外国人住民にも日本人と同様適用されることとされたことから、外国人住民の住所の取扱いは、上記(1)で記した取扱いと同様であるとされています（取扱通知（市）2章5(3)）。

　なお、上記でいう外国人住民とは、日本の国籍を有しない者のうち次に掲げるものであって市区町村の区域内に住所を有するものをいいます。

①	中長期在留者（本邦に在留資格をもって在留する外国人のうち、3月以下の在留期間が決定された者、短期滞在の在留資格が決定された者又は外交若しくは公用の在留資格が決定された者以外の者）
②	特別永住者
③	一時庇護許可者

－13－

④	仮滞在許可者
⑤	出生による経過滞在者
⑥	国籍喪失による経過滞在者

2　住所を有しない個人

　賦課期日現在において地方税法の施行地（日本国内）に住所を有しない個人に対しては、個人住民税は課税されません。

　ただし、賦課期日現在において、日本国内に事務所、事業所又は家屋敷を有する個人で日本国内に住所を有しない者に対しては、その事務所、事業所又は家屋敷の所在する都道府県及び市区町村において、均等割が課税されます（地法24①二、294①二、取扱通知（市）2章4の3）。この場合において、当該住所を有しない者に対しては個人住民税の非課税措置は適用されないこととされています（地法24の5①ただし書・295①ただし書）。

3　事務所、事業所又は家屋敷を有する個人

　当該都道府県又は市区町村内に事務所、事業所又は家屋敷を有する個人で当該事務所、事業所又は家屋敷を有する市区町村内に住所を有しないものに対しては、均等割額によって個人住民税が課されます（地法24①二、294①二）。

　なお、事務所若しくは事業所又は家屋敷とは、次のものをいいます。

	事務所若しくは事業所又は家屋敷の範囲
事務所又は事業所	事務所又は事業所（以下「事務所等」といいます。）とは、それが自己の所有に属するものであるか否かにかかわらず、事業の必要から設けられた人的及び物的設備であって、そこで継続して事業が行われる場所をいいます（取扱通知(市)1章6）。 　この場合において、事務所等と認められるためには、その場所において行われる事業がある程度の継続性をもつことが必要であり、たまたま2、3か月程度の一時的な事業の用に供する目的で設けられる現場事務所、仮小屋等は事務所等の範囲に入りません（同通知）。 　したがって、個人住民税では、例えば、医師、弁護士、税理士、諸芸師匠などが住宅以外に設ける診療所、法律・税理士事務所、教授所など、また、個人事業主が住宅以外に設ける店舗などがこれに該当することとなります。

— 14 —

家屋敷	家屋敷とは、自己又は家族の居住の用に供する目的で住所地以外の場所に設けた独立性のある住宅をいい、常に居住し得る状態にあるもの（すなわち、その者が住宅に対して実質的な支配権を有し、何時でも自由に居住し得る状態にあるもの）であれば足り、現実に居住していることを要しません。 　また、家屋敷は、必ずしも自己所有のものであることを要しない反面、自己所有のものであっても他人に貸し付ける目的で所有している住宅又は現に他人が居住しているものは該当しません。 　したがって、いわゆる別荘、別宅のように自己の住宅に留守番等をおき自身は都市で生活している者の所有に係る当該住宅はもちろん、マンション、アパート等もこれに含まれます。また、常時は妻子を住まわせ時々帰宅する関係にある住宅もこれに該当します。

第2章　住民税

第2　非　課　税

　個人住民税においては、一定の条件にあてはまる者に対して、次のとおり、個人住民税を課さないこととするいわゆる人的非課税の制度が設けられています。

非課税区分	非 課 税 と さ れ る 者
均等割と所得割が非課税とされる者（地法24の5①、295①）	イ　生活保護法の規定による生活扶助を受けている者 ロ　障害者、未成年者、寡婦又はひとり親で前年の合計所得金額（40頁参照）が135万円以下の者 　※1　日本国籍を有しない者であって、事実上生活保護法の規定による生活扶助を受けている者は、上記イに該当するものとして取り扱うことが適当であるとされています（取扱通知（市）2章4の5）。 　　2　前年中に所得税法第2条第1項第5号に規定する非居住者であった期間を有する者についても、上記ロの非課税の適用がありますが、この場合において前年中において所得を有しなかったかどうか、前年中において合計所得金額135万円を超える所得を有したかどうかは、個人住民税の課税の対象である所得（25頁参照）について判断するとされています（同通知2章4の4）。 　　　なお、ロに掲げる者の退職所得に対する分離課税に係る所得割は、非課税とならないとされています（地法24の5①、295①）。
均等割が非課税とされる者（地法24の5③、295③、地令47の3、地規9の2の3）	均等割のみを課すべき者のうち、前年の合計所得金額が一定の基準に従い市区町村の条例で定める金額以下の者 $$\text{一定の基準} = \begin{bmatrix} \text{本人、同一生計} \\ \text{配偶者及び扶養} \\ \text{親族の合計数} \end{bmatrix} \times \begin{bmatrix} 35\ \text{万円} & 1級地 \\ 31.5万円 & 2級地 \\ 28\ \text{万円} & 3級地 \end{bmatrix} + \begin{bmatrix} 21\ \text{万円} \\ 18.9万円 \\ 16.8万円 \end{bmatrix} + 10万円$$ 　※1　「級地」は、生活保護基準の級地区分です。 　　2　点線内の金額は、同一生計配偶者又は扶養親族を有する場合に加算される金額です。
所得割が非課税とされる者（地法附則3の3①、④）	総所得金額等の合計額（41頁参照）が、次により計算した金額（次の（注2）においてこの金額を「所得割の非課税限度額」といいます。）以下の者 $$\begin{array}{l}\text{総所得金額} \\ \text{等の合計額}\end{array} \leq 35万円 \times \begin{bmatrix} \text{本人、同一生計配} \\ \text{偶者及び扶養親族} \\ \text{の合計数} \end{bmatrix} + 32万円 + 10万円$$ 　※1　点線内の金額は、同一生計配偶者又は扶養親族を有する場合に加算される金額です。 　　2　退職所得に対する分離課税に係る所得割は非課税となりません。

第1節　個人住民税

(注) 1　合計所得金額及び総所得金額等の合計額の意義については、40頁・41頁を参照して下さい。

2　所得割の非課税限度額が、総所得金額等の合計額から所得割額（税額控除の額を控除したものです。以下同じです。）を控除した金額を超えることとなるときは、次により求めた金額を、その者の都道府県民税及び市区町村民税の所得割額から、控除します（地法附則3の3②⑤）。

〔所得割の非課税限度額－｛総所得金額等の合計額－所得割額｝〕×（都道府県民税の所得割額又は市区町村民税の所得割額÷都道府県民税及び市区町村民税の所得割額の合計額）

これは、所得割の非課税限度額を若干上回る所得を有する者の税引後の手取所得が、この非課税限度額を下回り、非課税限度額ぎりぎりで所得割が課されない者の所得より少なくなることが起こり得るので、このことを調整するための調整措置です。

第3 均等割

　個人住民税における均等割は、住民が地方公共団体から様々な行政サービスを受けている対価として、地域社会の費用の一部を等しく分担するものであり、負担分任の性格を有する個人住民税の基礎的な部分として位置づけられるものです。

　個人住民税の均等割については、標準税率のみが法定されており、道府県民税及び都民税は1,000円、市町村民税及び特別区民税は3,000円とされています（地法38、310）。都道府県又は市区町村は、この標準税率を基にして、その都道府県又は市区町村の条例で均等割の税率を定めることとなります。

　なお、東日本大震災からの復興を図ることを目的として、平成23年度から平成27年度までの間において実施する施策のうち全国的に、かつ、緊急に地方公共団体が実施する防災のための施策に要する費用の財源を確保するため、「東日本大震災からの復興に関し地方公共団体が実施する防災のための施策に必要な財源の確保に係る地方税法の臨時特例に関する法律（平成23年法律第118号）」が制定され、平成26年度から令和5年度までの各年度分の均等割の標準税率について、臨時の措置が講じられています（同法2）。これにより、均等割の標準税率は、次のとおりとなります。

均等割の区分			標準税率
			平成26年度から令和5年度まで
個人住民税		4,000円	5,000円
	道府県民税及び都民税	1,000円	1,500円
	市町村民税及び特別区民税	3,000円	3,500円

　なお、市区町村長は、納税義務者が次のいずれかに該当する場合には、その者に対して課する均等割の額を軽減することができることとされています（地法311）（なお、都道府県知事は、このような軽減はできないとされています（地法41①）。）。

イ	均等割を納付する義務がある同一生計配偶者又は扶養親族
ロ	イに掲げる者を2人以上有する者

第4 所得割

1 所得割の税額の算定方法

所得割の税額計算の過程を図示しますと、次のとおりとなります。

なお、退職所得に対する分離課税に係る所得割については、「第6 退職所得に係る課税の特例」（100頁）を参照して下さい。

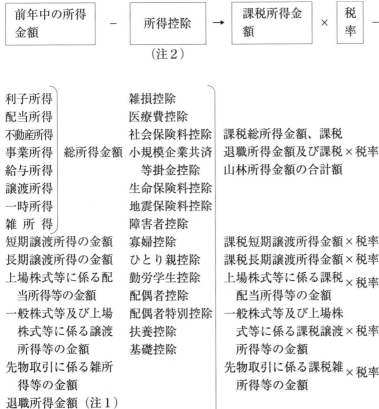

（注） 1 分離課税の対象とされるものを除きます。
2 所得控除の順序については、54頁を参照して下さい。
3 算出所得割額から控除されるものとしては、調整控除額、配当控除額、住宅借入金等特別税額控除額、寄附金税額控除額（申告特例控除額を含みます。）及び外国税額控除額があります。
　　なお、配当割又は株式等譲渡所得割を課された所得について申告をした場合には、当該配当割又は株式等譲渡所得割に係る特別徴収税額は、算出所得割額から控除されることとされています（地法37の4、314の9）。

第 2 章　住民税

2　所得割の課税標準

⑴　前年所得課税主義

　所得割においては、課税手続の便宜の見地から、退職所得に対する分離課税に係るものを除き、前年の所得を基礎（課税標準）として課税するいわゆる前年所得課税主義が採られています。したがって、例えば、令和3年度分の所得割の場合は、令和3年1月1日において都道府県又は市区町村内に住所を有する者に対して、令和2年中の所得を課税標準として、課税されることになります。

⑵　課税標準の算定の原則

　所得割（退職所得に対する分離課税に係るものを除きます。）の課税標準は、前年の所得について算定した総所得金額、退職所得金額（分離課税の対象となるものを除きます。以下同じです。）及び山林所得金額であり、これらの所得金額の算定は、次によることとされています（地法32、313）。

　なお、所得税において非課税とされる所得（例えば、所得税法第9条等に規定する所得や租税特別措置法第4条等に規定する所得）、は、個人住民税の課税標準である所得が下記したように所得税の計算の例によって計算することとされているので、個人住民税所得割においても非課税となります。

	原　　　則	地方税法等による特別の定め
課税標準の算定方法	所得税の課税標準である所得税法第22条第2項又は第3項の総所得金額、退職所得金額又は山林所得金額の計算の例によって算定します。ただし、国外転出（国内に住所及び居所を有しないこととなることをいいます。）をする場合の譲渡所得等の特例を定めている所得税法第60条の2から第60条の4までの規定の例によらないとされています。 　なお、「計算の例による」とは、所得税法その他の特別法（租税特別措置法等）に規定されている所得計算に関する事項を地方税法においてそのまま借用してあてはめて計算することをいいます。	地方税法又はこれに基づく政令で特別の定めをする場合には、所得税の所得の計算の例によらず、この特別の定めによって算定します。 　なお、次の事項について特別の定めがなされています。 イ　青色申告者に係る青色事業専従者給与に関する事項 ロ　白色申告者に係る事業専従者控除に関する事項 ハ　特定中小企業が発行した株式の取得に要した金額の控除等に関する事項 ニ　非居住者期間を有する者の所得計算に関する事項 ホ　損失の繰越控除に関する事項

－20－

3 課税標準の算定
(1) 総所得金額等の計算の概要

所得割の課税標準となる総所得金額等の計算過程を図示すると次のとおりです。

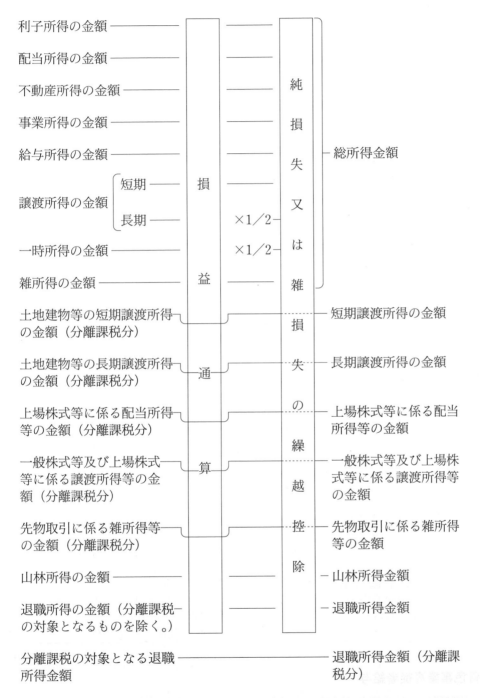

(注) 1 上場株式等に係る譲渡損失と上場株式等に係る配当所得等の金額（分離課税に係るものに限ります。）との損益通算ができます。
　　 2 雑損失の繰越控除の順序については、31頁を参照して下さい。
　　　 なお、上図の「‥‥‥線」は、雑損失の繰越控除のみができることを示します。

(2) 各種所得の金額の計算

　所得税では、所得を次のように10種類に区分し、その計算に必要な事項をそれぞれ各所得ごとに定めていますが、個人住民税の所得割においては、地方税法又はこれに基づく政令で特別の定めをする場合を除き、これらの所得を所得税の所得計算の例によって計算することになります（地法32②、313②）。

所得区分	対　　象	計　算　方　法
利子所得	公社債及び預貯金の利子並びに合同運用信託、公社債投資信託等の収益の分配	収入金額＝利子所得
配当所得	法人から受ける剰余金の配当、利益の配当、剰余金の分配、基金利息、投資信託及び特定目的信託の収益の分配	収入金額－株式等を取得するための負債の利子
不動産所得	不動産、不動産の上に存する権利、船舶又は航空機の貸付けによる所得	総収入金額－必要経費
事業所得	農業、漁業、製造業、卸売業、小売業、サービス業その他の事業から生ずる所得	総収入金額－必要経費
給与所得	俸給、給料、賃金、歳費及び賞与等	収入金額－給与所得控除額又は特定支出控除額
退職所得	退職手当、一時恩給その他の退職により一時に受ける給与等	（収入金額－退職所得控除額）×１／２
山林所得	所有期間５年超の山林の伐採又は譲渡による所得	総収入金額－必要経費－特別控除額（通常は50万円）
譲渡所得	資産の譲渡（建物等の所有を目的とする地上権の設定等を含みます。）による所得	総収入金額－取得費・譲渡費用－特別控除額（通常は50万円） ※　総所得金額を計算する場合には、長期譲渡所得の金額の１／２に相当する金額が、他の所得の金額と総合されます。
一時所得	営利を目的とする継続的行為から生じた所得以外の一時の所得で労務その他の役務又は資産の譲渡の対価としての性質を有しないもの	総収入金額－その収入に係る支出金額－特別控除額（通常は50万円） ※　総所得金額を計算する場合には、一時所得の金額の１／２に相当する金額が、他の所得の金額と総合されます。
雑所得	・国民年金、厚生年金等の公的年金 ・上記の所得のいずれにも該当しない所得	（公的年金等） 　収入金額－公的年金等控除額 （公的年金等以外） 　総収入金額－必要経費

(3) 青色事業専従者給与

　個人住民税における青色事業専従者給与については、地方税法の定めるところによるとされていますが、それは、所得税における制度を基本としつつ、次のとおりとされており、その仕組みが所得税と若干異なるものとなっています（地法32③⑦、313③

－ 22 －

第1節　個人住民税

⑦、地令7の5、48の2の2）。

　なお、青色事業専従者の認定等については、第3章第1節「個人事業税」の「青色事業専従者給与」（237頁）を参照して下さい。

```
┌─────────────────────────────────┐
│  所得税において青色申告書の提       │
│  出の承認を受けている所得割の       │
│  納税義務者                       │
└─────────────────────────────────┘
```

所得税につき青色専従者給与に関する届出書を提出している青色申告者の事業に従事する青色事業専従者が当該事業から当該届出書に記載されている方法に従いその記載されている金額の範囲内で給与の支払を受けた場合	次の理由により所得税につき青色専従者給与に関する届出書を提出しなかった青色申告者の事業に従事する青色事業専従者が当該事業から給与の支払を受けた場合 イ　前年分の所得税につき納税義務を負わないと認められたこと ロ　前年分の所得税につき青色事業専従者を控除対象配偶者又は扶養親族としたこと
青色事業専従者がある場合の必要経費の特例等を定めている所得税法第57条第1項の規定による計算の例によって当該納税義務者の不動産所得の金額、事業所得の金額又は山林所得の金額及び当該青色事業専従者の給与所得の金額を算定します。 　したがって、この場合には、所得税において必要経費に算入されることとなる青色事業専従者の給与の金額は、個人住民税においても、その額を必要経費に算入し、かつ、当該青色事業専従者の給与所得に係る収入金額とします。	当該納税義務者が青色事業専従者給与額に関する事項を記載した個人住民税の申告書を提出している場合（所得税の確定申告書を提出したことにより個人住民税の申告がされたとみなされる場合を含みます。）は、その申告に基づいてその給与の金額を不動産所得の金額、事業所得の金額又は山林所得の金額の計算上必要経費に算入し、かつ、当該青色事業専従者の給与所得に係る収入金額とします。 　なお、給与の支給の事実及びその支給額の認定は、原則として帳簿書類に記帳経理がなされている給与の支給に関する事項を基にして認定することとなります。この場合において、その額が妥当であるかどうかは、青色事業専従者給与の判定基準等を定めている所得税法第57条第1項及び同法施行令第164条第1項の規定の例によって判定します。 ※1　申告書には、青色事業専従者給与額に関する事項の記載がないことについてやむを得ない事情があると市区町村長が認める申告書も含まれます。また、申告書を提出している場合には、その提出期限後において個人住民税の納税通知書が送達される時までに提出している場合を含みます。 　2　上記の必要経費算入等は、個人住民税の失格者でその申告義務が免除される青色申告者についても適用されます。

－23－

第2章　住民税

⑷　事業専従者控除

　個人住民税における事業専従者控除については、地方税法の定めるところによることとされていますが、その内容は次のとおりであり、控除額の算定方法は所得税と同様です。

イ　事業専従者控除額

　事業を経営する青色申告書以外の申告書を提出する納税義務者と生計を一にする配偶者その他の親族（年齢15歳以上である者に限ります。）で6月超の期間専ら当該事業に従事するもの（以下「事業専従者」といいます。）があるときは、各事業専従者について、次の①又は②に掲げる金額のうちいずれか低い金額が当該事業に係る不動産所得の金額、事業所得の金額又は山林所得の金額の計算上必要経費とみなされます（地法32④、313④）。そして、その事業専従者控除額は、事業専従者の給与所得に係る収入金額とみなされます（地法32⑤、313⑤）。

必要経費に算入される金額	
①	次に掲げる事業専従者の区分に応じそれぞれ次に定める金額 　イ　当該納税義務者の配偶者である事業専従者　　　86万円 　ロ　イに掲げる者以外の事業専従者　　　　　　　　50万円
②	その事業に係る事業専従者控除前の不動産所得の金額、事業所得の金額又は山林所得の金額を事業専従者の数に1を加えた数で除して得た金額 　※　不動産所得の金額、事業所得の金額又は山林所得の金額は、損益通算並びに純損失の金額のうち変動所得の計算上生じた損失の金額、被災事業用資産の損失の金額及び雑損失の金額の各繰越控除をする前の金額とされています（地法32④、313④、地令7の6、48の2の2）。

ロ　事業専従者控除の適用要件

　事業専従者控除は、次の要件を満たしている場合に限り適用されます（地法32⑥、313⑥）。

事業専従者控除の適用要件	当該納税義務者が事業専従者控除額に関する事項を記載した個人住民税の申告書（当該事項の記載がないことについてやむを得ない事情があると市区町村長が認めるもの及びその提出期限後において個人住民税の納税通知書が送達される時までに提出されたものを含みます。）を提出していること 　※　所得税の確定申告書が提出された場合には、個人住民税の申告書が提出されたものとみなされ、当該確定申告書に記載された事業専従者控除額に関する事項は、個人住民税の申告書に記載されたものとみなされます（地法45の3②、317の3②）。

— 24 —

第1節　個人住民税

⑸　非居住者期間を有する者に係る所得の算定

　前年中に非居住者であった期間を有する者に係る所得割の課税標準となる課税所得の範囲は、その非居住者が前年において、次の左欄に該当する期間に応じて、中欄のとおりとされており、その者に係る所得は、右欄により算定します（所法7、地令7の11、48の5の2）。

区　　分	課税対象所得の範囲	所得の算定方法
非居住者である期間	左欄の期間中における国内源泉所得（所得税法第161条に規定する国内源泉所得をいいます（以下「国内源泉所得」といいます。））で同法第164条第1項各号及び同条第2項各号に掲げるもの	非居住者であった期間を有する者の左欄の所得に係る総所得金額、退職所得金額又は山林所得金額は、原則として、所得税法第165条及び同法施行令第258条の所得税の課税標準の計算の例によって算定します。 　なお、所得税法第169条第3号から第5号までの規定により所得税で分離課税の対象とされる非居住者の同法第164条第2項各号に掲げる国内源泉所得は、個人住民税においては、他の所得に合算され、総合課税されることとなります（注5）。
非永住者である期間	左欄の期間中における国内源泉所得及びこれ以外の所得で国内において支払われ、又は国外から送金されたもの	
非永住者以外の居住者である期間	左欄の期間中におけるすべての所得	

　（注）1　居住者とは、国内に住所を有し、又は現在まで引き続いて1年以上居所を有する個人をいいます（所法2①三）。
　　　　2　非永住者とは、居住者のうち、日本の国籍を有しておらず、かつ、過去10年以内において国内に住所又は居所を有していた期間の合計が5年以下である個人をいいます（所法2①四）。
　　　　3　非居住者とは、居住者以外の個人をいいます（所法2①五）。
　　　　4　国家公務員又は地方公務員で所得税法第3条第1項の規定により国内に住所を有するものとみなされたものは、入国前の期間についても非永住者以外の居住者である期間に該当することになります。
　　　　5　賦課期日において国内に住所を有する者で前年において非居住者期間を有し、かつ、所得税において分離課税とされる所得税法第164条第2項各号に掲げる国内源泉所得（所得税においては当該国内源泉所得について申告不要とされています。）を有するものは、当該国内源泉所得について個人住民税の申告を行う必要があります。なお、その者が他の所得を有することにより所得税の確定申告を行うこととなる者であるときは、その所得税の確定申告書の「住民税に関する事項」の「非居住者の特例」欄にその分離課税とされる国内源泉所得を附記することとされています（地規2の3②四）。

— 25 —

第2章 住民税

(6) 損益通算

　個人住民税における損益通算は、所得税の損益通算について定めている所得税法第69条の規定による計算の例によって行うこととなります（地法32②、313②）が、その概要は、次のとおりです。

　なお、居住用財産の買換え等の場合の譲渡損失及び特定居住用財産の譲渡損失並びに上場株式等の譲渡損失に係る損益通算の特例については、28頁及び35頁並びに79頁を参照して下さい。

イ　損益通算の対象となる損失

区　　　　分	内　　　　　　容
損益通算のできる損失（下欄の損失を除きます。）	(イ)　不動産所得の損失 (ロ)　事業所得の損失 (ハ)　譲渡所得の損失 (ニ)　山林所得の損失
損益通算のできない損失	(ホ)　配当所得の損失 (ヘ)　一時所得の損失 (ト)　雑所得の損失 (チ)　非課税所得の損失 (リ)　競走馬（事業用を除きます。）、別荘、書画、骨とう、貴金属などの生活に通常必要でない資産の譲渡による損失（所法69②） (ヌ)　個人に対する資産の低額譲渡により生じた損失（所法59②） (ル)　分離の長期譲渡所得の金額の計算上生じた損失（地法附則34①④）（81頁参照） (ヲ)　分離の短期譲渡所得の金額の計算上生じた損失（地法附則35①⑤）（88頁参照） (ワ)　分離の一般株式等及び上場株式等に係る譲渡所得等の金額の計算上生じた損失（地法附則35の2①⑤・35の2の2①⑤）（89・91頁参照） (カ)　分離の先物取引に係る雑所得等の金額の計算上生じた損失（地法附則35の4①④）（98頁参照） (ヨ)　不動産所得の計算上生じた損失の金額のうち、土地等の取得に係る借入金の利子の額に対応する部分の金額（措法41の4、措令26の6） (タ)　有限責任事業組合事業から生じた不動産所得、事業所得又は山林所得の損失の金額のうち調整出資金額を超える部分のもの（措法27の2、措令18の3） (レ)　特定組合員又は特定受益者の組合事業又は信託から生じた不動産所得の損失の金額（措法41の4の2、措令26の6の2）

－ 26 －

ロ　損益通算の方法

損益通算は、大きく分けて、次図のように第１次通算、第２次通算及び第３次通算に区別して行われます（所令198）。

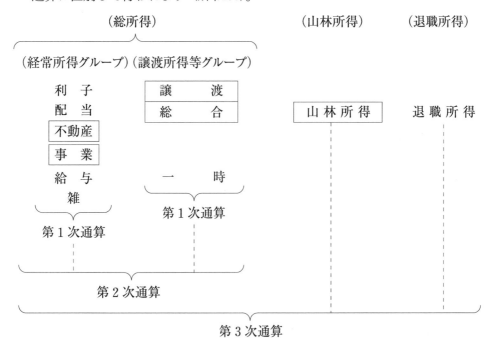

(注) 1 　　　　　で囲んだ所得は、その損失額を他の所得金額と通算できる所得を示しています。
2　経常所得とは、利子所得、配当所得、不動産所得、事業所得、給与所得及び雑所得をいいます（所令198一）。
3　退職所得には、分離課税の対象となるものは含まれません。
4　譲渡所得のうち総合課税の長期譲渡所得又は一時所得の金額から他の所得の損失の金額を控除する場合には、譲渡所得又は一時所得の金額は２分の１にする前の金額です（所法22②二かっこ書）。

(7)　損失の繰越控除

個人住民税においては、純損失の金額及び雑損失の金額については、所得税と同様、一定の要件の下に、これを翌年以降３年間の各年分の所得の計算上控除することとされています。

第2章　住民税

イ　純損失の繰越控除

㈠　青色申告書を提出している年分の純損失の金額

　　所得税において青色申告書を提出している年分の純損失の金額（損失の金額のうち損益通算を適用してもなお控除しきれない部分の金額をいいます。）で次の左欄に掲げるものは、右欄の要件の下に、総所得金額、山林所得金額又は退職所得金額（分離課税の対象となるものを除きます。）の計算上、一定の順序で控除されます（地法32⑧、313⑧）。

　　なお、この繰越控除においては、左欄に掲げる純損失の金額を、分離の短期譲渡所得の金額、分離の長期譲渡所得の金額、分離の上場株式等に係る配当所得の金額、分離の株式等に係る譲渡所得等の金額又は分離の先物取引に係る雑所得等の金額から控除することはできません。

	繰越控除されるもの	繰越控除の要件
青色申告分に係る純損失の金額	前年前3年（例えば、令和3年度の個人住民税の場合は、平成29年、平成30年及び令和元年をいいます。次の㈡において同じです。）内の各年における所得の計算上生じた純損失の金額（前年前において控除されたもの並びに居住用財産の譲渡損失に係る特定純損失の金額及び特定居住用財産の譲渡損失に係る特定純損失の金額を除きます（地法附則4⑤、⑪、4の2⑤、⑪）。）	その純損失の金額が生じた年分の所得税につき青色申告書を提出し、かつ、当該純損失の金額の生じた年の末日の属する年度の翌年度以後の年度分の個人住民税について連続して純損失の金額の控除に関する事項を記載した個人住民税の申告書（所得税の確定申告書を含みます。）を提出していること

　(注)1　当該損失について2年目以降においてこの控除の適用を受ける場合には、その者が所得税につき青色申告者であるかどうかは問わないこととされています。

　　　2　青色申告者が所得税において純損失の金額を繰り戻して、前年分の所得税額の還付を受けた場合（所法140、141、142）においても、個人住民税においては繰戻還付の制度が設けられていないので、この繰戻還付の対象とした純損失の金額については、繰越控除により処理することとなります。

㈡　白色申告書を提出している年分の純損失の金額

　　所得税において青色申告書以外の申告書を提出している年分の純損失の金額で次の左欄に掲げるものは、右欄の要件の下に、総所得金額、山林所得金額又は退職所得金額（分離課税の対象となるものを除きます。）の計算上、一定の順

— 28 —

第1節　個人住民税

序で控除されます（地法32⑨、313⑨）。

　なお、この繰越控除においては、左欄に掲げる損失の金額を、分離の短期譲渡所得の金額、分離の長期譲渡所得の金額、分離の上場株式等に係る配当所得の金額、分離の株式等に係る譲渡所得等の金額又は分離の先物取引に係る雑所得等の金額から控除することはできません。

	繰越控除されるもの	繰越控除の要件
白色申告分の純損失の金額	前年前3年内の各年における所得の計算上生じた純損失の金額（前年前において控除されたものを除きます。）のうち、当該各年に生じた変動所得の金額の計算上生じた損失の金額又は被災事業用資産の損失の金額に係るもの（地令7の9の3、48の3の3）	その純損失の金額の生じた年の末日の属する年度の翌年度の個人住民税について純損失の金額の控除に関する事項を記載した個人住民税の申告書（所得税の確定申告書を含みます。以下同じです。）を提出し、かつ、その後の年度分の個人住民税について連続して純損失の金額の控除に関する事項を記載した個人住民税の申告書を提出していること

　(注) 1　変動所得の金額の計算上生じた損失の金額とは、次の所得の金額の計算上生じた損失の金額をいいます（地法32⑨、313⑨、地令7の9の2、48の3の2）。

①	漁獲又はのりの採取から生ずる所得
②	はまち、まだい、ひらめ、かき、うなぎ、ほたて貝又は真珠（真珠貝を含みます。）の養殖から生ずる所得
③	原稿若しくは作曲の報酬に係る所得又は著作権の使用料に係る所得

　　2　被災事業用資産の損失の金額とは、次のものをいいます（地法32⑩、313⑩、地令7の10、7の10の2、7の10の3、7の10の4、48の4、48の5）。

— 29 —

被災事業用資産の損失の金額	次に掲げる資産又は山林の災害による損失の金額（その災害に関連するやむを得ない一定の支出（243頁参照）を含み、保険金、損害賠償金等によってうめられた部分の金額を除きます。）で、変動所得の金額の計算上生じた損失の金額に該当しないものをいいます。 (イ) たな卸資産（事業所得を生ずべき事業に係る商品、製品、半製品、仕掛品、原材料、消耗品で貯蔵中のもの及びこれらの資産に準ずる資産（有価証券及び山林を除きます。）をいいます。） (ロ) 不動産所得、事業所得又は山林所得を生ずべき事業の用に供される固定資産及びこれらの所得を生ずべき事業に係る繰延資産のうちまだ必要経費に算入されていない部分 ※ 災害とは、震災、風水害、火災、冷害、霜害、干害、落雷、噴火その他の自然現象の異変による災害並びに鉱害、火薬類の爆発その他人為による異常な災害及び害虫、害獣その他の生物による異常な災害をいいます。

ロ　雑損失の繰越控除

　　雑損失の金額（雑損控除によって控除しきれなかった部分の金額をいいます。）で次の左欄に掲げるものは、右欄の要件の下に、総所得金額、分離の短期譲渡所得の金額、分離の長期譲渡所得の金額、分離の上場株式等に係る配当所得の金額、分離の株式等に係る譲渡所得等の金額、分離の先物取引に係る雑所得等の金額、山林所得金額又は退職所得金額（分離課税の対象となるものを除きます。）の計算上、一定の順序で控除されます（地法32⑨、313⑨、地法附則33の2③三・⑦三、34③三・⑥三、35④三・⑧三、35の2⑤三・⑩三、35の4②三・⑤三）。

	繰越控除されるもの	繰越控除の要件
雑損失の金額	前年前3年（例えば、令和3年度の個人住民税の場合は、平成29年、平成30年及び令和元年をいいます。）内の各年に生じた雑損失の金額で前年前において控除されなかったもの	その雑損失の金額の生じた年の末日の属する年度の翌年度の個人住民税について雑損失の金額の控除に関する事項を記載した個人住民税の申告書(所得税の確定申告書を含みます。以下同じです。)を提出し、かつ、その後の年度分の個人住民税について連続して雑損失の金額の控除に関する事項を記載した個人住民税の申告書を提出していること

留意点

その年分に繰り越された純損失の金額又は雑損失の金額の繰越控除は、次の順序で行います（地令7の9、48の3、地令附則16の2の11、17、17の3、18、18の7）。

	繰越控除の順序		繰越控除の方法
①	前年前3年間の2以上の年に生じた損失の金額があるとき	⇒	最も古い年に生じた損失の金額から順次控除
②	同じ年に生じた損失のうちに純損失の金額と雑損失の金額があるとき	⇒	まず「純損失の金額」を控除し、次に「雑損失の金額」を控除
③	純損失の金額の控除	⇒	次表による順序で控除
④	雑損失の金額の控除	⇒	次の順序で控除（措通31・32共―4参照） (イ)　総所得金額 (ロ)　分離の短期譲渡所得の金額 (ハ)　分離の長期譲渡所得の金額 (ニ)　分離の上場株式等に係る配当所得の金額 (ホ)　分離の株式等に係る譲渡所得等の金額 (ヘ)　分離の先物取引に係る雑所得等の金額 (ト)　山林所得金額 (チ)　退職所得金額（分離課税の対象となるものを除きます。）

（純損失の金額の控除順序表）

その年分の所得の内容＼純損失の金額の内容	総所得金額の計算上生じた損失の部分の金額	山林所得金額の計算上生じた損失の部分の金額
総所得金額	①	⑤
山林所得金額	③	②
退職所得金額	④	⑥

（注）　退職所得金額には、分離課税の対象とされるものは含まれません。

(8) 居住用財産の譲渡損失の損益通算及び繰越控除の特例

イ　居住用財産の買換え等の場合の譲渡損失の損益通算及び繰越控除

居住用財産の買換え等の場合の譲渡損失の金額については、次のような損益通算及び繰越控除の特例措置が設けられています。なお、所得税においてもこれと同様な特例措置が設けられています（措法41の5）。

第2章　住民税

(イ)　損益通算

平成11年から令和3年までの各年分において、居住用財産の特定譲渡（次頁参照）による譲渡所得の金額の計算上生じた居住用財産の譲渡損失の金額（次頁参照）がある場合には、次のことを要件として、当該譲渡損失の金額をその年の他の所得から控除することができます（地法附則4②⑧）。

適　用　要　件	
①	当該納税義務者が、当該特定譲渡の日の属する年の前年1月1日から当該特定譲渡の日の属する年の翌年12月31日までの間に、買換資産の取得をし、かつ、その取得の日からその取得の日の属する年の翌年12月31日までの間にその納税義務者の居住の用に供したとき、又は供する見込みであるとき
②	当該買換資産を取得した日の属する年の12月31日において当該買換資産に係る住宅借入金等の金額を有しているとき
③	その年の前年又は前々年における資産の譲渡につき他の居住用財産の譲渡に係る特例（注参照）の適用を受けていないこと
④	その年又はその年の前年以前3年内における資産の譲渡につき特定居住用財産の譲渡損失の損益通算の特例（地法附則4の2②、⑧）の適用を受けない、又は受けていないこと
⑤	当該居住用財産の譲渡損失の金額が生じた年の末日の属する年度の翌年度分の個人住民税の申告書（その提出期限後において個人住民税の納税通知書が送達される時までに提出されたもの及びその時までに提出された所得税の確定申告書を含みます。）にこの特例の適用を受けようとする旨の記載があるとき（これらの申告書にその記載がないことについてやむを得ない理由があると市区町村長が認めるときを含みます。）

(注)　他の居住用財産の譲渡に係る特例は、次の特例とされています。
イ　居住用財産を譲渡した場合の長期譲渡所得の課税の特例（措法31の3①）
ロ　居住用財産の譲渡所得の特別控除（措法35①）（ただし、措法35条3項の規定により空き家に係る譲渡所得の特別控除の特例を適用する場合を除きます。）
ハ　特定の居住用財産の買換えの場合の長期譲渡所得の課税の特例（措法36の2）
ニ　特定の居住用財産を交換した場合の長期譲渡所得の課税の特例（措法36の5）

ただし、当該納税義務者がその特定譲渡をした年の前年以前3年内の年において生じた当該居住用財産の譲渡損失の金額以外の居住用財産の譲渡損失の金額について、この損益通算の特例の適用を受けているときは、この損益通算の特例を受けることができません（地法附則4②ただし書、⑧ただし書）。したが

第1節　個人住民税

って、この損益通算の特例が適用されない当該譲渡損失の金額は、次の(ロ)の繰越控除の対象とされないこととなります。

a　特定譲渡とは

　特定譲渡とは、所得割の納税義務者が、平成11年1月1日から令和3年12月31日までの期間内に、その有する家屋又はその家屋の敷地の用に供する土地若しくはその土地の上に存する権利で、当該譲渡の年の1月1日における所有期間が5年を超えるもののうち次に掲げるもの（以下「譲渡資産」といいます。）の譲渡（賃借権の設定等の譲渡所得の基因となる不動産等の貸付けが含まれ、当該納税義務者の配偶者その他のその納税義務者と特別の関係がある一定の者に対する譲渡及び贈与又は出資による譲渡は除かれます。）をいいます（地法附則4①一、措法41の5⑦一）。

譲 渡 資 産 の 範 囲	
①	当該納税義務者が居住の用に供している家屋（その居住の用以外の用に供している部分があるときは、その居住の用に供している部分に限られ、居住の用に供している家屋を二以上有する場合には、主として居住の用に供していると認められる一の家屋に限られます。）で国内にあるもの
②	①に掲げる家屋で居住の用に供されなくなったもの（その供されなくなった日から同日以後3年を経過する日の属する年の12月31日までの間に譲渡されるものに限られます。）
③	①又は②に掲げる家屋及びその家屋の敷地の用に供されている土地又はその土地の上に存する権利
④	①に掲げる家屋が災害により滅失した場合において、その家屋を引き続き所有していたとしたならば、その年1月1日における所有期間が5年を超えることとなるその家屋の敷地の用に供されていた土地又はその土地の上に存する権利（災害があった日から同日以後3年を経過する日の属する年の12月31日までの間に譲渡されるものに限られます。）

b　居住用財産の譲渡損失の金額

　損益通算の適用対象となる居住用財産の譲渡損失の金額は、平成11年1月1日から令和3年12月31日までの期間内に譲渡資産の特定譲渡（当該特定譲渡が二以上ある場合には、当該納税義務者が選定した一の特定譲渡に限ります。）をした場合（前頁の表の①から④までに掲げる要件を備えている譲渡をした場合に限ります。）におけるその譲渡資産の譲渡による譲渡所得の金額の計算上生じた損失の金額のうち、当該特定譲渡をした日の属する年分の分離の長期譲渡所得の

－ 33 －

金額及び分離の短期譲渡所得の金額の計算上控除してもなお控除することができない額をいいます（地法附則４①一、地令附則４②）。

c　買換資産の範囲

　　買換資産は、その納税義務者の居住の用に供する次に掲げる家屋（その居住の用に供する家屋を二以上有する場合には、主としてその居住の用に供すると認められる一の家屋に限られます。）又はその家屋の敷地である土地若しくはその土地の上に存する権利で、国内にあるものとされています（地法附則４①一、措法41の５⑦一、措令26の７⑤）。

①	一棟の家屋の床面積のうちその居住部分の床面積が50㎡以上であるもの
②	一棟の家屋のうちその構造上区分された数個の部分を独立して住居その他の用途に供することができるものにつきその各独立部分を区分所有する場合には、その独立部分の床面積のうち居住部分の床面積が50㎡以上であるもの

d　買換資産に係る住宅借入金等の金額

　　住宅の用に供する家屋の新築若しくは取得又はその家屋の敷地の用に供される土地若しくはその土地の上に存する権利の取得に要する資金に充てるために国内に営業所を有する次に掲げる金融機関又は独立行政法人住宅金融支援機構、地方公共団体若しくは貸金業者等から借り入れた借入金で、契約において償還期間が10年以上の割賦償還の方法により返済することとされているものなどをいい（措法41の５⑦四、措令26の７⑫、措規18の25④〜⑩）、それは、住宅借入金等特別控除に係る住宅借入金等の範囲と同じです。

金 融 機 関 の 範 囲	
①	銀行、信用金庫、労働金庫、信用協同組合、農業協同組合、農業協同組合連合会、漁業協同組合、漁業協同組合連合会、水産加工業協同組合、水産加工業協同組合連合会及び株式会社商工組合中央金庫
②	生命保険会社、損害保険会社、信託会社、農林中央金庫、信用金庫連合会、労働金庫連合会、火災共済協同組合、火災共済協同組合連合会、共済水産業協同組合連合会、信用協同組合連合会及び株式会社日本政策投資銀行

㈹　繰越控除

　　上記㈤の損益通算の特例の適用を受けている譲渡損失の金額については、繰

第1節　個人住民税

越控除の適用を受けることができます。すなわち、純損失の金額のうち、居住用財産の譲渡損失の金額に係る通算後譲渡損失の金額（後述参照）で次の左欄に掲げるものについては、右欄により繰越控除することができます（地法附則4④⑩、地令附則4⑤⑥⑬⑭）。

繰越控除されるもの	繰越控除の方法
納税義務者（前年12月31日において通算後譲渡損失の金額に係る買換資産に係る住宅借入金等の金額を有する者に限ります。）の前年前3年（例えば、令和3年度の個人住民税の場合は、平成29年、平成30年及び令和元年をいいます。）内の年に生じた純損失の金額のうち、居住用財産の譲渡損失の金額に係る通算後譲渡損失の金額（前年前において控除されたものを除きます。）	当該通算後譲渡損失の金額については、その居住用財産の譲渡損失の金額の生じた年の末日の属する年度の翌年度の個人住民税についてその通算後譲渡損失の金額の控除に関する事項を記載した個人住民税の申告書（その提出期限後において個人住民税の納税通知書が送達される時までに提出されたもの及びその時までに提出された所得税の確定申告書を含みます。以下同じです。）を提出し、かつ、その後の年度分について連続して通算後譲渡損失の金額の控除に関する事項を記載した個人住民税の申告書を提出しているときに限り、各年度分の分離の長期譲渡所得の金額、分離の短期譲渡所得の金額、総所得金額、退職所得金額（分離課税の対象となるものを除きます。）又は山林所得金額の計算上一定の方法により控除します。

ただし、当該納税義務者の前年の合計所得金額（分離課税に係る上場株式等に係る配当所得の金額、長期譲渡所得の金額、短期譲渡所得の金額、株式等に係る譲渡所得等の金額又は先物取引に係る雑所得等の金額がある場合には、これらの金額を含みます。）（40頁参照）が3,000万円を超える年度分の個人住民税については、この繰越控除は適用されません（地法附則4④ただし書、⑩ただし書）。なお、この所得要件は、(イ)の損益通算の特例には適用されませんので、当該譲渡損失の金額が生じた年の合計所得金額が3,000万円を超える場合であっても、(イ)の損益通算の特例の適用を受けることができます。

居住用財産に係る通算後譲渡損失の金額とは

繰越控除の対象となる通算後譲渡損失の金額とは、その納税義務者のその年において生じた純損失の金額のうち、居住用財産の譲渡損失の金額に係るもの（当該譲渡資産である土地又はその土地の上に存する権利のうちその面積が500㎡を超える部分に相当する金額を除きます。）をいい、それは、次に掲げる場合の区

第2章　住民税

分に応じ、それぞれ次に定める金額に達するまでの金額をいいます（地法附則4①二、地令附則4④）。

区　　　分	通算後譲渡損失の金額
①	当該居住用財産の譲渡損失の金額が生じた年（その年分の所得税につき青色申告書を提出する場合に限ります。）において、その年分の不動産所得の金額、事業所得の金額若しくは山林所得の金額又は譲渡所得の金額（分離の長期譲渡所得の金額及び分離の短期譲渡所得の金額を除きます。）の計算上生じた損失の金額がある場合	その年において生じた純損失の金額から、当該左欄の損失の金額の合計額（その金額がその年において生じた純損失の金額を超えるときは、当該純損失の金額とします。）を控除した金額
②	当該居住用財産の譲渡損失の金額が生じた年において生じた変動所得の金額の計算上生じた損失の金額又は被災事業用資産の損失の金額がある場合（①に掲げる場合を除きます。）	その年において生じた純損失の金額から当該左欄の損失の金額の合計額（その合計額がその年において生じた純損失の金額を超えるときは、当該純損失の金額とします。）を控除した金額
③	①又は②以外の場合	その年において生じた純損失の金額

ロ　特定居住用財産の譲渡損失の損益通算及び繰越控除

　　特定居住用財産の譲渡損失の金額については、次のような損益通算及び繰越控除の特例措置が設けられています。なお、所得税においてもこれと同様な特例措置が設けられています（措法41の5の2）。

㈠　損益通算

　　平成16年から令和3年までの各年分において、特定居住用財産の特定譲渡（上記イの居住用財産の買換えの場合と同じです。）による譲渡所得の金額の計算上生じた特定居住用財産の譲渡損失の金額（次頁参照）がある場合には、次のことを要件として、当該譲渡損失の金額をその年の他の所得から控除することができます（地法附則4の2②⑧）。

適　用　要　件
①	当該特定譲渡に係る契約を締結した日の前日において当該譲渡資産に係る住宅借入金等の金額（34頁参照）を有すること

－ 36 －

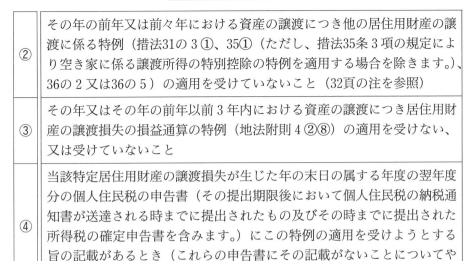

ただし、当該納税義務者がその特定譲渡をした年の前年以前3年内の年において生じた当該特定居住用財産の譲渡損失の金額以外の特定居住用財産の譲渡損失の金額について、この損益通算の特例の適用を受けているときは、この損益通算の特例を受けることができません（地法附則4の2②ただし書、⑧ただし書）。したがって、この損益通算の特例が適用されない当該譲渡損失の金額は、次の(ロ)の繰越控除の対象とされないこととなります。

> 特定居住用財産の譲渡損失の金額とは

損益通算の適用対象となる特定居住用財産の譲渡損失の金額とは、平成16年1月1日から令和3年12月31日までの期間内に譲渡資産（上記イの居住用財産の買換えの場合と同じです。）の特定譲渡（上記イの居住用財産の買換えの場合と同じです。また、当該特定譲渡が二以上ある場合には、当該納税義務者が選定した一の特定譲渡に限ります。）をした場合（上表の①、②及び③の要件を備えている譲渡をした場合に限ります。）におけるその譲渡資産の譲渡による譲渡所得の金額の計算上生じた損失の金額のうち、当該特定譲渡をした日の属する年分の分離の長期譲渡所得の金額及び分離の短期譲渡所得の金額の計算上控除してもなお控除することができない額（当該特定譲渡に係る契約を締結した日の前日における当該譲渡資産に係る住宅借入金等の金額の合計額から当該譲渡資産の譲渡の対価の額を控除した残額を限度とします。）をいいます（地法附則4の2①一、地令附則4の2②）。

第2章　住民税

㈻　**繰越控除**

　　上記㈮の損益通算の特例の適用を受けている譲渡損失の金額については、繰越控除の適用を受けることができます。すなわち、純損失の金額のうち、特定居住用財産の譲渡損失の金額に係る通算後譲渡損失の金額（次頁参照）で次の左欄に掲げるものについては、右欄により繰越控除することができます（地法附則4の2④⑩、地令附則4の2④⑤⑫⑬）。

繰越控除されるもの	繰越控除の方法
前年前3年（例えば、令和3年度の個人住民税の場合は、平成29年、平成30年及び令和元年をいいます。）内の年に生じた純損失の金額のうち、特定居住用財産の譲渡損失の金額に係る通算後譲渡損失の金額（前年前において控除されたものを除きます。）	当該通算後譲渡損失の金額については、その特定居住用財産の譲渡損失の金額の生じた年の末日の属する年度の翌年度の個人住民税についてその通算後譲渡損失の金額の控除に関する事項を記載した個人住民税の申告書（その提出期限後において個人住民税の納税通知書が送達される時までに提出されたもの及びその時までに提出された所得税の確定申告書を含みます。以下同じです。）を提出し、かつ、その後の年度分について連続して通算後譲渡損失の金額の控除に関する事項を記載した個人住民税の申告書を提出しているときに限り、各年度分の分離の長期譲渡所得の金額、分離の短期譲渡所得の金額、総所得金額、退職所得金額（分離課税の対象となるものを除きます。）又は山林所得金額の計算上一定の方法により控除します。

　　ただし、当該納税義務者の前年の合計所得金額（分離課税に係る上場株式等に係る配当所得の金額、長期譲渡所得の金額、短期譲渡所得の金額、株式等に係る譲渡所得等の金額又は先物取引に係る雑所得等の金額がある場合には、これらの金額を含みます。）（42頁参照）が3,000万円を超える年度分の個人住民税については、この繰越控除は適用されません（地法附則4の2④ただし書、⑩ただし書）。なお、この所得要件は、㈮の損益通算の特例には適用されませんので、当該居住用財産の譲渡損失の金額が生じた年の合計所得金額が3,000万円を超える場合であっても、㈮の損益通算の特例の適用を受けることができます。

<u>**特定居住用財産に係る通算後譲渡損失の金額とは**</u>

　　繰越控除の対象となる通算後譲渡損失の金額とは、その納税義務者のその年において生じた純損失の金額のうち、特定居住用財産の譲渡損失の金額に係る

— 38 —

ものをいい、それは、次の左欄に掲げる場合の区分に応じ、それぞれ右欄に定める金額に達するまでの金額をいいます（地法附則4の2①二、地令附則4の2③）。

	区　　　　分	通算後譲渡損失の金額
①	当該特定居住用財産の譲渡損失の金額が生じた年（その年分の所得税につき青色申告書を提出する場合に限ります。）において、その年分の不動産所得の金額、事業所得の金額若しくは山林所得の金額又は譲渡所得の金額（分離の長期譲渡所得の金額及び分離の短期譲渡所得の金額を除きます。）の計算上生じた損失の金額がある場合	その年において生じた純損失の金額から、当該左欄の損失の金額の合計額（その金額がその年において生じた純損失の金額を超えるときは、当該純損失の金額とします。）を控除した金額
②	当該特定居住用財産の譲渡損失の金額が生じた年において生じた変動所得の金額の計算上生じた損失の金額又は被災事業用資産の損失の金額がある場合（①に掲げる場合を除きます。）	その年において生じた純損失の金額から当該左欄の損失の金額の合計額（その合計額がその年において生じた純損失の金額を超えるときは、当該純損失の金額とします。）を控除した金額
③	①又は②以外の場合	その年において生じた純損失の金額

第2章　住民税

4　所得控除

　所得割額を計算する場合においては、総所得金額、分離の短期譲渡所得の金額（特別控除後の金額）、分離の長期譲渡所得の金額（特別控除後の金額）、分離の上場株式等に係る配当所得の金額、分離の株式等に係る譲渡所得等の金額、分離の先物取引に係る雑所得等の金額、山林所得金額又は退職所得金額（分離課税の対象となるものを除きます。）から、各種の所得控除の額を控除して、これらの所得の課税所得金額を算出することとなります（地法34、314の2、地法附則33の2③三・⑦三、34③三・⑥三、35④三・⑧三、35の2⑤三・⑩三、35の4②三・⑤三）。

　なお、所得控除の項において、**「合計所得金額」**という場合には、前年の所得（例えば令和3年度の個人住民税の場合は、令和2年の所得）について算定したものであり、それは、次の(イ)から(チ)までの金額の合計額をいいます。ただし、純損失若しくは雑損失の繰越控除、居住用財産の買換え等の場合の譲渡損失若しくは特定居住用財産の譲渡損失の繰越控除、上場株式等に係る譲渡損失若しくは特定中小会社が発行した株式に係る譲渡損失の繰越控除又は先物取引の差金等決済に係る損失の繰越控除の適用を受けている場合には、その適用前の金額をいいます（地法23①十三、292①十三、地法附則4⑦一・⑬一、4の2⑦一・⑬一、33の2③一・⑦一、34③一・⑥一、35④一・⑧一、35の2④一・⑧一、35の2の2④⑧、35の4②一・⑤一）。

(イ)　総所得金額（配当割を課された特定配当等で申告不要を選択したものは含まれません。）

(ロ)　分離の上場株式等に係る配当所得等の金額（上場株式等に係る譲渡損失との損益通算後の金額）

(ハ)　分離の長期譲渡所得の金額（特別控除前の金額）

(ニ)　分離の短期譲渡所得の金額（特別控除前の金額）

(ホ)　分離の一般株式等及び上場株式等に係る譲渡所得等の金額（株式等譲渡所得割を課された特定株式等譲渡所得金額で申告不要を選択したものは含まれません。）

(ヘ)　分離の先物取引に係る雑所得等の金額

(ト)　退職所得金額（分離課税の対象となるものを除きます。）

(チ)　山林所得金額

　したがって、個人住民税における合計所得金額には、所得税において非課税とされる所得、利子割の対象とされる利子等、配当割の対象とされる特定配当等のうち申告不要を選択したもの、株式等譲渡所得割の対象とされる特定株式等譲渡所得金額のうち申告不要を選択したもの及び分離課税の対象とされる退職所得金額は、含まれないこととなります。

第1節　個人住民税

　また、「**総所得金額等の合計額**」という場合も前年の所得について算定したものであり、それは、上記の(イ)から(チ)までの金額の合計額をいいます。ただし、純損失若しくは雑損失の繰越控除、居住用財産の買換え等の場合の譲渡損失若しくは特定居住用財産の譲渡損失の繰越控除、上場株式等に係る譲渡損失若しくは特定中小会社が発行した株式に係る譲渡損失の繰越控除又は先物取引の差金等決済に係る損失の繰越控除の適用を受けている場合には、その適用後の金額をいいます。

(1)　所得控除の種類

　所得控除は、様々な事情により納税者の税負担能力（担税力）が減殺されることを斟酌して、これを調整するため、所得から一定額を控除するものであり、現在、次の15種類の控除と8種類の加算及び割増が設けられています。

区　　分	制度目的等	所得控除の種類
基礎的な人的控除	納税者本人や配偶者、扶養親族の世帯構成などを斟酌したもの	基礎控除、配偶者控除、配偶者特別控除、扶養控除
特別な人的控除	障害など特別な人的要因のために追加的費用を要することによって税負担能力が減殺することなどを斟酌したもの	障害者控除、寡婦控除、ひとり親控除、勤労学生控除、
その他の控除	災害、疾病などによる特別の支出に伴って税負担能力が減殺されることを斟酌したり、一定の政策的要請を勘案したもの	雑損控除、医療費控除、社会保険料控除、小規模企業共済等掛金控除、生命保険料控除、地震保険料控除

（控除の加算・割増）

区　　分	控除の加算・割増
配偶者控除	老人控除対象配偶者
扶養控除	特定扶養親族、老人扶養親族、同居老親等扶養親族
障害者控除	特別障害者、同居特別障害者

(2)　所得税の所得控除との比較

　個人住民税は、地域社会の費用を住民がその能力に応じて広く負担を分任するという独自の性格（負担分任の性格）を有していることから、課税最低限は所得税より低くなっています。このため、次頁のとおり、その所得控除の額のうち社会保険料控除

－41－

第2章　住民税

及び小規模企業共済等掛金控除は同額、雑損控除及び医療費控除は原則として同額とされていますが、その他の控除は所得税より低いものとなっています。

所得控除の区分	個人住民税		所得税		備　　考
基礎控除		43万円		48万円	雑損控除及び医療費控除については、所得税において純損失の繰戻による還付を受けたこと、あるいは分離課税の対象とされる退職手当等があること等によって、個人住民税の総所得金額等の合計額が所得税のそれと異なるときは、その控除額に差が生じる場合があります。
配偶者控除	最大	33	最大	38	
（老人配偶者）	最大	38	最大	48	
配偶者特別控除	最大	33	最大	38	
扶養控除		33		38	
（特定扶養親族）		45		63	
（老人扶養親族）		38		48	
（同居老親等扶養親族）		45		58	
障害者控除		26		27	
（特別障害者）		30		40	
（同居特別障害者）		53		75	
寡婦控除		26		27	
ひとり親控除		30		35	
勤労学生控除		26		27	
生命保険料控除	最大	7	最大	12	
地震保険料控除	最大	2.5	最大	5	
雑損控除	原則として同額				
医療費控除	原則として同額				
社会保険料控除	同額				
小規模企業共済等掛金控除	同額				
寄附金控除	無（注1）		有（注2）		

(注) 1　平成21年度以後の年度分の個人住民税から、寄附金税額控除とされました。
　　 2　所得税の寄附金控除額は、次のいずれか少ない方の金額とされています（所法78①）。なお、平成23年分以後において個人が支出した特定寄附金のうち認定特定非営利活動法人等及び公益社団法人等に対する寄附金で一定のものについては、所得控除に代えて税額控除を選択することができることとされています。
　　　イ　特定寄附金の額の合計額－2千円
　　　ロ　（総所得金額等×40%）－2千円

(3)　各種所得控除の内容

　個人住民税における各種所得控除の内容は、次のとおりです。

第1節　個人住民税

①　雑損控除（地法34①一、314の2①一）

控除される場合	控除額
納税義務者又はその者と生計を一にする配偶者その他の親族で総所得金額等の合計額が所得税の基礎控除相当額（38万円）以下の者が、災害、盗難又は横領により資産（たな卸資産、事業の用に供される固定資産及びその事業に係る繰延資産、山林並びに生活に通常必要でない資産（書画、骨とう、貴金属、別荘等）を除きます。以下「住宅家財等」といいます。）について損失を受けた場合（災害等に関連して一定のやむを得ない支出をした場合を含みます。） （災害関連支出の範囲） 　イ　損壊等した住宅家財等の取壊し、除去等のための支出 　ロ　災害がやんだ日の翌日から1年を経過する日（大規模な災害の場合その他やむを得ない事情がある場合には、3年を経過する日）までにした次に掲げる支出 　　・災害によって生じた土砂その他の障害物を除去するための支出 　　・住宅家財等の原状回復及び損壊防止等のための支出 　ハ　災害によって住宅家財等につき現に被害が生じ、又はまさに生ずるおそれがあると見込まれる場合における被害の拡大、発生を防止するため緊急に必要な措置のための支出 　ニ　盗難又は横領による損失が生じた住宅家財等の原状回復費用（損失額を除きます。）等	次により計算した額 　イ　損失の金額のうちに災害関連支出の金額がない場合又は5万円以下の場合 　　（損失の金額－総所得金額等の合計額×1／10） 　ロ　損失の金額のうちに5万円を超える災害関連支出の金額がある場合 　　損失の金額－次のいずれか低い金額 　　i　損失の金額－災害関連支出の金額－5万円 　　ii　総所得金額等の合計額×1／10 　ハ　損失の金額がすべて災害関連支出の金額である場合 　　損失の金額－次のいずれか低い金額 　　i　5万円 　　ii　総所得金額等の合計額×1／10 ※1　損失の金額＝損害金額－保険金等で補てんされる金額 　2　総所得金額等の合計額については、41頁を参照して下さい。 　3　この控除によって引き切れなかった部分の金額は、雑損失の繰越控除の対象となります。

（注）　所得税においては、災害を受けた場合において、その災害を受けた者が雑損控除の適用を受けるか、所得税額の災害減免を受けるかはその者の選択にゆだねられています（災害減免法2）が、個人住民税においては、その年に所得税について同法の規定による災害減免を受けた場合においても、雑損控除を行うとされています（取扱通知(市)2章19）。

第2章　住民税

②　医療費控除 （地法34①二、314の2①二）

控 除 さ れ る 場 合	控 　 除 　 額
納税義務者が自己又は自己と生計を一にする配偶者その他の親族に係る医療費を支払った場合	次により計算した金額 　医療費－10万円＝医療費控除額 　　　　　　↑　　　　　　（最高200万円） 総所得金額等の合計額（41頁参照）が200万円未満の場合は、その5％相当額 ※　医療費＝その年中に支払った医療費－保険金等で補てんされた金額

------（控除対象とされる医療費の範囲）------

イ　医師又は歯科医師に支払った診療費又は治療費

ロ　治療又は療養のために必要な医薬品の購入費

ハ　病院、診療所、指定介護老人福祉施設、指定地域密着型介護老人福祉施設又は助産所へ収容されるために支払った入院費又は入所費

ニ　治療のために、あん摩マッサージ指圧師、はり師、きゅう師又は柔道整復師に支払った施術費

ホ　保健師、看護師、准看護師又は療養上の世話を受けるために特に依頼した人による療養上の世話を受けるために支払った費用（在宅療養に係るものを含みます。）

ヘ　助産師による分べんの介助を受けた費用

ト　介護福祉士等が診療の補助として行う喀痰吸引等に係る費用（自己負担額）

チ　特定健康診査の結果が生活習慣病（高血圧症、脂質異常症又は糖尿病）と同等の状態であると認められる基準に該当する者に対して行われる特定保健指導（特定健康診査を行った医師の指示に基づき積極的支援により行われるものに限ります。）に係る指導料（自己負担額）及びその特定健康診査の結果が前記の基準に該当する状態と診断され、かつ、引き続き特定健康診査を行った医師の指示に基づき特定保健指導が行われた場合におけるその特定健康診査のための費用（自己負担額）

リ　次のような費用で医師等による診療などを受けるために直接必要なもの

　(イ)　通院費、医師等の送迎費、入院・入所の部屋代・食事代等の費用又は医療用器具等の購入・賃借・使用のための費用で、通常必要なもの

　(ロ)　自己の日常最低限の用をたすために供される義手、義足、松葉づえ、補聴器、義歯等の購入のための費用

　(ハ)　身体障害者福祉法、知的障害者福祉法等の法律の規定により都道府県や市区町村に納付する費用のうち医師等の診療等の費用並びに(イ)及び(ロ)の費用に相当するもの

第1節　個人住民税

控 除 さ れ る 場 合	控 　 除 　 額
納税義務者が自己又は自己と生計を一にする配偶者その他の親族に係る特定一般用医薬品等購入費を支払った場合	次による計算した金額 　特定一般用医薬品等購入費－１万２千円＝医療費控除額（最高８万８千円）

-------（特定一般用医薬品等購入費）-------

　特定一般用医薬品等購入費とは、次の医薬品である一般用医薬品等（新医薬品に該当するもの及び人の身体に直接使用されることのないものを除きます。）のうち、医療保険各法等の規定により療養の給付として支給される薬剤との代替性が特に高いものとして厚生労働大臣が財務大臣と協議して定めるものの購入の対価をいいます。

(1)　その製造販売の承認の申請に際して既に承認を与えられている医薬品と有効成分、分量、用法、用量、効能、効果等が明らかに異なる医薬品

(2)　その製造販売の承認の申請に際して(1)の医薬品と有効成分、分量、用法、用量、効能、効果等が同一性を有すると認められる医薬品

(注１)　「医薬品」とは、医薬品、医療機器等の品質、有効性及び安全性の確保等に関する法律第２条第１項に規定する医薬品をいいます。

(注２)　「一般用医薬品等」とは、医薬品、医療機器等の品質、有効性及び安全性の確保等に関する法律第４条第５項第３号に規定する要指導医薬品及び同項第４号に規定する一般用医薬品をいいます。

(注３)　「新医薬品」とは、医薬品、医療機器等の品質、有効性及び安全性の確保等に関する法律第14条の４第１項第１号に規定する新医薬品をいいます。

(注４)　「製造販売の承認の申請」とは、医薬品、医療機器等の品質、有効性及び安全性の確保等に関する法律第14条第３項の規定による同条第１項の製造販売についての承認の申請又は同法第19条の２第５項において準用する同法第14条第３項の規定による同法第19条の２第１項の製造販売をさせることについての承認の申請をいいます。

(注５)　「承認」とは、医薬品、医療機器等の品質、有効性及び安全性の確保等に関する法律第14条又は第19条の２の承認をいいます。

　前述の「医療保険各法等の規定により療養の給付として支給される薬剤との代替性が特に高いものとして厚生労働大臣が財務大臣と協議して定めるもの」とは、いわゆるスイッチOTC薬で、厚生労働省告示に掲げるもの（アシクロビル、アシタザノラストなど、83成分が定められています。）、その水和物及びそれらの塩類を有効成分として含有する製剤をいいます。

　セルフメディケーション税制の対象とされるスイッチOTC薬の具体的な品目一覧は、厚生労働省ホームページに掲載の「対象品目一覧」をご覧ください。

　なお、一部の対象医薬品については、その医薬品のパッケージにセルフメディケーション税制の対象である旨を示す識別マークが掲載されています。

（注）　どちらかの選択制

第2章　住民税

③　社会保険料控除（地法34①三、314の2①三）

控 除 さ れ る 場 合	控 除 額
納税義務者が自己又は自己と生計を一にする配偶者その他の親族の負担すべき健康保険料、国民健康保険料（税）、国民年金保険料、介護保険料等の社会保険料を支払った場合又は給与から控除された場合	支払った社会保険料の金額又は給与から控除される社会保険料の金額

④　小規模企業共済等掛金控除（地法34①四、314の2①四）

控 除 さ れ る 場 合	控 除 額
納税義務者が次の掛金を支払った場合 イ　小規模企業共済法に基づく共済契約の掛金 ロ　確定拠出年金法に基づく個人型年金加入者掛金 ハ　地方公共団体が実施する心身障害者扶養共済制度に基づく共済契約の掛金	支払った小規模企業共済等掛金の金額

⑤　生命保険料控除（地法34①五、314の2①五）

控除される場合	控 除 額
新生命保険料若しくは旧生命保険料、介護医療保険料又は新個人年金保険料若しくは旧個人年金保険料を支払った場合 ※　介護医療保険料とは、介護医療保険契約等に係る保険料等のうち、医療費等支払事由に基因して保険金、共済金その他の給付金を支払うことを約する部分に係る保険料等をいい	次による控除額（次のイからハまでによる各保険料控除の合計適用限度額は70,000円とされます。） イ　平成24年1月1日以後に締結した保険契約等（以下「新契約」といいます。）に係る控除 　介護医療保険料控除、一般生命保険料控除及び個人年金保険料控除の控除額……その年中に支払った介護医療保険料、新生命保険料又は新個人年金保険料の金額の区分に応じそれぞれ次により計算した金額（各控除の適用限度額は28,000円）

支払った保険料の金額	控 除 額
12,000円以下	支払保険料等の全額
12,000円超32,000円以下	支払保険料等×1／2＋6,000円
32,000円超56,000円以下	支払保険料等×1／4＋14,000円
56,000円超	一律に28,000円

－ 46 －

第1節　個人住民税

ます。	ロ　平成23年12月31日以前に締結した保険契約等（以下「旧契約」といいます。）に係る控除

ロ　平成23年12月31日以前に締結した保険契約等（以下「旧契約」といいます。）に係る控除

　　一般生命保険料控除及び個人年金保険料控除の控除額……その年中に支払った旧生命保険料又は旧個人年金保険料の金額の区分に応じそれぞれ次により計算した金額（各控除の適用限度額は35,000円）

支払った保険料の金額	控　除　額
15,000円以下	支払保険料等の全額
15,000円超40,000円以下	支払保険料等×1／2＋7,500円
40,000円超70,000円以下	支払保険料等×1／4＋17,500円
70,000円超	一律に35,000円

ハ　新契約と旧契約の双方について保険料控除の適用を受ける場合の控除（注）

　　一般生命保険料控除及び個人年金保険料控除の控除額……上記イ及びロにかかわらず、それぞれ次に掲げる金額の合計額（各控除の適用限度額は28,000円）

(イ)　その年中に支払った新生命保険料又は新個人年金保険料の金額に応じ上記イにより計算した金額

(ロ)　その年中に支払った旧生命保険料又は旧個人年金保険料の金額に応じ上記ロにより計算した金額

（注）　総務省から「生命保険料控除等の改正に係る取扱いについて（総税市第49号平成24年9月7日総務省自治税務局市町村税課長通知）」が発出されています。それによると、「新生命保険料と旧生命保険料とを両方支払っている納税義務者については、生命保険料控除の適用において、控除額が最大となる場合として、旧生命保険料のみを適用することも双方を適用することも認められているが、所得税と個人住民税とでは納税義務者に有利な適用方法が異なることから、所得税における適用方法に関わらず、個人住民税においては納税義務者に有利な適用方法により対応していただきたい」とされています。したがって、両方の保険料を支払い、旧生命保険料の支払額が4万2千円超6万円未満の場合には、所得税においては新生命保険料と旧生命保険料との双方を適用する方が納税義務者に有利となりますが、個人住民税においては旧生命保険料のみを適用する方が納税義務者に有利となりますので、この場合には、上欄「ハ」によらず、その支払保険料を旧生命保険料のみとして上欄「ロ」により計算する取扱いとなります。

⑥　地震保険料控除（地法34①五の三、314の2①五の三）

控　除　さ　れ　る　場　合	控　除　　額
納税義務者が地震保険料を支払った場合	支払った地震保険料の金額（※）の合計額の2分の1に相当する金額（その金額

第2章　住民税

（控除の対象となる地震保険料）

　自己又は自己と生計を一にする配偶者その他の親族の有する次に掲げる資産を保険又は共済の目的とし、かつ、地震若しくは噴火又はこれらによる津波を直接又は間接の原因とする火災、損壊、埋没又は流失（以下「地震等」といいます。）による損害によりこれらの資産について生じた損失の額をてん補する保険金又は共済金が支払われる損害保険契約等に係る地震等による損害部分の保険料又は掛金（以下「地震保険料」といいます。）が控除の対象となります。
イ　家屋で常時その居住の用に供するもの
ロ　生活の用に供する家具、じゅう器、衣服その他の資産で一定のもの

が25,000円を超える場合には、25,000円となります。）

※　地震保険料の払い込みに充てられた剰余金又は割戻金の額を控除した後の額となります。

（注）　損害保険料控除が改組され地震保険料控除が創設されたことに伴い、納税義務者が、平成19年以後の各年において、平成18年12月31日までに締結した長期損害保険契約等（損害保険契約等のうち満期払戻金等のあるもので保険期間又は共済期間が10年以上のものとされています。）に係る損害保険料を支払った場合には、次のとおり経過措置が講じられています（平成18年改正地法附則5⑤⑥、11⑤⑥）。
　(1)　前年中に支払った地震保険料等（地震保険料及び長期損害保険契約等に係る損害保険料をいいます。以下この項において同じです。）に係る契約のすべてが損害保険契約等（地震等による損害により生じた損失の額をてん補する保険金等が支払われる損害保険契約等をいいます。以下この項において同じです。）に該当するものである場合には、その支払った地震保険料の金額の合計額の2分の1に相当する金額（25,000円を限度とします。）を控除します。
　(2)　前年中に支払った地震保険料等に係る契約のすべてが長期損害保険契約等に該当するものである場合には、次の左欄の支払った保険料の区分に応じ、それぞれ右欄の金額が控除されます。

支払った保険料の金額	控　除　額
5,000円以下の場合	支払った保険料の全額
5,000円を超え15,000円以下の場合	支払った保険料の金額×1／2＋2,500円
15,000円を超える場合	10,000円

　(3)　前年中に支払った地震保険料等に係る契約のうちに損害保険契約等と長期損害保険契約等とがある場合には、合わせて最高25,000円を控除します。
　(4)　一の契約が損害保険契約等又は長期損害保険契約等のいずれにも該当するときは、個人住民税の申告書、給与支払報告書又は公的年金等支払報告書に記載されたところにより、いずれか一の契約に該当するものとして扱います。

－48－

第1節　個人住民税

⑦　障害者控除（地法34①六・④、314の2①六・④）

控　除　さ　れ　る　場　合	控　除　額
納税義務者が障害者である場合又は納税義務者に障害者である控除対象配偶者又は扶養親族がある場合 （障害者の範囲） イ　精神上の障害により事理を弁識する能力を欠く常況にある者又は児童相談所、知的障害者更生相談所、精神保健福祉センター若しくは精神保健指定医の判定により知的障害者とされた者 ロ　精神障害者保健福祉手帳の交付を受けている者 ハ　交付を受けた身体障害者手帳に身体上の障害がある者として記載されている者 ニ　戦傷病者手帳の交付を受けている者 ホ　原子爆弾被爆者のうち、その負傷又は疾病が原子爆弾の障害作用に起因する旨の厚生労働大臣の認定を受けている者 ヘ　常に就床を要し、複雑な介護を要する者 ト　精神又は身体に障害のある年齢65歳以上の者で、その障害の程度がイ又はハに掲げる者に準ずるものとして市区町村長等の認定を受けている者 （特別障害者の範囲） チ　イにより障害者とされる者のうち精神上の障害により事理を弁識する能力を欠く常況にある者又はイの児童相談所等の判定により重度の知的障害者とされた者 リ　精神障害者保健福祉手帳に障害等級が1級と記載されている者 ヌ　身体障害者手帳に身体上の障害の程度が1級又は2級と記載されている者 ル　戦傷病者手帳の障害の程度が恩給法別表第1号表ノ二の特別項症から第3項症までである者と記載されている者 ヲ　ホ又はヘにより障害者とされる者 ワ　トの者のうち、チ又はヌに掲げる者に準ずるものとして市区町村長等の認定を受けている者	障害者　1人につき26万円 　ただし、その障害者が特別障害者である場合は30万円、控除対象配偶者又は扶養親族が同居特別障害者である場合は53万円 ※1　同居特別障害者とは、所得割の納税義務者の控除対象配偶者又は扶養親族が特別障害者で、かつ、その納税義務者又はその納税義務者の配偶者若しくはその納税義務者と生計を一にするその他の親族のいずれかと同居を常況としている者をいいます。 　2　平成24年度分の個人住民税から年少扶養親族に対する扶養控除の適用はないこととなりますが、その年少扶養親族が障害者である場合であっても、障害者控除は適用されます。

（注）　特別障害者又はその他の障害者であるかどうかは、前年の12月31日（前年の中途で控除対象配偶者又は扶養親族が死亡した場合には、その死亡の時）の現況によって判定します。

— 49 —

第2章　住民税

⑧　**寡婦・ひとり親控除**（地法34①八・八の二、314の2①八・八の二）

控　除　さ　れ　る　場　合	控除額
納税義務者が寡婦である場合	26万円
寡婦とは、次に掲げる者でひとり親に該当しないものをいいます。 イ　夫と離婚した後婚姻をしていない者のうち、次に掲げる要件を満たすもの 　(イ)　扶養親族を有すること。 　(ロ)　前年の合計所得金額が500万円以下であること。 　(ハ)　その者と事実上婚姻関係と同様の事情があると認められる者として総務省令で定めるものがいないこと。 ロ　夫と死別した後婚姻をしていない者又は夫の生死の明らかでない者で政令で定めるもののうち、イ(ロ)及び(ハ)に掲げる要件を満たすもの	
納税義務者がひとり親である場合	30万円
ひとり親とは、現に婚姻をしていない者又は配偶者の生死の明らかでない者で政令で定めるもののうち、次に掲げる要件を満たすものをいいます。 イ　その者と生計を一にする子で政令で定めるものを有すること。 ロ　前年の合計所得金額が500万円以下であること。 ハ　その者と事実上婚姻関係と同様の事情にあると認められる者として総務省令で定めるものがいないこと。	

(注)　寡婦又はひとり親に該当するかどうかは、前年の12月31日の現況によって判定します（地法34⑧、314の2⑧）。ただし、その者と生計を一にする子が同日前に既に死亡している場合において、その生計を一にする子が②に定める生計を一にする子に該当するかどうかの判定は、その死亡の時の現況によります（地法34⑧ただし書、314の2⑧ただし書）。

⑨　**勤労学生控除**（地法34①九、314の2①九）

控　除　さ　れ　る　場　合	控　除　額
納税義務者が勤労学生である場合	26万円
勤労学生とは、学校の学生、生徒等で、自己の勤労による所得（事業所得、給与所得、退職所得又は雑所得のことをいいます。）を有する者のうち、合計所得金額（40頁参照）が75万円以下であり、かつ、その所得のうち自己の勤労によらない所得が10万円以下のものをいいます。	

(注)　勤労学生に該当するかどうかは、前年の12月31日の現況によって判定します。

— 50 —

第1節　個人住民税

⑩　配偶者控除（地法34①十、314の２①十）

控　除　さ　れ　る　場　合			控　除　額	
納税義務者が次に掲げる控除対象配偶者を有する場合				
控除対象配偶者とは、納税義務者の配偶者で、その納税義務者と生計を一にする者（青色事業専従者に該当する者で青色事業専従者給与の支払を受けるもの及び白色事業専従者に該当する者を除きます。）のうち、合計所得金額（40頁参照）が48万円以下である者をいいます。				
イ	一般の控除対象配偶者（ロに掲げる控除対象配偶者に該当しない控除対象配偶者をいいます。）		納税義務者の合計所得金額	控除額
			900万円以下	33万円
			900万円超950万円以下	22万円
			950万円超1,000万円以下	11万円
ロ	老人控除対象配偶者	控除対象配偶者のうち、年齢70歳以上の者（令和３年度分の個人住民税の場合は、昭和26年１月１日以前に生まれた者が該当します。）	納税義務者の合計所得金額	控除額
			900万円以下	38万円
			900万円超950万円以下	26万円
			950万円超1,000万円以下	13万円

（注）1　上記のイ及びロに掲げる控除対象配偶者に該当するかどうかは、前年の12月31日（前年の中途でその者が死亡した場合には、その死亡の時）の現況によって判定します（地法34⑧、314の２⑧）。

　　　2　納税義務者の配偶者がその納税義務者の控除対象配偶者に該当し、かつ、他の納税義務者の扶養親族にも該当する場合には、その配偶者は、これらのうちいずれか一にのみ該当するものとみなすこととされており（地法23②、292②）、その配偶者について、その２人以上の納税義務者が重複して控除を受けることはできません。そのいずれの納税義務者の控除対象とするかについては、原則として、個人住民税の申告書、給与支払報告書又は公的年金等支払報告書に記載されたところによります（地令７の３の３、46の３）。

　　　3　前年の中途において納税義務者の配偶者が死亡し、同年中にその納税義務者が再婚した場合には、その死亡した配偶者又は再婚した配偶者のうち１人に限り配偶者控除を受けることとなります（地法34⑩、314の２⑩、地令７の16、48の７⑤）。この場合、配偶者控除の対象としなかった他の１人については、所得税と異なり、他の納税義務者の扶養親族となることができます。

— 51 —

第2章　住民税

⑪　**配偶者特別控除**（地法34①十の二、314の２①十の二）

控　除　さ　れ　る　場　合	控　　除　　額
合計所得金額（40頁参照）が1,000万円以下の納税義務者が生計を一にする配偶者で控除対象配偶者に該当しない者（合計所得金額が48万円を超える者）を有する場合 　ただし、その配偶者が次のいずれかに該当する場合には、配偶者特別控除の適用を受けることができません。 イ　合計所得金額が133万円を超える者 ロ　他の個人住民税の納税義務者の扶養親族とされる者 ハ　青色事業専従者に該当する者で青色事業専従者給与の支払いを受ける者 ニ　白色事業専従者に該当する者	次により計算した金額 イ　納税義務者の前年の合計所得金額が900万円以下である場合 　(1)　配偶者の合計所得金額が100万円以下である場合…33万円 　(2)　配偶者の合計所得金額が100万円を超え130万円以下である場合…38万円－（配偶者の合計所得金額－93万１円）（注１） 　(3)　配偶者の合計所得金額が130万円を超える場合…３万円 ロ　納税義務者の前年の合計所得金額が900万円を超え950万円以下である場合 　(1)　配偶者の合計所得金額が100万円以下である場合…33万円×2/3（注２） 　(2)　配偶者の合計所得金額が100万円を超え130万円以下である場合…(38万円－（配偶者の合計所得金額－93万１円))×2/3（注１）（注２） 　(3)　配偶者の合計所得金額が130万円を超える場合…３万円×2/3（注２） ハ　納税義務者の前年の合計所得金額が950万円を超え1,000万円以下である場合 　(1)　配偶者の合計所得金額が100万円以下である場合…33万円×1/3（注２） 　(2)　配偶者の合計所得金額が100万円を超え130万円以下である場合…(38万円－(配偶者の合計所得金額－93万１円))×1/3（注１）（注２） 　(3)　配偶者の合計所得金額が130万円を超える場合…３万円×1/3（注２） （注１）「配偶者の合計所得金額－93万１円」は、その金額が５万円の整数倍の金額から３万円を控除した金額でないときは、５万円の整数倍の金額から３万円を控除した金額のうち、「合計所得金額－93万１円」に満たない金額で最も多い金額として計算します。

－ 52 －

第1節　個人住民税

	（注2）　1万円未満の端数がある場合には、これを切り上げた金額として計算します。

（注）　上記の配偶者に該当するかどうかの判定は、前頁の控除対象配偶者の場合と同様です（地法34⑧、314の2⑧）。

⑫　**扶養控除**（地法34①十一・⑤、314の2①十一・⑤）

控　除　さ　れ　る　場　合		控　除　額
納税義務者が次に掲げる扶養親族を有する場合		
扶養親族とは、納税義務者の配偶者以外の親族並びに児童福祉法に規定する納税義務者である里親に委託された児童（年齢18歳未満の者）及び老人福祉法に規定する納税義務者である養護受託者に委託された老人（原則として、年齢65歳以上の者）で、その納税義務者と生計を一にする者（青色事業専従者に該当する者で青色事業専従者給与の支払を受けるもの及び白色事業専従者に該当する者を除きます。）のうち、合計所得金額（40頁参照）が48万円以下である者をいいます。		
イ　一般の扶養親族	年齢16歳以上18歳以下の者及び年齢23歳以上69歳以下の者 ※　令和3年度分の個人住民税の場合、年齢16歳以上の者には平成17年1月1日以前に生まれた者が該当します。	33万円
ロ　特定扶養親族	年齢19歳以上22歳以下の者（令和3年度分の個人住民税の場合は、平成10年1月2日から平成13年1月1日までの間に生まれた者が該当します。）	45万円
ハ　老人扶養親族	年齢70歳以上の者（ニに該当する者を除きます。）（令和3年度分の個人住民税の場合は、昭和26年1月1日以前に生まれた者が該当します。）	38万円
ニ　同居老親等扶養親族	老人扶養親族のうち、納税義務者又はその納税義務者の配偶者の直系尊属（両親・祖父母など）で、納税義務者又はその納税義務者の配偶者のいずれかとの同居を常況としている者	45万円

（注）1　上記のイからニまでに掲げる扶養親族に該当するかどうかは、前年の12月31日（前年の中途でその者が死亡した場合には、その死亡の時）の現況によって判定します（地法34⑧、314の2⑧）。

　　　2　二以上の納税義務者の扶養親族に該当する者がある場合には、その者は、これらの納税義務者のうちいずれか一の納税義務者の扶養親族とみなすこととされて

— 53 —

います（地法23③、292③）。この場合において、いずれの納税義務者の扶養親族とするかは、原則として、個人住民税の申告書、給与支払報告書又は公的年金等支払報告書に記載されたところによります（地令7の3の4、46の3の2）。

⑬ **基礎控除**（地法34②、314の2②）

控除される者	控除額
すべての納税義務者	43万円 ただし、控除額について、合計所得金額に応じて、2,400万円超から3段階で逓減、2,500万円超で消失します。

(4) 所得控除の順序

所得控除の順序は、まず雑損控除を行い、その次にその他の控除を行います（地法34⑪、314の2⑪）

また、その控除にあたっては、その所得控除の額は、次に掲げる所得の順に控除します（措通31・32共―4参照）。

したがって、雑損控除の額を控除した後において、なお所得がある場合には、残りの控除の額の合計額を同じ順序で控除することになります。

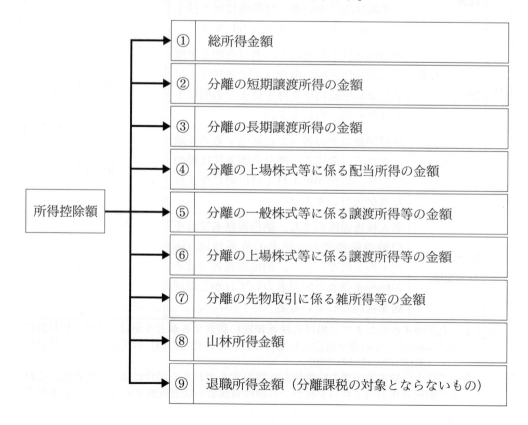

— 54 —

第1節　個人住民税

5　税　率

　個人住民税所得割の税率構造は、従来、緩やかな累進構造とされていましたが、平成18年度の税制改正で所得税から個人住民税への税源移譲が実施されるにあたって、その税率構造は、個人住民税は地方団体の提供する行政サービスの受益者である住民がその行政サービスに要する経費を分担すべきであるという応益性に基づいて課される税であることや地域間の税源偏在度縮小の観点から、その税率構造が比例税率（課税標準に対して適用される均一の税率をいいます。）に改められ、その標準税率は、平成19年度以後の年度分の個人住民税から、道府県民税及び都民税にあっては4％、市町村民税及び特別区民税にあっては6％とされました（参考の（注1）参照）（地法35①前段、314の3①前段）。課税団体である都道府県又は市区町村は、標準税率を基準として条例によりその税率を定めることとなります。

　なお、超過課税など標準税率以外の税率により課税する場合には、その定める率は一の率でなければならないとされています（地法35①後段、314の3①後段）。したがって、所得金額を区分し、その区分ごとに異なる税率を定めることはできないとされています（取扱通知（市）2章24）。

（参考）税源移譲後の個人住民税所得割の税率

税　目	税源移譲前		税源移譲後	
	課税所得	標準税率	課税所得	標準税率
個人住民税	〜200万円 200万円〜700万円 700万円〜	5％ 10％ 13％	一律	10％
都道府県民税	〜700万円 700万円〜	2％ 3％	一律	4％ （2％）
市区町村民税	〜200万円 200万円〜700万円 700万円〜	3％ 8％ 10％	一律	6％ （8％）

　（注）1　（　）内は、指定都市に住所を有する場合の税率です。
　　　　2　個人住民税所得割については、制限税率（課税団体が標準税率を超えて税率を定める場合において、上限とされる税率をいいます。）は定められていません。
　　　　3　分離課税の方法により課される退職手当等に係る所得割の税率は、標準税率ではなく、一定税率（地方団体が課税する場合において地方税法に定められている税率以外の税率によることができない税率をいいます。）とされています（地法50の4、328の3）。
　　　　4　課税所得は、課税総所得金額、課税退職所得金額又は課税山林所得金額に区分されますが、所得割の額は、課税総所得金額、課税退職所得金額（分離課税の対象となるものを除きます。）及び課税山林所得金額の合計額に条例によって定めら

れている税率を乗じて得た金額となります。

6　税額計算

　所得割額は、次のとおり、それぞれの課税所得金額に税率を乗じて計算した算出税額の合計額から、税額控除額を差し引いて求めます。

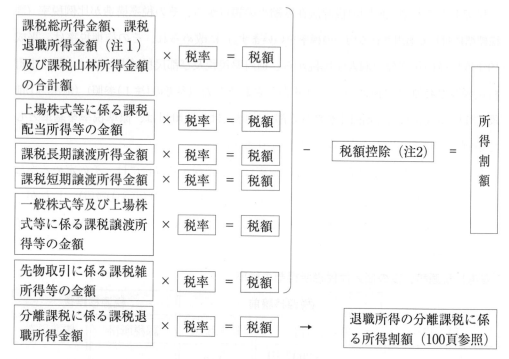

(注) 1　分離課税に係る課税退職所得金額は除かれます。
　　 2　算出所得割額から控除されるものとしては、調整控除額、配当控除額、住宅借入金等特別税額控除額、寄附金税額控除額（申告特例控除額を含みます。）及び外国税額控除額があります。
　　　　なお、配当割又は株式等譲渡所得割を課された所得について申告をした場合には、当該配当割又は株式等譲渡所得割に係る特別徴収税額は、算出所得割額から控除されることとされています（地法37の4、314の9）。

(1)　総所得金額、退職所得金額及び山林所得金額に対する税額

　　｛課税総所得金額、課税退職所得金額(注)及び課税山林所得金額の合計額｝ × 条例で定められている税率 ＝ 算出税額

　　　（注）　分離課税の対象となる退職所得に係る課税退職所得金額を除きます。

第1節　個人住民税

⑵　上場株式等の配当所得等に対する税額（79頁参照）

上場株式等に係る課税配当所得等の金額×5％
$\left(\begin{array}{l}\text{都道府県民税2％（指定都市}\\\text{に住所を有する場合1％）}\\\text{市区町村民税3％（指定都市}\\\text{に住所を有する場合4％）}\end{array}\right)$

（注）　都道府県民税とは道府県民税と都民税を合わせたものを、また、市区町村民税とは、市町村民税と特別区民税を合わせたものを、それぞれ略称したものです。以下⑵から⑹までにおいて同じです。

⑶　長期譲渡所得に対する税額（81頁参照）

イ　一般の長期譲渡所得

課税長期譲渡所得金額×5％
$\left(\begin{array}{l}\text{都道府県民税2％（指定都市}\\\text{に住所を有する場合1％）}\\\text{市区町村民税3％（指定都市}\\\text{に住所を有する場合4％）}\end{array}\right)$

ロ　優良住宅地等に係る長期譲渡所得（83頁参照）

区　　分	課　さ　れ　る　所　得　割　額
課税長期譲渡所得金額が2,000万円以下の場合	課税長期譲渡所得金額×4％（都道府県民税1.6％・市区町村民税2.4％（指定都市に住所を有する場合は、都道府県民税0.8％・市区町村民税3.2％））
課税長期譲渡所得金額が2,000万円を超える場合	80万円（都道府県民税32万円・市区町村民税48万円（指定都市に住所を有する場合は、都道府県民税16万円・市区町村民税64万円））＋（課税長期譲渡所得金額－2,000万円）×5％（都道府県民税2％・市区町村民税3％（指定都市に住所を有する場合は、都道府県民税1％、市区町村民税4％））

ハ　居住用財産に係る長期譲渡所得（87頁参照）

区　　分	課　さ　れ　る　所　得　割　額
課税長期譲渡所得金額が6,000万円以下の場合	課税長期譲渡所得金額×4％（都道府県民税1.6％・市区町村民税2.4％（指定都市に住所を有する場合は、都道府県民税0.8％・市区町村民税3.2％））
課税長期譲渡所得金額が6,000万円を超える場合	240万円（都道府県民税96万円・市区町村民税144万円（指定都市に住所を有する場合は、都道府県民税48万円・市区町村民税192万円））＋（課税長期譲渡所得金額－6,000万円）×5％（都道府県民税2％・市区町村民税3％（指定都市に住所を有する場合は、都道府県民税1％、市区町村民税4％））

— 57 —

第2章　住民税

（4）　短期譲渡所得に対する税額（88頁参照）

　　イ　ロ以外の短期譲渡所得

　　　課税短期譲渡所得金額×9％$\left(\begin{array}{l}\text{都道府県民税3.6\%（指定都市に住所を有する場合1.8\%）}\\\text{市区町村民税5.4\%（指定都市に住所を有する場合7.2\%）}\end{array}\right)$

　　ロ　国又は地方公共団体等への譲渡に係る短期譲渡所得

　　　課税短期譲渡所得金額×5％$\left(\begin{array}{l}\text{都道府県民税2\%（指定都市に住所を有する場合1\%）}\\\text{市区町村民税3\%（指定都市に住所を有する場合4\%）}\end{array}\right)$

（5）　株式等に係る譲渡所得等に対する税額（90頁参照）

　　イ　一般株式等に係る譲渡所得等

　　　一般株式等に係る課税譲渡所得等の金額×5％$\left(\begin{array}{l}\text{都道府県民税2\%（指定都市}\\\text{に住所を有する場合1\%）}\\\text{市区町村民税3\%（指定都市}\\\text{に住所を有する場合4\%）}\end{array}\right)$

　　ロ　上場株式等に係る譲渡所得等

　　　上場株式等に係る課税譲渡所得等の金額×5％$\left(\begin{array}{l}\text{都道府県民税2\%（指定都市}\\\text{に住所を有する場合1\%）}\\\text{市区町村民税3\%（指定都市}\\\text{に住所を有する場合4\%）}\end{array}\right)$

（6）　先物取引に係る雑所得等に対する税額（98頁参照）

　　先物取引に係る課税雑所得等の金額×5％$\left(\begin{array}{l}\text{都道府県民税2\%（指定都市}\\\text{に住所を有する場合1\%）}\\\text{市区町村民税3\%（指定都市}\\\text{に住所を有する場合4\%）}\end{array}\right)$

7　税額控除

　個人住民税においては、税額控除として、調整控除、配当控除、住宅借入金等特別税額控除、寄附金税額控除及び外国税額控除があります。

　なお、配当割又は株式等譲渡所得割が課された場合において、その算定の基礎とされた所得を申告したときは、その者の所得割額から当該配当割又は株式等譲渡所得割に係る特別徴収税額を控除することとされています（110頁、116頁を参照）。

（1）　調整控除（所得税と個人住民税の人的控除額の差に基づく負担増の調整措置）

　税源移譲に伴う調整措置の一環として、個人住民税に、所得税と個人住民税の人的控除額の差に基づく負担増を調整するための調整控除が設けられています。すなわち、

第1節　個人住民税

　平成19年度以後の年度分の個人住民税については、所得割の納税義務者の所得割額から、次の左欄に掲げる場合の区分に応じ、右欄の金額が控除されることとされています（地法37、314の6、平成18年改正地法附則5②、11②）。

　なお、この控除の額は、他の税額控除に先立ち、所得割額から控除されます。

	合計課税所得金額の区分	調整控除額
①	その納税義務者の合計課税所得金額が200万円以下である場合	次に掲げる金額のうちいずれか少ない金額の5％（都道府県民税2％・市区町村民税3％（指定都市に住所を有する場合は、都道府県民税1％・市区町村民税4％））に相当する金額 イ　その納税義務者に係る所得税との人的控除額の差額（次表参照）の合計額 ロ　その納税義務者の合計課税所得金額
②	その納税義務者の合計課税所得金額が200万円を超える場合	イに掲げる金額からロに掲げる金額を控除した金額（その金額が5万円を下回る場合には、5万円とします。）の5％（都道府県民税2％・市区町村民税3％（指定都市に住所を有する場合は、都道府県民税1％・市区町村民税4％））に相当する金額 イ　その納税義務者に係る所得税との人的控除額の差額（次表参照）の合計額 ロ　その納税義務者の合計課税所得金額から200万円を控除した金額

　(注)　合計課税所得金額とは、課税総所得金額、課税退職所得金額及び課税山林所得金額の合計額をいい、これには分離課税の対象となる所得金額は含まれません。

（参考）

個人住民税の人的控除額と所得税の人的控除額との差

人的所得控除の区分	所得税との人的控除額の差	所得控除額	
		個人住民税	所得税
(1)　障害者控除			
イ　障害者	1万円	26万円	27万円
ロ　特別障害者	10万円	30万円	40万円
ハ　同居特別障害者	22万円	53万円	75万円
(2)　寡婦	1万円	26万円	27万円
(3)　ひとり親控除			
イ　父である者	1万円	―	―
ロ　母である者	5万円	―	―
(4)　勤労学生控除	1万円	26万円	27万円

第2章　住民税

(5)	配偶者控除			
	イ　一般の控除対象配偶者	5万円	33万円	38万円
	（納税義務者の合計所得金額が 900万円超950万円以下の場合）	4万円	22万円	26万円
	（納税義務者の合計所得金額が 950万円超1,000万円以下の場合）	2万円	11万円	13万円
	ロ　老人控除対象配偶者	10万円	38万円	48万円
	（納税義務者の合計所得金額が 900万円超950万円以下である場合）	6万円	26万円	32万円
	（納税義務者の合計所得金額が 950万円超1,000万円以下である場合）	3万円	13万円	16万円
(6)	配偶者特別控除（注1）			
	イ　配偶者の合計所得金額が48万円超 50万円未満であるもの	5万円		
	（納税義務者の合計所得金額が 900万円超950万円以下である場合）	4万円		
	（納税義務者の合計所得金額が 950万円超1,000万円以下である場合）	2万円		
	ロ　配偶者の合計所得金額が50万円以 上55万円未満であるもの	3万円		
	（納税義務者の合計所得金額が 900万円超950万円以下である場合）	2万円		
	（納税義務者の合計所得金額が 950万円超1,000万円以下である場合）	1万円		
(7)	扶養控除			
	イ　一般の扶養親族（ロからニまでに 掲げる扶養親族に該当しないもの）	5万円	33万円	38万円
	ロ　特定扶養親族	18万円	45万円	63万円
	ハ　老人扶養親族	10万円	38万円	48万円
	ニ　同居老親等扶養親族	13万円	45万円	58万円
(8)	基礎控除（注2）	5万円	43万円	48万円

（注1）　平成29年度税制改正による配偶者控除・配偶者特別控除の見直しに伴い、新た
に控除の適用を受ける者は、控除差を基因とする新たな負担増が生じることはな
いため、調整控除の対象とはしないこととされた。
　　　　　一方、納税義務者本人への所得制限導入により所得税との控除差が減少する部
分については、控除差に基因する負担増が減少することとなるため、調整控除へ
反映させるとともに、納税義務者本人の所得制限により配偶者控除・配偶者特別
控除の適用が受けられなくなる者については、配偶者控除・配偶者特別控除に係
る調整控除の対象外とすることとされた。

（注2）　令和3年度分以後の個人住民税においては、平成30年度税制改正による個人所
得課税の見直しに伴い、基礎控除が消失する合計所得金額2,500万円超の納税義務
者には、調整控除を適用しないこととされた。
　　　　　なお、合計所得金額2,500万円以下の納税義務者については、基礎控除額が逓減
する者（合計所得金額2,400万円超2,500万円以下）も含め、従来のとおり、基礎控

第1節　個人住民税

除に係る人的控除額の差を5万円としたうえ、調整控除を適用することとされた。

(2)　配当控除

　当分の間、個人住民税の所得割の納税義務者の前年の総所得金額のうちに、配当所得があるときは、法人段階における支払配当に対する課税（法人住民税）と個人段階における受取配当に対する課税（個人住民税）との二重課税を調整する趣旨から、国税と同様の見地にたって、個人住民税においても所得割額から配当所得の一定額を差し引くこととされています（地法附則5）。

イ　配当控除の対象となる配当所得

　　配当控除の対象となるのは、所得税法第24条第1項に規定する次のものに係る配当所得とされています（地法附則5）。なお、外国法人から受けるもの及び基金利息は、配当控除の対象となりません（同条）。

　　(イ)　剰余金の配当（株式又は出資に係るものに限られ、資本剰余金の額の減少に伴うもの及び分割型分割によるものは除かれます。）

　　(ロ)　利益の配当（資産の流動化に関する法律第115条第1項（中間配当）に規定する金銭の分配が含まれ、分割型分割によるものは除かれます。）

　　(ハ)　剰余金の分配（出資に係るものに限ります。）

　　(ニ)　金銭の分配（投資信託及び投資法人に関する法律第137条の金銭の分配で出資等減少分配は除かれます。）

　　(ホ)　特定株式投資信託の収益の分配

　　(ヘ)　特定証券投資信託の収益の分配（証券投資信託（公社債投資信託、特定株式投資信託及び特定外貨建等証券投資信託を除きます。）の収益の分配をいいます。）

　　※　オープン型証券投資信託のうち信託財産の元本の払戻し相当部分（所法9①十一）は、上記の収益の分配に含まれません（地法附則5）。

　　ただし、租税特別措置法第9条第1項各号に規定する次に掲げる配当等に係る配当所得は、配当控除の対象とならないとされています（地法附則5）。

　　また、配当割を課された特定配当等に係る配当所得で申告しないことを選択したもの及び上場株式等の配当等に係る配当所得で申告分離課税を選択したものも、この配当控除の対象となりません（地法32⑫、313⑫、地法附則5①・③、33の2③四・⑦四）。

措法第9条第1項に規定する配当控除の対象とならい配当所得
①　私募公社債等運用投資信託等の収益の分配に係る配当等

②	国外私募公社債等運用投資信託等の配当等
③	外国株価指数連動型特定株式投資信託の収益の分配に係る配当等
④	特定外貨建等証券投資信託の収益の分配に係る配当等
⑤	適格機関投資家私募投資信託から支払を受けるべき配当等
⑥	特定目的信託から支払を受けるべき配当等
⑦	特定目的会社から支払を受けるべき配当等
⑧	投資法人から支払を受けるべき配当等

ロ 配当控除額

(イ) 配当控除率

配当控除率は、次のとおりとされています（地法附則5）。

課税総所得金額、上場株式等に係る課税配当所得の金額、課税長期・短期譲渡所得金額、一般株式等及び上場株式等に係る課税譲渡所得等の金額及び先物取引に係る課税雑所得等の金額の合計額	1,000万円以下の場合		1,000万円を超える場合			
			1,000万円以下の部分の金額		1,000万円超の部分の金額	
	都道府県民税	市区町村民税	都道府県民税	市区町村民税	都道府県民税	市区町村民税
剰余金の配当、利益の配当、剰余金の分配又は特定株式投資信託の収益の分配	(%) 1.2 (0.56)	(%) 1.6 (2.24)	(%) 1.2 (0.56)	(%) 1.6 (2.24)	(%) 0.6 (0.28)	(%) 0.8 (1.12)
特定株式投資信託以外の証券投資信託の収益の分配（下欄の収益の分配を除きます。）	0.6 (0.28)	0.8 (1.12)	0.6 (0.28)	0.8 (1.12)	0.3 (0.14)	0.4 (0.56)
一般外貨建等証券投資信託の収益の分配	0.3 (0.14)	0.4 (0.56)	0.3 (0.14)	0.4 (0.56)	0.15 (0.07)	0.2 (0.28)

（注）　（　）内は、指定都市に住所を有する場合の配当控除率です。

(ロ) 控除額の計算

　　配当所得の金額　×　(イ)の控除率　＝　配当控除額

（注）1　配当控除額については、1円未満の端数を1円に切り上げます。

　　　2　損益通算の結果、配当所得の金額がなくなっても、総所得金額があれば、その計算の基礎となった配当所得の金額（配当収入－負債の利子）を基にして配当控除額を計算することになります。

第1節　個人住民税

⑶　住宅借入金等特別税額控除（住宅ローン控除）

　　平成22年度から令和15年度までの各年度分の個人住民税に限り、所得割の納税義務者が、次の左欄に該当する場合には、右欄により求めた額が、その者の翌年度分の個人住民税の所得割額（上記⑴の調整控除額を控除した後のもの）から控除されます（地法附則５の４の２）。

個人住民税で適用できる場合	個人住民税から控除される額
所得割の納税義務者が住宅等を取得して平成21年から令和３年までの間に居住の用に供してその年分の所得税につき住宅借入金等特別控除の適用を受けた場合（注１）において、当該所得税の住宅借入金等特別税額控除額（注２）のうち所得税額（注３）から控除しきれなかった金額があるとき	当該控除しきれなかった金額（この金額はその者のその年分の所得税の課税総所得金額、課税退職所得金額及び課税山林所得金額の合計額（以下「課税総所得金額等の合計額」といいます。）の100分の５に相当する金額（当該金額が97,500円を超える場合には、97,500円）を限度（※参照）とします。） 　この場合、都道府県民税の控除額は、その５分の２に相当する金額（所得税の課税総所得金額等の合計額の100分の２に相当する金額（当該金額が39,000円超の場合には、39,000円）を限度とします。）とされ、市区町村民税の控除額は、その５分の３に相当する金額（所得税の課税総所得金額等の合計額の100分の３に相当する金額（当該金額が58,500円超の場合には、58,500円）を限度とします。）とされます。 　なお、指定都市に住所を有する場合、都道府県民税の控除額は、その５分の１に相当する金額（所得税の課税総所得金額等の合計額の100分の１に相当する金額（当該金額が19,500円超の場合には、19,500円）を限度とします。）とされ、市区町村民税の控除額は、その５分の４に相当する金額（所得税の課税総所得金額等の合計額の100分の４に相当する金額（当該金額が78,000円超の場合には、78,000円）を限度とします。）とされています。 ※　平成26年４月１日から令和３年12月31日までの間に居住の用に供する住宅に係るものについては、消費税率の引

－ 63 －

	上げ前後の住宅需要の平準化の観点か
	ら、控除額について特例措置が講じら
	れています（（注4）参照）。
	※ 令和3年度改正において、新型コロ
	ナウイルスの影響を踏まえた特例措置
	が講じられています（（注5）参照）。

(注)1 所得税につき住宅借入金等特別控除の適用を受けた場合とは、租税特別措置法第41条に規定する住宅借入金等を有する場合の所得税額の特別控除又は同法第41条の2の2に規定する年末調整に係る住宅借入金等を有する場合の所得税額の特別控除を受けた場合をいいます。

2 住宅借入金等特別税額控除額は、租税特別措置法第41条第2項から第5項まで若しくは第10項から第12項まで若しくは第41条の2又は阪神・淡路大震災の被災者等に係る国税関係法律の臨時特例に関する法律第16条第1項から第3項までの規定を適用して計算した同法第41条第1項に規定する住宅借入金等特別税額控除額をいいます。したがって、この控除額は、同法第41条の3の2の規定（特定の増改築等（バリアフリー改修及び省エネ改修）に係る住宅借入金等特別控除の規定）を適用しないで計算したものとなります（ちなみに、これらの改修については、固定資産税において特例措置が講じられています（566頁及び567頁参照)。）。

3 所得税額は、住宅借入金等特別控除、政党寄附金特別控除、認定特定非営利活動法人等寄附金特別控除、公益社団法人等寄附金特別控除、住宅耐震改修特別控除、住宅特定改修特別税額控除、認定住宅新築等特別税額控除、災害減免又は外国税額控除に関する規定の適用がある場合には、これらの規定の適用がなかったものとして計算したものです。

4 所得割の納税義務者が住宅の取得等をして平成26年4月から令和3年12月までの間に居住の用に供し、かつ、当該住宅の取得等に係る対価の額又は費用の額に含まれる消費税等が新消費税法第29条に規定する税率により課されるべき消費税額及び当該消費税額を課税標準として課されるべき地方消費税額の合計額相当額（新消費税額等相当額）である場合、その控除限度額は、課税総所得金額等の合計額の100分の7に相当する金額（当該金額が136,500円を超える場合には、136,500円）となります（地法附則5の4の2③⑦）。この場合、都道府県民税の控除限度額は、課税総所得金額等の合計額の100分の2.8に相当する金額（当該金額が54,600円を超える場合には、54,600円）となり、市区町村民税の控除限度額は、課税総所得金額等の合計額の100分の4.2に相当する金額（当該金額が81,900円を超える場合には、81,900円）となります。

なお、指定都市に住所を有する場合、都道府県の控除限度額は、課税総所得金額等の合計額の100分の1.4に相当する金額（当該金額が27,300円を超える場合には、27,300円）となり、市区町村民税の控除限度額は、課税総所得金額等の合計額の100分の5.6に相当する金額（当該金額が109,200円を超える場合には、109,200円）となります。

5 新型コロナウイルスの影響を踏まえ、令和3年度改正において、一定の期間内（※）に新築、建売住宅・中古住宅の取得、増改築等に係る契約を行った場合には、令和4年12月末までに入居すれば、適用期間13年間の住宅ローン控除の適用を受けることができることとされました。

第1節　個人住民税

※　新築の場合：令和2年10月～令和3年9月

建売住宅・中古住宅の取得、増改築等の場合：令和2年12月～令和3年11月

また、上記の特例は、13年間の控除期間のうち、その年の合計所得金額が1,000万円以下の年に限り、床面積40㎡以上50㎡未満の住宅についても適当できることとされました。

個人住民税においても、所得税の住宅ローン控除の適用を受けることとなった者について、住宅ローン控除可能額のうち所得税から控除しきれなかった額を、現行の控除限度額の範囲内で、翌年度分の個人住民税から控除する措置を講ずることとされました。

⑷　寄附金税額控除

平成20年度の税制改正において、個人住民税における寄附金税制が抜本的に見直しされ（控除対象寄附金の拡大、税額控除方式への変更、控除対象限度額の引上げ、適用下限額の引下げ及びふるさと納税制度の導入）、平成20年1月1日以後に支出する寄附金（すなわち、平成21年度以後の各年度分の個人住民税）から適用されることとされました（平成20年改正地法附則3⑦、8⑤）。この見直しにより、個人住民税における寄附金税制は、次のとおりとなります。

イ　対象となる寄附金の範囲及び税額控除額の算定方法

個人住民税の寄附金税額控除の対象となる寄附金は、次の左欄に掲げる寄附金とされており、所得割の納税義務者がこれらの寄附金を支出した場合には、右欄により計算される金額が所得割額（調整控除を適用した後のもの）から税額控除されます（地法37の2、314の7、地法附則5の5～5の7、地令7の17、7の18、48の8、48の9、地令附則4の6、4の7）。

なお、都道府県又は市区町村に対して支出する寄附金であって総務大臣が指定した都道府県又は市区町村に対するものについては、ふるさと納税としてその税額控除額に増額措置が講じられていますが、このふるさと納税の申告手続の簡素化のため講じられた地方税法附則第7条に規定するワンストップによる申告特例の適用を受けた場合には、当分の間、下記による寄附金税額控除額に加え、申告特例控除額（所得税控除分相当額）をその寄附者の所得割の額から税額控除することとされています（地法附則7の2、7の3・73頁参照）。

— 65 —

対象となる寄附金	所得割額から控除される額
イ　都道府県又は市区町村に対する寄附金（当該納税義務者がその寄附によって設けられた設備を専属的に利用することその他特別の利益が当該納税義務者に及ぶと認められるものを除きます。） ロ　住所地の都道府県共同募金会に対する寄附金（共同募金会に対して厚生労働大臣が定める期間内に支出された寄附金で当該共同募金会がその寄附金の募集に当たり総務大臣の承認を受けたもの及び社会福祉法に規定する社会福祉事業又は更生保護事業法に規定する更生保護事業に要する経費に充てるために共同募金会に対して支出された寄附金で総務大臣が定めるものに限ります。） ハ　住所地の日本赤十字社支部に対する寄附金（日本赤十字社に対して支出された寄附金で日本赤十字社がその寄附金の募集に当たり総務大臣の承認を受けたものに限ります。） ニ　所得税法第78条第2項第2号及び第3号に掲げる寄附金（同条第3項の規定により特定寄附金とみなされるものを含みます。）並びに認定特定非営利活動法人等に対する寄附金で特定非営利活動に係る事業に関連するもののうち、住民の福祉の増進に寄与する寄附金	［左欄の寄附金の額の合計額（総所得金額、退職所得金額及び山林所得金額の合計額（注1）の30％が限度）－2千円］×10％（都道府県民税4％・市区町村民税6％（指定都市に住所を有する場合、都道府県民税2％・市区町村民税8％））（注2） **（地方団体に対する寄附金に係る寄附金税額控除（ふるさと納税）の特例控除額）** 　　左欄のイに掲げる都道府県又は市区町村に対する寄附金（総務大臣が指定した都道府県又は市区町村に対するもの）を支出し、その寄附金の額の合計額が2千円を超える場合にあっては、上記により計算した金額に、次の場合の区分に応じ、次により計算した額（ふるさと納税としての特例控除額）を加算した金額（その金額がその所得割額を超えるときはその所得割額が限度）が控除額とされます。 　　この場合、都道府県民税の特例控除額は次により計算した金額の5分の2相当額（指定都市に住所を有する場合は、5分の1相当額）（その所得割額（調整控除を適用した後のもの）の20％が限度）となり、市区町村民税の特例控除額は次により計算した金額の5分の3相当額（指定都市に住所を有する場合は、5分の4相当額）（その所得割額（調整控除を適用した後のもの）の20％が限度）となります。 ①　その者が課税総所得金額を有する場合において、当該課税総所得金額からその者に係る人的控除差調整額（所得税と個人住民税の人的控除額の差（59頁参照）の合算額をいいます。以下同じです。）を控除した金額が零以上であるとき 　　（都道府県又は市区町村に対する寄附金の額の合計額－2千円）×割合（※参照） ※1　その割合は、当該課税総所得金額から当該人的控除差調整額を控除した金額について、次の金額の区分に応じ、それぞれ次に掲げる割合とされます（地方37の2⑪、314の7⑪）。

	195万円以下の金額	85％
195万円超	330万円以下の金額	80％
330万円超	695万円以下の金額	70％
695万円超	900万円以下の金額	67％
900万円超	1800万円以下の金額	57％

第1節　個人住民税

として都道府県又は市区町村の条例で定めるもの

ホ　認定特定非営利活動法人等以外の特定非営利活動法人に対する寄附金で特定非営利活動に係る事業に関連するもののうち、住民の福祉の増進に寄与する寄附金として都道府県又は市区町村の条例で定めるもの（特別の利益が当該納税義務者に及ぶと認められるものを除きます。）

※　上記のロ、ハ、ニ及びホの寄附金については、69頁の留意点を参照してください。

1800万円超4000万円以下の金額	50%
4000万円超の金額	45%

2　復興特別所得税を含めた場合の平成26年度から令和20年度までの各年度分の割合は、次のようになります（地法附則5の6）。

195万円以下の金額	84.895%
195万円超　330万円以下の金額	79.79%
330万円超　695万円以下の金額	69.58%
695万円超　900万円以下の金額	66.517%
900万円超　1800万円以下の金額	56.307%
1800万円超4000万円以下の金額	49.16%
4000万円超の金額	44.055%

②　その者が課税総所得金額を有する場合において、当該課税総所得金額から当該人的控除差調整額を控除した金額が零を下回るときであって、その者が課税山林所得金額及び課税退職所得金額を有しないとき

（都道府県又は市区町村に対する寄附金の額の合計額－2千円）×90％

③　その者が課税総所得金額を有する場合において、当該課税総所得金額から当該人的控除差調整額を控除した金額が零を下回るとき又はその者が課税総所得金額を有しない場合であって、その者が課税山林所得金額又は課税退職所得金額を有するとき

イ　課税山林所得金額を有する場合

（都道府県又は市区町村に対する寄附金の額の合計額－2千円）×割合（当該課税山林所得金額の5分の1に相当する金額について、①の金額の区分に応じ、それぞれ①に掲げる割合）

ロ　課税退職所得金額を有する場合

（都道府県又は市区町村に対する寄附金の額の合計額－2千円）×割合（当該課税退職所得金額について、①の金額の区分に応じ、それぞれ①に掲げる割合）

※　イ及びロに掲げる場合のいずれにも該当するときは、当該イ又はロに定める割合のうちいずれか低い割合となります。

（注）1　当該合計額は、分離課税とされる上場株式等に係る配当所得の金額、長期譲渡所得の金額、短期譲渡所得の金額、一般株式等及び上場株式等に係る譲渡所得等の金額又は先物取引に係る雑所得等の金額があるときは、これらの所得金額を含めたものとなります（地法附則33の2③⑦、34③⑥、35④⑧、35の2④⑧、35の

第2章　住民税

4②⑤）。

2　都道府県又は市区町村が条例で指定する寄附金（66頁及び67頁の左欄の「ニ」及び「ホ」に掲げる寄附金）を支出した場合の控除額は、都道府県が指定した寄附金の場合は2千円を超える部分の金額の4％相当額（指定都市に住所を有する場合は、2％相当額）、市区町村が指定した寄附金の場合は2千円を超える部分の金額の6％相当額（指定都市に住所を有する場合は、8％相当額）、都道府県と市区町村の双方が指定した寄附金の場合は2千円を超える部分の金額の10％相当額となります。

3　所得割の納税義務者が、上表の②若しくは③に該当する場合又は課税総所得金額、課税退職所得金額及び課税山林所得金額を有しない場合であって、当該納税義務者の前年中の所得について、分離課税の特例（（注1）参照）の適用を受けるときは、上記の表の特例控除額は、（都道府県又は市区町村に対する寄附金の額の合計額−2千円）×割合（※1参照）により計算した金額（※2参照）とされます（地法附則5の5）。

※1　その割合は、次に掲げる場合の区分に応じ、それぞれ次に掲げる割合（二以上に該当するときには、いずれか低い割合）とされています。

イ　課税山林所得金額を有する場合……当該課税山林所得金額の5分の1に相当する金額について、上表の①の金額の区分に応じ、それぞれ上表の①に掲げる割合

ロ　課税退職所得金額を有する場合……当該課税退職所得金額について、上表の①の金額の区分に応じ、それぞれ上表の①に掲げる割合

ハ　短期譲渡所得に係る課税の特例の適用を受ける場合……60％（復興特別所得税を含めた場合は59.37％）

ニ　次に掲げる課税の特例の適用を受ける場合……75％（復興特別所得税を含めた場合は74.685％）

（イ）　上場株式等に係る配当所得等に係る課税の特例

（ロ）　長期譲渡所得に係る課税の特例

（ハ）　一般株式等及び上場株式等に係る譲渡所得等に係る課税の特例

（ニ）　先物取引に係る雑所得等に係る課税の特例

※2　この場合の都道府県民税の特例控除額はこれにより計算した金額の5分の2相当額（指定都市に住所を有する場合は、5分の1相当額）（その所得割額（調整控除を適用した後のもの）の20％が限度）となり、また、市区町村民税の特例控除額はこれにより計算した金額の5分の3相当額（指定都市に住所を有する場合は、5分の4相当額）（その所得割額（調整控除を適用した後のもの）の20％が限度）となります。

4　上表及び（注3）の記述中の「退職所得金額」には、分離課税の対象とされる退職所得金額は含まれません。

第1節　個人住民税

寄附金税額控除については、次の諸点に留意することとなります。

留意事項	留意内容
共同募金会又は日本赤十字社に対する寄附金の取扱い	イ　共同募金会に対する寄附金で寄附金税額控除の対象となるのは、賦課期日現在の住所地所在の都道府県内に主たる事務所を有する共同募金会に対する寄附金に限られ、住所地以外の都道府県共同募金会及び中央共同募金会に対する寄附金は対象となりません。 ロ　日本赤十字社に対する寄附金で寄附金税額控除の対象となるのは、賦課期日現在の住所地所在の都道府県内に事務所を有する日本赤十字社の支部において収納された寄附金に限られ、住所地以外の日本赤十字社の支部及び日本赤十字社の本社において収納された寄附金は対象となりません。
所得税の寄附金控除の対象となる寄附金のうち条例指定の対象となるもの	所得税の寄附金控除の対象となる寄附金のうち、都道府県又は市区町村の条例の指定対象となるものは、次に掲げる寄附金とされています。したがって、都道府県又は市区町村は、次に掲げる寄附金のうち住民の福祉の増進に寄与するものを条例で指定することとなります。 (1)　公益社団法人、公益財団法人などに対する寄附金で財務大臣が指定したもの（所法78②二） (2)　次に掲げる公益の増進に著しく寄与する法人（特定公益増進法人）に対する寄附金（所法78②三） 　イ　独立行政法人及び地方独立行政法人で一定の業務を主たる目的とするもの 　ロ　自動車安全運転センター、日本司法支援センター、日本私立学校振興・共済事業団及び日本赤十字社 　ハ　公益社団法人及び公益財団法人（旧民法34条法人等で一定のものを含みます。） 　ニ　私立学校法人で学校の設置若しくは学校及び専修学校若しくは各種学校の設置を主たる目的とする法人 　ホ　社会福祉法人 　ヘ　更生保護法人 (3)　一定の要件を満たす特定公益信託に対し支出した金銭（所法78③） (4)　認定特定非営利活動法人等（特定非営利活動促進法第2条第3項に規定する認定特定非営利活動法人及び同条第4項に規定する特例認定特定非営利活動法人をいいます。）に対する寄附金で同法人等の行う特定非営利活動に係る事業に関連するもの（措法41の18の2）

特定非営利活動法人（認定特定非営利活動法人等を除きます。）に対する寄附金	イ　この寄附金は、上欄(4)の認定特定非営利活動法人等以外の特定非営利活動法人に対する寄附金で同法人の行う特定非営利活動に係る事業に関連するものとされています。 ロ　条例によるこの寄附金の指定は、当該特定非営利活動法人からの申出があった場合において適切と認められるときに個別に指定し、条例において当該特定非営利活動法人の名称及び主たる事務所の所在地を明らかにしなければならないとされています。 ハ　当該特定非営利活動法人は、寄附者名簿を備え、これを保存しなければならないとされています。 ニ　都道府県知事及び市区町村長は、当該寄附金に係る寄附金税額控除の控除額の計算のために必要があるときは、当該特定非営利活動法人に対し、当該寄附金の受け入れに関し報告又は寄附者名簿等の資料の提出をさせることができます。
寄附金税額控除に係る申告	イ　個人住民税の申告書を提出する者が寄附金税額控除額の控除（ロの控除を除きます。）を受けようとする場合には、同申告書に寄附金税額控除に関する事項を記載して、これを3月15日までに、住所所在地の市区町村長に提出することとなります。また、所得税の確定申告書を提出する者が個人住民税の寄附金税額控除額の控除（ロの控除を除きます。）を受けようとする場合には、同申告書に個人住民税の寄附金税額控除に関する事項を附記することとなります（122頁参照）。 　なお、給与所得以外の所得又は公的年金等に係る所得以外の所得を有しなかった者が寄附金税額控除額の控除（ロの控除を除きます。）を受けようとする場合には、「寄附金税額控除申告書㈠」（総務省令第5号の5の2様式）を、3月15日までに、住所所在地の市区町村長に提出しなければならないとされています（120頁参照）（地法45の2③、317の2③）。 　ただし、平成27年4月1日以後に支出する地方団体に対する寄附金については、ワンストップ方式による申告特例措置が講じられています（次のロ参照）。 ロ　認定特定非営利活動法人等以外の特定非営利活動法人に対する寄附金について寄附金税額控除額の控除を受けようとする者は、3月15日までに、「寄附金税額控除申告書㈡」（総務省令第5号の5の3様式）を、住所所在地の市区町村長に提出しなければならないとされています（123頁参照）（地法45の2⑤、317の2⑤）。

ロ　地方団体に対する寄附を行う場合の寄附金税額控除に係る申告の特例

㈦　申告特例の概要

　平成27年4月1日以後に支出する総務大臣が指定した都道府県又は市区町村

第1節　個人住民税

（以下「地方団体」といいます。）に対する寄附金について、その年度分の個人住民税について申告を要しないと見込まれる所得割の納税義務者（申告特例対象寄附者（下記の(ロ)参照））が、当該寄附金について寄附金税額控除の適用を受けようとする場合、当分の間、当該寄附を行う者は、その寄附を行う際、寄附を行う地方団体の長に対し、当該地方団体の長から寄附を行う者の賦課期日現在の住所所在地の市区町村長に寄附金税額控除額の控除に関する事項を記載した書面（申告特例通知書）の送付を求めることによって、個人住民税の申告書を提出（所得税の確定申告書の提出を含みます。）することなく、寄附金税額控除の適用を受けることができます（地法附則7）。ただし、個人住民税の申告書の提出（所得税の確定申告書の提出を含みます。）を行った者又は5を超える地方団体の長に対して申告特例通知書の送付の求めを行った者等については、適用対象から除外されます（地法附則7⑥⑬）。

　なお、賦課期日にB市に住所を有する給与所得のみである甲が、ふるさとのA村に寄附を行うものとした場合のこのワンストップによる申告例の概略を図示しますと次のとおりです。

— 71 —

第2章 住民税

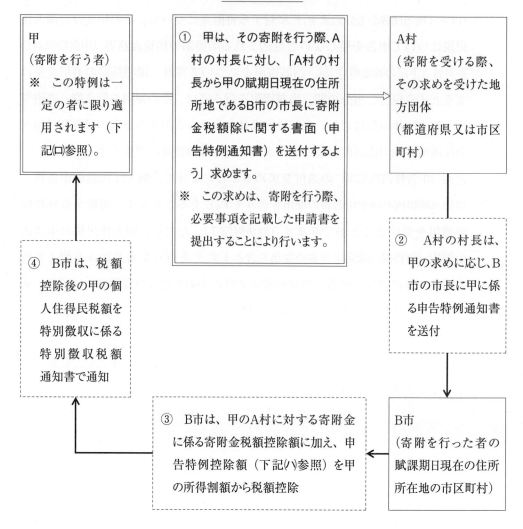

(ロ) 申告特例の適用対象者

　　この申告特例の適用を受けることができる者は、地方団体に対する寄附金を支出する者のうち、次に掲げる事項に該当すると見込まれる者（以下「申告特例対象寄附者」といいます。）とされています（地法附則7①⑧）。

(1) 地方団体に対する寄附金を支出する年の年分の所得税について所得税法第120条第1項の規定による申告書を提出する義務がない者又は同法第121条（第1項ただし書を除きます。）の規定の適用を受ける者

(2) 地方団体に対する寄附金を支出する年の翌年の4月1日の属する年度分の個人住民税の所得割について、当該寄附金に係る寄附金税額控除額の控除を受ける目的以外に、地方税法第45条の2及び第317条の2第1項から第5項の規定による申告書の提出（当該申告書の提出がされたものとみなされる所得税の確定申告書の提出を含みます。）を要しない者

第1節　個人住民税

(ﾊ)　**申告特例控除額の個人住民税からの税額控除**

　　この申告特例の適用を受けた場合には、当分の間、地方団体に対する寄附金税額控除額に加え、申告特例控除額（所得税控除分相当額）が、その寄附者の都道府県民税及び市区町村民税の所得割の額（寄附金税額控除適用後のもの）から控除されます（地法附則7の2）。

　　この場合、都道府県民税及び市区町村民税の申告特例控除額は、地方団体に対する寄附金に係る寄附金税額控除の都道府県民税及び市区町村民税の特例控除額（66頁参照）に、次の表の左欄に掲げる金額（課税総所得金額からその者に係る人的控除差調整額（所得税と個人住得民税の人的控除額の差（59頁参照）の合算額をいいます。））を控除したものとなります。）の区分に応じ、それぞれ同表の右欄に掲げる割合を乗じて得た金額とされています（地法附則7の2、7の3）。

195万円以下の金額	85分の5　（84.895分の5.105）
195万円を超え330万円以下の金額	80分の10　（79.79分の10.21）
330万円を超え695万円以下の金額	70分の20　（69.58分の20.42）
695万円を超え900万円以下の金額	67分の23　（66.517分の23.483）
900万円を超える金額	57分の33　（56.307分の33.693）

　　(注)　カッコ書の割合は、復興特別所得税を含めた場合の割合であり、同割合は、平成28年度から令和20年度までの各年度分の個人住得民税に適用されます（地法附則7の3）。

(ﾆ)　**申告特例の適用にあたっての留意点**

　　次の諸点に留意するとされています（取扱通知（県）2章12の5・取扱通知（市）2章24の6）。

留意事項	留　意　内　容
申告特例の求め	申告特例の求めは、地方団体に対する寄附金を支出する際に行うことができるものであること（地法附則7①⑧）。
申告特例申請書に対する地方団体の対応	申告特例申請書の提出を受けた地方団体は、当該申請書に記載された事項が申告特例通知書により通知され課税資料となることに鑑み、適切に対応すること（地法附則7①⑧）。
同一地方団体に複数回寄附をする場合の申告特例の求め	申告特例対象寄附者が同一の地方団体に対して複数回寄附金を支出する場合、これらの寄附金に係る寄附金税額控除を受けるためには、寄附金を支出する毎に申告特例の求めを行う必要がある。この場合の申告特例の求めを行う地方団体の長は、同一の地方団体の数は、同一年に同一の地方団体の長に

	対して行われた申告特例の求めについては、一であること（地法附則7②⑨）。
申告特例通知書の送付	申告特例の求めを受けた地方団体の長は、申告特例対象年の翌年1月10日までは申告特例申請事項変更届出書が提出される可能性があるため、申告特例通知書は申告特例対象年の翌年1月11日以降1月31日までに送付すること。 　また、同一年に同一の申告特例対象寄附者から複数の申告特例の求めを受けた地方団体の長は、これらの申告特例の求めに係る地方団体に対する寄附金の額については、一の通知においてその合計額を通知するものとすること（地法附則7⑤⑫）。
寄附をした地方団体の数が5を超える場合の取扱い	申告特例の求めを行った者が申告特例対象年に支出した地方団体に対する寄附金について、申告特例通知書を送付した地方団体の数が5を超えた場合は、申告特例の求め及び申告特例通知書の送付は、5を超える部分に限らず全てなかったものとみなされ、当該通知書の送付に基づく控除は適用されなくなるものであること（地法附則7⑥⑬）。
申告特例の求め及び申告特例通知書の送付がなかったものとみなされる者に対する適切な措置	申告特例通知書の送付を受けていた市区町村長は、申告特例の求め及び申告特例通知書の送付がなかったものとみなされた者について、当該通知書の送付に基づく控除が適用されなくなるものであること及び当該申告特例通知書に係る寄附金についての控除の適用は寄附金控除に関する事項を記載した申告書の提出等によって受けることとなることに鑑み、当該納税義務者が改めて必要な手続を行う契機等となるよう、申告特例の求め及び申告特例通知書の送付がなかったものとされた旨の通知その他必要な措置（寄附金控除を受けるための手続に関する解説等）を講ずるべきものであること（地法附附則7⑥⑬）。 ※　次のいずれかに該当する場合には、当該申告特例の求め及び申告特例通知書の送付（ニの場合にあっては、ニに係るものに限ります。）については、いずれもなかったものとみなすとされています。 　イ　当該申告特例対象年の所得税について所得税法第121条の規定の　適用を受けないこととなったとき。 　ロ　当該申告特例対象年の翌年の4月1日の属する年度分の個人住民税の申告書の提出をしたとき。 　ハ　当該申告特例対象年に支出した地方団体に対する寄附金について、申告特例通知書を送付した地方団体の長の数が5を超えたとき。 　ニ　当該申告特例対象年に支出した地方団体に対する寄附

	金について、申告特例対象年に支出した通知書の送付を受けた市区町村長が賦課期日現在における住所所在地の市区町村長と異なったとき。
寄附金税額控除に係る増加賦課決定の期間	申告特例の求めを行った者が申告特例控除額の控除を受けていた場合については、地方税の税額を増加させる賦課決定であっても、法定納期限の翌日から起算して5年を経過する日まですることができるものであること（地法17の5③、地法附則7の2③⑥）。
平成27年中に3月31日以前の寄附金と同日後の寄附金がある場合	平成27年3月31日までの間に地方団体に対する寄附金を支出した者が当該寄附金を含めて平成27年中に支出した地方団体に対する寄附金に係る寄附金控除の適用を受けようとする場合は、それらの寄附金全てについて寄附金控除に関する事項を記載した申告書の提出が必要となるものであること。

(5) 外国税額控除

個人住民税の納税義務者が、外国の法令により課される所得税又は個人住民税に相当する税を課された場合には、国際的な二重課税を回避する見地から、個人住民税においても、所得税との関係を考慮しながら、外国税額控除を行うこととされています（地法37の3、314の8）。

イ 控除の対象となる外国所得税

控除の対象となる外国所得税は、外国の法令により課される所得税又は個人住民税の所得割、利子割、配当割及び株式等譲渡所得割に相当する税であり、その範囲は、所得税と同様とされています（地令7の19、48の9の2）。

ロ 外国税額控除の方法

(イ) 都道府県民税

都道府県民税の所得割の納税義務者が、外国所得税を課された場合において、当該課された外国所得税額のうち所得税の控除限度額を超える額があるときは、その超える外国所得税額を、都道府県民税の控除限度額を限度として、都道府県民税の所得割額から控除します（地法37の2、地令7の19）。

(ロ) 市区町村民税

市区町村民税の所得割の納税義務者が、外国所得税を課された場合において、当該課された外国所得税額のうち所得税の控除限度額及び都道府県民税の控除限度額を超える額があるときは、その超える外国所得税額を、市区町村民税の

控除限度額を限度として、市区町村民税の所得割額から控除します（地法314の7、地令48の9の2）。

> （各税の控除限度額）
>
> （i） 所得税の控除限度額（所令222）
>
> $$その年分の所得税額 \times \frac{その年分の国外所得}{その年分の所得総額}$$
>
> （ii） 都道府県民税の控除限度額（地令7の19③）
>
> 所得税の控除限度額 × 12％（指定都市に住所を有する場合は、6％）
>
> （iii） 市区町村民税の控除限度額（地令48の9の2④）
>
> 所得税の控除限度額 × 18％（指定都市に住所を有する場合は、24％）

ハ　外国所得税額の繰越控除

(イ)　繰越外国所得税額の外国税額控除

当該年に控除余裕額が生じた場合において、前3年以内の各年の控除限度超過額（注1）のうち当該年に繰り越された繰越外国所得税額があるときは、当該繰越外国所得税額は、所得税、都道府県民税又は市区町村民税の控除余裕額を限度として、最も古い年のものから、当該年分の所得税額又は当該年度分の都道府県民税額若しくは市区町村民税額から所得税、都道府県民税及び市区町村民税の順に控除されます（所法95③、地令7の19②、48の9の2②）。

> （注）1　控除限度超過額とは、その年において課された外国所得税額がその年の所得税の控除限度額、都道府県民税の控除限度額及び市区町村民税の控除限度額の合計額を超える場合におけるその超える部分の金額をいいます。

(ロ)　繰越控除限度額による外国税額控除

当該年に控除限度超過額が生じた場合において、前3年以内の各年の所得税、都道府県民税又は市区町村民税の控除余裕額（注2）のうち当該年に繰り越された所得税、都道府県民税又は市区町村民税の繰越控除限度額があるときは、当該控除限度超過額は、所得税、都道府県民税又は市区町村民税の繰越控除限度額を限度として、当該年分の所得税額又は当該年度分の都道府県民税額若しくは市区町村民税額から控除されます（所法95②、地令7の19④、48の9の2⑤）。この場合、控除余裕額は、最も古い年のものから順次に、かつ、同一の年のものについては所得税、都道府県民税及び市区町村民税の順に、当該控除限度超過額に充てることになります。

> （注）2　控除余裕額とは、次のものをいいます。
> 　　i　所得税の控除余裕額＝当該年の所得税の控除限度額－当該年の控除対

第1節　個人住民税

象外国所得税額

　ii　都道府県民税の控除余裕額＝当該年度の都道府県民税の控除限度額−
　　　（当該年の控除対象外国所得税額−当該年の所得税の控除限度額）

　iii　市区町村民税の控除余裕額＝当該年度の市区町村民税の控除限度額−
　　　｛当該年の控除対象外国所得税額−（当該年の所得税の控除限度額＋当該
　　　年度の都道府県民税の控除限度額）｝

ニ　控除未済外国所得税額の繰越し

　控除することとされた外国所得税額が当該年度の所得割額を超えるときは、こ
の超過額（控除未済外国所得税額）について3年間の繰越控除を行うことができ
ます（地令7の19⑥、48の9の2⑦）。

　　（注）　平成26年度の税制改正において、平成30年度分の個人住民税からの外国税
　　　　額控除について、外国の所得税等の額のうち居住者期間に係る所得税の控除
　　　　限度額及び非居住者期間に係る所得税の控除限度額の合計額を超える額を個
　　　　人住民税の所得割額から控除することとされています（改正後の地法37の3、
　　　　314の8、平成26年改正地法附則1八・4②・11②）。

第2章 住民税

第5 個人住民税における課税の特例

1 肉用牛の売却による農業所得の課税の特例

　農業を営む個人が、肉用牛を売却した場合には、昭和57年度から令和6年度までの個人住民税に限り、当該肉用牛の売却に係る農業所得に係る所得割について、免税又は軽減措置が講じられています（地法附則6、地令附則5）。

　この免税特例措置は、その飼育した肉用牛（種雄牛並びに乳牛の雌のうち子牛の生産の用に供されるもの及び牛の胎児を除きます。）を家畜市場、中央卸売市場等において売却した場合又はその飼育した生産後1年未満の肉用牛を農業協同組合若しくは農業協同組合連合会のうち一定のものに委託して売却した場合に適用されます。

　そして、肉用牛を売却した個人に対して課される所得割額は、次のように計算されます。

	特例措置の区分	その個人に課される所得割額
①	その売却した肉用牛がすべて免税対象飼育牛の場合（地法附則6①④） ※　免税対象飼育牛とは、その売却価額が80万円未満（消費税等抜の価額）である肉用牛（売却価額50万円以上の一定の乳牛は除かれます。）又は家畜改良増殖法に基づく登録肉用牛をいいます。	免除対象飼育牛に係る所得を除いた総所得金額に係る所得割額 ※　免税対象飼育牛の売却頭数が年1,500頭を超える場合には、その超える部分の所得は、免税対象飼育牛に該当しないものに係る所得として取り扱われます。したがって、その1,500頭を超える部分の売却価額は、次の②のイの売却価額となります。
②	売却した肉用牛のうちに免税対象飼育牛に該当しないものが含まれている場合（売却した肉用牛がすべて免税対象飼育牛に該当しない場合及び免税対象飼育牛の売却頭数が1,500頭を超える場合を含みます。）（地法附則6②⑤）	イ又はロのいずれかによって計算した額 イ　免税対象飼育牛に該当しないものの売却価額×0.6％（都道府県民税（指定都市に住所を有する場合は、0.3％））又は0.9％（市区町村民税（指定都市に住所を有する場合は、1.2％））＋肉用牛に係る所得を除いた総所得金額に係る所得割額 ロ　総所得金額に係る所得割額

第1節　個人住民税

2　上場株式等に係る配当所得等に係る課税の特例

　下欄の上場株式等の配当等に係る配当所得等については、申告分離課税の方法により所得割を課することとされています。すなわち、所得割の納税義務者が支払を受けるべき下欄の上場株式等の配当等を有する場合には、当該上場株式等の配当等に係る利子所得及び配当所得については、当分の間、他の所得と区分し、その年中の当該上場株式等の配当等に係る利子所得の金額及び配当所得の金額（注2・3）（以下「上場株式等に係る配当所得等の金額」といいます。）に対し、当該上場株式等に係る課税配当所得等の金額の5％（都道府県民税2％・市区町村民税3％（指定都市に住所を有する場合は、都道府県民税1％・市区町村民税4％））に相当する金額の所得割を課することとされています（地法附則33の2①⑤）（注4）。この場合において、当該上場株式等の配当等に係る配当所得については、配当控除は適用されないこととされています（地法附則33の2①後段、⑤後段）。

　ただし、この申告分離課税のうち特定上場株式等の配当等（下欄の①から③までに掲げるもの（②に掲げる収益の分配にあっては、公社債投資信託以外の証券投資信託に係るものに限ります。）をいいます。）に係る配当所得については、当該配当所得につきこの申告分離課税の適用を受けようとする旨の記載のある申告書（納税通知書が送達される時までに提出されたもの及び所得税の確定申告書を含みます。）を提出した場合に限りこの申告分離課税が適用され、当該特定上場株式等の配当等に係る配当所得について総合課税を選択した場合には、当該特定上場株式等の配当等に係る配当所得についてはこの申告分離課税を適用しないこととされています（地法附則33の2②⑥）。

　そして、特定上場株式等の配当等に係る配当所得についてこの申告分離課税を選択する場合には、特定上場株式等の配当等に係る配当所得の一部についてのみ選択することはできず、特定上場株式等の配当等に係る配当所得のすべてについて、総合課税と申告分離課税のいずれかを選択しなければならないとされています（地法附則33の2②、⑥）。

　なお、当該上場株式等の配当等については、その配当等の支払の際配当割が課される（特別徴収される）こととされていますが、この配当割における申告不要の特例を適用して（110頁参照）、申告しないことを選択することができます（これによった場合には、当該上場株式等の配当等に係る配当所得等に対する個人住民税の課税関係は配当割の課税（特別徴収）によって完結することとなります。）。

　なお、所得税においても同様の措置が講じられており（措法8の4）、その税率は15％とされています。

— 79 —

第2章　住民税

上場株式等の配当等とは

　所得税法第23条第1項に規定する利子等（一般利子等一定のものを除きます。）又は同法第24条第1項に規定する配当等（私募公社債等運用投資信託等の収益の分配に係る配当等一定のものを除きます。）で次に掲げるものをいいます（措法8の4、37の11②、措令25の9②、措規18の10①）。

　なお、次の上場株式等の配当等のうち、特定公社債等（特定公社債、公募公社債投資信託の受益権、証券投資信託以外の公募投資信託の受益権及び特定目的信託（その社債的受益権の募集が公募により行われたものに限ります。）の社債的受益権をいいます。）の利子等は、平成25年度の税制において上場株式等の配当等とされたものであり、特定公社債等の利子等は、平成28年1月1日以後に支払を受けるべきものから上場株式等の配当等として扱われることとされています。

①	金融商品取引所に上場されている株式等その他これに類するもの（店頭売買登録銘柄として登録された株式（出資を含みます。）、店頭転換社債型新株予約権付社債、店頭管理銘柄株式、認可金融機関商品取引業協会の定める規則に従い登録銘柄として同協会の登録原簿に登録された日本銀行出資証券）の利子等又は配当等（大口株主等に係るものを除きます（注1参照）。）
②	投資信託でその設定に係る受益権の募集が公募により行われたものの収益の分配
③	特定投資法人の投資口の配当等
④	特定受益証券発行信託（その信託法に規定する信託契約の締結時において委託者が取得する受益権の募集が公募により行われたものに限ります。）の収益の分配
⑤	特定目的信託（その信託契約の締結時において原委託者が有する社債的受益権の募集が公募により行われたものに限ります。）の社債的受益権の剰余金の配当
⑥	次に掲げる特定公社債の利子 イ　国債、地方債、外国国債、外国地方債 ロ　会社以外の法人が特別の法律により発行する債券（外国法人に係るもの並びに投資法人債、短期投資法人債、特定社債及び特定短期社債を除きます。） ハ　公募公社債、上場公社債 ニ　発行の日前9月以内（外国法人は12月以内）に有価証券報告書等を提出している法人が発行する社債 ホ　金融商品取引所（外国の法令に基づき設立されたこれに類するものを含みます。）において公表された公社債情報（一定の期間内に発行する公社債の種類及び総額、発行者の財務状況等その他その公社債に関する基本的な情報をいいます。）に基づき発行する公社債で、目論見書に当該公社債情報に基づき発行されるものである旨の記載のあるもの

> ヘ 国外において発行された公社債で、次に掲げるもの（取得後引き続き保管の委託がされているものに限ります。）
>
> (イ) 国内において売出しに応じて取得した公社債
>
> (ロ) 国内において売付け勧誘等に応じて取得した公社債で、その取得の日前9月以内（外国法人は12月以内）に有価証券報告書等を提出している法人が発行するもの
>
> ト 外国法人が発行し、又は保証する債券で一定のもの
>
> チ 国内又は国外の法令に基づいて銀行業又は金融商品取引業を行う法人又は当該法人との間に完全支配の関係がある法人等が発行する社債（その取得をした者が実質的多数でないものを除きます。）
>
> リ 平成27年12月31日以前に発行された公社債（発行の時において同族会社に該当す会社が発行した社債を除きます。）

(注) 1 上場株式等の配当等のうちこの課税の特例の対象となるものは、内国法人から支払われる当該配当等の支払に係る基準日（剰余金の配当等である場合は措令第4条の2で定める日）においてその内国法人の発行済株式又は出資の総数又は総額の100分の3以上に相当する数又は金額の株式又は出資を有する個人（いわゆる大口株主等）以外の者が支払を受けるものとされています（措法8の4①）。

2 所得税においては、非課税口座内の少額上場株式等に係る配当所得の非課税措置（措法9の8）や未成年者口座内の少額上場株式等に係る配当所得の非課税措置（措法9の9）が設けられていますが、同措置において非課税とされる配当所得は、地方税法第32条第2項及び第313条第2項の規定により個人住民税においても非課税となります。

3 分離の上場株式等に係る配当所得等の金額と他の所得に係る損失の金額（上場株式等に係る譲渡損失の金額を除きます。）との通算及び分離の上場株式等に係る配当所得等の金額からの純損失の繰越控除はできないとされています（ただし、雑損失の繰越控除はできます。）（地法33の2①、③二、⑤、⑦二）。

4 この申告分離課税が適用された場合又は特定上場株式等の配当等に係る配当所得について総合課税を適用した場合には、これにより課された所得割額を含めたところのその者の所得割額から、当該上場株式等の配当等の支払の際当該配当等に対して課された（特別徴収された）配当割額が控除されます（110頁参照）。

3 長期譲渡所得に係る課税の特例

次の左欄に掲げる土地建物等に係る長期譲渡所得に対して課する所得割は、右欄によるとされています（地法附則34、措法31）。

第2章　住民税

長期譲渡所得	分離課税
個人が所有する次に掲げる資産（以下「土地建物等」といいます。）のうち、その譲渡の年の1月1日において所有期間が5年を超えるものを譲渡（譲渡所得の基因となる不動産の貸付けを含みます。）した場合におけるその譲渡による譲渡所得 ①　土地及び土地の上に存する権利 ②　建物、建物附属設備及び構築物	当該譲渡による長期譲渡所得については、当分の間、他の所得と区分して、分離課税によって所得割が課されます。

イ　長期譲渡所得の金額

　　長期譲渡所得の金額は、次のとおり、その年中の長期所有の土地建物等の譲渡による総収入金額から取得費と譲渡費用を控除した金額です（地法附則34②⑤）。

　　なお、分離の短期譲渡所得の金額の計算上生じた損失の金額があるときは、当該損失の金額を控除した後の金額となります（地法附則34②⑤）。

```
（算　式）

┌─────────┐            ┌─────────────┐
│土地建物等の譲 │－（取得費）－（譲渡費用）－│短期譲渡所得の金額の計│
│渡の総収入金額 │            │算上生じた損失の金額 │
└─────────┘            └─────────────┘
```

（注）　土地建物等の譲渡による分離の長期譲渡所得の金額の計算上生じた損失の金額（他の分離の長期譲渡所得の金額及び分離の短期譲渡所得の金額から控除してもなお控除することができない部分の金額）があるときは、当該損失の金額は生じなかったものとみなされ、当該損失の金額と他の所得との通算及び当該損失の金額の翌年以降への繰越を行うことができないこととされており、また、分離の長期譲渡所得の金額と他の所得に係る損失との通算及び分離の長期譲渡所得の金額からの純損失の繰越控除はできないこととされています（地法附則34①、③二、④、⑥二）。

　　ただし、居住用財産の譲渡損失又は特定居住用財産の譲渡損失については、特例が設けられています（31頁から39頁まで参照）。

ロ　課税長期譲渡所得金額

　　長期譲渡所得の金額がそのまま課税長期譲渡所得金額となります。ただし、繰越雑損失の金額の控除不足額若しくは次のハに該当する特別控除額又は所得控除の控除不足額（総所得金額、短期譲渡所得金額から控除しきれなかった部分の額）があるときは、これを控除した後の金額となります（地法附則34①、③三、④、⑥三）。

ハ　長期譲渡所得の特別控除額

　　次に掲げる譲渡に該当する場合の長期譲渡所得については、それぞれ次に掲げる特別控除額が長期譲渡所得の金額を限度として控除されます（地法附則34①④）。

第1節　個人住民税

	譲　渡　区　分	特別控除額
①	収用事業等のために土地建物等を譲渡した場合（措法33の4）	5,000万円
②	特定土地区画整理事業等のために土地等を譲渡した場合（措法34）	2,000万円
③	特定住宅地造成事業等のために土地等を譲渡した場合（措法34の2）	1,500万円
④	農地保有の合理化等のために農地等を譲渡した場合（措法34の3）	800万円
⑤	居住用の家屋及びその敷地を譲渡した場合（措法35）	3,000万円
⑥	特定の長期保有土地等を譲渡した場合（措法35の2）	1,000万円
⑦	低未利用土地等を譲渡した場合（措法35の3）	100万円

ニ　長期譲渡所得に係る所得割額

次により計算した金額です（地法附則34①④）。

課税長期譲渡所得金額×5％（都道府県民税2％・市区町村民税3％（指定都市に住所を有する場合は、都道府県民税1％・市区町村民税4％））

　※　所得税の税率は15％とされています（措法31①）。

4　優良住宅地の造成等のために土地等を譲渡した場合の長期譲渡所得に係る課税の特例

長期譲渡所得のうち、優良住宅地等又は確定優良住宅地等予定地のための土地等の譲渡に係るものについては、昭和63年度から令和5年度までの各年度分の個人住民税に限り、他の長期譲渡所得と区分し、次の左欄の区分に応じ、右欄により計算される所得割額が課税されます（地法附則34の2、措法31の2）。

区　　分	課　さ　れ　る　所　得　割　額
課税長期譲渡所得金額が2,000万円以下の場合	課税長期譲渡所得金額×4％（都道府県民税1.6％・市区町村民税2.4％（指定都市に住所を有する場合は、都道府県民税0.8％・市区町村民税3.2％）） ※　所得税の税率は10％とされています。
課税長期譲渡所得金額が2,000万円を超える場合	80万円（都道府県民税32万円・市区町村民税48万円（指定都市に住所を有する場合は、都道府県民税16万円・市区町村民税64万円））＋（課税長期譲渡所得金額－2,000万円）×5％（都道府県民税2％・市区町村民

	税3％（指定都市に住所を有する場合は、都道府県民税1％・市区町村民税4％）） ※ 所得税の場合は、次のとおりとされています。 200万円＋（課税長期譲渡所得金額－2,000万円）×15％

（注） 次に掲げる課税の特例等の適用を受けるときは、この課税の特例の適用を受けることができないとされています（地法附則34の2③⑥）

1 収用等に伴い代替資産を取得した場合の課税の特例（措法33）、交換処分等に伴い資産を取得した場合の課税の特例（措法33の2）及び換地処分等に伴い資産を取得した場合の課税の特例（措法33の3）

2 収用交換等の5,000万円特別控除（措法33の4）、特定土地区画整理事業等のための2,000万円特別控除（措法34）、特定住宅地造成事業等のための1,500万円特別控除（措法34の2）、農地保有合理化等のための800万円特別控除（措法34の3）、居住用財産の3,000万円特別控除（措法35）、特定の長期保有土地等の譲渡所得の1,000万円特別控除（措法35の2）及び低未利用土地等の譲渡所得の100万円特別控除（措法35の3）

3 特定の居住用財産の買換え及び交換の特例（措法36の2、36の5）、特定の事業用資産の買換え及び交換の特例（措法37、37の4）、中高層耐火建築物等の建設のための買換え及び交換の特例（措法37の5）、特定の交換分合による土地を取得した場合の特例（措法37の6）、大規模な住宅地等の造成のための交換等の特例（措法37の7）、認定事業用地適正化計画の事業用地の区域内にある土地等の交換の特例（措法37の9の2）、特定普通財産とその隣接する土地等の交換の特例（措法37の9の4）及び平成21年及び平成22年に土地等の先行取得をした場合の譲渡所得の課税の特例（措法37の9の5）

イ 優良住宅等のための譲渡の範囲

特例の対象となるものは、次の①から⑯までに掲げる優良住宅等のための土地等の譲渡で、当該土地等の譲渡がそれぞれに掲げる土地等の譲渡であることを証する一定の書類を個人住民税の申告書（所得税の確定申告書を含みます。）に添付することにより証明されたものとされています（地法附則34の2、地規附則13の3、措法31の2②、措令20の2、措規13の3）。

優 良 住 宅 等 の た め の 譲 渡 の 範 囲	
①	国、地方公共団体等に対する土地等の譲渡
②	独立行政法人都市再生機構等に対する土地等の譲渡で、当該土地等がその業務を行うために直接必要であると認められるもの
③	収用交換等による土地等の譲渡
④	都市再開発法による第1種市街地再開発事業の施行者に対する土地等の譲渡

第1節　個人住民税

	優 良 住 宅 等 の た め の 譲 渡 の 範 囲
⑤	密集市街地における防災街区整備の促進に関する法律による防災街区整備事業の施行者に対する土地等の譲渡
⑥	密集市街地における防災街区の整備の促進に関する法律に規定する防災再開発促進地区の区域内における同法に規定する認定建替計画（その計画に定められた新築する建築物の敷地面積の合計が500㎡以上であること等一定の要件を満たすものに限ります。）に係る建築物の建替えを行う事業の認定事業者に対する土地等の譲渡
⑦	都市再生特別措置法による都市再生事業（建築床面積1,500㎡以上の建築物の建築がされること、その事業の施行地区の面積が1ヘクタール以上であること等一定の要件を満たすものに限ります。）を行う同法の認定事業者等に対する土地等の譲渡
⑧	都市再生特別措置法に規定する認定整備事業計画に係る都市再生整備事業（建築床面積1,500㎡以上の建築物の建築がされること、その事業の施行地区の面積が0.5ヘクタール以上であること等の要件を満たすものに限ります。）の同法に規定する認定整備事業者（当該事業者と土地等の取得に関する協定を締結した独立行政法人都市再生機構を含みます。）に対する土地等の譲渡
⑨	国家戦略特別区域法に規定する認定区域計画に定められている特定事業又は当該特定事業の実施に伴い必要となる施設を整備する事業（これらの事業のうち産業の国際競争力の強化又は国際的な経済活動の拠点の形成に特に資するものとして一定のものに限ります。）を行う者に対する土地等の譲渡で、その譲渡に係る土地等がこれらの事業の用に供されているもの
⑩	所有者不明土地の利用の円滑化等に関する特別措置法第13条第1項の規定により行われた裁定に係る同法第10条第2項の裁定申請書に記載された同項第2号の事業を行う当該裁定申請書に記載された同項第1号の事業者に対する一定の土地等の譲渡で、当該譲渡に係る土地等が当該事業の用に供されるもの
⑪	マンションの建替えの円滑化等に関する法律によるマンション建替事業の施行者に対する住戸の規模等一定の要件を満たす施行再建マンションの建築の事業の用に供される土地等又は隣接施行敷地の譲渡
⑫	マンション建替え等の円滑化に関する法律の売渡し請求に基づく同法に規定するマンション敷地売却事業（当該事業に係る認定買受計画に、マンションを除却した後の土地に建築される一定のマンション、公共施設等に関する事項の記載があるものに限ります。）を実施する者に対する土地等の譲渡又は当該マンション敷地売却事業に係る認可を受けた分配金取得計画に基づく当該マンション敷地売却事業を実施する者に対する土地等の譲渡

第2章　住民税

	優 良 住 宅 等 の た め の 譲 渡 の 範 囲
⑬	建築物の建築（建築面積が150m²以上である建築に限ります。）をする事業（その事業の施行地区の面積が500m²以上であること等一定の要件を満たす事業に限ります。）を行う者に対する土地等（市街化区域又は都市計画区域のうち用途地域が定められている区域内に所在するものに限ります。）の譲渡
⑭	特定の民間再開発事業（地上階数4以上の中高層の耐火建築物の建築を目的とする事業（その事業の施行地区の面積が1,000m²以上（当該事業が認定再開発事業である場合には、500m²以上））であること等一定の要件について都道府県知事が認定したものに限ります。）を行う者に対する土地等の譲渡
⑮	一団の宅地の造成（その造成面積が、市街化区域にあっては1,000m²、都市計画区域のうち用途地域が定められている区域にあっては3,000m²、市街化調整区域にあっては5ha以上であること等の一定の要件を満たすものに限ります。）を行う者に対する土地等の譲渡
⑯	開発許可を受けて住宅建設の用に供される一団の宅地（その宅地の面積が1,000m²（その面積が1,000m²未満とされている区域内にあっては、措令第20条の2第17項で定める面積）以上であること等一定の要件を満たすものに限ります。）の造成を行う者に対する土地等の譲渡
⑰	都市計画区域内の宅地の造成につき開発許可を要しない場合において住宅建設の用に供される一団の宅地（宅地の面積が1,000m²（三大都市圏の市街化区域にあっては500m²）以上であること等一定の要件を満たすものに限ります。）の造成を行う者に対する土地の譲渡
⑱	一団の住宅又は中高層の耐火共同住宅（その建設される住宅の戸数が、一団の住宅にあっては戸数が25戸、中高層の耐火共同住宅にあっては住居の用途に供する独立部分が15以上であること又はその延床面積が1,000m²以上のものであること等一定の要件を満たすものに限ります。）の建設を行う者に対する土地等の譲渡
⑲	住宅又は中高層の耐火共同住宅（住宅の床面積及び敷地の面積が一定規模以上のものに限ります。）の建設を行う者に対する土地等（土地区画整理事業の施行地区内の土地で仮換地の指定がされたものに限ります。）の譲渡のうち、当該譲渡が仮換地指定日から3年を経過する日の属する年の12月31日までの間に行われるもので、当該土地等がその住宅の用に供されるもの

ロ　確定優良住宅地等予定地のための譲渡の範囲

　　確定優良住宅地等予定地のための譲渡とは、宅地の造成又は住宅の建設を行う者に対する土地等の譲渡で、その譲渡の日から同日以後2年を経過する日の属する年の12月31日までの期間内に上記イの⑭から⑱までに掲げる土地等の譲渡に該当することとなることが確実であると認められることを証する土地等の買取者か

第1節　個人住民税

ら交付を受ける一定の書類を個人住民税の申告書（所得税の確定申告書を含みます。）に添付することにより証明されたものとされています（地法附則34の2②⑤⑦、地規附則13の3、措規13の3）。

5　居住用財産を譲渡した場合の長期譲渡所得に係る課税の特例

長期譲渡所得のうち、居住用財産に係るものについては、他の長期譲渡所得と区分し、次の左欄の区分に応じ、右欄により計算される所得割額が課税されます（地法附則34の3、措法31の3）。

区　　　分	課　さ　れ　る　所　得　割　額
課税長期譲渡所得金額が6,000万円以下の場合	課税長期譲渡所得金額×4%（都道府県民税1.6%、市区町村民税2.4%（指定都市に住所を有する場合は、都道府県民税0.8%・市区町村民税3.2%）） ※　所得税の税率は10%とされています。
課税長期譲渡所得金額が6,000万円を超える場合	240万円（都道府県民税96万円・市区町村民税144万円（指定都市に住所を有する場合は、都道府県民税48万円・市区町村民税192万円））＋（課税長期譲渡所得金額－6,000万円）×5%（都道府県民税2%・市区町村民税3%（指定都市に住所を有する場合は、都道府県民税1%・市区町村民税4%）） ※　所得税は、次のとおりとされています。 　600万円＋（課税長期譲渡所得金額－6,000万円）×15%

イ　特例の適用要件

この特例の適用要件は、次のとおりとされています（措法31の3①②）。

	適　用　要　件
①	譲渡した年の1月1日における所有期間が10年を超えるもの（長期保有資産）であること
②	個人が有する国内にある現に自己の居住の用に供している土地等又は建物等（居住用財産）であること
③	居住の用に供されなくなった日から同日以後3年を経過する日の属する年の12月31日までの間に譲渡したものであること
④	災害により滅失した家屋の敷地の用に供されていた土地等（長期保有資産に限られます。）で災害のあった日から同日以後3年を経過する日の属する年の12月31日までの間に譲渡したものであること
⑤	譲渡先がその個人の配偶者その他特別の関係のある者でないこと

— 87 —

第2章　住民税

⑥	特定の居住用財産の買換えの場合の課税の特例等他の特例の適用を受けていないこと	
⑦	その前年又は前々年の譲渡所得について、既にこの課税の特例の適用を受けていないこと	

ロ　申告手続

　　この特例は、個人住民税の申告書（その提出期限後において個人住民税の納税通知書が送達される時までに提出されたもの及びその時までに提出された所得税の確定申告書を含みます。）に居住用財産に係る譲渡所得の明細に関する事項の記載があるとき（これらの申告書にその記載がないことについてやむを得ない理由があると市区町村長が認めるときを含みます。）に限り適用することとされています（地法附則34の3②④）。

6　短期譲渡所得に係る課税の特例

　　次の土地建物等に係る短期譲渡所得については、当分の間、他の所得と区分し、分離課税の方法により所得割が課税されます（地法附則35、措法32、措令21）。

	資産の区分	分離課税の対象となる資産
①	土地建物等	譲渡した年の1月1日において所有期間が5年以下である土地等又は建物等（譲渡した年中に取得したものを含みます。）
②	土地譲渡類似の有価証券の譲渡に該当する株式・出資	イ　その有する資産の価額の総額のうちに占める短期保有土地等（その法人が取得した日の翌日からその株式等を譲渡した日の属する年の1月1日までの所有期間が5年以下である土地等及びその株式等を譲渡した日の属する年にその法人が取得した土地等をいいます。）の価格の合計額の割合が100分の70以上である法人の株式等 ロ　その有する資産の価額の総額のうちに占める土地等の価額の合計額の割合が100分の70以上である法人の株式等のうち、次の株式等に該当するもの (イ)　その年の1月1日において、個人がその取得した日の翌日から引き続き所有していた期間が5年以下である株式等 (ロ)　その年中に取得した株式等

イ　短期譲渡所得の金額の計算

　　短期譲渡所得の金額は、その年中の短期所有の土地建物等の譲渡による総収入

－88－

第1節　個人住民税

金額から取得費と譲渡費用を控除した金額です（地法附則35②⑥）。

なお、分離の長期譲渡所得の金額の計算上生じた損失の金額があるときは、当該損失の金額を控除した後の金額となります（地法附則35②⑥）。

------（算　式）------

$$\left[\begin{array}{l}\text{土地建物等の譲}\\\text{渡の総収入金額}\end{array}\right] -（取得費）-（譲渡費用）- \left[\begin{array}{l}\text{長期譲渡所得の金額の計}\\\text{算上生じた損失の金額}\end{array}\right]$$

（注）　土地建物等の譲渡による分離の短期譲渡所得の金額の計算上生じた損失の金額（他の分離の短期譲渡所得の金額及び分離の長期譲渡所得の金額から控除してもなお控除することができない部分の金額）があるときは、当該損失の金額は生じなかったものとみなされ、当該損失の金額と他の所得との通算及び当該損失の金額の翌年以降への繰越を行うことができないこととされており、また、分離の短期譲渡所得の金額と他の所得に係る損失との通算及び分離の短期譲渡所得の金額からの純損失の繰越控除はできないこととされています（地法附則35①、④二、⑤、⑧二）。

ロ　課税短期譲渡所得金額

　　短期譲渡所得の金額がそのまま課税短期譲渡所得金額となります。ただし、繰越雑損失の金額の控除不足額若しくは上記**3**の**ハ**（⑥を除きます。）に該当する特別控除額（82頁参照）又は所得控除の控除不足額（総所得金額から控除しきれなかった部分の額）があるときは、これを控除した後の金額となります（地法附則35①、④三、⑤、⑧三）。

ハ　短期譲渡所得に係る所得割額

　　次により計算した金額です（地法附則35①③⑤⑦）。

①　②以外の短期譲渡所得

$$\text{課税短期譲渡所得金額} \times 9\% \left(\begin{array}{l}\text{都道府県民税3.6\%（指定都市}\\\text{に住所を有する場合1.8\%）}\\\text{市区町村民税5.4\%（指定都市}\\\text{に住所を有する場合7.2\%）}\end{array}\right) = \text{所得割額}$$

　※　所得税の税率は30%とされています（措法32①）。

②　国又は地方公共団体等への譲渡に係る短期譲渡所得

$$\text{課税短期譲渡所得金額} \times 5\% \left(\begin{array}{l}\text{都道府県民税 2 \%（指定都市}\\\text{に住所を有する場合 1 \%）}\\\text{市区町村民税 3 \%（指定都市}\\\text{に住所を有する場合 4 \%）}\end{array}\right) = \text{所得割額}$$

　※　所得税の税率は15%とされています（措法32③）。

— 89 —

第2章　住民税

7　株式等に係る譲渡所得等に係る課税の特例

(1)　一般株式等に係る譲渡所得等に係る課税の特例

　株式等の譲渡による所得については、平成29年度の個人住民税から、一般株式等に係るものと上場株式等に係るものとに区分し、申告分離課税の方法により所得割を課することとされていますが、一般株式等に係るものについては、次によることとされています。すなわち、所得割の納税義務者が、一般株式等（株式等（注1）のうち上場株式等（次の(2)を参照）以外のものをいいます。）の譲渡をした場合には、当該一般株式等の譲渡による事業所得、譲渡所得及び雑所得については、当分の間、他の所得と区分し、その年中の当該一般株式等の譲渡に係る事業所得の金額、譲渡所得の金額及び雑所得の金額（注2～4）（以下「一般株式等に係る譲渡所得等の金額」といいます。）に対し、一般株式等に係る課税譲渡所得等の金額の5％（都道府県民税2％・市区町村民税3％（指定都市に住所を有する場合は、都道府県民税1％、市区町村民税4％））に相当する金額の所得割が課されます（地法附則35の2①⑤）。

　なお、所得税においても同様の措置が講じられており（措法37の10）、その税率は15％とされています。

(注)1　申告分離課税の対象とされる株式等とは、次に掲げるもの（外国法人に係るものを含み、ゴルフ場その他の施設の利用に関する権利に類するものとして政令で定める株式又は出資の持分を除きます。）をいいます（措法37の10②）。

申告分離課税の対象とされる株式等（措法37の10②）	
①	株式（株主又は投資主（投資信託及び投資法人に関する法律第2条第16項に規定する投資主をいいます。）となる権利、株式の割当てを受ける権利、新株予約権及び新株予約権の割当てを受ける権利を含みます。）
②	特別の法律により設立された法人の出資者の持分、合名会社、合資会社又は合同会社の社員の持分、法人税法第2条第7号に規定する協同組合等の組合員又は会員の持分その他法人の出資者の持分（出資者、社員、組合員又は会員となる権利及び出資の割当を受ける権利を含むものとし、次の③に掲げるものを除きます。）
③	協同組織金融機関の優先出資に関する法律に規定する優先出資（優先出資者となる権利及び優先出資の割当てを受ける権利を含みます。）及び資産の流動化に関する法律第2条第5項に規定する優先出資（優先出資社員となる権利及び同法第5条第1項第2号ニ(2)に規定する引受権を含みます。）
④	投資信託の受益権
⑤	特定受益証券発行信託の受益権
⑥	社債的受益権

－ 90 －

第1節　個人住民税

| ⑦ | 公社債（預金保険法第2条第2項第5号に規定する長期信用銀行債等その他政令で定めるものを除きます。） |

2　一般株式等に係る譲渡所得等の金額は、所得税法その他の所得税に関する法令の規定（租税特別措置法施行令第25条の12第7項及び第26条の28の3第6項の規定を除きます。）の例により計算した一般株式等の譲渡による事業所得の金額、譲渡所得の金額及び雑所得の金額の合計額です（地令附則18）。

3　一般株式等に係る譲渡所得等の金額の計算上生じた損失の金額は、一般株式等の譲渡による所得の金額から控除することはできますが、それ以外の他の所得から控除することはできないとされています（地法附則35の2①⑤）。

　　また一般株式等の譲渡による所得以外の所得の金額の計算上生じた損失の金額は、一般株式等の譲渡による事業所得、譲渡所得及び雑所得の金額から控除することはできないとされています（地法附則35の2④二・⑧二）。

4　一般株式等に係る譲渡所得等の金額のうち、一般公社債等（公社債、私募公社債投資信託の受益権、証券投資信託以外の私募投資信託の受益権及び特定目的信託（その社債的受益権の募集が公募以外の方法により行われたものに限ります。）の社債的受益権をいいます。）の譲渡による譲渡所得等の金額は、平成25年度の税制改正によってこの一般株式等に係る譲渡所得等の金額とされたものであり、一般公社債等は、平成28年1月1日以後の譲渡から一般株式等として扱われることとされています。

(2)　上場株式等に係る譲渡所得等に係る課税の特例

　株式等の譲渡による所得については、平成29年度の個人住民税から、一般株式等に係るものと上場株式等に係るものとに区分し、申告分離課税の方法により所得割を課することとされていますが、上場株式等に係るものについては、次によることとされています。すなわち、所得割の納税義務者が、上場株式等（注1）の譲渡をした場合には、当該上場株式等の譲渡による事業所得、譲渡所得及び雑所得については、当分の間、他の所得と区分し、その年中の当該上場株式等の譲渡に係る事業所得の金額、譲渡所得の金額及び雑所得の金額（注2～5）（以下「上場株式等に係る譲渡所得等の金額」といいます。）に対し、上場株式等に係る課税譲渡所得等の金額の5％（都道府県民税2％・市区町村民税3％（指定都市に住所を有する場合は、都道府県民税1％・市区町村民税4％））に相当する金額の所得割を課することとされています（地法附則35の2の2①⑤）。

　なお、所得税においても同様の措置が講じられており（措法37の11）、その税率は15％とされています。

(注)1　上場株式等とは、株式等（80頁参照）のうち次に掲げるものをいいます（措法37の11②、措令25の9②）。

　　　　なお、下欄の上場株式等のうち、特定公社債等（80頁参照）は、平成25年度の税

— 91 —

第2章　住民税

制改正によってこの上場株式等とされたものであり、特定公社債等は、平成28年1月1日以後の譲渡から上場株式等として扱われることとされています。

①	株式等で金融商品取引所に上場されているものその他これに類するもの（店頭売買登録銘柄として登録された株式（出資を含みます。）、店頭転換社債型新株予約権付社債、店頭管理銘柄株式、認可金融機関商品取引業協会の定める規則に従い登録銘柄として同協会の登録原簿に登録された日本銀行出資証券式）（注2参照）
②	投資信託でその設定に係る受益権の募集が公募により行わたものの受益権
③	特定投資法人の投資口
④	特定受益証券発行信託（その信託法に規定する信託契約の締結時において委託者が取得する受益権の募集が公募により行われたものに限ります。）の受益権
⑤	特定目的信託（その信託契約の締結時において原委託者が有する社債的受益権の募集が公募により行われたものに限ります。）の社債的受益権
⑥	特定公社債（80頁参照）

2　所得税においては、非課税口座内の少額上場株式等に係る譲渡所得等の非課税措置（措法37の14）や未成年者口座内の少額上場株式等に係る譲渡所得等の非課税措置（措法37の14の2）が設けられていますが、同措置において非課税とされる譲渡所得等は、地方税法第32条第2項及び第313条第2項の規定により個人住民税においても非課税となります。

3　上場株式等に係る譲渡所得等の金額は、所得税法その他の所得税に関する法令の規定の例により計算した上場株式等の譲渡による事業所得の金額、譲渡所得の金額及び雑所得の金額の合計額です（地令附則18の2）。

4　上場株式等に係る譲渡所得等の金額の計算上生じた損失の金額は、上場株式等の譲渡による所得の金額から控除することはできますが、それ以外の他の所得から控除することはできないとされています（地法附則35の2の2①⑤）。

　また、上場株式等の譲渡による所得以外の所得の金額の計算上生じた損失の金額は、上場株式等の譲渡による事業所得、譲渡所得及び雑所得の金額から控除することはできないとされています（地法附則35の2の2④二、⑧二）。

　なお、上場株式等に係る譲渡損失については、損益通算及び繰越控除の特例措置が設けられています（94頁の(4)参照）。

5　源泉徴収選択口座において株式等譲渡所得割の課税対象となった特定株式等譲渡所得金額に係る所得について、株式等譲渡所得割における申告不要の特例を適用して申告しなかった場合の上場株式等に係る譲渡所得等の金額は、当該特定株式等譲渡所得金額を除外して算定することとされています（地法附則35の2の2①⑤）（なお、申告不要を選択して当該特定株式等譲渡所得金額に係る所得を申告しなかった場合には、当該特定株式等譲渡所得金額に係る所得に対する個人住民税の課税関係は、株式等譲渡所得割の課税（特別徴収）によって完結することとなります。）。

　ただし、当該特定株式等譲渡所得金額に係る所得について申告することを選択した場における当該上場株式等に係る譲渡所得等の金額は、当該特定株式等譲渡所得金額を含めて算定すこととなります（地法附則35の2の2①⑤）（当該申告をした場合には、当該特定株式等譲渡所得金額に対して課された（特別徴収された）株式等

第1節　個人住民税

　　　譲渡所得割額がその者の所得割額から控除されることとなります（116頁参照）。）。

（参考）

　平成25年度の税制改正において、次のような改正が行われています。

(1)　平成28年1月1日以後における源泉徴収選択口座内の特定公社債等（80頁参照）の譲渡に係る譲渡所得等（特定公社債等の譲渡所得等に係る収入金額とみなされる特定公社債等の償還又は一部解約等により支払を受ける金額を含みます。）について申告した場合には、当該譲渡所得等に対して、この分離課税による所得割を課することとする（改正後の地法附則35の2の2）。この場合、当該譲渡所得等に対して課された（特別徴収された）株式等譲渡所得割額は、その者の所得割額から控除することとする（地法37の4、314の9、改正後の地法附則35の2の2④⑧）。

(2)　平成28年1月1日以後の一般公社債等（公社債、私募公社債投資信託の受益権、証券投資信託以外の私募投資信託の受益権及び特定目的信託（その社債的受益権の募集が公募以外の方法により行われたものに限ります。）の社債的受益権をいいます。）の譲渡に係る譲渡所得等（一般公社債の譲渡所得等に係る収入金額とみなされる一般公社債等の償還又は一部解約等により支払を受ける金額を含みます。）については、この分離課税による所得割を課することとする（改正後の地法附則35の2）。ただし、同族会社が発行した社債の償還金でその同族会社の判定の基礎となった株主等が支払を受けるものは、総合課税の対象とすることとする（改正後の地法附則35の2）。

(3)　平成29年度分の個人住民税から、株式等に係る譲渡所得等の分離課税について、上場株式等に係る譲渡所得等と非上場株式等に係る譲渡所得等を別々の分離課税制度とした上で、特定公社債等及び上場株式等に係る譲渡所得等の分離課税並びに一般公社債等及び非上場株式等に係る譲渡所得等の分離課税に改組することとする（改正後の地法附則35の2、35の2の2）。

⑶　特定管理株式等が価値を失った場合の株式等に係る譲渡所得等の課税の特例

　左欄の特定管理株式等、特定保有株式又は特定口座内公社債が株式又は公社債としての価値を失ったことによる損失が生じた場合として右欄の価値喪失事実が発生したときは、当該事実が発生したことは当該特定管理株式等、特定保有株式又は特定口座内公社債の譲渡をしたことと、当該損失の金額は上場株式等の譲渡をしたことにより生じた損失の金額とそれぞれみなして、上場株式等に係る譲渡所得等の課税の特例規定（地法附則35の2の2）並びに上場株株式等の譲渡損失の損益通算及び繰越控除の特例規定（地法附則35の2の6）その他の個人住民税に関する規定を適用することが

— 93 —

第2章　住民税

できます（地法附則35の2の3）。

	特例対象の株式及び公社債	価値喪失事実
①	特定管理株式等 ※　特定管理口座（当該特定管理口座内保管上場株式等が上場株式等に該当しないこととなった内国法人が発行した株式又は公社債につき当該特定口座から移管により保管の委託がされることその他の一定の要件を満たす口座をいいます。②において同じです。）に係る振替口座簿に記載若しくは記録がされ、又は特定管理口座に保管の委託がされている当該内国法人が発行した株式又は公社債をいいます。	イ　当該特定管理株式等、特定保有株式又は特定口座内公社債を発行した株式会社又は投資法人（以下「特定株式会社等」といいます。）が解散（合併による解散を除きます。）をし、その清算が結了したこと。 ロ　イに掲げる事実に類するもの（特定株式会社等が破産法の規定による破産手続開始の決定を受けたこと及び特定株式会社等がその発行済株式の全部を無償で消滅させることを定めた会社更生法に規定する更生計画に基づきその発行済株式の全部を無償で消滅させたこと等）。
②	特定保有株式 ※　平成21年1月4日において特定管理株式等であった株式で同年1月5日に特定管理口座から払い出されたもののうち同日以後当該株式と同一銘柄の株式の取得及び譲渡をしていないものであることにつき証明がされたものをいいます。）	
③	特定口座内公社債 ※　当該特定口座に係る振替口座簿に記載若しくは記録がされ、又は当該特定口座に保管の委託がされている内国法人が発行した公社債をいいます。	

（注）　上記の特例は、平成25年度の税制改正による改正後の改正規定によっていますが、改正後の規定は、特定管理株式等、特定保有株式又は特定口座内公社債につき平成28年1月1日以後にその発行法人の清算が結了等の事実が発生する場合について適用することとされています。

(4)　上場株式等に係る譲渡損失の損益通算及び繰越控除

イ　損益通算

次の左欄に掲げる上場株式等に係る譲渡損失は、上記(2)にかかわらず、右欄により上場株式等に係る配当所得等の金額の計算上控除されます（注2）（地法附則35の2の6①⑪）。

— 94 —

第1節　個人住民税

損益通算される譲渡損失の金額	損益通算の方法
平成29年分以後の各年分の上場株式等（91頁参照）の次に掲げる譲渡をしたことにより生じた損失の金額のうち当該譲渡をした年分の上場株式等に係る譲渡所得等の金額の計算上控除してもなお控除しきれない部分の金額 イ　租税特別措置法第37条の12の２第２項第１号に掲げる金融商品取引業者又は登録金融機関への売委託により行う上場株式等の譲渡 ロ　同項第２号に掲げる金融商品取引業者に対する上場株式等の譲渡 ハ　同項第３号に掲げる登録金融機関又は投資信託委託会社に対する上場株式等の譲渡で一定のもの ニ　同項第４号から第10号までに掲げる譲渡（注参照）（個人住民税では第11号に掲げる譲渡は対象外とされています。）	当該上場株式等に係る譲渡損失の金額については、当該上場株式等に係る譲渡損失の金額の生じた年分につき上場株式等に係る譲渡損失の金額の控除に関する事項を記載した申告書（納税通知書が送達される時までに提出した場合を含みます。）を提出した場合に限り、当該年分の申告分離課税の上場株式等に係る配当所得等の金額から当該配当所得等の金額を限度として、当該年分の当該上場株式等に係る配当所得等の金額の計算上控除します。

(注)１　次に掲げる譲渡とされています。
　　ⅰ　上場株式等につき会社の合併等の事由が生じたことにより株式等の譲渡の対価とみなされる金額が生ずる場合におけるこれらの事由によるその上場株式等のその譲渡の対価とみなされる金額に対する権利の移転又は消滅
　　ⅱ　上場株式等を発行した法人の行う株式交換又は株式移転による当該法人に係る株式交換完全親法人又は株式移転完全親法人に対する当該上場株式の譲渡
　　ⅲ　上場株式等を発行した法人に対して会社法第192条第１項（単元未満株式の買取りの請求）の規定に基づいて行う単元未満株式の譲渡
　　ⅳ　所得税法第57条の４第３項第５号に掲げる取得条項付新株予約権又は同項第６号に掲げる新株予約権付社債のこれらの規定に規定する法人に対する譲渡で、その譲渡が同項に規定する場合に該当しない場合における当該譲渡
　　ⅴ　上場株式等を発行した法人に対して旧商法第220条ノ６第１項（端株の買取請求）の規定に基づいて行う端株の譲渡
　　ⅵ　会社法等で定める規定による一株又は一口に満たない端数に係る上場株式等の競売による当該上場株式等の譲渡
　　ⅶ　信託会社（金融機関の信託業務の兼営等に関する法律第１条第１項に規定する信託業務を営む金融機関を含みます。ⅷにおいて同じです。）の国内にある営業所又は事業所に信託されている上場株式等の譲渡で、その営業所又は事業所を通じて金融商品取引法第58条に規定する外国証券業者への売委託により行うもの
　　ⅷ　信託会社の国内にある営業所又は事業所に信託されている上場株式等の譲

— 95 —

第2章　住民税

　　渡で、その営業所又は事業所を通じて外国証券業者に対して行うもの
　2　平成25年度の税制改正において、平成29年度分の個人住民税から、上場株式
　　等の譲渡損失及び配当所得の損益通算の特例の対象に、特定公社債等（80頁参
　　照）の利子所得等及び譲渡所得等を加え、これらの所得間並びに上場株式等の
　　配当所得（申告分離課税を選択したものに限ります。）及び譲渡所得等との損益
　　通算を可能とすることとされています（改正後の地法附則35の2の6）。

　ロ　繰越控除

　　　次の左欄に掲げる上場株式等に係る譲渡損失の金額については、右欄により繰
　　越控除ができます（地法附則35の2の6⑤、⑮）。

繰越控除されるもの	繰越控除の方法
前年前3年内の各年に生じた上場株式等に係る譲渡損失の金額（※参照）（前年前において控除されたものを除きます。） ※　上場株式等の譲渡をしたことにより生じた損失の金額のうち、その譲渡をした年分の上場株式等に係る譲渡所得等の金額の計算上控除してもなお控除しきれない部分の金額をいい、上記(イ)の損益通算の適用を受けて控除されたものは除かれます。	当該上場株式等に係る譲渡損失の金額については、当該上場株式等に係る譲渡損失の金額の生じた年分につき上場株式等に係る譲渡損失の金額の控除に関する事項を記載した個人住民税の申告書（所得税の確定申告書を含みます。以下同じです。）を提出した場合（※1）において、その後の年度分の個人住民税について連続してその申告書（※2）を提出しているときに限り、当該年分の上場株式等に係る譲渡所得等の金額及び申告分離課税の上場株式等に係る配当所得等の金額を限度として、当該年分の当該上場株式等に係る譲渡所得等の金額及び上場株式等に係る配当所得等の金額の計算上控除します。 ※1　市区町村長においてやむを得ない事情があると認める場合には、当該申告書をその提出期限後において個人住民税の納税通知書が送達される時までに提出した場合を含みます。 ※2　その提出期限後において個人住民税の納税通知書が送達される時までに提出されたものを含みます。

（注）　平成25年度の税制改正において、平成29年度以後の各年度分の個人住民税につ
　　いて、前年前3年内の各年に生じた特定公社債等（80頁参照）の譲渡損失の金額
　　（前年前において控除されたものを除きます。）は、特定公社債等の利子所得等及
　　び譲渡所得等並びに上場株式等の配当所得等（申告分離課税に係るものに限りま
　　す。）及び譲渡所得等からの繰越控除を可能とすることとされています（改正後の
　　地法35の2の6）。

— 96 —

第1節　個人住民税

⑸　特定中小会社が発行した特定株式に係る課税の特例

　中小企業の新たな事業活動の促進に関する法律第7条に規定する特定新規中小企業者に該当する株式会社等租税特別措置法第37条の13第1項各号に掲げる株式会社（以下「特定中小会社」といいます。）が発行した株式については、次のような税制上の特例措置が講じられています。

特例区分	特　例　内　容
価値喪失株式に係る損失の金額の特例	特定中小会社の株式（以下「特定株式」といいます。）を払込み（これらの株式の発行に際してするものに限ります。）により取得した者について、その特定中小会社の設立の日から発行した株式の上場等の日の前日までの期間（以下「適用期間」といいます。）内に、次に掲げる事実が発生して当該特定株式が株式としての価値を失い、これによる損失が生じた場合には、その事実が発生したことはその特定株式の譲渡をしたことと、その損失の金額はその特定株式の譲渡をしたことにより生じた損失の金額とそれぞれみなして、特定中小会社の特定株式に係る課税の特例規定（地法附則35の3）及び一般株式等に係る譲渡所得等に係る課税の特例規定（地法附則35の2）その他の個人住民税に関する規定を適用します（地法附則35の3①⑨）。 イ　その払込みにより取得した特定株式を発行した株式会社が解散（合併による解散を除きます。）をし、その清算が結了したこと。 ロ　その払込みにより取得した特定株式を発行した株式会社が破産手続開始の決定を受けたこと。 　なお、この特例は、上記の事実が発生した年分に係る個人住民税についてこの特例の適用を受けようとする旨の記載のある申告書（所得税の確定申告書を含みます。）を提出した場合に限り適用されます。
特定株式に係る譲渡損失の繰越控除等の特例	イ　所得割の納税義務者の特定株式に係る譲渡損失の金額がある場合には、当該特定株式に係る譲渡損失の金額は、当該年分の上場株式等に係る譲渡所得等の金額を限度として、当該年分の上場株式等に係る譲渡所得等の金額の計算上控除することができます（地法附則35の3③⑬）。 　なお、この特例は、その損失の生じた年分に係る個人住民税について当該特定株式に係る譲渡損失の金額の控除に関する事項の記載のある申告書（納税通知書が送達される時までに提出されたもの及び所得税の確定申告書を含みます。）を提出した場合に限り適用されます。 ロ　所得割の納税義務者の前年前3年内の各年に生じた特定株式に係る渡損失の金額（イ又はこの繰越控除により前年前に

— 97 —

おいて控除されたものを除きます。）は、当該年分の一般株
式等に係る譲渡所得等の金額及び当該年分の上場株式等に係
る譲渡所得等の金額（イの特例の適用がある場合には、その
適用後の金額）を限度として当該年分の一般株式等に係る譲
渡所得等の金額及び上場株式等に係る譲渡所得等の金額の計
算上控除することができます（地法附則35の3⑤⑮）。

なお、この特例は、その損失の生じた年分に係る個人住民税
につき当該特定株式に係る譲渡損失の金額の控除に関する事項
を記載した申告書（納税通知書が送達される時までに提出され
たもの及び所得税の確定申告書を含みます。以下同じです。）
を提出した場合において、その後の年度分の個人住民税につ
いて連続して申告書を提出しているときに適用されます。

(注) 特例の適用対象となる特定株式は、次に掲げるものです（地法附則35の3①、
措法37の13①一～五）。

① 中小企業の新たな事業活動の促進に関する法律第7条に規定する特定新規中
小企業者に該当する株式会社により発行される株式

② 内国法人のうち、その設立の日以後10年を経過していない中小企業者に該当
する一定の株式会社により発行される株式で、一定の中小企業等投資事業有限
責任組合契約に従って取得されるもの

③ 内国法人のうち、認可金融商品取引業協会の規則においてその事業の成長発
展が見込まれるものとして指定を受けている株式（グリーンシート・エマージ
ング区分）を発行する株式会社であって、その設立の日以後10年を経過してい
ない中小企業者に該当する一定のものにより発行される株式で、一定の金融商
品取引業者を通じて取得されるもの

④ 内国法人のうち、沖縄振興特別措置法第57条の2第1項に規定する指定会社
で平成26年4月1日から令和3年3月31日までの間に同項の規定による指定を
受けたもの

8 先物取引に係る雑所得等に係る課税の特例

次の左欄に掲げる先物取引に係る雑所得等については、当分の間、他の所得と区分
し、申告分離課税の方法によって、右欄により計算される所得割額が課税されます
（地法附則35の4、措法41の14、措令26の23②）。

なお、所得税においても同様の措置が講じられております（措法41の14）。

分離課税の対象となる雑所得等	先物取引に係る雑所得等に対する税額
租税特別措置法第41条の14第1項各号に掲げる先物取引（商品先物取引等、金融商品先物取引等又は一定の有価証券（カバードワラント）の取得）をし、かつ、その取引に係る決済（その先物取引に係	先物取引に係る課税雑所得等の金額×5％（都道府県民税2％・市区町村民税3％（指定都市に住所を有する場合は、都道府県民税1％・市区町村民税4％）） ※ 所得税の税率は15％とされています

る商品又は金融商品の受渡しが行われることとなるものを除きます。）又はその有価証券に係る権利の行使若しくは放棄若しくはその譲渡（以下「差金等決済」といいます。）に係るその先物取引による事業所得の金額、譲渡所得の金額又は雑所得の金額（以下「先物取引に係る雑所得等の金額」といいます。）	（措法41の14①）。

留意点

この課税の特例については、次のことに留意することとなります。

留意事項	留意内容
損益通算	先物取引に係る雑所得等の金額の計算上生じた損失の金額があるときは、当該損失の金額は生じなかったものとみなされます（地法附則35の４①④）。したがって、当該損失の金額は、他の先物取引に係る雑所得等の金額以外の他の所得との通算は行うことができないとされており、それ以外の他の所得の金額との通算はできないとされています。 　また、分離の先物取引に係る雑所得等の金額と他の所得に係る損失の金額との通算及び先物取引に係る雑所得等の金額からの純損失の繰越控除はできないとされています（地法附則35の４①、②二、④、⑤二）。
先物取引の差金等決済に係る損失の繰越控除	前年前３年内の各年に生じた先物取引の差金等決済に係る損失の金額（前年前に控除されたものを除きます。）は、当該年分の当該先物取引に係る雑所得等の金額から控除することができます（地法附則35の４の２）。 　なお、この特例は、その損失の生じた年分に係る個人住民税につき当該先物取引の差金等決済に係る損失の金額の控除に関する事項を記載した申告書（納税通知書が送達される時までに提出されたもの及び所得税の確定申告書を含みます。以下同じです。）を提出した場合において、その後の年度分の個人住民税について連続してその申告書を提出しているときに適用されます。

第6　退職所得に係る課税の特例

　個人住民税は、前年中の所得に対してその翌年に課税するいわゆる前年所得課税主義の建前をとっていますが、退職所得については、この所得のもっている特殊性から、他の所得と分離して、退職により所得の発生した年に課税することとする現年分離課税主義をとっています（地法50の2、328）。

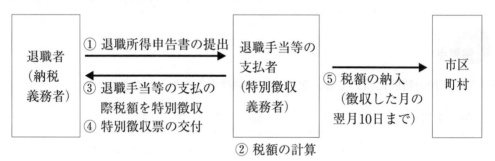

イ　課税団体及び納税義務者

　現年分離課税の対象となる退職手当等に係る所得割（以下「分離課税に係る所得割」といいます。）の課税団体及び納税義務者は、次のとおりです（地法50の2、328）。

課　税　団　体	納　税　義　務　者
その課税対象となる退職手当等の支払を受けるべき日の属する年の1月1日現在におけるその支払を受ける者の住所所在の都道府県又は市区町村 ※　例えば、令和2年3月31日に退職し、その年に退職手当の支払を受けた場合には、令和2年1月1日現在の住所所在の都道府県又は市区町村が課税することとなります。	都道府県内又は市区町村内に住所を有する者のうち退職手当等の支払を受ける者 ※1　その退職手当等の支払を受けるべき日の属する年の1月1日現在において生活保護法に基づく生活扶助を受けている者は、非課税とされています（地法24の5①一、295①一）。 　2　障害者、未成年者、寡婦又はひとり親で合計所得金額が135万円以下のものについては、均等割と分離課税に係る所得割以外の所得割は非課税とされていますが、この分離課税に係る所得割については非課税とされていません（地法24の5①、295①）。

第1節　個人住民税

ロ　分離課税の対象となる退職手当等の範囲

　分離課税に係る所得割の対象となる退職手当等及びその対象とされない退職手当等は次のとおりです（地法50の2、328）。

	分離課税される退職手当等	分離課税されない退職手当等
退職手当等	次に掲げる退職手当等のうち、所得税において源泉徴収（所法199）の対象となるもの イ　退職手当、一時恩給その他の退職により一時に受ける給与及びこれらの性質を有する給与に係る所得（所法30①） ロ　国民年金法等の規定に基づく一時金（所法31） ハ　退職勤労者が弁済を受ける未払賃金（措法29の4）	次に掲げる退職手当等 イ　常時2人以下の家事使用人のみに給与等の支払をする者から支払を受ける退職手当等 ロ　給与等の支払をする者のうち、租税条約等により所得税の源泉徴収義務を有しない者から支払を受ける退職手当等 ハ　非居住者又は退職手当等の支払を受けるべき日の属する年の1月1日において国内に住所を有しない者が支払を受ける退職手当等

　(注)1　分離課税の対象とならない退職手当等に係る退職所得については、その退職手当等の支払を受けた者が当該支払を受けた日の属する年の翌年の1月1日において国内に住所を有するときは、他の所得と同様、翌年度において課税されます。

　　　2　次の退職手当等については、所得税が課されないこととされていますので、個人住民税の所得割も課されないこととなります（地法50の3②、328の2②）。

　　　　イ　死亡により退職した人に支給すべき退職手当等で、その人の相続人等に支給されることとなったもの（所法9①十五、所基通9―17）

　　　　ロ　退職した人又は死亡により退職した人の遺族に、退職に伴う転居のために通常必要とされる範囲内で支払われる旅費等（所法9①四）

ハ　分離課税に係る退職所得の算定

　分離課税に係る所得割の課税標準及びその課税標準の算定方法は次のとおりです（地法50の3、328の2）。

課　税　標　準	課　税　標　準　の　算　定　方　法
その年中の退職所得の金額	所得税法第30条第2項に規定する退職所得の金額の計算の例によって算定します。 （収入金額－退職所得控除額）×1／2（注）

　(注)　ただし、所得税法第30条第4項に規定する役員等で、勤務年数が5年以下である者が支払いを受ける場合については、収入金額から退職所得控除額を控除した額となります。

― 101 ―

第2章　住民税

　　なお、令和3年度改正において、勤続年数5年以下の法人役員等以外の退職金についても、退職所得控除額を控除した残額のうち300万円を超える部分について、2分の1課税の平準化措置の適用から除外することとされました。

（参考）退職所得控除額

①　通常の退職の場合	
（イ）　勤続年数が20年以下の場合	勤続年数×40万円（最低80万円）
（ロ）　勤続年数が20年を超える場合	800万円＋70万円×（勤続年数－20年）
②　障害者になったことを直接の基因として退職した場合	①によって計算した金額＋100万円

　　（注）　勤続年数は、退職手当等を支給する者が退職手当等を計算するときに基礎とした年数によらず、実際の勤続期間に従って計算します（所令69、70）。

二　分離課税に係る所得割の徴収の方法

　　分離課税に係る所得割は、特別徴収の方法によって次により徴収されます（地法328の4、328の5）。

分離課税に係る所得割の徴収の方法	
特別徴収義務者の指定	市区町村は、退職手当等の支払をする者を当該市区町村の条例によって特別徴収義務者として指定します。 　なお、その指定は、「退職手当等の支払をする者とする。」といったように包括的に指定するのが一般的です。
特別徴収の方法	当該特別徴収義務者は、退職手当等の支払をする際、その退職手当等について分離課税に係る所得割を徴収し、その徴収の日の属する月の翌月の10日までに、その徴収すべき分離課税に係る所得割の課税標準額、税額その他必要な事項を記載した納入申告書（総務省令第5号の8様式）を市区町村に提出し、その納入金を当該市区町村に納入することになります。

ホ　特別徴収すべき税額の算定

　　分離課税に係る所得割の税率は、一定税率（地方団体が課税する場合において地方税法に定められている税率以外の税率によることができない税率をいいます。）であり、それは、都道府県民税4％、市区町村民税は6％とされています（地法50の4、328の3）。したがって、特別徴収義務者が、退職手当等の支払の際に、その退職手当等から特別徴収することとなる特別徴収税額は、次の左欄の場合の区分に応じ、次の右欄の税額となります（地法50の6、328の6）。

－ 102 －

第1節　個人住民税

区　　　分	特別徴収税額
① 退職者が提出した退職所得申告書に支払済みの他の退職手当等がない旨の記載がある場合	その支払う退職手当等の金額について、次の算式により計算した税額 （算式） 課税退職所得金額 × 税率（都道府県民税4％・市区町村民税6％） ※　課税退職所得金額 ＝（収入金額－退職所得控除額）× 1/2
② 退職者が提出した退職所得申告書に支払済みの他の退職手当等がある旨の記載がある場合	イの税額からロの税額を控除した税額 　イ　その支払済みの他の退職手当等の金額とその支払う退職手当等の金額との合計額について①の算式によって計算した税額 　ロ　支払済みの他の退職手当等について徴収された又は徴収されるべき税額
③ 退職者からの退職所得申告書の提出がない場合	①の要領で求めた税額 ※　所得税においては、所得割と異なり、退職所得手当等の金額に対して20％の税率で源泉徴収することとされています（所法201③）。

ヘ　退職所得申告書の提出

　　分離課税に係る所得割の特別徴収税額は、退職者の申告書を基にして計算することとなりますので、退職手当等の支払を受ける者は、次のとおり、退職所得申告書を提出しなければなりません（地法328の7、地規2の5）。

	退職所得申告書の提出	所得税との関係
退職所得申告書	退職手当等の支払を受ける者は、その支払を受ける時までに、退職所得申告書（総務省令第5号の9様式）を、その退職手当等の支払者を経由して、その退職手当等の支払を受けるべき日の属する年の1月1日現在における住所所在地の市区町村長に提出しなければなりません。 ※　その申告書が退職手当等の支払者に受理されたときは、その申告書は、その受理された時に市区町村長に提出されたものとみなされます。	申告手続の簡略化の見地から、退職所得の受給に関する申告書は所得税の「退職所得申告書」と同一の用紙によるものとされており、その申告書は、退職手当等の支払者が7年間保存することとされています。

ト　特別徴収票の提出及び交付

　　特別徴収義務者は、次のとおり、特別徴収票を作成し、これを市区町村長に提

－ 103 －

出するとともに退職手当等の支払を受ける者に交付しなければなりません（地法
328の14、地規２の５の２）。

	特別徴収票の提出及び交付	所得税との関係
特別徴収票	特別徴収義務者は、その年において支払の確定した退職手当等について、その支払を受ける者の各人別に特別徴収票２通を作成し、その退職の日以後１月以内に、１通を市区町村長に提出し、他の１通を退職手当等の支払を受ける者に交付しなければなりません。 ただし、法人の取締役、監査役、理事、監事、清算人その他の役員等に対して支払う退職手当等に限り市区町村長に提出することを要し、その他の退職手当等についてはその支払を受ける者に交付すれば足り、市区町村長への提出を要しないとされています。	退職手当等の支払いを受ける者に交付する特別徴収票は、所得税の源泉徴収票と合わせて１枚の用紙になっています。そして、市区町村長に提出する特別徴収票は退職手当等の支払いを受ける者に交付するものを作成する際これと同一のものを作成できるようになっています。

チ　分離課税に係る退職所得と損益通算、損失の繰越控除及び所得控除との関係

　　分離課税の対象となる退職所得の金額は、他の所得と区分して、完全分離課税の方法により課税することとされていることから、次のとおり、損益通算、損失の繰越控除及び所得控除は不適用とされています。

項　　目	分離課税の対象となる退職所得の金額の取扱い
損益通算の不適用	分離課税の対象となる退職手当等に係る退職所得の金額から他の所得の計算上生じた損失の金額を控除することはできません。
損失の繰越控除の不適用	分離課税の対象となる退職手当等に係る退職所得の金額から損益通算により繰り越された損失の金額を控除することはできません。
所得控除の不適用	分離課税の対象となる退職手当等に係る退職所得の金額から各種の所得控除の額を控除することはできません。

　　また、同様の理由により、合計所得金額又は総所得金額等の合計額には、分離課税の対象となる退職所得の金額は、含まれないこととなります（地法50の２、328）。

第1節　個人住民税

第7　道府県民税利子割

1　利子割の概要

　利子割は、都道府県が、利子等に係る所得を他の所得と区分し、支払を受けるべき利子等に対し5％の税率でその支払を受ける個人に対して課する都道府県民税であり、その徴収は、特別徴収義務者として指定された利子等の支払又はその取扱いをする者がその利子等の支払の際に5％の税率で特別徴収します。そして、この分離課税による利子割の特別徴収によって、この利子等の利子所得に係る個人住民税の課税関係は完結することとされています（107頁の(注)参照）。

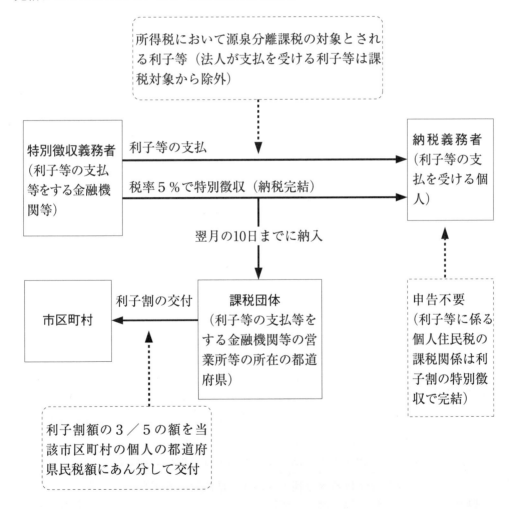

2　利子割の課税要件等

利子割の課税要件等は、次のとおりとされています。

課税要件等	内　　　　　容
納税義務者	利子等の支払又はその取扱いをする者（銀行等の金融機関等）の営業所等で都道府県内に所在するものを通じて利子等の支払を受ける個人（地法24①五）
課税団体	利子等の支払又はその取扱いをする金融機関等の営業所等（利子等の支払をする金融機関等の営業所等で利子等の支払の事務（利子等の支払に関連を有する事務を含みます。）を行うもの又は利子等の支払の取扱いの事務を行うものをいいます。）の所在の都道府県（地法24①五、⑧、地令7の4の2）
課税対象	支払を受けるべき利子等（所得税において源泉分離課税の対象とされる利子等）（地法23①十四、71の5、措法3） ※1　私募公社債等運用投資信託等の収益の分配に係る配当等及び国外私募公社債等運用投資信託等の配当等は、利子割の課税対象となります。 　　2　平成25年度の税制改正において、平成28年1月1日以後に支払を受けるべき特定公社債等（80頁参照）の利子等については、利子割の課税対象から除外した上、配当割の課税対象とすることとされています（改正後の地法23①十四・十五、71の31）。 　　　そして、平成28年1月1日以後に支払を受けるべき一般公社債等（91頁（注4）参照）の利子等については、引き続き利子割の課税対象とすることとされています。ただし、同族会社が発行した社債の利子でその同族会社の判定の基礎となった株主等が支払を受けるものは、総合課税の対象とすることとされています（改正後の地法23①十四）。
非課税の範囲	イ　障害者等の少額預金の利子等、障害者等の少額公債の利子及び勤労財産形成住宅貯蓄・年金貯蓄の利子等など（地法23①十四イ、ハ） ロ　イに掲げる利子等以外の利子等で所得税において非課税とされているもの（当座預金の利子、こども銀行の預貯金の利子等、特定寄附信託の信託財産につき生ずる利子、納税準備預金の利子及び納税貯蓄組合預金の利子など）（地法71の5②） ハ　非居住者が支払を受ける利子等（地法25の2）
課税標準	支払を受けるべき利子等の額（地法71の5①） ※　利子等の額は、所得税法その他の所得税に関する法令の規定の例によって算定します。

第1節　個人住民税

税　率	5％（地法71の6） ※　所得税は15％、復興特別所得税は0.315％とされています（措法3、復興財確法28）。
外国税額控除	国外一般公社債等の利子等又は国外私募公社債等運用投資信託等の配当等につき課された外国所得税の額が租税特別措置法第3条の3第4項第1号又は第8条の3第4項第1号の規定により所得税額から控除することとされた額を超えるときは、その超える金額を利子割額から控除します。この場合において、この外国所得税額は、所得割の外国税額控除の適用の対象には含まれません（地法71の8）。
特別徴収の手続	利子等の支払又はその取扱いをする金融機関等で都道府県内に利子等の支払の事務又は利子等の支払の取扱いの事務を行う営業所等を有するものを当該都道府県の条例によって特別徴収義務者として指定し、これに徴収させます（地法71の9、71の10①）。 　特別徴収義務者は、利子等の支払の際（特別徴収義務者が利子等の支払の取扱いをする者である場合には、利子等の交付の際）、利子割を徴収し（注参照）、徴収の日の属する月の翌月10日までに、納入申告書（総務省令第12号の3様式）を、利子等の支払又は支払の取扱いの事務を行う営業所等の所在地の都道府県知事に提出し、その納入金を当該都道府県に納入しなければなりません（地法71の10②）。
利子割交付金	都道府県は、納入された利子割額に100分の99を乗じて得た額の5分の3に相当する額に、各市区町村に係る個人都道府県民税の額を当該都道府県の個人都道府県民税の額の合計額で除して得た数値（この数値は、当該年度前3年度内（交付時期が8月である場合には、当該年度の前年度前3年度内）の各年度に係るものを合算したものの3分の1の数値とされています。）を乗じて得た額を、都道府県内の市区町村に対して交付します（地法71の26、地令9の14、9の15）。 　なお、交付時期は、8月、12月及び3月とされています。

（注）　所得税において源泉分離課税の対象となる利子等の利子所得は所得税の課税標準である総所得金額に含まれないこととなります（措法3）が、個人住民税所得割の課税標準である総所得金額は所得税の課税標準である総所得金額の計算の例によって算定することとされています（地法32②、313②）ので、当該利子等の利子所得は個人住民税所得割の課税標準である総所得金額にも含まれないこととなり、利子割の課税対象とされる利子等の利子所得に対しては、個人住民税所得割が課税されないこととなります。したがって、当該利子等の利子所得に係る個人住民税の課税関係は、この分離課税による利子割の特別徴収によって完結することとなります。
　なお、当該利子所得は、総所得金額に含まれないこととなりますので、個人住民税の合計所得金額（40頁参照）にも含まれないこととなります。

第8 道府県民税配当割

1 配当割の概要

　配当割は、都道府県が、特定配当等の支払を受ける個人に対し、その特定配当等に対して課する都道府県民税であり、その徴収は、特別徴収義務者として指定された特定配当等の支払をする者がその特定配当等の支払をする際に5％の税率で特別徴収します。

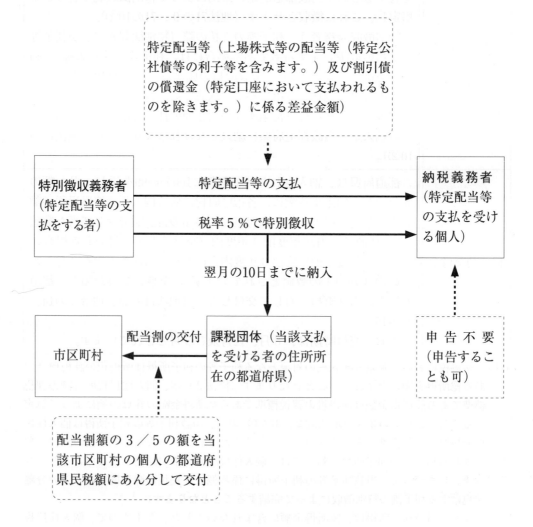

第1節　個人住民税

2　配当割の課税要件等

配当割の課税要件等は、次のとおりとされています。

課税要件等	内　　　　　容
課税対象	次の特定配当等（地法23①一五） イ　上場株式等の配当等（所得税法第23条第1項に規定する利子等（一般利子等を除きます。）又は同法第24条第1項に規定する配当等（私募公社債等運用投資信託等の収益の分配に係る配当等を除きます。）で次に掲げるものをいいます（措法8の4①、37の11②、措令25の9②、措規18の10①。））（※1・3・4）。 ①　金融商品取引所に上場されている株式等その他これに類するもの（80頁参照）の利子等又は配当等（※2） ②　投資信託でその設定に係る受益権の募集が公募により行われるものの収益の分配 ③　特定投資法人の投資口の配当等 ④　特定受益証券発行信託（その信託法に規定する信託契約の締結時において委託者が取得する受益権の募集が公募により行われたものに限ります。）の収益の分配 ⑤　特定目的信託（その信託契約の締結時において原委託者が有する社債的受益権の募集が公募により行われたものに限ります。）の社債的受益権の剰余金の配当 ⑥　特定公社債（80頁参照）の利子 ロ　割引債の償還金（特定口座において支払われるものを除きます。）に係る差益金額（租税特別措置法第41条の12の2第1項各号に掲げる償還金に係る同条第6項第3号に規定する差益金額をいいます（※4）。） ※1　所得税においては、非課税口座内の少額上場株式等に係る配当所得の非課税措置（措法9の8）や未成年者口座内の少額上場株式等に係る配当所得の非課税措置（措法9の9）が設けられていますが、同措置において非課税とされる配当所得は、地方税法第32条第2項及び第313条第2項の規定により個人住民税においても非課税となります。 　2　上場株式等の配当等のうち大口株主等（81頁の（注1）を参照）が支払を受けるものは、配当割及び申告分離課税の課税対象とされていません。したがって、大口株主等の上場株式等の配当等に係る配当所得は、総合課税されることとなります。 　3　非上場株式等の少額配当等は配当割の課税対象とされず、総合課税されることとなりますので、個人住民税においては、所得税で確定申告をしないことを選択した非上場株式等の少額配当等については、個人住民税の申告をする必要があります。 　4　平成25年度の税制改正において、次のような改正が行われています。 　　(1)　平成28年1月1日以後に支払を受けるべき特定公社債等

— 109 —

第2章　住民税

課税要件等	内　　　　容
	（80頁参照）の利子等については、利子割の課税対象から除外した上、配当割の課税対象とすることとする（改正後の地法23①十四・十五、71の31）。 　(2)　平成28年1月1日以後に支払われるべき割引債の償還金（特定口座において支払われるものを除きます（特定口座において支払われるものについては115頁参照）。）については、その割引債の償還の際、その償還金に係る差益金額（償還金額にみなし割引率を乗じて計算したもの）に対して配当割を課することとする（改正後の地法23①十五）。
納税義務者	特定配当等の支払を受ける個人で当該特定配当等の支払を受けるべき日現在において都道府県内に住所を有するもの（地法24①六）
課税団体	特定配当等の支払を受ける個人の住所所在の都道府県
課税標準	支払を受けるべき特定配当等の額（地法71の27） ※　国外特定配当等（国外投資信託等の配当等及び国外株式の配当等をいいます。）の支払の際に徴収される外国所得税額があるときは、当該国外特定配当等の額から当該外国所得税額を控除したものが課税対象となります（地法71の29）。 　なお、平成25年度の税制改正において、平成28年1月1日以後に支払を受けるべき国外公社債等の利子等で配当割の課税対象となるものについてその支払の際に特別徴収される外国所得税額があるときは、その国外公社債等の利子等の額から当該外国所得税額を控除したものを課税対象とすることとされています（改正後の地法71の29）。
税　率 （特別徴収税率）	5％（地法71の28） ※　所得税は15％、復興特別所得税は0.315％とされています（措法9の3、復興財確法28）。
特別徴収の 手続	特定配当等の支払を受けるべき日現在において都道府県内に住所を有する個人に対して特定配当等の支払をする者（当該特定配当等が国外特定配当等、上場株式等の配当又は特定割引債の償還金に係る差益金額である場合においてその支払を取り扱う者があるときは、その者）を当該都道府県の条例によって特別徴収義務者として指定し、これに徴収させます（地法71の30、71の31①）。 　特別徴収義務者は、配当等の支払の際に配当割を特別徴収し、翌月の10日までに納入申告書（総務省令第12号の7様式）を提出し、その納入金を当該都道府県に納入しなければなりません（地法71の31②）（112頁の留意点参照）。
申告及び配当 割額の控除	配当割の課された特定配当等に係る所得は、所得割の課税標準である総所得金額から除外され、当該所得については、個人住民税の申告を要しないとされています（地法32⑫⑬、313⑫⑬）。 　ただし、当該特定配当等に係る所得のうち、上場株式等に係る配

— 110 —

課税要件等	内　　　　　容
	当所得等を申告して当該配当所得等について配当所得等に係る分離課税の適用を、また、総合課税のできる一定の所得を申告して当該所得について総合課税の適用を受けることもできます（申告書は納税通知書送達までに提出される必要があります。）。そして、その申告をした場合には、その者に課される当該年度分の所得割額（調整控除、配当控除、住宅借入金等特別税額控除、寄附金税額控除又は外国税額控除の適用がある場合には、これらの控除を適用した後のものとなります。）から、当該特定配当等に係る配当割額（特別徴収税額）を控除します（地法32⑫⑬、37の4、313⑫⑬、314の9、地法附則33の2）。 　この場合、当該配当割額に5分の2を乗じて得た金額を都道府県民税の所得割額から控除し、当該配当割額に5分の3を乗じて得た金額を市区町村民税の所得割額から控除します（地法37の4、314の9）。 　なお、市区町村民税所得割額から控除すべき配当割額又は株式等譲渡所得割額でその所得割額から控除することができなかった金額及び都道府県民税所得割額から控除すべき配当割額又は株式等譲渡所得割額でその所得割額から控除することができなかった金額（以下「控除不足額」といいます。）があるときのその控除不足額の取扱いは、次によるものとされています（地法314の9、地令48の9の3、48の9の4）。 イ　控除不足額は、賦課決定後納税通知書を発する前に、同一年度分の個人の都道府県民税又は市区町村民税に充当します。そして、市区町村長は、この充当をしたときは、納税通知書の交付に併せて、その旨を当該充当に係る納税義務者に通知します。 ロ　控除不足額のうちイの充当をすることができなかった部分の金額がある場合には、これを賦課額の変更等に係る追徴額等に充当し、その後、当該納税義務者の未納に係る地方団体の徴収金に充当し、それでもなお充当することができなかった金額があるときは、当該金額を当該納税義務者に還付します。そして、市区町村長は、この充当又は還付をしたときは、遅滞なく、その旨を当該充当又は還付に係る納税義務者に通知します。
配当割交付金	都道府県は、納入された配当割額に100分の99を乗じて得た額の5分の3に相当する額に、各市区町村に係る個人都道府県民税の額を当該都道府県の個人都道府県民税の額の合計額で除して得た数値（この数値は、当該年度前3年度内（交付時期が8月である場合には、当該年度の前年度前3年度内）の各年度に係るものを合算したものの3分の1の数値とされています。）を乗じて得た額を、都道府県内の市区町村に対して8月、12月及び3月に交付します（地法71の47、地令9の18、9の19）。

留意点

1 源泉徴収選択口座内配当等に係る所得計算及び特別徴収等は次によることとされています（地法附則35の２の５）。

(1) 所得割の納税義務者が金融商品取引業者等の営業所を通じて上場株式等の配当等の支払を受ける場合において、当該納税義務者が当該金融商品取引業者等の営業所に源泉徴収選択口座を開設しているときは、当該上場株式等の配当等を当該源泉徴収選択口座に受け入れることができます。そして、この場合、源泉徴収選択口座内配当等に係る利子所得の金額及び配当所得の金額と源泉徴収選択口座内配当等以外の利子所得の金額及び配当等に係る配当所得の金額とを区分して、これらの金額を計算します（地法附則35の２の５①）。

(2) 上記(1)により源泉徴収選択口座に受け入れた上場株式等の配当等（以下「源泉徴収選択口座内配当等」という。）に対する配当割額（特別徴収税額）を計算する場合において、当該源泉徴収選択口座内における上場株式等の譲渡所得等の金額の計算上生じた損失の金額があるときは、その源泉徴収選択口座内配当等について徴収して納付すべき配当割額は、その年中の源泉徴収選択口座内配当等の総額からその上場株式等に係る譲渡損失の金額を控除した残額に対して配当割の税率を乗じて徴収すべき配当割額（特別徴収税額）を計算します（地法附則35の２の５③）。

また、この場合、その特別徴収義務者がその上場株式等の配当等の交付の際に既に徴収した配当割額の合計額が上記により計算された徴収して納付すべき配当割額を超えるときは、当該特別徴収義務者は、納税義務者に対し、その超える部分の金額に相当する配当割を還付します（地法附則35の２の５④）。

(3) 源泉徴収選択口座における損益通算を可能とするため、平成22年１月１日以後に金融商品取引業者等から交付を受けるべき源泉徴収選択口座内配当等に係る配当割の特別徴収については、以下のとおり取り扱います。

イ 平成22年１月１日以後に支払の取扱者を通じて支払われる上場株式等の配当等に係る配当割について、その支払を取り扱う者を特別徴収義務者とします（地法71の31）。

ロ 源泉徴収選択口座に受け入れた上場株式等の配当等について特別徴収した配当割の納期限をその徴収の日の属する年の翌年１月10日とします（地法附則35の２の５②）。

第1節　個人住民税

2　平成25年度の税制改正において、次のような改正が行われています。

　イ　所得割の納税義務者が源泉徴収選択口座を開設しているときは、特定公社債等（80頁参照）の利子等をその源泉徴収選択口座に受け入れることができることとするとともに、その源泉徴収選択口座内配当等については、当該口座内配当等に係る利子所得の金額と当該口座内配当等以外の利子等に係る利子所得の金額とを区分して計算することとします（改正後の地法附則35の2の5①）（平成28年1月1日以後に交付を受ける源泉徴収選択口座内配当等に適用）。

　ロ　源泉徴収選択口座に受け入れた特定公社債等の利子等又は上場株式等の配当等に対する配当割額を計算する場合において、当該口座内における特定公社債等又は上場株式等の譲渡所得等の金額の計算上生じた損失の金額に係る譲渡損失の金額があるときは、当該利子等又は配当等の額から当該譲渡損失の金額を控除した金額に対して特別徴収すべき配当割額を計算することとします（改正後の地法附則35の2の5③）（平成28年1月1日以後に交付を受ける源泉徴収選択口座内配当等に適用）。

— 113 —

第9 道府県民税株式等譲渡所得割

1 株式等譲渡所得割の概要

　株式等譲渡所得割は、都道府県が、源泉徴収選択口座（所得税において源泉徴収することを選択した特定口座をいいます。以下この項で「選択口座」といいます。）における上場株式等の譲渡の対価等の支払を受ける個人に対して課する都道府県民税であり、その徴収は、特別徴収義務者として指定された特定口座が開設されている金融商品取引業者等で当該個人に対して当該譲渡の対価等の支払をする者がその譲渡の対価等の支払をする際に5％の税率で特別徴収します。

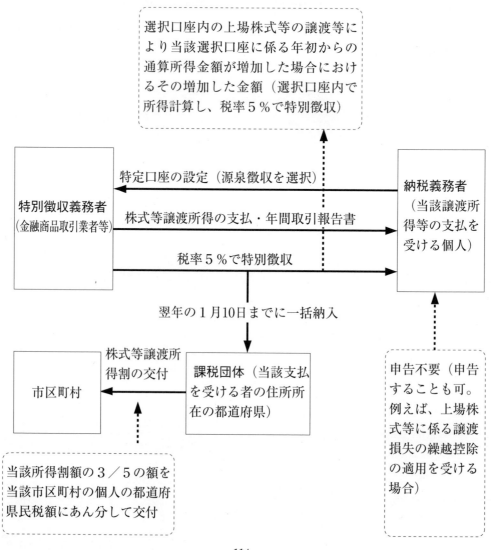

第1節　個人住民税

2　株式等譲渡所得割の課税要件等

株式等譲渡所得割の課税要件等は、次のとおりとされています。

課税要件等	内　　　　容
課税対象	金融商品取引業者、登録金融機関又は投資信託委託会社（以下「金融商品取引業者等」といいます。）に開設した選択口座においてその年中に行われた当該選択口座に係る特定口座内保管上場株式等の譲渡又は当該選択口座において処理された上場株式等の信用取引等に係る差金決済（以下「対象譲渡等」といいます。）により生じた選択口座内調整所得金額（以下「特定株式等譲渡所得金額」といいます。）（地法23①十七） ※1　具体的には、対象譲渡等により当該選択口座に係る年初からの通算所得金額が増加した場合におけるその増加した金額が課税対象となります。 　2　所得税においては、非課税口座内の少額上場株式等に係る譲渡所得等の非課税措置（措法37の14）や未成年者口座内の少額上場株式等に係る譲渡所得等の非課税措置（措法37の14の2）が設けられていますが、同措置において非課税とされる譲渡所得等は、地方税法第32条第2項及び第313条第2項の規定により個人住民税においても非課税となります。 　3　平成25年度の税制改正において、平成28年1月1日以後の源泉徴収選択口座内の特定公社債等（80頁参照）の譲渡に係る譲渡所得等（特定公社債等の譲渡所得等に係る収入金額とみなされる特定公社債等の償還又は一部解約等により支払を受ける金額を含みます。）及び源泉徴収選択口座で管理されている割引債に係る償還差益（同口座内における譲渡による譲渡所得等（償還金額－購入価額））については、株式等譲渡所得割の課税対象とすることとされています（改正後の地法23①十七、71の51）。 　　なお、特定口座の源泉徴収をしない簡易口座で管理されている割引債に係る償還差益に対しては、申告総合課税により所得割が課税されます。
納税義務者	当該選択口座に係る特定口座内保管上場株式等の譲渡の対価又は当該選択口座において処理された上場株式等の信用取引等に係る差金決済に係る差益に相当する金額（以下「特定株式等譲渡対価等」といいます。）の支払を受ける個人で当該譲渡の対価等の支払を受けるべき日の属する年の1月1日現在において都道府県内に住所を有するもの（地法24①七）
課税団体	当該特定株式等譲渡対価等の支払を受けるべき日の属する年の1月1日現在における当該支払を受ける個人の住所所在の都道府県（地法24①七）

－115－

第2章　住民税

課税要件等	内　　　容
課税標準	特定株式等譲渡所得金額（地法71の48）
税　　率 （特別徴収税率）	５％（地法71の49） ※　所得税は15％、復興特別所得税は0.315％とされています（措法37の11の４、復興財確法28）。
特別徴収の 手続	徴収は、次によります（地法71の50、71の51、地令９の20）。 イ　当該選択口座が開設されている金融商品取引業者等で特定株式等譲渡対価等（源泉徴収選択口座に係る特定口座内保管上場株式等の譲渡の対価又は当該選択口座において処理された信用取引等に係る差益決済に係る差益金額をいいます。）の支払を受けるべき日の属する年の１月１日現在において都道府県に住所を有する個人に対して当該特定株式等譲渡対価等の支払をするものを特別徴収義務者として指定します。 ロ　特別徴収義務者は、当該選択口座内において行われた対象譲渡等により特定株式等譲渡所得金額（「その年の１月１日から対象譲渡等の時の以前の譲渡等に係る通算所得金額」－「その年の１月１日から対象譲渡等の時の前の譲渡等に係る通算所得金額」）が生じたときは、当該譲渡の対価等の支払をする際、株式等譲渡所得割を特別徴収します。 ハ　特別徴収義務者は、当該選択口座内において行われた対象譲渡等によりその年の１月１日から対象譲渡等の時の以前の譲渡等に係る通算所得金額がその年の１月１日から対象譲渡等の時の前の譲渡等に係る通算所得金額に満たないこととなったとき（当該選択口座に係る当初からの通算所得が減少したとき）は、その都度、その個人に対して、その満たない金額に５％を乗じて計算した金額を還付します。この場合、その還付は、当該還付すべき金額をその年中において特別徴収した金額で翌年の１月10日において納入すべきものから控除して行うこととされています。 ニ　特別徴収義務者は、年末において還付されずに残っている特別徴収税額を原則として翌年１月10日までに納入申告書（総務省令第12号の10様式）を提出し、その納入金を当該都道府県に一括して納入しなければなりません。
申告及び株式 等譲渡所得割 額の控除	株式等譲渡所得割の課された特定株式等譲渡所得金額は、所得割の課税標準である総所得金額から除外され、当該所得金額については個人住民税の申告を要しないとされています（地法32⑭⑮、313⑭⑮）。 　ただし、当該特定株式等譲渡所得金額に係る譲渡所得等を申告して当該譲渡所得等について上場株式等の譲渡所得等に係る分離課税の適用を受けることもできます（申告書は納税通知書送達までに提出される必要があります。）。そして、その申告をした場合には、そ

－ 116 －

課税要件等	内　　　容
	の者に課される当該年度分の所得割額（調整控除、配当控除、住宅借入金等特別税額控除、寄附金税額控除又は外国税額控除の適用がある場合には、これらの控除を適用した後のものとなります。）から、当該特定株式等譲渡所得金額に係る株式等譲渡所得割額（特別徴収税額）を控除します（地法32⑭⑮、37の4、313⑭⑮、314の9、地法附則35の2①⑥）。 　この場合、当該株式等譲渡所得割額に5分の2を乗じて得た金額を都道府県民税の所得割額から控除し、当該株式等譲渡所得割額に5分の3を乗じて得た金額を市区町村民税の所得割額から控除します（地法37の4、314の9）。 ※　所得割額から控除することができなかった控除不足額の取扱いについては、配当割の項（111頁）を参照してください。
株式等譲渡所得割交付金	都道府県は、納入された株式等譲渡所得割額に100分の99を乗じて得た額の5分の3に相当する額に、各市区町村に係る個人都道府県民税の額を当該都道府県の個人都道府県民税の額の合計額で除して得た数値（この数値は、当該年度前3年度内の各年度に係るものを合算したものの3分の1の数値とされています。）を乗じて得た額を、都道府県内の市区町村に対して交付します（地法71の67、地令9の22、9の23）。 　なお、交付の時期は、毎年度3月とされています。

　(注)　所得割の納税義務者が特定口座を設定した場合において、その特定口座に係る振替口座簿に記載若しくは記録がされ、又は特定口座に保管の委託がされている上場株式等又はその特定口座において処理された信用取引に係る上場株式等の譲渡による譲渡所得等の金額については、他の株式等の譲渡による譲渡所得等の金額と区分して計算します（地法附則35の2の4）。

　　　なお、平成25年度の税制改正においては、特定公社債等に係る譲渡所得等についても特定口座で取り扱うことができることとされました。そして、この場合、特定口座内の特定公社債等に係る譲渡所得等の金額については、他の特定公社債等に係る譲渡所得等の金額と区分して計算することとされています（改正後の地法附則35の2の4）（平成28年1月1日以後に行う特定口座内保管上場株式等の譲渡に適用）。

第10　個人住民税の申告

　個人住民税は、市区町村が税額を計算し、これを納税通知書により納税者に通知すること（賦課処分）によって課税するいわゆる賦課課税方式により課税することとされています。この賦課に当たって、市区町村は、税額の計算上必要とされる納税義務者の個別的な事情をすべて調査することは困難ですので、賦課事務の便宜等の見地から、その者の所得等の事項について、一定の納税義務者に申告させることとしています（地法45の2、317の2）。

　この申告は、所得税における申告のように、納税者自身が所得金額及び税額を計算し、これを申告納付することによってその者の個人住民税額が自動的に確定するものではなく、その申告書は課税資料としての性格をもつものであり、市区町村はこの申告書又は給与支払報告書等を基にして個人住民税の税額を計算することになります。

　なお、個人住民税の申告について図示すると、次のとおりとなります。

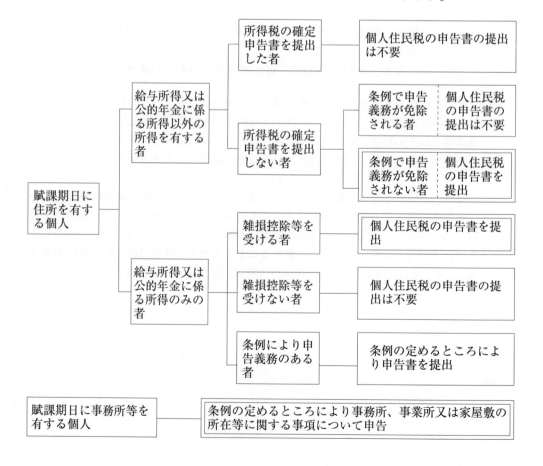

第1節　個人住民税

1　住所を有する者の申告

(1)　申告を要する者

　次の左欄に掲げる者で次の(2)及び(3)に該当しない者は、右欄により、個人住民税の申告をしなければなりません（地法45の2①、317の2①、地規2②）。

住 所 を 有 す る 者 の 個 人 住 民 税 の 申 告	
賦課期日（1月1日）に市区町村内に住所を有する者	3月15日までに一般の申告書である「市町村民税・道府県民税申告書」（総務省令第5号の4様式及び同様式別表）を賦課期日現在における住所所在地の市区町村長に提出しなければなりません。 　なお、損失の金額のある者並びに損失の繰越控除及び外国税額控除を受けようとする者は、この申告書に、附属申告書として、損失明細書（総務省令第5号の10様式）、繰越控除明細書（総務省令第5号の11様式）又は外国の所得税等の額の控除に関する明細書（総務省令第5号の13様式）を添付しなければならないこととされています（地規2の2）。

　　(注)1　　所得税においては、所得税法第121条第1項又は第3項の規定により一定の者
　　　　　（例えば、給与所得者で給与所得や退職所得以外の各種の所得（講演料、原稿料
　　　　　等）の合計額が20万円以下である者等）については、源泉徴収によってその者の
　　　　　所得に係る課税を完結させることとし、確定申告を要しないとされていますが、
　　　　　個人住民税においては源泉徴収制度が採られていないこと等から、これらの規定
　　　　　により確定申告を要しないとされる所得を有する者は、次の(2)に該当する者を除
　　　　　き、これらの所得について個人住民税の申告をする必要があります（地法45の2
　　　　　①、317の2①）。
　　　　2　　市区町村長は、個人住民税の賦課徴収について必要があると認める場合には、
　　　　　当該市区町村の条例の定めるところにより、前年中に給与又は公的年金等を受け
　　　　　た者に当該給与又は公的年金等に係る所得税の源泉徴収票又はその写しを提出さ
　　　　　せることができることとされています（地法317の2⑥）。

(2)　申告が免除される者

　次の左欄に掲げる者については、給与支払報告書又は公的年金等支払報告書によって課税資料が得られることや課税資料そのものが必要ないこと等から、個人住民税の申告を要しないとされています（地法45の2①、317の2①）。ただし、その左欄の給与所得者又は公的年金等受給者が、医療費控除等の控除、純損失若しくは雑損失の繰越控除又は寄附金税額控除の適用を受けようとするときは、右欄により申告しなければなりません（地法45の2①③、317の2①③）。

　なお、市区町村長は、左欄に掲げる者に係る給与支払報告書又は公的年金等支払報告書が1月31日までに提出されなかった場合において、個人住民税の賦課徴収につい

第2章　住民税

て必要があると認めるときは、その提出されなかった当該左欄の給与所得者又は公的
年金等受給者に個人住民税の申告書を市区町村長の指定する期限までに提出させるこ
とができることとされています（地法317の2②）。

申告を免除される者	左欄の者が申告を必要とする場合
給与支払報告書の提出義務者から1月1日現在において給与の支払を受けている者で前年中に給与所得以外の所得を有しなかったもの	左欄の者が、雑損控除額若しくは医療費控除額の控除、純損失若しくは雑損失の金額の控除又は寄附金税額控除額（認定特定非営利活動法人等以外の特定非営利活動法人に対する寄附金に係るものを除きます（70頁参照）。）の控除を受けようとするときは、3月15日までに、(1)の一般の申告書ではなく、次の申告書を賦課期日現在における住所所在地の市区町村長に提出しなければなりません。ただし、平成27年4月1日以後に支出する地方団体に対する寄附金に係る寄附金税額控除については、ワンストップ方式による申告特例措置が講じられています（70頁参照）。 (イ)「給与所得者・公的年金等受給者用雑損控除・医療費控除申告書」（総務省令第5号の5様式） (ロ)「寄附金税額控除申告書(一)」（総務省令第5号の5の2様式） (ハ)「給与所得者・公的年金等受給者用繰越控除申告書」（総務省令第5号の6様式）
公的年金等支払報告書の提出義務者から1月1日現在において公的年金等の支払を受けている者で前年中に公的年金等に係る所得以外の所得を有しなかったもの	左欄の者が、社会保険料控除額（公的年金等から控除されるものに係るものを除きます。）、小規模企業共済等掛金控除額、生命保険料控除額、地震保険料控除額、寡婦（寡夫）控除額（※）、勤労学生控除額、配偶者特別控除額若しくは同居老親等扶養控除額の控除又はこれらとあわせて雑損控除額若しくは医療費控除額の控除、純損失若しくは雑損失の金額の控除若しくは寄附金税額控除額（認定特定非営利活動法人等以外の特定非営利活動法人に対する寄附金に係るものを除きます（70頁参照）。）の控除を受けようとするときは、3月15日までに、(1)の一般の申告書を賦課期日現在における住所所在地の市区町村長に提出しなければなりません。 　ただし、雑損控除額若しくは医療費控除額の控除、純損失若しくは雑損失の金額の控除又は

― 120 ―

第1節　個人住民税

	寄附金税額控除額（認定特定非営利活動法人等以外の特定非営利活動法人に対する寄附金に係るものを除きます。）の控除を受けようとするときは、(1)の一般の申告書ではなく、次の申告書を提出すればよいとされています。 　なお、平成27年4月1日以後に支出する地方団体に対する寄附金に係る寄附金税額控除については、ワンストップ方式による申告特例措置が講じられています（70頁参照）。 (イ)　「給与所得者・公的年金等受給者用雑損控除・医療費控除申告書」（総務省令第5号の5様式） (ロ)　「寄附金税額控除申告書㈠」（総務省令第5号の5の2様式） (ハ)　「給与所得者・公的年金等受給者用繰越控除申告書」（総務省令第5号の6様式） （※）　寡婦（寡夫）控除については、平成24年度の税制改正によって平成26年度分の個人住民税から上記の申告書の提出は、不要とされています。
市町村民税又は特別区民税の所得割の納税義務を負わないと認められる者のうち市区町村の条例で定める者	左欄の者は、純損失又は雑損失の金額について翌年度以降において繰越控除の適用を受けるために、3月15日までに、一般の申告書を賦課期日現在における住所所在地の市区町村長に提出することができます（地法45の2④、317の2④）。

(3)　所得税の確定申告書を提出した者

　市区町村内に住所を有する者が、前年分の所得税につき所得税の確定申告書を提出した場合には、次のように取り扱うこととなります。

	個 人 住 民 税 に お け る 取 扱 い
所得税の確定申告書を提出した者	イ　当該所得税の確定申告書が提出された日に個人住民税の申告書が提出されたものとみなされます。したがって、所得税の確定申告書を提出した者は、個人住民税の申告書を提出する必要はありません（地法45の3①、317の3①）。 ロ　所得税の確定申告書に記載された事項のうち個人住民税の申告事項及び個人住民税について附記された事項は、個人住民税の申告書に記載されたものとみなされます（地法45の3②、317の3②）。 ハ　所得税の確定申告書を提出する者は、個人住民税の賦課に必要な次の

— 121 —

第2章　住民税

事項を所得税の確定申告書に附記することとされています（地法45の3
③、317の3③、地規1の12の2②、1の12の3②、2の3②）。

(イ)　1月1日現在の住所

(ロ)　給与所得以外の所得（当該年度の初日において老齢等年金給付の支
払を受けている年齢65歳以上の者である場合にあっては、給与所得及
び公的年金等に係る所得以外の所得）に係る個人住民税の徴収方法

(ハ)　前年分の所得税につき控除対象配偶者又は扶養親族とした者を個人
住民税につき青色事業専従者とする場合においては、その者の氏名、
個人番号及び青色事業専従者給与額

(ニ)　前年中に非居住者であった期間を有する場合においては、国内源泉
所得のうち所得税で分離課税の対象とされるもの（27頁参照）

(ホ)　前年分の所得税につき控除対象配偶者、控除対象扶養親族、青色事
業専従者又は事業専従者とした者のうち、別居している者の氏名、住
所及び個人番号（個人番号を有しない者にあっては、氏名及び住所）

(ヘ)　前年分の所得税につき確定申告をしないこととした非上場株式の少
額配当等（108頁参照）

(ト)　所得割額から控除する配当割額又は株式等譲渡所得割額

(チ)　寄附金税額控除額（認定特定非営利活動法人等以外の特定非営利活
動法人に対する寄附金に係るものを除きます。）の控除に関する事項
（「都道府県、市区町村分」、「住所地の共同募金会、日赤支部分」及び
「条例指定分（都道府県・市区町村）」に区分して記載します。）

(リ)　扶養親族（控除対象扶養親族を除きます。以下同じです。）の氏名、
申告者との続柄、生年月日及び個人番号（個人番号を有しない者にあ
っては、氏名、申告者との続柄及び生年月日）並びに申告者と別居し
ている扶養親族については、当該扶養親族の住所並びに控除対象外国
外扶養親族である場合には、その旨（124頁の **5** を参照）

(ヌ)　同一生計配偶者（控除対象配偶者を除きます。以下同じです。）の
氏名、生年月日及び個人番号（個人番号を有しない者にあっては氏名
及び生年月日）並びに申告者と別居している同一生計配偶者について
は、当該同一生計配偶者の住所並びに控除対象外国外同一生計配偶者
である場合には、その旨。

2　住所を有しない者で事務所等のみを有するものの申告

　住所を有しない者で事務所、事業所又は家屋敷のみを有することにより均等割の納
税義務のある者の個人住民税の申告は、次によることとなります（地法317の2⑥）。

住所を有しない者で事務所等のみを有する者の申告	
市区町村長が市町村民税又は特別区民税の賦課徴収について必要があると認める場合	当該市区町村の条例の定めるところによって、市区町村内に事務所、事業所又は家屋敷を有する個人でその市区町村内に住所を有しない者に、賦課期日現

第1節　個人住民税

在において有する事務所、事業所又は家屋敷の所在
その他必要な事項を申告させることができることと
されています。

3　寄附金税額控除申告書の提出

　認定特定非営利活動法人等以外の特定非営利活動法人に対する寄附金について寄附
金税額控除額の控除を受けようとする者は、3月15日までに、「寄附金税額控除申告
書（二）」（総務省令第5号の5の3様式）を、賦課期日現在における住所所在地の市
区町村長に提出しなければならないとされています（地法45の2⑤、317の2⑤）。そ
して、この申告書を提出する者は、当該申告書に、当該特定非営利活動法人が受領し
た旨、当該寄附金の額及びその受領した年月日を証する書類又は電磁的記録印刷書面
を添付しなければならないとされています（地規2の2⑧）。

4　扶養親族申告書の提出

　個人住民税における扶養親族の数が関係する人的非課税制度（16頁参照）等に活用
するため、給与所得者及び公的年金等受給者に対しては、平成23年1月1日から、次
のような扶養親族申告書の提出が義務付けられています。

　なお、これらの扶養親族申告書により把握した16歳未満の扶養親族の数を、給与支
払報告書又は公的年金等支払報告書の所定の欄に転記することとなります。

項　　目	内　　　容
給与所得者の扶養親族申告書	所得税法第194条第1項の規定により給与所得者の扶養控除等申告書を提出しなければならない給与所得者は、給与支払者から毎年最初に給与の支払を受ける日の前日までに、扶養親族（控除対象扶養親族を除きます。）の住所、申告者との続柄及び個人番号並びにその合計所得金額の見積額等（個人番号を有しない者にあっては、住所及び申告者との続柄並びにその合計所得金額の見積額等）並びに控除対象外国外扶養親族である場合にあっては、その旨（124頁の5を参照）を記載した扶養親族申告書（注1）を、当該給与支払者を経由して、申告時の住所地市区町村長に提出しなければなりません（地法45の3の2①、317の3の2①）。 　なお、この申告書は、当該申告書が経由すべき給与支払者に受理されたときは、その申告書は、その受理された日に市区町村長に提出されたものとみなされます（地法45の3の2③、317の3の2③）（注2）。
異動扶養親族申告書	扶養親族申告書を提出した給与所得者は、その申告書に記載した事項について異動が生じた場合には、給与支払者からその異

— 123 —

第2章　住民税

		動を生じた後最初に給与の支払を受ける日の前日までに、その異動の内容等を記載した異動申告書(注1)を、当該給与支払者を経由して提出しなければなりません(地法45の3の2②、317の3の2②)。
公的年金等受給者の扶養親族申告書		所得税法第203条の5第1項の規定により公的年金等の受給者の扶養親族等申告書を提出しなければならない公的年金等受給者は、扶養親族（控除対象扶養親族を除きます。）の住所、申告者との続柄及び個人番号並びにその合計所得金額の見積額等（個人番号を有しない者にあっては、住所及び申告者との続柄並びにその合計所得金額の見積額等）並びに控除対象外国外扶養親族である場合にあっては、その旨（次の**5**を参照）を記載した扶養親族申告書(注1)を、当該公的年金等支払者を経由して、申告時の住所地市区町村長に提出しなければなりません(地法45の3の3①、317の3の3①)。 　なお、この申告書は、当該申告書が経由すべき公的年金等支払者に受理されたときは、その申告書は、その受理された日に市区町村長に提出されたものとみなされます（地法45の3の3③、317の3の3③)(注2)。
	簡易扶養親族申告書	公的年金等受給者が扶養親族申告書を提出する場合において、その申告書に記載すべき事項が、その年の前年において提出した申告書に記載した事項と異動がないときは、当該公的年金等受給者は、その公的年金等支払者が国税庁長官の承認を受けている場合に限り、当該申告書に代えて、異動がない旨を記載した扶養親族申告書を提出することができます（地法45の3の3②、317の3の3②)。

(注)1　給与所得者の扶養親族申告書は所得税の「給与所得者の扶養控除等(異動)申告書」と、公的年金等受給者の扶養親族申告書は所得税の「公的年金等の受給者の扶養親族等申告書」と合わせて1枚の様式（いわゆる統合様式）となっており、所得税の「給与所得者の扶養控除等(異動)申告書」及び「公的年金等の受給者の扶養親族等申告書」は、個人住民税の扶養親族申告書を兼ねています。したがって、所得税のこれらの申告書に16歳未満の扶養親族の氏名及び生年月日等を記載した申告書を提出したときは、個人住民税の扶養親族申告書が提出されたこととなります。

2　所得税の扶養控除等申告書等は、原則として給与支払者等が保存することとされていますので、個人住民税の扶養親族申告書についても、同じ取り扱いとなります。

5　国外扶養親族を有する者が扶養控除等及び非課税限度額制度の適用を受ける場合の書類の添付等

　所得割の納税義務者が国外に居住する親族を有する場合の障害者控除、配偶者控除、配偶者特別控除若しくは扶養控除又は非課税限度額制度（16頁参照）の適用については、次の措置が講じられています。

第1節　個人住民税

適用事項	措置の内容
障害者控、配偶者控除、配偶者特別控除又は扶養控除の適用を受ける場合	課税前年の12月31日の現況において国内に住所を有しない者（以下「国外居住者」といいます。）に係る障害者控除、配偶者控除、配偶者特別控除又は扶養控除に関する事項を記載した個人住民税の申告書を提出する者は、国外居住者に係る親族関係書類及び送金関係書類（所得税法施行規則第47条の2第4項及び第5項に規定する書類をいいます。）を個人住民税の申告書に添付し、又は市区町村長に提示しなければなりません（地規2の2③）。ただし、所得税の確定申告書にこの書類を添付し、又は税務署長に提示している場合等は、その必要がありません。
非課税限度額制度の適用を受ける場合	イ　国外居住者である扶養親族のうち、課税前年の12月31日の現況において16歳未満である者（以下「控除対象外国外扶養親族」といいます。）に係る扶養親族に関する事項を記載した申告書を提出する者が非課税限度額制度適用者である場合にあっては、その申告書を提出する者は、その控除対象外国外扶養親族に係る国外扶養親族証明書類（地方税法施行規則第2条の2第5項に規定する証明書類をいいます。以下同じです。）をその申告書に添付し、又は市区町村長に提示しなければなりません（地規2の2④⑤）。ただし、ロ、ハ又はニによっている場合は、その必要がありません。 ロ　控除対象外国外扶養親族に関する事項を記載した所得税の確定申告書を提出する者が非課税限度額制度適用者である場合にあっては、その確定申告書を提出する者は、その控除対象外国外扶養親族に係る国外扶養親族証明書類を3月15日までに市区町村長に提出しなければなりません（地規2の3③）。ただし、イ、ハ又はニによっている場合は、その必要がありません。 ハ　控除対象外国外扶養親族に係る事項を記載した給与所得者の扶養親族申告書又は給与所得者の扶養親族異動申告書を提出した者が非課税限度額制度適用者である場合にあっては、その申告書を提出した者は、その控除対象外国外扶養親族に係る国外扶養親族証明書類を翌年3月15日までに市区町村長に提出しなければなりません（地規2の3の3④）。ただし、イ又はロによっている場合は、その必要がありません。 　なお、所得税において国外扶養親族に係る書類を給与支払者を経由して提出することとなる場合には、個人住民税においても同様の取り扱いとします（地規2の2の3⑤、取扱通知(市)2章31の2）。 ニ　控除対象外国外扶養親族に係る事項を記載した公的年金等受給者の扶養親族申告書を提出した者が非課税限度額制度適用者である場合にあっては、その申告書を提出した者は、その控除対象外国外扶養親族に係る国外扶養親族証明書類を翌年3月15日までに市区町村長に提出しなければなりません（地規2の3の6③）。ただし、イ又はロによっている場合は、その必要がありません。 　なお、所得税において国外扶養親族に係る書類を公的年金等支払者を経由して提出することとなる場合には、個人住民

第2章　住民税

税においても同様の取り扱いとします（地規2の3の6④、取扱通知（市）2章31の3）。

6　給与支払報告書及び公的年金等支払報告書の提出

　個人住民税の納税義務者は、原則として個人住民税の申告書を市区町村長に提出しなければならないものとされていますが、給与所得者又は公的年金等所得者については、個人住民税の申告書に代わるものとして給与の支払者又は公的年金の支払者は、次のとおり、給与支払報告書又は公的年金等支払報告書を市区町村長に提出しなければなりません。そして、これらの報告書は、所得税において給与所得に係る源泉徴収票及び公的年金等に係る源泉徴収票をe-Tax又は光ディスク等により提出する義務を有する者が提出する給与支払報告書又は公的年金等支払報告書については、平成26年1月1日以後に提出するものから、電子情報処理組織（eLTAX）を使用して送付する方法又は光ディスク等に記録して提出する方法のいずれかによらなければならないこととされています（地法317の6、地令48の9の8、地規10）。

(1)　給与支払報告書及び給与所得者異動届出書

　給与支払報告書の提出及び給与支払報告書に係る給与所得者異動届出書の提出は、次によります（地法317の6①〜③）。

項　　目	内　　　　　容
その年の1月1日に給与の支払を受けている者に係る給与支払報告書の提出	1月1日において給与の支払をする者（法人でない社団又は財団で代表者又は管理人の定めのあるものを含みます。）で、当該給与の支払をする際所得税の源泉徴収義務があるものは、1月31日までに、当該給与の支払を受けている者についてその者に係る前年中の給与所得の金額その他必要な事項を当該給与の支払を受けている者の1月1日現在における住所所在の市区町村別に作成された給与支払報告書（総務省令第17号様式・第17号様式別表）に記載し、これを当該市区町村長に提出しなければなりません。
年の中途に退職等をした者に係る給与支払報告書の提出	給与の支払をする者でその給与の支払の際所得税の源泉徴収義務のあるものは、当該給与の支払を受けている者のうち退職等により年の中途で給与の支払を受けなくなったものがある場合には、その給与の支払を受けなくなった日の属する年の翌年の1月31日までに、その給与の支払を受けなくなった者についてその退職等をした年の給与所得の金額その他一定の事項を当該給与の支払を受けなくなった者のその支払を受けなくなった日現在における住所所在の市区町村別に作成された給与支払報告書（総務省令第17

— 126 —

第1節　個人住民税

項　目	内　容
	号様式・第17号様式別表）に記載し、これを当該市区町村長に提出しなければなりません。 　ただし、給与の支払をする者の事務負担等を考慮し、その給与の支払を受けなくなった日の属する年にその給与の支払をする者から支払を受けた給与の総額が30万円以下である者については、その給与支払報告書の提出をしないこともできるとされています。
給与支払報告書に係る給与所得者異動届出書の提出	給与支払報告書を提出する義務がある者は、市区町村長に提出した上欄の給与支払報告書に記載された給与の支払を受けている者のうち4月1日現在において給与の支払を受けなくなったものがある場合においては、4月15日までに、その旨を記載した「給与支払報告に係る給与所得者異動届出書」（総務省令第18号様式）を当該市区町村長に提出しなければなりません。

　(注)　平成28年度の税制改正において、給与所得者の扶養親族申告書及び公的年金等受給者の扶養親族申告書について、その支払者が、当該提出をする者の個人番号及び当該申告書に記載すべき扶養親族（年齢16歳未満の者に限ります。）の個人番号その他の事項を記載した帳簿（その提出をする者の申告書の提出を受けて作成されたものに限ります。）を備えているときは、当該提出をする者は、当該申告書に、その帳簿に記載された個人番号の記載を要しないこととされています（地規2の3の3③）。

(2)　公的年金等支払報告書

　公的年金等支払報告書の提出は、次によります（地法317の6④）。

項　目	内　容
公的年金等支払報告書の提出	1月1日現在において公的年金等の支払をする者で、当該公的年金等の支払をする際所得税の源泉徴収義務があるものは、1月31日までに、当該公的年金等の支払を受けている者についてその者に係る前年中の公的年金等の支払額その他必要な事項を当該公的年金等の支払を受けている者の1月1日現在における住所所在の市区町村別に作成された公的年金等支払報告書（総務省令第17号の2様式・第17号の2様式別表）に記載し、これを当該市区町村長に提出しなければなりません。

－ 127 －

第11　賦課及び徴収

　個人住民税は、市区町村が納税義務者から提出された申告書又は給与支払者から提出される給与支払報告書等の課税資料を基にして税額を計算し、これを納税通知書により納税者に通知すること（賦課処分）によって課税するいわゆる賦課課税方式により課税することとされています。

　そして、その賦課された個人住民税の額は、一般的には、給与所得者及び公的年金等所得者は特別徴収の方法により、それ以外の者は普通徴収の方法により徴収することとされています。

（賦課過程）

（徴収の方法）

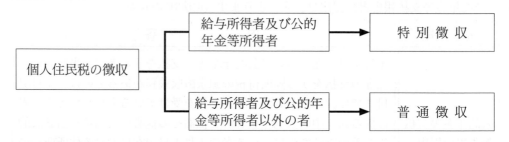

1　賦課期日

　個人住民税の賦課期日は、次のとおり、当該年度の初日の属する年の1月1日とされており（地法39、318）、例えば、令和3年度分の個人住民税の場合は、令和3年1月1日が賦課期日となります。

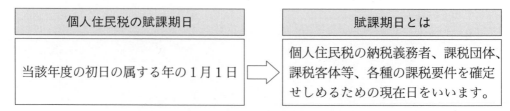

　したがって、個人住民税においては、この賦課期日制度により納税義務者（すなわ

ち、賦課期日に市区町村に住所を有する個人)が賦課期日後に死亡や出国等によって市区町村に住所を有しないこととなった場合であっても、その納税義務は消滅しないこととなります。

 留意点

次のことについては、賦課期日の現況によって判定することとなります。

項　　目	賦課期日の現況によって判定することとなる事項
納税義務の有無	イ　その個人が市区町村内に住所を有する者であるかどうか ロ　その個人が市区町村内に事務所、事業所又は家屋敷を有する者でその市区町村内に住所を有しない者であるかどうか
課税権の帰属	イ　当該個人がいずれの市区町村に住所を有しているかどうか ロ　当該個人がいずれの市区町村に事務所、事業所又は家屋敷を有しているかどうか
非課税の有無	障害者、未成年者、寡婦又はひとり親が非課税に該当するものであるかどうか

2　個人住民税の賦課の方法

　個人住民税は、賦課課税方式により課税することとされていますが、これを図示すると、次頁のようになります（地法315）。

第2章　住民税

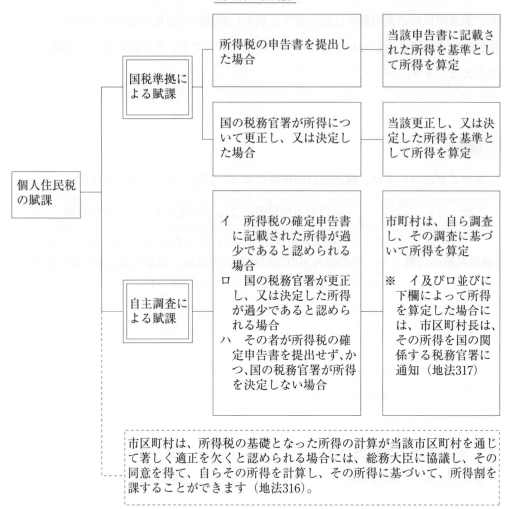

3　徴収の方法

　賦課された個人住民税の額は、一般的には、給与所得者及び公的年金等所得者は特別徴収の方法により、それ以外の者は普通徴収の方法により徴収されます（地法319、321の3）。

　なお、市区町村は、個人の市町村民税又は特別区民税を賦課し、及び徴収する場合においては、当該個人の道府県民税又は都民税をあわせて賦課し、及び徴収することとされています（地法41、319②）。

(1)　普通徴収

　個人住民税における普通徴収は、次のとおり、市区町村が納税義務者から提出された申告書等を基にして税額を計算し、その税額（特別徴収によることを選択した給与所

得以外の所得に係る税額を控除したもの）及びその計算の基礎、納期及び各納期における納付額等を記載した納税通知書を納税者に交付して行います（地法319の2①）。この場合において、納税者に交付すべき納税通知書は、遅くとも、その納期限前10日までに納税者に交付しなければなりません（地法319の2③）。

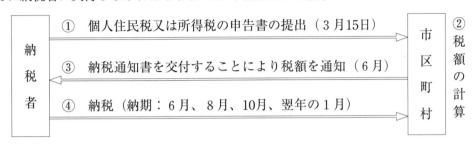

留意点

普通徴収については、次のことに留意する必要があります。

留意事項	留意内容
普通徴収の納期	納期は、具体的には、6月、8月、10月及び1月において、市区町村の条例で定めることとされていますが、通常は、その納期限は、これらの月の末日とされています（地法320本文）。 なお、市区町村は、特別の事情がある場合には、これと異なる納期を定めることができることとされています（地法320但し書）。
少額な税額の一括徴収	市町村民税と道府県民税の合算額が均等割額の合算額に相当する金額以下である場合にあっては、第1期（6月）の納期限において一括徴収することとされています（地法320カッコ書）。
納期前の納付	納税者は、納税通知書に記載された納付額のうち到来した納期に係る納付額に相当する金額の税金を納付しようとする場合においては、当該納期後の納期に係る納付額に相当する金額の税金をあわせて納付することができることとされています（地法321①）。
納期前納付の報奨金	納税者が納期前納付をした場合には、市区町村は、条例で定める金額の報奨金をその納税者に交付することができることとされています（地法321②）。この場合、報奨金は、納期前に納付した税額の100分の1に、納期前に係る月数を乗じて得た額を限度とすることとされています（地法321③）。

(2) 特別徴収

特別徴収とは、地方税の徴収について便宜を有する者にこれを徴収させ、かつ、その徴収すべき税金を納入させることをいいますが、個人住民税における特別徴収制度は、次のようになっています。

イ 給与所得者の場合

(イ) 給与所得者に係る特別徴収制度の仕組み

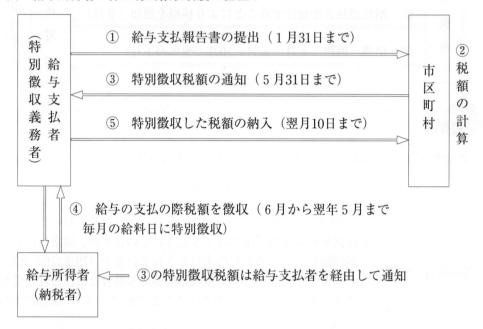

(ロ) 給与所得者に係る特別徴収の方法

市区町村は、給与所得者に係る個人住民税については、次により、特別徴収の方法により徴収します（地法321の3①）。

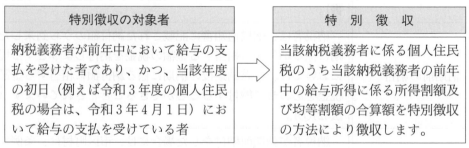

ただし、次に掲げる市区町村又は給与所得者については、特別徴収の方法によらないことができることとされています（地法321の3①ただし書、321の3①カッコ書、取扱通知（市）2章37）。

第1節　個人住民税

特別徴収の方法によらないことができる市区町村又は給与所得者	
①	当該市区町村内に給与所得者が少ないこと、給与の支払をする者ごとに給与所得者の数が少ないこと等の特別の事情があるため特別徴収によることが不適当であると認められる市区町村
②	給与所得者のうち、次に掲げる給与所得者で特別徴収の方法によって徴収することが著しく困難であると認められる者 イ　給与所得のうち支給期間が1月を超える期間によって定められている給与のみの支払を受けている者 ロ　外国航路を航行する船舶の乗組員で1月を超える期間以上乗船することとなるため慣行として不定期にその給与の支払を受けている者

(ハ)　**給与所得者の給与所得以外の所得に係る所得割額の特別徴収**

　　給与所得者の次の給与所得以外の所得に係る所得割額の徴収は、次によります（地法321の3②）。

給与所得者の給与所得以外の所得に係る所得割額の徴収方法	
特別徴収（原則）	市区町村は、下欄に該当する場合を除き、当該給与所得以外の所得（当該年度の初日において老齢等年金給付の支払を受けている年齢65歳以上の者である場合は、給与所得及び公的年金等に係る所得以外の所得となります(注)。以下同じです。）に係る所得割額を特別徴収の方法によって徴収すべき給与所得に係る所得割額及び均等割額の合算額に加算して、特別徴収の方法によって徴収することができます。
普通徴収	個人住民税の申告書又は所得税の確定申告書（住民税に関する事項の附記欄）に給与所得以外の所得に係る所得割額を普通徴収の方法によって徴収されたい旨の記載があるときは、普通徴収の方法により徴収します(注)。

　　(注)　年齢65歳以上の給与所得者の公的年金等に係る所得に係る所得割額は、老齢等年金給付の支払の際、その年金から特別徴収されることになっています（138頁参照）。

(ニ)　**特別徴収義務者の指定**

　　特別徴収義務者とは、特別徴収によって地方税を徴収し、納入する義務を負う者をいいますが、個人住民税における特別徴収義務者の指定は、次により行います（地法321の4①）。

— 133 —

特 別 徴 収 義 務 者 の 指 定	
条例による指定	市区町村は、毎年4月1日において給与所得者に給与の支払をする者（他の市区町村内において給与の支払をする者を含みます。）で所得税法第183条の規定による所得税の源泉徴収義務のある者を、当該市区町村の条例で特別徴収義務者として指定します。
指定の方法	一般的には、当該市区町村の条例において、所得税法第183条の規定による所得税の源泉徴収義務のある者を、包括的に指定します。具体的には、特別徴収義務者に対して特別徴収税額を特別徴収の方法によって徴収する旨を通知することによって行うこととなります。

㋭　**特別徴収税額の通知**

　　市区町村長は、左欄の給与所得に係る特別徴収税額を右欄により特別徴収義務者及び納税義務者に通知します（地法321の4①後段、②）。

特別徴収税額とは	特別徴収税額の通知
特別徴収の方法によって徴収する次に掲げる額をいいます。 イ　給与所得に係る所得割額及び均等割額の合算額 ロ　イの額に特別徴収の方法によって徴収することとなる給与所得及び公的年金等に係る所得以外の所得に係る所得割額を加算した額	特別徴収の方法によって個人住民税を徴収する場合には、市区町村長は、5月31日までに、特別徴収税額を特別徴収の方法によって徴収する旨を、総務省令で定める「特別徴収税額通知書」によって、当該特別徴収義務者（特別徴収義務者の同意がある場合には、電子情報処理組織を使用する方法により通知することができます。）と、これを経由して当該納税義務者に通知しなければなりません。 ※納税義務者への通知は現在も電子による通知は不可

㋬　**特別徴収税額の徴収**

　　給与所得に係る特別徴収税額に係る特別徴収は、次により行います（地法321の5）。

区　　分	申 告 納 入 義 務 等
通常の場合の特別徴収	6月から翌年5月まで、当該通知に係る特別徴収税額の12分の1の額（当該通知が5月31日後にあった場合には、その通知のあった日の属する月の翌月から翌年5月までの月数で除して得た額）を、それぞれ給与の支払をする

	際毎月徴収し、その徴収した月の翌月10日までに、これを当該市区町村に納入することとなります。
特別徴収税額が均等割相当額以下である場合の特別徴収	当該通知に係る特別徴収税額が均等割額に相当する金額（都道府県民税と市区町村民税の合算額）以下である場合には、当該通知に係る特別徴収税額を最初に徴収すべき月に給与の支払をする際その全額を徴収し、これを当該市区町村に納入することとなります。
特別徴収が免除される場合	特別徴収義務者は、その納税義務者が当該特別徴収義務者から給与の支払を受けないこととなった場合には、その事由が発生した日の属する月の翌月以降の月割額（給与の支払をする際毎月徴収すべき額をいいます。以下同じです。）を徴収して納入する義務を負わなくなります。 ※　特別徴収義務者（給与支払者）は、当該給与所得者に給与の支払を行わないこととなった場合には、その支払わないこととなった日の属する月の翌月10日（4月2日から5月31日までの間に給与の支払を受けなくなった者の市区町村民税をその年度から新たに特別徴収すべき市区町村長に対する届出書は、その市町村から特別徴収税額の通知のあった日の属する月の翌月の10日（通常は6月10日））までに「特別徴収に係る給与所得者異動届出書」（総務省令第18号様式）を関係市区町村長に提出しなければなりません（地法321の5③、地規9の5）。

（ト）　**退職等の事由によって普通徴収の方法により徴収される場合**

退職等の事由により特別徴収の方法で徴収されないこととなった場合	特別徴収の方法によって徴収されないこととなった金額に相当する税額は、その特別徴収の方法によって徴収されないこととなった日以後において到来する普通徴収に係る納期がある場合においてはそのそれぞれの納期において、その日以後に到来するその納期がない場合においては直ちに、普通徴収の方法によって徴収することとなります（地法321の7①）。

（チ）　**給与所得者に異動があった場合の特別徴収の継続**

4月2日から翌年の4月30日までの間において給与所得者が異動した場合（例えば、給与所得者が退職した後再就職したような場合）	その給与所得者が新たに給与の支払をする者となった者を通じて、当該異動によって従前の給与支払者から給与の支払を受けなくなった日の属する月の翌月の10日（その支払を受けなくなった日が翌年の4月中である場合には、同月30日）までに、その異動後に徴収されるべき月割額を特別徴収の方法によって徴収されたい旨の申出をしたときは、その特別徴収は継続されます（地法321の4⑤）。

第2章　住民税

	ただし、当該申出が翌年の4月中にあった場合において、当該給与所得者に対して新たに給与の支払をする者となった者を特別徴収義務者として指定し、これに徴収させることが困難であると市区町村長が認めるときは、特別徴収は継続されません。

⑴　退職手当等からの未徴収税額の一括徴収

給与所得者が退職等の事由によって給与の支払を受けないこととなった場合においては、次により、その者に係る特別徴収税額の未徴収税額（退職等をした月の翌月以降に徴収されるべき月割額をいいます。以下この項において同じです。）をその者に支払われる退職手当等から一括して徴収します（地法321の5②ただし書、地規9の4）。

給与所得者が6月1日から12月31日までの間に退職等の事由によって給与の支払を受けないこととなった場合	その給与所得者に対して翌年の5月31日までの間に支払われる予定の給与又は退職手当等が未徴収税額に相当する金額を超え、かつ、その未徴収税額を一括徴収されたい旨の給与所得者からの申出（総務省令第18号様式）がその給与の支払を受けないこととなった日の属する月の末日までにあったときは、その申出を受けた特別徴収義務者は、その給与又は退職手当等の支払をする際、その未徴収税額を一括して特別徴収します。
その給与所得者が翌年の1月1日から4月30日までの間に退職等の事由によって給与の支払を受けないこととなった場合	その給与所得者に対してその年の5月31日までの間に支払われる予定の給与又は退職手当等が未徴収税額に相当する金額を超えるときは、特別徴収義務者は、一括徴収の申出の有無にかかわらず、その給与又は退職手当等の支払をする際、その未徴収税額を一括して特別徴収します。

(注)1　死亡による退職の場合の未徴収税額の徴収は、一括徴収によらず普通徴収の方法によります。
　　2　適格退職年金契約に基づき生命保険会社から支払を受ける退職一時金等、特別徴収義務者以外の者から支払を受ける退職手当等からは、未徴収税額の一括徴収はできません。

⑾　特別徴収税額の変更があった場合の特別徴収

給与所得に係る特別徴収税額について変更があった場合の特別徴収は、次によります（地法321の6②、321の7②）。

特別徴収税額の変更があった場合	特別徴収税額の変更の通知を受け取った日の属する月以後において徴収すべき月割額は、変更された額に基づいて、当該市区町村長が定めるところによることとなります。 なお、すでに納入済の税額が変更された特別徴収税額を超え

る場合には、その超過額は納税者に直接還付するか又は未納の徴収金に充当しなければなりません。

(ル) 小規模事業者に係る特別徴収税額の納期の特例

小規模事業者については、次のような特別徴収税額の納期の特例が設けられています（地法321の5の2）。

小規模事業者に係る特別徴収税額の納期の特例	
特例対象事業所	その事務所、事業所その他これらに準ずるもので給与の支払を受ける者が常時10人未満であるもの（関係市区町村長の承認を受ける必要があります。）
納期の特例の内容	当該特別徴収に係る納入金を納入すべき市区町村長の承認を受けて、給与の支払の際特別徴収した特別徴収税額を、年2回に分けて、すなわち、6月から11月までについては12月10日までに、12月から翌年の5月までの分については6月10日までに、それぞれ納入することができます。

ロ 公的年金等所得者の場合

公的年金等所得者の公的年金等に係る所得に係る個人住民税については、平成21年度分の個人住民税から、特別徴収の方法によって徴収されます。

(イ) 公的年金等所得者に係る特別徴収の仕組み

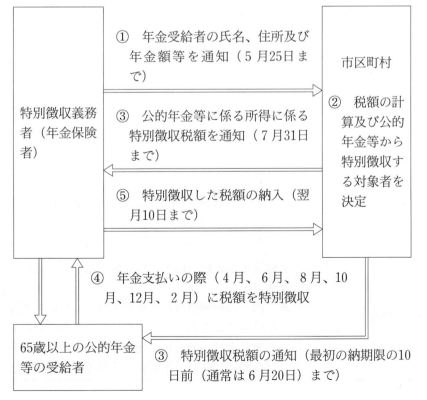

第 2 章　住民税

(ロ)　**公的年金等所得者に係る特別徴収の方法**

　市区町村は、公的年金等所得者に係る所得に係る個人住民税については、次により、特別徴収の方法により徴収します（地法321の 7 の 2 〜321の 7 の10、地令48の 9 の13〜48の 9 の14）。

　ただし、当該市区町村内に特別徴収対象年金所得者（下表参照）が少ないことその他特別の事情により特別徴収を行うことが適当でないと認められる市区町村においては、特別徴収の方法によらないことができます（地法321の 7 の 2 ①ただし書）。

項　　目	特別徴収制度の内容
特別徴収の対象者	納税義務者のうち、前年中に公的年金等の支払を受けた者であって、当該年度の初日（ 4 月 1 日）において老齢等年金給付（国民年金法による老齢基礎年金その他の同法、厚生年金保険法、国家公務員共済組合法、地方公務員等共済組合法又は私立学校教職員共済法に基づく老齢又は退職を支給事由とする年金たる給付等をいいます。以下同じです。）の支払を受けている年齢65歳以上の者（以下「特別徴収対象年金所得者」といいいます。）
特別徴収の対象者から除かれる者	イ　当該年度分の老齢等年金給付の年額が18万円未満である者その他の当該市区町村の行う介護保険の介護保険法第135条第 5 項に規定する特別徴収対象被保険者でない者 ロ　特別徴収の方法によって徴収することとした場合には当該年度において当該老齢等年金給付の支払を受けないこととなると認められる者 ハ　イ及びロに掲げるもののほか、特別徴収の方法によって徴収することが著しく困難であると市区町村長が認める者
特別徴収の対象税額	公的年金等に係る所得に係る市区町村民税及び都道府県民税の所得割額及び均等割額の合算額（給与所得に係る所得割額及び均等割額が特別徴収の方法によって徴収される場合には、公的年金等に係る所得に係る所得割額）
特別徴収の対象年金	老齢等年金給付（以下「特別徴収対象年金給付」といいます。） ※　同一の特別徴収対象年金所得者について老齢等年金給付が二以上ある場合における特別徴収の対象となる対象年金は、地方税法施行令第48条の 9 の13各号に掲げる順序に従い、先順位の老齢等年金給付とされます。

特別徴収義務者	老齢等年金給付の支払をする者（以下「年金保険者」といいます。） ※　具体的には、日本年金機構、地方公務員共済組合、国家公務員共済組合連合会、日本私立学校振興・共済事業団及び農林漁業団体職員共済組合がその対象となります。
徴収の方法	①　前年度から特別徴収の対象となっている者の場合 　イ　仮徴収 　　　前年度分の市町村税のうち、前々年中の公的年金等に係る所得に係る所得割額及び均等割額の合算額の2分の1に相当する額を、4月1日から9月30日までの間に支払われる特別徴収対象年金給付からその年金給付の支払の際（4月、6月、8月）に特別徴収（仮徴収）します。 　ロ　本徴収 　　　公的年金等に係る所得に係る当該年度分の所得割額及び均等割額から当該年度の4月1日から9月30日までの間に徴収すべき額（イの仮特別徴収税額）を控除した額を、10月1日から翌年の3月31日までの間に支払われる特別徴収対象年金給付からその年金給付の支払の際（10月、12月、翌年の2月）に特別徴収（本徴収）します。 ②　新たに特別徴収の対象となった者の場合 　イ　普通徴収 　　　公的年金等に係る所得に係る当該年度分の所得割額及び均等割額から当該年度の10月1日から翌年の3月31日までの間に特別徴収すべき額を控除した額を普通徴収の方法により徴収します（通常の場合は、6月及び8月において普通徴収の方法により徴収されます。）。 　ロ　特別徴収 　　　公的年金等に係る所得に係る当該年度分の所得割額及び均等割額の2分の1に相当する額を、10月1日から翌年の3月31日までの間に支払われる特別徴収対象年金給付からその年金給付の支払の際（10月、12月、翌年の2月）に特別徴収します。 　　※　特別徴収対象年金所得者が賦課期日（1月1日）後に市区町村の区域外に転出した場合においても、一定の要件の下に特別徴収を継続することとします。 ③　特別徴収ごとの徴収額 　　①及び②の場合において、特別徴収対象年金給付の

	支払の際に特別徴収の方法により徴収すべき額は、それぞれの期間において徴収すべき額を当該期間における特別徴収対象年金給付の支払の回数で除して得た額となります。
特別徴収税額の納入義務	年金保険者は、特別徴収対象年金給付の支払をする際に徴収した税額をその徴収した月の翌月の10日までに市区町村に納入しなければなりません。
年金保険者による市区町村に対する通知	年金保険者は、当該年度の5月25日までに、老齢等年金給付の支払を受けている者(当該年度の4月1日において65歳以上となる者に限ります。)の氏名、住所、性別及び生年月日、老齢等年金給付の種類及び年額並びに老齢等年金給付の支払を行う年金保険者の名称を、その老齢等年金給付の支払を受けている者が当該年度の4月1日において住所を有する市区町村に通知しなければなりません。
年金所得に係る特別徴収税額の通知	市区町村は、上欄の年金保険者からの年金情報及び申告書等の資料を基に年金所得者の所得等の名寄せを行って年金所得者の税額を算出し、そのうえで特別徴収対象年金所得者及びその者の特別徴収税額を決定することとなります。そして、市区町村は、公的年金等に係る所得に係る特別徴収税額を特別徴収の方法によって徴収する旨、特別徴収対象年金所得者に係る支払回数割特別徴収税額その他必要な事項を、特別徴収対象年金所得者に対しては、当該年度の個人住民税の最初の納期限の10日前（通常は6月20日）までに、年金保険者に対しては当該年度の7月31日までに通知しなければなりません。 　なお、これらの本徴収の通知を行う際には、その運用上、翌年度の4月、6月、8月の支給分に係る年金所得に係る仮特別徴収税額の通知も併せて行うこととされています。

　(注)　年度途中で特別徴収対象年金給付の支払を受けなくなったこと等により特別徴収の方法により徴収されないこととなった税額は、その特別徴収されないこととなった日以後において到来する納期がある場合にあってはその納期において、その納期がない場合にあっては直ちに、普通徴収の方法によって徴収されます（地法321の7の9①）。

第 2 節　法人住民税

　法人住民税は、地域社会の費用について、地域社会の構成員である法人にも個人と同様広く負担を求めるために課される税です。

　法人住民税とは、法人に対して課する道府県民税、市町村民税及び都民税を総称したものであり、均等割及び法人税割によって、構成されています。

　なお、平成26年度の税制改正においては、地方法人課税の偏在性を是正するため、法人税割の税率を引き下げて、その引下げ分に相当する地方法人税（国税（この税は地方交付税の原資となります。）・219頁参照）が創設され、平成26年10月1日以後に開始する事業年度から実施することとされました。そして、平成28年度の税制改正においても、同様の趣旨によりさらに法人税割の税率が引き下げられることとされました（消費税率の引上げ時期の変更に伴う税制上の措置により、引下げ時期が延期され、令和元年10月1日以後に開始する事業年度から実施。）。

※　令和4年4月1日以降に開始する事業年度から、連結納税制度はグループ通算制度に移行しますが、本節は移行前の連結納税制度を前提に記載しています。

第 1　納税義務者等

1　納税義務者

(1)　道府県民税

　道府県民税の納税義務者は、次の左欄に掲げる者であり、これらの者に対しては、左欄に掲げる納税義務者の区分に応じ、右欄の道府県民税が課されます（地法24①⑥）。

	納　税　義　務　者	課される道府県民税
①	道府県内に事務所又は事業所を有する法人	均等割額及び法人税割額の合算額
②	道府県内に事務所又は事業所を有する法人でない社団又は財団で代表者又は管理人の定めのあるもの（収益事業を行うものに限ります。）	
③	道府県内に寮等を有する法人及び法人でない社団又は財団で代表者又は管理人の定めのあるもの（収益事業を行うものに限ります。）で当該道府県内に事務所又は事業所を有しないもの	均等割額

— 141 —

	納　税　義　務　者	課される市町村民税
④	法人課税信託の引受けを行うことにより法人税を課される個人で道府県内に事務所又は事業所を有するもの	法人税割額

(2)　市町村民税

　市町村民税の納税義務者は、次の左欄に掲げる者であり、これらの者に対しては、左欄に掲げる納税義務者の区分に応じ、右欄の市町村民税が課されます（地法294①⑧）。

	納　税　義　務　者	課される市町村民税
①	市町村内に事務所又は事業所を有する法人	均等割額及び法人税割額の合算額
②	市町村内に事務所又は事業所を有する法人でない社団又は財団で代表者又は管理人の定めのあるもの（収益事業を行うものに限ります。）	
③	市町村内に寮等を有する法人及び法人でない社団又は財団で代表者又は管理人の定めのあるもの（収益事業を行うものに限ります。）で当該市町村内に事務所又は事業所を有しないもの	均等割額
④	法人課税信託の引受けを行うことにより法人税を課される個人で市町村内に事務所又は事業所を有するもの	法人税割額

(3)　都民税

　東京都は、都の区域内に事務所、事業所又は寮等を有する者に対して、法人の道府県民税に相当する税を課するほか、特別区の存する区域内に事務所、事業所又は寮等を有する者に対して、法人の市町村民税に相当する税も課することとされています（地法734②二）。すなわち、都民税の納税義務者は、次の左欄に掲げる者であり、これらの者に対しては、左欄に掲げる納税義務者の区分に応じ、右欄の都民税が課されます。

　したがって、特別区の存する区域内に事務所、事業所又は寮等を有する者に対しては道府県民税に相当する税と市町村民税に相当する税の合算額が課され、特別区の区域外の都の区域内に事務所、事業所又は寮等を有する者に対しては道府県民税に相当する税が課されることとなります。

第2節　法人住民税

納　税　義　務　者		課される都民税
道府県民税相当分	都内に事務所又は事業所を有する法人	道府県民税に相当する均等割額及び法人税割額の合算額
	都内に事務所又は事業所を有する法人でない社団又は財団で代表者又は管理人の定めのあるもの（収益事業を行うものに限ります。）	
	都内に寮等を有する法人及び法人でない社団又は財団で代表者又は管理人の定めのあるもの（収益事業を行うものに限ります。）で当該都内に事務所又は事業所を有しないもの	道府県民税に相当する均等割額
	法人課税信託の引受けを行うことにより法人税を課される個人で都内に事務所又は事業所を有するもの	道府県民税に相当する法人税割額
市町村民税相当分	特別区内に事務所又は事業所を有する法人	市町村民税に相当する均等割額及び法人税割額の合算額
	特別区内に事務所又は事業所を有する法人でない社団又は財団で代表者又は管理人の定めのあるもの（収益事業を行うものに限ります。）	
	特別区内に寮等を有する法人及び法人でない社団又は財団で代表者又は管理人の定めのあるもの（収益事業を行うものに限ります。）で当該特別区内に事務所又は事業所を有しないもの	市町村民税に相当する均等割額
	法人課税信託の引受けを行うことにより法人税を課される個人で特別区内に事務所又は事業所を有するもの	市町村民税に相当する法人税割額

事務所又は事業所とは

　法人住民税は、法人等が事務所、事業所又は寮等を有する場合に課されることとなりますが、この場合の事務所又は事業所とは、それが自己の所有に属するものであるか否かにかかわらず、事業の必要から設けられた人的及び物的設備であって、そこで継続して事業が行われる場所をいいます（取扱通知(県・市)1章6）。具体的には、法人事業税の項（259頁）を参照して下さい。

寮等とは

　寮等とは、次のものをいいます（地法24①四、294①四、取扱通知(市)2章9）。

寮　等　と　は	寮等に含まれないもの
寮、宿泊所、クラブ、集会所その他これらに類するもので、法人等が従業員の宿泊、慰安、娯楽等の便宜を図るために常時	寮、宿泊所、クラブ等と呼ばれるものであっても、例えば、鉄道従業員の乗継のための宿泊施設のようにその実質において事務所又は事業所に該当することとなるもの、又は、独身寮、

— 143 —

第2章　住民税

設けられている施設をいい、それが自己の所有に属するものであるか否かを問いません。	社員住宅等のように特定の従業員の居住のための施設等は、これに含まれません。 　なお、季節的に私人の住宅等を借り上げて臨時に開放する「海の家」等の施設は、寮等の範囲から除かれます。

2　公益法人等及び人格のない社団等に対する課税の取扱い

　次の左欄に掲げる者に対しては、中欄に掲げる場合の区分に応じ、右欄の道府県民税若しくは都民税又は市町村民税が課されます（地法24、25、294、296）。

法　人　等　の　区　分			課される 法人住民税
法人税における 公共法人	法人住民税が非課税とされるもの（150頁の上表に掲げられているもの）		（非課税）
	法人住民税が非課税とされないもの（150頁の上表に掲げられていないもの）		均等割額
法人税における 公益法人等 （注1）	左欄の公益法人等のうち法人住民税において公益法人等扱いとされるもの（150頁の下表に掲げられているもの）	収益事業を行わない場合	（非課税）
		収益事業を行う場合	均等割額（注2） 法人税割額（注2）
		法人課税信託（注4）の引受けを行う場合	法人税割額（注4）
	左欄の公益法人等のうち法人住民税において公益法人等扱いとされないもの（150頁の下表に掲げられていないもの）	収益事業を行わない場合	均等割額
		収益事業を行う場合	均等割額 法人税割額（注3）
		法人課税信託（注4）の引受けを行う場合	法人税割額（注4）
法人でない社団又は財団で代表者又は管理人の定めのあるもの		収益事業を行わない場合	（非課税）
		収益事業を行う場合	均等割額 法人税割額（注3）
		法人課税信託（注4）の引受けを行う場合	法人税割額（注4）

　（注）1　法人税法第2条第6号の公益法人等並びに防災街区整備事業組合、管理組合法人及び団地管理組合法人、マンション建替組合及びマンション敷地売却組合、地方自治法に規定する認可地縁団体、政党交付金の交付を受ける政党等に対する法人格の付与に関する法律に規定する法人である政党等並びに特定非営利活動促進法に規定する特定非営利活動法人をいいます。

— 144 —

第2節　法人住民税

2　当該収益事業を行う場合に課される均等割及び法人税割は、収益事業を行う事務所等所在の都道府県及び市町村が課することとされています（地法24④、294⑥）。

3　当該収益事業を行う場合に課される法人税割は、収益事業を行う事務所等所在の都道府県及び市町村が課することとされています（地法24⑤、294⑦）。

4　この場合の法人税割額は、法人課税信託（146頁参照）に係るものであり、この法人税割額は、法人課税信託の信託事務を行う事務所等所在の都道府県及び市町村が課することとされています（地法24④⑤⑥、294⑥⑦⑧）。

収益事業の範囲

　収益事業とは、法人税法施行令第5条（収益事業の範囲）に規定する事業で、継続して事業場を設けて営まれるものをいいます（地令7の4、47）。

　ただし、次に該当する法人が行う収益事業は、この収益事業に含めないものとされています（地令7の4ただし書、47）。したがって、これに該当する法人は、収益事業を行っていないこととなり、当該法人に対しては、法人住民税の均等割及び法人税割が課されないこととなります（地法25①、296①）。

収益事業を行っていないとされる法人	
①	社会福祉法人で当該法人の行う収益事業の所得の金額の100分の90以上の金額を当該法人の社会福祉事業（収益事業を除きます。）の経営に充てているもの（その所得の金額がなく当該経営に充てていないものを含みます。）
②	更生保護法人で当該法人の行う収益事業の所得の金額の100分の90以上の金額を当該法人の更生保護事業（収益事業を除きます。）の経営に充てているもの（その所得の金額がなく当該経営に充てていないものを含みます。）
③	学校法人又は私立学校法第64条第4項の法人で当該法人の行う収益事業の所得の金額の100分の90以上の金額を当該法人の私立学校、私立専修学校又は私立各種学校の経営（収益事業を除きます。）に充てているもの（その所得の金額がなく当該経営に充てていないものを含みます。）

3　外国法人に対する課税の取扱い

　地方税法の施行地に本店又は主たる事務所若しくは事業所を有しない法人（以下「外国法人」といいます。）については、その事業が行われるいわゆる恒久的施設（法人税法第2条第12号の19に規定する恒久的施設をいいます。なお、この恒久的施設は、一般にPE（permanent establishment）と呼ばれていますが、その範囲は、法人事業税と同じですので、その詳細については、法人事業税の項（261頁）を参照してください。）をもって、その事務所又は事業所とします。したがって、外国法人は、都道府県又は市町村

— 145 —

第2章　住民税

に恒久的施設を設けて事業を行う場合に、その恒久的施設所在の都道府県又は市町村において法人住民税が課されることとなります（地法24①③、294①⑤）。

　なお、平成26年度の税制改正においては、恒久的施設を有する外国法人の平成28年4月1日以後に開始する事業年度以後の各事業年度分の法人税割について、恒久的施設に帰属する所得に対する法人税額及び恒久的施設に帰属しない所得に対する法人税額の区分ごとに計算します（地法23①三、292①三、平成26年改正地法附則1六、4③、11③）。

4　法人課税信託の受託者に係る課税の取扱い

　法人税法第2条第29号の2に規定する法人課税信託（参考参照）の受託者に係る法人税割については、原則として、各法人課税信託の信託資産等（信託財産に属する資産及び負債並びに当該信託財産に帰せられる収益及び費用をいいます。）及び固有資産等（法人課税信託の信託資産等以外の資産及び負債並びに収益及び費用をいいます。）ごとに、それぞれ別の者とみなして、取り扱います（地法24の2、294の2）。

　したがって、法人課税信託の引受けを行う場合には、その信託の信託資産等に係る所得に対して課される法人税の法人税額を課税標準として算定される法人税割額によって、法人住民税が課されることとなります。

　なお、均等割については、法人課税の受託者について基本的に一体でとらえることとし、原則として固有法人（法人課税信託の受託者のうち固有資産等が帰属するものとみなされる法人をいいます。）の申告と併せて行うこととなります（地法24の2⑤、294の2⑤）。

（参考）

法人課税信託の範囲（法人税法第2条第29号の2）	
①	受益証券発行信託（特定受益証券発行信託を除く。）
②	受益者等が存在しない信託（目的信託のうち一定のもの等）
③	法人（公共法人及び公益法人等を除く。）が委託者となる信託（信託財産に属する資産のみを信託するものを除く。）のうち、次に掲げる要件のいずれかに該当するもの イ　その法人の事業の全部又は重要な一部（その譲渡につき会社法第467条第1項の株主総会の決議等を要するものに限る。）が信託され、かつ、その受益権の50％超を当該法人の株主に交付することが見込まれること（その信託財産に属する金銭以外の資産の種類が概ね同一である場合等を除く。）

— 146 —

	ロ　自己信託等（その受益者が当該法人又は当該法人との間に特殊の関係のある者である場合の信託をいいます。）で、かつ、その信託期間が20年を超えるものとされていること（当該信託の信託財産に属する主たる資産が、耐用年数が20年を超える減価償却資産（減価償却資産以外の固定資産を含む。）又は償還期間が20年を超える金銭債権とされている場合等を除く。） ハ　委託者である法人の特殊関係者を受益者とする自己信託等でその特殊関係者に対する損益分配の操作が可能であること
④	投資信託及び投資法人に関する法律第2条第3項に規定する投資信託（証券投資信託及び国内公募等による投資信託以外の投資信託）
⑤	資産の流動化に関する法律第2条第13項に規定する特定目的信託

（注）　上記の信託からは集団投資信託（特定受益証券発行信託、合同運用信託及び証券投資信託等一定の投資信託が該当します。）並びに退職年金等信託及び特定公益信託等は除かれます（法法2二十九の二）。

第2 課税団体

　次の左欄に掲げる者に対して課する道府県民税若しくは都民税又は市町村民税の課税団体は、その左欄に掲げる者の区分に応じ、中欄の都道府県又は市町村とされており、これらの課税団体は、これらの者に対して右欄の法人住民税を課することになります（地法24①④⑤、294①⑥⑦、734②二）。

法 人 等 の 区 分			課 税 団 体	課する住民税
法人税における公共法人	法人住民税が非課税とされるもの（150頁の上表に掲げられているもの）		非課税（150頁参照）	
	法人住民税が非課税とされないもの（150頁の上表に掲げられていないもの）		事務所若しくは事業所（以下この項において「事務所等」といいます。）又は寮等所在の都道府県又は市町村	均等割額
法人税における公益法人等	左欄の公益法人等のうち法人住民税において公益法人等扱いとされるもの（150頁の下表に掲げられているもの）	収益事業を行わない場合	非課税（150頁参照）	
		収益事業を行う場合	収益事業を行う事務所等所在の都道府県又は市町村	均等割額及び法人税割額の合算額
		法人課税信託の引受けを行う場合	信託事務を行う事務所等所在の都道府県又は市町村	法人税割額
	左欄の公益法人等のうち法人住民税において公益法人等扱いとされないもの(150頁の下表に掲げられていないもの)	収益事業を行わない場合	事務所等又は寮等所在の都道府県又は市町村	均等割額
		収益事業を行う場合	事務所等又は寮等所在の都道府県又は市町村(ただし、法人税割は収益事業を行う事務所等所在の都道府県又は市町村が課税)	均等割額及び法人税割額の合算額(注)
		法人課税信託の引受けを行う場合	信託事務を行う事務所等所在の都道府県又は市町村	法人税割額

第2節　法人住民税

	収益事業を行わない場合	非課税	
法人でない社団又は財団で代表者又は管理人の定めがあるもの	収益事業を行う場合	事務所等又は寮等所在の都道府県又は市町村(ただし、法人税割は収益事業を行う事務所等所在の都道府県又は市町村が課税)	均等割額及び法人税額の合算額(注)
	法人課税信託の引受けを行う場合	信託事務を行う事務所等所在の都道府県又は市町村	法人税割額
その他の法人		事務所等又は寮等所在の都道府県又は市町村	均等割額及び法人税割額の合算額(注)

(注)　当該都道府県又は市町村に寮等のみを有する者は、均等割額のみが課されます。
　　　なお、民法第667条の規定による組合及び有限責任事業組合契約に関する法律第2条の規定による有限責任事業組合（ＬＬＰ）については、その組合の組合員である法人に対して、その法人の事務所等所在の都道府県又は市町村において課税します。この場合、事務所等の判定は、当該法人ごとに行います。

第2章　住民税

第3　非　課　税

1　均等割及び法人税割が非課税とされる者

次に掲げる者に対しては、道府県民税若しくは都民税又は市町村民税の均等割及び法人税割が非課税とされます（地法25①一、296①一）。

均等割及び法人税割が非課税とされる者
国、非課税独立行政法人、国立大学法人及び大学共同利用機関法人、日本年金機構、都道府県、市町村、特別区、地方公共団体の組合、財産区、合併特例区、地方独立行政法人、港湾法の規定による港務局、土地改良区及び土地改良区連合、水害予防組合及び水害予防組合連合、土地区画整理組合並びに独立行政法人郵便貯金簡易生命保険管理・郵便局ネットワーク支援機構

(注)1　法人税法第2条第5号に規定する公共法人のうち上記に掲げるもの以外の公共法人に対しては、均等割額によって法人住民税が課されます。
　　2　非課税独立行政法人とは、その資本金の額若しくは出資金の額の全部が国により出資されることが法律において定められているもの又はこれに類するものであって、その実施している業務のすべてが国から引き継がれたものとして総務大臣が指定したものをいいます（地法25①一）。

2　収益事業を行わない場合に非課税とされる者

次に掲げる者に対しては、これらの者が収益事業を行わない場合に限り、道府県民税若しくは都民税又は市町村民税の均等割及び法人税割が非課税とされます（地法25①二、②、296①二、②）。したがって、これらの者が収益事業を行うものであるときは、これらの者に対しては均等割額及び法人税割額の合算額によって法人住民税が課されることとなります。

また、これらの者が法人課税信託（146頁参照）の引受けを行う場合には、当該法人課税信託に対して課される法人税の法人税額を課税標準として法人税割が課されます（法法4①、地法25②、296②）。

収益事業を行わない場合に非課税とされる者
日本赤十字社、社会福祉法人、更生保護法人、宗教法人、学校法人、私立学校法に規定する法人、労働組合法による労働組合、職員団体等に対する法人格の付与に関する法律に規定する法人である職員団体、漁船保険組合、漁業信用基金協会、漁業共済組合及び漁業共済組合連合会、信用保証協会、農業共済組合及び農業共済組合連合会、農業協同組合連合会（法人税法別表第2第1号に規定する農業協同組合連合会に該当するものに限ります。）、中小企業団体中央会、国民健康保険組合及び国

— 150 —

第2節　法人住民税

民健康保険団体連合会、全国健康保険協会、健康保険組合及び健康保険組合連合会、国家公務員共済組合及び国家公務員共済組合連合会、地方公務員共済組合、全国市町村職員共済組合連合会、地方公務員共済組合連合会、日本私立学校振興・共済事業団、公益社団法人又は公益財団法人で博物館法に規定する博物館を設置することを主たる目的とするもの又は学術の研究を目的とするもの並びに政党交付金の交付を受ける政党等に対する法人格の付与に関する法律に規定する法人である政党等

(注)　法人税法第2条第6号に規定する公益法人等（防災街区整備事業組合、管理組合法人及び団地管理組合法人、マンション建替組合及びマンション敷地売却組合、地方自治法に規定する認可地縁団体、政党交付金の交付を受ける政党等に対する法人格の付与に関する法律に規定する法人である政党等並びに特定非営利活動促進法に規定する特定非営利活動法人を含みます。※）のうち上記に掲げるもの以外の公益法人等に対しては、収益事業を行う者に対しては均等割額及び法人税割額の合算額によって、収益事業を行わない者に対しては均等割額によって、法人住民税が課されます。

　　　また、これらの者が法人課税信託（146頁参照）の引受けを行う場合には、当該法人課税信託に対して課される法人税の法人税額を課税標準として法人税割が課されます（法法4①、地法23①四、292①四）。

※　マンションの管理の適正化の推進に関する法律及びマンションの建替え等の円滑化に関する法律の一部を改正する法律（令和2年法律第62号）の施行の日から上記の公益法人等に含まれる法人に敷地分割組合が加わります。

— 151 —

第4 均 等 割

1 均等割の税率

(1) 道府県民税及び市町村民税

　法人及び法人でない社団又は財団で代表者又は管理人の定めのあるもので収益事業を行うもの（以下「第4　均等割」の項において「法人」と総称します。）に対して課される道府県民税及び市町村民税の均等割の標準税率は、次のとおりとされています（地法52①、312①）。

　均等割の税率については、道府県民税においては制限税率が定められていませんが、市町村民税においては制限税率が定められており、それは、標準税率の1.2倍とされています（地法312②）。

　したがって、各道府県又は市町村は、この標準税率を基準として、当該道府県又は市町村の条例でその税率を定めることとなります。

　なお、地方自治法第252条の19第1項の市（いわゆる政令指定都市）が市町村民税を課する場合においては、当該政令指定都市の区の区域を一の市の区域とみなして（例えば、横浜市港北区の場合は、港北市とみなして）課することとされています（地法737①）ので、均等割は、それぞれの政令指定都市の区ごとに課されることになります。

法 人 の 区 分			標 準 税 率		
			道府県民税（年額）	市町村民税（年額）	
				従業者数50人以下	従業者数50人超
資本金等の額を有する法人	資本金等の額	50億円超の法人	80万円	41万円	300万円
		10億円超50億円以下の法人	54万円	41万円	175万円
		1億円超10億円以下の法人	13万円	16万円	40万円
		1,000万円超1億円以下の法人	5万円	13万円	15万円
		1,000万円以下の法人	2万円	5万円	12万円
上記以外の法人			2万円	5万円	

　（注）1　次に掲げる法人については、最低税率（上表の税率中「上記以外の法人」に適用される税率）が適用されます（地法52①表1、312①表1）。

　　　　イ　法人税法第2条第5号の公共法人及び公益法人等（151頁の（注）を参照）のうち均等割が非課税とされるもの以外のもの（法人税法別表第2に規定する独立行政法人で収益事業を行うものを除きます。）

第2節　法人住民税

　　ロ　人格のない社団等
　　ハ　上記イの公益法人等とされない一般社団法人及び一般財団法人
　　ニ　保険業法に規定する相互会社以外の法人で資本金の額又は出資金の額を有しないもの（イからハまでに掲げる法人を除きます。）
　2　資本金等の額を有する法人のうち、上記イの独立行政法人で収益事業を行わないもの及び上記ニの資本金の額又は出資金の額を有しないものは、上表の「資本金等の額を有する法人」から除かれることとされているので、これらの法人に対しては最低税率が適用されることとなります（地法52①表１ホ、312①表１ホ）。
　3　従業者数は、当該市町村内に有する事務所、事業所又は寮等の従業者の数を合計したものです（従業者数の算定方法については158頁を参照）。

(2) 都 民 税

　東京都は、特別区の存する区域内においては、道府県民税に相当する税と市町村民税に相当する税との合算額に相当する税を都民税として（地法734②二）、また、特別区の区域外の都の区域内においては、道府県民税に相当する税を都民税として（地法1②）、それぞれ課することとされています。そして、特別区の存する区域において市町村民税に相当する都民税を課するときは、特別区の区域を一の市の区域とみなして（例えば練馬区は練馬市とみなして）都民税を課することとされています（地法737）。

　したがって、都民税の均等割の税率は、道府県民税及び市町村民税の均等割の標準税率を基準として条例で定めることとなりますが、その条例では、次のように定められています。

法 人 等 の 区 分		都民税の均等割の標準税率（年額）				
		I		II		III
		特別区のみに事務所等又は寮等を有する法人等		特別区と都内の市町村のいずれにも事務所等又は寮等を有する法人等		都内の市町村のみに事務所等又は寮等を有する法人等
資本金等の額の区分	特別区内の従業者数	都内の主たる事務所等又は寮等所在の特別区（道府県分＋市町村分）	都内の従たる事務所等又は寮等所在の特別区（市町村分）	道府県分	特別区（市町村分）	道府県分
50億円超	50人超	380万円	300万円	80万円	300万円	80万円
	50人以下	121万円	41万円		41万円	
10億円超50億円以下	50人超	229万円	175万円	54万円	175万円	54万円
	50人以下	95万円	41万円		41万円	

第2章　住民税

1億円超 10億円以下	50人超	53万円	40万円	13万円	40万円	13万円
	50人以下	29万円	16万円		16万円	
1千万円超 1億円以下	50人超	20万円	15万円	5万円	15万円	5万円
	50人以下	18万円	13万円		13万円	
1千万円以下	50人超	14万円	12万円	2万円	12万円	2万円
	50人以下	7万円	5万円		5万円	
上記に掲げる法人以外の法人（152頁参照）		7万円	5万円	2万円	5万円	2万円

留意点

	留意内容
①	Ⅰの税率は、特別区のみに事務所若しくは事業所（以下「事務所等」といいます。）又は寮等を有し、都内の市町村には事務所等又は寮等を有しない法人に対して適用されます。この場合において、当該法人が2以上の特別区に事務所等又は寮等を有するものであるときは、法人の均等割額は、Ⅰの左欄の税率により算定した「主たる事務所等又は寮等所在の特別区の均等割額」に、「従たる事務所等又は寮等が所在する特別区の均等割額」をⅠの右欄の税率により当該従たる事務所等又は寮等が所在する特別区ごとに算定して、加算することとなります。 　なお、Ⅰの税率の「主たる事務所等又は寮等」及び「従たる事務所等又は寮等」であるか否かについては、他の道府県に本店等を有する法人であっても、都内における事務所等又は寮等のみについて、その主たる・従たるを判定することとなります。また、都内に一の事務所等又は寮等を有するときは、当該事務所等又は寮等が主たる事務所等又は寮等となります。
②	Ⅱの税率は、特別区と都内の市町村のいずれにも事務所等又は寮等を有する法人に対して適用されます。この場合、その均等割額は、Ⅱの税率の「道府県分（すなわち道府県民税相当分）」と「市町村分（すなわち市町村民税相当分）」との合算額となります。 　なお、当該法人が2以上の特別区に事務所等又は寮等を有するものであるときは、法人の均等割額は、Ⅱの左欄の税率により算定した「道府県分の均等割額」に、「市町村分の均等割額」をⅡの右欄の税率により当該事務所等又は寮等が所在する特別区ごとに算定して、加算することとなります。
③	Ⅲの税率は、都内の市町村のみに事務所等又は寮等を有する法人に対して適用されます。この場合、当該法人等の均等割額は、事務所等又は寮等の所在する市町村の数にかかわりなく、Ⅲの税率に該当する均等割額となります。

第2節　法人住民税

（例示）東京都に事務所等又は寮等を有する場合の均等割額の計算

　甲株式会社（X事業年度末現在の資本金等の額5億円）のX事業年度における事務所等又は寮等の所在の状況は次のとおりであり、いずれの事務所等又は寮等ともその所在月数は12月となっています。また、従業者数は、X事業年度末現在のものです。

甲株式会社の事務所等の状況			都　民　税	
名　　称	所在地	従業者数	道府県民税相当分	市町村民税相当分
東京本社	千代田区	100人		40万円
新宿営業所	新宿区上町	28人		16万円
新宿出張所	新宿区中町	5人		
港営業所	港区一丁目	48人	13万円	40万円
港保養所	港区二丁目	3人		
練馬宿泊所	練馬区	1人		16万円
三鷹営業所	三鷹市	16人		—
課される都民税の均等割額の合計額			125万円	

　（注）　甲株式会社は、上記のほかに、三鷹市に年額16万円の均等割額を納付することとなります。

2　資本金等の額とは

　均等割の税率適用区分の基準となる資本金等の額とは、次に掲げる法人の区分に応じ、次に定める額をいいます。

法人区分	資本金等の額
下欄の相互会社以外の法人	法人税法第2条第16号に規定する資本金等の額又は同条第17号の2に規定する連結個別資本金等の額をいいます。 　ただし、平成27年4月1日以後に開始する事業年度から、資本金等の額は、次の算式により計算したもとなります（地法23①4の5、292①4の5）。 （算式） 　法人税法上の資本金等の額又は連結個別資本金等の額　＋　地方税法により加算される金額（無償増資等）（※）　－　地方税法により減算される金額（無償減資等）（※） ※　これらの金額は、地方税法第23条第1項第4号の5及び第292条第1項第4号の5の規定において、加算し、又は減算するとされる金額です。なお、加算・減算される金額の詳細については、法人事

第 2 章　住民税

業税資本割の課税標準である「資本金等の額」においても、同様の措置が講じられていますので、296頁の「法人事業税資本割」の項を参照してください。

　なお、上記の法人税法上の資本金等の額又は連結個別資本金等の額は、法人及び申告の区分に応じ、それぞれ定められている次の日現在におけるものとされています（地法23①4の5、292①4の5、地令6の24、45の4、平成27年改正地法附則6⑦、15⑥）

(1)　連結法人以外の法人が申告する場合

　イ　仮決算による中間申告…当該事業年度開始の日から6月の期間（法人税額の課税標準の算定期間）の末日

　ロ　前期実績による予定申告……当該事業年度の前事業年度終了の日

　ハ　確定申告……当該事業年度終了の日

(2)　連結法人が申告する場合

　イ　中間申告……当該連結事業年度の前連結事業年度終了の日

　ロ　確定申告……当該連結事業年度終了の日

※　外国法人の資本金等の額については、上記した日の電信売買相場の仲値により換算した円換算額によるものとされています（取扱通知（県）2章43の2、取扱通知（市）2章48の2）。なお、電信売買相場の仲値は、原則として、その法人の主たる取引金融機関のものによりますが、その法人が、同一の方法により入手等した合理的なものを継続して使用している場合には、これによることを認めるものとされています（同取扱通知）。

| 保険業法に規定する相互会社 | 法人及び申告の区分に応じて定められている上欄(1)及び(2)の日現在における貸借対照表に計上されている総資産の帳簿価額から当該貸借対照表に計上されている総負債の帳簿価額を控除した金額（当該貸借対照表に当該期間に係る利益の額又は欠損金の額が計上されているときは、当該利益の額を控除し、又は当該欠損金の額を加算します。）をいいます（地令6の25、45の5）。 |

（注）1　平成27年4月1日以後に開始する最初の事業年度及び連結事業年度に係る予定申告（みなす申告を含みます。）における均等割の算定に用いる資本金等の額については、平成27年法律第2号による改正前の地方税法第23条第1項第4号の5及び第292条第1項第4号の5に規定する資本金等の額とし、次の3で後述する特則は適用しないとされています（平成27年改正地法附則6⑩、15⑨）。

　　　2　平成13年4月1日から平成18年4月30日までの間に資本又は出資の減少による資本の欠損の塡補に充てた金額（地方税法第23条第1項第4号の5イ(2)及び第292条第1項第4号の5イ(2)に掲げる金額をいいます。）及び平成18年5月1日以後に資本金の額又は資本準備金の額を減少して損失の塡補に充てた金額（地方税法第23条第1項第4号の5イ(3)及び第292条第1項第4号の5(3)に掲げる金額をいいます。）については、その内容を証する書類を添付した申告書を提出した場合に限り、これらの金額を減算することができるものであるとされています（取扱通知（県）2章43の3、取扱通知（市）2章48の3）。

第2節　法人住民税

3　税率適用区分の基準の特則

　平成27年4月1日以後に開始する事業年度から、左欄の申告をする場合の中欄の資本金等の額が、左欄の申告をする場合の右欄の資本金の額及び資本準備金（会社法第445条第3項に規定する資本準備金をいいます。以下同じです。）の額の合算額又は出資金の額に満たない場合は、その税率適用区分の基準を中欄の資本金等の額ではなく右欄の資本金の額及び資本準備金の額の合算額又は出資金の額とすることとされています（地法52④〜⑥、312⑥〜⑧、地令8の5、48の2、平成27年改正地法附則6⑦、15⑥）。

　したがって、この税率適用区分の基準の特則が適用される場合における前記1の均等割の税率表中「資本金等の額」とあるのは「資本金の額及び資本準備金の額の合算額又は出資金の額」として均等割額を計算することとなります。

法人及び申告の区分		資本金等の額	資本金の額及び資本準備金の額の合算額又は出資金の額
連結法人以外の法人	仮決算による中間申告の場合	前記2による資本金等の額	当該事業年度開始の日から6月の期間（法人税額の課税標準の算定期間）の末日現在における資本金の額及び資本準備金の額の合算額又は出資金の額
	前期実績による予定申告の場合	前記2による資本金等の額	当該事業年度の前事業年度終了の日現在における資本金の額及び資本準備金の額の合算額又は出資金の額
	確定申告の場合	前記2による資本金等の額	当該事業年度終了の日現在における資本金の額及び資本準備金の額の合算額又は出資金の額
連結法人	中間申告の場合	前記2による資本金等の額	当該連結事業年度の前連結事業年度終了の日現在における資本金の額及び資本準備金の額の合算額又は出資金の額
	確定申告の場合	前記2による資本金等の額	当該連結事業年度終了の日現在における資本金の額及び資本準備金の額の合算額又は出資金の額

第2章　住民税

4　均等割額の計算

　均等割は、法人が都道府県又は市町村若しくは特別区内に事務所等又は寮等を有する事実に基づいて課されることとされています。したがって、その均等割の額は、次のとおり月割によって計算されます（地法52③、312④）。

$$
均等割の額（税率）\times \frac{法人税額の課税標準の算定期間中において事務所等又は寮等を有していた月数}{12}
$$

　（注）1　「法人税額の課税標準の算定期間」は、次のとおりとされています（地法52②、312③）。

	法人の区分	法人税額の課税標準の算定期間
①	②及び③に掲げる法人等以外の法人	イ　中間申告の場合 　当該申告書に係る事業年度開始の日から6月の期間 ロ　確定申告の場合 　当該申告書に係る法人税額の課税標準の算定期間
②	連結法人	イ　中間申告の場合 　当該申告書に係る連結事業年度開始の日から6月の期間 ロ　確定申告の場合 　当該申告書に係る連結法人税額の課税標準の算定期間
③	公共法人等	前年4月1日から3月31日までの期間（その期間中に解散（合併による解散を除きます。）又は合併により消滅した場合には、前年4月1日から当該消滅した日までの期間）

　　　2　③の公共法人等とは、法人税法第2条第5号の公共法人及び公益法人等（151頁の（注）を参照）で均等割のみを課されるものをいいます。
　　　3　月数は、暦に従って計算し、1月に満たないときは1月とし、1月に満たない端数を生じたときは切り捨てます。
　　　4　上記により計算した金額に100円未満の端数があるとき、又はその全額が100円未満であるときは、その端数金額又はその全額を切り捨てます。

5　従業者とは

(1)　従業者の数

　市町村民税の均等割の税率については、適用基準として資本金等の額のほかに従業者の数も加味することとされていますが、この場合における従業者とは、俸給、給料、賃金、手当、賞与、その他これらの性質を有する給与の支払を受けるべき者（俸給、給料若しくは賞与又はこれらの性質を有する給与の支給を受けることとされている役員を

— 158 —

第2節　法人住民税

含みます。）をいいます（地令48、地規3の5）。そして、その従業者の数は、その市町村内における事務所若しくは事業所（以下「事務所等」といいます。）と寮等（寮、宿泊所、クラブその他これらに類する施設をいいます。以下同じです。）の従業者の数の合計数とされています。

　この従業者の意義は、法人税割の分割基準である従業者と一致するものとされています（取扱通知(市)2章11）が、均等割の従業者の数の算定については、次の点において、分割基準である従業者の数の算定と異なっています。

	分割基準である従業者の数と異なる点
①	均等割の従業者の数は、事務所等と寮等の従業者の数の合計数とされています。したがって、均等割の従業者の数は、寮等の従業者の数を含めて算定します。 ※　分割基準である従業者は、事務所等に勤務すべき者とされています。したがって、寮等は事務所等ではないので、分割基準である従業者の数は、寮等の従業者の数を含めないで算定することとなります。
②	均等割の従業者の数は、中途開廃の事務所等又は従業者の数に著しい変動のある事務所等に該当する場合においても、当該申告書に係る法人税額の課税標準の算定期間の末日現在の数によって算定することとなります。 ※　上記に該当する事務所等の分割基準である従業者の数の算定については、363頁を参照して下さい。
③	均等割の従業者の数を算定する場合においては、従業者のうち、アルバイト、パートタイマー、日雇者（以下「アルバイト等」といいます。）については、市町村内に有する事務所等ごとに、次の方法により算定した数の合計数をもって、当該申告書に係る法人税額の課税標準の算定期間又は連結法人税額の課税標準の算定期間（以下「算定期間」といいます。）の末日現在の当該アルバイト等の数として取り扱っても差し支えないとされています（取扱通知(市)2章11）。なお、分割基準である従業者の数の算定においては、このような特例扱いは認められていません。 イ　原則として、算定期間の末日を含む直前1月のアルバイト等の総勤務時間数を170で除して得た数値とします。 　　なお、算定期間の末日が月の中途である場合は $$\frac{\text{算定期間の末日の属する月の初日}}{170}\text{から算定期間の末日までのアルバイト等の総勤務時間数} \times \frac{\text{算定期間の末日の属する月の日数}}{\text{算定期間の末日の属する月の初日から算定期間の末日までの日数}}$$ により算定し、算定期間の開始の日又は事務所等が新設された日がその算定期間の末日の属する月の中途である場合は

— 159 —

第2章　住民税

③	$$\frac{\text{算定期間の開始の日又は事務所等が新設された日からその算定期間の末日までのアルバイト等の総勤務時間数}}{170} \times \frac{\text{算定期間の末日の属する月の日数}}{\text{算定期間の開始の日又は事務所等が新設された日からその算定期間の末日までの日数}}$$ により算定した数値とします。 ロ　イの方法に準じて算定期間に属する各月の末日現在におけるアルバイト等の数を算定した場合において、そのアルバイト等の数のうち最大であるものの数値が、そのアルバイト等の数のうち最小であるものの数値に2を乗じて得た数値を超える場合については、イの方法に代えて $$\frac{\text{その算定期間に属する各月の末日現在におけるイの方法に準じて算定したアルバイト等の数の合計数}}{\text{その算定期間の月数}}$$ によりその数を算定することができます。 　この場合における月数は、暦に従って計算し、1月に満たない端数を生じたときは、これを1月とします。 ハ　イ及びロにおいて、その算定した数に1人に満たない端数を生じたときは、これを1人として算定します。

(2)　従業者数の判定時期

　市町村民税の均等割の税率の適用に当たっての従業者数の合計数は、それぞれ次に定める日現在における従業者数の合計数とされています（地法312⑤）。

	区　　分	資本金等の額及び従業者数の判定時期
①	次の②に掲げる法人以外の法人	イ　中間申告の場合 　　当該申告書に係る事業年度開始の日から6月の期間（法人税額の課税標準の算定期間）の末日 ロ　確定申告の場合 　　当該申告書に係る法人税額の課税標準の算定期間の末日（当該事業年度終了の日）
②	連結法人	イ　中間申告の場合 　　当該申告書に係る連結事業年度開始の日から6月の期間の末日 ロ　確定申告の場合 　　当該申告書に係る連結法人税額の課税標準の算定期間の末日（当該連結事業年度終了の日）

第2節　法人住民税

第5　法人税割

法人税割の税額の計算過程を図示すると、次のとおりとなります。

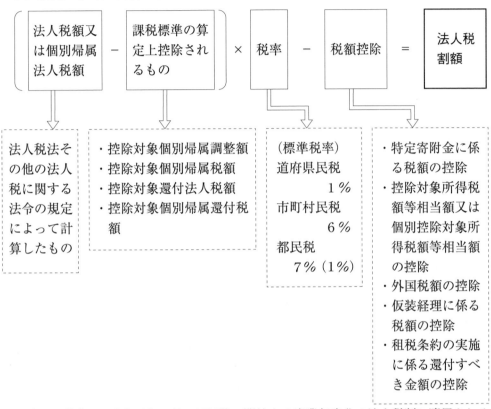

(注) 1　税率は、令和元年10月1日以後に開始する事業年度分の法人税割に適用される税率です（178頁参照）。
　　 2　平成26年度の法人税の改正において、外国法人に対する法人税の課税原則について、いわゆる「総合主義」に基づく従来の国内法が、2010年改訂後のOECDモデル租税条約に沿った「帰属主義」に見直されることに伴い、平成26年度の税制改正において、法人住民税法人税割について、帰属主義に変更する法人税の取扱いに準ずる課税原則の見直しが行われています。これによりますと、平成28年4月1日以後に開始する事業年度分の法人住民税から、恒久的施設を有する外国法人の法人税割については、恒久的施設に帰属する所得に対する法人税額及び恒久的施設に帰属しない所得に対する法人税額の区分ごとに計算します（地法23①三、292①三、平成26年改正地法附則1六、4③、11③）。

1　課税標準となる法人税額

(1)　連結申告法人以外の法人

連結申告法人以外の法人（法人でない社団又は財団で代表者又は管理人の定めがあり、かつ、収益事業を行うものを含みます。以下同じです。）の法人税割の課税標準は、内国

法人（国内に本店又は主たる事務所若しくは事業所を有する法人をいいます。以下法人住民税において同じです。）にあっては法人税額とされ、外国法人（国内に本店又は主たる事務所若しくは事業所を有しない法人をいいます。以下法人住民税において同じです。）にあっては下欄の恒久的施設帰属所得及び恒久的施設非帰属所得の区分ごとの法人税額とされており、それは次表の左欄の法人税額をいいます（地法23①四、292①四）。したがって、当該法人税額には、右欄の法人税額も含まれることとなりますが、法人税に係る延滞税、利子税、過少申告加算税、無申告加算税及び重加算税の額は含まれないとされています（地法23①四、292①四）。

課税標準となる法人税額	課税標準に含まれることとなる法人税額等
（国内法人） 法人税法その他の法人税に関する法令の規定によって計算した法人税額 （外国法人） 次に掲げる国内源泉所得の区分ごとに、法人税法その他の法人税に関する法令の規定によって計算した法人税額 (1) 恒久的施設帰属所得（法人税法第141条第1号イに掲げる国内源泉所得をいいます。） (2) 恒久的施設非帰属所得（法人税法第141条第1号ロに掲げる国内源泉所得をいいます。）	イ 特定同族会社の課税留保金額に対する法人税額（法法67） ロ 退職年金等積立金額に対する法人税額（法法83）（課税停止中） ハ 特別控除取戻税額（措法42の6⑤等） ニ 使途秘匿金の支出額に対する法人税額（措法62） ホ 土地譲渡利益金額に対する法人税額（措法62の3、63）（課税停止中）

留意点

　課税標準となる法人税額は、法人税における次に掲げる税額控除等を適用する前のものであり、したがって、法人が現実に納付すべき法人税額と異なる場合のあることに留意する必要があります（地法23①四、292①四、地法附則8①②⑤⑦⑨⑪⑬⑮⑰⑲、取扱通知(県)2章50、取扱通知（市）2章45）。

	法人税における税額控除等
①	法人税額からの利子及び配当等に係る所得税額の控除（法法68、144、措法3の3⑤、6③、8の3⑤、9の2④、9の3の2⑦、41の9④、41の12④、41の12の2⑦、41の22②）
②	法人税額からの外国税額の控除（法法69、144の2、措法66の7①、66の9の3①）
③	法人税額からの分配時調整外国税相当額の控除（法法69の2、144の2の2、措法9の3の2⑦、9の6④、9の6の2④、9の6の3④、9の6の4④）
④	仮装経理に基づく過大申告の場合の更正に伴う法人税額の控除（法法70）
⑤	一般試験研究費に係る法人税額の特別控除及び特別試験研究費に係る法人税額の特別控除（中小企業者等（租税特別措置法第42条の4第4項に規定する中小企業者等をいいます。以下同じです。）の試験研究費に係るものを除きます。）（措法42の4、地法附則8①②）
⑥	国家戦略特別区域において機械等を取得した場合の法人税額の特別控除（措法42の10②⑤⑥）
⑦	国際戦略総合特別区域において機械等を取得した場合の法人税額の特別控除（措法42の11②⑥⑦）
⑧	地域経済牽引事業の促進区域内において特定事業用機械等を取得した場合の法人税額の特別控除（中小企業者等に係るものを除きます。）（措法42の11の2②⑤⑥、地法附則8⑤）
⑨	地方活力向上地域等において特定建物等を取得した場合の法人税額の特別控除（中小企業者等に係るものを除きます。）（措法42の11の3②⑤⑥、地法附則8⑦）
⑩	地方活力向上地域等において雇用者の数が増加した場合の法人税額の特別控除（中小企業者等に係るものを除きます。）（措法42の12、地法附則8⑨）
⑪	認定地方公共団体の寄附活用事業に関連する寄附をした場合の法人税額の特別控除（措法42の12の2）
⑫	給与等の支給額が増加した場合の法人税額の特別控除（中小企業者等に係るものを除きます。）（措法42の12の5、地法附則8⑪⑬）
⑬	認定特定高度情報通信技術活用設備を取得した場合の法人税額の特別控除（中小企業者等に係るものを除きます。）（措法42の12の6②⑤⑥、地法附則8⑮）
⑭	事業適応設備を取得した場合等の法人税額の特別控除（中小企業者等に係るものを除きます。）（措法42の12の7④〜⑥⑨⑩、地法附則8⑰⑲）
⑮	外国関係会社等に係る控除対象所得税額等相当額の控除（措法66の7④〜⑥⑧〜⑩、66の9の3④⑤⑦〜⑨）

(2) 連結申告法人

　連結納税の承認を受けた法人に課される法人住民税は、単体法人を納税単位として課されることとされていますが、連結申告法人の課税標準は個別帰属法人税額とされており、それは、次の左欄に掲げる区分に応じ、それぞれ右欄に定める額をいいます

（地法23①四の二、292①四の二）。

<table>
<tr><td rowspan="9">連結申告法人の課税標準</td><th colspan="2">区　　分</th><th>個別帰属法人税額</th></tr>
<tr><td rowspan="4">個別帰属特別控除取戻税額等（167頁参照）がない場合</td><td>調整前個別帰属法人税額が零以上であるとき</td><td>調整前個別帰属法人税額（下記イ参照）</td></tr>
<tr><td colspan="2">（例）　調整前個別帰属法人税額△１（個別帰属特別控除取戻税額等０、その他△１）である場合→課税標準となる個別帰属法人税額△１</td></tr>
<tr><td>調整前個別帰属法人税額が零を下回るとき</td><td>零</td></tr>
<tr><td colspan="2">（例）　調整前個別帰属法人税額▲１（個別帰属特別控除取戻税額等０、その他▲１）である場合→課税標準となる個別帰属法人税額０</td></tr>
<tr><td rowspan="4">個別帰属特別控除取戻税額等がある場合</td><td>調整前個別帰属法人税額が個別帰属特別控除取戻税額等以上であるとき</td><td>調整前個別帰属法人税額</td></tr>
<tr><td colspan="2">（例）　調整前個別帰属法人税額△３（個別帰属特別控除取戻税額△２、その他△１）である場合→課税標準となる個別帰属法人税額△３</td></tr>
<tr><td>調整前個別帰属法人税額が個別帰属特別控除取戻税額等を下回るとき</td><td>個別帰属特別控除取戻税額等</td></tr>
<tr><td colspan="2">（例１）　調整前個別帰属法人税額△１（個別帰属特別控除取戻税額△２、その他▲１）である場合→課税標準となる個別帰属法人税額△２
（例２）　調整前個別帰属法人税額▲１（個別帰属特別控除取戻税額△１、その他▲２）である場合→課税標準となる個別帰属法人税額△１</td></tr>
</table>

イ　調整前個別帰属法人税額

調整前個別帰属法人税額とは、次の左欄に掲げる区分に応じ、それぞれ右欄に定める額をいいます（地法23①四の三、292①四の三、地法附則８③④⑥⑧⑩⑫⑭⑯）。

第2節　法人住民税

区　　　分	内　　　容
調整前個別帰属法人税額	**(1)　連結法人の法人税法第81条の18第1項の規定により計算される法人税の負担額として帰せられる金額（次頁の注参照）がある場合**	当該法人税の負担額として帰せられる金額に次に掲げる金額のうち当該連結法人に係る金額に相当する金額の合計額を加算した額 イ　法人税額からの利子及び配当等に係る所得税額の控除額（法法81の18①二） ロ　法人税額からの外国税額の控除額（法法81の18①三） ハ　法人税額からの分配時調整外国税相当額の控除額（法法81条の18①四） ニ　連結欠損金の繰戻しによる還付額（法法81の18①五） ホ　一般試験研究費に係る法人税額の特別控除及び特別試験研究費に係る法人税額の特別控除（中小連結親法人等（地法附則第8条第3項に規定する中小連結親法人等をいいます。以下同じです。）の試験研究費に係るものを除きます。）の控除額（措法68の9、地法附則8③④） ヘ　国家戦略特別区域において機械等を取得した場合の法人税額の特別控除（措法68の14②⑥⑦） ト　国際戦略総合特別区域において機械等を取得した場合の法人税額の特別控除（措法68の14の2②⑥⑦） チ　地域経済牽引事業の促進区域内において特定事業用機械等を取得した場合の法人税額の特別控除（中小連結親法人等に係るものを除きます。）（措法68の14の3②④⑥⑦、地法附則8⑥） リ　地方活力向上地域等において特定建築物等を取得した場合の法人税額の特別控除の控除額（中小連結親法人等に係るものを除きます。）（措法68の15②④⑥⑦、地法附則8⑧） ヌ　地方活力向上地域等において雇用者の数が増加した場合の法人税額の特別控除の控除額（中小連結親法人等に係るものを除きます。）（措法68の15の2、地法附則8⑩） ル　認定地方公共団体の寄附活用事業に関連する寄附をした場合の法人税額の特別控除（措法68の15の3） ヲ　給与等の支給額が増加した場合の法人税額の特別控除の控除額（中小連結親法人等に係るものを除きます。）（措法68の15の6、地法附則8⑫⑭） ワ　認定特定高度情報通信技術活用設備を取得した

第2章　住民税

		場合の法人税額の特別控除（中小連結親法人等に係るものを除きます。）（措法68の15の6の2、地法附則8⑯）
		カ　事業適応設備を取得した場合等の法人税額の特別控除（中小連結親法人等に係るものを除きます。）（措法68の15の7、地法附則8⑱⑳）
		ヨ　外国関係会社等に係る個別控除対象所得税等相当額の控除（措法68の91④⑤⑦～⑨、93の3④⑤⑦～⑨）
	(2)　連結法人の法人税法第81条の18第1項の規定により計算される法人税の減少額として帰せられる金額がある場合（注参照）	上欄(1)のイからカまでに掲げる金額のうち当該連結法人に係る金額に相当する金額の合計額から当該法人税の減少額として帰せられる金額を差し引いた額

(注)1　連結法人の法人税の負担額として帰せられ、又は法人税の減少額として帰せられる金額は、次により計算することとされています（法法81の18①）。

個別所得金額（※）がある場合	｛（個別所得金額（※）×法人税の税率＋加算調整額）－減算調整額｝又は｛減算調整額－（個別所得金額×法人税の税率＋加算調整額）｝ 　※　個別帰属益金額－個別帰属損金額 　（注）1　個別帰属益金額とは、連結事業年度の益金の額のうち当該連結法人に帰せられるものの合計額をいいます。 　　　　2　個別帰属損金額とは、連結事業年度の損金の額のうち当該連結法人に帰せられるものの合計額をいいます。
個別欠損金額（※）がある場合	｛加算調整額－（個別欠損金額（※）×法人税の税率＋減算調整額）｝又は｛（個別欠損金額×法人税の税率＋減算調整額）－加算調整額｝ 　※　〔個別帰属損金額－個別帰属益金額〕－〔当該連結法人に帰せられる連結欠損金額〕

2　上欄の個別所得金額及び個別欠損金額は、法人税の明細書（別表4の2付表）により計算することとされています。

3　（注1）の加算調整額とは、当該連結法人に係る次の①から④までに掲げる金額の合計額をいい、（注1）の減算調整額とは、当該連結法人に係る次の⑤から⑩までに掲げる金額の合計額をいいます（法法81の18①）。

加算調整額	①	特定同族会社の連結留保税額に係る個別帰属額（法法81の18①一）
	②	中小連結法人が機械等を取得した場合等の法人税額の特別控除がある場合の連結納税の承認の取消しによる取戻税額（措法68の11⑬、68の13⑩、68の15の4⑬、68の15の5⑬）

— 166 —

第2節　法人住民税

	③	使途秘匿金の支出に対する法人税額（措法68の67⑥）
	④	土地譲渡利益金額に対する法人税額（措法68の68⑬、68の69⑥）
減算調整額	⑤	連結法人税額から控除する所得税額の個別帰属額（法法81の18①二）
	⑥	連結法人税額から控除する外国税額の個別帰属額（法法81の18①三）
	⑦	連結法人税額から控除する分配時調整外国税相当額の個別帰属額（法法81の18①四）
	⑧	連結欠損金額の繰戻しによる還付金の個別帰属額（法法81の18①五）
	⑨	試験研究を行った場合の法人税額の特別控除額（措法68の9⑬）
	⑩	試験研究を行った場合の法人税額の特別控除額等（措法68の11⑪、68の13⑧、68の14⑧、68の14の2⑦、68の14の3⑦、68の15⑦、68の15の2⑩、68の15の3④、68の15の5⑪、68の15の6⑦）

ロ　個別帰属特別控除取戻税額等

個別帰属特別控除取戻税額等とは、租税特別措置法の規定により加算された次に掲げる金額のうち当該連結法人に係る金額に相当する金額の合計額をいいます（地法23①四の四、292①四の四、地令6の23、45の3）。

		内　　　　　容
個別帰属特別控除取戻税額等	①	中小連結法人が機械等を取得した場合の法人税額の特別控除額がある場合の連結納税の承認の取消しによる取戻税額（措法68の11⑤）
	②	沖縄の特定地域において工業用機械等を取得した場合の法人税額の特別控除額がある場合の連結納税の承認の取消しによる取戻税額（措法68の13④）
	③	中小連結法人が特定経営力向上設備等を取得した場合の法人税額の特別控除額がある場合の連結納税の承認の取消しによる取戻税額（措法68の15の5⑤）
	④	使途秘匿金の支出に対する法人税額（措法68の67①）
	⑤	土地譲渡利益金額に対する法人税額（措法68の68①⑨、68の69①）

(3)　法人税割の課税標準の算定上控除されるもの

法人税割の課税標準を算定する場合において、次に掲げる金額があるときは、これを、法人税割の課税標準となる法人税額又は個別帰属法人税額から控除することとされています。

これらの金額の控除は、まず、控除対象個別帰属調整額及び控除対象個別帰属税額

— 167 —

第2章　住民税

を控除し、次に控除対象還付法人税額及び控除対象個別帰属還付税額を控除すること
となります（地法53⑱、321の8⑱）。

	控除される金額	用　語　の　意　義
①	控除対象個別帰属調整額	連結適用前欠損金額又は連結適用前災害損失欠損金額に法人税の税率を乗じて得たものをいいます。
②	控除対象個別帰属税額	零（個別帰属特別控除取戻税額等がある場合には、その個別帰属特別控除取戻税額等）から調整前個別帰属法人税額を差し引いた額が、零を超える場合に、その超える金額をいいます。
③	控除対象還付法人税額	法人税の欠損金の繰戻しに係る還付法人税額をいいます。
④	控除対象個別帰属還付税額	法人税の連結欠損金の繰戻しに係る還付法人税額のうち当該法人に係るものをいいます。

イ　控除対象個別帰属調整額の控除

　　法人税における連結納税制度においては、連結法人の連結適用前の欠損金額の
連結グループへの持ち込みを制限しており、最初連結事業年度開始の日前10年
（平成30年4月1日前に開始した事業年度の場合は9年）以内に開始した連結親法人
又は特定連結子法人の各事業年度において生じた欠損金額又は災害損失欠損金額
など一定の欠損金のみがその持ち込みができる（損金の額に算入する）こととさ
れています（法法81の9②④参照）。

　　ところで、連結法人の法人住民税法人税割は、単体法人を納税単位として課す
ることとされており、当該連結法人の法人住民税法人税割の課税標準は、単体法
人としての当該連結法人の個別帰属法人税額とされています。そして、この場合、
連結適用前の欠損金額の連結グループへの持ち込みが制限されている連結法人の
個別帰属法人税額は、その連結適用前の欠損金額を損金の額に算入しないで計算
した所得を基にして算定されたものとなります。

　　このため、連結納税によらず、単体法人を納税単位としている法人住民税にお
いて、これらの欠損金額又は災害損失欠損金額について何らかの所要の調整措置
を講じないと、これらの連結法人と連結法人以外の法人との間に税負担の不均衡
が生じることとなります。

　　このようなことから、法人住民税においては、当該損金の額に算入できない連
結適用前の欠損金額又は災害損失欠損金額に当該法人の最初連結事業年度の終了

第2節　法人住民税

の日における法人税の税率（普通法人である連結親法人との間に連結完全支配関係がある連結子法人にあっては平成27年4月1日から平成28年3月31日までの間に開始する連結事業年度の場合は23.9％、平成28年4月1日から平成30年3月31日までの間に開始する連結事業年度の場合は23.4％、平成30年4月1日以後に開始する連結事業年度の場合は23.2％を、協同組合等又は医療法人（租税特別措置法第68条の100第1項の承認を受けている同項に規定する医療法人をいいます。）である連結親法人との間に連結完全支配関係がある連結子法人にあっては20％（平成24年4月1日以後に開始する連結事業年度の場合））を乗じて得た金額（以下**「控除対象個別帰属調整額」**といいます。）を、次のとおり、10年（平成30年4月1日前に開始した事業年度に生じた欠損金の場合は9年）間に限って、法人税割の課税標準となる法人税額又は個別帰属法人税額から控除することとされています（地法53⑤⑥⑧、321の8⑤⑥⑧、地法附則8⑰、地令8の12、8の13、48の11、48の11の2）。

なお、二以上の最初連結事業年度の終了の日がある場合には、当該連結適用前欠損金額又は連結適用前災害損失欠損金額の生じた事業年度後最初連結事業年度の終了の日における法人税の税率となります（地法53⑥、321の8⑥）。

	繰越控除される場合	繰越控除の内容
控除対象個別帰属調整額の控除	次に掲げる法人に当該事業年度又は連結事業年度開始の日前10年（平成30年4月1日前に開始した事業年度に生じた欠損金の場合は9年）以内に開始した事業年度において生じた連結適用前欠損金額又は連結適用前災害損失欠損金額に係る控除対象個別帰属調整額（前頁参照）がある場合 (イ) 法人税の中間申告書（仮決算によるものに限ります。）又は確定申告書を提出する義務がある法人 (ロ) 法人税の連結確定申告書を提出する義務がある連結親法人	法人税割の課税標準となる法人税額又は個別帰属法人税額から、当該法人税額（※1）又は当該個別帰属法人税額（※2）を限度として、控除対象個別帰属調整額を控除します（次頁の留意点を参照）。この場合において、控除対象個別帰属調整額は、前事業年度又は前連結事業年度以前において控除されなかった額に限ります。 ※1　当該法人税額について特別控除取戻税額等（措法42条の6第5項、42条の9第4項又は42条の12の4第5項の規定により加算された金額をいいます。）、使途秘匿金の支出に対する法人税額（措法62条1項）及び土地譲渡利益金額に対する法人税額（措法62条の3第1項・第9項、63条1項）がある場合には、これを控除した額が限度となります。 2　当該個別帰属法人税額について個別帰属特別控除取戻税額等（167頁参照）がある場合には、これを控除した額が限度となります。

| | 又は当該連結親法人との間に連結完全支配関係がある連結子法人（連結申告法人に限ります。） | |

 留意点

控除対象個別帰属調整額の控除については、次のことに留意する必要があります（取扱通知(県)2章53、取扱通知(市)2章56）。

留意事項	留意内容
連結適用前欠損金額及び連結適用前災害損失欠損金額とは	連結適用前欠損金額とは、法人税法第57条第1項の欠損金額のうちこれらの法人の最初連結事業年度の開始の日の前日の属する事業年度以前の事業年度において生じたものをいい、また、連結適用前災害損失欠損金額とは、同法第58条第1項の災害損失欠損金額のうちこれらの法人の最初連結事業年度の開始の日の前日の属する事業年度以前の事業年度において生じたものをいいます（地法53⑤、321の8⑤）。ただし、これらの欠損金額には、法人税法第81条の9第1項に規定する連結欠損金の繰越しにおいて同条第2項の規定により連結欠損金額とみなされ連結所得の計算上損金の額に算入されたもの及び被合併法人等の合併等の日の前に生じた欠損金額で同条第4項の規定により連結所得の計算上損金の額に算入されたものは、含まれないとされています（地法53⑤カッコ書、321の8⑤カッコ書）。 なお、控除対象個別帰属調整額の算定の基礎となる欠損金額には、法人税法第57条第2項の規定により欠損金額とみなされたもの（最初連結事業年度の開始の日後に同法に規定する適格合併又は法人との間に完全支配関係がある他の法人の残余財産が確定（以下「適格合併等」といいます。）した場合の欠損金額を除きます。）及び同条第6項の規定により欠損金額とみなされたものを含み、同条第4項又は第5項の規定によりないものとされるものは含まれません。また、災害損失欠損金額には、同法第58条第2項の規定により災害損失欠損金額とみなされたもの（最初連結事業年度の開始の日後に適格合併等が行われた場合の災害損失欠損金額を除きます。）を含み、同条第3項の規定によりないものとされたものは含まれません。

第2節　法人住民税

被合併法人等が有する控除未済個別帰属調整額の合併法人等への引継ぎ	適格合併等が行われた場合において、被合併法人又は残余財産が確定した法人（以下「被合併法人等」といいます。）の当該適格合併の日前10年（平成30年4月1日前に開始した事業年度に生じた欠損金の場合は9年）以内に開始した事業年度又は当該残余財産の確定の日の翌日前10年（平成30年4月1日前に開始した事業年度に生じた欠損金の場合は9年）以内に開始した事業年度において生じた連結適用前欠損金額又は連結適用前災害損失欠損金額に係る控除対象個別帰属調整額のうち被合併法人等において繰越控除されなかった控除未済個別帰属調整額があるときは、当該控除未済個別帰属調整額は、合併法人等（合併法人又は残余財産が確定した法人の株主である法人）に引き継がれ、合併法人等の法人税割の課税標準である法人税額又は個別帰属法人税額から繰越控除することとされています（地法53⑦、321の8⑦）。
控除対象個別帰属調整額の控除要件	控除対象個別帰属調整額は、法人の最初連結事業年度において法人税法第81条の9第1項に規定する連結欠損金の繰越しにおいて同条第2項の規定により連結欠損金額とみなされたものでないことを証する書類を添付した法人住民税の確定申告書を提出し、かつ、その後連続して法人住民税の確定申告書を提出している場合に限り、法人税割の課税標準となる法人税額又は個別帰属法人税額から控除することとされています。なお、2以上の最初連結事業年度がある場合は、それぞれの連結適用前欠損金額又は連結適用前災害損失欠損金額が生じた事業年度後最初の最初連結事業年度においてのみ法人税法第81条の9第2項の適用がないことを証する書類を法人住民税の確定申告書に添付することとなります（地法53⑧、321の8⑧）。
法人税法第81条の9第2項の適用がないことを証する書類	当該書類として確定申告書に添付するものには、連結親法人が最初連結事業年度において国の税務官署に提出する法人税の明細書（別表7の2付表1）の写し、連結親法人の設立後に連結子法人が設立されたことを確認することができる書類等が考えられます。 　なお、当該法人税の明細書の写しにより法人税法第81条の9第2項の適用がないことを判定する場合には、「連結法人名」の欄に当該法人の名称が記載されているかどうかを確認することにより行うこととなります。

ロ　控除対象個別帰属税額の控除

　法人税における連結納税制度の下においては、ある連結事業年度において生じた単体法人の個別欠損金額については、当該事業年度において連結グループ内の

第2章　住民税

他の連結法人の個別所得金額と損益通算されることとなることから、単体法人の所得金額の計算上欠損金の繰越控除による損金の算入はできないとされています（法法81の3①）。

このため、連結納税によらず、単体法人を納税単位としている法人住民税法人税割において、この個別欠損金額について何らかの所要の調整措置を講じないと、連結法人と連結法人以外の法人との間に税負担の不均衡が生じることとなります。

このようなことから、個別欠損金額があることによって、調整前個別帰属法人税額がマイナスとなった場合、すなわち、**控除対象個別帰属税額**（零（個別帰属特別控除取戻税額等がある場合にあっては、当該個別帰属特別控除取戻税額等）から調整前個別帰属法人税額を差し引いた額で零を超えるものをいいます。以下同じです。）が生じた場合には、次のとおり、当該控除対象個別帰属税額を10年（平成30年4月1日前に開始した連結事業年度に生じた欠損金の場合は9年）間に限って法人税割の課税標準となる法人税額又は個別帰属法人税額から控除することとされています（地法53⑨〜⑪、321の8⑨〜⑪、地令8の17、48の11の6）。

	繰越控除される場合	繰越控除の内容
控除対象個別帰属税額の控除	次に掲げる法人に当該事業年度又は連結事業年度開始の日前10年（平成30年4月1日前に開始した連結事業年度に生じた欠損金の場合は9年）以内に開始した連結事業年度において控除対象個別帰属税額が生じた場合 (イ) 法人税の中間申告書（仮決算によるものに限ります。）又は確定申告書を提出する義務がある法人 (ロ) 法人税の連結確定申告書を提出する義務がある連結親法人又は当該連結親法人との間に連結完全支配関係がある連結子法人（連結申告法人に限ります。）	法人税割の課税標準となる法人税額又は個別帰属法人税額から、当該法人税額（※1）又は当該個別帰属法人税額（※2）を限度として、控除対象個別帰属税額を控除します。この場合において、控除対象個別帰属税額は、前事業年度又は前連結事業年度以前において控除されなかった額に限ります。 ※1　当該法人税額について特別控除取戻税額等（169頁参照）、使途秘匿金の支出に対する法人税額及び土地譲渡利益金額に対する法人税額（169頁参照）がある場合には、これを控除した額が限度となります。 　2　当該個別帰属法人税額について個別帰属特別控除取戻税額等（167頁参照）がある場合には、これを控除した額が限度となります。

第2節　法人住民税

留意点

控除対象個別帰属税額の控除については、次のことに留意する必要があります（取扱通知(県) 2章53の2、取扱通知(市) 2章56の2）。

留意事項	留　意　内　容
被合併法人等が有する控除未済個別帰属税額の合併法人等への引継ぎ	適格合併等（適格合併又は法人との間に完全支配関係がある他の法人の残余財産の確定をいいます。）が行われた場合において、被合併法人等（被合併法人又は残余財産が確定した法人をいいます。以下同じです。）の当該適格合併の日前10年（平成30年4月1日前に開始した連結事業年度に生じた欠損金の場合は9年）以内に開始した連結事業年度又は当該残余財産の確定の日の翌日前10年（平成30年4月1日前に開始した連結事業年度に生じた欠損金の場合は9年）以内に開始した連結事業年度において生じた控除対象個別帰属税額のうち被合併法人等において繰越控除されなかった控除未済個別帰属税額があるときは、当該控除未済個別帰属税額は、合併法人等（合併法人又は残余財産が確定した法人の株主である法人をいいます。以下同じです。）に引き継がれ、合併法人等の法人税割の課税標準である法人税額又は個別帰属法人税額から繰越控除することとされています（地法53⑩、321の8⑩）。
控除対象個別帰属税額の控除要件	控除対象個別帰属税額は、当該控除対象個別帰属税額が生じた連結事業年度以後において連続して法人住民税の確定申告書を提出している場合に限り、法人税割の課税標準となる法人税額又は個別帰属法人税額から控除することとされています（地法53⑪、321の8⑪）。

ハ　控除対象還付法人税額の控除

　法人税においては、欠損金額が生じた場合において、当該欠損金額を基礎として計算される一定の金額については、その欠損金額の生じた事業年度の開始の日前1年以内に開始した事業年度の法人税額から還付を受けることができることとされています（法法80）が、法人住民税においては、法人税におけるような欠損金の繰戻し還付制度は設けられていません。

　そこで、法人住民税においては、法人税について欠損金の繰戻しによる還付を受けた場合には、当該還付金に対応する法人税額について繰越控除することとされています。すなわち、法人住民税においては、連結事業年度以外の事業年度において生じた欠損金額について法人税法第80条の規定により欠損金の繰戻しによ

第2章　住民税

る法人税額の還付を受けた場合においては、次のとおり、当該還付を受けた法人税額（以下「**控除対象還付法人税額**」といいます。）を10年（平成30年4月1日前に開始した事業年度に生じた欠損金の場合は9年）間に限って法人税割の課税標準となる法人税額又は個別帰属法人税額から控除することとされています（地法53⑫、⑭、321の8⑫、⑭、地令8の20、48の11の9）。

　なお、外国法人の控除対象還付法人税額は、平成28年4月1日以後に開始する事業年度から、法人税法第141条第1号イに掲げる国内源泉所得に対する法人税額について還付を受けた場合には当該還付を受けた法人税額（恒久的施設帰属所得に係る控除対象還付法人税額）となり、同号ロに掲げる国内源泉所得に対する法人税額について還付を受けた場合には当該還付を受けた法人税額（恒久的施設非帰属所得に係る控除対象還付法人税額）となりました（地法53⑫二・三、321の8⑫二・三）。

	控除される場合	控除の内容
控除対象還付法人税額の控除	次に掲げる法人に当該事業年度開始の日前10年（平成30年4月1日前に開始した事業年度に生じた欠損金の場合は9年）以内に開始した事業年度（法人税法第80条第5項又は第144条の13第11項に規定する中間期間を含みます。）又は連結事業年度開始の日前10年（平成30年4月1日前に開始した連結事業年度に生じた欠損金の場合は9年）以内に開始した事業年度（法人税法第80条第5項又は第144条の13第11項に規定する中間期間を含みます。）において生じた欠損金額につき法人税において欠損金の繰戻しによる還付を受けたために控除対象還付法人税額がある場合 (イ)　法人税の中間申告書（仮決算によるものに限ります。）又は確定申告書を提出する義務がある法人 (ロ)　法人税の連結確定申告書を	法人税割の課税標準となる法人税額又は個別帰属法人税額から、当該法人税額（※1）又は当該個別帰属法人税額（※2）を限度として、控除対象還付法人税額を控除します。この場合において、控除対象還付法人税額は、前事業年度又は前連結事業年度以前において控除されなかった額に限ります。 ※1　当該法人税額について特別控除取戻税額等（169頁参照）、使途秘匿金の支出に対する法人税額及び土地譲渡利益金額に対する法人税額（169頁参照）がある場合には、これを控除した額が限度となります。 2　当該個別帰属法人税額について個別帰属特別控除取戻税額等（167頁参照）がある場合には、これを控除した額が限度となります。

	提出する義務がある連結親法人又は当該連結親法人との間に連結完全支配関係がある連結子法人（連結申告法人に限ります。）

(注) 欠損金の繰戻しによる還付について定めている法人税法第80条第1項の規定は、平成4年4月1日から令和4年3月31日までの間に終了する各事業年度において生じた欠損金額（法人税法第80条第4項に規定するものを除きます。）については、適用しないこととされています（措法66の12）。

ただし、次に掲げる法人の平成21年2月1日以後に終了する事業年度において生じた欠損金額については、上記にかかわらず、法人税法第80条第1項の規定を適用することとされています（同条）。
- イ 普通法人（投資信託及び投資法人に関する法律に規定する投資法人及び資産の流動化に関する法律に規定する特定目的会社を除きます。）のうち、当該事業年度終了の時において資本金の額若しくは出資金の額が1億円以下であるもの（資本金の額又は出資金の額が5億円以上である法人との間に当該法人による完全支配関係がある普通法人等を除きます。）又は資本若しくは出資を有しないもの（保険業法に規定する相互会社及び同法第2条第10項に規定する外国相互会社を除きます。）
- ロ 公益法人等若しくは協同組合等又は人格のない社団等

留意点

控除対象還付法人税額の繰越控除については、次のことに留意する必要があります（取扱通知(県)2章53の3、取扱通知(市)2章56の3）。

留意事項	留意内容
被合併法人等が有する控除未済還付法人税額の合併法人等への引継ぎ	適格合併等（適格合併又は法人との間に完全支配関係がある他の法人の残余財産の確定をいいます。）が行われた場合において、被合併法人等（被合併法人又は残余財産が確定した法人をいいます。）の当該適格合併の日前10年（平成30年4月1日前に開始した事業年度に生じた欠損金の場合は9年）以内に開始し、又は当該残余財産の確定の日の翌日前10年（平成30年4月1日前に開始した事業年度に生じた欠損金の場合は9年）以内に開始した事業年度（法人税法第80条第5項又は第144条の13第11項に規定する中間期間を含みます。）に係る控除対象還付法人税額のうち被合併法人等において繰越控除されなかった控除未済還付法人税額があるときは、当該控除未済還付法人税額は、合併法人等（合併法人又は残余財産が確定した法人の株主である法人をいいます。以下同じです。）に引き継がれ、合併法人等の法人税割の課税標準である法人税額又は個別帰属法人税額から繰越控除することと

	されています（地法53⑬、321の8⑬）。
控除対象還付法人税額の控除要件	控除対象還付法人税額の控除は、当該控除対象還付法人税額の計算の基礎となった欠損金額に係る事業年度以後において連続して法人住民税の確定申告書を提出している場合に限り、法人税割の課税標準となる法人税額又は個別帰属法人税額から控除することとされています（地法53⑭、321の8⑭）。

二　控除対象個別帰属還付税額の控除

　　連結事業年度において生じた連結欠損金額について法人税法第81条の31の規定により連結欠損金の繰戻しによる還付を受ける金額のうち当該法人に係る金額（以下「**控除対象個別帰属還付税額**」といいます。）がある場合においては、次のとおり、当該控除対象個別帰属還付税額を10年（平成30年4月1日前に開始した連結事業年度に生じた欠損金の場合は9年）間に限って法人税割の課税標準となる法人税額又は個別帰属法人税額から控除することとされています（地法53⑮⑰、321の8⑮⑰、地令8の23、48の11の12）。

　　これは、法人住民税において、法人税におけるような欠損金の繰戻し還付制度が設けられていないことによる調整措置です。

	控除される場合	控除の内容
控除対象個別帰属還付税額の控除	次に掲げる法人に当該事業年度又は連結事業年度開始の日前10年（平成30年4月1日前に開始した連結事業年度に生じた欠損金の場合は9年）以内に開始した連結事業年度（法人税法第81条の31第5項に規定する中間期間を含みます。）において生じた連結欠損金額につき法人税において連結欠損金の繰戻しによる還付を受けたために控除対象個別帰属還付税額（※）がある場合 (イ)　法人税の中間申告書（仮決算によるものに限ります。）を提出する義務がある法人又は法人税の確定申告書を提出する義務がある法人 (ロ)　法人税の連結確定申告書を	法人税割の課税標準となる法人税額又は個別帰属法人税額から、当該法人税額（※1）又は当該個別帰属法人税額（※2）を限度として、控除対象個別帰属還付税額を控除します。この場合において、控除対象個別帰属還付税額は、前事業年度又は前連結事業年度以前において控除されなかった額に限ります。 ※1　当該法人税額について特別控除取戻税額等（169頁参照）、使途秘匿金の支出に対する法人税額及び土地譲渡利益金額に対する法人税額（169頁参照）がある場合には、これらの額を控除した額が限度となります。 2　当該個別帰属法人税額について個別帰属特別控除取戻税額等（167頁参照）がある場合には、

— 176 —

第2節　法人住民税

<table>
<tr><td>提出する義務がある連結親法人又は当該連結親法人との間に連結完全支配関係がある連結子法人（連結申告法人に限ります。）
※　連結欠損金の繰戻しによる還付を受けるべき金額に、連結欠損金個別帰属額の合計額のうちに当該連結法人の当該連結欠損金個別帰属額の占める割合を乗じて計算した金額です（法令155の46）。</td><td>これを控除した額が限度となります。</td></tr>
</table>

(注)　連結欠損金の繰戻しによる還付について定めている法人税法第81条の31第1項の規定は、平成14年4月1日から令和4年3月31日までの間に終了する各連結事業年度において生じた連結欠損金額（同条第3項に規定するものを除きます。）については、適用しないこととされています（措法68の97）。

　　　ただし、次に掲げる連結親法人の平成21年2月1日以後に終了する連結事業年度において生じた連結欠損金額については、上記にかかわらず、法人税法第81条の31第1項の規定を適用することとされています（同条）。

　　イ　普通法人である連結親法人のうち、当該連結事業年度終了の時において資本金の額若しくは出資金の額が1億円以下であるもの（資本金の額又は出資金の額が5億円以上である法人との間に当該法人による完全支配関係がある普通法人等を除きます。）又は資本若しくは出資を有しないもの（保険業法に規定する相互会社を除きます。）

　　ロ　協同組合等である連結親法人

留意点

　　控除対象個別帰属還付税額の繰越控除については、次のことに留意する必要があります（取扱通知(県)2章53の3、取扱通知(市)2章56の3）。

<table>
<tr><th>留意事項</th><th>留　意　内　容</th></tr>
<tr><td>被合併法人等が有する控除未済個別帰属還付税額の合併法人等への引継ぎ</td><td>適格合併等（適格合併又は法人との間に完全支配関係がある他の法人の残余財産の確定をいいます。）が行われた場合において、被合併法人等（被合併法人又は残余財産が確定した法人をいいます。以下同じです。）の当該適格合併の日前10年（平成30年4月1日前に開始した連結事業年度に生じた欠損金の場合は9年）以内に開始し、又は当該残余財産の確定の日の翌日前10年（平成30年4月1日前に開始した連結事業年度に生じた欠損金の場合は9年）以内に開始した連結事業年度（法人税法第81条の31第5項に規定する中間期間を含みます。）に係る控除対象個別帰属還付税額のうち被合併法人</td></tr>
</table>

第2章　住民税

	等において繰越控除されなかった控除未済個別帰属還付税額があるときは、当該控除未済個別帰属還付税額は、合併法人等（合併法人又は残余財産が確定した法人の株主である法人をいいます。以下同じです。）に引き継がれ、合併法人等の法人税割の課税標準である法人税額又は個別帰属法人税額から繰越控除することとされています（地法53⑯、321の8⑯）。
控除対象個別帰属還付税額の控除要件	控除対象個別帰属還付税額の控除は、当該控除対象個別帰属還付税額の計算の基礎となった連結欠損金額に係る連結事業年度以後において連続して法人住民税の確定申告書を提出している場合に限り、法人税割の課税標準となる法人税額又は個別帰属法人税額から控除することとされています（地法53⑰、321の8⑰）。

2　法人税割の税率

(1)　道府県民税及び市町村民税

　法人税割の税率については、地方税法に標準税率と制限税率が法定されており、都道府県及び市町村は、この標準税率を基準として制限税率の範囲内で条例で定めることとなります。

　ところで、平成26年度の税制改正においては、地方法人課税の偏在性を是正し、地域間の財政力格差の縮小を図るため、法人税割の税率を引き下げ、その引下げ分に相当する地方法人税（国税・219頁参照）を創設することとされ、その法人税割の税率の引下げが平成26年10月1日以後に開始する事業年度から実施することとされました。そして、平成28年度の税制改正においても、同様の趣旨により法人税割の税率が引き下げられることとされましたが、消費税率の引上げ時期の変更に伴う税制上の措置により、引下げ時期が令和元年10月1日以後に開始する事業年度から実施することとされました。

　これにより、法人税割の標準税率及び制限税率は、次のようになります（地法51①、314の4①、平成26年改正地法附則1二、3⑩、10⑩）。

税目の区分	平成26年10月1日から令和元年9月30日までの間に開始する事業年度		令和元年10月1日以後に開始する事業年度	
	標準税率	制限税率	標準税率	制限税率
道府県民税	3.2%	4.2%	1.0%	2.0%
市町村民税	9.7%	12.1%	6.0%	8.4%

　（注）　道府県民税の法人税割については、静岡県以外の都道府県（令和2年4月1日現

－178－

在）が標準税率を超える税率で課税しています。また、市町村民税の法人税割については、全国1,718市町村のうち1,014市町村（資本金の区分等によって不均一課税を実施している市町村を含みます。）（令和2年4月1日現在）が標準税率を超える税率で課税しています。

(2) 都民税

東京都は、特別区の存する区域内においては、道府県民税に相当する税と市町村民税に相当する税との合算額に相当する税を法人都民税として（地法734②二）、また、特別区の区域外の都の区域内においては、道府県民税に相当する税を法人都民税として、それぞれ課することとされています（地法1②）。

したがって、法人都民税の法人税割の標準税率と制限税率は次のとおりとされています（地法51①、734③）。

税率適用区分	平成26年10月1日から令和元年9月30日までの間に開始する事業年度		令和元年10月1日以後に開始する事業年度	
	標準税率	制限税率	標準税率	制限税率
特別区の存する区域内に事務所等を有する法人の当該特別区分に係る都民税	12.9%	16.3%	7.0%	10.4%
都内の市町村に事務所等を有する法人の当該市町村分に係る都民税	3.2%	4.2%	1.0%	2.0%

3 税額控除

法人税割については、次に掲げる税額控除制度が設けられています。

法人税割における税額控除	
①	特定寄附金税額控除（企業版ふるさと納税）
②	控除対象所得税額等相当額又は個別控除対象所得税額等相当額の控除
③	外国税額控除
④	仮装経理に基づく過大申告の場合の更正に伴う法人税割額の控除
⑤	租税条約の実施に係る更正に伴う法人税割額の控除

これらの控除は、まず①を控除し、次に②、③、④及び⑤の順序に控除することとされています（地法53㉜、321の8㉜、地法附則8の2の2⑥⑫）。

(1) 特定寄附金に係る法人税割額の控除（企業版ふるさと納税）

次の左欄の寄附金については、中欄の金額が右欄により控除されます（地法附則8の2の2）。

控除対象寄附金	控　除　額	控除方法
青色申告法人又は連結親法人若しくは連結子法人（連結申告法人に限ります。）が、地域再生法の一部を改正する法律（平成28年法律第30号）の施行の日から令和7年3月31日までの間に地域再生法第8条第1項に規定する認定地方公共団体（以下「認定地方公共団体」といいます。）に対して支出した当該認定地方公共団体が行うまち・ひと・しごと創生寄附活用事業（当該認定地方公共団体が作成した同条第1項に規定する認定地域再生計画に記載されている同法第5条第4項第2号に規定するまち・ひと・しごと創生寄附活用事業をいいます。）に関連する寄附金(注1)（以下「特定寄附金」といいます。)が控除の対象となります。	青色申告法人の寄附金支出事業年度（注2）又は連結親法人若しくは連結子法人（注3）の寄附金支出連結事業年度において支出した特定寄附金の額（法人税の所得又は連結所得の金額の計算上損金の額に算入されるものに限ります。）の合計額（2以上の都道府県又は市町村に事務所又は事業所を有する法人にあっては、合計額を法人税割の課税標準の分割基準である従業者の数により按分して計算した金額）の下欄の割合に相当する金額が控除額となります（以下これを「控除額」といいます。）。 (1) 令和元年9月30日までに開始する事業年度	中欄の控除額は、当該寄附金支出事業年度又は寄附金支出連結事業年度に係る道府県民税若しくは都民税又は市町村民税の確定申告、仮決算に係る中間申告又は修正申告により申告納付すべき法人税割額から控除します。 なお、この控除は、その申告書又は更正請求書にこの控除の対象となる特定寄附金の額、控除を受ける金額及び当該金額の計算に関する明細を記載した書類並びに当該書類に記載された寄附金が特定寄附金に該当することを証する書類の添付がある場合に限り、適用されます。そして、その控除する金額の計算の基礎となる特定寄附金の額は、その申告書に添付された書類に記載された特定寄附金の額を限度とするとされています。

(1) 令和元年9月30日までに開始する事業年度

税目区分	割　合
道府県民税	100分の5
都民税（注4） （特別区分） （市町村分）	 100分の20 100分の5
市町村民税	100分の15

(2) 令和元年10月1日から令和2年3月31日までに開始する事業年度

税目区分	割　合
道府県民税	100分の2.9
都民税（注4） （特別区分） （市町村分）	 100分の20 100分の2.9
市町村民税	100分の17.1

第2節　法人住民税

(3)　令和2年4月1日以後に開始する事業年度

税目区分	割　合
道府県民税	100分の5.7
都民税（注4） （特別区分） （市町村分）	100分の40 100分の5.7
市町村民税	100分の34.3

　この場合において、当該控除額が当該法人税割額（法人税割における税額控除控除を適用しないで計算したもの。）の100分の20に相当する金額を超えるときは、その控除する金額は、当該100分の20に相当する金額となります。

(注)1　その寄附をした者がその寄附によって設けられた設備を専属的に利用することその他特別の利益がその寄附をした者に及ぶと認められる寄附金は除きます。
　　2　当該特定寄附金を支出した日を含む事業年度で解散（合併による解散を除きます。）の日を含む事業年度及び清算中の事業年度を除きます。
　　3　次に掲げる連結連結親法人又は連結子法人については、この控除は適用されません。
　　　イ　連結親法人の解散の日を含む連結事業年度における当該連結親法人
　　　ロ　連結子法人の解散を含む連結事業年度におけるその解散した連結子法人
　　　ハ　清算中の連結子法人
　　4　都民税の特別区分とは、特別区の存する区域内に事務所又は事業所を有する法人の当該特別区分に係る都民税であり、都民税の市町村分とは、都内の市町村に事務所又は事業所を有する法人の当該市町村分に係る都民税です。

(2)　控除対象所得税額等相当額又は個別控除対象所得税額等相当額の控除

イ　外国子会社合算税制等の概要

　内国法人の外国関係会社に係る所得の課税の特例（外国子会社合算税制）は、子会社等を租税回避地（タックス・ヘイブン）に設立し、事業所得を留保するなど、租税負担の不当な軽減を図る事例に対応するための税制です。具体的には、内国法人等が実質的に支配（発行済株式の50%超を直接・間接に所有等）する外国関係会社について、その所得に所要の調整を加えた金額（適用対象金額）のうち内国法人が保有する株式等に対応する部分（課税対象金額）を、内国法人の収益の額とみなす等により内国法人の益金の額に算入して課税するものです（措法66の6、68の90）。

第 2 章　住民税

　　また、外国子会社合算税制に類似の制度として、コーポレート・インバージョ
ン対策税制が設けられています。この制度は、内国法人（A）の株主である内国
法人（B）が、組織再編成等により、軽課税国に所在する外国法人（X）を通じ
て内国法人（A）の株式の80％以上を間接保有することとなった場合には、外国
法人（X）が留保した所得を、株主である内国法人（B）の持分割合に応じて、
当該内国法人（B）の所得に合算して課税するものです（措法66の 9 の 2 、68の
93の 2 ）。

　　ロ　控除対象所得税額等相当額又は個別控除対象所得税額等相当額の控除の仕組み

　　控除対象所得税額等相当額の控除とは、親会社が外国子会社合算税制等の適用
を受ける場合には、外国子会社に課される我が国の法人税、地方法人税、所得税、
復興特別所得税及び法人住民税の合計額のうち、外国関係会社の課税対象金額、
部分課税対象金額又は金融子会社等部分課税対象金額に対応する部分の金額（控
除対象所得税額等相当額）を控除します。

　　控除対象所得税額等相当額については、まず法人税から控除し、法人税から控
除しきれなかった金額を地方法人税で、地方法人税で控除しきれなかった金額を
法人道府県民税法人税割で、法人道府県民税法人税割で控除しきれなかった金額
を法人市町村民税法人税割で控除します（外国税額控除と同様の枠組み）。

　　外国税額控除は、控除限度額が設けられており、当期の控除限度超過額や控除
余裕額の繰越（ 3 年間）が認められているのに対し、控除対象所得税額等相当額
の控除においては、控除限度額自体が設けられないため、繰越の仕組みは設けら
れていません（地法53㉔㉕、321の 8 ㉔㉕）

(3)　外国税額控除

　平成26年度の税制改正において、地方法人税の創設（国税・平成26年10月 1 日以後に
開始する事業年度から実施（219頁参照））に伴い、外国税額控除の適用対象に地方法人
税が加えられています。これにより、法人住民税の外国税額控除は、以下のとおりと、
なります。

　内国法人又は外国法人が、外国にその源泉がある所得について、外国の法令により
法人税若しくは地方法人税又は都道府県民税若しくは市町村民税の法人税割に相当す
る税（外国法人については、平成28年 4 月 1 日以後に開始する事業年度から、法人税法第
138条第 1 項第 1 号に掲げる国内源泉所得につき外国の法令により課されたものとなります。

— 182 —

以下同じです。）（以下「外国法人税額」といいます。）を課された場合は、国際的二重課税を排除する趣旨から、その外国法人税額を、まず国税（法人税及び地方法人税をいいます。以下同じです。）において控除し、国税において控除しきれなかった金額があるときは道府県民税（道府県民税に相当する都民税を含みます。以下同じです。）法人税割額（外国法人については、平成28年4月1日以後に開始する事業年度から、法人税法第141条第1号イに掲げる国内源泉所得（恒久的施設帰属所得）に対する法人税額を課税標準として課する法人税割額となります。以下同じです。）から控除し、さらに控除しきれない額があるときは市町村民税（市町村民税に相当する都民税を含みます。以下同じです。）法人税割額から控除することとされています（地法53㉖、321の8㉖）。

イ　外国法人税額の範囲及び控除対象外国法人税額の範囲

　　法人住民税におけるこれらの外国法人税額の範囲は、次のとおりとされています（地令9の7①③、48の13①③）。

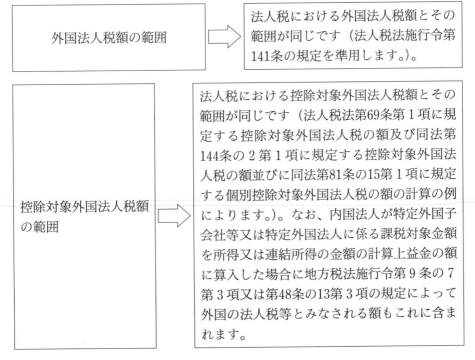

ロ　法人住民税における外国税額控除

　⑴　道府県民税

　　　当該外国法人税額のうち、国税の控除限度額（法人税法第69条第1項の法人税の控除限度額に同法施行令第142条の3の地方法人税の控除限度額を加算した金額又は法人税法第81条の15第1項の法人税の連結控除限度個別帰属額に同法施行令第155

条の30の地方法人税の控除限度個別帰属額を加算した金額をいいます。以下同じです。）を超える額があるときは、道府県民税の控除限度額を限度として、当該超える金額が道府県民税の法人税割額から控除されます（地法53㉖、地令9の7）。

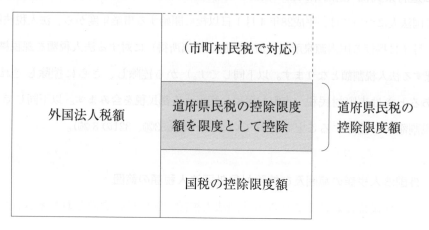

(ロ) 市町村民税

　外国法人税額のうち、国税の控除限度額及び道府県民税の控除限度額の合計額を超える額があるときは、市町村民税の控除限度額を限度として、当該超える金額が市町村民税の法人税割額から控除されます（地法321の8㉖、地令48の13）。

ハ　法人住民税の控除限度額

　法人住民税の控除限度額は、次の(イ)により計算します（地令9の7⑦本文、48の13⑧本文。）。ただし、標準税率を超える税率（いわゆる超過税率）で法人税割を課する都道府県及び市町村に事務所又は事業所を有する法人にあっては、当該法人の選択により、次の(ロ)により計算した額によることができます（地令9の7⑦

ただし書、48の13⑧ただし書)。

(イ)　**標準税率による場合**

(a)　道府県民税

| 法人税の控除限度額 | × | 1 ％（標準税率） |

（注）　法人税の控除限度額とは、法人税法第69条第 1 項に規定する控除限度額
若しくは同法第144条の 2 第 1 項に規定する控除限度額又は同法第81条の15
第 1 項に規定する連結控除限度個別帰属額をいいます。

(b)　市町村民税

| 法人税の控除限度額 | × | 6 ％（標準税率） |

(ロ)　**超過税率による場合**（留意点参照）

| 法人税の控除限度額 | × | 当該法人の法人税割に適用される税率に相当する割合 |

留意点

　二以上の都道府県又は二以上の市町村に事務所又は事業所を有する法人が上記(ロ)
の超過税率方式によることを選択した場合には、当該法人の道府県民税又は市町村民
税の控除限度額は、法人税の控除限度額を当該法人の関係都道府県又は市町村ごとの
従業者の数にあん分して計算した額に当該法人に適用される関係都道府県又は市町村
の法人税割の税率に相当する割合を乗じて計算した額の合計額となります（地令 9 の
7 ⑦ただし書、48の13⑧ただし書、地規 3 の 2 ①、10の 2 の 6 ①)。

　これを、事例（甲株式会社、事業年度（令和元年10月 1 日～令和 2 年 9 月30日）、資本
金の額10億円）に基づき道府県民税及び市町村民税の控除限度額を計算してみると、
次のとおりとなります。

第2章 住民税

税目	都県名又は市名 (事務所等の所在地)	法人税の控除限度額	従業者数 (人)	従業者数であん分した法人税の控除限度額①	適用される法人税割の税率（割合）②	控除限度額（①×②）
道府県民税	神奈川県		30	(0.6億円)	1.8%	(108万円)
	東京都(特別区)		40	(0.8億円)	2%	(160万円)
	東京都(特別区以外)		10	(0.2億円)	2%	(40万円)
	静岡県		20	(0.4億円)	1%	(40万円)
	計	2億円	100	―	―	348万円
市町村民税	神奈川県Ａ市		30	(0.6億円)	7.2%	(432万円)
	東京都Ｂ区		40	(0.8億円)	8.4%	(672万円)
	東京都Ｃ市		10	(0.2億円)	8.4%	(168万円)
	静岡県Ｄ市		20	(0.4億円)	6%	(240万円)
	計	2億円	100	―	―	1,512万円

（注） 道府県民税又は市町村民税の控除限度額は、次の手順により計算します。

1 最初に、法人税の控除限度額を従業者の総数で除して従業者1人当たりの法人税の控除限度額を算出します（当該除して得た額に小数点以下の数値があるときは、従業者数の桁数まで算出し、それ以下の数値は切り捨てます（例えば、従業者の総数が150人の場合は、小数点3位まで算出し、4位以下を切り捨てます））。

2 次に、従業者1人当たりの法人税の控除限度額に関係地方団体の従業者数を乗じて関係地方団体ごとの「従業者数であん分した法人税の控除限度額」を計算します。

3 2によって計算した関係地方団体ごとの額に関係地方団体の税率（割合）を乗じて関係地方団体ごとの控除限度額を計算し、これらの関係地方団体の控除限度額を合計して道府県民税又は市町村民税の控除限度額を算定します。

二 二以上の都道府県又は市町村に事務所又は事業所を有する法人の関係都道府県又は市町村ごとの控除すべき外国法人税額

次により計算した額とされています（地令9の7㉙、48の13㉚、地規3の2①、10の2の6①）。

(イ) 控除限度額の計算を標準税率によることを選択した法人の場合

$$\left[\begin{array}{l}\text{当該控除することができる}\\\text{外国法人税額}\end{array}\right] \times \left[\dfrac{\text{当該都道府県分又は市町村分}\text{の従業者数}}{\text{当該法人の総従業者数}}\right]$$

— 186 —

第2節　法人住民税

㈹　控除限度額の計算を超過税率によることを選択した法人の場合

$$
\left[\begin{array}{l}\text{当該控除することができる}\\\text{外国法人税額}\end{array}\right] \times \left[\dfrac{\begin{array}{l}\text{当該都道府県分又は市町村分の補}\\\text{正した従業者数}\end{array}}{\text{当該法人の補正した総従業者数}}\right]
$$

（注）　補正した従業者＝(従業者の数)×(当該法人に適用される税率÷1％又は6％)

ホ　繰越外国法人税額の外国税額控除

　控除限度超過額（次頁参照）は、3年間の繰越しが認められています。すなわち、当該事業年度又は連結事業年度（以下外国税額控除の項において「事業年度」と略称します。）に控除余裕額（次頁参照）が生じた場合において、前3年以内の控除限度超過額（外国法人税額を法人税の所得又は連結所得の計算上損金の額に算入した事業年度があるときは、当該損金に算入した事業年度以前の事業年度における控除限度超過額は除かれます。）のうち当該事業年度に繰り越された繰越外国法人税額があるときは、当該繰越外国法人税額は、国税、道府県民税又は市町村民税の控除余裕額を限度として、当該事業年度の国税の額、道府県民税額又は市町村民税額から国税、道府県民税及び市町村民税の順に控除することができます（法法69③、地令9の7②、48の13②）。この場合において、繰越外国法人税額は、当該控除限度超過額を最も古い事業年度のものから順次国税の控除余裕額、道府県民税の控除余裕額及び市町村民税の控除余裕額に充てるものとした場合にそれぞれの税の控除余裕額に充てられることとなる当該控除限度超過額とされています（法令145①、地令9の7②、48の13②）。

　これは、当該事業年度において課された外国法人税額のうち当該事業年度において控除しきれなかった部分の金額を3年間繰り越し、その後の事業年度において生じた控除余裕額から控除することができるようにしているものです。

(ｲ) 道府県民税

(例示)

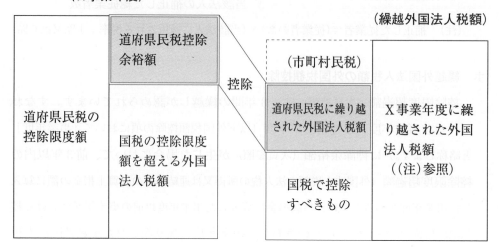

(注) 控除限度超過額とは、次のものをいいます。

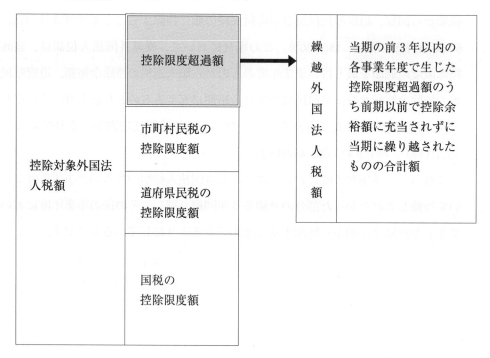

(ロ) 市町村民税

(例示)

(X事業年度)

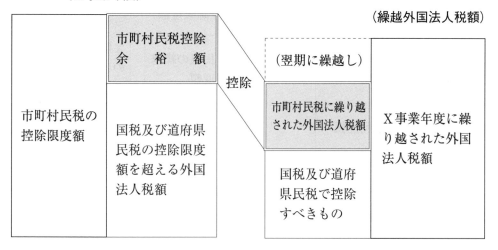

ヘ 繰越控除限度額による外国税額控除

　控除余裕額（次図参照）については、3年間の繰越しが認められています。すなわち、当該事業年度に控除限度超過額が生じた場合において、前3年以内の国税、道府県民税又は市町村民税の控除余裕額（外国法人税額を法人税の所得又は連結所得の計算上損金の額に算入した事業年度があるときは、当該損金に算入した事業年度以前の事業年度における控除余裕額は、除かれます。）のうち当該事業年度に繰り越された国税、道府県民税又は市町村民税の繰越控除限度額があるときは、当該控除限度超過額は、国税、道府県民税又は市町村民税の繰越控除限度額を限度として、当該事業年度の国税の額、道府県民税額又は市町村民税額から、国税、道府県民税及び市町村民税の順に控除することができます（法法69②、地令9の7⑧、48の13⑨）。この場合において、繰越控除限度額は、それぞれの税の控除余裕額を、最も古い事業年度のものから順次に、かつ、同一の事業年度のものについては国税の控除余裕額、道府県民税の控除余裕額及び市町村民税の控除余裕額の順に、当該控除限度超過額に充てられることとなるそれぞれの税の控除余裕額とされています（法令144①、地令9の7⑧、48の13⑨）。

　これは、外国法人税額を控除する当該事業年度の控除限度額が不足する場合に、前3年以内の未使用控除余裕額を当該事業年度の控除限度額に加算することによって当該控除限度超過額を控除することができるようにしているものです。

第2章　住民税

（例示）

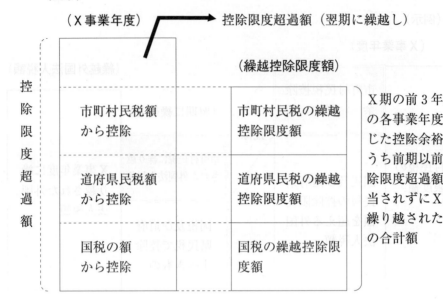

ト　企業組織再編成による控除限度超過額及び控除余裕額の引継ぎ

　　内国法人が適格合併等により被合併法人等から事業の全部又は一部の移転を受けた場合には、当該内国法人の当該適格合併等の日の属する事業年度以後の各事業年度においては、被合併法人等の当該適格合併等の日前3年以内に開始した各事業年度の控除限度超過額及び控除余裕額は、当該内国法人の当該事業年度開始の日前3年以内に開始した各事業年度の控除限度超過額及び控除余裕額とみなし、内国法人に引き継がれます（地令9の7⑨～⑱、48の13⑩～⑲）。

— 190 —

チ　控除未済外国法人税額の繰越し

　　控除することとされた外国法人税額が当該事業年度の法人税割額を超えるときは、この超過額で控除未済外国法人税額は、法人税と異なり、これを還付することなく、3年間に限って繰越控除されます（地令9の7⑳、48の13㉑）。

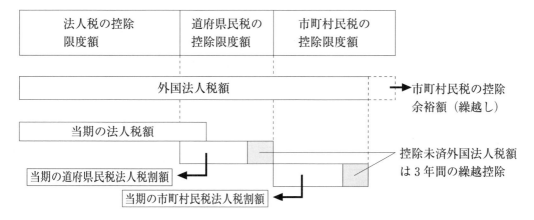

(4)　仮装経理に基づく過大申告の場合の更正に伴う法人税割額の控除

　　次の左欄の仮装経理法人税割額については、右欄によることとされています（地法53㉗㉝～㊲、321の8㉗㉝～㊲）。

仮装経理法人税割額	法人住民税における取扱い
各事業年度又は各連結事業年度の開始の日前に開始した事業年度又は連結事業年度の法人税割額について減額更正をした場合において、当該更正により減少する部分の金額のうち事実を仮装して経理したところに基づくもの（以下「仮装経理法人税割額」（注1）といいます。）	当該仮装経理法人税割額は、当該各事業年度又は当該各連結事業年度（当該更正の日以後に終了する事業年度又は連結事業年度に限ります。）の法人税割額から、還付又は充当すべきこととなった金額（注2）を除き、控除します。

（注）1　仮装経理法人税割額とは、法人税法第135条第1項に規定する仮装経理法人税額（繰戻還付前のもの）に対応する法人税割額をいいます。
　　　2　仮装経理法人税割額の還付又は充当は次の場合について行われます。
　　　　イ　更正の日の属する事業年度開始の日から5年を経過する日の属する事業年度等（法人事業税の項（335頁）の（注1）のイ参照）の申告書の提出期限が到来した場合（地法53㉞、321の8㉞）
　　　　ロ　イの場合において、申告書の提出期限後に当該申告書の提出があった場合又は当該申告書に係る事業年度の法人税割について決定があった場合（地法53㉞、321の8㉞）
　　　　ハ　地方税法第53条第35項又は第321条の8第35項の還付の請求があった場合において、その請求に理由がある場合（地法53㊲、321の8㊲）

第2章　住民税

(5)　租税条約の実施に係る更正に伴う法人税割額の控除

相手国において移転価格税制が行われたことにより法人税において更正が行われた場合において、法人税割について還付すべき金額が生ずるときは、次のとおり、当該租税条約の実施に係る還付すべき金額が法人税割額から控除されます（地法53㉘、321の8㉘）。

ただし、更正の請求があった日の翌日から起算して3月を経過した日以後に更正が行われ場合には、この控除は行われず、当該金額は還付されることとなります（地法53㉘、321の8㉘）。

なお、更正の請求がなく更正が行われたときは、常にこの控除が行われることとなります。

租税条約の実施に係る更正に伴う法人税割額の控除		租税条約の実施に係る還付金額	法人住民税における取扱い
		租税条約等の実施に伴う所得税法、法人税法及び地方税法の特例に関する法律の規定により財務大臣と相手国の権限ある当局との間で租税条約に基づく合意をし、税務署長がその合意に基づいて計算した所得を基礎として法人税の更正を行った場合において、当該更正に係る法人税額に基づいて法人税割額の更正をしたことに伴い還付すべき金額が生ずるとき	当該租税条約の実施に係る還付すべき金額を、当該更正の日の属する事業年度又は連結事業年度開始の日から1年以内に開始する各事業年度又は各連結事業年度の法人税割額（確定申告又は連結確定申告に係る法人税割額に限ります。）から控除します。

(注)　1　移転価格税制とは、我が国の法人と国外関連者との間の国外関連取引に係る対価の額が一般の取引価格と異なることにより、我が国の法人の所得の金額が減少又は増加することとなる場合には、国外関連者との取引を一般の取引価格（独立企業間価格）で行われたものとみなして、各事業年度の所得の金額を計算する制度をいいます（措法66の4）。

2　移転価格税制により法人税において更正が行われた場合において、当該更正に係る連結法人税額に係る個別帰属法人税額に基づいて法人税割額の更正をしたことに伴い、還付することとなる金額が生ずるときは、上記の控除と同様、当該個別帰属法人税額に係る租税条約の実施に係る還付すべき金額を確定申告に係る法人税割額から控除します（地法53㉙、321の8㉙）。

3　法人税額に係る租税条約の実施に係る還付すべき金額又は個別帰属法人税額に係る租税条約の実施に係る還付すべき金額のうちに上記の控除により控除しきれなかった金額があるときは、その控除しきれなかった金額を還付し、又はその控除しきれなかった金額を当該法人の未納に係る地方団体の徴収金に充当することとなります（地法53㉘、321の8㉘）。

第2節　法人住民税

第6　申告納付

　法人住民税の徴収は、申告納付の方法によります。したがって、法人は、その納付すべき法人住民税の課税標準額及び税額を申告し、その申告した税額を納付することとなります。

　なお、二以上の都道府県又は市町村に事務所又は事業所を有する法人の申告納付については、第7「分割法人に係る法人税割額の算定方法」（206頁）を参照してください。

1　中間申告

　各事業年度の所得に対する法人税について中間申告の義務のある法人は、次の(1)又は(2)のいずれかの方法により、また、退職年金等積立金に係る法人税について中間申告の義務のある法人（平成11年4月1日から令和5年3月31日までの間に開始する各事業年度については法人税の課税が停止されています（措法68の5）。）及び連結事業年度が6月を超える連結法人（普通法人に限ります。以下中間申告の項において同じです。）は、次の(1)の方法により、それぞれ中間申告を行うこととなります。

(1)　予定申告

　予定申告法人（法人税の中間申告の義務のある法人でその中間申告を前事業年度の実績に基づいて行うものをいいます。）又は連結事業年度が6月を超える連結法人は、当該法人税の中間申告書の提出期限までに（連結法人にあっては当該連結事業年度開始の日から6月を経過した日から2月以内に）、次により計算した法人税割額、均等割額その他必要な事項を記載した申告書（退職年金等積立金に係る申告書については、当該申告書に係る事業年度については法人税割額のみが課されることとされていますので、均等割額についての記載は不要となります。）を、その法人の事業年度又は連結事業年度開始の日から6月の期間中において有する事務所、事業所又は寮等所在地の道府県知事若しくは都知事又は市町村長に提出し、その申告した道府県民税額若しくは都民税額又は市町村民税額を納付しなければなりません（地法53①前段、②、321の8①前段、②、地令8の6、8の8、48の10、48の10の3）。

— 193 —

第2章　住民税

区　　分	予定申告に係る法人税割額
前事業年度（連結事業年度に該当する期間を除きます。）の法人税割額を基準とする場合	前事業年度分の確定法人税割額 $\times \dfrac{6}{\text{前事業年度の月数}}$ 　ただし、当該法人が二以上の都道府県又は市町村において事務所又は事業所を有するときは、次の算式により計算した金額となります。 関係都道府県又は市町村ごとの前事業年度分の確定法人税割額 $\times \dfrac{6}{\text{前事業年度の月数}}$ ※1　確定法人税割額とは、当該事業年度又は連結事業年度開始の日から6月を経過した日の前日までに前事業年度分として納付した法人税割額及び納付すべきことが確定した法人税割額の合計額をいいます。 　2　これらの確定法人税割額の課税標準となる法人税額のうちに租税特別措置法の規定により加算された次に掲げる金額がある場合には、非分割法人の確定法人税割額は、これらの加算額の合計額に法人税割の税率を乗じて得た額を除いたものとなり、分割法人の確定法人税割額は、{関係都道府県又は市町村の法人税割額×（加算額÷当該法人税割額の課税標準となる法人税額（加算額を含みます。））} によって求めた額を除いたものとなります。 　(イ)　中小企業者等が機械等を取得した場合の法人税額の特別控除額がある場合の連結納税の承認の取消しによる取戻税額（措法42の6⑤） 　(ロ)　沖縄の特定地域において工業用機械等を取得した場合の法人税額の特別控除額がある場合の連結納税の承認の取消しによる取戻税額（措法42の9④） 　(ハ)　中小企業者等が特定経営力向上設備等を取得した場合の法人税額の特別控除額がある場合の連結納税の承認の取消しによる取戻税額（措法42の12の4⑤） 　(ニ)　使途秘匿金の支出に対する法人税額（措法62①） 　(ホ)　土地譲渡利益金額に対する法人税額（措法62の3①、⑨、63①） 　3　月数は、暦に従い計算し、1月に満たない端数を生じたときは、1月とします。
前連結事業年度の法人税割額を基準とする場合	前連結事業年度分の確定法人税割額 $\times \dfrac{6}{\text{前連結事業年度の月数}}$ 　ただし、当該法人が二以上の都道府県又は市町村において事務所又は事業所を有するときは、次の算式により計算した金額

— 194 —

第2節　法人住民税

となります。

$$\text{関係都道府県又は市町村ごとの前連結事業年度分の確定法人税割額} \times \frac{6}{\text{前連結事業年度の月数}}$$

※1　確定法人税割額とは、当該連結事業年度又は事業年度開始の日から6月を経過した日の前日までに前連結事業年度分として納付した法人税割額及び納付すべきことが確定した法人税割額の合計額をいいます。

2　確定法人税割額の課税標準となる個別帰属法人税額のうちに個別帰属特別控除取戻税額等（167頁参照）がある場合には、非分割法人の確定法人税割額は、個別帰属特別控除取戻税額等に法人税割の税率を乗じて得た額を除いたものとなり、分割法人の確定法人税割額は、｛関係都道府県又は市町村の法人税割額×（個別帰属特別控除取戻税額等÷当該法人税割額の課税標準となる個別帰属法人税額（個別帰属特別控除取戻税額等を含みます。））｝によって求めた額を除いたものとなります。

3　月数は、暦に従い計算し、1月に満たない端数を生じたときは、1月とします。

留意点1

適格合併（法人を設立するものを除きます。）により存続した予定申告法人（合併法人）の前事業年度中又は当該事業年度開始の日から6月を経過した日の前日までの期間内にその適格合併がなされた場合には、当該合併法人の予定申告により納付すべき法人税割額は、次により計算します（地令8の6②④、48の10、地令附則5の3）。

イ　当該合併法人の前事業年度中に適格合併が行われた場合

前事業年度中に適格合併が行われた場合の予定法人税割額

$$\frac{\text{合併法人の前事業年度の確定法人税割額}}{\text{合併法人の前事業年度の月数}} \times 6 + \frac{\text{被合併法人の確定法人税割額（A）}}{\text{（A）の計算の基礎となった算定期間の月数}} \times \frac{\text{合併法人の前事業年度の開始の日から合併の日の前日までの月数}}{\text{合併法人の前事業年度の月数}} \times 6$$

※1　（A）の確定法人税割額は、当該合併法人の当該事業年度開始の日の1年前の日以後に終了した被合併法人の各事業年度又は各連結事業年度の法人税割額として当該合併法人の当該事業年度開始の日以後6月を経過した日の前日までに

第2章　住民税

確定したもので、その計算の基礎となった各事業年度又は各連結事業年度（その月数が6月に満たないものを除きます。）のうち最も新しい事業年度又は連結事業年度に係る法人税割額（租税特別措置法第42条の6第5項の規定等により加算された金額又は個別帰属特別控除取戻税額等に係る法人税割額を除きます（194頁参照）。次の□において同じです。）をいいます（次の□において同じです。）。

2　合併法人又は被合併法人が二以上の都道府県又は市町村において事務所等を有するものであるときは、これらの法人の確定法人税割額は、関係都道府県又は市町村ごとの確定法人税割額となります（次の□において同じです。）。

3　月数は、暦に従い計算し、1月に満たない端数を生じたときは、1月とします（次の□において同じです。）。

□　当該合併法人の当該事業年度開始の日から6月を経過した日の前日までの期間内に適格合併が行われた場合

事業年度開始の日から6月の期間内に適格合併が行われた場合の予定法人税割額

$$\left(\frac{\text{合併法人の前事業年度の確定法人税割額}}{\text{合併法人の前事業年度の月数}}\times 6\right) + \left(\begin{array}{c}\text{被合併法人の確定}\\ \text{法人税割額（A）}\\ \text{（A）の計算の基}\\ \text{礎となった算定期}\\ \text{間の月数}\end{array}\times\begin{array}{c}\text{6月の期間内の}\\ \text{うち合併の日以}\\ \text{後の期間の月数}\end{array}\right)$$

留意点2

適格合併（法人を設立するものに限ります。）により設立された予定申告法人のその設立後最初の事業年度に係る予定申告により納付すべき法人税割額は、次により計算します（地令8の6③④、48の10）。

適格合併の設立最初の事業年度に係る予定法人税割額

$$\left(\text{被合併法人の前事業年度の確定法人税割額}\times\frac{6}{\text{前事業年度の月数}}\right) + \left(\text{被合併法人の前事業年度の確定法人税割額}\times\frac{6}{\text{前事業年度の月数}}\right)$$

※1　確定法人税割額の意義は、留意点1の場合と同様です。

2　被合併法人が二以上の都道府県又は市町村において事務所又は事業所を有するものであるときは、被合併法人の確定法人税割額は、関係都道府県又は市町村ごとの被合併法人の確定法人税割額となります。

3　月数は、暦に従い計算し、1月に満たない端数を生じたときは、1月とします。

— 196 —

第2節　法人住民税

⑵　仮決算による中間申告

　法人住民税における仮決算による中間申告は、次のとおりとされています（地法53
①前段、321の8①前段）。

仮 決 算 に よ る 中 間 申 告	
法人税法第71条第1項（同法第145条において準用する場合を含みます。以下同じです。）の規定によって法人税の中間申告の義務のある法人で同法第72条第1項の規定によって仮決算による法人税の中間申告書を提出するもの	当該法人は、法人税の中間申告書の提出期限までに、その申告書に係る法人税額、これを課税標準として算定した法人税割額、均等割額、その他必要な事項を記載した申告書をその法人の事業年度開始の日から6月の期間中において有する事務所、事業所又は寮等所在地の都道府県知事又は市町村長に提出し、その申告した法人住民税額を納付しなければなりません。

　（注）　法人税においては、前事業年度の法人税額を基礎として計算した中間申告すべき
　　　金額が10万円以下若しくはその金額がない場合又は仮決算により計算した中間申告
　　　すべき金額が、前年実績により計算した中間申告すべき金額を超える場合には、仮
　　　決算による中間申告をすることができないとされています（法法72ただし書）。

⑶　みなす申告

　法人住民税においては、中間申告について次のようなみなす申告制度が設けられて
います（地法53①後段、53③、321の8①後段、321の8③、地令8の7、48の10の2）。

み な す 申 告	
法人税の中間申告（退職年金等積立金に係るものを除きます。）の義務のある法人又は連結法人（⑷に該当する法人を除きます。）が、その中間申告書を提出すべき期間内に申告納付をしなかった場合	当該期間を経過した時において事務所、事業所又は寮等所在地の道府県知事、市町村長又は都知事に対し、上記⑴の前事業年度の実績によって計算した法人税割額及び均等割額を記載した予定申告書の提出があったものとみなされます。この場合において、当該法人は、当該申告納付すべき期限内に、その提出があったものとみなされる申告書に係る道府県民税、市町村民税又は都民税を事務所、事業所又は寮等所在の道府県、市町村又は都に納付しなければなりません。

⑷　中間申告が免除される法人

イ　連結法人以外の法人

　　法人税において中間申告を要しないとされる次に掲げる法人は、法人住民税に
おいても中間申告を要しないとされています（地法53①前段、321の8①前段）。

— 197 —

第2章　住民税

中間申告が免除される法人	
①	法人税法第71条第1項ただし書の規定により中間申告を要しないとされる法人（次により計算した金額が10万円以下である法人又は当該金額がない法人が該当します。） 前事業年度分の確定法人税額　×　$\dfrac{6}{\text{前事業年度の月数}}$ ※　確定法人税額とは、前事業年度の確定申告書に記載すべき法人税法第74条第1項第2号に掲げる金額で当該事業年度開始の日以後6月を経過した日の前日までに確定したもの（当該金額のうちに特別控除取戻税額等、使途秘匿金の支出に対する法人税額又は土地譲渡利益金額に対する法人税額が含まれているときは、これを控除した金額）となります。
②	法人税法第71条第1項本文又は同法第145条の規定により中間申告を要しないとされる法人（協同組合等、公益法人等、人格のない社団等、清算中の法人などが該当します。）
③	法人税法第71条の2の規定により中間申告を要しないとされる法人（国税通則法第11条（災害等による期限の延長）の規定による申告に関する期限の延長により、内国法人である普通法人の中間申告書の提出期限と当該中間申告書に係る事業年度の法人税法第74条第1項（確定申告）の規定による申告書の提出期限とが同一の日となる場合です。）

　また、法人税の中間申告の義務のある法人でその事業年度開始の日から6月の期間中においてその都道府県又は市町村に寮等のみを有するものは、その都道府県又は市町村に対して、当該期間に係る均等割額についての申告納付を要しないとされています（地法53㊴、321の8㊴）。

ロ　連結法人

　次に掲げる場合には、中間申告を要しないとされています（地法53②ただし書、321の8②ただし書、地令8の9、8の10、48の10の4、48の10の5）。

　また、中間申告の義務のある連結法人でその連結事業年度開始の日から6月の期間中においてその都道府県又は市町村に寮等のみを有するものは、その都道府県又は市町村に対して、当該期間に係る均等割額についての申告納付を要しないとされています（地法53㊴、321の8㊴）。

連結法人が中間申告を要しない場合	
①	連結法人の次により計算した金額が10万円以下又は当該金額がない場合（②に該当する場合を除きます。） 前連結事業年度分の 確定連結法人税個別　×　$\dfrac{6}{\text{前連結事業年度の月数}}$ 帰属支払額

－198－

第2節　法人住民税

	※1　確定連結法人税個別帰属支払額とは、前連結事業年度の連結法人税個別帰属支払額で当該連結事業年度開始の日から6月を経過した日の前日までに確定した当該前連結事業年度の連結確定申告書に記載すべき法人税法第81条の22第1項第2号に掲げる金額に係るもの（当該金額のうちに特別控除取戻税額等、使途秘匿金の支出に対する法人税額又は土地譲渡利益金額に対する法人税額で当該連結法人に帰せられるものが含まれているときは、これを控除した金額となります。）をいいます。 　　　2　連結法人税個別帰属支払額とは、各連結事業年度の連結所得に対する法人税の負担額として支出すべき金額として法人税法第81条の18《連結法人税の個別帰属額の計算》第1項の規定により計算される金額をいいます（法法71①一）。
②	当該連結事業年度の前事業年度の期間が連結事業年度に該当しない連結法人の次により計算した金額が10万円以下又は当該金額がない場合 $$\text{前事業年度分の確定法人税額} \times \frac{6}{\text{前事業年度の月数}}$$ ※　確定法人税額とは、当該連結事業年度の前事業年度の確定申告書に記載すべき法人税法第74条第1項第2号に掲げる法人税額で当該連結事業年度開始の日から6月を経過した日の前日までに確定したもの（当該金額のうちに特別控除取戻税額等、使途秘匿金の支出に対する法人税額又は土地譲渡利益金額に対する法人税額が含まれているときは、これを控除した金額となります。）をいいます。

2　確定申告

(1)　連結法人以外の法人

　連結法人以外の法人の法人住民税の確定申告は、次のとおりとされています（地法53①、321の8①）。

	申告すべき法人	申告納付額	申告納付期限	申告すべき団体
連結法人以外の法人の確定申告	イ　法人税法第74条第1項又は同法第145条の規定によって法人税の確定申告書を提出する義務のある法人 ロ　法人税法第89条又は同法第145条の12の規定によって法人	（申告税額） 当該法人税の確定申告書に係る法人税額を課税標準として算定した法人税割額及び均等割額（当該都道府県又は市町村に寮等のみを有するときは、均等割額）	当該法人税の確定申告書の提出期限	当該法人税額の課税標準の算定期間中において有する事務所、事業所又は寮等所在の都道府県又は市町村

— 199 —

第2章　住民税

	税の退職年金等積立金に係る確定申告書を提出する義務のある法人	※　ロについては均等割は課されないこととされています。 （納付税額） 当該申告税額から既に納付すべきことが確定しているもの（中間納付額）がある場合には、これを控除した額	

(注) 1　平成11年4月1日から令和5年3月31日までの間に開始する各事業年度の退職年金等積立金については、法人税を課さないこととされています（措法68の5）ので、法人税が課税停止されている事業年度については、法人住民税の申告をする必要はありません。

2　法人でない社団又は財団で代表者又は管理人の定めのあるものが、収益事業を行うこととなった場合には、その提出すべき申告書に係る法人税割額と合算して納付すべき均等割額は、収益事業を開始した日の属する月の初日から当該法人税割の課税標準となる法人税額の課税標準の算定期間の末日までの期間に対応するものとなります（取扱通知(県)2章42(1)、取扱通知(市)2章47(2)）。

3　法人税で公益法人等とされるもので地方税法第25条第1項第2号及び第296条第1項第2号に掲げるもの（152頁の下表に掲げられているもの）以外のもの（いわゆる法人住民税において公益法人等扱いとされないもの）が収益事業を開始したときは、4月から当該収益事業を開始した日の属する前月までの期間に対応する均等割額をも、併せて納付することとされています（取扱通知(県)2章42(2)、取扱通知(市)2章47(3)）。

(2)　連結法人

連結法人の法人住民税の確定申告は、次のとおりとされています（地法53④、321の8④）。

	申告すべき法人	申告納付額	申告納付期限	申告すべき団体
連結法人の確定申告	イ　法人税法第81条の22第1項の規定によって法人税の連結確定申告書を提出する義務のある連結親法人 ロ　連結親法人との間に連結完全支配関係がある連結子	（申告税額） 当該法人税の連結確定申告書に係る連結法人税額に係る個別帰属法人税額を課税標準として算定した法人税割額及び均等割額（当該都道府県又は市町村に寮等のみを有するときは、	当該法人税の連結確定申告書の提出期限	当該連結法人税額の課税標準の算定期間（連結事業年度に該当する期間に限ります。）中において有する事務所、事業所又は寮等所在の都道

第2節 法人住民税

	法人（連結申告法人に限ります。）	均等割額） （納付税額） 当該申告税額から既に納付すべきことが確定しているもの（中間納付額）がある場合には、これを控除した額	府県又は市町村

 留意点

　定款等の定めにより、又は特別の事情があることにより、各事業年度終了の日の翌日から2月以内に当該各事業年度の決算についての定時総会が招集されないため、法人税法第75条の2第1項又は同法第81条の24第1項の規定により確定申告書の提出期限が延長されている法人は、その申告納付に当たって、次のことに留意する必要があります。

	留意事項	留意内容
①	連結親法人及び連結子法人の申告期限の延長の処分等の届出	法人税法第81条の24第1項の規定により連結親法人の申告期限が延長された場合には、当該連結子法人の申告期限も同様に延長されることになります。なお、連結親法人及び連結子法人は、次に掲げる場合には、都道府県知事（二以上の都道府県において事務所又は事業所を有する法人にあっては、主たる事務所又は事業所所在地の都道府県知事）にその旨を届け出る必要があります（地法53㊶、地規3の3の2）。 イ　連結親法人の申告期限の延長の処分があった場合 ロ　連結親法人の申告期限の延長の処分が変更又は取り消された場合 ハ　連結親法人が申告期限の延長の処分の適用を受けることをやめた場合 ニ　連結親法人が延長の処分を受けている期間内に法人税法第4条の3第10項の又は第11項の規定により連結納税の承認があったものとみなされた場合
②	申告期限延長法人に係る延滞金	確定申告書の提出の延長を受けている法人又は連結法人及び当該連結子法人は、その延長を受けている課税標準の算定期間でその適用に係るものの所得に対する法人税額又は連結所得に対する連結法人税額に係る個別帰属法人税額を課税標準として算定した法人税割額及びこれと併せて納付すべき均等割額を納付する場合には、当該税額に、当該法人税額又は連結法人税額の課税標準の算定期間の末日の翌日以後2月を経過した日からその延長された法人税の確定申告書の提出期限

第2章　住民税

		までの日数に応じ、年7.3％の割合を乗じて計算した金額に相当する延滞金額を加算して納付しなければならないこととされています（地法65①、327①）。
③	延滞金に係る特例基準割合	②の延滞金を計算する場合において、当分の間、各年の平均貸付割合（当該年の前々年の9月から前年の8月までの各月における短期貸付けの平均利率の合計を12で除して計算した割合として各年の前年の11月30日までに財務大臣が告示する割合に、年0.5％の割合を加算した割合をいいます。以下同じです。）が年7.3％に満たない場合には、その年中においては、当該加算した割合となります（地法附則3の2②）。
④	延滞金の割合が商業手形の基準割引率に連動する場合	②の延滞金を計算する場合において、商業手形の基準割引率が年5.5％を超えて定められている期間内に申告基準日（事業年度終了の日後2月を経過した日の前日をいいます。）の到来する場合の延滞金の割合は、当分の間、次により計算した割合とすることとされています（地法附則3の2の2、地令附則3の2の2）。 $$7.3\% + \frac{（商業手形の基準割引率-5.5\%）}{0.25\%} \times 0.73\%$$ ※　上記により計算した割合が年12.775％の割合を超える場合には、年12.775％とします。
⑤	申告期限延長法人の増額更正に係る延滞金	平成29年1月1日以後に当該法人住民税の納期限が到来する法人住民税に係る延滞金を計算する場合において、増額更正があったとき（当該増額更正に係る法人住民税について期限内申告書又は期限後申告書（以下「当初申告書」といいます。）が提出されており、かつ、当該当初申告書の税額について減額更正（これに類する一定の更正を含みます。）があった後に、当該増額更正が提出されたときに限ります。）は、当該増額更正により納付すべき税額（当該当初申告書に係る税額（還付金に相当する税額を含みます。）に達するまでの部分に限ります。）については、当初申告書の提出により納付すべき税額の納付があった日（その日が各事業年度終了の日後二月を経過した日より前である場合には、同日）から申告書の提出期限までの期間を延滞金の計算の基礎となる期間から控除します（地法65②、327②）。
⑥	申告期限延長法人の修正申告に係る延滞金	平成29年1月1日以後に当該法人住民税の納期限が到来する法人住民税に係る延滞金を計算する場合において、修正申告書の提出があったとき（当該修正申告書に係る法人住民税について期限内申告書又は期限後申告書（以下「当初申告書」といいます。）が提出されており、かつ、当該当初申告書の税額について減額更正（これに類する一定の更正を含みます。）があった後に、当該修正申告書が提出されたときに限

りों।）は、当該修正申告書により納付すべき税額（当該当初申告書に係る税額（還付金に相当する税額を含みます。）に達するまでの部分に限ります。）については、当初申告書の提出により納付すべき税額の納付があった日（その日が各事業年度終了の日後二月を経過した日より前である場合には、同日）から申告書の提出期限までの期間を延滞金の計算の基礎となる期間から控除します（地法65③、327③）。

3 大法人の電子申告の義務化

次の法人が行う法人住民税の申告は、令和2年4月1日以後に開始する事業年度又は課税期間から電子情報処理組織（eLTAX）で提出しなければなりません（地法53㊻、321の8㊷）。

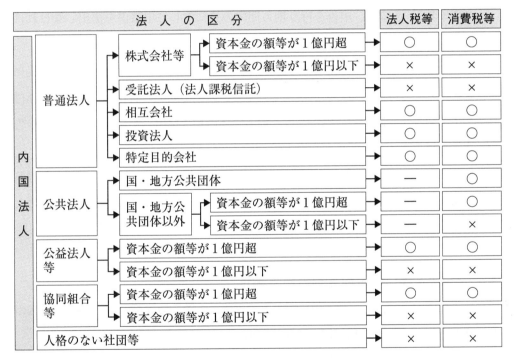

(注) 1 資本金の額等の判定は事業年度開始の日で行います。
　 2 設立根拠法に
　　① その資本金又は出資金自体について規定されているもの
　　② その資本金又は出資金の出資について規定されているもの
　　③ 上記のほか、定款に出資持分に関する定めがあることを前提とした制度が規定されているもの
　　について、資本金の額又は出資金の額が1億円超か否かで対象を判定します。それ以外の法人は一律義務化の対象外です。
　 3 外国法人については電子申告の義務化の対象外です。
　　　（出典：椎谷晃編『令和2年版　図解法人税』（大蔵財務協会2020年）733ページ）

第2章　住民税

加えて、令和元年度改正において、以下の措置が講じられることとなりました。

(1) 申告書の添付書類の提出にあたり、添付書類に記載すべきものとされている事項を記録した光ディスク等を地方団体の長に提出する方法により提供することを可能とする。

(2) 電気通信回線の故障、災害その他の理由により電子情報処理組織（eLTAX）を使用することが困難であると認められる場合

　イ　書面により申告書を提出することができると認められる場合は、地方団体の長の承認を受けて、申告書及び添付書類を書面により提出することができる。ただし、当該承認を受けるためには、書面による申告書及び添付書類の提出をすることができる期間として地方団体の長の指定を受けようとする期間の開始の日の15日前（理由が生じた日が申告書の提出期限の15日前の日以後である場合は、当該期間の開始の日）までに、申告を行う地方団体の長に対して申請書を提出しなければならない。

　ロ　法人税の申告書を書面により提出することについての申請書を所轄税務署長に提出したことを明らかにする書類を、申告書の提出期限の前日又は申告書に添付して当該提出期限までに申告を行う地方団体の長に提出した場合は、同様に申告書及び添付書類を書面により提出することができる。

(3) 総務大臣が、電子情報処理組織（eLTAX）の障害により、申告書の提出が困難であると認めた場合において告示を行ったときは、申告書及び添付書類を書面により提出することを可能とする。

4　公共法人等に係る均等割の申告納付

次に掲げる公共法人等（145頁の（注3）を参照）に係る均等割の申告納付は、次のとおりとされています（地法53⑲、321の8⑲）。

第2節　法人住民税

	申告すべき法人	納付税額	申告納付期限	申告すべき団体
公共法人等の均等割の申告納付	イ　公共法人で均等割の納税義務を負うもの（150頁の（注1）を参照） ロ　公益法人等で収益事業を行わないもの（151頁の（注）を参照）（収益事業を行うこととなった場合の申告納付については、200頁の（注3）を参照）	均等割額	毎年4月30日	前年4月から3月までの期間中において有する事務所、事業所又は寮等所在の都道府県又は市町村

5　期限後申告

　法人住民税の申告書を提出すべき法人は、都道府県知事又は市町村長による更正又は決定の通知があるまでは、その申告書（みなす中間申告書を除きます。）の提出期限後においても、その申告書を提出し、その申告した法人住民税額を納付することができます（地法53㉑、321の8㉑）。

第2章　住民税

第7　分割法人に係る法人税割額の算定方法

　二以上の都道府県に事務所又は事業所（以下「事務所等」といいます。）を有する法人若しくは東京都の特別区と市町村に事務所等を有する法人又は二以上の市町村に事務所等を有する法人（以下「分割法人」といいます。）が道府県民税若しくは都民税又は市町村民税を申告納付（中間申告を前事業年度の実績に基づいて行う法人の予定申告納付を除きます。）する場合においては、当該法人の課税標準となる法人税額又は個別帰属法人税額を事務所等が所在する都道府県又は市町村（以下「関係都道府県又は市町村」といいます。）に分割し、その分割した額（これを「分割課税標準額」といいます。）を課税標準とし、関係都道府県又は市町村ごとに法人税割額を算定して、これに均等割額を加算した額を申告納付することとなります（地法57①、321の13①）。

1　課税標準の分割の方法

　課税標準の分割は、関係都道府県又は市町村ごとに、法人税額の課税標準の算定期間又は連結法人税額の課税標準の算定期間（解散法人が申告納付する法人税割にあっては、法人の解散の日の属する事業年度又は連結事業年度。以下「算定期間」といいます。）中において有する分割法人の事務所等について、当該分割法人の法人税額又は個別帰属法人税額を当該分割法人の従業者の数にあん分して行うこととなります（地法57②、321の13②）。

　この場合、分割課税標準額は、具体的には、次により計算することになります。

$$\left. \begin{array}{l} \text{課税標準となる法人税額又は} \\ \text{個別帰属法人税額の総額（A）} \\ \hline \text{事務所等の従業者の総数（B）} \end{array} \right] \times \left[\begin{array}{l} \text{関係都道府県又は市町村に} \\ \text{所在する事務所等の従業者} \\ \text{の数} \end{array} \right.$$

　（注）　従業者1人当たりの分割課税標準額（（A）を（B）で除して得た額）を算出する場合において、その除して得た数値に小数点以下の数値があるときは、当該小数点以下の数値のうち当該従業者の総数のけた数に1を加えた数に相当する数の位以下の部分の数値を切り捨てます。したがって、例えば、従業者の総数が150人であるときは、小数点第4位以下の数値を切り捨てることとなります。

— 206 —

第2節　法人住民税

（例示）　分割課税標準額の計算

(1)　甲株式会社

(2)　X事業年度（令和X年4月1日から翌年の3月31日）

(3)　X事業年度末現在の資本金等の金額　10億円

(4)　法人税額　301,462,800円

(5)　X事業年度末現在における事務所等の所在地及び従業者数の状況は、次のとおりであり、従業者の総数は161人です。

なお、X事業年度における事務所等の所在月数はいずれの事務所等とも12月であり、従業者数は、X事業年度を通じて変更はありません。

名　称	所在地	従業者数	分割課税標準額	
			道府県民税又は都民税	市町村民税
本社	東京都港区	65人	121,708,000円	－
三鷹支社	三鷹市	11	20,596,000	20,596,000円
札幌営業所	札幌市	23	43,065,000	43,065,000
大阪営業所	大阪市	25	46,810,000	46,810,000
九州営業所	福岡市	16	（福岡県分）69,280,000	29,958,000
	北九州市	21		39,321,000

（注）1　分割課税標準額は、次のように計算することとなります。

（従業者1人当たりの分割課税標準額）

301,462,000円（1,000円未満を切り捨て）÷161人→1,872,434.7826

→1,872,434.782円

東京都（特別区分）1,872,434.782円×65人→121,708,260円→121,708,000円

東京都（市町村分）及び三鷹市

1,872,434.782円×11人→　20,596,782円→　20,596,000円

北海道及び札幌市　1,872,434.782円×23人→　43,065,999円→　43,065,000円

大阪府及び大阪市　1,872,434.782円×25人→　46,810,869円→　46,810,000円

福岡県　　　　　　1,872,434.782円×37人→　69,280,086円→　69,280,000円

福岡市　　　　　　1,872,434.782円×16人→　29,958,956円→　29,958,000円

北九州市　　　　　1,872,434.782円×21人→　39,321,130円→　39,321,000円

2　算出税額は、当該道府県分又は市分の分割課税標準額に当該甲法人に適用される税率を乗じて計算することとなりますが、都民税の算出税額は、次により計算したものとなります。

121,708,000円×10.4%（甲法人に適用される税率）→12,657,632円

20,596,000円×　2%（甲法人に適用される税率）→　411,920円

（計）　　　　　　　　　　　（13,069,500円）

（注）　税率は、令和元年10月1日以後に開始する事業年度に適用される税率

— 207 —

第2章　住民税

2　分割の基準となる従業者の数

　分割基準となる従業者の数及びその従業者の範囲は、次のとおりとされています（地法57②、321の13②、地規3の5）。

　なお、従業者数の算定方法は、法人事業税の場合と同様ですので、法人事業税の項（361頁）を参照して下さい。

	従業者の数	従業者とは
分割基準	当該算定期間の末日現在における従業者の数	事務所等に勤務すべき者で、俸給、給料、賃金、手当、賞与その他これらの性質を有する給与（退職給与金、年金、恩給及びこれらの性質を有する給与は含まれません。）の支払を受けるべき者をいいます。

3　分割基準となる従業者数の修正又は決定

　法人税額の分割基準となる従業者数の修正又は決定は、次により行うこととされています（地法58、321の14）。

分割基準となる従業者数の修正又は決定の方法		
①	当該申告に係る申告書に記載された関係都道府県又は市町村ごとに分割された法人税額又は個別帰属法人税額の分割の基準となる従業者数が事実と異なる場合（課税標準とすべき法人税額又は個別帰属法人税額を分割しなかった場合を含みます。）	当該分割法人の主たる事務所等所在地の都道府県知事又は市町村長がこれを修正します。
②	法人が申告書を提出しなかった場合	当該分割法人の主たる事務所等所在地の都道府県知事又は市町村長が、関係都道府県又は市町村ごとに分割すべき法人税額又は個別帰属法人税額の分割の基準となる従業者数を決定します。
③	①若しくはこの③によって修正した従業者数又は②によって決定した従業者数が事実と異なるとき	当該分割法人の主たる事務所等所在地の都道府県知事又は市町村長がこれを修正します。

— 208 —

第2節　法人住民税

4　関係都道府県知事又は市町村長による従業者数の修正の請求

　関係都道府県知事又は市町村長は、次の左欄の事由についてこれを認めるときは、分割基準である従業者数について、主たる都道府県知事又は市町村長に対し、その修正を請求しなければなりません（地法58④、321の14④）。この場合において、主たる都道府県知事又は市町村長は、右欄によりその請求について処分することとされています（地法58⑤、321の14⑤）。

関係都道府県知事等の請求事由	主たる都道府県知事等の処分
イ　分割法人が提出した申告書に係る分割基準である従業者数が事実と異なること ロ　主たる都道府県知事又は市町村長が修正又は決定した分割基準である従業者数を主たる都道府県知事又は市町村長がさらに修正した場合における従業者数が事実と異なること ハ　課税標準とすべき法人税額又は個別帰属法人税額が分割されていないこと	主たる都道府県知事又は市町村長は、その請求を受けた日から30日以内にその分割された法人税額若しくは個別帰属法人税額又は分割されなかった法人税額若しくは個別帰属法人税額の分割の基準となる従業者数を修正し、又はこれを修正する必要がない旨を決定しなければなりません。

　（注）　関係都道府県知事又は市町村長は、上記の処分について不服がある場合は、次によることとされています（地法59、321の15）。

	総務大臣等に対する申出	総務大臣等の処分等
①	主たる都道府県知事がした処分に不服がある関係都道府県知事は、総務大臣に対し、決定を求める旨を申し出ることができます。	総務大臣は、地方財政審議会の意見を聴いたうえで、その申出を受けた日から30日内に、その決定をしなければなりません。 　なお、その決定について違法があると認める関係都道府県知事は、その決定の通知を受けた日から30日以内に裁判所に出訴することができます。
②	主たる市町村長がした処分に不服がある関係市町村長は、都道府県知事（関係市町村が2以上の都道府県に係るときは、総務大臣）に対し、決定を求める旨を申し出ることができます。	都道府県知事は、その申出を受けた日から30日内に、また、総務大臣は、地方財政審議会の意見を聴いたうえで、その申出を受けた日から30日以内に、その決定をしなければなりません。 　なお、総務大臣がした決定について違法があると認める関係市町村長は、その決定の通知を受けた日から30日以内に裁判所に出訴することができます。
③	②の都道府県知事の決定に不服がある関係市町村長は、その通知を受けた日から30日内に総務大臣に裁決を求める旨を申し出ることができます。	総務大臣は、地方財政審議会の意見を聴いたうえで、その申出を受けた日から60日以内に裁決をしなければなりません。 　なお、その裁決について違法があると認める関係市町村長は、その裁決の通知を受けた日から30日以内に裁判所に出訴することができます。

— 209 —

第2章　住民税

第8　修正申告及び更正の請求

1　修正申告

⑴　一般の修正申告

　次の左欄に掲げる法人は、中欄のいずれかに該当する場合には、次の⑵に該当する場合を除き、遅滞なく、当該申告書を提出し又は当該更正若しくは決定をした都道府県知事又は市町村長に、修正申告書を提出し、その修正申告により増加した税額を納付しなければなりません（地法53㉒、321の8㉒）。

区　分	修正申告をする必要がある場合	備考
道府県民税若しくは都民税又は市町村民税の申告書を提出した法人	イ　当該申告書の提出により納付すべきものとしてこれに記載した税額に不足額があるとき ロ　当該申告書に記載した利子割に係る還付金の額に相当する税額が過大であるとき ハ　当該申告書に納付すべき税額を記載しなかった場合において、その納付すべき税額があるとき	更正の通知のある日までに修正申告ができます。
道府県民税若しくは都民税又は市町村民税について更正又は決定を受けた法人	イ　当該更正又は決定により納付すべきものとして当該更正又は決定に係る通知書に記載された税額に不足額があるとき ロ　当該更正又は決定に係る通知書に記載された利子割に係る還付金の額に相当する税額が過大であるとき ハ　納付すべき税額がない旨の更正を受けた場合において、その納付すべき税額があるとき	再更正の通知のある日までに修正申告ができます。

－ 210 －

第2節　法人住民税

(2)　法人税において修正申告をし又は更正若しくは決定を受けた場合の修正申告

次の左欄に掲げる法人は、中欄に該当する場合には、関係する都道府県知事又は市町村長に、右欄の日までに、修正申告書を提出し、その修正申告により増加した税額を同日までに納付しなければなりません（地法53㉓、321の8㉓）。

区　分	修正申告をする必要がある場合	修正申告期限
法人税について修正申告を行った法人	当該法人が法人税に係る修正申告書を提出したこと（当該法人が連結子法人である場合又は連結子法人であった場合にあっては、当該法人との間に連結完全支配関係がある連結親法人又は連結完全支配関係があった連結親法人が法人税に係る修正申告書を提出したこと）によって、道府県民税若しくは都民税又は市町村民税について納付すべき税額が生じたとき	当該修正申告によって増加した法人税額又は連結法人税額を納付すべき日まで
法人税について更正又は決定を受けた法人	当該法人が法人税に係る更正又は決定の通知を受けたこと（当該法人が連結子法人である場合又は連結子法人であった場合にあっては、当該法人との間に連結完全支配関係がある連結親法人又は連結完全支配関係があった連結親法人が法人税に係る更正又は決定の通知を受けたこと）によって、道府県民税若しくは都民税又は市町村民税について納付すべき税額が生じたとき	当該更正又は決定によって法人税額又は連結法人税額を納付すべき日まで

(3)　修正申告により納付する税額に係る延滞金

修正申告により増加した税額を納付する場合においては、その税額に、当該法人住民税の本来の納期限（納期限の延長があったときは、その延長された納期限）の翌日から当該修正申告に係る税額を納付した日までの期間の日数に応じ、次により計算した延滞金額を加算して納付することとなります（地法64、326）。

第2章　住民税

$$\text{納付税額} \times \frac{14.6\%又は7.3\%}{365日} \times 日数 = 延滞金額$$

※1　延滞金の計算の基礎となる税額に1,000円未満の端数があるとき、又はその税額の全額が2,000円未満であるときは、その端数金額又はその全額を切り捨てます（地法20の4の2②）。

2　延滞金額の確定金額に100円未満の端数があるとき、又はその全額が1,000円未満であるときは、その端数金額又はその全額を切り捨てます（地法20の4の2⑤）。

3　当該修正申告書を提出した日（法人税について修正申告をし、又は更正若しくは決定を受けたことに伴う法人住民税の修正申告でその修正申告書がその提出期限（211頁(2)の提出期限をいいます。）前に提出されたときは、当該修正申告書の提出期限）までの期間又はその期間の末日の翌日から1月を経過する日までの期間については、延滞金の割合は年7.3%となります。

ただし、当分の間、各年の延滞金特例基準割合（平均貸付割合に年1%の割合を加算した割合をいいます。以下同じです。）（201頁の留意点参照）が年7.3%に満たない場合には、その年中においては、年14.6%の割合にあっては当該年における延滞金特例基準割合に年7.3%の割合を加算した割合となり、年7.3%の割合にあっては当該延滞金特例基準割合に年1%の割合を加算した割合（当該加算した割合が年7.3%の割合を超える場合には、年7.3%の割合）となります（地法附則3の2①）。

　なお、修正申告書を提出した場合において、当該法人住民税の申告書を提出した日（当該申告書を提出期限前に提出した場合には当該申告書の提出期限とされています。また、当該申告書を提出期限後に提出した場合には当該申告書を提出した日となります。）の翌日から1年を経過する日後に修正申告書を提出したときは、詐欺その他不正の行為によりその税額を免れた法人が更正があるべきことを予知して修正申告書を提出した場合を除き、その1年を経過する日の翌日から当該修正申告書を提出した日（当該修正申告書がその提出期限（211頁(2)の提出期限をいいます。）前に提出されたときは、その修正申告書の提出期限）までの期間は、延滞金の計算の基礎となる期間から控除されます（地法64②、326②）。

　平成29年1月1日以後に当該法人住民税の納期限が到来する法人住民税に係る延滞金を計算する場合において、修正申告書の提出があったとき（当該修正申告書に係る法人住民税について期限内申告書又は期限後申告書（以下「当初申告書」といいます。）が提出されており、かつ、当該当初申告書の税額について減額更正（これに類する一定の更正を含みます。）があった後に、当該修正申告書が提出されたときに限ります。）は、当該修正申告書により納付すべき税額（当該当初申告書に係る税額（還付金に相当する税額を含みます。）に達するまでの部分に限ります。）については、次に掲げる期間（詐欺その他不正の行為により法人住民税を免れた法人が提出した修正申告書に係る法人住民税等

第2節　法人住民税

にあってはイに掲げる期間に限ります。）を延滞金の計算の基礎となる期間から控除します（地法64③、326③、平成28年改正地法附則3⑪、16⑩）。

イ　当該当初申告書により納付すべき税額の納付があった日（その日が当該申告に係る法人住民税の納期限より前である場合には、当該納付期限）の翌日から当該減額更正の通知をした日までの期間

ロ　当該減額更正の通知をした日（当該減額更正が、更正の請求に基づくもの（法人税に係る更正によるものを除きます。）である場合又は法人税に係る更正（法人税に係る更正の請求に基づくものに限ります。）によるものである場合には、当該減額更正の通知をした日の翌日から起算して1年を経過する日）の翌日から当該修正申告書を提出した日（法人税の修正申告又は更正若しくは決定に基づいて行う義務修正申告により提出された修正申告書がその提出期限前に提出されたときは、当該修正申告書の提出期限）までの期間

2　更正の請求

次の中欄に該当する場合には、右欄の請求期間内に限り、都道府県知事又は市町村長に対し、更正前・更正後の課税標準等・税額等、その更正請求の理由、当該請求をするに至った事情の詳細等（法人税の減額更正に係るものにあっては、このほか国の税務官署が当該更正の通知をした日）を記載した更正の請求書（総務省令第10号の3様式・第10号の4様式）を提出して、道府県民税若しくは都民税又は市町村民税に係る課税標準等又は税額等につき更正の請求をすることができます（地法20の9の3、53の2、321の8の2）。

区　分	更正の請求ができる場合	請求期間
申告期限から5年以内にする更正の請求	申告書に記載した課税標準等若しくは税額等の計算が地方税に関する法令の規定に従っていなかったこと又は申告書に記載した課税標準等又は税額等の計算に誤りがあったことにより、次のいずれかに該当する場合 イ　納付すべき税額が過大であるとき ロ　欠損金額等が過少であるとき、又は申告書若しくは更正通知書に当該金額等の記載がなかったとき ハ　法人税割の中間納付額に係る還付金若しくは利子割に係る還付金の額が過少であるとき、又は申告書若しくは更正通知書に当該額の記	当該申告書の提出期限から5年以内（注）

－213－

第 2 章　住民税

	載がなかったとき	
後発的な事由による更正の請求	次のいずれかに該当する場合（申告書を提出した者については、右欄の期間の満了する日が当該申告書の提出期限から5年を経過した日以後に到来する場合に限ります。） イ　税額等の計算の基礎となる事実と異なる事実が判決により確定したとき	その確定した日の翌日から起算して2月以内
	ロ　納税義務者に帰属するものとされていた所得等が他の者に帰属するものとする更正又は決定があったとき	当該更正又は決定があった日の翌日から起算して2月以内
	ハ　その他イ及びロに類するものでやむを得ない理由（例えば、総務大臣から法令解釈の変更が公表されたことによりその税額等が異なることとなる取扱いを受けることとなったことを知ったこと）があるとき	当該理由が生じた日の翌日から起算して2月以内
法人税において減額の更正を受けた場合の更正の請求	当該申告書に係る法人税割額の計算の基礎となった法人税の額について国の税務官署の更正を受けたこと（当該法人が連結子法人の場合にあっては、当該連結子法人との間に連結完全支配関係がある連結親法人又は連結完全支配関係があった連結親法人が法人税の額について国の税務官署の更正を受けたこと）に伴い当該申告書に係る法人税割額の課税標準となる法人税額若しくは個別帰属法人税額又は法人税割額が過大となる場合	国の税務官署が当該更正の通知をした日から2月以内

（注）　当該5年以内は、平成23年12月2日以後に申告書の提出期限（法定期限）が到来する更正の請求について適用されます（平成23年改正地法（平成23年12月2日法律第115号）附則4）ので、平成23年12月2日前に申告書の提出期限（法定期限）が到来する更正の請求の場合は、5年以内が1年以内となります。

第2節　法人住民税

第9　更正又は決定

都道府県知事又は市町村長は、法人税額若しくは個別帰属法人税額又はこれらを課税標準として算定した法人税割額の申告があった場合において、当該申告に係る法人税額又は当該申告に係る連結法人税額に係る個別帰属法人税額が確定法人税額又は確定個別帰属法人税額（次の1の表参照）と異なる場合等及び当該申告がなされなかった場合においては、これを更正し、又は決定することとされています。

ただし、都道府県知事又は市町村長は、確定法人税額又は確定個別帰属法人税額そのものを独自に計算し、増額又は減額して更正し、又は決定することはできません。

1　更　正

都道府県知事又は市町村長は、道府県民税若しくは都民税又は市町村民税の申告書の提出があった場合において、次のいずれかに該当するときは、これを更正します（地法55①、321の11①）。

	更　正　事　由
①	当該申告に係る法人税額又はこれを課税標準として算定した法人税割額がその調査によって、確定法人税額（法人税に関する法律の規定によって申告し、修正申告し、更正され、又は決定された法人税額をいいます。以下同じです。）又はこれを課税標準として算定すべき法人税割額と異なることを発見したとき
②	当該申告に係る個別帰属法人税額又はこれを課税標準として算定した法人税割額がその調査によって、確定個別帰属法人税額（法人税に関する法律の規定によって申告し、修正申告し、更正され、又は決定された連結法人税額に係る個別帰属法人税額をいいます。以下同じです。）又はこれを課税標準として算定すべき法人税割額と異なることを発見したとき
③	当該申告に係る予定申告に係る法人税割額又は予定申告に係る連結法人の法人税割額の算定につき誤りがあることを発見したとき
④	当該申告に係る確定法人税額又は確定個別帰属法人税額の分割の基準となる従業者数が修正されたとき
⑤	当該申告に係る均等割額がその調査したところと異なることを発見したとき
⑥	当該申告に係る法人税割額から控除されるべき額又は還付すべき額がその調査したところと異なることを発見したとき

－ 215 －

2　決定

　都道府県知事又は市町村長は、法人が道府県民税若しくは都民税又は市町村民税の申告書を提出しなかった場合においては、その調査によって、申告すべき確定法人税額又は確定個別帰属法人税額並びに法人税割額及び均等割額を決定します（地法55②、321の11②）。

3　再更正

　都道府県知事又は市町村長は、道府県民税額若しくは都民税額又は市町村民税額について更正又は決定をした場合において、次に該当するときは、これを再更正します（地法55③、321の11③）。

	再更正の事由
①	当該更正又は決定をした法人税額又は個別帰属法人税額又は法人税割額がその調査によって、確定法人税額又は確定個別帰属法人税額又はこれらを課税標準として算定すべき法人税割額と異なることを発見したとき
②	当該更正又は決定をした均等割額がその調査したところと異なることを発見したとき
③	当該更正又は決定をした法人税割額から控除されるべき額がその調査したところと異なることを発見したとき

4　不足税額及びその延滞金の徴収

(1)　不足税額の徴収

　都道府県又は市町村の徴税吏員は、上記の更正又は決定により納付することとなる不足税額を、次により徴収します（地法56①、321の12①）。

| 更正による不足税額又は決定による税額（利子割に係る還付金の額に相当する税額が過大であったことによる納付すべき額を含みます。） | | 当該更正又は決定の通知をした日から1月を経過した日を納期限として、不足税額を徴収します。 |

第2節　法人住民税

(2)　延滞金の徴収

　不足税額を徴収する場合においては、本来の納期限（納期限の延長があったときは、その延長された納期限）の翌日から納付の日までの期間の日数に応じ、次により計算した延滞金額を加算して徴収することとなります（地法56②、321の12②）。

$$
納付税額 \times \frac{14.6\%又は7.3\%}{365日} \times 日数 = 延滞金額
$$

※　不足税額の納期限までの期間又は当該納期限の翌日から1月を経過する日までの期間については、延滞金の割合は年7.3%となります。

　ただし、当分の間、各年の延滞金特例基準割合（201頁の留意点参照）が年7.3%に満たない場合には、その年中においては、年14.6%の割合にあっては当該年における延滞金特例基準割合に年7.3%の割合を加算した割合となり、年7.3%の割合にあっては当該延滞金特例基準割合に年1%の割合を加算した割合（当該加算した割合が年7.3%の割合を超える場合には、年7.3%の割合）となります（地法附則3の2①）。

　なお、その更正の通知をした日が、当該法人住民税の申告書を提出した日（当該申告書を提出期限前に提出した場合には当該申告書の提出期限とされています。また、当該申告書を提出期限後に提出した場合には当該申告書を提出した日となります。）の翌日から1年を経過する日後であるときは、詐欺その他不正の行為により道府県民税若しくは都民税又は市町村民税を免れた場合を除き、その1年を経過する日の翌日からその通知をした日（法人税に係る修正申告書を提出し、又は法人税に係る更正若しくは決定がされたこと（連結子法人の場合にあっては、当該連結子法人との間に連結完全支配関係がある連結親法人若しくは連結完全支配関係があった連結親法人が法人税に係る修正申告書を提出し、又は法人税に係る更正若しくは決定を受けたこと）による更正に係るものにあっては、法人税の修正申告書を提出した日又は国の税務官署が更正若しくは決定の通知をした日）までの期間は、延滞金の計算の基礎となる期間から控除されます（地法56③、321の12③）。

　平成29年1月1日以後に当該法人住民税の納期限が到来する法人住民税に係る延滞金を計算する場合において、増額更正があったとき（当該増額更正に係る法人住民税について期限内申告書又は期限後申告書（以下「当初申告書」といいます。）が提出されており、かつ、当該当初申告書の税額について減額更正（これに類する一定の更正を含みます。）があった後に、当該増額更正があったときに限ります。）は、当該増額更正により納付すべき税額（当該当初申告書に係る税額（還付金に相当する税額を含みます。）に達するまでの部分に限ります。）については、次に掲げる期間（詐欺その他不正の行為により

第2章　住民税

法人住民税を免れた法人についてされた当該増額更正により納付すべき法人住民税等にあってはイに掲げる期間に限ります。）を延滞金の計算の基礎となる期間から控除します（地法56④、321の12④、平成28年改正法附則3⑪、16⑩）。

イ　当該当初申告書により納付すべき税額の納付があった日（その日が当該申告に係る法人住民税の納期限より前である場合には、当該納付期限）の翌日から当該減額更正の通知をした日までの期間

ロ　当該減額更正の通知をした日（当該減額更正が、更正の請求に基づくもの（法人税に係る更正によるものを除きます。）である場合又は法人税に係る更正（法人税に係る更正の請求に基づくものに限ります。）によるものである場合には、当該減額更正の通知日をした日の翌日から起算して1年を経過する日）の翌日から当該増額更正の通知をした日（法人税に係る修正申告書を提出し、又は法人税に係る更正若しくは決定がされたことによる更正に係るものにあっては、当該修正申告書を提出した日、又は国の税務官署が更正若しくは決定の通知をした日）までの期間

第2節　法人住民税

第10　（参考）地方法人税の概要

　地方税制については、平成26年度の税制改正において、消費税率（国・地方）8％段階において地方法人課税の偏在性を是正し、地域間の財政力格差の縮小を図るため、地方税である法人住民税法人税割の一部を国税化することとし（すなわち、法人住民税法人税割の税率を引き下げ（178頁参照）、その引き下げ分に相当する地方法人税（国税）を創設することとし）、これを地方交付税原資とすることによって地方法人税相当額を地方交付税として地方団体に交付することとされています。

　この地方法人税は、「地方法人税法（平成26年法律第11号）」を新たに制定して創設され、平成26年10月1日以後に開始する事業年度から実施されていますが、この地方法人税の概要は、次のとおりです。

　なお、平成26年度の税制改正においては、比較的税源偏在の小さい地方消費税の税率が平成26年4月1日から引き上げられることや地方法人税の創設による偏在是正措置が講じられたことから、税源偏在是正の暫定措置として創設された地方法人特別税の規模を3分の1縮小し（税率の引下げ）、これを法人事業税に復元（所得割及び収入割の税率の引上げ）することとされ、平成26年10月1日以後に開始する事業年度から実施されています（330頁・384頁参照）。

主要項目	主要項目の内容
納税義務者	法人税を納める義務がある法人は、地方法人税を納める義務を負う。
課税の対象	法人の各事業年度の基準法人税額を課税の対象とする。
基準法人税額	基準法人税額は、次の法人税の額とする。ただし、附帯税の額を除く。 (1)　確定申告書を提出すべき法人 　　各事業年度の所得の金額につき、所得税額控除、外国税額控除及び仮装経理に基づく過大申告の場合の更正に伴う法人税額の控除に関する規定を適用しないで計算した法人税の額 (2)　連結確定申告書を提出すべき連結親法人 　　各連結事業年度の連結所得の金額につき、所得税額控除、外国税額控除及び仮装経理に基づく過大申告の場合の更正に伴う法人税額の控除に関する規定を適用しないで計算した法人税の額 (3)　退職年金等積立金確定申告書を提出すべき法人 　　各事業年度の退職年金等積立金の額に対する法人税の額
課税事業年度	法人の各事業年度を課税事業年度とする。
課税標準	各課税事業年度の課税標準法人税額を課税標準とし、課税標準法人

－ 219 －

第2章　住民税

	税額は、基準法人税額とする。
税額の計算	(1)　地方法人税の額は、各課税事業年度の課税標準法人税額に100分の10.3の税率を乗じて計算した金額とする。 (2)　内国法人が納付する各課税事業年度の控除対象外国法人税の額が法人税の控除限度額を超える場合には、その超える金額を、当該課税事業年度の国外所得に対応する地方法人税の額を限度として、当該課税事業年度の地方法人税の額から控除する。 (3)　内国法人の各課税事業年度において分配時調整外国税相当額がある場合において、分配時調整外国税相当額が、基準法人税額を超えるときは、その超えた金額を、当該課税事業年度の地方法人税の額から控除する。 (4)　内国法人の各課税事業年度開始の日前に開始した課税事業年度の地方法人税につき税務署長が更正をした場合において、当該更正につき仮装経理に基づく過大申告の場合の還付の特例の適用があるときは、当該更正に係る仮装経理地方法人税額は、当該更正の日以後に終了する各課税事業年度の地方法人税の額から控除する。 (5)　(2)、(3)及び(4)による控除は、まず(3)を控除し、次に(2)を控除した後において、(4)を控除する。
申告、納付及び還付	(1)　中間申告 　①　法人税の中間申告書を提出すべき法人は、課税事業年度開始の日以後6月を経過した日から2月以内に、税務署長に対し、地方法人税の中間申告書を提出しなければならない。 　②　地方法人税中間申告書を提出すべき法人がその地方法人税中間申告書を提出しなかった場合には、その法人については、その提出期限において、税務署長に対し地方法人税中間申告書の提出があったものとみなす。 　※　平成27年10月1日以後に開始する課税事業年度の地方法人税の中間申告書について適用される。 (2)　確定申告 　法人は、原則として各課税事業年度の終了の日の翌日から2月以内に、税務署長に対し、当該課税事業年度の課税標準法人税額その他の事項を記載した地方法人税の確定申告書を提出しなければならない。 (3)　納付及び還付 　①　(1)又は(2)の申告書を提出した法人は、これらの申告書の提出期限までに、地方法人税を国に納付しなければならない。 　②　地方法人税中間申告書を提出した法人からその地方法人税中間申告書に係る課税事業年度の地方法人税確定申告書の提出があった場合において、その地方法人税確定申告書に中間納付額で当該課税事業年度の地方法人税の額の計算上控除しきれなかった金額の記載があるときは、税務署長は、当該申告書を提出した法人に対し、当該金額に相当する中間納付額を還付する。 　③　税務署長は、欠損金の繰戻しによる法人税の還付請求書を提出した法人に対して還付所得事業年度又は還付所得連結事業年度に該当する課税事業年度法人税を還付する場合において、当該課税事業年度の確定地方法人税額があるときは、当該法人に対し、当該確定地方法人税額のうち、法人税の還付金の額に

第2節　法人住民税

| | 100分の10.3を乗じて計算した金額に相当する金額を併せて還付する。 |

第3節　森林環境税

　森林は、地球温暖化防止、国土の保全や水源の涵養などの公益的機能を有しており、国民一人一人がその恩恵を受けていますが、近年、森林整備を進めるにあたって、所有者の経営意欲の低下や所有者不明の森林の増加・境界未確定の森林の存在、担い手の不足などが課題となり、手入れの行き届いていない森林の存在が顕在化しています。

　パリ協定の枠組みの下でわが国の温室効果ガス排出削減目標を達成し、大規模な土砂崩れや洪水・浸水といった都市部の住民にも被害が及び得る災害から国民を守るためには、こうした課題に的確に対応し、森林資源の適切な管理を推進することが必要です。

　森林環境税及びこれを譲与財源とする森林環境譲与税は、森林整備が喫緊の課題であることや平成31年4月に施行した森林経営管理法に基づく森林経営管理制度も踏まえ、地方団体が実施する森林整備等に必要な財源を安定的に確保する観点から創設されました。

主要項目	主要項目の内容
納税義務者	森林環境税及び森林環境譲与税に関する法律（以下、この節において「法」という。）の施行地に住所を有する個人に対しては、国が均等の額により森林環境税を課する（法3）。
非課税	生活保護法の規定による生活扶助等を受けている者等に対しては森林環境税を課さない（法4）。
税率	1,000円とする（法5）。
賦課期日	1月1日とする（法6）。
賦課徴収	(1) 住所所在市町村（森林環境税の納税義務者が賦課期日において住所を有する市町村をいう。）が、当該市町村の個人の市町村民税の均等割の賦課徴収の例により、当該市町村の個人の市町村民税の均等割の賦課徴収と併せて行う（法7①）。 (2) 住所を有する市町村は、住民基本台帳法の適用を受ける森林環境税の納税義務者については、当該納税義務者が記録されている住民基本台帳を備える市町村とする（法7②）。
納付等	(1) 森林環境税の納税義務者又は特別徴収義務者は、森林環境税に係る徴収金を住所所在市町村の個人の市町

	村民税に係る地方団体の徴収金の納付又は納入の例により、当該住所所在市町村の個人の市町村民税に係る地方団体の徴収金の納付又は納入と併せて当該住所所在市町村に納付し、又は納入しなければならない（法8①）。 (2) 市町村は、森林環境税に係る徴収金の納付又は納入があった場合には、当該納付又は納入があった月の翌月10日までに、森林環境税に係る徴収金として納付又は納入があった額を当該市町村を包括する都道府県に払い込まなければならない（法附則8）。 (3) 都道府県は、森林環境税に係る徴収金として納付又は納入があった額の市町村からの払込みがあった場合には、当該払込みがあった月の翌月の末日までに、当該払い込まれた額を国に払い込まなければならない（法8②）。
免除	災害により生命、身体又は財産に甚大な被害を受けた者等に対しては、森林環境税を免除する（法11）。
還付等	(1) 市町村は、当該市町村の個人の市町村民税に係る地方団体の徴収金及び当該市町村を包括する都道府県の個人の道府県民税に係る地方団体の徴収金と併せて徴収した森林環境税に係る徴収金に係る過誤納金がある場合には、当該市町村の個人の市町村民税に係る地方団体の徴収金に係る過誤納金の還付の例により、遅滞なく、還付しなければならない（法13①）。 (2) 森林環境税に係る徴収金に係る過誤納金の還付は、個人の市町村民税に係る地方団体の徴収金及び地方税法の規定によりこれと併せて賦課徴収を行う個人の道府県民税に係る地方団体の徴収金に係る過誤納金の還付と併せて行わなければならない（法13③）。
賦課徴収に関する報告等	(1) 市町村長は、都道府県知事を経由して総務大臣に対し、森林環境税額、森林環境税に係る免除及び滞納の状況その他必要な事項を報告するものとする（法18①）。 (2) 総務大臣は、必要があると認める場合には、市町村長又は都道府県知事に対し、当該市町村又は都道府県に係る森林環境税の賦課徴収に関する事項の報告を求めることができる（法18②）。 (3) 総務大臣が市町村長又は都道府県知事に対し、森林環境税、個人の市町村民税及び個人の道府県民税の賦課徴収に関する書類を閲覧し、又は記録することを求めた場合には、市町村長又は都道府県知事は、関係書類を総務大臣又はその指定する職員に閲覧させ、又は

	記録させるものとする（法18③）。
施行期日	令和6年1月1日から施行する（法附則1）。 　なお、それまでの間の森林環境譲与税の譲与財源については、地方公共団体金融機構の公庫債権金利変動準備金で対応することとしている（法附則17等）。

第3章　事業税及び特別法人事業税

第1節　個人事業税

　個人事業税は、個人の行う第1種事業、第2種事業及び第3種事業に対し、事業の所得を課税標準として、事務所又は事業所所在の都道府県において、これらの事業を行う個人に課する都道府県税です。

　個人事業税は、個人の行う事業そのものに課される税であり、個人がその事業活動を行うに当たっては都道府県の各種の行政サービスの提供を受けていることから、これに必要な経費を分担すべきであるという応益的な考え方に基づいて課されるものです。

第1　課税客体

　個人事業税は、地方税法及びこれに基づく政令において、第1種事業、第2種事業及び第3種事業として法定列挙されている事業について課されます（地法72の2③）。

1　第1種事業

　第1種事業は、商工業等のいわゆる営業といわれる種類の事業であって、次の37業種が法定されています（地法72の2⑧、地令10の3）。

1	物品販売業（動植物その他通常物品といわないものの販売業を含みます。）		
2	保険業	3	金銭貸付業
4	物品貸付業（動植物その他通常物品といわないものの貸付業を含みます。）		
5	不動産貸付業		
6	製造業（物品の加工修理業を含みます。）		
7	電気供給業	8	土石採取業
9	電気通信事業（放送事業を含みます。）		
10	運送業		
11	運送取扱業	12	船舶定係場業

13 倉庫業（物品の寄託を受け、これを保管する業を含みます。）	
14 駐車場業	15 請負業
16 印刷業	17 出版業
18 写真業	19 席貸業
20 旅館業	21 料理店業
22 飲食店業	23 周旋業
24 代理業	25 仲立業
26 問屋業	27 両替業
28 公衆浴場業（第3種事業の公衆浴場業を除きます。）	
29 演劇興行業	30 遊技場業
31 遊覧所業	32 商品取引業
33 不動産売買業	34 広告業
35 興信所業	36 案内業
37 冠婚葬祭業	

不動産貸付業及び駐車場業については、次のことについて留意する必要があります。

留意事項	留意内容
不動産貸付業	不動産貸付業とは、継続して、対価の取得を目的として、不動産の貸付け（地上権又は永小作権の設定によるものを含みます。）を行う事業をいいます。 　なお、不動産貸付業に該当するかどうかの認定については、所得税においても、その認定を行うこととされていますので、その取扱いを参考とするとともに、次によることとされています（取扱通知（県）3章2の1（3））。 イ　アパート、貸間等の一戸建住宅以外の住宅の貸付けを行っている場合においては居住の用に供するために独立的に区画された一の部分の数が、一戸建住宅の貸付けを行っている場合においては住宅の棟数が、それぞれ10以上であるものについては、不動産貸付業と認定すべきものであること。 ロ　住宅用土地の貸付けを行っている場合においては、貸付け契約件数（一の契約において二画地以上の土地を貸付けている場合はそれぞれを一件とする。）が10件以上又は貸付総面積が2,000平方メートル以上であるものについては、不動産貸付業と認定すべきものであること。

第1節　個人事業税

	ハ　一戸建住宅とこれ以外の住宅の貸付け又は住宅と住宅用土地の貸付けを併せて行っている場合等については、イ又はロとの均衡を考慮して取り扱うことが適当であること。
駐車場業	駐車場業とは、対価の取得を目的として、自動車の駐車のための場所を提供する事業をいいます。 　なお、建築物である駐車場を除き、駐車台数が10台以上である場合には、駐車場業と認定すべきものとされています（取扱通知(県)3章2の1(6)）。

2　第2種事業

　第2種事業は、いわゆる第1次産業に属するもので、次の3業種が法定されています（地法72の2⑨、地令12）。

　ただし、主として自家労力を用いて行う事業は、課税除外とすることとされています（地法72の2⑨、地令11）。

> 1　畜産業（農業に付随して行うものを除きます。）
> 2　水産業（小規模な水産動植物の採捕の事業を除きます。）
> 3　薪炭製造業（農業を除きます。）

留意点

第2種事業については、次のことに留意する必要があります。

留意事項	留意内容
個人の行う農業の取扱い	農業は、第2種事業として法定されていませんので、個人の行う農業はすべて非課税の取扱いとなります。 　なお、農家が副業として畳表製造、藁工品製造等を行っている場合にあっては、当該副業が主として自家労力によって行われ、かつ、その収入が農業収入の総額の2分の1を超えない程度のものであるときは、当該事業は、非課税の取扱いをすることが適当であるとされています（取扱通知(県)3章2の1(11)）。

主として自家労力を用いて行う事業とは	主として自家労力を用いて行う事業とは、事業を行う者又はその同居の親族の労力によってその事業を行った日数の合計がその事業のその年における延労働日数の2分の1を超える事業をいいます（地令11）。 $$\left[\begin{array}{c}\text{自己又は同居の}\\\text{親族の労働日数}\end{array}\right] > \left[\begin{array}{c}\text{自己又は同居の}\\\text{親族の労働日数}\end{array} + \begin{array}{c}\text{雇用人の}\\\text{労働日数}\end{array}\right] \times 1／2$$ 　なお、自家労力の認定に当たっては、特に次の諸点に注意することとされています（取扱通知(県)3章2の1(10)）。 イ　自家労力による稼働日数の判定は、具体的には極めて困難であるが、その事業形態、収支金額、支出経費の分析等の方法により客観的に判定するように努めること。 ロ　農繁期、盛漁期等に応援の目的をもってなされる近隣の手伝程度のものは雇用労力とみなすべきものではないので、これを事業を行う者の自家労力以外の労力の計算から除外すること。 ハ　共同事業を行う場合にあっては、当該事業の共同態様、資本の有無、設備の規模等の如何にかかわらず、当該事業者個人ごとに自家労力の判定をするものであること。
農業に付随して行う畜産業とは	家きん又は家畜の飼育が農業に有機的に結合して一体としての経営単位をなし、かつ、畜産業収入が農業収入の一部にすぎない程度のものをいいます。したがって、農耕用等の使用にあてている家きん又は家畜を飼育するものは、畜産業に該当しないものとして取り扱うこととされています（同通知3章2の1(8)）。
小規模な水産動植物の採捕の事業とは	次に掲げる事業（漁業法第6条第3項に規定する定置漁業（例えば、北海道においてさけを主たる漁獲物とするもの等）を除きます。）をいいます（地令11の2）。 イ　無動力漁船若しくは総トン数10トン未満の動力漁船（とう載漁船を除きます。）を使用して、又は漁船を使用しないで行う水産動植物の採捕の事業 ロ　漁具を定置して行う水産動物の採捕の事業（イに該当するものを除きます。）。

第1節　個人事業税

3　第3種事業

　第3種事業は、いわゆる自由業に属するもののうち、次の30業種が法定されています（地法72の2⑩、地令14）。

1　医業　　　　　　　　　　　　2　歯科医業

3　薬剤師業

4　あん摩、マッサージ又は指圧、はり、きゅう、柔道整復その他の医業に類する事業（両眼の視力を喪失した者及び万国式試視力表により測定した両眼の視力（屈折異常のある者については、矯正視力についてその測定をしたものをいいます。）が0.06以下である者が行うものを除きます。）

5　獣医業　　　　　　　　　　　6　装蹄師業

7　弁護士業　　　　　　　　　　8　司法書士業

9　行政書士業　　　　　　　　　10　公証人業

11　弁理士業　　　　　　　　　　12　税理士業

13　公認会計士業　　　　　　　　14　計理士業

15　社会保険労務士業　　　　　　16　コンサルタント業

17　設計監督者業　　　　　　　　18　不動産鑑定業

19　デザイン業　　　　　　　　　20　諸芸師匠業

21　理容業　　　　　　　　　　　22　美容業

23　クリーニング業

24　公衆浴場業（第1種事業の公衆浴場業を除きます。）

25　歯科衛生士業　　　　　　　　26　歯科技工士業

27　測量士業　　　　　　　　　　28　土地家屋調査士業

29　海事代理士業　　　　　　　　30　印刷製版業

　（注）　第3種事業の公衆浴場業とは、「公衆浴場入浴料金の統制額の指定等に関する省令（昭和32年厚生省告示第38号）」に基づく都道府県知事の価格の指定において、通常の公衆浴場入浴料金の額によっている一般の公衆浴場（いわゆる銭湯等）を経営する事業をいい、第1種事業の公衆浴場業とは、この一般の公衆浴場業以外の公衆浴場業をいいます（地令13の2）。

留意点

次に掲げる事業については、次のことに留意する必要があります。

留意事項	留意内容
薬剤師業	薬剤師業とは、次に掲げる事業のみをいい、ロの医薬品以外の医薬品を販売する事業は物品販売業に該当します（取扱通知（県）3章2の1(13)）。 イ　薬剤師が薬局（医薬品、医療機器等の品質、有効性及び安全性の確保等に関する法律第2条第12項に規定する薬局をいいます。以下同じです。）において調剤する事業 ロ　薬剤師が薬局において次に掲げる医薬品を販売する事業 　(イ)　医薬品、医療機器等の品質、有効性及び安全性の確保等に関する法律第44条第1項又は第2項に規定する毒薬又は劇薬 　(ロ)　医薬品、医療機器等の品質、有効性及び安全性の確保等に関する法律第36条の7第1項第1号に規定する第一類医薬品 　(ハ)　医薬品、医療機器等の品質、有効性及び安全性の確保等に関する法律施行令第3条に規定する薬局製造販売医薬品 　(ニ)　医薬…医薬品、医療機器等の品質、有効性及び安全性の確保等に関する法律第4条第5項第3号で規定する要指導医薬品
コンサルタント業	コンサルタント業とは、継続して、他人の依頼に応じ、対価の取得を目的として、企業経営、科学技術その他専門的な知識又は能力を必要とする事項につき、調査又は研究を行い、これらの調査又は研究に基づく診断又は指導を行う事業をいいます（地令15の2①）。具体的には、企業診断士、経営士、経営管理士、経営調査士、財務管理士等の名称を用いて行われる経営コンサルタント業、技術士、設計コンサルタント、建設コンサルタント等の名称を用いて行われる技術コンサルタント業のほか、美容コンサルタント業、旅行コンサルタント業等が該当します（同通知3章2の1(15)）。
デザイン業	デザイン業とは、継続して、対価の取得を目的として、デザイン（物品のデザイン、装飾に係るデザイン又は庭園若しくはこれに類するものに係るデザインをいいます。）の考案及び図上における設計又は表現を行う事業をいいます（地令15の2②）。 　なお、デザインには、具体的には、工業デザイン、クラフトデザイン、グラフィックデザイン、パッケージデザイン、広告デザイン、インテリアデザイン、ディスプレイ、服飾デザイン及び庭園等のデザインが該当します（同通知3章2の1(16)）。
諸芸師匠業	諸芸師匠業とは、茶、生花、舞踊、音楽、和洋裁、相撲、柔道、語学、囲碁、将棋等を対価を得て教授する事業をいいます。 　なお、事業所等と認められるものを有しない程度の小規模なものについては、課税しないことが適当であるとされています（同通知3章2の1(17)）。また、法人でない各種学校については、法人である各種学校との均衡を考慮して、その収益事業以外の事業の所得に対しては、課税しないことが適当であるとされています（同通知）。

第1節　個人事業税

| 印刷製版業 | 印刷製版業とは、原画を亜鉛板、石板等に描写する印刷版画業、地図等の精密な描写を必要とするものを銅板に描写する銅板彫刻業、写真板の補筆修正業、木版工芸業、印刷用板の版下の整図を作成する版下整図業及び印刷版用の筆耕を行う実用書道業をいいます（同通知3章2の1 (19)）。 |

第2　納税義務者

　個人事業税の納税義務者は、第1種事業、第2種事業及び第3種事業として地方税法又はこれに基づく政令で法定されている事業を行う個人とされています（地法72の2③）。

　したがって、法定列挙されていない事業（例えば、農業）を行う個人に対しては、個人事業税は課税されません。

納税義務者	①	第1種事業（いわゆる営業に属するもの）を行う個人
	②	第2種事業（いわゆる第1次産業に属するもの）を行う個人
	③	第3種事業（いわゆる自由業に属するもの）を行う個人

第1節　個人事業税

第3　課税団体

　個人事業税は、個人の行う第1種事業、第2種事業及び第3種事業に対し、これら
の事業を行う事務所又は事業所所在の都道府県が課することとされています（地法72
の2③）。

　したがって、個人事業税の課税団体は、事業を行う個人の事務所又は事業所が所在
する都道府県となります。この場合において、当該個人が二以上の都道府県に事務所
又は事業所を設けて事業を行う場合には、それぞれの関係都道府県がその課税権を有
し、その課税権が競合することとなりますので、課税標準額を分割基準（従業者の
数）によって関係都道府県に分割することによってその課税権の調整を図ることとし
ています。

　なお、課税権の所在の有無を決定することとなる事務所又は事業所とは、次の要件
を具備しているものをいいます。

事務所又は事業所の要件
<table><tr><td rowspan="1">事務所又は事業所</td><td>イ　事務所又は事業所とは、それが自己の所有に属するものであるか否かにかかわらず、事業の必要から設けられた人的及び物的設備であって、そこで継続して事業が行われる場所をいいます（取扱通知(県)1章6）。 ロ　事務所又は事業所と認められるためには、その場所において行われる事業がある程度の継続性をもったものであることが必要です。したがってたまたま2、3か月程度の一時的な事業の用に供する目的で設けられる現場事務所、仮小屋等は事務所又は事業所の範囲に入りません（同通知）。 ハ　したがって、例えば、医師、弁護士、税理士、諸芸師匠などが住宅以外に設ける診療所、法律・税理士事務所、教授所など、また、個人事業主が住宅以外に設ける店舗などがこれに該当します。</td></tr></table>

（注）1　外国に主たる事務所又は事業所を有する個人の行う事業に対する個人事業税の
　　　課税については、その事業が行われる場所（いわゆる恒久的施設（261頁参照））
　　　をもって、その個人の事務所又は事業所とすることとされています（地法72の2
　　　⑥）。したがって、当該個人に対しては、国内に恒久的施設を有する場合に限り、
　　　個人事業税が課されます。
　　2　事務所又は事業所を設けないで事業を行う場合には、その事業を行う者の住所
　　　又は居所のうちその事業と最も関係の深いものをもって、その事務所又は事業所
　　　とみなして、個人事業税が課されます（地法72の2⑦）。

— 233 —

第4　課税標準及び課税標準の算定の方法

1　課税標準となる事業の所得

　個人事業税の課税標準は、個人の事業の所得であり、それは、次の所得とされています（地法72の49の11）。

課税標準	年の中途において事業を廃止しなかった場合	年の中途において事業を廃止した場合
	前年中の事業の所得	前年中の事業の所得とその年の1月1日から事業の廃止の日までの事業の所得

　この事業の所得は、次のとおり、事業に係る総収入金額から必要な経費を控除し、その控除した金額から、損失の繰越控除等の控除額及び事業主控除額を控除したものとされています。

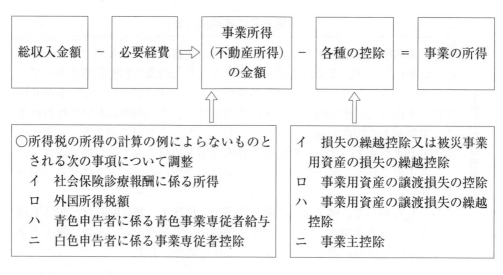

2　課税標準の算定の方法

　前年中における個人の事業の所得又はその年の1月1日から事業の廃止の日までの個人の事業の所得は、前年中における事業又はその年の1月1日から事業の廃止の日までの事業に係る総収入金額から必要な経費を控除したものであり、それは、次により算定します（地法72の49の12①本文）。

	原　　　則	地方税法又は政令による特別の定め
課税標準の算定方法	地方税法又は同法施行令で特別の定めをする場合を除くほか、所得税の課税標準である所得につき適用される所得税法第26条及び第27条に規定する不動産所得及び事業所得の計算の例によって算定します。	次に掲げるものについては、地方税法又は同法施行令で特別の定めがなされており、これらについては、所得税の所得の計算の例によらず、この特別の定めによることとなります。 イ　社会保険診療報酬に係る所得 ロ　外国所得税額 ハ　青色申告者に係る青色事業専従者給与 ニ　白色申告者に係る事業専従者控除

3　個人事業税と青色申告特別控除との関係

　個人事業税については、所得税において講じられている青色申告特別控除のような特例措置が講じられていませんので、課税標準となる事業の所得は、青色申告特別控除額を控除しないで算定することとなります（地法72の49の12①本文）。

　なお、個人住民税所得割の課税標準である総所得金額又は山林所得金額は、この青色申告特別控除の額を控除して算定することとなります（地法32②、313②）。

区分	事業（不動産）所得の金額の意義	青色申告特別控除
所得税	所得税法第26条第2項の規定により計算した不動産所得の金額及び同法第27条第2項の規定により計算した事業所得の金額をいいます。	租税特別措置法第25条の2に特例規定を設け、青色申告特別控除額は、左欄の不動産所得の金額、事業所得の金額又は山林所得の金額から控除するものとされています。
個人事業税	不動産所得の金額及び事業所得の金額は、地方税法又は同法施行令で特別の定めをする場合を除くほか所得税法第26条及び第27条に規定する不動産所得及び事業所得の計算の例によって算定することとされていますので、原則として所得税における不動産所得の金額及び事業所得の金額と同意義ということになります。	個人事業税においてこれを控除するためには、地方税法において特例規定を設ける必要がありますが、地方税法においては、左欄の不動産所得の金額又は事業所得の金額から青色申告特別控除額を控除するという特例規定は設けられていません。したがって、個人事業税の事業の所得の計算上、これを控除することはできません。

第3章　事業税及び特別法人事業税

4　所得税の所得の計算の例によらないもの

(1)　医業等を行う個人の社会保険診療報酬に係る所得の課税除外

個人の事業の所得を計算する場合には、次の左欄に掲げる社保適用事業に係る所得のうち社会保険診療報酬に係るものについては、右欄のとおり、課税除外することとされています（地法72の49の12①ただし書）。

社保適用事業	社会保険診療報酬に係る所得の課税除外
イ　医業 ロ　歯科医業 ハ　薬剤師業 ニ　あん摩、マッサージ又は指圧、はり、きゅう、柔道整復その他の医業に類する事業	左欄の事業を行う個人が健康保険法等の規定に基づく社会保険診療につき支払を受けた金額は、総収入金額に算入せず、また、その社会保険診療に係る経費は、必要な経費に算入しません。 ※　課税の対象となる所得 〔当該事業に係る事業の所得〕−〔当該事業所得のうち社会保険診療報酬に係る所得〕

(注)　社会保険診療の範囲については、法人事業税の「所得割の課税標準の算定方法」の項（305頁）を参照して下さい。

(2)　外国所得税額の必要経費算入

日本国内に主たる事務所又は事業所を有する個人が外国の法令により所得税に相当する税を課された場合には、当該個人の事業の所得の計算上、その外国所得税額は必要な経費に算入されます。

ただし、個人事業税においては、日本国内に主たる事務所又は事業所を有する個人の外国の事業に帰属する所得（すなわち、外国の恒久的施設に帰属する所得）は課税除外とされている（地法72の49の13）ことから、当該個人の国内の事業に帰属する所得（課税の対象となる事業の所得）の計算上必要な経費に算入されることとなるのは外国所得税額のうち国内の事業に帰属する所得に対して課された外国所得税額に限られることとなります（地令35の3の2）。

なお、外国に恒久的施設を設けて事業を行う個人の外国の事業に帰属する所得の算定については、法人事業税の項（外国において事業を行う特定内国法人の所得の算定方法（319頁））を参照して下さい。

— 236 —

(3) 青色事業専従者給与の取扱い

イ　青色事業専従者の範囲

青色事業専従者とされる者は、次の者とされています（地法72の49の12②、地令7の5、35の3の8）。

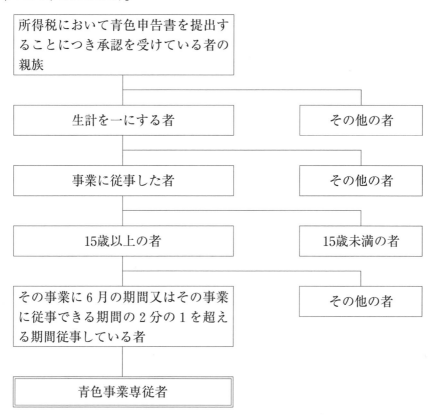

> **留意点**

青色事業専従者については、次のことに留意する必要があります。

留意事項	留意内容
15歳未満であるかどうかの判定	15歳未満であるかどうかの判定は、前年の12月31日（年の中途において、当該親族の死亡又は当該事業の廃止があった場合には、当該死亡又は廃止の時）の現況によります。 　したがって、死亡又は事業の廃止による場合を除き、前年の中途において、その事業に従事しなくなった場合においても、前年の12月31日現在において判定することとなります。
事業に専ら従事する者の判定	その者の年齢、他の職業の有無、その従事する仕事の内容、従事時間等を総合勘案して、社会通念上専らその事業に従事しているとみられるかどうかにより判定することとなります。

事業に従事することができると認められる期間	次に該当する場合には、その者が事業に従事することができると認められる期間のうち2分の1を超える期間その事業に従事していれば青色事業専従者となることができます。 イ　年の中途における開業、廃業、休業又は納税義務者の死亡、その事業が季節営業であること等の理由により、その事業がその年中を通じて営まれなかったこと。 ロ　その事業に従事する者の死亡、長期にわたる病気、婚姻、その他相当の理由によりその年中を通じて事業を行う個人と生計を一にする親族としてその事業に従事することができなかったこと。 ※　「その他相当の理由」とは、縁組、離婚、就職、入学などにより身分関係に異動のあったこと、身体に重大な障害を受けたこと、その他これらに準ずる理由によって、納税義務者と生計を一にする親族としてその事業に従事することができなくなった場合のその理由をいいます。

ロ　青色事業専従者給与額

⑷　所得税につき青色専従者給与に関する届出書を提出している場合

次の左欄に該当する場合における個人事業税の青色事業専従者給与の取扱いは、右欄によるとされています（地法72の49の12②前段）。

届出書を提出している場合の青色事業専従者給与の取扱い	
当該届出書を提出している青色申告者の事業に従事する青色事業専従者が当該事業からその届出書の書類に記載されている方法に従いその記載されている金額の範囲内において給与の支払を受けた場合	所得税法第57条第1項の規定による計算の例によって事業の所得を算定します。 したがって、所得税において不動産所得の金額又は事業所得の金額の計算上必要経費に算入されることとなる青色事業専従者の給与の金額は、個人事業税の事業の所得の計算上においても必要経費に算入されることとなります。

留意点

所得税においては、青色事業専従者給与の判定基準は、次のとおりとされています（所令164）。

青色事業専従者給与の判定基準	
①	青色事業専従者の労務に従事した期間、労務の性質及びその提供の程度

②	その事業に従事する他の使用人が支払を受ける給与の状況及びその事業と同種の事業でその規模が類似するものに従事する者が支払を受ける給与の状況
③	その事業の種類及び規模並びにその収益の状況

㈹　**所得税につき青色専従者給与に関する届出書を提出していない場合**

　　次の左欄に該当する場合における個人事業税の青色事業専従者給与の取扱いは、右欄によるとされています（地法72の49の12②後段、地令35の3の8）。

届出書を提出していない場合の青色事業専従者給与の取扱い

次の理由により当該届出書を提出しなかった青色申告者の事業に従事する青色事業専従者が当該事業から給与の支払を受けた場合 イ　前年分の所得税につき納税義務を負わないと認められたこと ロ　前年分の所得税につき青色事業専従者を控除対象配偶者又は扶養親族としたこと	青色事業専従者給与に関する事項につき個人事業税の申告（注1）がある場合（注2）に限り、その申告に基づいて青色事業専従者の給与の金額を事業の所得の計算上必要経費に算入します。 　なお、その給与の支給の事実及びその支給額の認定は、原則として帳簿書類に記帳経理がなされている給与の支給に関する事項を基として認定することとなります。この場合において、その額が妥当であるかどうかは、青色事業専従者給与の判定基準等を定めている所得税法第57条第1項及び同法施行令第164条第1項（上記の「留意点」参照）の規定の例によって判定します。

（注）1　申告には、個人事業税の納税通知書が送達される時までにされたものを含みます。

　　　　なお、所得税の確定申告書又は都道府県民税の申告書を提出した場合（年の中途においてその事業を廃止した者が所得税の確定申告書（死亡により事業を廃止した場合に提出するものを除きます。）又は都道府県民税の申告書を提出した場合を除きます。）には、個人事業税の申告がされたものとみなされます。

　　　2　青色事業専従者給与に関する事項についての申告がないことについてやむを得ない事情があると都道府県知事が認めるときを含みます。

⑷　**事業専従者控除**

　個人事業税における事業専従者控除については、地方税法の定めるところによるとされていますが、その内容は次のとおりであり、控除額の算定方法は所得税と同様です。

イ 事業専従者

事業専従者控除において事業専従者とされる者は、次の者とされています（地法72の49の12③、地令7の5、35の3の8）。

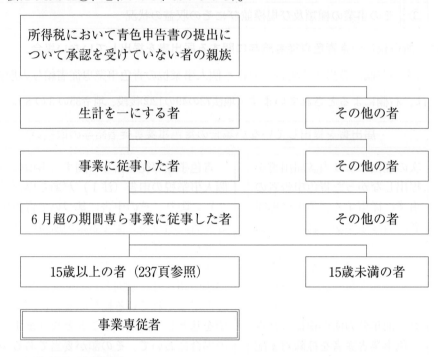

ロ 事業専従者控除額

事業専従者控除額は、各事業専従者について、次の①又は②に掲げる金額のうちいずれか低い金額とされており、当該金額が個人の事業の所得の計算上必要な経費とみなされます（地法72の49の12③）。

①	次に掲げる事業専従者の区分に応じそれぞれ次に定める金額 イ　当該個人事業者の配偶者である事業専従者　86万円 ロ　イに掲げる者以外の事業専従者　　　　　　50万円
②	当該個人事業者の事業専従者控除前の事業の所得の金額を事業専従者の数に1を加えた数で除して得た金額 ※　事業の所得の金額は、損失の金額、被災事業用資産の損失の金額及び事業用資産の譲渡損失の金額の各繰越控除並びに事業用資産の譲渡損失の金額の控除をそれぞれ行う前の金額によります（地法72の49の12③）。 　なお、事業の所得の算定の基礎となる個人事業税における不動産所得の金額又は事業所得の金額が、地方税法に定められている特別の定めによって、所得税における不動産所得の金額又は事業所得の金額と異なる場合があることに留意する必要があります。

第1節　個人事業税

ハ　事業専従者控除の適用要件

事業専従者控除は、次の要件を満している場合に限り適用されます（地法72の49の12④）。

事業専従者控除の適用要件	事業専従者控除に関する事項につき個人事業税の申告（その申告期限後において個人事業税の納税通知書が送達される時までにされたもの及び事業専従者控除に関する事項についての申告がないことについてやむを得ない事情があると都道府県知事が認める場合の申告を含みます。）をしていること ※　所得税の確定申告書又は都道府県民税の申告書を提出した場合（年の中途においてその事業を廃止した者が所得税の確定申告書（死亡により事業を廃止した場合に提出するものを除きます。）又は都道府県民税の申告書を提出した場合を除きます。）には、個人事業税の申告がされたものとみなされます。

5　特別の計算をする事業の所得

課税標準である事業の所得の算定は、地方税法又は同法施行令で特別の定めをする場合を除くほか所得税の課税標準である不動産所得及び事業所得の計算の例によって行われますが、次に掲げる場合には、法人事業税と同様、独自の計算をして、事業の所得を算定します。

なお、これらの特別の計算は、法人事業税と同様とされていますので、詳細については、法人事業税の項（323頁）を参照して下さい。

事業の所得について特別の計算をする場合	
①	鉱物の掘採事業と精錬事業とを一貫して行っている場合
②	石灰石の掘採事業と加工（製造）事業とを一貫して行っている場合
③	課税事業と非課税事業とを併せて行っている場合
④	外国に事務所又は事業所を設けて事業を行っている場合

6　損益の合算又は通算

個人の事業の所得を計算する場合において、不動産所得を生ずべき事業と事業所得を生ずべき事業とを併せて行っているときは、次のとおり、これらの事業に係る損益は合算又は通算されます（地法72の49の12⑤）。

－ 241 －

第3章　事業税及び特別法人事業税

$$\left[\begin{array}{l}\text{不動産所得の計算上}\\\text{生じた所得又は損失}\end{array}\right] \pm \left[\begin{array}{l}\text{事業所得の計算上生}\\\text{じた所得又は損失}\end{array}\right] = \text{事業の所得又は損失}$$

（注）　所得税においては、租税特別措置法第41条の4第1項の規定により不動産所得の金額の計算上生じた損失の金額のうち、土地等に係る負債の利子に相当する部分の金額については、損益通算の対象としないこととされていますが、個人事業税においては、もとよりこの規定の例によらず、当該土地等に係る負債の利子は、不動産所得の金額の計算上必要経費に算入されます。

したがって、不動産所得の計算上生じた損失の金額のうち当該土地等に係る負債の利子の額に相当する部分の金額は、この損益の合算又は通算の対象となります。

7　損失の控除及び事業主控除

⑴　青色申告書を提出している年分の損失の繰越控除

　所得税において青色申告書を提出している年分の損失の金額で次の左欄に掲げるものは、右欄の要件の下に、その事業の所得の計算上控除されます（地法72の49の12⑥）。

	繰越控除されるもの	繰越控除の要件
青色申告書を提出している年分の損失の繰越控除	前年前3年間（例えば、令和2年度の個人事業税の場合は、平成28年から平成30年までの間）における事業の所得の計算上生じた損失の金額で前年前において控除されなかった部分の金額	当該損失の生じた年分につき個人事業税の申告をしている場合（※）で、かつ、その後の年分につき連続してその申告をしている場合（※） ※　都道府県知事においてやむを得ない事情があると認める場合には、その個人事業税の納税通知書が送達される時までに申告をしている場合を含みます。 　なお、所得税の確定申告書又は都道府県民税の申告書を提出した場合には、個人事業税の申告がされたものとみなされます（（注3））。

（注）1　当該損失について2年目以降においてこの控除の適用を受ける場合には、その者が所得税につき青色申告者であるかどうかは問わないとされています。

2　青色申告者が所得税において損失の金額を繰戻して、前年分の所得税額の還付を受けた場合（所法140、141、142）においても、個人事業税においては繰戻還付の制度が設けられていないので、この繰戻還付の対象とした損失の金額については、繰越控除により処理することとなります。

3　年の中途においてその事業を廃止した場合においては、当該事業の廃止の日から1月以内（当該事業の廃止が事業を行う者の死亡によるときは、4月以内）に個人事業税の申告をしなければならないとされています（地法72の55①）

　なお、年の中途においてその事業を廃止した者が所得税の確定申告書（死亡により事業を廃止した場合に提出するものを除きます。）又は都道府県民税の申告書を提出しても、個人事業税の申告がなされたものとみなさないとされていますので、留意する必要があります。

第1節　個人事業税

⑵　白色申告書を提出している年分の被災事業用資産の損失の繰越控除

　所得税において青色申告書以外の申告書を提出している年分の損失の金額のうち被災事業用資産に係るもので次の左欄に掲げるものは、右欄の要件の下で、事業の所得の計算上控除されます（地法72の49の12⑦⑧）。

	繰越控除されるもの	繰越控除の要件
被災事業用資産の損失の繰越控除	前年前3年間における事業の所得の計算上生じた損失の金額のうち被災事業用資産に係るもので前年前に控除されなかった部分の金額	当該損失が生じた年分につき個人事業税の申告をしている場合（※1）で、かつ、その後の年分につき連続してその申告（※2）をしている場合 ※1　都道府県知事においてやむを得ない事情があると認める場合には、その個人事業税の納税通知書が送達される時までに申告をしている場合を含みます。また、所得税の確定申告書又は都道府県民税の申告書を提出した場合には、個人事業税の申告がされたものとみなされます。 　なお、年の中途で事業を廃止した場合の申告については、⑴の（注3）を参照して下さい。 2　その個人事業税の納税通知書が送達される時までにされたものを含みます。

（注）　被災事業用資産の損失の金額とは、次に掲げるものをいいます（地法72の49の12⑧、地令35の3の3、35の3の4、35の3の5、35の3の6）。

被災事業用資産の損失の金額とは	次に掲げる資産又は山林の災害（※1）による損失の金額（その災害に関連するやむを得ない一定の支出（※2）を含み、保険金、損害賠償金等によって埋められた部分の金額を除きます。） イ　棚卸資産（事業所得を生ずべき事業に係る商品、製品、半製品、仕掛品、原材料、消耗品で貯蔵中のもの及びこれらの資産に準ずる資産（有価証券及び山林を除きます。）をいいます。） ロ　不動産所得又は事業所得を生ずべき事業の用に供される固定資産及びこれらの所得を生ずべき事業に係る繰延資産のうちまだ必要経費に算入されていない部分 ※1　災害とは、震災、風水害、火災、冷害、雪害、干害、落雷、噴火その他の自然現象の異変による災害並びに鉱害、火薬類の爆発その他人為による異常な災害及び害虫、害獣その他の生物による異常な災害をいいます。 2　次に掲げる費用とされています。 ⑴　災害により事業用資産が滅失し、損壊し、又はその価値が減少したことによる当該事業用資産の取壊し又は除去のための費用その他の付随費用 ⑵　災害により事業用資産が損壊し、又はその価値が減少した場合その他災害により当該事業用資産を事業の用に供することが困難となった場合において、そのやんだ日の翌日から1年を経過する

— 243 —

第3章　事業税及び特別法人事業税

日（大規模な災害の場合その他やむを得ない事情がある場合には、
3年を経過する日）までに支出する次に掲げる費用その他これら
に類する費用

(イ)　災害により生じた土砂その他の障害物を除去するための費用

(ロ)　当該事業用資産の原状回復のための修繕費

(ハ)　当該事業用資産の損壊又はその価値の減少を防止するための
費用

(3)　災害により事業用資産につき現に被害が生じ、又は正に被害が
生ずるおそれがあると見込まれる場合において、当該事業用資産
に係る被害の拡大又は発生を防止するため緊急に必要な措置を講
ずるための費用

(3)　事業用資産の譲渡損失の控除

事業用資産の譲渡損失の金額で次の左欄に掲げるものは、右欄の要件の下に、事業
の所得の計算上控除されます（地法72の49の12⑨、地令35の3の7）。

	控除されるもの	適　用　要　件
事業用資産の譲渡損失の控除	事業を行う個人が直接事業の用に供する資産（機械及び装置、船舶、航空機、車両及び運搬具、工具・器具及び備品並びに生物で事業の用に供しなくなった日の翌日から1年以内に譲渡したものに限ります。）を譲渡したため生じた損失の金額	当該譲渡損失の金額につき個人事業税の申告をしている場合（※） ※　都道府県知事においてやむを得ない事情があると認める場合には、その個人事業税の納税通知書が送達される時までに申告をしている場合を含みます。また、所得税の確定申告書又は都道府県民税の申告書を提出した場合には、個人事業税の申告がされたものとみなされます。 　なお、年の中途で事業を廃止した場合の申告については、(1)の（注3）（242頁）を参照して下さい。

(注)　土地、建物及びその附属設備、構築物並びに無形固定資産は、直接事業の用に供
する資産に含まれないこととされていますので（地令35の3の7）、これらの資産の
譲渡による譲渡損失については、この譲渡損失の控除は適用されません。

(4)　青色申告書を提出している年分の事業用資産の譲渡損失の繰越控除

所得税において青色申告書を提出している年分の譲渡損失の金額で次の左欄に掲げ
るものは、右欄の要件の下で、事業の所得の計算上控除されます（地法72の49の12
⑩）。

— 244 —

第1節　個人事業税

	繰越控除されるもの	適　用　要　件
事業用資産の譲渡損失の繰越控除	前年前3年間における上記(3)の譲渡損失の金額で前年前に控除されなかった部分の金額	当該損失が生じた年分につき個人事業税の申告をしている場合（※1）で、かつ、その後の年分につき連続してその申告（※2）をしている場合 ※1　都道府県知事においてやむを得ない事情があると認める場合には、その個人事業税の納税通知書が送達される時までに申告をしている場合を含みます。また、所得税の確定申告書又は都道府県民税の申告書を提出した場合には、個人事業税の申告がされたものとみなされます。 　　なお、年の中途で事業を廃止した場合の申告については、(1)の（注3）（242頁）を参照して下さい。 　2　その個人事業税の納税通知書が送達される時までにされたものを含みます。

(5)　事業主控除

　事業を行う個人については、当該個人の事業の所得の計算上次の事業主控除額が控除されます（地法72の49の14）。

事 業 主 控 除 額	事業を行った期間が1年未満のときの事業主控除額
年額　290万円	$290万円 \times \dfrac{事業を行った月数}{12}$

　（注）　月割計算の結果、1,000円未満の端数があるときは、その端数金額を切上げて計算します（取扱通知（県）3章10の13(3)）。また、月数は、暦に従って計算し、1月に満たない端数を生じたときは、1月とします（地法72の49の14③）。

(6)　各種控除の順序

　(1)から(5)までの各種控除は、次の①、②、③及び④の順に控除します（地法72の49の12⑪）。

①	損失の繰越控除又は被災事業用資産の損失の繰越控除
②	事業用資産の譲渡損失の控除
③	事業用資産の譲渡損失の繰越控除
④	事業主控除

第3章 事業税及び特別法人事業税

第5 税率及び事業税額の計算

1 税率

個人事業税の税率については、地方税法において次のとおり標準税率が定められています（地法72の49の17①）。都道府県は、この標準税率を基準として、条例で税率を定めることとなります。

なお、制限税率は、標準税率の1.1倍とされています（地法72の49の17③）。

	区　　　　分	標準税率
①	第1種事業を行う個人	所得の100分の5
②	第2種事業を行う個人	所得の100分の4
③	第3種事業（④に掲げるものを除きます。）を行う個人	所得の100分の5
④	第3種事業のうちあん摩、マッサージ又は指圧、はり、きゅう、柔道整復その他の医業に類する事業及び装蹄師業を行う個人	所得の100分の3

2 税額計算

(1) 年の中途において事業を廃止しない個人

個人事業税額は、それぞれの事業に係る課税標準額（事業の所得）に各都道府県が標準税率を基準として条例で定める税率でその事業に適用されるものを乗じて得た額です。

$$\underbrace{\{(前年中の事業所得及び不動産所得)-(各種の控除額)\}}_{課税標準額（事業の所得）}\times(適用税率)=事業税額$$

(注)　異なる税率が適用される2以上の事業を併せて行う個人のそれぞれの税率を適用すべき所得は、損失の繰越控除又は被災事業用資産の損失の繰越控除、譲渡損失の控除、譲渡損失の繰越控除及び事業主控除額の金額を控除した後の総所得金額（以下「総所得金額」といいます。）をこれらの控除をする前のそれぞれの事業の所得金額によりあん分して算出します。この場合において、それぞれの事業の所得金額の区分が明らかでない場合においては、総所得金額を売上金額等最も妥当な基準によりあん分して、それぞれの税率を適用すべき所得を算定します。なお、事業専従者控除額は、それぞれの事業の所得金額の計算に当たって必要な経費に算入します（取扱通知(県)3章10の15）。

－ 246 －

第1節　個人事業税

(2)　年の中途において事業を廃止した個人

　年の中途において事業を廃止した個人に係る事業税額は、次のイ及びロによって算定した金額の合算額となります。

　イ　（前年中の事業所得及び不動産所得－各種の控除額）×適用税率　＝　事業税額

　ロ　$\left(\begin{array}{l}\text{1月1日から事業を廃止した日}\\\text{までの事業所得及び不動産所得}\end{array}－\text{各種の控除額}\right)×\text{適用税率}　＝　\text{事業税額}$

　　(注)　事業主控除額は月割計算したものとなります。

(3)　二以上の都道府県において事業を行う個人

　二以上の都道府県において事務所又は事業所を設けて事業を行う個人（以下「分割個人」といいます。）に対して課する個人事業税の課税標準とすべき所得の総額は、主たる事務所又は事業所所在地の都道府県知事が決定することとされています（地法72の54①）。

イ　分割課税標準額の算定

　　分割個人に係る関係都道府県ごとの課税標準とすべき事業の所得（分割課税標準額）は、主たる事務所又は事業所所在地の都道府県知事が、次により定めます（地法72の54②）。

　（個人の所得の総額）　×　$\dfrac{\text{当該都道府県に所在する事務所}\\\text{又は事業所の従業者の数}}{\text{当該個人の事務所又は事業所の従業者の総数}}$

　※　当該所得に異なる税率を適用される所得があるときは、その異なる税率を適用される所得ごとに区分した所得を事務所又は事業所の従業者の数にあん分することとなります（地法72の54②カッコ書）。

ロ　分割基準

(イ)　従業者の意義

　　従業者とは、次の者をいいます（地規6の2の2①）。

従業者とは	当該事務所又は事業所に勤務すべき者で、俸給、給料、賃金、手当、賞与その他これらの性質を有する給与の支払を受けるものをいいます。この場合において、当該事業の経営者である個人及びその親族又は同居人のうち当該事業に従事している者で給与の支払を受けない者は、給与の支払を受けるべきものとみなします。

— 247 —

第3章　事業税及び特別法人事業税

㈣　従業者の数

　分割基準となる事務所又は事業所（以下「事務所等」といいます。）の従業者の数は、その個人に係る事業税の課税標準の算定期間（以下「算定期間」といいます。）の末日現在における数値とされています（地法72の54②後段）。

　ただし、次に掲げる事務所等については、それぞれ次によって算定した数（その数に1人に満たない端数を生じたときは、これを1人とします。）を当該算定期間の末日現在における従業者の数とみなします。

年の中途において事務所等が開廃等された場合の従業者数の算定方法	
①	当該算定期間の中途において新設された事務所等 当該算定期間の末日現在の従業者の数 $\times$ $\dfrac{当該事務所等が新設された日から当該算定期間の末日までの月数}{当該算定期間の月数}$
②	当該算定期間の中途において廃止された事務所等 当該廃止の日の属する月の直前の月の末日現在の従業者の数 $\times$ $\dfrac{当該事務所等が当該算定期間中に所在していた月数}{当該算定期間の月数}$ ※　一の算定期間の中途において、新設され、かつ、廃止された事務所等については、廃止された事務所等として従業者の数を算定します。
③	当該算定期間中を通じて従業者の数に著しい変動がある事務所等（算定期間に属する各月の末日現在における従業者の数のうち最大であるものの数値が、その従業者の数のうち最小であるものの数値に2を乗じて得た数値を超える事務所等をいいます。） $\dfrac{当該算定期間に属する各月の末日現在の従業者の数を合計した数}{当該算定期間の月数}$

ハ　分割個人に係る事業税額

　次により計算した額が分割個人に係る関係都道府県ごとの事業税額となります。

$$\left[\begin{array}{c}関係都道府県ごと\\の分割課税標準額\end{array}\right] \times \left[\begin{array}{c}条例で定める\\適用税率\end{array}\right] = \begin{array}{c}関係都道府県ごと\\の事業税額\end{array}$$

第1節　個人事業税

第6　賦課及び徴収

　個人事業税は、都道府県が納税義務者から提出された申告書等の課税資料を基にして税額を計算し、これを納税通知書により納税者に通知すること（賦課処分）によって課税するいわゆる賦課課税方式により課税することとされています。

　そして、その賦課された個人事業税額は、普通徴収の方法により徴収されます。

1　個人事業税の賦課の方法

　個人事業税は、次により賦課することとされています（地法72の50、72の51③）。

第3章　事業税及び特別法人事業税

個人事業税の賦課	国税準拠による賦課	不動産所得及び事業所得について国の税務官署に申告し、又は修正申告した場合	当該申告し、又は修正申告した所得を基準として個人事業税を課します。
		国の税務官署が不動産所得及び事業所得について更正し、又は決定した場合	当該更正し、又は決定した所得を基準として個人事業税を課します。
	自主調査による賦課	(イ)　医業等を行う個人で社会保険診療報酬に係る所得が課税除外とされるもの (ロ)　非課税事業(例えば林業)と課税事業とを併せて行う個人 (ハ)　所得税の申告において不動産所得又は事業所得を他の種類の所得（例えば雑所得）とした個人	都道府県知事は、その調査によって、事業の所得を決定して個人事業税を課します。
		(ニ)　個人が不動産所得及び事業所得に係る課税標準について税務官署に申告しなかった場合において、税務官署がその年の5月31日までにその所得を決定しないとき (ホ)　税務官署に所得税の申告をしたが、当該申告した所得から所得税の所得控除の額を控除することにより納付すべき所得税額がなくなる場合(いわゆる控除失格者となる場合)	都道府県知事は、その調査によって、事業の所得を決定して個人事業税を課します。
		(ヘ)　年の中途において事業を廃止した個人	前年中の所得については、上記により、その年の1月1日から事業の廃止の日までの期間に係る所得については、都道府県知事が決定して、それぞれ個人事業税を課します。 　なお、廃止された場合の賦課は、当該事業の廃止後（当該個人が当該年の1月1日から3月31日までの間において事業を廃止した場合においては、当該年の3月31日後）直ちに課することとされています。
	国の税務官署に対する更正の請求	都道府県知事は、個人が税務官署に申告し若しくは修正申告し、又は税務官署が更正し、若しくは決定した不動産所得及び事業所得に係る課税標準が過少と認めるときは、当該年の10月1日から10月31日までに、税務官署に対し、更正をすべき旨を請求することができます。	

— 250 —

2　徴収の方法

個人事業税は、普通徴収の方法により徴収されます（地法72の49の18）。

したがって、都道府県は、次のとおり、個人事業税額を算定して賦課決定し、その税額、納期及び各納期における納付額等を記載した納税通知書を納税者に交付して、これを徴収することになります。

この場合において、納税者に交付すべき納税通知書は、遅くとも、その納期限前10日までに納税者に交付しなければなりません（地法72の52）。

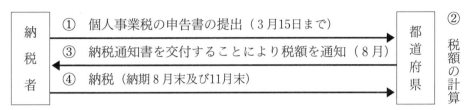

留意点

個人事業税の納期及びその徴収については、次のことについて留意する必要があります。

留意事項	留意内容
普通徴収の納期	納期は、具体的には、8月及び11月中において、都道府県の条例で定める日とされています（地法72の51本文）が、通常は、その納期限は、これらの月の末日とされています。 　なお、都道府県は、特別の事情がある場合には、これと異なる納期を定めることができることとされています（地法72の51但し書）。 　また、その税額が条例で定める金額以下であるものについては、都道府県は、その定められた納期のうちいずれか一の納期において、その全額を徴収することができるとされています（地法72の51②）。
年の中途において事業を廃止した個人に係る徴収	年の中途において事業を廃止した個人に係る事業税は、事業の廃止という特殊事情を考慮して、その事業廃止後（その年の1月1日から3月31日までに事業を廃止した場合は、その年の3月31日後）直ちに課税することとされている（地法72の51③）ことから、その徴収は、通常の納期（8月及び11月）にかかわらず、その賦課後、随時納期限を定めて早期に徴収されることになっています。

第7　個人事業税の申告

　個人事業税は、都道府県が税額を計算し、これを納税通知書により納税者に通知することにより課税するいわゆる賦課課税方式により課税することとされています。この賦課に当たって、都道府県は、賦課事務の便宜等の見地から、次のとおり、個人事業者の所得等の事項について、一定の個人事業者に申告させることとしています（地法72の55、72の55の2）。

　なお、この申告は、所得税における申告のように、納税者自身で所得金額及び税額を計算し、これを申告納付することによってその者の個人事業税額が自動的に確定するものではなく、その申告書は課税資料としての性格をもつものであり、都道府県はこの申告書に記載された所得等を基にして個人事業税の税額を計算することとなります。

第1節　個人事業税

```
個人事業税の申告
├─ 所得税の確定申告書又は都道府県民税の申告書を提出した個人の申告
│   └─（申告不要）
│       納税義務者が前年分の所得税につき確定申告書を提出し、
│       又は都道府県民税につき申告書を提出した場合には、その
│       申告書が提出された日に、個人事業税の申告がされたもの
│       とみなされます（みなされない場合があります。次の留意
│       点を参照。）。そして、この場合には、その申告書に記載
│       された事項のうち個人事業税の申告事項に相当するもの及
│       び申告書に附記された事項についての申告がされたものと
│       みなされます（地法72の55の2）。
│
└─ その他の個人の申告
     ├─ 事業の所得の金額が事業主控除額を超える個人
     │   ├─ 事業を廃止した個人
     │   │    ├─ 死亡による事業の廃止 ── 死亡後4月以内に申告
     │   │    └─ その他の理由による事業の廃止 ── 事業廃止後1月以内に申告
     │   └─ その他の個人 ── 3月15日までに申告
     │
     └─ 事業の所得の金額が事業主控除額以下である個人
         ├─ 損失の繰越控除等を受けようとする個人 ── 3月15日までに申告
         └─ その他の個人 ──（申告不要）
```

留意点

個人事業税の申告については、次のことに留意する必要があります。

留意事項	留意内容
個人事業税の申告がされたものとみなされない場合	次に掲げる場合においては、個人事業税の申告がされたものとみなされません（地法72の55の2、地令35の4）。 イ　年の中途においてその事業を廃止した個人事業税の納税義務者が所得税の確定申告書（死亡により事業を廃止した場合に提出するものを除きます。）又は都道府県民税の申告書を提出した場合 ロ　当該所得税の確定申告書又は都道府県民税の申告書の提出前に個人事業税の申告がされた場合

— 253 —

所得税の確定申告書又は都道府県民税の申告書に附記する事項	所得税の確定申告書又は都府県民税の申告書を提出する者は、当該申告書に、個人事業税の賦課徴収につき必要な次の事項を附記しなければなりません（地法72の55の2、地規6の8）。 イ　所得税の不動産所得の金額及び事業所得の金額（農業に係る金額を除きます。）のうちに、次に掲げる非課税所得等を有する者にあっては、その金額 　　(イ)　法定列挙されていない事業から生ずる所得 　　(ロ)　林業及び鉱物の掘採事業から生ずる所得 　　(ハ)　外国の事業所等において行う事業に帰属する所得 　　(ニ)　租税特別措置法第26条第1項の規定により算定した社会保険診療報酬に係る所得 ロ　所得税において青色事業専従者としなかった親族について個人事業税で青色事業専従者にしようとする者にあっては、その青色事業専従者の氏名、個人番号及びその青色事業専従者に支給した給与の総額 ハ　前年分の事業の所得の計算上生じた損失のうちに被災事業用資産の損失の金額を有する者にあっては、その金額 ニ　譲渡損失の金額を有する者にあっては、その金額 ホ　青色申告特別控除の適用を受けた者にあっては、その金額 ヘ　不動産所得の金額の計算上生じた損失の金額のうち土地等の取得に係る負債の利子の額に相当する部分の金額について損益通算の対象としないという特例を定めている租税特別措置法第41条の4第1項の規定及び特定組合員等の不動産所得に係る損益通算等の特例を定めている第41条の4の2第1項の規定の適用を受けた者にあっては、損益通算の特例適用前の不動産所得の金額 ト　前年中に事業を開始した者にあっては、その開業月日 チ　分割個人にあっては、主たる事務所等所在の都道府県以外の都道府県における事務所等の有無
分割個人の申告	分割個人がする個人事業税の申告は、主たる事務所等所在地の都道府県知事にすることとされています（地法72の55③）。この場合において、事務所等の従業者の数その他必要な事項をあわせて申告しなければなりません。
条例による報告	都道府県は、事業を行う個人に対し、条例によって、事業や事務所等の開廃等個人事業税の賦課徴収に関し必要な事項の報告を求めることができることとされています（地法72の55④）。

第2節　法人事業税

　法人事業税は、法人の行う事業に対し、事務所又は事業所所在の都道府県が、その事業を行う法人に課する都道府県税です。

　この法人事業税は、法人が行う事業そのものに課される税であり、法人がその事業活動を行うに当たって都道府県の各種の行政サービスの提供を受けていることから、これに必要な経費を分担すべきであるという応益的な考え方に基づいて課されるものです。

　法人事業税については、平成15年度の税制改正において、税負担の公平性の確保、応益課税としての税の性格の明確化、税収の安定化等の観点から、資本金の額1億円超の法人を対象として、外形基準（付加価値額及び資本金等の額）による課税を4分の1とする外形標準課税が導入され、また、平成20年度の税制改正において、地域間の税源偏在を是正するための暫定措置として地方法人特別税が創設されました（383頁参照）。そして、平成26年度の税制改正において、比較的税源偏在の小さい地方消費税の税率が平成26年4月1日から引き上げられることや同税制改正において地方法人課税の偏在性を是正するため地方法人税（国税・219頁参照）を創設することとされたことから、税源偏在是正の暫定措置として創設された地方法人特別税の規模を3分の1縮小し、法人事業税に復元されています。

　そして、平成27年度及び平成28年度の税制改正において外形標準課税が拡大されています（328頁参照）。また、平成28年度の税制改正において、地方法人特別税は、平成29年4月1日以後に開始する事業年度から廃止することとされていましたが、消費税率引上げ時期の変更に伴う税制上の措置により、廃止時期が令和元年10月1日以後に開始する事業年度に延期され、令和元年度の税制改正において、令和元年10月1日以後に開始する事業年度において、新たに特別法人事業税が導入されました。

　なお、法人事業税は、次の税から構成されており、これらの税の意義は、右欄のとおりです。

	税の種類	意　　義
法人事業税	付加価値割	付加価値額を課税標準として課される事業税
	資本割	資本金等の額を課税標準として課される事業税
	所得割	所得を課税標準として課される事業税
	収入割	収入金額を課税標準として課される事業税

第1 課税客体及び納税義務者

1 課税客体

　法人事業税は、法人の行う事業に対し、事務所又は事業所所在の都道府県において、その事業を行う法人に課することとされています（地法72の2）。

　このように、法人事業税は、法人の行う事業に対して課されるものであることから、「事業」そのものが、この税の課税客体とされています。

　ただし、法人事業税においては、一定の事業等に対しこの税を課さないこととする非課税制度が設けられています（266頁参照）。

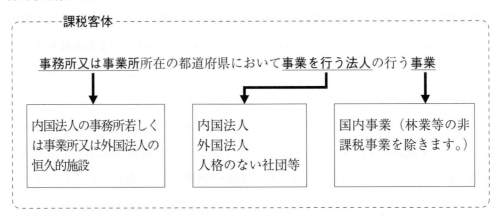

2 納税義務者等

　法人事業税の納税義務者は、事業を行う法人とされています（地法72の2①）。そして、この納税義務者に対しては、次の左欄に掲げる事業の区分に応じ、それぞれ右欄に定める額によって、法人事業税が課されます（地法72の2①）。

事　業　区　分	課される事業税
① ②及び③に掲げる事業以外の事業……次に掲げる法人の区分に応じ、それぞれ右欄に定める額	
イ　資本金の額又は出資金の額が1億円を超える法人（外形課税対象法人）	付加価値割額、資本割額及び所得割額の合算額
ロ　公共法人及び公益法人等 　ハ　特別法人 　ニ　人格のない社団等	

第2節　法人事業税

	ホ　みなし課税法人 ヘ　投資法人及び特定目的会社 ト　一般社団法人（非営利型法人に該当するものを除きます。）及び一般財団法人（非営利型法人に該当するものを除きます。） チ　ロからトまでに掲げる法人以外の法人で資本金の額若しくは出資金の額が1億円以下のもの又は資本若しくは出資を有しないもの	所得割額
②	電気供給業（小売電気事業等及び発電事業等を除く。下記留意点6参照。）、ガス供給業（下記留意点5参照）、保険業及び貿易保険業	収入割額
③	電気供給業のうち小売電気事業等及び発電事業等……次に掲げる法人の区分に応じ、それぞれ右欄に定める額	
	イ　資本金の額又は出資金の額が1億円を超える普通法人	収入割額、付加価値割額及び資本割額の合算額
	ロ　資本金の額又は出資金の額が1億円以下の普通法人等	収入割額及び所得割額の合算額

留意点

1　特別法人とは、法人税法第2条第7号に規定する協同組合等（同法別表第3に規定する法人）と医療法人をいいます。

2　法人でない社団又は財団で代表者又は管理人の定めがあり、かつ、収益事業又は法人課税信託（146頁参照）の引受けを行うものは、法人とみなして、法人事業税に関する地方税法の規定を適用します（地法72の2④）。また、法人課税信託の引受けを行う個人には、個人事業税が課されるほか、法人とみなして（みなし課税法人）、法人事業税が課されます（地法72の2⑤）。

3　法人課税信託の受託者に係る法人事業税については、原則として各法人課税信託の信託資産等（信託財産に属する資産及び負債並びに当該信託財産に帰せられる収益及び費用をいいます。）及び固有資産等（法人課税信託の信託資産等以外の資産及び負債並びに収益及び費用をいいます。）ごとに、それぞれ別の者とみなして取り扱うこととされています（地法72の2の2）。

　　なお、外形課税対象法人又は電気供給業のうち小売電気事業等若しくは発電事業

等を行う資本金の額又は出資金の額が1億円を超える普通法人で法人課税信託の受託法人である者に対しては、付加価値割及び資本割を課することができないとされています（地法72の2の2⑥）。

4　資本金の額又は出資金の額が1億円以下の法人であるかどうか及び資本又は出資を有しない法人であるかどうかの判定は、次によります（地法72の2②）。

資本金の額又は出資金の額が1億円以下の法人であるかどうかの判定		
①	②及び③に掲げる事業税以外の事業税	各事業年度終了の日の現況によります。
②	仮決算によって中間申告納付すべき事業税	その事業年度開始の日から6月の期間の末日の現況によります。
③	清算中の事業年度について申告納付すべき事業税又は清算中に残余財産が確定した場合に申告納付すべき事業税	その解散の日の現況によります。

（注）1　資本金の額又は出資金の額は、収入金額課税事業（電気供給業（小売電気事業等及び発電事業等を除きます。）、ガス供給業、保険業及び貿易保険業を総称したものです。）若しくは非課税事業を併せて行う法人、特定内国法人（内国法人で外国に恒久的施設を設けて事業を行う法人をいいます。）又は外国法人であっても、当該法人の資本金の額又は出資金の額の総額をいいます。
　　　2　外国法人の資本金の額又は出資金の額については、上記における判定日における電信売買相場の仲値により換算した円換算額によります（取扱通知(県)3章1の2(2)）。なお、電信売買相場の仲値は、原則として、その法人の主たる取引金融機関のものによります。ただし、その法人が、同一の方法により入手等をした合理的なものを継続して使用している場合には、これによることを認めるものとされています（同取扱通知）。

5　ガス供給業には、ガス事業法第2条第5項に規定する一般ガス導管事業及び同条第7項に規定する特定ガス導管事業以外のもののうち、同条第10項に規定するガス製造事業者及び電気事業法等の一部を改正する等の法律（平成27年法律第47号）附則第22条第1項に規定する旧一般ガスみなしガス小売事業者（同項の義務を負う者に限ります。）以外の者が行うものは含まれません（地法72の2①二）。

6　令和4年4月1日以後に終了する事業年度については、「小売電気事業等及び発電事業等」は「小売電気事業等、発電事業等及び特定卸供給事業」になります。以下同じです。

第2節　法人事業税

第2　課税団体

　法人事業税は、法人の行う事業に対し、事務所又は事業所所在の都道府県において、その法人に課することとされています（地法72の2①）。したがって、次の三つの要件を満たしている都道府県が法人事業税の課税団体となります。

課　税　権　の　要　件
① 法人が事業を行っていること
② その行っている事業が課税事業に該当すること
③ その課税事業が行われる場所、いわゆる事務所又は事業所が所在すること

　なお、二以上の都道府県に事務所又は事業所を設けて事業を行う法人については、それぞれの関係都道府県がその課税権を有することとなり、その課税権が競合することとなりますので、課税標準額を一定の分割基準によって関係都道府県に分割することによってその課税権の調整を図ることとしています（356頁参照）。

1　内国法人に係る課税団体

　内国法人（地方税法の施行地に本店又は主たる事務所若しくは事業所を有する法人をいいます。以下同じです。）に対しては、都道府県において事務所又は事業所を設けて事業を行う場合に、その事務所又は事業所所在の都道府県において法人事業税が課税されます。

　このように、内国法人に対する法人事業税の課税団体は、事務所又は事業所所在の都道府県とされていることから、その事務所又は事業所の有無がその課税権を決定することとなります。したがって、法人事業税においては、法人住民税と同様、事務所又は事業所の意義が重要となってきますが、この場合の内国法人の事務所又は事業所（以下「事務所等」といいます。）とは、それが自己の所有に属するものであるか否かにかかわらず、事業の必要から設けられた人的及び物的設備であって、そこで継続して事業が行われる場所をいうものとされており（取扱通知(県)1章6）、具体的には、次の要件を具備したものをいいます。

— 259 —

第3章　事業税及び特別法人事業税

	要件項目	要　件　の　内　容
事務所又は事業所の要件	事業の必要から設けられた場所であること	法人が事業活動を営むために設けられるものです。この場合の事業活動とは、法人の本来の事業の取引に関するものであることを必要とせず、本来の事業に直接、間接に関連して行われる附随的事業であっても社会通念上そこで事業が行われていると考えられるものは、これに含まれます。ただし、宿泊所、従業員詰所、番小屋、監視所等で番人、小使等のほかに別に事務員を配置せず、専ら従業員の宿泊、監視等の内部的、便宜的目的のみに供されるものは、これに含まれません。
	人的及び物的設備を有する場所であること	人的設備とは、事業に対し労務を提供することにより事業活動に従事する自然人をいいます。 　また、物的設備とは、事業活動を行うために人為的に設けられる有形の施設であり、事業が行われるのに必要な土地、建物があり、その中に事業を行うための設備が備えられている場所をいいます。 　なお、これらの設備は、法人が事業活動を営むためのものであることから、人的設備又は物的設備の一方のみであってはならないものであり、また、物的設備がその法人の所有するものであるか否かにかかわらず、事業活動の目的性を有すれば足ります。
	継続して事業が行われる場所であること	事務所等において行われる事業活動がある程度の継続性を有するものでなければなりません。これは、事業活動は反復性を有するものである以上、事務所等の概念にも、ある程度の継続性が要求されるとともに、課税技術上からもあまり短期間のものを把握することは、事務を複雑にすることになるからです。 　したがって、たまたま2、3か月程度の一時的な事業の用に供する目的で設けられる現場事務所、仮小屋等は事務所等の範囲には含まれません。ただし、避暑地等において、いわゆる季節営業として2、3か月程度の期間、毎年定期的に事業が行われている場合には、その事業がその地域における季節的、経済的な条件によるものであり、それがその地域における事業の常態であること等から、営業期間が短いことのみをもって事業の継続性を判断することは適当でなく、この季節営業については具体的な諸条件を勘案して事業の継続性の有無を判断することとなります。

— 260 —

| | | なお、2、3か月を超えるものであっても、建設工事に係る現場事務所、すなわち、建設工事現場で行われる工事の施行、指揮及び管理に欠くことのできない工程管理、出来高確認、連絡又は打合せのみを行うもので、明らかにその設置期間が半年に満たない仮設のものについては、仮に机等が配置されている場合であっても、事務所等の範囲には含めない取扱いとなっています。 |

2　外国法人に係る課税団体

　外国法人（地方税法の施行地に本店又は主たる事務所等を有しない法人をいいます。以下同じです。）については、その事業が行われるいわゆる恒久的施設（permanent establishment　一般にP.Eと呼ばれています。）をもって、その事務所又は事業所とします。したがって、外国法人は、都道府県に恒久的施設を設けて事業を行う場合に、その恒久的施設所在の都道府県において法人事業税が課されることとなります（地法72の2⑥）。

　このように、外国法人に対する法人事業税の課税団体は、恒久的施設所在の都道府県とされていますが、この場合の外国法人の恒久的施設とは、外国法人が日本国内に有する次のいずれかに該当する場所とされています（地法72五、地令10）。ただし、日本国が締結した租税に関する二重課税の回避又は脱税の防止のための条約において下欄の①から③までに掲げるものと異なる定めがあるときは、当該条約の適用を受ける外国法人については、当該条約において恒久的施設と定められたものとすることとされています（地法72五ただし書）。

	外国法人の恒久的施設の範囲	
①	支店P.Eとは	外国法人の国内にある支店、工場その他事業を行う一定の場所で次に掲げるもの イ　事業の管理を行う場所、支店、事務所、工場又は作業場 ロ　鉱山、石油又は天然ガスの坑井、採石場その他の天然資源を採取する場所 ハ　その他事業を行う一定の場所
②	建設P.Eとは	外国法人の国内にある建設若しくは据付けの工事又はこれらの指揮監督の役務の提供を行う場所その他これに準ずる長期建設工事現場等（外国法人が、国内において長期建設工事等（建設若しくは据付けの工事又はこれらの

		指揮監督の提供で１年を超えて行われるものをいいます。）を行う場所をいい、外国法人の国内における長期建設工事等を含みます。）
③	建設Ｐ.Ｅの期間要件の判定	建設Ｐ.Ｅにおいて、二以上に分割をして建設若しくは据付けの工事又はこれらの指揮監督の役務の提供に係る契約が締結されたことにより、外国法人の国内における当該分割後の契約に係る建設工事等が１年を超えて行われないこととなったとき（当該契約分割後建設工事等を行う場所を②に規定する長期建設工事現場等に該当しないこととすることが当該分割の主たる目的の一つであったと認められるときに限ります。）における当該契約分割後建設工事等が１年を超えて行われるものであるかどうかの判定は、当該契約分割後建設工事等の期間に国内における当該分割後の他の契約に係る建設工事等の期間（当該契約分割後建設工事等の期間と重複する期間を除きます。）を加算した期間により行うものとします。ただし、正当な理由に基づいて契約を分割したときは、この限りではありません。
④	支店Ｐ.Ｅ及び建設Ｐ.Ｅに含まれない場所	外国法人の国内における次の活動の区分に応じて、定める場所は、①・②に含まれないものとします。ただし、イからヘに掲げる活動が、外国法人の事業の遂行にとって準備的又は補助的な性格のものである場合に限るものとします。 イ　外国法人に属する物品又は商品の保管、展示又は引渡しのためにのみ施設を使用すること　当該施設 ロ　外国法人に属する物品又は商品の在庫を保管、展示又は引渡しのためにのみ保有すること　当該保有することのみを行う場所 ハ　外国法人に属する物品又は商品の在庫を事業を行う他の者による加工のためにのみ保有すること　当該保有することのみを行う場所 ニ　その事業のために物品若しくは商品を購入し、又は情報を収集することのみを目的として、①に掲げる場所を保有すること　当該場所 ホ　その事業のためにイからニまでに掲げる活動以外の活動を行うことのみを目的として、①に掲げる場所を保有すること　当該場所 ヘ　イからニまでに掲げる活動及び当該活動以外の活動を組み合わせた活動を行うことのみを目的として、①に掲げる場所を保有すること　当該場所

⑤	④の適用除外	④の規定は、次に掲げる場所については、適用しません。 イ　①に掲げる場所（国内にあるものに限ります。以下「事業を行う一定の場所」といいます。）を使用し、又は保有する④の外国法人が当該事業を行う一定の場所において事業上の活動を行う場合において、次に掲げる要件のいずれかに該当するとき（外国法人が当該事業を行う一定の場所において行う事業上の活動及び外国法人が当該事業を行う一定の場所以外の場所において行う事業上の活動（(b)において「細分化活動」といいます。）が一体的な業務の一部として補完的な機能を果たすときに限ります。）における当該事業を行う一定の場所 　(a)　当該他の場所が当該外国法人の恒久的施設に該当すること。 　(b)　当該細分化活動の組合せによる活動の全体がその事業の遂行にとって準備的又は補助的な性格のものでないこと。 ロ　事業を行う一定の場所を使用し、又は保有する④の外国法人及び当該外国法人と特殊の関係にある者（国内において当該者に代わって活動をする場合における当該活動をする者を含みます。）が当該事業を行う一定の場所において事業上の活動を行う場合において、次に掲げる要件のいずれかに該当するとき（当該外国法人及び当該関連者が当該事業を行う一定の場所において行う事業上の活動（(b)において「細分化活動」といいます。）がこれらの者による一体的な業務の一部として補完的な機能を果たすときに限ります。）における当該事業を行う一定の場所 　(a)　当該事業を行う一定の場所（当該事業を行う一定の場所において当該関連者が行う建設工事等及び当該関連者に係る代理人を含みます。）が当該関連者の恒久的施設（当該関連者が内国法人又は個人である場合には、恒久的施設に相当するもの）に該当すること。 　(b)　当該細分化活動の組合せによる活動の全体が当該外国法人の事業の遂行にとって準備的又は補助的な性格のものでないこと。 ハ　事業を行う一定の場所を使用し、又は保有する④の外国法人が当該事業を行う一定の場所において事業上の活動を行う場合で、かつ、当該外国法人に係る関連者が他の場所において事業上の活動を行う場合において、次に掲げる要件のいずれかに該当するとき（当該

⑤		外国法人が当該事業を行う一定の場所において行う事業上の活動及び当該関連者が当該他の場所において行う事業上の活動（(b)において「細分化活動」といいます。）がこれらの者による一体的な業務の一部として補完的な機能を果たすときに限る。）における当該事業を行う一定の場所 (a) 当該他の場所が当該関連者の恒久的施設に該当すること。 (b) 当該細分化活動の組合せによる活動の全体が当該外国法人の事業の遂行にとって準備的又は補助的な性格のものでないこと。
⑥	建設P.Eの④・⑤の規定適用	外国法人が長期建設工事現場等を有する場合には、当該長期建設工事現場等は④ニからヘまでに規定する①に掲げる場所と、当該長期建設工事現場等に係る長期建設工事等を行う場所は⑤に規定する事業を行う一定の場所と、当該長期建設工事現場等を有する外国法人は⑤に規定する事業を行う一定の場所を使用し、又は保有する④の外国法人と、当該長期建設工事等を行う場所において事業上の活動を行う場合は⑤に規定する事業を行う一定の場所において事業上の活動を行う場合と、当該長期建設工事等を行う場所において行う事業上の活動は⑤に規定する事業を行う一定の場所において行う事業上の活動とそれぞれみなして、④・⑤の規定を適用します。
⑦	代理人P.Eとは	外国法人が国内に置く自己のために契約を締結する権限のある者及び国内において外国法人に代わって、その事業に関し、反復して次に掲げる契約を締結し、又は当該外国法人により重要な修正が行われることなく日常的に締結される次に掲げる契約の締結のために反復して主要な役割を果たす者（当該者の国内における当該外国法人に代わって行う活動が、当該外国法人の事業の遂行にとって準備的又は補助的な性格のもののみである場合における当該者（以下、「契約締結代理人等」といいます。）を除きます。）。 イ 当該外国法人の名において締結される契約 ロ 当該外国法人が所有し、又は使用の権利を有する財産について、所有権を移転し、又は使用の権利を与えるための契約 ハ 当該外国法人による役務の提供のための契約
⑧	代理人P.Eに含まれない「独立代理人」とは	国内において外国法人に代わって行動する者が、その事業に係る業務を、当該外国法人に対し独立して行い、かつ、通常の方法により行う場合には、当該者は、契約締

第2節　法人事業税

| ⑧ | 結代理人等に含まれないものとします。ただし、当該者が、専ら又は主として一又は二以上の自己と特殊の関係にある者に代わって行動する場合は、この限りではありません。 |

※　⑤・⑧における特殊の関係とは、一方の者が他方の法人の発行済株式又は出資（当該他方の法人が有する自己の株式又は出資を除きます。）の総数又は総額の100分の50を超える数又は金額の株式又は出資を直接又は間接に保有する関係等の特殊の関係をいいます。

3　組合及び有限責任事業組合に係る課税団体

次に掲げる組合については、組合自体は単なる契約関係であり、課税法人ではない（すなわち、法人格を有していない）ことから、法人事業税は、その組合の組合員である法人に対して、その法人の事務所等所在の都道府県において課税されます（取扱通知(県) 3 章 1 の 6 ）。

| ① | 民法第667条の規定による組合 |
| ② | 有限責任事業組合契約に関する法律第 2 条の規定による有限責任事業組合（LLP） |

なお、この場合、事務所等の判定は、当該法人ごとに行うこととなります。

— 265 —

第3章　事業税及び特別法人事業税

第3　非　課　税

　法人事業税においては、一定の事業又は所得に対してはこの税を課さないこととする非課税制度が設けられています。

　この法人事業税の非課税には、特定の法人の公共性に着目した人的非課税といわれるもの、事業の公益性又は非営利性に着目して非課税とされるもの及び政策的な理由により非課税とされるものがありますが、その概要は、次のとおりです。

	非課税とされる事業又は所得若しくは収入金額	
非 課 税 区 分	非課税法人（公共法人）の行う事業（地法72の4①） 　※　法人税における公共法人の範囲と一致します。	
	非課税事業 （地法72の4②③） 　※　次頁参照	イ　林業 ロ　鉱物の掘採事業 ハ　農事組合法人の行う農業
	非課税所得又は非課 税収入金額 （地法72の5）	公益法人等及び人格のない社団等の所得又は収入金額で収益事業に係るもの以外のもの
	課税免除（地法6）	
	国際運輸業に係る相互免除（租税条約）	

(注) 1　公益法人等とは、次の者をいいます（以下法人事業税の項において同じです。）（地法72の5①）。
　　イ　法人税法別表第2に規定する公益法人等
　　ロ　防災街区整備事業組合
　　ハ　管理組合法人及び団地管理組合法人並びにマンション建替組合及びマンション敷地売却組合
　　　※　マンションの管理の適正化の推進に関する法律及びマンションの建替え等の円滑化に関する法律の一部を改正する法律（令和2年法律62号）の施行の日から上記に敷地分割組合が加わる。
　　ニ　地方自治法第260条の2第7項に規定する認可地縁団体
　　ホ　政党交付金の交付を受ける政党等に対する法人格の付与に関する法律第7条の2第1項に規定する法人である政党等
　　ヘ　特定非営利活動促進法第2条第2項に規定する特定非営利活動法人
　　2　収益事業とは、法人税法施行令第5条（収益事業の範囲）に規定する事業で、継続して事業場を設けて行われるものをいいます（地令15）。

第2節　法人事業税

非課税とされる事業

　非課税とされる事業は、次の事業とされています（地法72の4②③、取扱通知(県)3章2の2）。

	非 課 税 の 内 容	
非課税事業	林　　　業	林業とは、土地を利用して養苗、造林、撫育及び伐採を行う一連の事業をいい、養苗、造林又は撫育を伴わない伐採のみを行う事業は含まれません。 　したがって、伐採のために立木を買い取ることを業とする法人のその事業は、ここにいう林業には該当せず、また、しいたけ栽培、うるし採取等のいわゆる林産業とはその範囲を異にします。
	鉱物の掘採事業	鉱業法第3条に掲げる鉱物を掘採し、これを販売する事業をいい、その法人がこれらの鉱物を加工又は精錬をする場合には、加工精錬の部分は課税事業となります。 　なお、この非課税は、鉱産税（市町村税）との二重課税を避けるために設けられているものです。
	農業（特定の農事組合法人の行うものに限ります。）	農業のうち、農事組合法人で、農地法第2条第3項各号に掲げる要件のすべてを満たしているものが行う農業に限り、非課税となります。

(注)　農事組合法人のうち農民以外の者を組合員とするものについては、次に掲げる者の出資口数の合計が出資口数の総数の2分の1以下であり、かつ、ロからニまでに掲げる者の出資口数の合計が出資口数の4分の1以下のものが非課税の対象とされています（地法72の4③、地令17）。
　イ　農業協同組合法第72条の13第1項第2号に該当する農業協同組合又は農業協同組合連合会の組合員
　ロ　当該農事組合法人からその事業に係る物資又は役務の提供を受ける者等同法第72条の13第1項第4号に該当する組合員
　ハ　ロに掲げる者（法人である者に限ります。）の代表者又はロに掲げる者の代理人、使用人その他の従業者である組合員
　ニ　ハに掲げる者以外の者でロに掲げる者から受ける金銭その他の資産によって生計を維持している組合員

— 267 —

第3章 事業税及び特別法人事業税

第4　事業年度及び課税標準

1　事業年度

　法人事業税の課税標準の算定期間である事業年度は、すべて法人税の課税標準の算定期間である事業年度又は連結事業年度と同一であり、その取扱いについては国の税務官署の取扱いに準ずることとなります（地法72の13、取扱通知(県)3章3）。

	形　　態	事業年度の意義
事業年度	法令又は定款等に事業年度等の定めがある場合	法令、定款、寄附行為、規則又は規約により定められた事業年度その他これに準ずる期間をいいます。
	法令又は定款等に事業年度等の定めがない場合	当該法人が国の税務署長に届出、又は国の税務署長が指定した期間をもって、当該法人の事業年度とします。 　なお、人格のない社団等が国の税務署長に届出をしなかった場合には、当該人格のない社団等の事業年度は、その年の1月1日から12月31日までの期間とします。

2　課税標準

　法人事業税の課税標準は、次の左欄に掲げる事業税の区分に応じ、それぞれ右欄のように定められています（地法72の12）。

事　業　税　の　区　分	課税標準
イ　付加価値割	各事業年度の付加価値額
ロ　資本割	各事業年度の資本金等の額
ハ　所得割	各事業年度の所得
ニ　収入割	各事業年度の収入金額

3　付加価値割の課税標準の算定方法

　付加価値割の課税標準となる各事業年度の付加価値額は、次のとおり、各事業年度の報酬給与額、純支払利子及び純支払賃借料の合計額（これを「収益配分額」といいます。）と各事業年度の単年度損益との合計額とされています（地法72の14）。

— 268 —

第2節　法人事業税

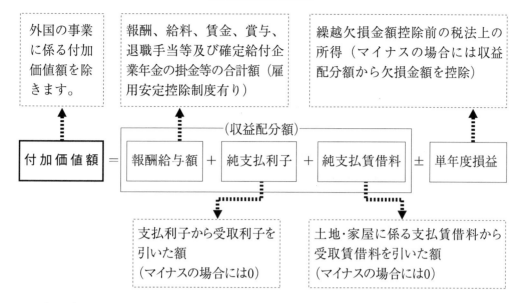

(1) 報酬給与額

各事業年度の報酬給与額は、次の(a)及び(b)に掲げる金額の合計額とされています（地法72の15①、地令20の2、20の2の2、20の2の3）。

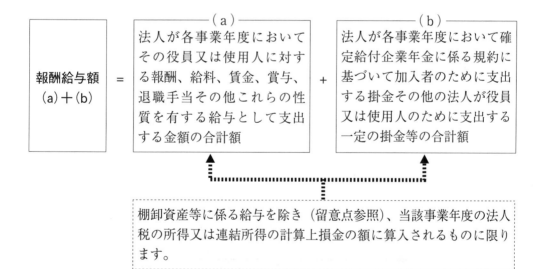

イ　派遣労働者又は派遣船員に係る報酬給与額の取扱い

法人が労働者派遣事業の適正な運営の確保及び派遣労働者の保護等に関する法律第26条第1項に規定する労働者派遣契約に基づき労働者派遣の役務の提供を受け、又は労働者派遣をした場合には、上記にかかわらず、次に掲げる法人の区分に応じ、それぞれ次に定める金額をもって当該法人の報酬給与額とすることとされています（地法72の15②、地令20の2の4）。

また、船員職業安定法第66条第1項に規定する船員派遣契約に基づき、船員派遣の役務の提供を受け、又は船員派遣をした法人の報酬給与額についても、同様の算定方法によります（地法72の15②）。

　なお、この計算方法は、上記の法律による派遣契約に基づく派遣の場合に限り適用されます。したがって、これらの派遣契約に基づかない派遣については、その状況に応じ、出向、請負又は業務委託と同様に取り扱うこととなります。

(イ)　労働者派遣の役務の提供を受けた法人

$$\begin{bmatrix}上記(1)の(a)及\\び(b)に掲げる\\金額の合計額\end{bmatrix} + \begin{bmatrix}各事業年度において当該労働者派遣の役務の提供の\\対価として当該労働者派遣をした者に支払う金額\\（派遣契約料）に100分の75の割合を乗じて得た金額\end{bmatrix}$$

　原則として、支払う金額は、当該事業年度の法人税の所得又は連結所得の計算上損金の額に算入されるものに限ります。

(ロ)　労働者派遣をした法人

$$\begin{bmatrix}上記(1)の(a)及\\び(b)に掲げる\\金額の合計額\end{bmatrix} - \begin{bmatrix}各事業年度において当該労働者派遣の対価として当\\該労働者派遣の役務の提供を受けた者から支払を受\\ける金額（派遣契約料）に100分の75の割合を乗じ\\て得た金額（派遣労働者に支払う給与等の額を限度\\とします。）\end{bmatrix}$$

　当該支払を受ける金額は、当該事業年度の法人税の所得又は連結所得の計算上益金の額に算入されるものに限ります。

（設例）

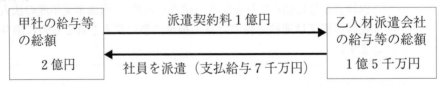

（甲社の報酬給与額）
2億円＋1億円×75％
＝2.75億円

（乙社の報酬給与額）
1.5億円－0.7億円（＜1億円×75％）
＝8千万円

　　（注）　その取扱いに当たっては、次のことに留意することとなります（取扱通知（県）3章4の2の15等）。
　　　　イ　派遣契約料に当該派遣契約に基づく対価として派遣元法人に支払う当該派遣労働者又は派遣船員に係る旅費等が含まれている場合には、これを含めたものとなります。
　　　　ロ　派遣契約料は、消費税及び地方消費税抜きのものとなります。

第2節　法人事業税

ハ　派遣労働者又は派遣船員が派遣元法人の業務にも従事している場合には、派遣元法人においては、派遣労働者又は派遣船員に係る給与等の額から派遣元法人の業務に従事している分に係る給与等の額を控除した額を限度として、派遣契約料の100分の75の割合を乗じて得た金額を控除して算出します。

ロ　**出向者に係る給与及び退職給与の取扱い**

出向した役員又は使用人（以下「出向者」といいます。）に係る給与及び退職給与は、次のように取り扱うこととされています（取扱通知(県)3章4の2の14）。

項　目	出向者に係る給与及び退職給与の取扱い
出向先法人が出向者に支払った給与	出向者の給与（退職給与その他これに類するものを除きます。）については、当該給与の実質的負担者の報酬給与額とします。したがって、出向先法人が出向者に支払った給与は、出向先法人の報酬給与額に含まれることとなります。 　なお、転籍先法人が転籍者に支払った給与も、出向者の場合と同様、転籍先法人の報酬給与額に含まれることとなります。
出向先法人の給与負担金	出向者に対する給与（退職給与その他これに類するものを除きます。）を出向元法人が支給することとしているため、出向先法人が自己の負担すべき給与に相当する金額（経営指導料等の名義で支出する金額を含みます。以下「給与負担金」といいます。）を出向元法人に支出したときは、当該給与負担金（報酬給与額の対象となるものに限ります。）は、出向先法人における報酬給与額として取り扱い、出向元法人が出向者に支払う給与のうち出向先法人から支出された給与負担金相当額は、出向元法人の報酬給与額として取り扱いません。
出向者に対する給与の格差補てん金	出向元法人が出向先法人との給与条件の較差を補てんするため出向者に対して支給した給与の額（出向先法人を経て支給した金額を含みます。）は、当該出向元法人における報酬給与額として取り扱います。したがって、例えば、出向先法人が経営不振等で出向者に賞与を支給することができないため出向元法人が当該出向者に対して支給する賞与の額は、当該出向元法人における報酬給与額となります。 　また、この取扱いは、これらの給与等を出向元法人が出向先法人を経て支給する場合でも同様です。
出向先法人の退職給与負担金	出向者の退職給与その他これに類するものについては、当該退職給与その他これに類するものの形式的支払者（退職給与等を直接支給する者をいいます。）の報酬給与額とします。また、転籍者についても同様に取り扱われます。 　したがって、出向先法人が、出向元法人に対して、出向者に支給すべき退職給与その他これに類するものの額に充てるため、

— 271 —

第3章　事業税及び特別法人事業税

	あらかじめ定めた負担区分に基づき、当該出向者の出向期間に対応する退職給与の額として合理的に計算された金額を定期的に支出している場合であっても、その支出する金額は当該出向先法人の報酬給与額に含まれません。出向者に係る退職金については、その出向者について実際に退職金を支払う事業年度において、出向元法人の報酬給与額として取り扱うこととなります。 　ただし、出向元法人が確定給付企業年金契約等を締結している場合において、出向先法人があらかじめ定めた負担区分に基づきその出向者に係る掛金、保険料等（過去勤務債務等に係る掛金及び保険料等を含みます。）の額を出向元法人に支出したときは、当該支出した金額は当該出向先法人の報酬給与額として取り扱います。
海外子会社に出向する者の給与の取扱い	内国法人から海外子法人に出向する者の給与については、国内で出向が行われた場合と同様、実質的負担者の報酬給与額となります。この場合において、当該内国法人がその出向者の給与の額を負担した場合には、海外子会社は当該内国法人の恒久的施設ではありませんので、当該内国法人の負担した額は、国外付加価値額ではなく、国内付加価値額に算入されることとなります。そして、その給与の額を海外子会社が負担した場合には、それは、海外子会社の外国における事業に帰属することとなりますので、法人事業税の課税対象外となります。 　なお、海外出向者に対する給与格差補てんについても、上記と同様の取扱いとなります。

ハ　組合及び共同企業体（JV）の組合員又は組合出向社員の報酬給与額等の取扱い

　次のように取り扱うこととされています（取扱通知(県) 3 章 4 の 1 の 4 、4 の 2 の16）。

項　目	取扱いの内容
組合員の報酬給与額等	民法上の組合は、組合自体は単なる契約関係であって、課税法人ではなく、組合事業の損益はその組合員たる法人に帰属することとなるので、組合（共同企業体（JV）を含みます。以下同じです。）の各事業年度の給与、利子又は賃借料については、その分配割合に基づいて各組合員に分配したもののうち、法人税の所得又は連結所得の計算上損金の額に算入されるものを、各組合員の報酬給与額、純支払利子又は純支払賃借料として取り扱います。 　なお、ＬＬＰ（有限責任事業組合）についても同様の取扱いとなります。

— 272 —

第2節　法人事業税

組合に出向させた社員の報酬給与額	組合の組合員が自社の社員を当該組合に出向させ、雇用関係又はこれに準ずる関係に基づき自社から給与を一括して当該職員に支払っている場合についても上欄と同様の取り扱いとなり、その分配割合に基づいて各組合員に分配したものを、各組合員の報酬給与額とします。 　ただし、組合員から組合に社員を出向させる際の給与協定が締結されている場合において、各組合員が給与として当該職員に実際に支払った額と給与協定に基づき定められた額（この額に法定福利費、通勤手当等報酬給与額の対象とならないものが含まれている場合には、これを除きます。）に差額が生じる場合には、各組合員の報酬給与額にその差額分を加減算します。 （設例） 　イ　出向社員　A社5人、B社2人、C社1人 　ロ　給与協定による1人分の給与　200万円 　ハ　分配割合　A社65％、B社25％、C社10％ 　ニ　実際に支払った給与の総額1,680万円（A社1,100万円、 　　　B社400万円、C社180万円） （各社の報酬給与額） 　A社→200×8×0.65＋100（1,100－1,000）＝1,140万円 　B社→200×8×0.25＋　0（400－400）　　＝　400万円 　C社→200×8×0.10－20（180－200）　　＝　140万円 　　　　　　（合　計）　　　　　　　　　　　1,680万円

留意点

　報酬給与額の取扱いについては、次のことに留意することとされています（取扱通知(県)3章4の1の2、4の2の1～4の2の8）。

留意事項	留意内容
報酬給与額の計上時期	各事業年度の報酬給与額は、当該事業年度の法人税の所得又は連結所得の計算上損金の額に算入されるものとされている（地法72の15）ことから、報酬給与額が計上される事業年度は、法人税の所得又は連結所得の計算上損金の額に算入される事業年度と一致します。 　なお、法人税においては、資産として計上される棚卸資産、有価証券、固定資産及び繰延資産に係る給与については、これを支出した事業年度以後の事業年度において分割して損金の額に算入されることとされていますが、報酬給与額の算定においては、これらの資産等に係る給与で損金の額に算入されるものについては、納税事務を考慮して、損金の額に算入される事業年度ではなく、その給与を支出した事業年度に計上することとされています（地法72の15①、地令20の2）。したがって、例

第3章　事業税及び特別法人事業税

	えば、製品製造のために支払った給与で棚卸資産の取得価額に含まれ資産に計上されるものは、当期製造費用として支出した事業年度に計上することとなります。
報酬給与額とは	報酬給与額とは、雇用関係又はこれに準ずる関係（例えば法人と役員との委任関係（準委任関係）等が該当します。）に基づいて提供される労務の提供の対価として支払われるものをいうものであり、定期・定額で支給されるものと不定期・業績比例で支給されるものとを問わず、また、給与、手当、賞与等その名称を問いません。 　なお、給与に含まれる手当、賞与としては、例えば、家族手当、皆勤手当、住宅手当、時間外勤務手当、残業手当、休日出勤手当、役付手当、職務手当、出来高手当、期末手当等があります。
役員又は使用人の範囲	報酬給与額の対象となる役員又は使用人には、非常勤役員、契約社員、パートタイマー、アルバイト、臨時雇いその他名称を問わず、雇用関係又はこれに準ずる関係に基づき労務の提供を行う者の全てが含まれます。
報酬給与額に含まれる給与の範囲	報酬給与額に含まれることとなる給与の範囲は、原則として、所得税において給与所得又は退職所得とされるものに限られます。したがって、所得税において事業所得、一時所得、雑所得又は非課税所得とされるものは報酬給与額とはなりません。ただし、いわゆる企業内年金制度に基づく年金や、死亡した者に係る給料・退職金等で遺族に支払われるものについては、その性格が給与としての性質を有すると認められることから、所得税において給与所得又は退職所得とされない場合であっても、報酬給与額として取り扱います。
通勤手当及び旅費等の取扱い	通勤手当及び国外勤務者の在勤手当（在外手当）のうち報酬給与額とされないものは、所得税において非課税とされるものに限ります。 　また、旅費は、所得税において非課税とされる範囲内のものであれば、報酬給与額に含まれません。
外国に勤務する使用人等に支払う給与の取扱い	内国法人が外国において勤務する役員又は使用人に対して支払う給与は、当該役員又は使用人が所得税法に規定する非居住者であっても、報酬給与額となります。この場合において、実費弁償の性格を有する手当等を支給しているときは、当該手当等の額は、報酬給与額に含まれません。 　なお、当該役員又は使用人が外国で勤務する場所が恒久的施設に該当する場合には、当該給与は、当該法人の外国の事業に帰属する報酬給与額となり、この報酬給与額は、課税対象外とされる国外付加価値額に算入されることとなります（288頁参照）。

請負契約に係る代金の取扱い	請負契約に係る代金は、労務の提供の対価ではなく、仕事の完成に対する対価であることから、報酬給与額に含まれません。 　ただし、名目上請負契約とされている場合であっても、仕事を請け負った法人が当該請負契約に係る業務を行っているとは認められず、当該請負法人と注文者である法人が当該業務において一体となっていると認められるときは、当該請負法人の使用人に対する労務の提供の対価に相当する金額は、注文者である法人の報酬給与額として取り扱うこととなります。 　なお、委託についても、請負と同様の取扱いとなります。
現物給与の取扱い	法人が役員又は使用人に給付する金銭以外の物又は権利その他経済的利益（いわゆる現物給与）については、所得税において給与所得又は退職所得として課税され、かつ、法人税の所得又は連結所得の計算上損金の額に算入される場合に限り、報酬給与額に含まれることになります。
社宅等の賃借料の取扱い	法人が賃借している土地又は家屋を当該法人の役員又は使用人に社宅等として賃貸している場合の当該社宅等に係る賃借料については、支払賃借料又は受取賃借料とすることとされていることから、所得税において給与所得又は退職所得として課税される場合であっても、報酬給与額には含めません。
養老保険等の保険料の取扱い	法人が、自己を契約者とし、役員又は使用人（これらの者の親族を含みます。）を被保険者とする養老保険（被保険者の死亡又は生存を保険事故とする生命保険をいい、傷害特約等の特約が付されているものを含みます。）、定期保険（一定期間内における被保険者の死亡を保険事故とする生命保険をいい、傷害特約等の特約が付されているものを含みます。）又は定期付養老保険（養老保険に定期保険を付したものをいいます。）等に加入してその保険料を支払う場合には、当該保険料の額のうち所得税において給与所得又は退職所得として課税されるものは報酬給与額とします。

ニ　報酬給与額となる掛金等の範囲

　法人が役員又は使用人のために支出する掛金等のうち報酬給与額となるものは、次に掲げるものとされています（地法72の15①二、地令20の2の3①、地規3の14の2、取扱通知(県)3章4の2の9）。

第 3 章　事業税及び特別法人事業税

	報酬給与額に含まれる掛金等の範囲
①	独立行政法人勤労者退職金共済機構又は特定退職金共済団体が行う退職金共済制度に基づいてその被共済者のために支出する掛金 ※　特定退職金共済団体の要件に反して支出する掛金は除かれ、中小企業退職金共済法第53条（従前の積立事業についての取扱い）の規定により独立行政法人勤労者退職金共済機構に納付する金額は含まれます。
②	確定給付企業年金法に規定する確定給付企業年金に係る規約に基づいて加入者のために支出する掛金及びこれに類する掛金又は保険料 ※　当該掛金等のうちに加入者が負担する掛金が含まれている場合には当該加入者が負担する掛金相当額は除かれ、積立不足に伴い拠出する掛金、実施事業所の増減に伴い拠出する掛金、確定給付企業年金の終了に伴い一括して拠出する掛金、資産の移管に伴い一括して拠出する掛金及び積立金の額が給付に関する事業に要する費用に不足する場合に拠出する掛金は含まれます。
③	確定拠出年金法に規定する企業型年金規約に基づいて企業型年金加入者のために支出する同法第 3 条第 3 項第 7 号に規定する事業主掛金 ※　同法第54条第 1 項の規定により移換する確定拠出年金法施行令第22条第 1 項第 4 号に掲げる資産を含みます。
④	確定拠出年金法第56条第 3 項に規定する個人型年金規約に基づいて同法第68条の 2 第 1 項に規定する個人型年金加入者のために支出する掛金
⑤	勤労者財産形成促進法に規定する勤労者財産形成給付金契約に基づいて信託の受益者等のために支出する同法第 6 条の 2 第 1 項第 1 号に規定する信託金等
⑥	勤労者財産形成促進法に規定する勤労者財産形成基金契約に基づいて、信託の受益者等のために支出する信託金等及び同法第 6 条の 3 第 3 項第 2 号に規定する勤労者について支出する同項第 1 号に規定する預入金等の払込みに充てるために同法第 7 条の20第 1 項の規定により支出する金銭
⑦	厚生年金基金の事業主として負担する平成26年 4 月 1 日前の期間に係る掛金等及び存続厚生年金基金の事業主として負担する掛金等 ※　いわゆる厚生年金代行部分は除かれます。
⑧	法人税法附則第20条第 3 項に規定する適格退職年金契約に基づいて受益者等のため支出する掛金等 ※　当該掛金等のうちに受益者等が負担する掛金等が含まれている場合における当該受益者等が負担する掛金等相当額は除かれます。また、適格退職年金契約の要件に反して支出する掛金等は除かれます。

(注) 1　健康保険や雇用保険の保険料等のいわゆる法定福利費は、法令に基づく強制的な公的負担であるという点で任意に拠出される確定給付企業年金の掛金等とその性格を異にしていることから、報酬給与額とされる掛金等には含まれません。
　　　2　特定退職金共済団体の要件に反して支出する掛金又は適格退職年金契約の要件に反して支出する掛金等は、報酬給与額の掛金等には該当しませんが、所得税においてその拠出段階で給与所得又は退職所得として課税されることから、拠出する事業

－ 276 －

年度における報酬給与額となります。
3　年金給付及び一時金等の給付に充てるため以外の目的で支出する事務費掛金等は、報酬給与額には含まれません。
4　法人が退職給付信託を設定し、当該信託財産より確定給付企業年金契約の掛金等が拠出された場合には、当該退職給付信託を設定した法人により掛金等の支払いが行われたものとして取り扱うこととなります。

(2)　純支払利子

各事業年度の純支払利子は、次の金額とされています（地法72の16、地令20の2の5、20の2の6、20の2の7）。

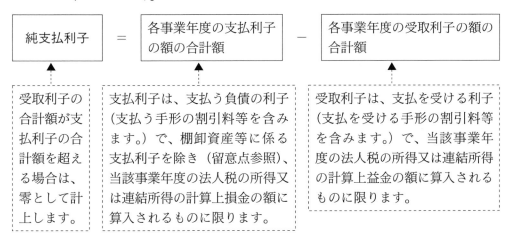

イ　支払利子の範囲

支払利子とは、法人が各事業年度において支払う負債の利子をいいます。そして、これには手形の割引料、次表の③の金額その他経済的な性質が利子に準ずるものも含まれます（地法72の16②、地令20の2の6）。

この支払利子は、基本的には、法人税において受取配当等の益金不算入を算定する際に用いられる「負債の利子」の範囲と同じですが、次表の⑫の利子税等及び保険契約に係る利息相当分については、その取扱いを異にしています（留意点参照）。具体的には、主として次に掲げるものが該当するとされています（取扱通知(県)3章4の3の1）。

なお、平成26年度の税制改正によって、法人税法第69条第4項第1号に規定する内部取引において内国法人の本店等から当該内国法人の国外事業所等に対して支払う利子（前述の手形の割引等を含みます。以下同じです。）に該当することとなるもの又は同法第138条第1項第1号に規定する内部取引において外国法人の恒久的施設から当該外国法人の本店等に対して支払う利子に該当することとなるも

のを、支払利子の対象に追加することとされています（地令20の2の6）。

支払利子に該当するもの	
①	借入金の利息
②	社債の利息
③	社債の発行その他の事由により金銭債務に係る債務者となった場合に、当該金銭債務に係る収入金額がその債務額に満たないときにおけるその満たない部分の金額（法人税法施行令第136条の2第1項の規定により損金の額に算入されるものに限ります。）
④	コマーシャル・ペーパーの券面価額から発行価額を控除した金額
⑤	受取手形の手形金額と当該受取手形の割引による受領金額との差額を手形売却損として処理している場合の当該差額（手形に含まれる金利相当額を会計上別処理する方式を採用している場合には、手形売却損として帳簿上計上していない部分を含みます。）
⑥	買掛金を手形によって支払った場合において、相手方に対して当該手形の割引料を負担したときにおける当該負担した割引料
⑦	従業員預り金、営業保証金、敷金その他これらに準ずる預り金の利息
⑧	金融機関の預金利息
⑨	コールマネーの利息
⑩	信用取引に係る利息
⑪	現先取引及び現金担保付債券貸借取引に係る利息相当額
⑫	利子税並びに地方税法第65条、第72条の45の2及び第327条の規定により徴収される延滞金
⑬	内部取引において、①～⑫に掲げるものに相当するもの

ロ　受取利子の範囲

　受取利子とは、法人が各事業年度において支払を受ける利子をいいます。そして、これには支払を受ける手形の割引料その他経済的な性質が利子に準ずるものも含まれます（地法72の16③、地令20の2の7）。

　この受取利子は、原則として、支払利子とその範囲を同じくしますが、国債・地方債の利息、合同運用信託等の収益の分配、還付加算金等については、支払う側が外形標準課税の対象外であるため、支払利子に含まれないこととなる点が異なっています。具体的には、主として次に掲げるものが該当するとされています（取扱通知(県)3章の4の3の2）。

第2節　法人事業税

　なお、平成26年度の税制改正によって、法人税法第69条第4項第1号に規定する内部取引において内国法人の国外事業所等から当該内国法人の本店等が支払を受ける利子（前述の手形の割引等を含みます。以下同じです。）に該当することとなるもの又は同法第138条第1項第1号に規定する内部取引において外国法人の本店等から当該外国法人の恒久的施設が支払を受ける利子に該当することとなるものを、受取利子の対象に追加することとされています（地令20の2の7）。

	受取利子に該当するもの
①	貸付金の利息
②	国債、地方債及び社債（会社以外の法人が特別の法律により発行する債券で利付きのものを含みます。）の利息
③	法人税法施行令第119条の14に規定する償還有価証券（その有価証券を保有する法人にとって当該有価証券の償還期限が確定しており、かつ、その償還期限における償還金額が確定しているものをいい、主なものとして、社債、国債、地方債やコマーシャルペーパー等があります。）の調整差益
④	売掛金を手形によって受け取った場合において、相手方が当該手形の割引料を負担したときにおける当該負担した割引料
⑤	営業保証金、敷金その他これらに準ずる預け金の利息
⑥	金融機関等の預貯金利息及び給付補てん備金
⑦	コールローンの利息
⑧	信用事業を営む協同組合等から受ける事業分量配当のうち当該協同組合等が受け入れる預貯金（定期積金を含みます。）の額に応じて分配されるもの
⑨	相互会社から支払いを受ける基金利息
⑩	生命保険契約（共済契約で当該保険契約に準ずるものを含みます。）に係る据置配当の額及び未収の契約者配当の額に付されている利息相当額
⑪	損害保険契約のうち保険期間の満了後満期返戻金を支払う旨の特約がされているもの（共済契約で当該保険契約に準ずるものを含みます。）に係る据置配当の額及び未収の契約者配当の額に付されている利息相当額
⑫	信用取引に係る利息
⑬	合同運用信託、公社債投資信託及び公募公社債等運用投資信託の収益として分配されるもの
⑭	現先取引及び現金担保付債券貸借取引に係る利息相当額
⑮	還付加算金
⑯	内部取引において、①〜⑮に掲げるものに相当するもの

留意点

支払利子及び受取利子の取扱いについては、次のことに留意することとされています（取扱通知(県) 3 章 4 の 1 の 2 、 4 の 3 の 3 ～ 4 の 3 の11等）。

留意事項	留意内容
支払利子の計上時期	各事業年度の支払利子は、当該事業年度の法人税の所得又は連結所得の計算上損金の額に算入されるものとされている（地法72の16①）ことから、支払利子が計上される事業年度は、法人税の所得又は連結所得の計算上損金の額に算入される事業年度と一致します。 　なお、法人税においては、資産として計上される棚卸資産、有価証券、固定資産及び繰延資産に係る支払利子については、これを支出した事業年度以後の事業年度において分割して損金の額に算入されることとされていますが、支払利子の算定においては、これらの資産等に係る支払利子で損金の額に算入されるものについては、納税事務を考慮して、損金の額に算入される事業年度ではなく、その利子を支出した事業年度に計上することとされています（地法72の16①、地令20の 2 の 5 ）。したがって、例えば、製品製造のために支払った利子で棚卸資産の取得価額に含まれ資産に計上されるものは、当期製造費用として支出した事業年度に計上することとなります。
利子税及び延滞金の取扱い	法人税における負債の利子には、利子税並びに地方税法第65条、第72条の45の 2 及び第327条の規定により徴収される延滞金を含めないことができることとされていますが、支払利子においては、これらの利子税及び延滞金は必ず含める取扱いとなります。
保険契約に係る利息相当分	法人税における負債の利子には保険契約に係る利息相当分が含まれることとされていますが、保険業は外形課税の対象外とされていますので、支払利子には含めない取扱いとなります。
繰延ヘッジ処理を行っている場合又は特例金利スワップを行っている場合の支払利子又は受取利子の計算	金利の変動に伴って生ずるおそれのある損失を減少させる目的で法人税法第61条の 6 の規定により繰延ヘッジ処理を行っている場合又は特例金利スワップ取引等を行っている場合の支払利子又は受取利子の計算は、当該繰延ヘッジ処理による繰延ヘッジ金額に係る損益の額又は特例金利スワップ取引等に係る受払額のうち、当該繰延ヘッジ処理又は特例金利スワップ取引等の対象となった資産等に係る支払利子の額又は受取利子の額に対応する部分の金額を加算又は減算した後の金額を基礎とします。

割賦販売契約等に係る割賦期間分の利息相当額	法人税法第63条に規定するリース譲渡契約（これらに類する契約を含みます。）によって購入又は販売した資産に係る割賦期間分の利息相当額は、契約書等において購入代価又は販売代価と割賦期間分の利息相当額とが明確かつ合理的に区分されているとき（例えば、契約書等において、契約の当事者双方において認識でき、かつ、その金額が合理的に区分されているとき等をいいます。以下この留意点の項において同じです。）は、支払利子及び受取利子として取り扱います。
リース取引の取扱い	法人税法第64条の2第1項の規定によりリース取引の目的となる資産の賃貸人から賃借人への引渡しの時に当該リース資産の売買があったものとされるリース取引に係るリース料の額の合計額の取扱いについては、当該リース料の額の合計額のうち、賃貸人における取得価額と利息相当額とが明確かつ合理的に区分されている場合に、当該利息相当額を支払利子及び受取利子として取り扱います。 　また、法人税法第64条の2第2項の規定により金銭貸借とされるリース取引（譲受人から譲渡人に対する賃貸を条件に資産の売買を行った場合において、その資産の種類、その売買及び賃貸に至るまでの事情その他の状況に照らし、これらの一連の取引が実質的に金銭の貸借であると認めれるものをいいます。）に係る各事業年度のリース料の額のうち通常の金融取引における元本と利息の区分計算の方法に準じて合理的に計算された利息相当額は支払利子及び受取利子として取り扱います。この場合において、リース料の額のうちに元本返済額が均等に含まれているものとして利息相当額を計算することができます。 　なお、これらのリース以外の税務上のリース取引で土地及び家屋に係るものは、支払賃借料及び受取賃借料となります。
貿易商社が支払う輸入決済手形借入金の利息	貿易商社が支払う輸入決済手形借入金の利息は、それが委託買付契約に係るもので、その利息相当額を委託者に負担させることとしている場合であっても、当該貿易商社の支払利子となります。この場合において、当該委託買付契約において当該利息相当額が明確かつ合理的に区分されているときは、当該利息相当額は当該委託者の支払利子及び当該貿易商社の受取利子として取り扱います。
遅延損害金	遅延損害金（借入金の返済が遅れた場合に、遅延期間に応じて一定の利率に基づいて算定した上で支払うものをいいます。）は、支払利子及び受取利子として取り扱います。
売上割引料	売上割引料（売掛金又はこれに準ずる債権について支払期日前にその支払いを受けたことにより支払うものをいいます。）は、支払利子及び受取利子として取り扱いません。

国債、地方債又は社債に係る経過利息	経過利息に相当する金額（※）は、法人税において負債の利子に該当しないこととされていますので、支払利子として取り扱いません。この場合において、法人が支払った経過利息に相当する金額を前払金として経理したときは、これらの債権の購入後最初に到来する利払期において支払いを受ける利息の額から、当該前払金額を差し引いた金額が受取利子の額となります。なお、経過利息に相当する金額を受け取った法人が、当該金額を利息として経理した場合には、当該金額は受取利子として取り扱います。 ※　国債、地方債又は社債（会社以外の法人が特別の法律により発行する債券で利付きのものを含みます。）をその利息の計算期間の中途において購入した法人が支払った経過利息に相当する金額（購入直前の利払期からその購入の時までの期間に応じてその債券の発行条件たる利率により計算される額）をいいます。
金銭債権に係る取得差額	金銭債権を、その債権金額と異なる金額で取得した場合において、その債権金額とその取得価額との差額に相当する金額（実質的な贈与と認められる部分の金額を除きます。以下「取得差額」といいます。）の全部又は一部が金利の調整により生じたものと認められるときは、当該金銭債権に係る支払期日までの期間の経過に応じ、利息法又は定額法に基づき当該取得差額の範囲内において金利の調整により生じた部分の金額については、受取利子として取り扱います。

(3)　純支払賃借料

　各事業年度の純支払賃借料は、次の金額とされています（地法72の17、地令20の2の8、20の2の9）。

純支払賃借料	＝	各事業年度の支払賃借料の合計額	－	各事業年度の受取賃借料の合計額

受取賃借料の合計額が支払賃借料の合計額を超える場合は、零として計上します。

支払賃借料は、土地又は家屋（これらと一体となって効用を果たす構築物及び附属設備を含みます。）の賃借権、地上権、永小作権等でその存続期間が1月以上であるもの（以下「賃借権等」といいます。）の対価として支払う金額で、棚卸資産等に係る支払賃借料を除き（留意点を参照）、当該事業年度の法人税の所得又は連結所得の計

受取賃借料は、賃借権等の対価として支払を受ける金額で、当該事業年度の法人税の所得又は連結所得の計算上益金の額に算入されるものに限ります。

第2節　法人事業税

| | 算上損金の額に算入されるものに限ります。 | |

（参考）

　平成26年度の税制改正によって、法人税法第69条第4項第1号に規定する内部取引において内国法人の本店等から当該内国法人の国外事業所等に対して賃借権等の対価として支払う金額に該当することとなる金額又は同法第138条第1項第1号に規定する内部取引において外国法人の恒久的施設から当該外国法人の本店等に対して賃借権等の対価として支払う金額に該当することとなる金額を、支払賃借料の対象に追加することとされています（地令20の2の10）。

　また、平成26年度の税制改正によって、法人税法第69条第4項第1号に規定する内部取引において内国法人の国外事業所等から当該内国法人の本店等が賃借権等の対価として支払を受ける金額に該当することとなる金額又は同法第138条第1項第1号に規定する内部取引において外国法人の本店等から当該外国法人の恒久的施設が賃借権等の対価として支払を受ける金額に該当することとなる金額を、受取賃借料の対象に追加することとされています（地令20の2の11）。

留意点

　支払賃借料及び受取賃借料の取扱いについては、次のことに留意することとされています（取扱通知(県)3章4の1の2、4の4の1～4の4の9）。

留意事項	留意内容
支払賃借料の計上時期	各事業年度の支払賃借料は、当該事業年度の法人税の所得又は連結所得の計算上損金の額に算入されるものとされている（地法72の17①）ことから、支払賃借料が計上される事業年度は、法人税の所得又は連結所得の計算上損金の額に算入される事業年度と一致します。 　なお、法人税においては、資産として計上される棚卸資産、有価証券、固定資産及び繰延資産に係る支払賃借料については、これを支出した事業年度以後の事業年度において分割して損金の額に算入されることとされていますが、支払賃借料の算定においては、これらの資産等に係る支払賃借料で損金の額に算入されるものについては、納税事務を考慮して、損金の額に算入される事業年度ではなく、その賃借料を支出した事業年度に計上することとされています（地法72の17①、地令20の2の8）。したがって、例えば、製品製造のために支払った賃借料で棚卸

－283－

第3章　事業税及び特別法人事業税

	資産の取得価額に含まれ資産に計上されるものは、当期製造費用として支出した事業年度に計上することとなります。
賃借料の対象となる土地又は家屋の範囲	支払賃借料及び受取賃借料の対象となる土地又は家屋には、これらと一体となって効用を果たす構築物又は附属設備（以下「構築物等」といいます。）が含まれることから、固定資産税における土地又は家屋のほか、土地又は家屋に構築物が定着し、又は設備が附属し、かつ、土地又は家屋とこれらの構築物等が一体となって取引をされている場合には、これらの構築物等を含むこととなります。したがって、一つの契約で土地又は家屋と構築物等が賃貸借されている場合には、構築物等の賃借料も支払賃借料又は受取賃借料として取り扱うことになりますが、例えば、土地又は家屋の賃貸借契約と構築物等の賃貸借契約とが別個の独立した契約である場合には、当該構築物等の賃借料は支払賃借料及び受取賃借料となりません。 ただし、形式的に土地又は家屋の賃貸借契約と構築物等の賃貸借契約とが別個の契約とされている場合であっても、当該構築物等と土地又は家屋とが物理的に一体となっている場合（例えば、駐車場の賃貸借契約においてアスファルト舗装部分と土地とを別契約にしている場合や建物の賃貸借契約において建物のエレベーター設備部分をその建物から切り離して別契約にしている場合等）など、当該構築物等と土地又は家屋とが独立して賃貸借されていないと認められるときは、当該構築物等の賃借料は支払賃借料及び受取賃借料となります。
土地又は家屋の使用又は収益を目的とする権利の範囲	支払賃借料及び受取賃借料の対象となる土地又は家屋の使用又は収益を目的とする権利とは、地上権、地役権、永小作権、土地又は家屋に係る賃借権、土地又は家屋に係る行政財産を使用する権利等をいい、鉱業権、土石採取権、温泉利用権、質権、留置権、抵当権等はこれに含まれません。
土地又は家屋を使用・収益できる期間	土地又は家屋の賃借権等（土地又は家屋の使用又は収益を目的とする権利をいいます。以下同じです。）の対価の額は、当該土地又は家屋を使用又は収益できる期間が連続して1月以上であるものに限り、支払賃借料及び受取賃借料となります。 なお、使用又は収益できる期間の判定は、契約等において定められた期間によることとなりますが、当該期間が連続して1月に満たない場合であっても、実質的に当該使用又は収益することのできる期間が連続して1月以上となっていると認められる場合には、支払賃借料又は受取賃借料となります。
権利金等	土地又は家屋の賃借権等の設定に係る権利金その他の一時金（更新料を含みます。）は、支払賃借料及び受取賃借料として取り扱いません。 なお、権利金等の名目であっても、契約等において賃借料の

－284－

第2節　法人事業税

	前払相当分が含まれていると認められる場合には、当該前払相当分は支払賃借料及び受取賃借料となります。
役務の提供の対価	土地又は家屋の賃借権等に係る役務の提供の対価の額と当該土地又は家屋の賃借権等の対価の額とが、契約等において明確かつ合理的に区分されていない場合には、当該役務の提供の対価に相当する額は支払賃借料及び受取賃借料となります。したがって、例えば、オフィスやマンションの賃借料に管理人費その他の維持管理費の共益費等が含まれている場合又は倉庫料に出入庫サービス料や警備料等が含まれている場合において、これらの役務の提供の対価に相当する額がその賃貸借の契約書等において明確かつ合理的に区分されていないときは、これらの役務の提供の対価に相当する額は、支払賃借料及び受取賃借料となります。
売上高等に応じた賃借権等の対価の取扱い	土地又は家屋を使用又は収益するに当たり、その賃借料の全て又は一部が契約等において賃借人の事業に係る売上高等に応じたものとされている場合であっても、土地又は家屋の賃借権等の対価の額と認められる限り、支払賃借料及び受取賃借料となります。
違約金等	土地又は家屋の明渡しの遅滞により賃借人が賃貸人に支払う違約金等（土地又は家屋の賃借権等の対価としての性質を有するものに限ります。）は支払賃借料及び受取賃借料として取り扱います。
内部取引に係る賃借料	内部取引において賃借権等の対価として支払う金額に該当することとなる額及び賃借権等の対価として支払を受ける金額に該当することとなる額については、それぞれ支払賃借料及び受取賃借料となります。
社宅等に係る賃借料	法人が賃借している土地又は家屋を当該法人の役員又は使用人に社宅等として賃貸している場合には、当該法人が支払う賃借料は当該法人の支払賃借料となり、役員又は使用人から支払いを受ける賃借料は当該法人の受取賃借料となります。
立体駐車場等に係る賃借料	立体駐車場等の賃借料については、当該立体駐車場等が固定資産税において家屋に該当しないものであっても、当該立体駐車場等が土地と一体となっていると認められる場合には、土地又は家屋の賃借権等の対価の額にあたるものとして支払賃借料及び受取賃借料として取り扱います。
構築物等を別途賃借して設置した場合の賃借料	法人が自ら保有し、又は賃借している土地又は家屋に、構築物又は附属設備を別途賃借して設置した場合の当該構築物等の賃借料は、当該法人の支払賃借料及び構築物等を賃貸した者の受取賃借料となりません。

高架道路等の構築物の賃借料	高架道路等の構築物については、高架下において別の土地の利用が可能であるから、土地又は家屋の賃借権等と当該構築物が別個に取引されている場合には、当該構築物の賃借料は支払賃借料及び受取賃借料となりません。
荷物の保管料	荷物の保管料については、契約等において1月以上荷物を預け、一定の土地又は家屋を使用又は収益していると認められる場合には、土地又は家屋の賃借権等の対価にあたるものとして支払賃借料又は受取賃借料となります。
商品を消化仕入れにより販売している場合	法人が自己の商品を他の法人の店舗等において販売するに当たり、いわゆる消化仕入契約（実際に販売された商品のみを仕入れたこととする契約で、自己の商品を販売する法人に対し売上の一定割合を控除した残額が支払われるものをいいます。）に基づき販売しており、土地又は家屋の賃借権等の対価に相当する額が、法人税の所得又は連結所得の計算上、自己の商品を販売する法人の損金の額及び他の法人の益金の額に算入されていない場合には、売上から控除される土地又は家屋の賃借権等の対価に相当する額は自己の商品を販売する法人の支払賃借料及び他の法人の受取賃借料となりません。
共益費等	土地又は家屋の賃借権等に係る契約等において、水道光熱費、管理人費その他の維持費を共益費等として支払っており、賃借料と当該共益費等とが明確かつ合理的に区分されている場合（例えば、契約書等において、契約の当事者の双方において認識でき、かつ、支払う金額の内訳として共益費等が合理的に区分されている場合等）には、当該共益費等は支払賃借料及び受取賃借料として取り扱いません。
リース料	土地又は家屋に係る取引であっても、法人税においてリース取引の目的となる資産の売買があったものとされるリース取引及び法人税において金銭貸借とされるリース取引に係るリース料は、支払賃借料及び受取賃借料として取り扱われず、支払利子及び受取利子として取り扱われます。したがって、その対価の額が支払賃借料又は受取賃借料として取り扱われるのは、上記の税務上売買又は金銭貸借とされるリース取引に該当しない賃貸借で土地又は家屋を対象とするリース料に限られます。

⑷　単年度損益

　各事業年度の単年度損益は、次により算定した金額とされています（地法72の18）。

　なお、単年度損益がプラスの場合には収益配分額（報酬給与額、純支払利子及び純支払賃借料の合計額をいいます。）に加算し、マイナスの場合には収益配分額から減算し

－ 286 －

第2節　法人事業税

て付加価値額を算定します。この場合において、単年度損益のマイナス額が大きいために付加価値額がマイナスとなることがありますが、付加価値額のマイナス分は、翌事業年度に繰り越すことができません。

単年度損益の算定方法	単年度損益の計算に関する特別の定め
イ　連結申告法人以外の法人 　　各事業年度の益金の額から損金の額を控除した金額によるものとし、地方税法又は地方税法施行令で特別の定めをする場合を除くほか、当該各事業年度の法人税の課税標準である所得の計算の例によって算定します。 ロ　連結申告法人 　　各事業年度終了の日の属する各連結事業年度の個別帰属益金額から個別帰属損金額を控除した金額によるものとし、地方税法又は地方税法施行令で特別の定めをする場合を除くほか、当該各連結事業年度の法人税の課税標準である連結所得に係る当該連結申告法人の個別所得金額の計算の例によって算定します。 ハ　外国法人 　　各事業年度の法人税法第141条第1号イに掲げる国内源泉所得（恒久的施設帰属所得）に係る所得の金額又は欠損金額及び同号ロに掲げる国内源泉所得（恒久的施設非帰属所得）に係る所得の金額又は欠損金額の合算額によるものとし、地方税法又は地方税法施行令で特別の定めをする場合を除くほか、当該各事業年度の法人税の課税標準である同号イに掲げる国内源泉所得に係る所得及び同号ロに掲げ	イ　欠損金の取扱いについては、法人税法第57条、第57条の2、第58条、第81条の9及び第81条の10並びに租税特別措置法第55条（同条第1項及び第9項に規定する特定株式等で地方税法施行令に定めるものに係る部分を除きます。）、第59条の2、第66条の5の3（第2項に係る部分を除きます。）、第68条の43（同条第1項及び第8項に規定する特定株式等で地方税法施行令に定めるものに係る部分を除きます。）、第68条の62の2及び第68条の89の3（第2項に係る部分を除きます。）の規定の例によらないこととされています（地法72の18②）。 　　ただし、同法第59条に規定する会社更生等による債務免除等があった場合の欠損金額については、同条の規定の例により算定します（地法72の18①本文、地令20の2の12）。 ロ　所得税額及び復興特別所得税額は、損金の額又は個別帰属損金額に算入しません（地令20の2の13）。 ハ　分配時調整外国税相当額は、損金の額又は個別帰属損金額に算入しません（地令20の2の14）。 ニ　寄附金の損金算入限度額又は連結損金算入限度額は、法人税における損金算入限度額又は連結損金算入限度額をもってその限度額とします（地令20の2の15）。 ホ　所得基準額及び連結所得個別基準額は、法人税の課税標準である所得及び連結所得の計算上所得基準額及び連結所得個別基準額とされた額とします（地令20の2の16）。 ヘ　内国法人の外国の事業に帰属する所得以外の所得に対して課された外国法人税額は、損金の額又は個別帰属損金額に算入します（地令20の2の17）。 ト　外国の資源開発事業に係る海外投資等損失準備金制度は不適用とします（地法72の18②、地令20の2の18、地規3の15）。

— 287 —

第3章　事業税及び特別法人事業税

る国内源泉所得に係る所得の計算の例によって算定します。	

(注)　外国法人に対する法人事業税の課税原則が法人税に準じていわゆる「総合主義」から「帰属主義」に見直されることから、平成26年度の税制改正において、平成28年4月1日以後に開始する事業年度分の法人事業税から、恒久的施設を有する外国法人の付加価値割の課税標準である付加価値額のうち単年度損益は、恒久的施設に帰属する所得の金額又は欠損金額及び恒久的施設に帰属しない所得の金額又は欠損金額の合算額とすることとされています（地法72の18、平成26年改正地法附則1六、6①）。

(5)　外国において事業を行う特定内国法人の付加価値額の算定方法

　事業税は応益原則に基づいて課するというこの税の性格から、その課税の対象となる事業（課税客体）は、国内で行われる事業に限られています。したがって、内国法人で外国にその事業が行われる事務所又は事業所（恒久的施設（261頁参照））を有するもの（以下「特定内国法人」といいます。）の付加価値割の課税標準となる付加価値額は、次の左欄に掲げる法人の区分に応じ、右欄により算定した金額とされています（地法72の19、地令20の2の20）。

　なお、外国の事業に帰属する付加価値額（以下「国外付加価値額」といいます。）については、国外所得（外国の事業に帰属する所得をいいます。）の取扱い（317頁参照）に準じて取り扱うこととされています（通知「事業税における国外所得等の取扱いについて」（平成16年4月1日総税都第16号）14）。そして、国外所得について区分計算した場合には、付加価値額についても、区分計算の方法によるとされています（同通知）。

外国において事業を行う特定内国法人の付加価値額の算定方法	
国外付加価値額を区分して計算する法人（原則）	[付加価値額の総額] － [国外付加価値額]
国外付加価値額を区分して計算することが困難な法人（317頁の留意点の②に該当する場合の法人を除きます。）（特則）	$\left[\begin{array}{c}\text{付加価}\\\text{値額の}\\\text{総額}\end{array}\right] - \left[\begin{array}{c}\text{付加価}\\\text{値額の}\\\text{総額（※）}\end{array}\right] \times \dfrac{\text{外国の事務所等の従業者の数}}{\text{従業者の総数}}$ ※　この場合の付加価値額の総額は、外国の事業に帰属する所得以外の所得に対して課された外国法人税額は、損金の額又は個別帰属損金額に算入しないで算定した単年度損益を基礎にして計算した額とされています（地令20の2の20①）。 　また、外国の事業に帰属する所得に対して課された外国法人税額について法人税において外国税額控除の適用を受けず、これを法人税の所得の計算上損金の額又は個別帰属損金額に

－ 288 －

算入している場合は、当該付加価値額の総額は、当該外国法人税額を損金の額又は個別帰属損金額に算入しないで計算した単年度損益を基礎にして計算した額とされています（地令20の2の20②）。

したがって、付加価値額の総額は、外国法人税額を損金の額又は個別帰属損金額に算入しないで計算した単年度損益を基礎にして計算したものとなります。

留意点

あん分の基準となる従業者数については、次のように取り扱うこととされています（取扱通知(県)3章4の6の10、4の10）。

あん分の基準となる従業者数の取扱い
①	従業者とは、当該法人の事務所等に使用される役員又は使用人であり、原則として、当該法人から報酬、給料、賃金、賞与、退職手当その他これらの性質を有する給与を支払われるものをいいます。したがって、非常勤の役員、契約社員、パートタイマー、アルバイト又は臨時雇いその他名称を問わず、原則として雇用関係又はこれに準ずる関係に基づき労務の提供を行う者の全てが含まれます。
②	次に掲げる者については、①にかかわらず、それぞれ次に掲げる法人の従業者として取り扱います。 イ　派遣労働者又は派遣船員（以下「派遣労働者等」といいます。）（ロに掲げる者を除きます。）……派遣先法人 ロ　派遣元法人の業務にも従事する派遣労働者等……派遣先法人及び派遣元法人 ハ　法人（出向先法人）の業務に従事するため、他の法人（出向元法人）から出向している従業者（ニに掲げる者を除きます。）……当該法人 ニ　法人（出向先法人）の業務に従事するため、他の法人（出向元法人）から出向している従業者で、当該他の法人の業務にも従事するもの……当該法人及び当該他の法人 ホ　当該請負法人と注文者である法人が当該業務において一体となっていると認められるときの当該請負法人の使用人（275頁の「請負契約に係る代金の取扱い」のただし書を参照）……当該注文者である法人
③	①及び②にかかわらず、次に掲げる者については、当該法人の従業者として取り扱わないものとします。 イ　その勤務すべき施設が事務所等に該当しない場合の当該施設の従業者（例えば常時船舶の乗組員である者、現場作業所等の従業者） ロ　病気欠勤者又は組合専住者等連続して1月以上の期間にわたってその本来勤務すべき事務所等に勤務しない者

④	従業者数は、事業年度終了の日（仮決算による中間申告及び前事業年度と分割基準が著しく異なる場合の予定申告の場合は、事業年度開始の日から 6 月を経過した日の前日）現在におけるそれぞれの事業の従業者数をいいます。そして、その従業者数は、分割基準とされる従業者の数の算定の際に行うこととされている製造業の工場に係る割増し計算を行わないで計算したものです。 　ただし、次に掲げる場合には、当該事業年度に属する各月の末日現在における事務所又は事業所の従業者の数を合計した数を当該事業年度の月数で除して得た数となります（地令20の 2 の20③）。 イ　外国の事務所又は事業所を有しない内国法人が事業年度の中途において外国の事務所又は事業所を有することとなった場合又は特定内国法人が事業年度の中途において外国の事務所又は事業所を有しないこととなった場合 ロ　所得等課税事業又は収入金額等課税事業（以下「所得等課税事業等」といいます。）を行う法人が事業年度の中途において非課税事業又は収入金額課税事業（以下「非課税事業等」といいます。）を開始した場合 ハ　非課税事業等を行う法人が事業年度の中途において所得等課税事業等を開始した場合 ニ　非課税事業等と所得等課税事業等とを併せて行う法人が事業年度の中途において非課税事業等又は所得等課税事業等を廃止した場合
⑤	それぞれの事業に区分することが困難な従業者の数については、非課税事業又は収入金額課税事業と所得等課税事業等とを併せて行う法人の付加価値額及び所得の算定に用いた最も妥当と認められる基準によってあん分します（323頁参照）。

⑹　雇用安定控除の特例

　収益配分額のうち報酬給与額の占める割合の高い左欄に該当する法人の付加価値割の課税標準の算定については、雇用等への影響を配慮して、特例措置が講じられており、次のとおり、当該事業年度の付加価値額（国外付加価値額があるときは、これを控除した後の金額とします。）から雇用安定控除額が控除されます（地法72の20①）。この場合、雇用安定控除額とは、報酬給与額から収益配分額に100分の70の割合を乗じて得た金額を控除した金額とされています（地法72の20②）。

第2節　法人事業税

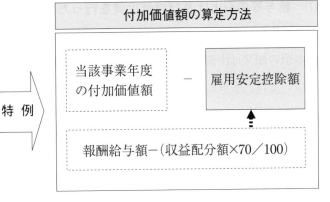

（例示）雇用安定控除額が控除される場合

収益配分額＝200

| 純支払利子 10 | 純支払賃借料 10 | | 控除額 40 | 単年度損益 30 |

報酬給与額　180

付加価値額(190) ＝ ｛収益配分額(200) － 雇用安定控除額(40)｝ ＋ 単年度損益(30)

(注) 1　特定内国法人が雇用安定控除の適用の有無の判定及び雇用安定控除額の算定の際に用いる収益配分額及び報酬給与額は、それぞれ次によって求めた額となります。
　　イ　収益配分額
　　　　収益配分額の総額 － 外国の事業に帰属する収益配分額
　　ロ　報酬給与額
　　　　報酬給与額の総額 － 外国の事業に帰属する報酬給与額
　2　外国の事業に帰属する収益配分額又は報酬給与額を区分して計算することが困難であるときは、（収益配分額又は報酬給与額の総額）×（外国の事務所等の従業者の数÷従業者の総数）により算定した金額を当該特定内国法人の外国の事業に帰属する収益配分額又は報酬給与額とみなします（地法72の20③後段、地令20の2の21）。
　3　特定内国法人が付加価値額を計算する場合において、国外付加価値額を従業者数を用いて算定した場合には、外国の事業に帰属する収益配分額及び報酬給与額についても、それぞれ従業者数によりあん分して算定することとなります。

第3章　事業税及び特別法人事業税

(7)　給与等の引上げ及び設備投資を行った場合の特例

　外形課税対象法人及び電気供給業のうち小売電気事業等若しくは発電事業等を行う資本金の額又は出資金の額が1億円を超える普通法人の付加価値割の課税標準の算定については、平成30年4月1日から令和3年3月31日までの間に開始する各事業年度（解散（合併による解散を除きます。）の日を含む事業年度及び清算中の各事業年度を除きます。）分に限り、当該法人が国内雇用者に対して給与等を支給する場合において、雇用者給与等支給額が比較雇用者給与等支給額以上であり、かつ、ロのいずれの要件も満たす場合には、次の算式により計算した金額が各事業年度の付加価値額から控除されます（令和3年旧地法附則9⑬）。

　なお、連結申告法人についても、同様の特例措置が講じられています（令和3年旧地法附則9⑭）。

（算式）

$$\left(\begin{matrix}\text{雇用者給与} \\ \text{等支給額}\end{matrix} - \begin{matrix}\text{比較雇用者給} \\ \text{与等支給額}\end{matrix}\right) \times \text{雇用安定控除調整率}$$

　※　雇用安定控除調整率とは、$\dfrac{\text{収益配分額} - \text{雇用安定控除額}}{\text{収益配分額}}$をいいます。
　　　ここで、収益配分額とは、報酬給与額、純支払利子及び純支払賃借料の合計額をいいます（地法72の14）（前頁参照）。
　　　また雇用安定控除額については、前頁を参照してください。

　なお、この特例の適用を受ける法人は、その申告書に、雇用者給与等支給増加額から比較雇用者給与等支給額を控除した金額、控除を受ける金額及び当該金額の計算に関する明細を記載した書類が添付されている場合に限り適用されます（令和3年旧地法附則9⑰）。

イ　雇用者給与等支給額から比較雇用者給与等支給額を控除した額とは

雇用者給与等支給額から比較雇用者給与等支給額を控除した額
①　通常の法人（②及び③以外の法人） 　　雇用者給与等支給額から比較雇用者給与等支給額を控除した金額をいいます。
i　「雇用者給与等支給額」とは、法人の各事業年度の所得の金額の計算上損金の額に算入される国内雇用者に対する給与等の支給額をいいます（令和3年旧措法42の12の5③四）。
ii　「比較雇用者給与等支給額」とは、法人の適用年度開始の日の前日を含む事業年度の所得の金額の計算上損金の額に算入される国内雇用者に

－ 292 －

第2節　法人事業税

対する給与等の支給額をいいます（令和3年旧措法42の12の5③五）。

② 労働者派遣又は船員派遣をした法人

　労働者派遣法又は船員職業安定法に基づき労働者派遣又は船員派遣をした法人がこの特例の適用を受ける場合の雇用者給与等支給額から比較雇用者給与等支給額を控除した額は、①の雇用者給与等支給額から比較雇用者給与等支給額を控除した額に、{報酬給与額÷[報酬給与額＋（派遣契約料×75％（限度額があります。))]} により求めた割合を乗じて計算した金額とすることとされています（令和3年旧地法附則9⑮）。

　なお、「報酬給与額」の算定については269頁の「報酬給与額」の項を、「派遣契約料×75％（限度額があります。）」の部分については270頁の「労働者派遣をした法人」の項を参照してください。

③ 非課税事業等を併せて行う法人

　非課税事業又は電気供給業（小売電気事業等及び発電事業等を除く。）、ガス供給業、保険業及び貿易保険業とこれらの事業以外の事業とを併せて行う法人が、この特例の適用を受ける場合の雇用者給与等支給額から比較雇用者給与等支給額を控除した額は、①の雇用者給与等支給額から比較雇用者給与等支給額を控除した額に、（その他の事業に係る雇用者給与等支給額÷全事業に係る雇用者給与等支給額）により求めた割合を乗じて計算した金額とすることとされています（令和3年旧地法附則9⑯）。

　※1　その他の事業とは、非課税事業又は電気供給業（小売電気事業等及び発電事業等を除く。）、ガス供給業若しくは保険業とこれらの事業以外の事業とを併せて行う法人のこれらの事業以外の事業をいいます。

　　2　雇用者給与等支給額のうちその他の事業に係るものの計算が困難であるときは、それぞれの事業を通じて算定した雇用者給与等支給額に、（その他の事業に係る従業者の数÷国内の従業者の総数）によって求めた割合を乗じて計算した金額をもって当該法人のその他の事業に係る雇用者給与等支給額とみなすこととされています（令和3年旧地法附則9⑯、令和3年旧地令附則6の2④）

ロ　要件

次のとおりとされています（令和3年旧地法附則9⑬⑭）。

要件の内容
① 継続雇用者給与等支給額から継続雇用者比較給与等支給額を控除した金額の当該継続雇用者比較給与等支給額に対する割合が3％以上であること ※1 「継続雇用者給与等支給額」とは、継続雇用者に対する当該適用年度の所得の金額の計算上損金の額に算入される国内雇用者に対する給与等の支給額をいいます（令和3年旧措法42の12の5③六）。 　2 「継続雇用者比較給与等支給額」とは、継続雇用者に対する前事業年度等の給与等の支給額をいいます（令和3年旧措法42の12の5③七）。 　3 上記要件に代えて、連結申告法人にあっては、当該法人及び当該法

— 293 —

人との間に連結完全支配関係がある各連結法人の継続雇用者給与等支
給額の合計額から当該法人及び当該各連結法人の継続雇用者比較給与
等支給額の合計額を控除した金額の当該継続雇用者比較給与等支給額
の合計額に対する割合が３％であることとすることができます。

② 国内設備投資額が当該法人の当期償却費総額の95％以上であること
　※１ 「国内設備投資額」とは、法人が適用年度において取得等をした国
　　　内資産で当該適用年度終了の日において有するものの取得価格の合計
　　　額をいいます（令和３年旧措法42の12の５③八）。
　　２ 「当期償却費総額」とは、法人がその有する減価償却資産につき適
　　　用年度においてその償却費として損金経理をした金額の合計額をいい
　　　ます（令和３年旧措法42の12の５③九）。
　　３ 上記要件に代えて、連結申告法人にあっては、当該法人及び当該法
　　　人との間に連結完全支配関係がある各連結法人の国内設備投資額の合
　　　計額が当該法人及び当該各連結法人の当期償却費総額の合計額の95％
　　　以上であることとすることができます。

⑻　給与等の支給額が増加した場合の特例

　外形課税対象法人及び電気供給業のうち小売電気事業等又は発電事業等を行う資本
金の額又は出資金の額が１億円を超える普通法人の付加価値割の課税標準の算定につ
いては、令和３年４月１日から令和５年３月31日までの間に開始する各事業年度（設
立事業年度、解散（合併による解散を除きます。）の日を含む事業年度及び清算中の各事業
年度を除きます。）分に限り、当該法人の新規雇用者給与等支給額から新規雇用者比較
給与等支給額を控除した金額の当該新規雇用者比較給与等支給額に対する割合が２％
以上である場合には、次の算式により計算した金額が各事業年度の付加価値額から控
除されます（地法附則９⑬）。

　なお、連結申告法人についても、同様の特例措置が講じられています（地法附則９⑭）。

> （算式）
>
> 控除対象新規雇用者給与等支給額×雇用安定控除調整率
>
> ※　雇用安定控除調整率とは、$\dfrac{報酬給与額－雇用安定控除額}{報酬給与額}$をいいます。
>
> 雇用安定控除額については、291頁を参照してください。

　なお、この特例の適用を受ける法人は、その申告書に、控除対象新規雇用者給与等
支給額、控除を受ける金額及び当該金額の計算に関する明細を記載した書類が添付さ
れている場合に限り適用されます（地法附則９⑰）。

第2節 法人事業税

控除対象新規雇用者給与等支給額とは

控除対象新規雇用者給与等支給額

① 通常の法人（②及び③以外の法人）

　法人の各事業年度（適用年度）の所得の金額の計算上損金の額に算入される国内新規雇用者に対する給与等の支給額（その給与等に充てるため他の者から支払を受ける金額がある場合には、当該金額を控除した金額をいいます。）のうち当該法人の当該適用年度の調整雇用者給与等支給増加額（ⅰからⅱを控除した金額をいいます。）に達するまでの金額をいいます（措法42の12の5③四、十、十一）。

　ⅰ　雇用者給与等支給額

　　法人の適用年度の所得の計算上損金の額に算入される国内雇用者に対する給与等の支給額をいい、当該雇用者給与等支給額の計算の基礎となる給与等に充てるための雇用安定助成金額がある場合には、当該雇用安定助成金額を控除した金額をいいます（③において同じです。）。

　ⅱ　比較雇用者給与等支給額

　　法人の適用年度開始の日の前日を含む事業年度の所得の計算上損金の額に算入される国内雇用者に対する給与等の支給額をいい、当該比較雇用者給与等支給額の計算の基礎となる給与等に充てるための雇用安定助成金額がある場合には、当該雇用安定助成金額を控除した金額をいいます。

② 労働者派遣又は船員派遣をした法人

　労働者派遣法又は船員職業安定法に基づき労働者派遣又は船員派遣をした法人がこの特例の適用を受ける場合の控除対象新規雇用者給与等支給額は、①の控除対象新規雇用者給与等支給額に、{報酬給与額÷[報酬給与額＋（派遣契約料×75％（限度額があります。））]｝により求めた割合を乗じて計算した金額とすることとされています（地法附則9⑮）。

　なお、「報酬給与額」の算定については、269頁の「報酬給与額」の項を、「派遣契約料×75％（限度額があります。）」の部分については270頁の「労働者派遣をした法人」の項を参照してください。

③ 事業税を課されない事業等を併せて行う法人

　非課税事業又は電気供給業（小売電気事業等及び発電事業等を除きます。）、ガス供給業、保険業及び貿易保険業（以下「事業税を課されない事業等」といいます。）と事業税を課されない事業等以外の事業とを併せて行う法人が、この特例の適用を受ける場合の控除対象新規雇用者給与等支給額は、①の控除対象新規雇用者給与等支給額に、（事業税を課されない事業等以外の事業に係る雇用者給与等支給額÷全事業に係る雇用者給与等支給額）により求めた割合を乗じて計算した金額とすることとされています（地法附則9⑯）。

※　雇用者給与等支給額のうち事業税を課されない事業等以外の事業に係るものの計算が困難であるときは、それぞれの事業を通じて算定した雇用者給与等支給額に、（事業税を課されない事業等以外の事業に係る従業者の数÷国内の従業者の総数）によって求めた割合を乗じて計算した金額をもって当該

－ 295 －

法人の事業税を課されない事業等以外の事業に係る雇用者給与等支給額とみなすこととされています（地法附則9⑯、地令附則6の2④）。

4　資本割の課税標準の算定の方法

⑴　資本金等の額

　資本割の課税標準となる各事業年度の資本金等の額は、各事業年度終了の日における法人税法第2条第16号に規定する資本金等の額又は同条第17号の2に規定する連結個別資本金等の額です（地法72の21）。ただし、清算中の法人については、連結子法人が事業年度の中途において解散した場合を除き、その資本金等の額はないものとみなすこととされています（地法72の21①ただし書）。

　なお、上記の法人税法上の資本金等の額の具体的な計算は、同法施行令第8条第1項の規定により行うとされています。

⑵　無償減資等又は無償増資等を行った場合の資本金等の額

　損失のてん補のために無償減資等を行った場合には、会計上においては、資本金等の額は減少することとなりますが、法人税法上においては、資本金等の額は減少しないこととされています（法令8①）。また、会計上においては法人税法上資本金等の額が増加しない無償増資等があります（法令8①）。

　法人事業税の外形標準課税における資本割の課税標準である資本金等の額の算定に当たっては、このような無償減資等又は無償増資等が行われた場合においては、この税が事業活動の規模に応じて課税するという外形標準課税の趣旨を考慮して、その無償減資等の額を法人税法上の資本金等の額から減算し、また、無償増資等の額を法人税法上の資本金等の額に加算することとされています（地法72の21①）。すなわち、資本金の額若しくは資本準備金の額を減少してその減少した金額を損失（欠損）のてん補に充てた場合又は剰余金若しくは利益準備金の額を資本金の額とした場合における資本金等の額は、次の算式により算定したものとされています。

　なお、この減算がされることとなるのは、下記の算式の2号及び3号に掲げる金額についてその内容を証する書類を添付した申告書を提出した場合に限り、減算することができるとされています（取扱通知（県）3章4の6の2）。

― 296 ―

第2節　法人事業税

（算　式）

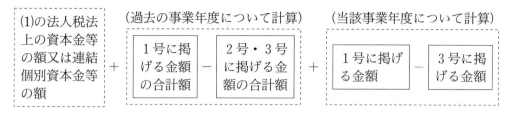

〔上記算式の1号、2号及び3号の意義〕

1号　平成22年4月1日以後に、会社法第446条に規定する剰余金（同法第447条又は第448条の規定により資本金の額又は資本準備金の額を減少し、剰余金として計上したものを除き、総務省令で定めるもの（注1）に限ります。）を同法第450条の規定により資本金とし、又は同法第448条第1項第2号の規定により利益準備金の額の全部若しくは一部を資本金とした金額

2号　平成13年4月1日から平成18年4月30日までの間に、資本又は出資の減少（金銭その他の資産を交付したもの（有償減資）を除きます。）による資本の欠損のてん補に充てた金額並びに旧商法第289条第1項及び第2項に規定する資本準備金による旧商法第289条第1項及び第2項第2号に規定する資本の欠損のてん補に充てた金額

3号　平成18年5月1日以後に、会社法第446条に規定する剰余金（会社法第447条又は第448条の規定により資本金の額又は資本準備金の額を減少し、剰余金として計上したもので総務省令で定めるもの（注2）に限ります。）を同法第452条の規定により総務省令で定める損失（注3）のてん補に充てた金額

(注)1　会社計算規則第29条第2項第1号に規定する額（すなわち、会社法第450条第1項第1号の減少する剰余金の額）とされています（地規3の16①）。
　　2　次に掲げる場合の区分に応じ、それぞれ次に定める額（損失のてん補に充てた日以前1年間において剰余金として計上した額に限ります。）とされています（地規3の16②、③）。
　　　(1)　会社法第447条の規定により資本金の額を減少した場合　会社計算規則第27条第1項第1号に規定する額（すなわち、減少する資本金の額（減少する資本金の額の全部又は一部を準備金とするときは、減少する資本金の額から当該準備金の額を減じて得た額）に相当する額）
　　　(2)　会社法第448条の規定により準備金の額を減少した場合　会社計算規則第27条第1項第2号に規定する額（すなわち、減少する準備金の額（資本準備金に係る額に限り、減少する準備金の額の全部又は一部を資本金とするときは、減少する準備金の額から当該資本金の額とするものを減じて得た額）に相当する額）
　　3　会社法第452条の規定により損失のてん補に充てた日における会社計算規則第29条に規定するその他利益剰余金の額が零を下回る場合における当該下回る額とされています（地規3の16④）

第 3 章　事業税及び特別法人事業税

⑶　資本金等の額が資本金の額及び資本準備金の額の合算額又は出資金の額に満たない場合の課税標準の特則

　前記⑴又は⑵による資本金等の額が、各事業年度終了の日における資本金の額及び資本準備金の額の合算額又は出資金の額に満たない場合には、資本割の課税標準である各事業年度の資本金等の額は、各事業年度終了の日における資本金の額及び資本準備金の額の合算額又は出資金の額とされます（地法72の21②）。

⑷　月割による資本金等の額が課税標準となる場合

　次の左欄に該当する場合は、次の右欄により月割計算した資本金等の額が資本割の課税標準となります。

月割による場合	資本金等の額の月割計算
事業年度が 1 年に満たない場合	事業年度が 1 年に満たない場合における資本割の課税標準である各事業年度の資本金等の額は、次により計算します（地法72の21③）。 イ　前記⑴又は⑵の金額が課税標準となる場合 　　｛(前記⑴又は⑵による資本金等の額×当該事業年度の月数)÷12｝ ロ　前記⑶の金額が課税課税標準となる場合 　　｛(前記⑶による資本金の額及び資本準備金の額の合算額又は出資金の額×当該事業年度の月数)÷12｝ ※　上記の月数は、暦に従い計算し、 1 月に満たないときは 1 月とし、 1 月に満たない端数を生じたときは切り捨てます（以下⑷において同じです。）。
連結子法人が事業年度の中途において解散をした場合	連結子法人の事業年度の中途において解散をした場合（破産手続開始の決定を受けた場合を除きます。）には、その解散の時点でその事業年度が終了しないとされていますが、この場合における資本割は、その解散の日の属する事業年度開始の日から解散の日までの期間について課することとし、当該事業年度の課税標準となる資本金等の額は、次により計算することとされています（地法72の21④）。 イ　前記⑴又は⑵の金額が課税標準となる場合 　　｛(前記⑴又は⑵による資本金等の額×当該連結事業年度開始の日から解散の日までの期間の月数)÷12｝ ロ　前記⑶の金額が課税課税標準となる場合 　　｛(前記⑶による資本金の額及び資本準備金の額の合算額又は出資金の額×当該連結事業年度開始の日から解散の日までの期間の月数)÷12｝

清算中の連結子法人が事業年度の中途において継続した場合	清算中の連結子法人が事業年度の中途において継続した場合には、その継続の時点でその事業年度が終了しないとされていますが、この場合における資本割は、その継続の日から当該連結事業年度終了の日までの期間に課することとし、当該事業年度の課税標準となる資本金等の額は、次のより計算することとされています（地法72の21⑤）。 イ　前記(1)又は(2)の金額が課税標準となる場合 　　｛(前記(1)又は(2)による資本金等の額×継続の日から当該連結事業年度終了の日までの期間の月数)÷12｝ ロ　前記(3)の金額が課税標準となる場合 　　｛(前記(3)による資本金の額及び資本準備金の額の合算額又は出資金の額×継続の日から当該連結事業年度終了の日までの期間の月数)÷12｝

(5)　特定持株会社に係る特例

　特定持株会社（次の算式により求めた割合（すなわち、総資産価額に占める特定子会社（301頁参照）の株式等の帳簿価額（税務上の帳簿価額によります。）の割合）が100分の50（2事業年度分の平均値とされています。）を超える内国法人をいいます。）の資本割の課税標準の算定については、当該内国法人（外国法人は適用除外とされています。）の資本金等の額から、次の算式により求めた金額が控除されます（地法72の21⑥、地令20の2の22、20の2の23）。

--------(算　式)--------

$$
\text{当該資本金等の額} \times \frac{\left[\begin{array}{l}\text{当該事業年度終了の}\\\text{時の特定子会社の株}\\\text{式等の帳簿価額}\end{array}\right] + \left[\begin{array}{l}\text{前事業年度終了の時}\\\text{の特定子会社の株式}\\\text{等の帳簿価額}\end{array}\right]}{\left[\begin{array}{l}\text{当該事業年度の総資}\\\text{産価額}\end{array}\right] + \left[\begin{array}{l}\text{前事業年度の総資産}\\\text{価額}\end{array}\right]}
$$

イ　総資産価額

　　上記算式中の総資産価額は、確定した決算（仮決算により中間申告をする場合にあっては、当該事業年度開始の日から6月の期間に係る決算）に基づく貸借対照表に計上されている総資産の帳簿価額から、下表の①から④までに掲げる金額の合計額を控除して得た金額とされています（地令20の2の22）。

　　なお、この場合の総資産の帳簿価額は、法人税の受取配当等の益金不算入の計算において控除する負債の利子の額を算定する際に用いる総資産の帳簿価額と同

じです。ただ、法人税とは、下表の④の特定子会社への貸付金等が控除項目となっている点（法人税においてはこのような控除規定は設けられていません。）及び次のロの表の②及び③については必ず加算することとなる（法人税においてはその加算は任意とされています（法基通3—2—5）。）点が異なります。

①	固定資産の帳簿価額を損金経理により減額することに代えて積立金として積み立てている金額
②	租税特別措置法第52条の3又は第68条の41の規定により特別償却準備金として積み立てている金額
③	土地の再評価に関する法律第3条第1項の規定により同項に規定する再評価が行われた土地に係る再評価差額金が貸借対照表に計上されている場合の当該土地に係る同法第7条第1項に規定する再評価差額に相当する金額（当該事業年度終了の時又は当該事業年度の前事業年度終了の時に有する当該土地に係るものに限ります。また、その土地についてその帳簿価額に記載された金額を減額した場合には、その土地の再評価差額のうちその減額した金額等一定の金額を控除したものとなります。）
④	特定子会社に対する貸付金及び特定子会社の発行する社債の金額 ※　内国法人について、当該内国法人の特定子会社に対する貸付金がある場合又は当該特定子会社の発行する社債を保有している場合には、当該内国法人が当該特定子会社の株式等を直接保有しているか否かにかかわらず、当該貸付金等は当該内国法人の総資産の帳簿価額には含まれません（取扱通知(県)3章4の6の9）。 　なお、内国法人が特定子会社に対し、外国政府等を通じて間接に金銭の貸付けを行っている場合において、当該外国政府等が当該内国法人から貸し付けられた金銭の額と同額の貸付けを当該特定子会社に対して行うことが契約等において明示されている場合には、当該貸付金は当該内国法人の総資産の帳簿価額には含めません（同取扱通知）。

ロ　総資産の帳簿価額の計算

　　総資産の帳簿価額の計算については上記イによるほか、次によることとされています（取扱通知(県)3章4の6の5、4の6の6、4の6の7）。

総資産の帳簿価額の計算	
①	支払承諾見返勘定又は保証債務見返勘定のように単なる対照勘定として貸借対照表の資産及び負債の部に両建経理されている金額がある場合には、当該資産の部に経理されている金額は、総資産の帳簿価額から控除します。
②	貸倒引当金勘定の金額が、金銭債権から控除する方法により取立不能見込額として貸借対照表に計上されている場合にはその控除前の金額を、注記

第2節　法人事業税

	の方法により取立不能見込額として貸借対照表に計上されている場合等にはこれを加算した金額を、それぞれの金銭債権の帳簿価額とします。
③	退職給付信託における信託財産の額が、退職給付引当金勘定の金額と相殺されて貸借対照表の資産の部に計上されず、注記の方法により貸借対照表に計上されている場合等には、当該信託財産の額を加算した金額を総資産の帳簿価額とします。
④	貸借対照表に計上されている返品債権特別勘定の金額（売掛金から控除する方法により計上されているものを含みます。）がある場合には、これらの金額を控除した残額を売掛金の帳簿価額とします。
⑤	貸倒損失が金銭債権から控除する方法により取立不能見込額として貸借対照表に計上されている場合には、これを控除した残額を金銭債権の帳簿価額とします。
⑥	貸借対照表に計上されている補修用部品在庫調整勘定又は単行本在庫調整勘定の金額がある場合には、これらの金額を控除した残額を当該補修用部品在庫調整勘定又は単行本在庫調整勘定に係る棚卸資産の帳簿価額とします。

(注)　法人が税効果会計を適用している場合において、貸借対照表に計上されている繰延税金資産の額があるときは、当該繰延税金資産の額は、総資産の帳簿価額に含まれます。

　　　また、この場合には、総資産の帳簿価額から控除する剰余金の処分により積み立てている圧縮積立金又は特別償却準備金の金額は、貸借対照表に計上されている圧縮積立金勘定又は特別償却準備金勘定の金額とこれらの勘定に係る繰延税金負債の額との合計額となります。

　　　なお、当該繰延税金負債が繰延税金資産と相殺されて貸借対照表に計上されている場合には、その相殺後の残額となります。この場合、その相殺については、圧縮積立金勘定又は特別償却準備金勘定に係る繰延税金負債の額が繰延税金資産の額とまず相殺されたものとして取り扱います。

ハ　特定子会社の範囲

　特定子会社の範囲は、次のとおりとされています（地法72の21⑥二、地令20の2の23、取扱通知(県)3章4の6の8）。

	特 定 子 会 社 の 範 囲
①	特定子会社とは、内国法人が発行済株式又は出資（他の法人が有する自己の株式又は出資を除きます。）の総数又は総額の100分の50を超える数の株式又は出資を直接又は間接に保有する他の法人をいいます。 　なお、他の法人が有する自己の株式又は出資の数は、当該他の法人の発行済株式又は出資の総数だけでなく、当該内国法人が直接又は間接に保有する株式又は出資の数にも含まれません。

— 301 —

②	特定子会社は、内国法人に限らないものであり、外国法人も含まれます。
③	内国法人の特定子会社が他の法人の発行済株式又は出資の総数又は総額の100分の50を超える数の株式又は出資を直接又は間接に保有している場合には、当該他の法人は当該内国法人の特定子会社に該当します。したがって、例えば、ある内国法人が他の法人の発行済株式の総数の100分の51の数の株式を保有し、当該他の法人が別の法人の発行済株式の総数の100分の51の数の株式を保有している場合には、当該別の法人は、当該他の法人の特定子会社に該当するとともに当該内国法人の特定子会社にも該当します。

(6) 資本金等の額が1,000億円を超える法人に係る特例

　資本金等の額が1,000億円を超える法人の資本割の課税標準については、圧縮措置が講じられており、左欄に掲げる金額の区分によって資本金等の額（資本金等の額が1兆円を超える場合には、1兆円とします。）を区分し、当該区分に応ずる右欄に掲げる率を乗じて計算した金額の合計額が課税標準額となります（地法72の21⑦）。

1,000億円以下の金額	100分の100
1,000億円を超え5,000億円以下の金額	100分の50
5,000億円を超え1兆円以下の金額	100分の25

　なお、この特例を適用するにあたっての資本金等の額の算定の順序については、留意点を参照して下さい。

（例示）資本金等の額が1兆1,000億円である場合の課税標準額

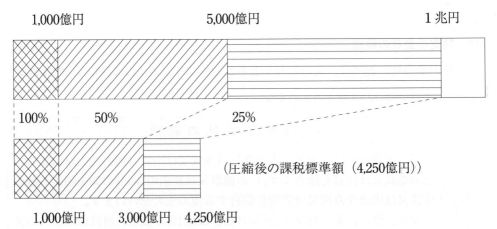

（注）事業年度が1年に満たない場合には、上記の本文中及び表の左欄の金額は月割によって計算することとされています。したがって、この場合の上記の金額は、

第2節　法人事業税

「1,000億円」、「5,000億円」又は「1兆円」に、それぞれ、当該事業年度の月数を乗じて得た額を12で除して計算した金額となります。また、連結子法人が事業年度の中途において解散をした場合における上記の本文中及び表の左欄の金額は、連結事業年度開始の日から解散の日までの期間に応じたものとし（地法72の21⑨）、清算中の連結子法人が事業年度の中途において継続した場合における上記の文中及び表の左欄の金額は、継続の日から連結事業年度終了の日までの期間に応じたものとするとされています。（地法72の21⑩）。

なお、月数については、298頁の「(4)　月割による資本金等の額が課税標準となる場合」の項を参照してください。

(7)　外国において事業を行う特定内国法人の資本金等の額の算定方法

事業税は応益原則に基づいて課するというこの税の性格から、その課税の対象となる事業（課税客体）は、国内において行われる事業に限られています。したがって、内国法人で外国にその事業が行われる事務所等（恒久的施設（261頁参照））を有するもの（以下「特定内国法人」といいます。）の資本割の課税標準となる資本金等の額は、次の①により算定した金額とされています（地法72の22①、地令20の2の24①）。ただし、国外付加価値額を区分して計算している場合（すなわち、国外所得を区分して計算している場合）で、②の左欄のいずれかに該当するときは、②の右欄により計算します（地令20の2の24②）。

	算定区分	特定内国法人の資本金等の額の算定方法
①	②以外の場合	$\left[\begin{array}{c}資本金\\等の額\end{array}\right] - \left[\begin{array}{c}資本金\\等の額\end{array}\right] \times \left[\dfrac{国外付加価値額}{付加価値額の総額}\right] ※1　付加価値額の総額は、雇用安定控除額を控除しないで計算したものです。 　2　国外付加価値額を区分して計算することが困難な法人の国外付加価値額は、{付加価値額の総額×（外国の事務所等の従業者の数÷従業者の総数）}により計算したものとなります（288頁参照）。
②	イ　国外付加価値額が零以下である場合 ロ　国内付加価値額が零以下である場合 ハ　国内付加価値額の付加価値額の総額に占める割合が50％未満である場合	$\left[\begin{array}{c}資本金\\等の額\end{array}\right] - \left[\begin{array}{c}資本金\\等の額\end{array}\right] \times \left[\dfrac{外国の事務所等の従業者の数}{従業者の総数}\right]$

(注)　①及び②の従業者の数の算定については、289頁を参照して下さい。

第3章　事業税及び特別法人事業税

⑻　外国法人の資本金等の額の算定方法

　外国法人の資本割の課税標準は、次により算定した金額とされています（地法72の22②、地令20の2の25）。

(算　式)

$$
\begin{bmatrix} 資本金 \\ 等の額 \end{bmatrix} - \begin{bmatrix} 資本金 \\ 等の額 \end{bmatrix} \times \frac{外国の事務所等の従業者の数}{従業者の総数}
$$

　なお、この算定にあたっての資本金等の額の算定の順序については、次の留意点を参照して下さい。また、従業者数の算定については、「外国において事業を行う特定内国法人の付加価値額の算定方法」の項（288頁）を参照して下さい。

留意点

　資本金等の額については、次のことに留意することとされています（取扱通知(県)3章4の6の1、4の6の3、4の6の4）。

留意事項	留意内容
外国法人の資本金等の額の円換算	外国法人の各事業年度の資本金等の額については、当該事業年度終了の日の電信売買相場の仲値により換算した円換算額によります。なお、電信売買相場の仲値は、原則として、その法人の主たる取引金融機関のものによることとなります。ただし、その法人が同一の方法により入手等をした合理的なものを継続して使用している場合には、これによることができます。
内国法人の資本金等の額の算定の順序	内国法人の資本金等の額の算定については、次に掲げる順序により行います。 イ　収入金額課税事業以外の事業に係る資本金等の額をその他の事業に係る従業者数（従業者数の算定については289頁参照）を基礎として算定（地令20の2の26①） ロ　一定の要件を満たす持株会社の資本金等の額の算定（地法72の21⑥、地令20の2の22、20の2の23）（299頁参照） ハ　外国の事業以外の事業に係る資本金等の額の算定（地法72の22①、地令20の2の24）（303頁参照） ニ　非課税事業以外の事業に係る資本金等の額を課税事業に係る従業者数（従業者数の算定については289頁参照）を基礎として算定（地令20の2の26③） ホ　イからニまでの計算の結果が1,000億円を超えている場合における資本金等の額の算定（地法72の21⑦⑧）（302頁参照）

— 304 —

	ヘ 所得等課税事業と収入金額等課税事業とを併せて行う法人の それぞれの事業に係る資本金等の額の算定（地令20の2の26⑥）
外国法人の資本 金等の額の算定 の順序	外国法人に対しては、持株会社に係る特例は適用されないこと とされていますが、外国法人の資本金等の額の算定については、 次に掲げる順序により行うこととなります。 イ 外国の事業以外の事業に係る資本金等の額の算定（地法72の 　22②、地令20の2の25） ロ 収入金額課税事業又は非課税事業以外の事業に係る資本金等 　の額の算定（地令20の2の26④） ハ イ及びロの計算の結果が1,000億円を超えている場合におけ 　る資本金等の額の算定（地法72の21⑦⑧） ニ 所得等課税事業と収入金額等課税事業とを併せて行う法人の 　それぞれの事業に係る資本金等の額の算定（地令20の2の26⑦）

5　所得割の課税標準の算定方法

　所得割の課税標準である所得の計算過程を図示すると、次のとおりとなります。

第3章　事業税及び特別法人事業税

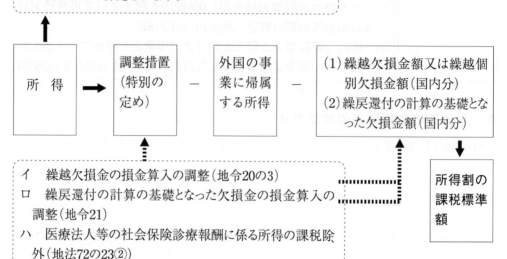

イ　繰越欠損金の損金算入の調整（地令20の3）
ロ　繰戻還付の計算の基礎となった欠損金の損金算入の調整（地令21）
ハ　医療法人等の社会保険診療報酬に係る所得の課税除外（地法72の23②）
ニ　所得税額及び復興特別所得税額の損金不算入（地令21の2の2）
ホ　分配時調整外国税相当額の損金不算入（地令21の2の3）
ヘ　寄附金の損金算入限度額の調整（地令21の3）
ト　特別新事業開拓事業者に対し特定事業活動として出資をした場合の所得の算定の特例（地令21の4）
チ　内国法人の外国法人税額の損金等の算入（地令21の5）
リ　残余財産確定事業年度の法人事業税額の損金不算入（地法72の23②）
ヌ　外国の資源開発事業に係る海外投資等損失準備金制度の不適用（地法72の23②、地令21の6）

（注）　外国法人に対する法人事業税の課税原則が法人税に準じていわゆる「総合主義」から「帰属主義」に見直されることから、平成26年度の税制改正において、平成28年4月1日以後に開始する事業年度分の法人事業税から、恒久的施設を有する外国法人の所得割の課税標準である所得は、恒久的施設に帰属する所得の金額及び恒久的施設に帰属しない所得の金額の合算額とすることとされています（地法72の23、平成26年改正地法附則1六、6①）。

第2節　法人事業税

(1)　所得の算定の原則

　所得割の課税標準となる各事業年度の所得及び清算所得は、次の左欄に掲げる所得の区分に応じ、それぞれ右欄に定めるところにより算定します（地法72の23）。

所得の区分	所得の意義	所得の算定方法
連結申告法人以外の法人の所得	各事業年度の益金の額から損金の額を控除した金額	地方税法又は地方税法施行令で特別の定めをする場合を除くほか、当該各事業年度の法人税の課税標準である所得の計算の例によって算定します。
連結申告法人の所得	各事業年度終了の日の属する各連結事業年度の個別帰属益金額から個別帰属損金額を控除した金額	地方税法又は地方税法施行令で特別の定めをする場合を除くほか、当該各連結事業年度の法人税の課税標準である連結所得に係る当該連結申告法人の個別所得金額の計算の例によって算定します。
外国法人（平成28年4月1日以後に開始する事業年度から適用）	各事業年度の法人税法第141条第1号イに掲げる国内源泉所得（恒久的施設帰属所得）に係る所得の金額及び同号ロに掲げる国内源泉所得（恒久的施設非帰属所得）に係る所得の合算額	地方税法又は地方税法施行令で特別の定めをする場合を除くほか、当該各事業年度の法人税の課税標準である同号イに掲げる国内源泉所得に係る所得及び同号ロに掲げる国内源泉所得に係る所得の計算の例によって算定します。

用語の意義

用　　語	意　　　　義
「益金」又は「損金」とは	益金とは、法令により別段の定めのあるもののほか、資本等取引以外において、純資産増加の原因となるべき一切の事実をいい、損金とは、法令により別段の定めのあるもののほか、資本等取引以外において純資産減少の原因となるべき一切の事実をいいます。
「個別帰属益金額」又は「個別帰属損金額」とは	個別帰属益金額とは、各連結事業年度の益金の額のうち当該連結法人（連結親法人又は当該連結親法人との間に連結完全支配関係がある連結子法人をいいます。）に帰せられるものの合計額をいい、個別帰属損金額とは、各連結事業年度の損金の額のうち当該連結法人に帰せられるものの合計額をいいます。

— 307 —

| 「例によって計算する」とは | 法人税法その他の法律（政令及び省令も含まれます。）に規定されている法人税の課税標準である所得の計算に関する事項を地方税法においてそのまま借用してあてはめて計算することをいいます。 |

⑵　法人事業税における特別の定め

　地方税法又は地方税法施行令においては、所得割の課税標準である所得の計算について、次のような特別の定めがなされています。

イ　連結申告法人（各連結事業年度の連結所得に対する法人税を課される連結事業年度の連結法人をいいます。以下同じです。）以外の法人の前10年以内に生じた欠損金額の取扱い

　　連結申告法人以外の法人の所得割の課税標準である各事業年度の所得を算定する場合における次の左欄に掲げる欠損金額の取扱いは、右欄によることとされています（地法72の23①、地令20の３①）。

　　なお、法人税法第59条に規定する会社更生等による債務免除等があった場合の欠損金額については、この規定の例によることとなります（地法72の23①、地令20の３①）。

	区　　　分	欠損金額の取扱い
前10年以内に生じた欠損金額	連結申告法人以外の法人の各事業年度開始の日前10年（平成30年４月１日前に開始した事業年度に生じた欠損金の場合は９年）以内に開始した事業年度において生じた欠損金額	当該欠損金額（前事業年度までに所得の計算上損金の額又は個別帰属損金額に算入されたものを除きます。）は、法人税法第57条（第8項及び第9項を除きます。）、第57条の２（第4項を除きます。）又は第58条（第4項を除きます。）の規定の例によって、当該各事業年度の法人事業税の所得の計算上損金の額に算入します。

　（注）１　法人税法第57条、第57条の２又は第58条の規定の例によるにあたっては、これらの規定についての調整（読替え）規定（地令20の３①）が設けられています。

　　　　２　法人税の欠損金の繰戻還付の計算の基礎となった欠損金額の取扱いについては、「ニ」を参照してください。

　　　　３　令和３年度の税制改正により、認定事業適応法人の欠損金の損金算入の特例が設けられました（産業競争力強化法等の一部を改正する等の法律（令和３年法律第70号）の施行の日から施行）。

第2節　法人事業税

ロ　連結申告法人の前10年以内に生じた欠損金額及び個別欠損金額の取扱い

　連結申告法人の所得割の課税標準である各事業年度の所得を算定する場合における次の左欄に掲げる欠損金額及び個別欠損金額の取扱いは、次の右欄によることとされています（地法72の23①④、地令20の3②③）。

　なお、所得割の所得を計算するにあたっては、法人事業税が連結法人について単体法人を納税単位としていることから、法人税法第81条の9（連結欠損金の繰越し）及び第81条の10（特定株主等によって支配された欠損等連結法人の連結欠損金の繰越しの不適用）の規定の例によらないこととされています。

	区　　分	個別欠損金額等の取扱い
前10年以内に生じた欠損金額又は個別欠損金額	(イ)　連結申告法人の各事業年度開始の日前10年（平成30年4月1日前に開始した事業年度に生じた欠損金の場合は9年）以内に開始した事業年度（連結事業年度に該当する期間を除きます。）において生じた欠損金額 (ロ)　連結申告法人の各事業年度開始の日前10年（平成30年4月1日前に開始した事業年度に生じた個別欠損金の場合は9年）以内に開始した事業年度（連結事業年度に該当する期間に限ります。）において生じた個別欠損金額（個別帰属損金額が個別帰属益金額を超える場合におけるその超える部分の金額をいいます。）	当該欠損金額又は個別欠損金額（前事業年度までに法人事業税の所得の計算上損金の額又は個別帰属損金額に算入されたものを除きます。）は、法人税法第57条（第6項から第9項までを除きます。）、第57条の2（第4項を除きます。）又は第58条（第4項を除きます。）の規定の例によって、当該各事業年度の法人事業税の所得の計算上個別帰属損金額に算入します。

（注）1　法人税法第57条、第57条の2又は第58条の規定の例によるに当たっては、これらの規定についての調整（読替え）規定（地令20の3②）が設けられており、例えば、法人税法第57条第1項中「欠損金額」とあるのは「個別欠損金額」として、同項の規定の例によることとされています。

　　　2　連結申告法人の個別欠損金額について、法人税法第57条第1項の規定の例により控除する場合には、同項に規定する「欠損金額」を「個別欠損金額」と読み替えたうえで同項の規定の例により控除することとされていることから、上表(イ)の欠損金額については、当該連結申告法人の欠損金額が生じた事業年度において生じた個別欠損金額とみなしたうえで同項の規定の例により控除することとされています（地令20の3③）。

　　　3　地方税法第72条の23第4項に規定する法人事業税における個別欠損金額は、法人税法第81条の18第1項に規定する個別欠損金額とその範囲を異にしていることに留意する必要があります。ちなみに、法人税においては、当該連結事業

— 309 —

第3章　事業税及び特別法人事業税

年度に連結欠損金額が生ずる場合には当該超える部分の金額（個別帰属損金額が個別帰属益金額を超える場合におけるその超える部分の金額をいいます。）から当該連結欠損金額のうち当該連結法人に帰せられるものを控除した金額とするとされています（法法81の18①）。

4　令和3年度の税制改正により、認定事業適応法人の欠損金の損金算入の特例が設けられました（産業競争力強化法等の一部を改正する等の法律（令和3年法律第70号）の施行の日から施行）。

ハ　企業組織再編成が行われた場合における繰越欠損金額又は繰越個別欠損金額の取扱い

企業組織再編成が行われた場合における被合併法人等の繰越欠損金額又は繰越個別欠損金額の取扱いについては、次によることとされています（地法72の23①、④、地令20の3、21②）。

区　　分	繰越欠損金額又は繰越個別欠損金額の取扱い
被合併法人等の繰越欠損金額等の引継ぎ	内国法人を合併法人とする適格合併が行われた場合又は当該内国法人との間に完全支配関係（当該内国法人による完全支配関係又は法人税法第2条第12号の7の6（定義）に規定する相互の関係に限ります。）がある他の内国法人で当該内国法人が発行済株式若しくは出資の全部若しくは一部を有するものの残余財産が確定した場合において、当該適格合併に係る被合併法人又は当該他の内国法人（以下この欄において「被合併法人等」といいます。）の当該適格合併の日前10年（平成30年4月1日前に開始した事業年度に生じた欠損金等の場合は9年）以内に開始した事業年度又は当該残余財産の確定の日の翌日前10年（平成30年4月1日前に開始した事業年度に生じた欠損金等の場合は9年）以内に開始した事業年度において生じた欠損金額又は個別欠損金額のうち、被合併法人等において繰越控除された金額を控除した金額（以下この欄及び下欄のイにおいて「未処理欠損金額等」といいます。）があるときは、その未処理欠損金額等は、当該内国法人の合併等事業年度以後の各事業年度における繰越控除の適用において、その未処理欠損金額等の生じた被合併法人等の事業年度開始の日の属する当該内国法人の事業年度において生じた欠損金額又は個別欠損金額とみなします（法法57②参照）。
繰越欠損金額等に係る制限	イ　上欄の適格合併に係る被合併法人（内国法人との間に支配関係を有するものに限ります。）又は上欄の残余財産が確定した他の内国法人（以下イにおいて「被合併法人等」といいます。）の未処理欠損金額等には、当該適格合併が共同で事業を営むためのものに該当する場合（法令112③）

— 310 —

| | 又は当該被合併法人等の当該適格合併の日の属する事業年度開始の日の5年前の日若しくは当該残余財産の確定の日の翌日の属する事業年度開始の日の5年前の日、当該被合併法人等の設立の日若しくは当該内国法人の設立の日のうち最も遅い日から継続して支配関係がある場合（法令112④）のいずれにも該当しない場合には、支配関係事業年度（当該被合併法人等と当該内国法人との間に最後に支配関係があることとなつた日の属する事業年度をいいます。）前に生じた欠損金額又は個別欠損金額及び支配関係事業年度後に生じた欠損金額又は個別欠損金額のうち特定資産の譲渡等損失額に相当する金額からなるものは含まれないものです（法法57③、法令112③④参照）。 |
|繰越欠損金額等に係る制限|ロ　内国法人が支配関係法人（当該法人との間に支配関係がある法人をいいます。以下ロにおいて同じです。）との間で当該内国法人を合併法人、分割承継法人、被現物出資法人又は被現物分配法人とする適格合併若しくは適格合併に該当しない合併で法人税法第61条の13第1項（完全支配関係がある法人の間の取引の損益）の規定の適用があるもの、適格分割、適格現物出資又は適格現物分配（以下ロにおいて「適格組織再編成等」といいます。）が行われた場合（当該内国法人の当該適格組織再編成等の日の属する事業年度（以下ロにおいて「組織再編成事業年度」といいます。）開始の日の5年前の日、当該内国法人の設立の日又は当該支配関係法人の設立の日のうち最も遅い日から継続して当該内国法人と当該支配関係法人との間に支配関係がある場合（法令112⑥）を除きます。）において、当該適格組織再編成等が共同で事業を営むためのものに該当しない場合（法令112⑦）は、当該内国法人の支配関係事業年度（当該内国法人と当該支配関係法人との間に最後に支配関係があることとなった日の属する事業年度をいいます。）前に生じた当該内国法人の欠損金額又は個別欠損金額及び支配関係事業年度後に生じた欠損金額又は個別欠損金額のうち特定資産の譲渡等損失額に相当する金額からなるものは、当該内国法人の組織再編成事業年度以後の繰越控除においては、ないものとします（法法57、法令112④⑥⑦参照）。 |

ニ　欠損金の繰戻還付制度がないことに伴う繰越欠損金の損金算入の特例

　　法人事業税の所得割における欠損金額の取扱いは、法人税の計算の例によることとされている（前記イ及びロ参照）ことから、法人税において欠損金の繰戻還付の計算の基礎となった欠損金額は、地方税法において何らかの措置を講じない

限り、所得割の所得の計算上繰越控除されないこととなります。

　ところで、法人事業税においては、欠損金の繰戻還付制度が設けられていません。そこで、法人税における繰戻還付の適用の有無が所得割の所得の計算に影響を及ぼさないように調整措置が講じられており、法人税において繰戻還付が行われている場合における所得割の欠損金の繰越控除の計算は、次のとおり、その繰戻還付が行われなかったものとして行うこととされています（地令21）。

法人税において繰戻還付を受けた場合における欠損金額の取扱い	
当該法人が当該各事業年度開始の日前10年（平成30年4月1日前に開始した事業年度に生じた欠損金の場合は9年）以内に開始した事業年度において生じた欠損金額につき法人税法第80条の規定による法人税額の繰戻還付を受けているとき	法人税において欠損金の繰戻還付の計算の基礎とされた欠損金額は、法人事業税の所得の計算上損金の額又は個別帰属損金額に算入します。 　ただし、当該欠損金額のうち前事業年度までに法人事業税の所得の計算上損金の額又は個別帰属損金額に算入されたものは除かれます。

ホ　医療法人等の社会保険診療報酬に係る所得の課税除外

　所得割の各事業年度の所得の算定においては、医療法人又は医療施設（（注1）参照）に係る事業を行う農業協同組合連合会（特定農業協同組合連合会（（注2）参照）を除きます。）が、次に掲げる療養の給付、更生医療の給付、養育医療の給付、療育の給付若しくは医療の給付又は医療、介護、助産若しくはサービスについて支払を受けた金額は、益金の額又は個別帰属益金額に算入せず、また、これらの給付又は医療、介護、助産若しくはサービスに係る経費は、損金の額又は個別帰属損金額に算入しないこととされています（地法72の23②③）。

社会保険診療の範囲	
①	(イ)　健康保険法第3章に規定する被保険者の疾病又は負傷に関して保険者が給付する同法第63条第1項各号に掲げる給付及び同法第3条に規定する日雇特例被保険者の疾病又は負傷に関して同法第129条において準用する同法第63条第1項各号に掲げる給付 (ロ)　国民健康保険法第5条及び第19条並びに国民健康保険法施行令第44条に規定する被保険者の疾病又は負傷に関して保険者が給付する国民健康保険法第36条第1項各号に掲げる療養の給付 (ハ)　高齢者の医療の確保に関する法律第4章第2節に規定する被保険者の疾病又は負傷に関して保険者が給付する同法第64条第1項各号に掲げる

療養の給付

㈢　船員保険法第３章に規定する被保険者の疾病又は負傷に対し同法第29条第１項各号に掲げる療養の給付

㈣　国家公務員共済組合法第３章に規定する組合員の疾病又は負傷に関して組合が給付する同法第54条第１項各号に掲げる療養の給付（防衛省の職員の給与等に関する法律第22条第１項においてその例による場合の療養の給付を含みます。）

㈥　地方公務員等共済組合法第３章に規定する組合員の疾病又は負傷に関して組合が給付する同法第56条第１項各号に掲げる療養の給付

㈦　私立学校教職員共済法第４章に規定する加入者の疾病又は負傷に関して事業団が給付する同法第20条の規定による療養の給付

㈧　戦傷病者特別援護法第10条の規定に基づく療養の給付及び同法第20条の規定に基づく更生医療の給付

㈨　母子保健法第20条の規定に基づく養育医療の給付

㈩　児童福祉法第20条の規定に基づく療育の給付

㋑　原子爆弾被爆者に対する援護に関する法律第10条の被爆者に対する医療の給付

※　上記の「療養の給付」には、健康保険法、国民健康保険法、高齢者の医療の確保に関する法律、船員保険法、国家公務員共済組合法、地方公務員等共済組合法若しくは私立学校教職員共済法の規定により入院時食事療養費、入院時生活療養費、保険外併用療養費、家族療養費若しくは特別療養費（国民健康保険法第54条の３第１項又は高齢者の医療の確保に関する法律第82条第１項に規定するものをいいます。）を支給することとされる被保険者、組合員若しくは加入者若しくは被扶養者に係る療養のうち当該入院時食事療養費、入院時生活療養費、保険外併用療養費、家族療養費若しくは特別療養費の額の算定に係る当該療養に要する費用の額としてこれらの法律の規定により定める金額に相当する部分又はこれらの法律の規定により訪問看護療養費若しくは家族訪問看護療養費を支給することとされる被保険者、組合員若しくは加入者若しくは被扶養者に係る指定訪問看護を含みます。

②　生活保護法の規定に基づく医療扶助のための医療、介護扶助のための介護（同法第15条の２第１項第１号に掲げる居宅介護のうち同条第２項に規定する訪問看護、訪問リハビリテーション、居宅療養管理指導、通所リハビリテーション若しくは短期入所療養介護、同条第１項第５号に掲げる介護予防のうち同条第５項に規定する介護予防訪問看護、介護予防訪問リハビリテーション、介護予防居宅療養管理指導、介護予防通所リハビリテーション若しくは介護予防短期入所療養介護又は同条第１項第４号に掲げる施設介護のうち同条第４項に規定する介護保健施設サービス若しくは介護医療院サービスに限ります。）又は出産扶助のための助産等又は中国残留邦人等の円滑な帰国の促進並びに永住帰国した中国残留邦人等及び特定配偶者の自立の支援に関する法律の規定に基づく医療支援給付のための医療その他の支援給付に係る一定の給付若しくは医療、介護、助産若しくはサー

第3章 事業税及び特別法人事業税

	ビス
③	精神保健及び精神障害者福祉に関する法律、麻薬及び向精神薬取締法、感染症の予防及び感染症の患者に対する医療に関する法律又は心神喪失等の状態で重大な他害行為を行った者の医療及び観察等に関する法律の規定に基づく医療
④	介護保険法の規定により居宅介護サービス費を支給される被保険者に係る指定居宅サービス（訪問看護、訪問リハビリテーション、居宅療養管理指導、通所リハビリテーション又は短期入所療養介護に限ります。）のうち当該居宅介護サービス費の額の算定に係る当該指定居宅サービスに要する費用の額として同法の規定により定める金額に相当する部分、同法の規定によって介護予防サービス費を支給される被保険者に係る指定介護予防サービス（介護予防訪問看護、介護予防訪問リハビリテーション、介護予防居宅療養管理指導、介護予防通所リハビリテーション又は介護予防短期入所療養介護に限ります。）のうち当該介護予防サービス費の額の算定に係る当該指定介護予防サービスに要する費用の額として同法の規定により定める金額に相当する部分若しくは同法の規定によって施設介護サービス費を支給することとされる被保険者に係る介護保健施設サービス若しくは介護医療院サービスのうち当該施設介護サービス費の額の算定に係る当該介護保健施設サービス若しくは介護医療院サービスに要する費用の額として同法の規定による金額に相当する部分又は健康保険法等の一部を改正する法律（平成18年法律第83号）附則130条の２第１項の規定によりなおその効力を有するものとされる同法第26条の規定による改正前の介護保険法の規定により施設介護サービス費を支給することとされる被保険者に係る指定介護療養施設サービスのうち当該施設介護サービス費の額の算定に係る当該指定介護療養施設サービスに要する費用の額として同法の規定により定める金額に相当する部分
⑤	障害者の日常生活及び社会生活を総合的に支援するための法律の規定により自立支援医療費を支給することとされる支給認定に係る障害者等に係る指定自立支援医療のうち当該自立支援医療費の額の算定に係る当該指定自立支援医療に要する費用の額として同法の規定により定める金額に相当する部分若しくは同法の規定により療養介護医療費を支給することとされる支給決定に係る障害者に係る指定療養介護医療（療養介護に係る指定障害福祉サービス事業者等から提供を受ける療養介護医療をいいます。）のうち当該療養介護医療費の額の算定に係る当該指定療養介護医療に要する費用の額として同法の規定により定める金額に相当する部分又は児童福祉法の規定により肢体不自由児通所医療費を支給することとされる通所給付決定に係る障害児に係る肢体不自由児通所医療のうち当該肢体不自由児通所医療費の額の算定に係る当該肢体不自由児通所医療に要する費用の額として同法の規定により定める金額に相当する部分若しくは同法の規定により障害児入所医療費を支給することとされる入所給付決定に係る障害児に係る障害児入所医療のうち当該障害児入所医療費の額の算定に係る当該障害

－ 314 －

第2節　法人事業税

		児入所医療に要する費用の額として同法の規定により定める金額に相当する部分
⑥		難病の患者に対する医療等に関する法律の規定により特定医療費を支給することとされる支給認定を受けた指定難病の患者に係る指定特定医療のうち当該特定医療費の額の算定に係る当該指定特定医療に要する費用の額として同法の規定により定める金額に相当する部分又は児童福祉法の規定により小児慢性特定疾病医療費を支給することとされる医療費支給認定に係る小児慢性特定疾病児童等に係る指定小児慢性特定疾病医療支援のうち当該小児慢性特定疾病医療費の額の算定に係る当該指定小児慢性特定疾病医療支援に要する費用の額として同法の規定により定める金額に相当する部分

(注)1　農業協同組合連合会が設置した医療施設のうち、社会保険診療等に係る収入金額が医療に関する収入金額の概ね常時10分の3以下であるものとして都道府県知事が認めたものは、上記の医療施設から除かれます（地令21の7）。
　　2　特定農業協同組合連合会とは、法人税法別表第2（公益法人等の表）に規定する農業協同組合連合会に該当するものをいいます（地令19）。

ヘ　その他の特別の定め

特別の定めとして、上記のほかに、次のことが定められています。

	事　　項	特別の定めの内容
①	所得税額の損金不算入	所得税法の規定により課された所得税額及び東日本大震災からの復興のための施策を実施するために必要な財源の確保に関する特別措置法の規定により課された復興特別所得税額については、個人事業税との二重課税の問題が生じないことから損金の額又は個別帰属損金額に算入しないものとされています（地令21の2の2）。
②	分配時調整外国税相当額の損金不算入	法人税法の規定により課された分配時調整外国税相当額については、法人税において税額控除の適用を受けない場合、当該分配時調整外国税相当額を損金の額又は個別帰属損金額に算入しないものとされています（地令21の2の3）。
③	寄附金の損金算入限度額の調整	寄附金の損金算入限度額又は連結損金算入限度額については、所得計算の簡素化を図るため、法人税における所得又は連結所得の計算において寄附金の損金算入限度額又は連結損金算入限度額とされた額をもってその限度額とします（地令21の3）。
④	特別新事業開拓事業者に対し特定事	事業税の課税標準である各事業年度の所得を算定する場合において、租税特別措置法に規定する所得基準額

	業活動として出資をした場合の所得の算定の特例	又は連結所得個別基準額は、当該事業年度に係る法人税の課税標準である所得又は連結所得の計算上、所得基準額又は連結所得個別基準額とされた額とされています（地令21の4）。
⑤	内国法人の外国法人税額の損金等の算入	内国法人が外国の法令により課された外国法人税額のうち、当該法人の当該外国において行う事業に帰属する所得以外の所得に対して課されたものは、損金の額又は個別帰属損金額に算入します（地令21の5）。
⑥	清算中の法人の残余財産の確定した日の属する事業年度の法人事業税額の損金不算入	法人税法第62条の5第5項においては、清算中の法人の残余財産の確定した日の属する事業年度の法人事業税額は、当該事業年度の所得の計算上損金の額に算入することとされていますが、法人事業税においては、所得計算が循環することを防止するため、当該法人事業税額をその事業年度の所得の計算上損金の額に算入しないこととされています（地法72の23②）。
⑦	外国の資源開発事業に係る海外投資等損失準備金制度の不適用	法人税においては、租税特別措置法第55条及び第68条の43の規定において海外投資等損失準備金制度が設けられていますが、法人事業税の所得を算定する場合においては、この準備金制度（資源開発事業法人等に係る特定株式等のうち国内において行う資源開発事業に係る部分を除きます。）については、法人税の所得の計算の例によらないとされています（地法72の23②、地令21の6、地規4）。

⑶　外国において事業を行う特定内国法人の所得の算定方法

　事業税は応益原則に基づいて課するというこの税の性格から、その課税の対象となる事業（課税客体）は、国内で行われる事業に限られています。したがって、内国法人で外国にその事業が行われる事務所又は事業所（恒久的施設）を有するもの（以下「特定内国法人」といいます。）の所得割の課税標準となる所得は、次の左欄に掲げる法人の区分に応じ、右欄により算定した金額とされています（地法72の24、地令21の9）。

外国において事業を行う特定内国法人の所得の算定方法	
国外所得を区分して計算する法人（原則）	（所得の総額）－（国外所得（※）） ※　外国で行う事業に帰属する所得をいいます。

— 316 —

第2節　法人事業税

| 国外所得を区分して計算することが困難な法人（次の留意点の②に該当する場合の法人を除きます。）（特則） | $\left(\begin{array}{c}\text{所得の}\\\text{総額}\end{array}\right) - \left(\begin{array}{c}\text{所得の}\\\text{総額（※）}\end{array}\right) \times \dfrac{\text{外国の事務所等の従業者の数}}{\text{従業者の総数}}$
 ※　この場合の所得の総額は、繰越欠損金額を控除する前のものであり、また、国外所得以外の所得に対して課された外国法人税額を損金の額又は個別帰属損金額に算入しないで計算したものとされています（地令21の9①）。
　　また、国外所得に対して課された外国法人税額について法人税において外国税額控除の適用を受けず、これを法人税の所得の計算上損金の額又は個別帰属損金額に算入している場合には、当該所得の総額は、当該外国法人税額を損金の額又は個別帰属損金額に算入しないで計算したものとされています（地令21の9②）。
　　したがって、当該所得の総額は、外国法人額を損金の額又は個別帰属損金額に算入しないで計算したものとなります。
　　なお、従業者数の算定については、「外国において事業を行う特定内国法人の付加価値額の算定方法」の項（288頁）を参照してください。 |

 留意点

　国外所得の算定に当たっては、次のことに留意することとされています（通知「事業税における国外所得等の取扱いについて」（平成16年4月1日総税都第16号））。

	留　意　内　容
①	内国法人が外国において事業を営んでいるかどうかは、当該内国法人が外国に恒久的施設を有するかどうかによって判定します。したがって、外国にその源泉がある所得であっても、当該外国に恒久的施設を有しない場合においては、当該所得は国外所得とはなりません。また、外国に恒久的施設を有する場合であっても、外国にその源泉がある所得のうち恒久的施設に帰属しないものは、国外所得とはなりません。
②	外国にその源泉がある所得は、原則として法人税法第69条第1項又は同法第81条の15に規定するものと同範囲であり、それは、原則として、これらの規定による計算の例によって算定します。この場合において、原則として、次に掲げる場合には、国内の事業に帰属する所得と国外所得とを区分して計算することとなります。 イ　内国法人（当該内国法人が連結子法人（連結申告法人に限ります。）である場合にあっては、当該内国法人との間に連結完全支配関係がある連結親法人）が法人税について法人税法第69条又は第81条の15の外国の法人税額の控除に関する事項を記載した申告書を提出している場合 ロ　当該外国に所在する事務所等の規模、従業者数、経理能力等からみて、国外所得を区分計算することが困難でないと認められる場合

第3章　事業税及び特別法人事業税

	※　法人事業税において、法人税法施行令第142条第3項の規定により国外所得金額とされない部分の金額も外国にその源泉がある所得として取り扱われます。
③	所得の総額が欠損である事業年度についても、外国に恒久的施設がある限り、区分計算（所得の区分が困難である法人にあっては、欠損金額の従業者数によるあん分）をすることとなります。
④	翌事業年度以降において繰越控除が認められる欠損金の額は、欠損金額から外国の事業に帰属する欠損金の額（所得の区分が困難である法人にあっては、従業者数によるあん分によって外国の事業に帰属する欠損金とされた部分の金額）を控除した額に限られます。
⑤	特定内国法人が国外所得を区分計算する場合においては、すべての国外所得について区分計算することとなります。したがって、一部の外国について区分計算を行い、他の外国についてその所得の区分が困難であるとして、従業者数によりあん分して算定することはできません。
⑥	特定内国法人が国外所得を区分計算して申告した場合においては、その後の事業年度分についても、当該外国に所在する恒久的施設の閉鎖、組織の変更等特別の事由がある場合を除き、国外所得を区分して申告しなければなりません。

6　収入割の課税標準の算定の方法

⑴　電気供給業及びガス供給業

　収入割の課税標準である各事業年度の収入金額のうち電気供給業及びガス供給業に係るものは、各事業年度におけるその事業に係る次の左欄の収入すべき金額の総額から右欄の収入金額を控除した金額とされています（地法72の24の2①、地令22）。

　ここで収入すべき金額とは、各事業年度において収入することが確定した金額でその事業年度の収入として経理されるべきその事業年度に対応する収入をいいます。この場合において、貸倒れが生じたとき又は値引きが行われたときは、その貸倒れとなった金額又は値引きされた金額をその貸倒れの生じた日又は値引きが行われた日の属する事業年度の収入金額から控除することとされています（取扱通知(県)3章4の9の1）。

　なお、収入割の対象となるガス供給業には、ガス事業法第2条第5項に規定する一般ガス導管事業及び同条第7項に規定する特定ガス導管事業以外のもののうち、同条第10項に規定するガス製造事業者及び電気事業法等の一部を改正する等の法律（平成27年法律第47号）附則第22条第1項に規定する旧一般ガスみなしガス小売事業者（同項の義務を負う者に限ります。）以外の者が行うものは含まれません（地法72の2①二）。

－ 318 －

第2節　法人事業税

	収入すべき金額	控除される収入金額
電気供給業	原則として、電気事業会計規則による収入 ※　この収入には、定額電灯、従量電灯、大口電灯及びその他の電灯に係る電灯料収入、業務用電力、小口電力、大口電力、その他の電力及び他の電気事業者への供給料金に係る電力料収入（新エネルギー等電気相当量（電気事業会計規則別表第1に規定する新エネルギー等電気相当量をいいます。）に係るものを含みます。）、遅収加算料金、せん用料金、電球引換料、配線貸付料、諸機器貸付料及び受託運転収入、諸工料、水力又はかんがい用水販売代等の供給雑益に係る収入及び設備貸付料収入並びに事業税相当分の加算料金等原則として電気供給業の事業収入に係るすべての収入が含まれます。	（法律に定められているもの） (1)　国又は地方団体から受けるべき補助金 (2)　固定資産の売却による収入金額 　　（政令に定められているもの） イ　保険金 ロ　有価証券の売却による収入金額 ハ　不用品の売却による収入金額 ニ　受取利息及び受取配当金 ホ　当該法人がその事業に必要な施設を設けるため、電気又はガスの需要者その他その施設により便益を受ける者から収納する金額 ヘ　電気事業法第28条の40第2項の交付金 ト　当該法人が収入割を課される他の電気供給業又はガス供給業を行う法人から電気又はガスの供給を受けて供給を行う場合における当該供給を受けた電気又はガスに係る収入金額のうち当該他の法人から供給を受けた電気又はガスの料金として当該法人が支払うべき金額に相当する収入金額
ガス供給業	ガス売上収入 ※　この収入には、ガス売上収入、供給雑収入（計器具の損料及び賃貸料収入を含みます。）及び事業税相当分の加算料金等原則としてガス供給業（導管によるものに限ります。）の事業収入に係るすべての収入を含みます。 　　なお、その製造過程中に副産物として生ずるコークス又はコールタール等の副産物の製造販売は、所得等課税事業の対象となることから、それらの売上収入は収入金額課税であるガス供給業の収入額には含めません。	チ　電気供給業を行う法人が他の電気供給業を行う法人から非化石電源（非化石エネルギー源を利用する電源をいう。）としての価値を有することを証する非化石証書を購入した場合（卸電力取引所を介して自らが販売を行ったものを購入した場合を含みます。）であって、非化石電源としての価値を有するものとして電気の供給を行う場合（電気の供給に応じて非化石証書を使用する場合に限ります。）における当該購入の対価として当該法人が支払うべき金額に相当する収入金額 リ　電気事業者による再生可能エネルギー電気の調達に関する特別措置法第36条の賦課金 ヌ　ガス供給業を行う法人が可燃性天然ガスの掘採事業を行う法人から可燃性天然ガスを購入して供給を行う

— 319 —

		場合（トに該当する場合を除きます。）における当該購入した可燃性天然ガスに係る収入金額のうち当該可燃性天然ガスに係る鉱産税の課税標準額相当額
		ル　ガス供給業と可燃性天然ガスの掘採事業とを併せて行う法人が掘採した可燃性天然ガスに係る収入金額のうち当該可燃性天然ガスに係る鉱産税の課税標準額相当額
		ヲ　イからルまでに掲げる収入金額に類するものとして総務大臣が指定したもの

(注) 1　総務大臣が指定したもの（昭和30年自治庁告示第29号、昭和34年自治庁告示第46号）として次のものがあります。

イ　損害賠償金

ロ　投資信託に係る収益分配金

ハ　株式手数料

ニ　社宅貸付料

ホ　需用者の受電設備を新しく取り替える場合において、当該需用者から収納する旧受電設備の減価償却額に相当する金額

ヘ　需用者が旧受電設備の引き渡し難い場合において、当該需用者から旧受電設備に代えて収納する旧受電設備の価額に相当する金額

ト　需用者の希望により技術的に改造が可能な旧受電設備の付帯設備を新たな設備に取り替える場合において、当該需用者から収納する新付帯設備の取替えに要する工事費と旧付帯設備の改造に要する工事費との差額に相当する金額

2　他の電気供給業を行う法人から託送供給を受けて特定規模需要に応ずる電気の供給を行う場合の収入金額は、平成12年4月1日から令和5年3月31日までの間に開始する各事業年度分の事業税に限り、本則規定により算定した収入金額から当該電気の供給に係る託送供給の料金として支払うべき金額を控除した金額とされています（地法附則9⑧）。

3　他のガス供給業を行う法人から託送供給を受けて大口供給に応じるガスの供給を行う場合の収入金額は、平成20年4月1日から令和4年3月31日までの間に開始する各事業年度分の事業税に限り、本則規定により算定した収入金額から当該ガスの供給に係る託送供給の料金として支払うべき金額を控除した金額とされています（地法附則9⑩）。

4　廃炉等実施認定事業者が小売電気事業者又は一般送配電事業者から廃炉等積立金として積み立てる金銭に相当する金額の交付を受ける場合の収入金額は、平成29年4月1日から令和4年3月31日までの間に開始する各事業年度分の事業税に限り、本則規定により算定した収入金額から当該廃炉等積立金として積み立てる金銭として交付を受けるべき金額を控除した金額とされています（地法附則9⑲）。

5　電気供給業を行う法人が、一般社団法人日本卸電力取引所を介して自らが供給を行った電気の供給を受けて、当該電気の供給を行う場合の収入金額は、平成30年4月1日から令和6年3月31日までの間に開始する各事業年度分の事業税に限り、本則規定により算定した収入金額から当該法人が供給を受けた電気の料金として支払うべき金額を控除した金額とされています（地法附則9⑳）。

第2節　法人事業税

6　特定吸収分割会社又は特定吸収分割承継会社が、当該特定吸収分割会社と当該特定吸収分割承継会社との間で行う取引のうち、電気の安定供給の確保のため必要なものとして特定取引を行う場合の収入金額は、平成31年4月1日から令和6年3月31日までの間に開始する各事業年度分の事業税に限り、本則規定により算定した収入金額から当該特定取引の相手方から支払を受けるべき金額を控除した金額とされています（地法附則9㉑）。

7　一般送配電事業者が、賠償負担金相当金及び廃炉円滑化負担金相当金を発電事業者等に交付する場合の収入金額は、令和2年4月1日から令和7年3月31日までの間に開始する各事業年度分の事業税に限り、本則規定により算定した収入金額から当該賠償負担金相当金及び廃炉円滑化負担金相当金を控除した金額とされています（地法附則9㉒）。

(2)　保険業

イ　生命保険会社又は外国生命保険会社等

収入割の課税標準である各事業年度の収入金額のうち保険業を行う保険業法第2条第3項に規定する生命保険会社又は同条第8項に規定する外国生命保険会社等に係るものは、当該生命保険会社又は外国生命保険会社等が契約した次の左欄に掲げる保険の区分に応じ、それぞれ右欄により算定した金額とされています（地法72の24の2②）。

なお、これらの一定の割合を乗じて算出されるものは、通常、付加保険料（総保険料から純保険料（保険期間の満了又は保険事由の発生によって、保険受取人に支払われる保険金に充てられる部分）を控除した額、すなわち保険事業の経費に充てられる部分）といわれています。

保険の区分		収入金額の算定方法
①	個人保険	各事業年度の収入保険料×100分の24
②	貯蓄保険	各事業年度の収入保険料×100分の7
③	団体保険	各事業年度の収入保険料×100分の16
④	団体年金保険	各事業年度の収入保険料×100分の5

(注)1　収入保険料からは再保険料として収入する保険料が除かれます。

2　保険料は、現実に収入された事業年度の収入金額に算入します。したがって、法人が未収保険料として経理しているものについても、もとよりこれが収入された場合においてこれを収入金額に算入することになります。

なお、法人が未経過保険料として経理しているものについてもこれが収入された事業年度の収入金額に算入することとなります。

3　当分の間、生命保険会社及び外国生命保険会社等が独立行政法人福祉医療機構と締結する保険の契約に基づく収入保険料については、課税対象としないこととされています（地法附則9⑨）。

ロ　**損害保険会社又は外国損害保険会社等**

　収入割の課税標準である各事業年度の収入金額のうち保険業を行う保険業法第2条第4項に規定する損害保険会社又は同条第9項に規定する外国損害保険会社等に係るものは、当該損害保険会社又は外国損害保険会社等が契約した次の左欄に掲げる保険の区分に応じ、それぞれ右欄により算定した金額とされています（地法72の24の2③）。

　なお、これらの一定の割合を乗じて算出されるものは、通常、付加保険料（総保険料から純保険料（保険期間の満了又は保険事由の発生によって、保険受取人に支払われる保険金に充てられる部分）を控除した額、すなわち保険事業の経費に充てられる部分）といわれています。

	保険の区分	収入金額の算定方法
①	船舶保険	各事業年度の正味収入保険料×100分の25
②	運送保険及び貨物保険	各事業年度の正味収入保険料×100分の45
③	自動車損害賠償責任保険	各事業年度の正味収入保険料×100分の10
④	地震保険	各事業年度の正味収入保険料×100分の20
⑤	①から④までに掲げる保険以外のもの	各事業年度の正味収入保険料×100分の40

（注）　正味収入保険料とは、次の算式によって算定されるものをいいます。

$$\left[\begin{array}{l}元受及び受再保\\険の総保険料\end{array} - \begin{array}{l}保険料から控\\除すべき金額\end{array} + \begin{array}{l}再保険\\返戻金\end{array}\right] - \left[再保険料 + 解約返戻金\right]$$

　　　なお、保険料から控除すべき金額とは、簡易火災保険の満期返戻金、海上保険の期末払戻金等で、解約以外の事由による保険料の払戻金をいうものであり、海上保険の利益払戻金のようなものは含まれません。この場合において元受保険者が再保険者から返戻されたこれらに対応する金額は、保険料から控除すべき金額から控除することとなります。

　　　また、解約返戻金とは、中途解約、更新契約等による返戻金で保険契約が解除された場合既に収入した保険料のうちから契約者へ払い戻されるものをいいます。

ハ　**少額短期保険業者**

　保険業法第2条第18項に規定する少額短期保険業者に係る各事業年度の収入金額は、各事業年度の正味収入保険料に、生命保険等に係るものは100分の16、損害保険に係るものは100分の26を、それぞれ乗じて得た金額とされています（地法72の24の2④）。

第2節　法人事業税

ニ　貿易保険業者

　　貿易保険業を行う株式会社日本貿易保険に係る各事業年度の収入金額は、各事業年度の正味収入金額に、100分の15を乗じて得た金額とされています（地法72の24の2⑤）。

⑶　外国において事業を行う特定内国法人の収入金額の算定方法

　　内国法人で外国にその事業が行われる恒久的施設を有するもの（以下「特定内国法人」といいます。）の収入割の課税標準となる収入金額は、次により算定した金額とされています（地法72の24の3、地令23）。

外国において事業を行う特定内国法人の収入金額の算定方法	
外国の事業に帰属する収入金額を区分して計算する法人（原則）	（収入金額の総額）－（外国の事業に帰属する収入金額）
外国の事業に帰属する収入金額を区分して計算することが困難な法人（特則）	$\begin{pmatrix}収入金額\\の総額\end{pmatrix} - \begin{pmatrix}収入金額\\の総額\end{pmatrix} \times \dfrac{\begin{pmatrix}外国の事務所等\\の従業者の数\end{pmatrix}}{従業者の総数}$ ※　従業者数の算定については、「外国において事業を行う特定内国法人の付加価値額の算定方法」の項（288頁）を参照して下さい。

7　課税事業と非課税事業とを併せて行う法人等の課税標準額の算定方法

⑴　鉱物の掘採事業と鉱物の精錬事業とを一貫して行う法人の付加価値額及び所得

　　鉱物の掘採事業と鉱物の精錬事業とを一貫して行う法人の課税対象となる精錬部門の付加価値額及び所得は、次により算定した金額とされています（地法72の24の5）。

課税対象となる精錬部門の付加価値額及び所得の算定方法	
自社で掘採した鉱物を精錬している場合	$\dfrac{付加価値額}{又は所得の} \times \dfrac{\begin{pmatrix}生産品について & 鉱産税の課税標準\\収入すべき金額 & である鉱物の価格\end{pmatrix}}{生産品について収入すべき金額}$
他社から購入した鉱物も併せて精錬している場合	$\dfrac{付加価値額}{又は所得の}\times\dfrac{\begin{pmatrix}生産品に\\ついて収\\入すべき\\金額\end{pmatrix}-\begin{pmatrix}鉱産税の\\課税標準\\である鉱\\物の価格\end{pmatrix}+\begin{pmatrix}他社から購\\入した鉱物\\の価格\end{pmatrix}}{\begin{pmatrix}生産品について収入\\すべき金額\end{pmatrix}-\begin{pmatrix}他社から購入した\\鉱物の価格\end{pmatrix}}$

— 323 —

第3章　事業税及び特別法人事業税

(注)　当該事業を行う法人が掘採部門に係る付加価値額及び所得と精錬部門に係る付加
価値額及び所得とを区分することができる場合においては、当該法人の精錬事業に
係る課税標準とすべき付加価値額及び所得は、その区分して計算した付加価値額及
び所得とします（地法72の24の5②）。ただし、この方法による場合は、都道府県知
事の承認が必要とされています（地法72の24の5③）。

⑵　石灰石の採掘事業と加工（製造）事業とを一貫して行う法人の付加価値額及び所得

石灰石の採掘事業と加工（製造）事業とを一貫して行う法人の課税対象となる加工
（製造）部門の付加価値額及び所得は、次により算定することとされています（取扱
通知(県)3章4の8の3）。

加工（製造）部門の付加価値額及び所得の算定方法	
石灰石の採掘事業と加工（製造）事業とを一貫して行う法人	課税対象となる付加価値額及び所得は、採掘部門と加工部門とに分離して算定します。 　この場合における一貫作業に係る加工部門の単年度損益又は所得の計算については、自己採掘の石灰石の原料代金を損金の額又は個別帰属損金額として算入せず、課税標準の算定期間中において申告納付すべき鉱産税の課税標準である鉱物の価格を損金の額又は個別帰属損金額に算入して行うこととなります。

⑶　課税事業と非課税事業とを併せて行う法人等の付加価値額及び所得

非課税事業（⑴及び⑵の事業を除きます。）、所得等課税事業又は収入金額等課税事業
（小売電気事業等及び発電事業等をいいます。）のうち複数の事業を併せて行う法人のそ
れぞれの事業に係る付加価値額及び所得は、次により算定することとされています
（取扱通知(県)3章4の8の4）。

各事業部門の付加価値額及び所得の算定方法	
それぞれの事業の経理を区分して計算することができる場合	その区分計算によって得られた付加価値額及び所得を課税標準とします。この場合において、共通経費等の区分の困難なものについては、便宜上これをそれぞれの事業の売上金額等最も妥当と認められる基準によってあん分して算定します。
それぞれの事業の経理を区分して計算することが困難である場合	それぞれの事業を通じて算定した付加価値額の総額又は所得の総額若しくは欠損金額若しくは個別欠損金額をそれぞれの事業の売上金額等最も妥当と認められる基準によってあん分してそれぞれの事業に係る付加価値額又は所得を算定します。

— 324 —

第2節　法人事業税

(注)　非課税事業について生じた欠損金額を所得等課税事業又は収入金額等課税事業の所得と通算することはできないものであり、また、所得の計算上繰越控除が認められる欠損金額は、所得等課税事業又は収入金額等課税事業について生じた欠損金額に限られます。

8　法人事業税の課税標準の特例

　下表の左欄に掲げる法人の行う事業（電気供給業、ガス供給業、保険業及び貿易保険業を除きます。）に対する法人事業税の課税標準については、条例の定めるところにより、事業の情況に応じ、所得と併せて、右欄のものを用いることができることとされています（地法72の24の4）。

　なお、この特例の規定によって法人事業税を課する場合における税率は、地方税法第72条の24の7第1項から第4項までの税率（法人事業税の標準税率）及び第8項の税率（法人事業税の制限税率）による場合における負担と著しく均衡を失することのないようにしなければならないとされています（地法72の24の7⑨）。

特例対象法人	特例課税標準
法人事業税を外形標準課税によって課される法人（地法第72条の2第1項第1号イに掲げる法人をいいます。）以外の法人	資本金額、売上金額、家屋の床面積又は価格、土地の地積又は価格、従業員数等

— 325 —

第3章　事業税及び特別法人事業税

第5　法人事業税の標準税率

　法人事業税の税率は、標準税率制度がとられており、その標準税率は、地方税法第72条の24の7に法定されています（以下この標準税率を「本則税率」といいます。）。ただし、平成20年度の税制改正において、地方法人特別税等に関する暫定措置法を制定し地方法人特別税が創設された際、平成20年10月1日から令和元年9月30日までに開始する各事業年度の「所得割」と「収入割」の標準税率は、地方法人特別税との関係（後述のなお書参照）から同法第2条に規定されています。

　これにより、平成20年10月1日から令和元年9月30日までに開始する各事業年度においては、「付加価値割」及び「資本割」にあっては地方税法第72条の24の7に規定されている本則税率が、「所得割」及び「収入割」にあっては地方法人特別税等に関する暫定措置法第2条に規定されているものが、標準税率として適用されていました。

　平成20年10月1日以後に開始する各事業年度の法人事業税の標準税率を一覧表にしますと、次のとおりとなりますが、課税団体である都道府県は、この標準税率を基準として条例で当該都道府県の税率を定めます。ただし、都道府県は、標準税率を超える税率で法人事業税を課する場合には、標準税率の1.2倍（外形課税対象法人の所得割については標準税率の1.7倍）を超える税率で課することができないとされています（地法72の24の7⑧）。

　なお、平成20年10月1日以後に開始する各事業年度に係る標準税率が定められた経緯は次のとおりです。

イ　平成20年10月1日から平成26年9月30日までの間に開始する事業年度

　　平成20年度の税制改正において、地域間の税源偏在是正のため地方法人特別税（383頁参照）が創設されました。この地方法人特別税は法人事業税の一部（所得割と収入割の一部）を充てることにより（すなわち、所得割と収入割の本則税率を引き下げることにより）創設されましたが、同税は平成20年10月1日以後に開始する事業年度から実施することとされました。このため、所得割及び収入割の税率引き下げも平成20年10月1日以後に開始する事業年度から適用することとされました。そして、この引下げ税率は、次のロの税制改正によりその改正税率の適用期限が平成26年9月30日までに開始する事業年度までとされました。

第2節　法人事業税

ロ　平成26年10月1日以後に開始する事業年度（外形課税対象法人の場合は平成27年3月31日までに開始する事業年度まで）

　　平成26年度の税制改正において、比較的税源偏在の小さい地方消費税の税率が平成26年4月1日から引き上げられることや同税制改正において地方法人課税の偏在を是正するため地方法人税（国税・219頁参照）を創設することとされたことから、税源偏在是正の暫定措置として創設された地方法人特別税の規模を3分の1縮小し（地方法人特別税の税率の引下げ）、法人事業税に復元（所得割及び収入割の税率を引上げ）することとし、これらの改正が平成26年10月1日以後に開始する事業年度から適用することとされました。そして、外形課税対象法人の所得割の税率は、次のハの税制改正により、その適用期限が平成27年3月31日までに開始する事業年度までとされました。

ハ　平成27年4月1日以後に開始する事業年度（外形課税対象法人の場合）

　　平成27年度の税制改正において、外形基準（付加価値額及び資本金等の額）による課税を、2年間（平成27年度及び平成28年度）で、4分の1から8分の4にする（すなわち、所得割の税率を引き下げて、付加価値割と資本割の税率を引き上げる）こととし、外形標準課税が拡大され、その改正税率が平成27年4月1日以後に開始する事業年度及び平成28年4月1日以後に開始する事業年度（次のニを参照）からそれぞれ適用することとされました。

ニ　平成28年4月1日以後に開始する事業年度（外形課税対象法人の場合）

　　平成28年度の税制改正において、法人税改革の一環として外形標準課税が拡大され（外形基準による課税割合を8分の5とします。）、付加価値割及び資本割の税率が引き上げられ、所得割の税率が引き下げられ、平成28年4月1日以後に開始する事業年度から適用することとされました（この改正によって、平成27年度における上記ハの税率改正部分のうち、平成28年4月1日以後に開始する事業年度に適用する部分については、その改正がなかったものとされています。）。

ホ　令和元年10月1日以後に開始する事業年度

　　平成28年度の税制改正において、地方法人特別税等に関する暫定措置法は廃止され、同法に規定されていた所得割及び収入割の税率は平成29年4月1日以後に開始する事業年度から廃止することとされていましたが、消費税率の引上げ時期の変更に伴う税制上の措置により、廃止時期が令和元年10月1日以後に開始する事業年度に延期されました。これにより、所得割及び収入割の標準税率は、令和元年10月1日以後に開始する事業年度から本則税率によることとなりました。

— 327 —

第3章　事業税及び特別法人事業税

ヘ　令和2年4月1日以後に開始する事業年度

　　令和2年度の税制改正において、電気供給業のうち、小売電気事業等及び発電事業等に係る法人事業税について、資本金の額又は出資金の額が1億円を超える普通法人にあっては収入割額、付加価値割額及び資本割額の合算額によって、資本金の額又は出資金の額が1億円以下の普通法人等にあっては収入割額及び所得割額の合算額によってそれぞれ課することとされ、これにより、これらの法人の標準税率の改正が行われました。

1　電気供給業、ガス供給業及び保険業以外の事業

(1)　外形課税対象法人

①　平成20年10月1日から平成27年3月31日までの間に開始する事業年度

事業税の区分（税率適用事業年度）			平成20年10月1日から平成26年9月30日までの間に開始する事業年度	平成26年10月1日から平成27年3月31日までの間に開始する事業年度
付加価値割			0.48%	同左
資本割			0.2%	同左
所得割	軽減税率適用法人	年400万円以下の所得	1.5%	2.2%
		年400万円超年800万円以下の所得	2.2%	3.2%
		年800万円超の所得	2.9%	4.3%
	軽減税率不適用法人		2.9%	4.3%

(注)1　上記の所得割の税率は、地方法人特別税等に関する暫定措置法第2条の規定を適用した後の税率です。
　　2　上記の税率の適用に当たっては、332頁の留意点を参照してください。

第2節　法人事業税

②　平成27年4月1日から令和元年9月30日までの間に開始する事業年度

事業税の区分　税率適用事業年度			平成27年4月1日から平成28年3月31日までの間に開始する事業年度	平成28年4月1日から令和元年9月30日までの間に開始する事業年度
付加価値割			0.72%	1.2%
資本割			0.3%	0.5%
所得割	軽減税率適用法人	年400万円以下の所得	1.6%	0.3%
		年400万円超年800万円以下の所得	2.3%	0.5%
		年800万円超の所得	3.1%	0.7%
	軽減税率不適用法人		3.1%	0.7%

(注)1　上記の所得割の税率は、地方法人特別税等に関する暫定措置法第2条の規定を適用した後の税率です。

2　上記の税率の適用に当たっては、332頁の留意点を参照してください。

③　令和元年10月1日以後に開始する事業年度

事業税の区分　税率適用事業年度			令和元年10月1日以後に開始する事業年度
付加価値割			1.2%
資本割			0.5%
所得割	軽減税率適用法人	年400万円以下の所得	0.4%
		年400万円超年800万円以下の所得	0.7%
		年800万円超の所得	1.0%
	軽減税率不適用法人		1.0%

— 329 —

第3章 事業税及び特別法人事業税

(2) 特別法人及びその他の法人

① 平成20年10月1日から令和元年9月30日までの間に開始する事業年度

法人の区分		税率適用事業年度		平成20年10月1日から平成26年9月30日までの間に開始する事業年度	平成26年10月1日から令和元年9月30日までの間に開始する事業年度
特別法人	所得割	軽減税率適用法人	年400万円以下の所得	2.7%	3.4%
			年400万円超の所得	3.6%	4.6%
		軽減税率不適用法人		3.6%	4.6%
その他の法人	所得割	軽減税率適用法人	年400万円以下の所得	2.7%	3.4%
			年400万円超年800万円以下の所得	4.0%	5.1%
			年800万円超の所得	5.3%	6.7%
		軽減税率不適用法人		5.3%	6.7%

(注)1 上記の所得割の税率は、地方法人特別税等に関する暫定措置法第2条の規定を適用した後の税率です。

2 上記の税率の適用にあたっては、332頁の留意点を参照してください。

② 令和元年10月1日以後に開始する事業年度

法人の区分		税率適用事業年度		令和元年10月1日以後に開始する事業年度
特別法人	所得割	軽減税率適用法人	年400万円以下の所得	3.5%
			年400万円超の所得	4.9%
		軽減税率不適用法人		4.9%
その他の法人	所得割	軽減税率適用法人	年400万円以下の所得	3.5%
			年400万円超年800万円以下の所得	5.3%
			年800万円超の所得	7.0%
		軽減税率不適用法人		7.0%

第2節　法人事業税

2　電気供給業（小売電気事業等及び発電事業等を除く。）、ガス供給業、保険業及び貿易保険業

①　平成20年10月1日から令和元年9月30日までの間に開始する事業年度

事業税の区分	税率適用事業年度	平成20年10月1日から平成26年9月30日までの間に開始する事業年度	平成26年10月1日から令和元年9月30日までの間に開始する事業年度
収入割	収入金額	0.7%	0.9%

（注）　上記の税率は、地方法人特別税等に関する暫定措置法第2条の規定を適用した後の税率です。

②　令和元年10月1日以後に開始する事業年度

事業税の区分	税率適用事業年度	令和元年10月1日以後に開始する事業年度
収入割	収入金額	1.0%

3　電気供給業（小売電気事業等及び発電事業等に限る。）

令和2年4月1日以後に開始する事業年度

(1)　資本金の額又は出資金の額が1億円を超える普通法人

事業税の区分	税率適用事業年度	令和2年4月1日以後に開始する事業年度
収入割		0.75%
付加価値割		0.37%
資本割		0.15%

(2)　資本金の額又は出資金の額が1億円以下の普通法人等

事業税の区分	税率適用事業年度	令和2年4月1日以後に開始する事業年度
収入割		0.75%
所得割		1.85%

留意点

税率の適用については、次のことに留意することとなります。

留意事項	留意内容
特別法人とは	法人税法第2条第7号に規定する協同組合等（同法別表第3に掲げる法人）と医療法人をいいます。
事業年度が1年に満たない場合の所得階層区分の所得	事業年度が1年に満たない場合には、「年400万円」又は「年800万円」については、次により計算した金額となります。 「年400万円」又は「年800万円」× $\dfrac{当該事業年度の月数}{12}$
分割法人に係る所得階層区分の所得	二以上の都道府県において事務所又は事業所を設けて事業を行う法人の所得階層区分の所得（すなわち、軽減税率が適用される階層の所得（特別法人にあっては年400万円以下の部分の所得、特別法人以外の法人にあっては年800万円以下の部分の所得）をいいます。）は、関係都道府県に分割される前の金額によります。
軽減税率不適用法人とは	三以上の都道府県において事務所又は事業所を設けて事業を行う法人で資本金の額又は出資金の額が1,000万円以上のものの事業税については、所得のうち年800万円（特別法人にあっては、年400万円）以下の金額について定められている軽減税率が適用されないこととされています（地法72の24の7④）が、この軽減税率が適用されない法人を、軽減税率不適用法人と呼称しています。したがって、この軽減税率不適用法人の標準税率は、前記の「税率表」の所得割の「軽減税率不適用法人」欄の税率となります。
軽減税率不適用法人の判定	資本金の額又は出資金の額が1,000万円以上の法人であるかどうかの判定は、次によります（地法72の24の7⑦）。 イ　付加価値額、資本金等の額又は所得（清算中の付加価値額、資本金等の額又は所得を除きます。）を課税標準とする法人事業税にあっては、各事業年度の終了の日の現況によります。 　　ただし、地法第72条の26第1項ただし書の規定により中間申告納付（仮決算による中間申告納付）又は地法第72条の48第2項ただし書の規定により中間申告納付（分割基準が著しく異なる場合等における中間申告納付）すべき法人事業税にあっては、当該事業年度の開始の日から6月の期間の末日の現況によることとなります。 ロ　清算中の各事業年度の付加価値額、資本金等の額又は所得を課税標準とする法人事業税にあっては、解散の日の現況によります。
税率の適用区分	法人事業税の税率は、各事業年度終了の日現在における税率によります（地法72の24の8）。 　ただし、仮決算に基づく中間申告又は分割基準が著しく異なる

— 332 —

	場合等に行う予定申告により納付すべき法人事業税にあっては、当該事業年度の開始の日から6月の期間の末日現在における税率によります（同条）。
特定の協同組合等に係る税率の特例	租税特別措置法第68条第1項の規定に該当する特定の協同組合等については、次のような特例税率とされています。 イ　年400万円以下の所得　　　　　　　　　3.5% ロ　年400万円を超え年10億円以下の所得　4.9% ハ　年10億円を超える所得　　　　　　　　 5.7% 　ただし、軽減税率が適用されない協同組合等である場合は、4.9%（年10億円を超える所得は5.7%）となります（地法附則9の2）。
外形課税対象法人が法人課税信託を引き受けた場合の税率の適用区分	法人課税信託の受託者である外形課税対象法人に法人課税信託に係る所得割が課される場合におけるその所得割に係る税率の適用区分は、その他の法人（上記1において「その他の法人」とされるものをいいます。）の区分によるとされています（取扱通知(県)3章1の7）。
電気供給業のうち、小売電気事業等又は発電事業等を行う資本金の額又は出資金の額が1億円を超える普通法人が法人課税信託を引き受けた場合の税率の適用区分	法人課税信託の受託者である電気供給業のうち、小売電気事業等又は発電事業等を行う資本金の額又は出資金の額が1億円を超える普通法人に法人課税信託に係る収入割が課される場合におけるその収入割に係る税率は、地方税法第72条の2第1項第3号イに掲げる法人の区分が適用され、事業税の額は同法第72条の24の7第3項第1号イに定める金額とされています（取扱通知(県)3章1の7）。

第3章　事業税及び特別法人事業税

第6　算出税額から控除される事業税額

1　特定寄附金に係る事業税額の控除（企業版ふるさと納税）

　次の左欄の寄附金については、中欄の金額が右欄により控除されます（地法附則9の2の2）。

控除対象寄附金	控　除　額	控　除　方　法
青色申告法人又は青色申告法人でない法人で連結申告法人に該当するものが、地域再生法の一部を改正する法律（平成28年法律第30号）の施行の日から令和7年3月31日までの間に地域再生法第8条第1項に規定する認定地方公共団体（以下「認定地方公共団体」といいます。）に対して支出した当該認定地方公共団体が行うまち・ひと・しごと創生寄附活用事業（当該認定地方公共団体が作成した同条第1項に規定する認定地域再生計画に記載されている同法第5条第4項第2号に規定するまち・ひと・しごと創生寄附活用事業をいいます。）に関連する寄附金（以下	当該特定寄附金を支出した日を含む事業年度（解散（合併による解散を除きます。）の日を含む事業年度及び清算中の各事業年度を除きます。以下「寄附金支出事業年度」といいます。）において支出した特定寄附金の額（当該寄附金支出事業年度の法人税の所得の金額の計算上損金の額に算入されるものに限ります。）の合計額（2以上の都道府県に事務所又は事業所を有する法人にあっては、当該合計額を法人事業税の課税標準の分割基準により按分して計算した金額）の100分20に相当する金額が控除額となります（以下これを「控除額」といいます。）。 　この場合において、当該法人の寄附金支出事業年度における控除額が、当該法人の当該寄附金支出事業年度に係る事業税額（事業税の課税標準に税率を乗じて計算した算出税額とされています。）の100分の20に相当する金額を超えるときは、その控除する金額は、当該100分の20に相当する金額となります。	中欄の控除額は、当該寄附金支出事業年度に係る確定申告、仮決算に係る中間申告又は修正申告により申告納付すべき事業税額から控除します（注2）。 　なお、この控除は、その申告書又は更正請求書に、この控除の対象となる特定寄附金の額、控除を受ける金額及び当該金額の計算に関する明細を記載した書類並びに当該書類に記載された寄附金が特定寄附金に該当することを証する書類の添付がある場合に限り、適用されます。そして、その控除する金額は、仮決算に係る中間申告書又は確定申告書に添付された書類に記載された特定寄附金の額を基礎として計算した金額を限度とするとされています。

－334－

「特定寄附金」といいます。）が控除の対象となります（注1）。

(注)1　その寄附をした者がその寄附によって設けられた設備を専属的に利用することその他特別の利益がその寄附をした者に及ぶと認められる寄附金は除きます。

　　2　この控除を、付加価値割、資本割、所得割又は収入割から行う場合には、所得割、付加価値割、資本割、収入割の順に行います。

　　　また、事業税額からの税額控除としては、まずこの控除をし、次に仮装経理に基づく過大申告の場合の更正に伴う事業税額の控除をし、既に納付すべきことが確定している事業税額がある場合には、これを控除した後に、租税条約の実施に係る還付すべき金額を控除します。

2　仮装経理に基づく過大申告の場合の更正に伴う事業税額の控除

　次の左欄の仮装経理事業税額については、右欄によることとされています（地法72の24の10）。なお、この更正（原更正）に伴う反射的更正に係るものについても、同様の取扱いとなります（地法72の24の10⑤）。

仮装経理事業税額	法人事業税における取扱い
各事業年度の開始の日前に開始した事業年度の内国法人の付加価値割額、資本割額、所得割額又は収入割額について減額更正をした場合において、当該更正により減少する部分の金額のうち事実を仮装して経理したところに基づくもの（以下「仮装経理事業税額」といいます。）	当該仮装経理事業税額は、当該各事業年度（当該更正の日以後に終了する事業年度に限ります。）の付加価値割額、資本割額、所得割額又は収入割額から、還付又は充当すべきこととなった金額（注1）を除き、控除します。 　なお、外形課税対象法人については、事業税額全体から控除します。

(注)1　仮装経理事業税額の還付又は充当は次の場合について行われます。

　　イ　次に掲げる事業年度の申告書の提出期限が到来した場合（地法72の24の10③）

　　(イ)　更正の日の属する事業年度開始の日から5年を経過する日の属する事業年度

　　(ロ)　残余財産が確定したときのその残余財産の確定の日の属する事業年度

　　(ハ)　合併による解散（適格合併による解散を除きます。）をしたときのその合併の日の前日の日の属する事業年度

　　(ニ)　破産手続開始の決定による解散をしたときのその破産手続開始の決定の日の属する事業年度

　　(ホ)　普通法人又は協同組合等が公益法人等に該当することとなったときのその該当することとなった日の前日の属する事業年度

　　ロ　イの場合において、申告書の提出期限後に当該申告書の提出があった場合又は当該申告書に係る事業年度の付加価値割、資本割、所得割若しくは収入割について決定があった場合（地法72の24の10③）

第3章　事業税及び特別法人事業税

　　ハ　次の（注2）の還付の請求があった場合において、その請求に理由がある場合（地法72の24の10⑦）

　2　上記の法人に次に掲げる事実が生じた場合には、当該法人は、当該事実が生じた日以後1年以内に、仮装経理事業税額の還付を請求することができます（地法72の24の10④）。

　　イ　会社更生法又は金融機関等の更生手続の特例等に関する法律の規定による更生手続開始の決定があったこと。

　　ロ　民事再生法の規定による再生手続開始の決定があったこと。

　　ハ　イ及びロに掲げる事実に準ずる事実で一定のものがあったこと。

3　租税条約の実施に係る更正に伴う事業税額の控除

　租税条約の実施に係る更正が行われたときは、次によることとされています（地法72の24の11）。

	租税条約の実施に係る還付すべき金額	法人事業税における取扱い
租税条約の実施に係る更正に伴う事業税額の控除	租税条約等の実施に伴う所得税法、法人税法及び地方税法の特例等に関する法律第7条第1項に規定する合意に基づき税務署長による国税通則法第24条又は第26条の規定による更正が行われた場合（すなわち、移転価格税制の適用を受けた場合）において、当該更正に係る法人税の所得又は当該更正に係る法人税の連結所得に係る個別所得金額に基づいて法人事業税の更正が行われたことに伴い還付することとなる金額（以下「租税条約の実施に係る還付すべき金額」といいます。）が生ずるとき	当該租税条約の実施に係る還付すべき金額は、当該更正の日の属する事業年度開始の日から1年以内に開始する各事業年度の付加価値額、資本金等の額、所得又は収入金額について確定申告によって納付すべき事業税額から順次控除します。 　なお、この繰越控除を付加価値割、資本割、所得割又は収入割から行う場合には、所得割、付加価値割、資本割、収入割の順に行います。 　また、控除しきれなかった金額は、当該法人に還付し、又は当該法人の未納に係る地方団体の徴収金に充当します。

（注）1　移転価格税制とは、我が国の法人と国外関連者との間の国外関連取引に係る対価の額が一般の取引価格と異なることにより、我が国の法人の所得の金額が減少又は増加することとなる場合には、国外関連者との取引を一般の取引価格（独立企業間価格）で行われたものとみなして、各事業年度の所得の金額を計算する制度をいいます（措法66の4）。

　　　2　更正の請求があった日の翌日から起算して3月を経過した日以後に更正が行われた場合には、この税額控除は適用されません（地法72の24の11①）。

　　　3　租税条約の実施に係る更正が行われたことに伴い当該更正に係る事業年度後の各事業年度の付加価値額又は所得を減少させる更正が行われた場合において、その更正により還付することとなる金額が生ずるときは、当該金額は、租税条約の

— 336 —

第2節 法人事業税

実施に係る還付すべき金額とみなして、上記の税額控除を行うこととされています（地法72の24の11②）。

4 控除不足額を還付する場合には、次に掲げる日のいずれか遅い日の翌日からその還付のための支出を決定し、又は充当をする日までの期間の日数に応じ、年7.3％の割合を乗じて計算した還付加算金が、その還付し、又は充当すべき金額に加算されます（地令24の2の9）。

イ 当該更正の日の属する事業年度開始の日から起算して1年を経過する日の属する事業年度等の確定申告書が提出された日（確定申告書がその提出期限前に提出された場合にあっては当該申告書の提出期限、決定をした場合にあっては当該決定をした日）の翌日から起算して1月を経過する日

ロ 更正の請求があった日（更正の請求がない場合にあっては、当該更正があった日）の翌日から起算して1年を経過する日

— 337 —

第7　申告納付

　法人事業税の徴収は、申告納付の方法によります。したがって、事業を行う法人は、その納付すべき法人事業税の課税標準額及び税額を申告し、その申告した税額を納付することとなります。

　この場合において、事業を行う法人の事務所又は事業所が二以上の都道府県に所在するときは、それら複数の都道府県が課税権を有することとなるため、当該法人が申告納付（予定申告法人の予定申告納付を除きます。）する場合には、当該事業に係る課税標準額の総額を一定の分割基準によってその事務所又は事業所を有する関係都道府県に分割し、その分割した額を課税標準とし、関係都道府県ごとに法人事業税額を算定して、これを申告納付することとなります。

　法人事業税の申告納付には、次のようなものがあり、その制度は、基本的には法人税の申告納付制度と同様のものとなっています。

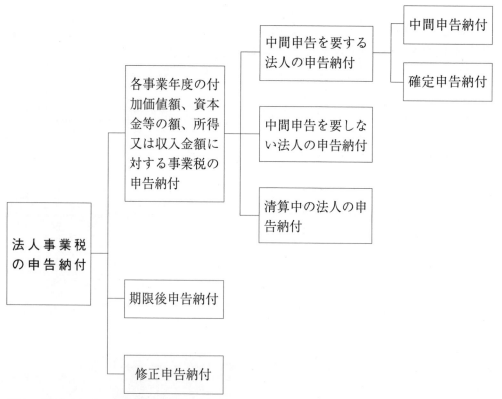

（注）　平成30年度の税制改正において、令和２年４月１日以後に開始する事業年度から、特定法人である内国法人は、納税申告書及び添付書類に記載すべき事項を地方税関係手続用電子情報処理組織を使用し、かつ、地方税共同機構を経由して行う方法等により、提供しなければならないこととされています。

第2節　法人事業税

1　中間申告納付

　事業を行う法人は、事業年度が6月を超える場合には、次により算定した額の法人事業税を当該事業年度開始の日以後6月を経過した日から2月以内に、事務所又は事業所所在の都道府県に申告納付しなければなりません（地法72の26）。

　なお、二以上の都道府県に事務所又は事業所を有する法人が前期の実績に基づいてする中間申告の納付税額の算定方法については、356頁を参照して下さい。

(1)　中間納付額の算定方法

　中間納付額は、次の①又は②のいずれかの方法により算定した額とされています（地法72の26①）。ただし、仮決算による中間申告は、②の仮決算により算定した事業税額が①の前年実績により算定した事業税額を超えないときに限り、行うことができます（地法72の26①ただし書）。

区　分	中間納付額の算定方法
①　前年実績による場合	$\left(\begin{array}{l}\text{その事業年度の開始の日から6月}\\\text{を経過した日の前日までに確定し}\\\text{た前事業年度の法人事業税額}\end{array}\right) \times \left(\dfrac{6}{\text{前事業年度の月数}}\right)$ ※　令和元年10月1日以後に開始する最初の事業年度に係る中間納付額は、上記の算式中「6」とあるのを「6.3」として算定することとされています（平成31年改正地法附則6②）。次の(2)において同じです。
②　仮決算に基づく場合	その事業年度開始の日から6月の期間を1事業年度とみなして、当該期間の付加価値額、資本金等の額、所得又は収入金額を課税標準として算定した法人事業税額 ※　連結法人のうち所得割を申告納付すべきものは、この方法によることはできません（地法72の26①ただし書）。

(2)　みなす申告

　法人事業税には、中間申告について次のようなみなす申告制度が設けられています（地法72の26⑤）。

— 339 —

第3章　事業税及び特別法人事業税

みなす申告	
法人事業税について中間申告の義務がある法人が、その中間申告をすべき期間内に申告納付しなかった場合　みなす申告 ➡	当該期間を経過した時において事務所又は事業所所在地の都道府県知事に対し上記(1)の①による中間申告書の提出があったものとみなします。この場合において、当該法人は、当該申告納付すべき期限内に、その提出があったものとみなされる申告書に係る法人事業税額を事務所又は事業所所在地の都道府県に納付しなければなりません。

(3)　合併法人の予定申告により納付すべき事業税額の算定方法

　法人税法に規定する適格合併（法人を設立するものを除きます。）に係る合併法人の事業年度の期間が6月を超え、前事業年度中又は当該事業年度開始の日から6月を経過した日の前日までの期間内にその適格合併がなされた場合における当該合併法人の予定申告により納付すべき法人事業税額は、次により算定します（地法72の26②）。

イ　当該合併法人の前事業年度中に適格合併がなされた場合

前事業年度中に適格合併が行われた場合の予定事業税額
$\left(\dfrac{\text{合併法人の前事業年度の確定事業税額}}{\text{合併法人の前事業年度の月数}} \times 6\right) + \left(\dfrac{\text{被合併法人の確定事業税額（A）}}{\text{（A）の計算の基礎となった事業年度の月数}} \times \dfrac{\text{合併法人の前事業年度の開始の日から合併の日の前日までの月数}}{\text{合併法人の前事業年度の月数}} \times 6\right)$
※　（A）の確定事業税額は、当該合併法人の当該事業年度開始の日の1年前の日以後に終了した被合併法人の各事業年度に係る事業税額として当該合併法人の当該事業年度開始の日以後6月を経過した日の前日までに確定したもので、その計算の基礎となった各事業年度（その月数が6月に満たないものを除きます。）のうち最も新しい事業年度に係る事業税額をいいます。以下(3)において同じです。

ロ　当該合併法人の当該事業年度開始の日から6月を経過した日の前日までの期間内に適格合併がなされた場合

第2節　法人事業税

事業年度開始の日から 6 月の期間内に適格合併が行われた場合の予定事業税額

$$\left(\frac{合併法人の前事業年度の確定事業税額}{合併法人の前事業年度の月数} \times 6\right) + \left(\frac{被合併法人の確定事業税額（A）}{（A）の計算の基礎となった事業年度の月数} \times \frac{6 月の期間内のうち合併の日以後の期間の月数}{}\right)$$

　また、適格合併（法人を設立するものに限ります。）に係る合併法人の事業年度の期間が 6 月を超える場合における設立後最初の事業年度につき当該合併法人が予定申告により納付すべき法人事業税額は、次により算定します（地法72の26③）。

$$\left(\frac{被合併法人の前事業年度の確定事業税額（A）}{（A）の計算の基礎となった事業年度の月数} \times 6\right) + \left(\frac{被合併法人の前事業年度の確定事業税額（B）}{（B）の計算の基礎となった事業年度の月数} \times 6\right)$$

(4)　中間申告を要しない法人

　法人事業税においては、次のとおり、一定の法人は、中間申告を要しないとされています。

　なお、外形課税対象法人及び収入割を申告納付すべき法人は、必ず中間申告を行う必要があります（地法72の26⑧ただし書）。

イ　連結法人以外の法人

　次に掲げる法人は、中間申告をする必要がありません（地法72の26①⑧⑫、72の29）。

中間申告を要しない法人等	
①	公益法人等（地法第72条の 5 第 1 項各号に掲げる法人をいいます。）
②	人格のない社団等
③	特別法人(地法第72条の24の 7 第 6 項各号に掲げる法人をいいます。)
④	外国法人で中間申告期限までに納税管理人を定めないで国内に事務所又は事業所を有しないこととなるに至ったもの（事務所又は事業所を有しないこととなる日前にすでに中間申告書を提出したもの又は事業税の徴収の確保に支障がないことについて都道府県知事の認定を受けたものを除きます。）
⑤	新たに設立された内国法人のうち適格合併（被合併法人のすべてが収益事業を行っていない公益法人等であるものを除きます。）により設立されたもの以外のもの（設立後最初の事業年度に限ります。）

— 341 —

第3章　事業税及び特別法人事業税

⑥	公益法人等（収益事業を行っていないものに限ります。）が公益法人等以外の法人に該当することとなったもの（その該当することとなった日の属する事業年度に限ります。）
⑦	国内における事業の形態を変更した外国法人（その変更日の属する事業年度に限ります。）
⑧	外形課税対象法人（※1）又は収入割を申告納付すべき法人以外の法人で前事業年度の法人税額を基礎として算出した金額（前事業年度の確定法人税額÷前事業年度の月数×6）が10万円（※2）以下である法人又は当該金額がない法人（法人税法第71条第1項ただし書の規定により法人税の中間申告書を提出することを要しない法人をいいます。） ※1　外形課税対象法人であるかどうかの判定は、当該事業年度開始の日から6月の期間の末日の現況によります（地法72の26⑨）。次の口の連結法人についても同様です。 　2　前事業年度の法人税額に特別控除取戻税額等（措法42の4⑪、42の5⑤、42の6⑫、42の9④、42の10⑤、42の11⑤）、使途秘匿金の支出に対する法人税額（措法62①）及び土地譲渡利益金額に対する法人税額（措法62の3①・⑧、63①）が含まれているときは、当該金額（10万円）は、これを除外して算出したものとなります（措令27の4㉕等）。
⑨	清算中の法人

口　連結法人

　連結法人は、外形課税対象法人又は収入割を申告納付すべき法人を除き、次に掲げる場合には、中間申告をする必要がありません（地法72の26⑧、地令24の6、24の7）。

連結法人が中間申告を要しない場合	
①	連結法人の当該事業年度開始の日の前日の属する連結事業年度の連結法人税個別帰属支払額（※1）で当該事業年度開始の日から6月を経過した日の前日までに確定した当該連結事業年度の連結確定申告書に記載すべき法人税法第81条の22第1項第2号に掲げる金額に係るもの（※2）を当該連結事業年度の月数で除して得た金額の6倍の金額が10万円以下である場合又は当該金額がない場合 ※1　連結法人税個別帰属支払額とは、各連結事業年度の連結所得に対する法人税の負担額として支出すべき金額として法人税法第81条の18第1項（連結法人税の個別帰属額の計算）の規定により計算される金額をいいます（法法71①一）。 　2　当該金額に次に掲げる金額で当該法人に係るものが含まれている場合には、当該法人に係るこれらの金額を控除したものとなります。 　　i　エネルギー環境負荷低減推進設備等を取得した場合等の法人税額の特別控除額等がある場合の連結納税の取消しによる取戻税額（措

－ 342 －

	法68の9⑪、68の10⑤、68の11⑫、68の13④、68の14⑤、68の15⑤)
	ⅱ 使途秘匿金の支出に対する法人税額（措法68の67①）
	ⅲ 土地譲渡利益金額に対する法人税額（措法68の68①、⑧、68の69①）
②	連結法人（当該事業年度の前事業年度の期間が連結事業年度に該当しない場合の連結法人に限ります。）の当該事業年度の前事業年度の法人税額を基礎として算出した税額（**イ**の⑧と同じ方法により算定したものです。）が10万円以下である場合又は当該金額がない場合

ハ　災害等により申告期限が延長された一定の法人

　　地方税法第20条の５の２の規定に基づく条例の定めるところにより申告及び納付に関する期限が延長されたことにより、中間申告納付に係る期限と当該中間申告納付に係る事業年度の確定申告納付に係る期限とが同一の日となる場合には、当該中間申告納付をすることを要しません（地法72の27）。

2　確定申告納付

　事業を行う法人（清算中の法人を除きます。以下２において同じです。）は、各事業年度に係る法人事業税額を、確定した決算に基づき、次により、事務所又は事業所所在の都道府県に申告納付しなければなりません（地法72の25、72の28、72の48）。

　なお、事業を行う法人は、各事業年度について納付すべき法人事業税額がない場合においても、申告書を提出しなければなりません（地法72の25⑭、72の28③等）。

区　　分	申告事業税額	納付税額	申告納付期限
申告納付期限の延長を受けていない場合	所得割等（地方税法第72条の２第１項第１号イに掲げる法人の付加価値割、資本割及び所得割又は同号ロに掲げる法人の所得割をいいます。以下同じです。）又は収入割等（同項第２号に掲げる事業を行う法人の収入割、同項第３号イに掲げる法人の収入割、付加価値割及び資本割又は同号ロに掲げる法人の収入割及び所得割をいいます。	申告書に記載した税額（中間納付額を控除した額)	事業年度終了の日から２月以内

— 343 —

	以下同じです。）	
申告納付期限の延長を受けている場合	同　　上	同　　上	事業年度終了の日から3月以内（特別の事情がある場合は都道府県知事の指定する期間内）

（注）1　外形課税対象法人は、当該申告書に当該事業年度の付加価値額及び資本金等の額に関する計算書（総務省令第6号様式別表5の2〜5の2の4）及びこれらの計算書の明細書（同様式別表5の3〜5の5）（主たる事務所等所在の都道府県に提出する場合に限ります。）、所得に関する計算書（次の3を参照）並びに貸借対照表及び損益計算書（貸借対照表又は損益計算書の作成を電磁的記録の作成をもって行う法人にあっては当該電磁的記録を出力したものとします。次の2、4及び5において同じです。）を添付しなければなりません（地法72の25⑧、地規4の5）。

　　　2　収入割を申告納付すべき法人（電気供給業のうち、小売電気事業等又は発電事業等を行う法人を除きます。）は、当該申告書に当該事業年度の収入金額に関する計算書（総務省令第6号様式別表6〜8）、貸借対照表及び損益計算書を添付しなければなりません（地法72の25⑩、地規4の6）。

　　　3　所得割を申告納付すべき法人（医療法人等、外国で事業を行う内国法人、非課税事業と課税事業とを併せて行う法人等その所得計算にあたって特別な計算をすることとなる法人に限ります。）は、当該申告書に当該事業年度の所得に関する計算書（総務省令第6号様式別表5）を添付しなければなりません（地法72の25⑧、⑨）。

　　　4　電気供給業を行う法人のうち、小売電気事業等又は発電事業等を行う資本金の額又は出資金の額が1億円を超える普通法人は、当該申告書に当該事業年度の収入金額に関する計算書（総務省令第6号様式別表6）、付加価値額及び資本金等の額に関する計算書（同様式別表5の2〜5の2の4）及びこれらの計算書の明細書（同様式別表5の3〜5の5）（主たる事務所等所在の都道府県に提出する場合に限ります。）並びに貸借対照表及び損益計算書を添付しなければなりません（地法72の25⑪）。

　　　5　電気供給業を行う法人のうち、小売電気事業等又は発電事業等を行う資本金の額又は出資金の額が1億円以下の普通法人等は、当該申告書に当該事業年度の収入金額に関する計算書（総務省令第6号様式別表6）、所得に関する計算書（同様式別表5）並びに貸借対照表及び損益計算書を添付しなければなりません（地法72の25⑫）。

　　　6　二以上の都道府県に事務所又は事業所を有する法人は、当該申告書に課税標準の分割に関する明細書（総務省令第10号様式）を添付しなければなりません（地法72の48①）。

イ　申告納付期限の特例

　　法人事業税における申告納付期限の延長の特例のうちその主なものは、次のようになっています。

— 344 —

第2節　法人事業税

	延長の特例要件	延長の内容及び承認申請の手続き
①	法人が、災害その他やむを得ない理由（②及び④の理由を除きます。）により決算が確定しないため、各事業年度に係る所得割等又は収入割等をそれぞれ事業年度終了の日から2月以内に申告納付することができない場合（地法72の25②）	当該法人は、事務所又は事業所（以下「事務所等」といいます。）所在地の都道府県知事（二以上の都道府県において事務所等を設けて事業を行う法人にあっては、主たる事務所等所在地の都道府県知事。以下同じです。）の承認を受け、その指定した日までに申告納付することができます。 　なお、延長の承認を受けようとする法人は、その承認を受けようとする事業年度終了の日から45日以内に、承認申請書（総務省令第13号様式）を事務所等所在地の都道府県知事に提出しなければなりません（地令24の3）
②	〈単体法人の場合〉 イ　定款、寄附行為、規則、規約その他これらに準ずるもの（以下「定款等」といいます。）の定めにより、又は当該法人に特別の事情があることにより、当該事業年度以後の各事業年度終了の日から2月以内に当該各事業年度の決算についての定時総会が招集されない常況にあると認められるとき（地法72の25③） ロ　当該法人が会計監査人を置いている場合で、かつ、当該定款等の定めにより当該事業年度以後の各事業年度終了の日から3月以内に当該各事業年度の決算についての定時総会が招集されない常況にあると認められる場合（次のハに掲げる場合を除きます。）（地法72の25③一） ハ　当該特別の事情があることにより当該事業年度以後の各事業年度終了の日から	〈延長申請の手続（左欄イ〜ハ共通）〉 　当該法人は、事務所等所在地の都道府県知事の承認を受け、当該事業年度以後の各事業年度（地方税法第72条の25第5項により延長されている事業年度を除きます。）に係る所得割等又は収入割等の申告納付期限を延長することができます。 　延長の承認を受けようとする法人は、その承認を受けようとする事業年度終了の日までに、延長申請書（総務省令第13号の2様式）を事務所等所在地の都道府県知事に提出しなければなりません（地令24の4②）。 　なお、この申請書には、定款等の定めにより各事業年度終了の日から2月以内に当該各事業年度の決算についての定時総会が招集されない常況にあることをその申請の理由とする場合には、当該定款等の写しを添付しなければなりません（地令24の4③）。 〈延長の内容〉 　事業年度終了の日から延長後の当該事業年度に係る確定申告納付に係る期限までの期間は、それぞれ次のようになります。 左欄イの場合…3月以内 左欄ロの場合…当該定めの内容を勘案して 　　　　　　　　3月を超え6月を超えない

— 345 —

第3章　事業税及び特別法人事業税

	3月以内に当該各事業年度の決算についての定時総会が招集されない常況にあることその他やむを得ない事情があると認められる場合（地法72の25③二）	範囲内において都道府県知事が指定する月数の期間内 左欄ハの場合…都道府県知事が指定する3月を超える月数の期間内
③	法人が、災害その他やむを得ない理由（②及び④の理由を除きます。）により、当該法人との間に連結完全支配関係がある連結法人の決算が確定しないため、又は当該法人との間に連結完全支配関係がある連結親法人（当該法人が連結親法人である場合には、当該法人）が各連結事業年度の連結所得の金額の計算を了することができないため、当該法人の各事業年度（①により延長されている事業年度を除きます。）に係る付加価値割又は所得割をそれぞれ事業年度終了の日から2月以内に申告納付することができない場合（地法72の25④）	当該法人は、事務所等所在地の都道府県知事の承認を受け、その指定した日までに当該各事業年度に係る所得割等又は収入割等を申告納付することができます。 　なお、延長の承認を受けようとする法人は、その承認を受けようとする事業年度終了の日から45日以内に、承認申請書（総務省令第13号様式）を事務所等所在地の都道府県知事に提出しなければなりません（地令24の4の2）。
④	〈連結親法人の場合〉 イ　当該連結親法人の定款等の定めにより、若しくは当該法人との間に連結完全支配関係がある連結法人に特別の事情があることにより、当該事業年度以後の各事業年度終了の日から2月以内に当該連結親法人の当該各連結事業年度の決算についての定時総会が招集されない常況にあると認められるとき、又は当該連結親法人が連結子法人が多数に上ることその他これに類する理由により各連結事業年度の	〈延長申請の手続き（左欄イ～ハ共通）〉 　当該法人は、事務所等所在地の都道府県知事の承認を受け、当該事業年度以後の各事業年度に係る所得割等又は収入割等の申告納付期限を延長することができます。 　延長の承認を受けようとする法人は、その承認を受けようとする事業年度終了の日から45日以内に、延長申請書（総務省令第13号の2様式）を事務所等所在地の都道府県知事に提出しなければなりません（地令24の4の3②）。 　なお、この申請書には、定款等の定めにより各事業年度終了の日から2月以内に当該各事業年度の決算についての定時総会が招集されない常況にあることをその申請の理由とする場合には、当該定款等の写しを

— 346 —

第2節　法人事業税

④	連結所得の金額の計算を了することができないため、当該法人の当該事業年度以後の各事業年度に係る付加価値割又は所得割をそれぞれ事業年度終了の日から2月以内に申告納付することができない常況にあると認められるとき（地法72の25⑤） ロ　当該連結親法人が会計監査人を置いている場合で、かつ、当該定款等の定めにより当該事業年度以後の各事業年度終了の日から4月以内に当該各連結事業年度の決算についての定時総会が招集されない常況にあると認められる場合（次のハに掲げる場合を除きます。）（地法72の25⑤一） ハ　当該特別の事情があることにより当該事業年度以後の各事業年度終了の日から4月以内に当該連結親法人の当該各連結事業年度の決算についての定時総会が招集されない常況にあること、当該連結法人に特別の事情があることにより当該事業年度以後の各事業年度終了の日から4月以内に当該連結親法人の当該各連結事業年度の連結所得の金額の計算を了することができない常況にあることその他やむを得ない事情があると認められる場合（地法72の25⑤二）	添付しなければなりません（地令24の4の3②）。 〈延長の内容〉 　事業年度終了の日から延長後の当該事業年度に係る確定申告納付に係る期限までの期間は、それぞれ次のようになります。 左欄イの場合…4月以内 左欄ロの場合…当該定めの内容を勘案して4月を超え6月を超えない範囲内において都道府県知事が指定する月数の期間内 左欄ハの場合…都道府県知事が指定する4月を超える月数の期間内
⑤	〈連結子法人の場合〉 イ　当該連結子法人が上記②欄のイ、ロ又はハに該当す	左欄イの場合…上記②欄の延長承認の手続き・延長の内容と同様 左欄ロの場合…上記④欄の延長承認の手続

— 347 —

⑤	る場合（地法72の25③） ロ　当該連結子法人との間に連結完全支配関係がある連結親法人が上記④欄のイ、ロ又はハに該当する場合（地法72の25⑤）	き・延長の内容と同様

上記イの延長のうち②又は④により申告納付期限が延長されている法人は、その申告納付に当たって、次のことに留意する必要があります。

留意事項	留意内容
申告延長法人に係る延滞金	当該申告延長法人は、その延長を受けている事業年度に係る所得割等又は収入割等を納付する場合には、当該税額に、当該各事業年度終了の日後2月を経過した日からその延長された確定申告書の提出期限までの日数に応じ、年7.3％の割合を乗じて計算した金額に相当する延滞金額を加算して納付しなければならないこととされています（地法72の45の2①）。
延滞金に係る特例基準割合	ただし、当分の間、各年の平均貸付割合（各年の前々年の9月から前年の8月までの各月における短期貸付けの平均利率の合計を12で除して計算した割合として各年の前年の11月30日までに財務大臣が告示する割合をいいます。以下同じです。）に年0.5％の割合を加算した割合が年7.3％に満たない場合には、その年中においては、その年における当該加算した割合となります（地法附則3の2②）。
延滞金の割合が商業手形の基準割引率に連動する場合	当該申告延長法人に係る延滞金を計算する場合において、公定歩合が年5.5％を超えて定められている期間内に申告基準日（事業年度終了の日後2月を経過した日の前日をいいます。）が到来する場合の延滞金の割合は、当分の間、次により計算した割合とすることとされています（地法附則3の2の2、地令附則3の2の2）。 $$7.3\% + \frac{（商業手形の基準割引率 - 5.5\%）}{0.25\%} \times 0.73\%$$ ※　上記により計算した割合が年12.775％の割合を超える場合には、年12.775％とします。
申告延長法人の増額更正に係る延滞金	平成29年1月1日以後に当該法人事業税の納期限が到来する法人事業税に係る延滞金を計算する場合において、増額更正があったとき（当該増額更正に係る法人事業税について期限内申告書又は期限後申告書（以下「当初申告書」といいます。）が

第2節　法人事業税

提出されており、かつ、当該当初申告書の税額について減額更正（これに類する一定の更正を含みます。）があった後に、当該増額更正があったときに限ります。）は、当該増額更正により納付すべき税額（当該当初申告書に係る税額（還付金に相当する税額を含みます。）に達するまでの部分に限ります。）については、当初申告書の提出により納付すべき税額の納付があった日（その日が各事業年度終了の日後二月を経過した日より前である場合には、同日）から申告書の提出期限までの期間を延滞金の計算の基礎となる期間から控除します（地法72の44④）。

申告延長法人の修正申告に係る延滞金	平成29年1月1日以後に当該法人事業税の納期限が到来する法人事業税に係る延滞金を計算する場合において、修正申告書の提出があったとき（当該修正申告書に係る法人事業税について期限内申告書又は期限後申告書（以下「当初申告書」といいます。）が提出されており、かつ、当該当初申告書の税額について減額更正（これに類する一定の更正を含みます。）があった後に、当該修正申告書が提出されたときに限ります。）は、当該修正申告書により納付すべき税額（当該当初申告書に係る税額（還付金に相当する税額を含みます。）に達するまでの部分に限ります。）については、当初申告書の提出により納付すべき税額の納付があった日（その日が各事業年度終了の日後二月を経過した日より前である場合には、同日）から申告書の提出期限までの期間を延滞金の計算の基礎となる期間から控除します（地法72の45の2②）。

ロ　中間納付額の還付及び充当

　中間納付額の還付又は充当は、次によることとされています（地法72の28④、地令25）。

中 間 納 付 額 の 還 付 及 び 充 当	
確定申告書に記載された事業税額が当該事業税額に係る中間申告書に記載され、又は記載されるべきであった事業税額（以下「中間納付額」といいます。）に満たないとき、又はないとき	都道府県は、その満たない金額に相当する中間納付額又は中間納付額の全額を還付し、又は未納に係る地方団体の徴収金に充当します。 　この場合においては、当該法人は、申告書に併せて、当該還付を請求する旨の請求書を提出する必要があります。ただし、申告書の「還付請求」の「中間納付額」欄にこの請求書に代えるものとして記載して請求をすることができます（総務省令第6号様式記載要領）。

— 349 —

3 清算中の法人の申告納付

平成22年10月1日以後に解散した法人の清算中における各事業年度の法人事業税の申告納付は、次によります。

なお、平成22年度の税制改正により、平成22年10月1日以後に解散した法人の残余財産の一部の分配又は引渡しをする場合における清算所得に係る所得割の申告納付及び解散法人の清算所得に係る所得割の確定申告納付制度は廃止されました。

申告区分	申告納付の内容
清算中の法人の各事業年度（残余財産の確定した日の属する事業年度を除きます。）の申告納付	清算中の法人は、その清算中に事業年度（残余財産の確定の日の属する事業年度を除きます。）が終了した場合には、当該事業年度の付加価値額、所得又は収入金額を解散をしていない法人の付加価値額、所得又は収入金額とみなして、当該事業年度の付加価値額、所得又は収入金額及びこれらに対する事業税額を計算し、その税額があるときは、当該事業年度終了の日から2月以内に当該事業年度に係る付加価値割、所得割又は収入割を当該事業年度中において有する事務所又は事業所所在の都道府県に申告納付しなければなりせん（地法72の29①）。 この場合において、連結子法人が事業年度の中途において解散をしたとき（破産手続開始の決定を受けたときを除きます。）は、その解散の時点でその事業年度が終了しないとされていますので、当該解散の日の属する事業年度においては、その解散の日以後の期間に対応する部分の付加価値額、所得又は収入金額を解散していない法人の付加価値額、所得又は収入金額とみなして当該事業年度の付加価値割額、所得割額又は収入割額を算定し、これを申告納付するとされています（地法72の30①）。なお、資本割の算定については296頁を参照して下さい。 また、清算中の連結子法人が事業年度の中途において継続した場合の当該事業年度においては、当該事業年度の開始の日から継続の日の前日までの期間に対応する部分の付加価値額、所得又は収入金額を解散していない法人の付加価値額、所得又は収入金額とみなして当該事業年度の付加価値割額、所得割額又は収入割額を算定し、これを申告納付するとされています（地法72の30②）。なお、資本割の算定については296頁を参照して下さい。
清算中に残余財産が確定した場合の申告納付	清算中の法人は、清算中に残余財産の確定の日の属する事業年度が終了した場合には、当該事業年度の所得を解散していない法人の所得とみなして、当該事業年度の所得及びこれに対する税額を計算し、税額があるときは、当該事業年度終了の日から1月以内（当該期間内に残余財産の最後の分配又は引渡しが行われるときは、その行われる日の前日まで）に当該事業年度

に係る所得割を当該事業年度中において有する事務所又は事業所所在の都道府県に申告納付しなければなりません（地法72の29③）。この場合において、連結子法人の解散の日の属する事業年度において残余財産が確定した場合については、当該事業年度の解散の日以後の期間に対応する部分の所得を解散していない法人の所得とみなして当該事業年度の所得を計算し、所得割額を算定するとされています（地法72の30①）。

4 大法人の電子申告の義務化

次の法人が行う法人事業税の申告は、令和2年4月1日以後に開始する事業年度から電子情報処理組織（eLTAX）で提出しなければなりません（地法72の32①）。

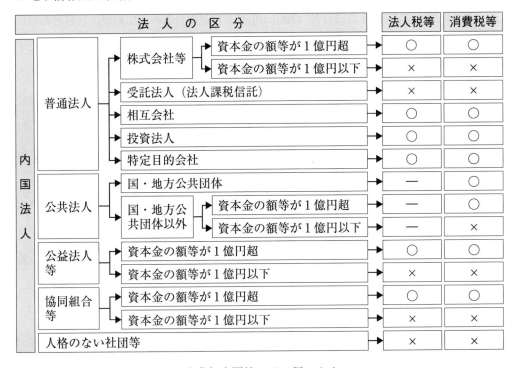

(注) 1 資本金の額等の判定は事業年度開始の日で行います。
　　 2 設立根拠法に
　　　① その資本金又は出資金自体について規定されているもの
　　　② その資本金又は出資金の出資について規定されているもの
　　　③ 上記のほか、定款に出資持分に関する定めがあることを前提とした制度が規定されているもの
　　　について、資本金の額又は出資金の額が1億円超か否かで対象を判定します。それ以外の法人は一律義務化の対象外です。
　　 3 外国法人については電子申告の義務化の対象外です。
　　（出典：椎谷晃編『令和2年版　図解法人税』（大蔵財務協会2020年）733ページ）

第3章　事業税及び特別法人事業税

　加えて、平成30年度及び令和元年税制改正において、以下の措置が講じられました。

(1)　申告書の添付書類の提出にあたり、添付書類に記載すべきものとされている事項を記録した光ディスク等を地方団体の長に提出する方法により提供することを可能とする（地法72の32①ただし書）。

(2)　電気通信回線の故障、災害その他の理由により電子情報処理組織（eLTAX）を使用することが困難であると認められる場合

　　イ　書面により申告書を提出することができると認められる場合は、地方団体の長の承認を受けて、申告書及び添付書類を書面により提出することができる（地法72の32の2①前段）。ただし、当該承認を受けるためには、書面による申告書及び添付書類の提出をすることができる期間として地方団体の長の指定を受けようとする期間の開始の日の15日前（理由が生じた日が申告書の提出期限の15日前の日以後である場合は、当該期間の開始の日）までに、申告を行う地方団体の長に対して申請書を提出しなければならない（地法72の32の2②）。

　　ロ　法人税の申告書を書面により提出することについての申請書を所轄税務署長に提出したことを明らかにする書類を、申告書の提出期限の前日又は申告書に添付して当該提出期限までに申告を行う地方団体の長に提出した場合は、同様に申告書及び添付書類を書面により提出することができる（地法72の32の2①後段）。

(3)　総務大臣が、電子情報処理組織（eLTAX）の故障その他の理由により、電子申告を行うことが困難であると認めるものが多数に上ると認めた場合に、書面により申告書を提出することができる期間を指定し、その旨の告示を行ったときは、申告書及び添付書類を書面により提出することができる（地法72の32の2⑪〜⑬）。

第2節　法人事業税

第8　期限後申告及び修正申告納付

1　期限後申告及び修正申告による納付

　法人事業税においては、通常の申告納付を補完するものとして、期限後申告及び修正申告納付の制度が設けられています（地法72の31）。

　期限後申告及び修正申告の概要は、次のとおりです。

区　　分		期限後申告又は修正申告をする場合	備考
期限後申告		申告書の提出期限までに当該申告書を提出していない場合	決定の通知があるまでは申告納付することができます。
修正申告	①　②以外の修正申告	イ　その申告書又は修正申告書に記載した課税標準額又は事業税額について不足額がある場合（納付すべき事業税額がない旨の申告書を提出した法人にあっては、納付すべき事業税額がある場合。ロにおいて同じです。） ロ　更正又は決定に係る課税標準額又は事業税額について不足額がある場合	遅滞なく修正申告書を提出し、その修正により増加した事業税額を納付しなければなりません。
	②　法人税の更正又は決定に伴う修正申告	申告に係る事業税の計算の基礎となった事業年度に係る法人税の課税標準について税務官署の更正又は決定を受けた場合（当該法人が、当該事業年度において連結申告法人（連結子法人に限ります。）である場合にあっては、当該事業年度終了の日の属する連結事業年度において当該法人との間に連結完全支配関係がある連結親法人が当該連結事業年度に係る法人税の課税標準について税務官署の更正又は決定を受けた場合）において、事業税について不足額があるとき	税務官署が当該更正又は決定の通知をした日から1月以内に、その更正又は決定に係る課税標準を基礎として、修正申告書を提出し、その修正により増加した事業税額を納付しなければなりません。

　　(注)　上記②による修正申告を行った場合には、国の税務官署による増額更正又は決定を受けたときの法人事業税の修正申告を慫慂するため、重加算税が徴収される場合を除き、過少申告加算金は不徴収とし、また、不申告加算金はその割合を「100分の15」とあるのを「100分の5」とすることとされています（地法72の46①⑤、72の47④）

— 353 —

2　期限後申告及び修正申告による納付税額に係る延滞金

　期限後申告により法人事業税額を納付する場合又は修正申告により増加した法人事業税額を納付する場合には、その税額に、本来の納期限（納期限の延長があったときは、その延長された納期限）の翌日から納付の日までの期間の日数に応じ、次により計算した延滞金を加算して納付しなければなりません（地法72の45）。

$$納付税額 \times \frac{14.6\% 又は7.3\%}{365日} \times 日数 ＝ 延滞金額$$

※ 1　延滞金の計算の基礎となる税額に1,000円未満の端数があるとき、又はその税額の全額が2,000円未満であるときは、その端数金額又はその全額を切り捨てます（地法20の4の2②）。

　　2　延滞金額の確定金額に100円未満の端数があるとき、又はその全額が1,000円未満であるときは、その端数金額又はその全額を切り捨てます（地法20の4の2⑤）。

　　3　次の期間については、その延滞金の割合は7.3％となります（地法72の45①）。

　　　イ　納期限前に提出した申告書に係る税額……納期限の翌日から1月を経過する日

　　　ロ　納期限後に提出した申告書に係る税額……提出した日又はその日の翌日から1月を経過する日

　　　ハ　修正申告の場合……修正申告書を提出した日（修正申告書がその提出期限前に提出された場合には、当該修正申告書の提出期限）又は修正申告書を提出した日の翌日から1月を経過する日までの期間

　　4　ただし、当分の間、各年の延滞金特例基準割合（平均貸付割合に年1％の割合を加算した割合をいいます。）が年7.3％に満たない場合には、その年中においては、年14.6％の割合にあってはその年における延滞金特例基準割合に年7.3％の割合を加算した割合となり、年7.3％の割合にあっては当該延滞金特例基準割合に年1％の割合を加算した割合（当該加算した割合が年7.3％の割合を超える場合には、年7.3％の割合）となります（地法附則3の2①）。

　なお、法人が申告書を提出した日（当該申告書を提出期限前に提出した場合には、当該申告書の提出期限）の翌日から1年を経過する日後に修正申告書を提出したときは、詐欺その他不正の行為により法人事業税を免れた法人が政府又は都道府県知事の調査による更正があるべきことを予知して修正申告書を提出した場合を除き、その1年を経過する日の翌日から当該修正申告書を提出した日（その修正申告書がその提出期限前に提出された場合には、当該修正申告書の提出期限）までの期間は、延滞金の計算の基礎となる期間から控除されます（地法72の45②）。

第2節　法人事業税

　平成29年1月1日以後に当該法人事業税の納期限が到来する法人事業税に係る延滞金を計算する場合において、修正申告書の提出があったとき（当該修正申告書に係る法人事業税について期限内申告書又は期限後申告書（以下「当初申告書」といいます。）が提出されており、かつ、当該当初申告書の税額について減額更正（これに類する一定の更正を含みます。）があった後に、当該修正申告書が提出されたときに限ります。）は、当該修正申告書により納付すべき税額（当該当初申告書に係る税額（還付金に相当する税額を含みます。）に達するまでの部分に限ります。）については、次に掲げる期間（詐欺その他不正の行為により法人事業税を免れた法人が提出した修正申告書に係る法人事業税にあってはイに掲げる期間に限ります。）を延滞金の計算の基礎となる期間から控除します（地法72の45③、平成28年改正地法附則5⑨）。

イ　当該当初申告書により納付すべき税額の納付があった日（その日が当該申告に係る法人事業税の納期限より前である場合には、当該納付期限）の翌日から当該減額更正の通知をした日までの期間

ロ　当該減額更正の通知をした日（当該減額更正が、更正の請求に基づくもの（法人税に係る更正によるものを除きます。）である場合又は法人税に係る更正（法人税に係る更正の請求に基づくものに限ります。）によるものである場合には、当該減額更正の通知をした日の翌日から起算して1年を経過する日）の翌日から当該修正申告書を提出した日（当該修正申告書がその提出期限前に提出された場合には、当該修正申告書の提出期限）までの期間

— 355 —

第9 分割法人の事業税額の算定方法及び課税標準額の総額の更正等

1 分割法人の事業税額の算定方法

　二以上の都道府県に事務所又は事業所を有して事業を行う法人（以下第9において「分割法人」といいます。）が法人事業税を申告納付（予定申告法人の予定申告納付を除きます。）する場合には、当該事業に係る課税標準額の総額を一定の分割基準によって事務所又は事業所を有する都道府県（以下第9において「関係都道府県」といいます。）に分割し、その分割した額（分割課税標準額）を課税標準として、関係都道府県ごとに法人事業税額を算定することになります（地法72の48①）。

　この場合、課税標準の分割は、当該分割法人の事業に係る各課税標準（付加価値額、資本金等の額、所得及び収入金額）（事業によっては、これを一定の割合によってさらに区分した課税標準）ごとの総額をその事業について定められている分割基準（359頁参照）の合計数値で除して、分割基準1単位当たりの分割課税標準額を算出し、これに関係都道府県ごとの分割基準の数値を乗じて行います。

（例示）各県の事業所で製造業を営む資本金1億円超の甲社に係るA県の事業税額

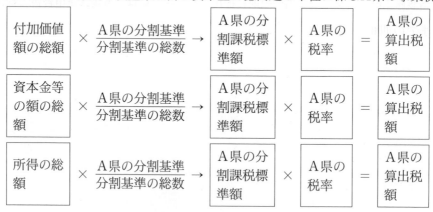

　┌──（分割に当たっての留意点）
　│　イ　所得割の課される分割法人で軽減税率の適用を受けるものであるときは、その課税標準である所得の総額を、「年400万円以下の金額」、「年400万円を超え年800万円以下の金額」及び「年800万円を超える金額」にそれぞれ区分し、その区分された所得の総額ごとに、これを分割基準で分割することとなります。
　│　ロ　分割基準1単位当たりの数値（課税標準額の総額÷分割基準の総数）に小数点以下の数値があるときは、その小数点以下の数値のうち、分割基準の総

数の桁数に1を加えた数に相当する数以下の部分を切り捨てます。したがって、例えば、当該法人の従業者の総数が126人の場合は、小数点第4位以下の部分を切り捨てることとなります。

2 分割法人が前期の実績に基づいてする中間申告の納付税額の算定方法

分割法人が前事業年度の実績に基づいてする場合の関係都道府県ごとの中間納付額は、次により算定します（地法72の48②本文）。

(1) 原 則

$$
\left[\begin{array}{l}\text{予定申告すべき都道府県の}\\\text{前事業年度の確定事業税額}\end{array}\right] \div \left[\begin{array}{l}\text{前事業年度}\\\text{の月数}\end{array}\right] \times 6
$$

(2) 事務所等の所在が前事業年度と異なる場合又は分割基準の数値が前事業年度と著しく異なる場合

次に掲げる場合においては、**イ**又は**ロ**により算定した額を予定納税額として申告納付することができます（地法72の48②、地規6）。

①	その事業年度開始の日から6月を経過した日の前日現在において関係都道府県に所在する事務所又は事業所が、移動その他の事由により、前事業年度の関係都道府県に所在する事務所又は事業所と異なる場合
②	その事業年度開始の日から6月を経過した日の前日現在における分割基準の数値が、前事業年度の関係都道府県ごとの分割基準の数値と著しく異なると当該法人が認める場合

イ 適格合併により存続した法人以外の法人

関係都道府県に予定申告すべき事業税額
$$\frac{\text{前事業年度の確定課税標準額の総額}}{\text{前事業年度の月数}} \times 6 \times \frac{\text{関係都道府県ごとの分割基準の数値}}{\text{分割基準の総数}} \times \text{関係都道府県の税率}$$ ※1 課税標準の分割は、各課税標準（付加価値額、資本金等の額、所得及び収入金額）（事業によっては、これを一定の割合によってさらに区分した課税標準）ごとの総額をその事業について定められている分割基準によって行います。 2 分割基準は、当該事業年度開始の日から6月の期間を一事業年度とみなして算定したものです。

第3章　事業税及び特別法人事業税

ロ　適格合併により存続した法人

(イ)　当該合併法人の前事業年度中に適格合併がなされた場合

前事業年度中に適格合併が行われた場合の予定納税額

$$\left[\frac{\text{合併法人の前事業年度の確定課税標準額の総額}}{\text{合併法人の前事業年度の月数}} \times 6 + \frac{\text{被合併法人の確定課税標準額（A）}}{\text{（A）の計算の基礎となった事業年度の月数}} \times \frac{\text{合併法人の前事業年度の開始の日から合併の日の前日までの月数}}{\text{合併法人の前事業年度の月数}} \times 6\right]$$

$$\times \frac{\text{関係都道府県ごとの分割基準の数値}}{\text{分割基準の総数}} \times \text{関係都道府県の税率} = \text{関係都道府県の予定納税額}$$

※1　（A）の確定課税標準額は、当該合併法人の当該事業年度開始の日の1年前の日以後に終了した被合併法人の各事業年度に係る事業税額として当該合併法人の当該事業年度開始の日以後6月を経過した日の前日までに確定したもので、その計算の基礎となった各事業年度（その月数が6月に満たないものを除きます。）のうち最も新しい事業年度に係る事業税額の基礎となった所得又は収入金額をいいます。次の(ロ)において同じです。
　　2　課税標準の分割は、各課税標準（付加価値額、資本金等の額、所得及び収入金額）（事業によっては、これを一定の割合によってさらに区分した課税標準）ごとの総額をその事業について定められている分割基準によって行います。次の(ロ)において同じです。
　　3　分割基準は、当該事業年度開始の日から6月の期間を一事業年度とみなして算定したものです。次の(ロ)において同じです。
　　4　月数は、暦に従い計算し、1月に満たない端数を生じたときは、1月とします。次の(ロ)において同じです。

(ロ)　当該合併法人の当該事業年度開始の日から6月を経過した日の前日までの期間内に適格合併がなされた場合

事業年度開始の日から6月の期間内に適格合併が行われた場合の予定納税額

$$\left[\frac{\text{合併法人の前事業年度の確定課税標準額の総額}}{\text{合併法人の前事業年度の月数}} \times 6 + \frac{\text{被合併法人の確定課税標準額（A）}}{\text{（A）の計算の基礎となった事業年度の月数}} \times \text{6月の期間内のうち合併後の期間の月数}\right] \times$$

$$\times \frac{\text{関係都道府県ごとの分割基準の数値}}{\text{分割基準の総数}} \times \text{関係都道府県の税率} = \text{関係都道府県の予定納税額}$$

第2節　法人事業税

3　法人事業税の分割基準

　分割法人は、当該事業に係る各課税標準ごとの総額をその事業について定められている分割基準によって関係都道府県に分割し、その分割した額（分割課税標準額）を課税標準とし、関係都道府県ごとに法人事業税額を算定することとされていますが、この課税標準額の総額を関係都道府県に分割すべき基準を「分割基準」といいます。

　分割基準は、法人事業税が法人の行う事業そのものを課税客体とし、応益原則に基づいて課税されるものであることから、各都道府県内における事業の規模、活動量などを的確に反映し、その課税標準が各都道府県に適正に配分されるものであることが要請されます。一方、この分割基準が余りにも複雑であることは、納税する側あるいは課税する側からすると好ましくないことから、分割基準は、税務実務上できるだけ明確かつ単純な指標であることも同時に要請されます。

　現行の分割基準は、以上のことを勘案して、次のように定められています。

(1)　事業に係る分割基準

　分割基準は、事業の種類に応じて、次のとおりとされています（地法72の48③）。

	事業区分	分　割　基　準	
①	製造業	事務所又は事業所の従業者の数	
②	電気供給業	発電事業	イ　課税標準のうち4分の3に相当する額……事務所又は事業所の固定資産で発電所の用に供するものの価額 ロ　課税標準のうち4分の1に相当する額……事務所又は事業所の固定資産の価額
		送配電事業	イ　課税標準のうち4分の3に相当する額……発電所に接続する電線路（一定の要件を満たすものに限ります。）の送電容量 ロ　課税標準のうち4分の1に相当する額……事務所又は事業所の固定資産の価額
		小売電気事業	イ　課税標準のうち2分の1に相当する額……事務所又は事業所の数 ロ　課税標準のうち2分の1に相当する額……事務所又は事業所の従業者の数
③	ガス供給業及び倉庫業	事務所又は事業所の固定資産の価額	
④	鉄道事業及び軌道事業	事務所又は事業所の所在する都道府県における軌道の延長キロメートル数	
⑤	その他の事業（①～④以外の事業）	イ　課税標準のうち2分の1に相当する額……事務所又は事業所の数 ロ　課税標準のうち2分の1に相当する額……事務所又は事業所の従業者の数	

— 359 —

第3章　事業税及び特別法人事業税

> ※　この事業には、銀行業、証券業、保険業、運輸・通信業、卸売・小売業及びサービス業等が該当します。

（注）1　②の電気供給業に係る分割基準については、事務所若しくは事業所の固定資産で発電所の用に供するものを有しない場合の発電事業又は発電所に接続する電線路（一定の要件を満たすものに限ります。）を有しない場合の送配電事業については、上記②にかかわらず、課税標準を事務所又は事業所の固定資産の価額により関係都道府県に分割します。

2　分割基準の適用におけるガス供給業の範囲には、収入割の適用となるガス供給業の場合のような範囲の限定はありません（地法72の2①二）。

(2)　分割基準となる数値

　分割基準は、その区分に応じ、次の算定時期における数値とされています（地法72の48④）。

	分割基準	分割基準の数値	
分割基準の区分	電線路の電力の容量、固定資産の価額及び軌道の延長キロメートル数	事業年度終了の日現在における数値	
	事務所又は事業所の数	事業年度に属する各月の末日現在における数値を合計した数値（当該事業年度中に月の末日が到来しない場合には、当該事業年度終了の日現在における数値）	
	従業者の数	イ　ロに掲げる事務所又は事業所以外の事務所又は事業所	事業年度終了の日現在における数値
		ロ　資本金の額又は出資金の額が1億円以上の製造業を行う法人の工場である事務所又は事業所	事業年度終了の日における数値で当該数値に当該数値（当該数値が奇数である場合には、当該数値に1を加えた数値）の2分の1に相当する数値を加えた数値

— 360 —

第2節　法人事業税

(3)　分割基準の算定方法

分割基準は、次により算定します。

イ　固定資産の価額及び軌道の延長キロメートル数

分割基準		分割基準の算定方法
分割基準の区分	固定資産の価額	事業年度終了の日現在における固定資産の価額は、当該事業年度終了の日において、貸借対照表に記載されている土地、家屋及び家屋以外の減価償却が可能な有形固定資産の価額によります（地規6の2の2④）。したがって、建設仮勘定において経理されている固定資産のうち、当該事業年度終了の日において事業の用に供されているものは含まれることとなり、無形固定資産及び貸借対照表に記載されていないものは、分割基準に含まれません。 　なお、電気供給業の事務所又は事業所ごとの固定資産の価額についてその区分が困難な場合において総務大臣の承認を受けたときは、当該貸借対照表に記載されている固定資産の価額を左欄に掲げる設備ごとに分別し、その分別された価格を右欄に掲げる基準の各事業年度終了の日現在の数値によりあん分した額とすることができます（地規6の2の2⑤）。 （イ）　発電設備　発電所の認可出力 （ロ）　送電設備　支持物基数 （ハ）　配電設備　支持物基数 （ニ）　変電設備　変電所の設備容量 （ホ）　業務設備　従業者数
	軌道の延長キロメートル数	軌道の延長キロメートル数は、次のように取り扱うこととされています（取扱通知(県)3章9の8）。 イ　単線換算キロメートル数によります。 ロ　鉄道事業を行う法人が、自らが敷設する鉄道線路（他人が敷設した鉄道線路であって譲渡を受けたものを含みます。）以外の鉄道線路を使用して鉄道による旅客又は貨物の運送を行う場合においては、当該使用に係る軌道の延長キロメートル数を当該法人の分割基準である軌道の延長キロメートル数とします。 ハ　引込線及び遊休線並びに敷設線を含みます。ただし、他の法人等の所有に係る専用線は含まれません。

第3章 事業税及び特別法人事業税

ロ 事務所又は事業所の数

事務所又は事業所（以下「事務所等」といいます。）の数は、事業年度に属する各月の末日現在（注参照）における事務所等の数を合計して算定します。したがって、例えば、甲法人のX事業年度（その期間は12ヶ月）におけるA県に所在する各月の末日の事務所の数が2事務所、B県に所在する各月の末日の事務所の数が1事務所の場合の甲法人のX事業年度における事務所等の数は、36事務所（A県が24事務所、B県が12事務所）となります。

なお、事務所等の数の取扱いは、次によることとされています（取扱通知（県）3章9の10）。

	事 務 所 等 の 数 の 取 扱 い
①	事務所等の意義は、課税権の帰属を決定することとなる場合の事務所等と同意義です（その意義については、「取扱通知（県）」1章6において定められています。具体的には、259頁参照）。したがって、事務所等に該当するか否かの判定についても、この意義によることとなります。
②	事務所等の数の算定に当たっては、原則として、同一構内・区画にある店舗等の事業の用に供する建物（以下「建物」といいます。）について一の事務所等として取り扱います。
③	近接した構内・区画にそれぞれ建物がある場合については、原則として、構内・区画ごとに一の事務所等として取り扱うこととなりますが、この場合において、2以上の構内・区画の建物について、経理・帳簿等が同一で分離できない場合、同一の管理者等により管理・運営されている場合など、経済活動・事業活動が一体とみなされる場合には、同一の構内・区画とみなして一の事務所等として取り扱います。
④	事務所等の構内・区画が2以上の都道府県の区域にまたがる場合には、次に掲げる都道府県の事務所等として取り扱います。 イ　事務所等の建物が、一の都道府県の区域のみに所在する場合……当該建物の所在する都道府県 ロ　事務所等の建物が、2以上の都道府県の区域にまたがる場合……当該建物の所在するそれぞれの都道府県

（注）　当該事業年度中に月の末日が到来しない場合には、当該事業年度終了の日現在における数値とされています（地法72の48④二）。したがって、例えば、会社設立の日から1月以内にその会社を解散したことによりその事業年度中に一度も月の末日が到来しないとき（平成X年10月1日に会社を設立し同月25日に解散したとき）は、その事業年度終了の日（平成X年10月25日）現在における数値となります。

— 362 —

第2節　法人事業税

ハ　事務所又は事業所の従業者の数

㈠　従業者の意義

　従業者とは、右欄のものをいいます（地規6の2の2①、取得通知(県)3章9の1）。

分割基準となる従業者	事務所又は事業所に勤務すべき者で、俸給、給料、賃金、手当、賞与その他これらの性質を有する給与の支払を受けるべき者をいいます。この場合において、給与には、退職給与金、年金、恩給及びこれらの性質を有する給与は含まれないものであり、これらの給与以外の給与で所得税法第183条の規定による源泉徴収の対象となるもののみが、給与に該当します。

㈡　従業者の数の算定方法

　従業者の数は、次により算定することとされています（地法72の48、取扱通知(県)3章9の1、9の2）。

従 業 者 の 数 の 算 定	
(1)　納税義務者から給与の支払いを受け、かつ、当該納税義務者の事務所又は事業所（以下この項において「事務所等」といいます。）に勤務すべき者のうち、当該勤務すべき事務所等の判定が困難なものについては、次の右欄の事務所等の従業者として取り扱います。	
イ　給与の支払いを受けるべき事務所等と勤務すべき事務所等とが異なる者（例えば主たる事務所等で一括して給与を支払っている場合等）	当該勤務すべき事務所等
ロ　転任等の理由によって勤務すべき事務所等が1月のうちに二以上となった者	当該月の末日現在において勤務すべき事務所等
ハ　各事務所等の技術指導等に従事している者で主として勤務すべき事務所等がないもののうち、次のニ以外の者	給与の支払いを受けるべき事務所等
ニ　技術指導、実地研修等何らの名義をもってするを問わず、連続して1月以上の期間にわたって同一事務所等に出張している者	当該出張先の事務所等
ホ　二以上の事務所等に兼務すべき者	主として勤務すべき事務所等（主として勤務すべき事務所等の判定が困難なものにあっては、当該給与の支

— 363 —

第3章　事業税及び特別法人事業税

	払いを受けるべき事務所等）

(2)　次の左欄に掲げる者（例えば親会社又は子会社の事務所等の従業者のうち、その従業者がいずれの会社の従業者であるか判定の困難なもの等）については、(1)にかかわらず、次の右欄の事務所等の従業者として取り扱います。

イ　一の納税義務者から給与の支払いを受け、かつ、当該納税義務者以外の納税義務者の事務所等で勤務すべき者（当該者が二以上の納税義務者から給与の支払いを受け、かつ、当該納税義務者のいずれか一の事務所等に勤務すべき場合を含みます。）	当該勤務すべき事務所等
ロ　二以上の納税義務者の事務所等の技術指導等に従事している者で主として勤務すべき事務所等がないもののうち、次のハ以外の者	給与の支払いを受けるべき事務所等
ハ　事務所等を設置する納税義務者の事業に従事するため、当該納税義務者以外の納税義務者から技術指導、実地研修、出向、出張等何らの名義をもってするを問わず、当該事務所等に派遣されたもので連続して1月以上の期間にわたって当該事務所等に勤務すべき者	当該勤務すべき事務所等
ニ　二以上の納税義務者の事務所等に兼務すべき者	当該兼務すべきそれぞれの事務所等

(3)　次に掲げる者については、当該事務所等又は施設の従業者として取り扱いません。

　イ　従業者を専ら教育するために設けられた施設において研修を受ける者
　ロ　給与の支払いを受けるべき者であっても、その勤務すべき事務所等が課税標準額の分割の対象となる事務所等から除外される場合（例えば非課税事業を営む事務所等である場合）の当該事務所等の従業者
　ハ　給与の支払いを受けるべき者であっても、その勤務すべき施設が事務所等に該当しない場合の当該施設の従業者（例えば、常時船舶の乗組員である者、現場作業所等の従業者）
　ニ　病気欠勤者又は組合専従者等連続して1月以上の期間にわたってその本来勤務すべき事務所等に勤務しない者（当該勤務していない期間に限ります。）

(4)　(1)から(3)までに掲げるもののほか、従業者の取扱いは、次によります。

　イ　非課税事業、収入金額課税事業又は鉄軌道事業とその他の事業とを併せて行う納税義務者の従業者のうち、それぞれの事業に区分することが困難なものの数については、それぞれの事業の従業者として区分されたものの数によってあん分します。
　ロ　従業者は、常勤、非常勤の別を問いません。したがって、非常勤の者

― 364 ―

第2節　法人事業税

（例えば重役、顧問等）であっても従業者に含まれることとなります。
　ハ　連続して1月以上の期間にわたるかどうかの判定は、課税標準の算定
　　　期間の末日現在によります。この場合において、課税標準の算定期間の
　　　末日現在においては1月に満たないが、当該期間の翌期を通じて判定す
　　　れば1月以上の期間にわたると認められる場合においては、連続して、
　　　1月以上の期間にわたるものとして算定します。また、日曜日、祝祭日
　　　等当該事務所等の休日については、当該休日である期間は、勤務してい
　　　た日数に算入します。
　ニ　事務所等の構内・区画が2以上の都道府県の区域にまたがる場合には、
　　　家屋の延床面積等合理的な方法によりあん分した数（その数に1人に満
　　　たない端数を生じたときは、これを1人とします。）をそれぞれの都道
　　　府県の従業者数とします。

(5)　次に掲げる事務所等については、次により算定した数を従業者の数としま
　す（地法72の48⑤、地令35）。

　イ　事業年度の中途において新設された事務所等

　　　　　当該事業年度終了の日　　　　当該事務所等が新設された日から
　　　　　　　　　　　　　　　　×　　当該事業年度終了の日までの月数
　　　　　現在の従業者の数　　　　　　　─────────────
　　　　　　　　　　　　　　　　　　　　　当該事業年度の月数

　　　（注）1　新設された事務所等には、営業の譲受又は合併により設
　　　　　　　　置される事務所等も含まれます。
　　　　　　2　その数に1人に満たない端数を生じたときは、これを1
　　　　　　　　人とし、また、月数は暦に従って計算し、1月に満たない
　　　　　　　　端数を生じたときは、これを1月とします（以下次のロ及
　　　　　　　　びハにおいて同じです。）。

　ロ　事業年度の中途において廃止された事務所等

　　　　　当該廃止の日の属す　　　　当該事務所等が当該事業年度中
　　　　　る月の直前の月の末　×　　に所在していた月数
　　　　　日現在の従業者の数　　　　───────────
　　　　　　　　　　　　　　　　　　　当該事業年度の月数

　　　（注）　一の事業年度の中途において、新設され、かつ、廃止され
　　　　　　　た事務所等については、廃止された事務所等として従業者の
　　　　　　　数を算定します。

　ハ　事業年度中を通じて従業者の数に著しい変動がある事務所等（事業年
　　　度に属する各月の末日現在における従業者の数のうち最大であるものの
　　　数値が、その従業者の数のうち最小であるものの数値に2を乗じて得た
　　　数値を超える事務所等をいいます。）

　　　　　当該事業年度に属する各月の末日
　　　　　現在の従業者の数を合計した数
　　　　　──────────────
　　　　　　　　当該事業年度の月数

　　　（注）1　従業者の数に著しい変動がある事務所等には、イ又はロに該当
　　　　　　　　する事務所等であっても、事務所等の所在する期間を通じてその
　　　　　　　　従業者の数に著しい変動があるものは、従業者の数に著しい変動

— 365 —

第3章　事業税及び特別法人事業税

がある事務所等に該当するものとして取り扱います。

2　各月の末日において勤務すべき者のみが分割基準の対象となる従業者となります。したがって、例えば、月の初日から引き続き日雇労働者として雇用されていたものであっても、当該月の末日の前日までの間に解雇されたものは分割基準の対象となる従業者とはなりません。

なお、各月の末日が日曜日、祝祭日等により当該事務所等が休日である場合の分割基準の対象となる日雇労働者については、当該休日の前日現在における状況によります。

3　月の中途で事業年度が終了した場合においては、その終了の日の属する月の末日現在における従業者の数は、分割基準には含まれません。

㈈　**資本金の額又は出資金の額が1億円以上の製造業を行う法人の工場の従業者の取扱い**

資本金の額又は出資金の額が1億円以上の製造業を行う法人の分割基準となる事業年度終了の日現在における従業者の数のうち、その工場に勤務するものについては、当該従業者数の数値に当該数値の2分の1に相当する数値を加えた数値によることとされていますが、その具体的な取扱いについては、次によることとされています（地規6の2の2、通知「資本金の額又は出資金の額が1億円以上の製造業を行う法人の事業税の分割基準である工場の従業者の取扱いについて」(昭37.5.4自治丙府発第39号自治省税務局長通知)）。

— 366 —

第2節　法人事業税

項　　目	工場である事務所等の従業者の取扱い
資本金の額又は出資金の額とは	資本金の額又は出資金の額が1億円以上であるかどうかは、当該事業年度終了の日現在（中間申告の場合においては、当該事業年度開始の日から6月を経過した日の前日現在）によります。
製造業を行う法人とは	当該法人の行う主たる事業（次頁の(4)を参照）が次に掲げる事業に該当するものをいいます。 　1　食料品製造業 　2　飲料・たばこ・飼料製造業 　3　繊維工業 　4　木材・木製品製造業 　5　家具・装備品製造業 　6　パルプ・紙・紙加工品製造業 　7　印刷・同関連業 　8　化学工業 　9　石油製品・石炭製品製造業 　10　プラスチック製品製造業 　11　ゴム製品製造業 　12　なめし革・同製品・毛皮製造業 　13　窯業・土石製品製造業 　14　鉄鋼業 　15　非鉄金属製造業 　16　金属製品製造業 　17　機械器具製造業 　18　その他の製造業 　19　自動車整備業 　20　機械修理業 　21　電気機械器具修理業 　なお、上記に掲げる事業には、日本標準産業分類による「E－製造業」並びに「R－サービス業（他に分類されないもの）」のうち「891　自動車整備業」、「901　機械修理業（電気機械器具を除きます。）」及び「902　電気機械器具修理業」の範囲に属するものが該当します。
工場とは	物品の製造、加工又は組立て等生産に関する業務が行われている事務所等をいいます。 　なお、「物品の製造、加工又は組立て等生産に関する業務」とは、物品の製造、加工、組立てを行う業務のほか、物品の整備又は修理を行う業務をいいます。
生産に関する業務が行われている事務所等とは	イ　工場とされる「生産に関する業務が行われている事務所等」とは、当該法人の事務所等であって生産に関する業務が行われている事務所等をいい、当該生産に関する業務が行われている事務所等の判定については、当該法人の事業年度終了の日現在により判定します。 ロ　「工場である事務所等」とは、具体的には、工場、製造所、作業所、製油所、造船所、修理場などをいい、本社、支店、出張所、営業所、研究所、試験所、販売所、倉庫、油槽所、病院などは含まれませんが、その判定は名称のいかんにかかわらず、当該事務所等において行われる業務の内容により客観的に行うこととなります。

— 367 —

第3章　事業税及び特別法人事業税

工場の従業者とは	イ　「工場の従業者」とは、工場とされる生産に関する業務が行われている事務所等に勤務する従業者をいいます。 ロ　工場とされる生産に関する業務が行われている事務所等に本社、支店、出張所、営業所、研究所、試験所等が併置されている場合の工場の従業者の数には、これら本社、支店、出張所、営業所、研究所、試験所等に勤務する従業者の数は含まれません。 ハ　工場の従業者には、工場において製品の製造、加工、組立て等の業務を直接担当する部門に属する者及び製品の検査、包装、原材料の運搬、動力の保守点検等の生産を補助する業務を担当する部門に属する者のほか、当該工場内において総務、経理、生産管理、資材管理等の業務を行う部門に属する者が含まれます。

⑷　分割基準を異にする事業を併せて行う場合の分割の方法

イ　通常の場合

分割基準を異にする事業を併せて行う場合の分割の方法	⇒	分割基準を異にする事業のうち主たる事業について定められた分割基準によってその法人の全体の課税標準額を分割します（地法72の48⑧）。 　なお、主たる事業の判定にあたっては、それぞれの事業のうち、売上金額の最も大きいものを主たる事業とし、これによりがたい場合には、従業者の配置、施設の状況等により企業活動の実態を総合的に判断して行います（取扱通知（県）3章9の11）。

ロ 鉄軌道事業と鉄軌道事業以外の事業とを併せて行う場合

鉄軌道事業と鉄軌道事業以外の事業（以下「その他の事業」といいます。）とを併せて行う法人の課税標準額の総額の関係都道府県ごとの分割は、次によって行います（地法72の48⑪、地令35の2）。

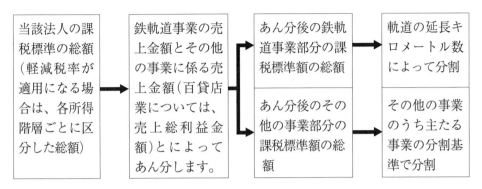

4 分割法人の課税標準額の総額の更正等

(1) 分割法人の課税標準額の総額の更正等又は分割基準の修正等

分割法人の行う事業に係る課税標準額の総額についての更正又は決定は、当該法人の主たる事務所等所在地の都道府県知事が行います（地法72の48の2①）。

また、主たる事務所等所在地の都道府県知事は、分割法人が提出した申告書若しくは修正申告書に係る分割課税標準額（関係都道府県ごとに分割された又は分割されるべき課税標準額をいいます。以下4において同じです。）の分割基準又は修正若しくは決定をした分割基準に誤りがあると認める場合（課税標準額の総額についてすべき分割をしなかった場合を含みます。）には、これを修正し、当該分割法人が申告書を提出しなかった場合には、その分割基準を決定します（地法72の48の2③）。

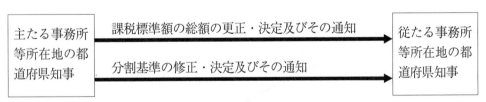

(2) 従たる事務所等所在地の都道府県知事の主たる事務所等所在地の都道府県知事に対する請求

従たる事務所等所在地の都道府県知事は、課税標準額の総額について、都道府県知事の調査による更正又は決定（地法第72条の41又は第72条の41の2の規定によるものをいいます。）をする必要があると認めるときは、原則として、申告書の提出があった

日等から2月以内に、主たる事務所等所在地の都道府県知事に対し、更正又は決定をすべき旨を請求することができます（地法72の48の2②）。

また、従たる事務所等所在地の都道府県知事は、分割基準について修正又は決定の必要があると認めるときは、主たる事務所等所在地の都道府県知事に対し、分割基準の修正又は決定の請求ができます（地法72の48の2⑥）。

これらの請求を受けた主たる事務所等所在地の都道府県知事は、必要があると認めたときは、当該課税標準額の総額の更正若しくは決定をし、又は当該分割基準の修正若しくは決定をしなければなりません（地法72の48の2⑦）。ただし、従たる事務所等所在地の都道府県知事と意見を異にする場合には、その請求を受けた日から2月以内に、総務大臣の指示を受けなければなりません（地法72の48の2⑦ただし書）。そして、指示の請求を受けた総務大臣は、地方財政審議会の意見を聴いたうえで、主たる都道府県知事に対し、その必要があると認めたときはその指示をし、その必要がないと認めたときはその旨を通知しなければなりません（地法72の48の2⑧～⑩）。

以上のことを図示すると、次のとおりとなります。

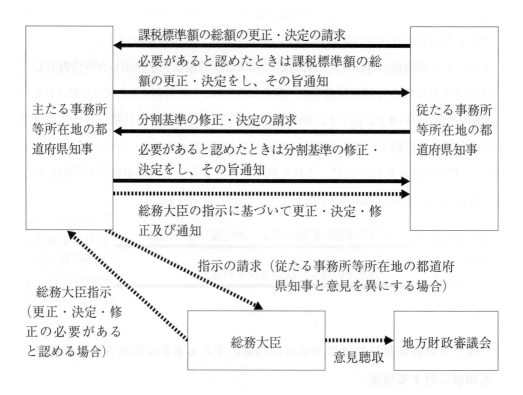

第2節　法人事業税

第10　外形課税対象法人に係る徴収猶予

　都道府県知事は、外形課税対象法人が次の左欄のいずれかに該当する場合において、確定申告により納付する法人事業税を納付することが困難であると認めるときは、右欄により、当該法人事業税について徴収を猶予することができます（地法72の38の2①、地令31）。

	徴収猶予対象法人	徴収猶予の方法
外形課税対象法人に係る法人事業税額の徴収猶予	イ　当該事業年度終了の日の翌日から起算して3年前の日の属する事業年度から当該事業年度までの各事業年度の所得がない法人で、経営の状況が著しく悪化し、又は悪化するおそれがあると認められ、かつ、これによってその地域における雇用の状況その他地域経済に重大な影響を及ぼし、又は及ぼすおそれがあると認められるもの ロ　当該事業年度（その終了の日が当該法人の設立の日から起算して5年を経過した日よりも前である事業年度に限ります。）の所得がない法人で、著しい新規性を有する技術又は高度な技術を利用した事業活動を行っており、当該事業活動が地域経済の発展に寄与すると認められるもの	都道府県知事は、当該法人の申請に基づき、当該法人事業税の納期限の翌日から3年以内の期間を限り、当該法人事業税の全部又は一部の徴収を猶予することができます。この場合においては、その金額を適宜分割して納付すべき期限を定めることができます。 　なお、この徴収猶予の申請は、当該法人事業税の確定申告書の提出の際、併せてしなければなりません（地法72の38の2③）。

（注）　この徴収の猶予は、これらの徴収猶予に係る事業年度の中間納付額についても行うことができることとされています（地法72の38の2⑥）。

　なお、細部の取扱いの留意点については、次頁の留意点を参照して下さい。

— 371 —

留意点

外形課税対象法人に係る事業税の徴収猶予については、次のことに留意することとなります。

留意事項	留意内容
期限内申告書の提出	この徴収猶予は、上記のイの法人にあっては、当該事業年度終了の日の翌日から起算して3年前の日の属する事業年度から、上記のロの法人にあっては設立の日の属する事業年度から、当該事業年度の前事業年度までの各事業年度について確定申告書を提出している場合であって、当該申告書をその提出期限までに提出したときに限り、適用されます（地法72の38の2④）。
徴収猶予される税額	この徴収猶予は、確定申告により納付すべき事業税額（付加価値割及び資本割に係るもの）のほかに中間申告により納付すべき中間納付額（付加価値割、資本割及び所得割に係るもの）についても受けられます（地法72の38の2①⑥）。 なお、修正申告により納付すべき税額については適用されません。
著しい新規性を有する技術又は高度な技術とは	科学技術、工業技術等に限られるものではなく、商品の生産又は販売方法、役務の提供方法等のノウハウやアイデアが著しい新規性を有する場合又は高度である場合も含まれます。
徴収猶予の延長	都道府県知事は、徴収猶予した期間内にその猶予した金額を納付することができないやむを得ない理由があると認めるときは、その納期限からさらに3年以内の期間を限り、その徴収を猶予することができます（地法72の38の2⑤）。 ただし、その期間は、既に徴収を猶予した期間と合せて6年を超えることができません。
延滞金の免除	都道府県知事は、徴収を猶予したときは、その延滞金のうち、当該猶予に係る期間に対応する部分の金額の2分の1に相当する金額について免除します（地法72の38の2⑩）。 また、事業の状況により当該猶予に係る延滞金の納付を困難とするやむを得ない理由があると認められるとき等については、残りの延滞金についても納付が困難と認められるものを限度として免除することができます（地法72の38の2⑫）。
徴収猶予の取消し	都道府県知事は、当該徴収猶予を受けた法人が当該事業年度後の各事業年度について確定申告書をその提出期限までに提出しなかったとき又は徴収猶予を受けた法人の財産の状況その他の事情の変化により、その猶予を継続することが適当でないと認められるときは、その徴収の猶予を取り消し、徴収金を一時に徴収することができます（地法72の38の2⑧⑨⑫）。

第2節　法人事業税

第11　更正及び決定

1　法人税の課税標準を基準とする所得割等の更正及び決定

　都道府県知事は、次の左欄に該当するとき（次の**2**に該当するときを除きます。）は、右欄により法人事業税の更正又は決定を行います（地法72の39）。

　なお、このように法人税の課税標準を基準として更正又は決定される法人を国税準拠法人と呼称しています。

	更正又は決定を行う場合	更正又は決定の方法
国税準拠法人の更正及び決定	国税準拠法人が法人事業税の申告書又は修正申告書を提出した場合において、当該申告又は修正申告に係る所得割の課税標準である所得が、当該法人の当該所得割の計算の基礎となった事業年度に係る法人税の申告若しくは修正申告又は更正若しくは決定において課税標準とされた所得（以下「法人税の課税標準」といいます。）を基準として算定した所得割の課税標準である所得（以下「所得割の基準課税標準」といいます。）と異なることを発見したとき	都道府県知事は、当該所得割の基準課税標準により、当該申告又は修正申告に係る所得割の計算の基礎となった所得及び所得割額を更正します。
	国税準拠法人が提出した申告書又は修正申告書に記載された所得割額の算定について誤りがあることを発見したとき	都道府県知事は、所得割額を更正します。
	国税準拠法人が申告書を提出しなかった場合（中間申告があったものとみなされる場合を除きます。）において、その事業年度に係る法人税の課税標準があるとき	都道府県知事は、当該法人税の課税標準を基準として、当該法人の所得割に係る所得及び所得割額を決定します。
	国税準拠法人の所得割に係る所得及び所得割額を更正し、又は決定した場合において、法人税に係る更正又は修正申告があったことにより当該更正又は決定の基準となった当該法人の法人税の課税標準が増加し、又は減少したとき	都道府県知事は、当該増加し、又は減少した法人税の課税標準を基準として、当該所得割に係る所得及び所得割額を更正します。

— 373 —

第3章　事業税及び特別法人事業税

	上記により当該更正し、又は決定した所得割額の算定について誤りがあることを発見したとき	都道府県知事は、当該所得割額を更正します。

2　都道府県知事の調査による所得割等の更正及び決定

都道府県知事は、次の左欄に該当するときは、右欄により所得割等の更正又は決定を行います（地法72の41）。

	更正又は決定を行う場合	更正又は決定の方法
都道府県知事の調査による更正及び決定	イ　次に掲げる法人が申告書又は修正申告書を提出した場合において、当該申告又は修正申告に係る収入金額、所得又は収入割額若しくは所得割額がその調査したところと異なるとき (イ)　電気供給業、ガス供給業（258頁留意点5参照）、保険業及び貿易保険業を行う法人 (ロ)　連結申告法人 (ハ)　社会保険診療報酬に係る課税の特例の適用を受ける医療法人及び農業協同組合連合会（特定農業協同組合連合会を除きます。） (ニ)　外国に恒久的施設を設けて事業を行う内国法人 (ホ)　法人税が課されない法人 (ヘ)　非課税事業と課税事業とを併せて行う法人	都道府県知事は、その調査によって、次に掲げる法人の区分に応じ、それぞれ次に定めるものを更正します。 イ　ロに掲げる法人以外の法人……収入金額又は所得及び収入割額又は所得割額 ロ　小売電気事業等又は発電事業等を行う法人のうち、左欄(ロ)から(ホ)までの法人、事業税を課されない事業とその他の事業とを併せて行う法人又は小売電気事業等若しくは発電事業等とその他の事業とを併せて行う法人以外の法人……収入金額又は収入割額
	ロ　イに掲げる法人が申告書を提出しなかった場合（中間申告があったものとみなされる場合を除きます。）	都道府県知事は、その調査によって、収入金額又は所得及び収入割額又は所得割額を決定します。
	ハ　イ又はロによって更正し、又は決定した収入金額、所得又は収入割額若しくは所得割額について過不足額があることを知ったとき	都道府県知事は、その調査によって、収入金額又は所得及び収入割額又は所得割額を更正します。

3　都道府県知事の調査による付加価値割等の更正及び決定

都道府県知事は、次の左欄に該当するときは、右欄によって付加価値割等の更正又は決定を行います（地法72の41の2）。

— 374 —

第2節　法人事業税

　なお、都道府県知事は、前記 **1** 又は **2** による所得及び所得割額の決定とこの項による付加価値額及び資本金等の額並びに付加価値割額及び資本割額の決定をする場合には、これらの決定を併せてしなければなりません（地法72の41の3）。

	更正又は決定を行う場合	更正又は決定の方法
付加価値割等の更正及び決定	イ　外形課税対象法人が申告書又は修正申告書を提出した場合において、当該申告又は修正申告に係る付加価値額若しくは資本金等の額又は付加価値割額若しくは資本割額がその調査したところと異なるとき	都道府県知事は、その調査によって、付加価値額又は資本金等の額及び付加価値割額又は資本割額を更正します。
	ロ　外形課税対象法人が申告書を提出しなかったとき（中間申告があったものとみなされるときを除きます。）	都道府県知事は、その調査によって、付加価値額又は資本金等の額及び付加価値割額又は資本割額を決定します。
	ハ　イ又はロによって更正し、又は決定した付加価値額若しくは資本金等の額又は付加価値割額若しくは資本割額について過不足額があることを知ったとき	都道府県知事は、その調査によって、付加価値額又は資本金等の額及び付加価値割額又は資本割額を更正します。

（注）　外形課税対象法人が提出した確定申告書に記載された付加価値額又は資本金等の額について事実を仮装して経理したところに基づくものがあるときは、都道府県知事は、当該確定申告に係る事業年度の付加価値割又は資本割につき、その法人が当該事業年度の確定した決算において、当該事実に係る修正の経理をし、かつ、当該決算に基づく申告書を提出するまでの間は、更正をしないことができます（地法72の41の2④）。

4　不足税額及びその延滞金の徴収

(1)　不足税額の徴収

　更正又は決定による不足税額は、次により徴収されます（地法72の44①）。

不 足 税 額	徴 収 期 限
上記の更正により増加した税額又は決定した税額（当該税額に係る中間納付額を控除した額）	その更正又は決定の通知をした日から1月を経過した日を納期限として、不足税額を徴収します。

(2)　不足税額に係る延滞金の徴収

　不足税額が徴収される場合には、その法人事業税の本来の納期限（納期限の延長が

— 375 —

あったときは、その延長された納期限）の翌日から納付の日までの期間の日数に応じ、年14.6％（⑴の不足税額の納期限までの期間又は当該納期限の翌日から1月を経過する日までの期間については、年7.3％）の割合を乗じて計算した延滞金額（延滞金の計算方法については354頁を参照）が加算されて徴収されます（地法72の44②）。

ただし、当分の間、延滞金の年14.6％の割合及び年7.3％の割合は、各年の延滞金特例基準割合（平均貸付割合に年1％を加算した割合をいいます。）が年7.3％の割合に満たない場合には、その年中においては、年14.6％の割合にあっては延滞金特例基準割合に年7.3％の割合を加算した割合とし、年7.3％の割合にあっては延滞金特例基準割合に年1％の割合を加算した割合（加算した割合が年7.3％の割合を超える場合には、年7.3％の割合）とします（地法附則3の2①）。

なお、その更正の通知をした日が、当該法人事業税の申告書を提出した日（当該申告書を提出期限前に提出した場合には当該申告書の提出期限とされています。また、当該申告書を提出期限後に提出した場合には当該申告書を提出した日となります。）の翌日から1年を経過する日後であるときは、詐欺その他不正の行為により法人事業税を免れた場合を除き、その1年を経過する日の翌日からその通知をした日（上記1の法人税の課税標準を基準とする所得割等の更正に係るものにあっては、その更正の基準となった法人税の課税標準である所得に係る法人税の修正申告書を提出した日又は当該所得について税務官署が更正若しくは決定の通知をした日）までの期間は、延滞金の計算の基礎となる期間から控除されます（地法72の44③）。

平成29年1月1日以後に当該法人事業税の納期限が到来する法人事業税に係る延滞金を計算する場合において、増額更正があったとき（当該増額更正に係る法人事業税について期限内申告書又は期限後申告書（以下「当初申告書」といいます。）が提出されており、かつ、当該当初申告書の税額について減額更正（これに類する一定の更正を含みます。）があった後に、当該増額更正があったときに限ります。）は、当該増額更正により納付すべき税額（当該当初申告書に係る税額（還付金に相当する税額を含みます。）に達するまでの部分に限ります。）については、次に掲げる期間（詐欺その他不正の行為により法人事業税を免れた法人についてされた当該増額更正により納付すべき法人事業税にあってはイに掲げる期間に限ります。）を延滞金の計算の基礎となる期間から控除します（地法72の44④、平成28年改正地法附則5⑫）。

イ　当該当初申告書により納付すべき税額の納付があった日（その日が当該申告に係る納期限より前である場合には、当該納付期限）の翌日から当該減額更正の通知をした日までの期間

第2節　法人事業税

ロ　当該減額更正の通知をした日（当該減額更正が、更正の請求に基づくもの（法人税に係る更正によるものを除きます。）である場合又は法人税に係る更正（法人税に係る更正の請求に基づくものに限ります。）によるものである場合には、当該減額更正の通知をした）の翌日から当該増額更正の通知をした日（地法第72条の39の規定による更正に係るものにあっては、当該更正の基準となった法人税の課税標準である所得に係る法人税の修正申告書を提出した日又は当該所得について税務官署が更正若しくは決定の通知をした日）までの期間

第3章　事業税及び特別法人事業税

第12　更正の請求

1　申告期限から5年以内にする更正の請求及び後発的な事由による更正の請求

　次の中欄に該当する場合には、右欄の請求期間内に限り、都道府県知事に対し、更正前・更正後の課税標準等・税額等その更正請求の理由、当該請求をするに至った事情の詳細等を記載した更正の請求書を提出して、当該課税標準等又は税額等につき更正の請求をすることができます（地法20の9の3、地令6の20の2）。

区　分	更正の請求ができる場合	請求期間
申告期限から5年以内にする更正の請求	申告書に記載した課税標準等若しくは税額等の計算が地方税に関する法令の規定に従っていなかったこと又は申告書に記載した課税標準等又は税額等の計算に誤りがあったことにより、次のいずれかに該当する場合 イ　納付すべき税額が過大であるとき ロ　欠損金額等が過少であるとき、又は申告書若しくは更正通知書に当該金額等の記載がなかったとき ハ　法人事業税の中間納付額に係る還付金の額が過少であるとき、又は申告書若しくは更正通知書に当該額の記載がなかったとき	当該申告書の提出期限から5年以内（平成23年12月2日以後に申告書の提出期限が到来する更正の請求から5年以内とされています（216頁参照）。）
後発的な事由による更正の請求	次のいずれかに該当する場合（申告書を提出した者については、右欄の期間の満了する日が当該申告書の提出期限から1年を経過した日以後に到来する場合に限ります。） イ　税額等の計算の基礎となる事実と異なる事実が判決により確定したとき ロ　納税義務者に帰属するものとされていた所得等が他の者に帰属するものとする更正又は決定があったとき ハ　その他イ及びロに類するものでやむを得ない理由（例えば、総務大臣から法令解釈の変更が公表されたことによりその税額等が異なることとなる取扱いを受けることとなったことを知ったこと）があるとき	イの場合はその確定した日の翌日から起算して2月以内、ロの場合は当該更正又は決定があった日の翌日から起算して2月以内、ハの場合は当該理由が生じた日の翌日から起算して2月以内

— 378 —

第2節　法人事業税

2　法人事業税又は法人税について更正等を受けたことに伴う更正の請求

　次の左欄に該当する場合には、右欄の期間内に限り、都道府県知事に対し、更正の請求書を提出して、当該課税標準額又は事業税額につき更正の請求をすることができます（地法72の33）。

区分	更正の請求ができる場合	請求期限
法人事業税について更正等を受けたことに伴う更正の請求	申告書に記載すべき付加価値額、資本金等の額、所得若しくは収入金額又は事業税額につき、修正申告書を提出し、又は更正若しくは決定を受けたことに伴い当該修正申告又は当該更正若しくは決定に係る事業年度後の事業年度分に係る付加価値額、資本金等の額、所得若しくは収入金額又は事業税額が過大となる場合	当該修正申告書を提出した日又は当該更正若しくは決定の通知を受けた日から2月以内
法人税について更正又は決定を受けたことに伴う更正の請求	申告書又は修正申告書を提出した法人（収入割のみを申告納付すべきものを除きます。）が、当該申告に係る事業税の計算の基礎となった事業年度に係る法人税の課税標準について国の税務官署の更正又は決定を受けたことに伴い、当該申告又は修正申告に係る付加価値額、資本金等の額、所得又は事業税額が過大となる場合 ※　当該法人が、当該事業年度において連結申告法人（連結子法人に限ります。）である場合にあっては、当該事業年度終了の日の属する連結事業年度において当該法人との間に連結完全支配関係がある連結親法人が当該連結事業年度に係る法人税の課税標準について税務官署の更正又は決定を受けたことに伴って事業税額等が過大となる場合に限られます。	国の税務官署が当該更正又は決定の通知をした日から2月以内

（注）　更正請求書には、通常の記載事項のほか、上欄の請求にあっては当該修正申告書を提出した日又は更正若しくは決定の通知を受けた日を、また、下欄の請求にあっては国の税務官署が当該更正又は決定の通知をした日を記載するとされています。

3　分割基準の誤りに伴う更正の請求

　二以上の都道府県に事務所等を有する法人（分割法人）は、次の左欄に該当する場合には、分割課税標準額又は事業税額が過大となる都道府県知事に対し、更正前・更正後の課税標準等・税額等その他参考となるべき事項を記載した更正の請求書を提出して、次の右欄により、当該過大となった分割課税標準額又は事業税額につき更正の請求をすることができます（地法72の48の2④⑤、地規6の4）。

— 379 —

更正の請求ができる場合	更正の請求の手続
分割法人が主たる事務所等所在地の都道府県知事に申告書若しくは修正申告書を提出した場合又は更正若しくは決定を受けた場合において、当該申告若しくは修正申告又は当該更正若しくは決定に係る分割課税標準額の分割基準に誤りがあったこと（課税標準額の総額についてすべき分割をしなかった場合を含みます。）により、分割課税標準額又は事業税額が過大である関係都道府県があるとき	イ　更正の請求をしようとする法人は、あらかじめ主たる事務所等所在地の都道府県知事に対し必要な事項を記載した「分割基準の修正に関する届出書」（総務省令第10号の２様式）を届け出る必要があります。 　この場合において、主たる都道府県知事は、この届出書の提出があったときは、当該法人に対し、当該届出書の提出があったことを証する文書を交付するとともに、その旨を関係都道府県知事に通知します。 ロ　イの法人は、必要な事項を記載した「更正の請求書」（総務省令第10号の３様式）にイを届け出たことを証する文書を添えて関係都道府県知事に提出しなければなりません。

（左欄見出し：分割基準の誤りに伴う更正の請求）

4　税務官署に対する更正又は決定の請求

　都道府県知事は、次に掲げる場合においては、国の税務官署に対し、法人税に係る更正又は決定をすべき旨を請求することができます（地法72の40）。

　なお、二以上の都道府県に事務所等を有する法人に係る課税標準についてのこの請求は、当該法人の主たる事務所等所在地の都道府県知事又は当該法人の主たる事務所等所在地の都道府県知事を経由して関係都道府県知事が行うこととなります。

税務官署に対する更正又は決定の請求	
①	国税準拠法人の（法人税の課税標準を基準として更正又は決定することとなる法人をいいます。以下同じです。）が提出した申告書又は修正申告書に係る所得が過少であると認められる場合において、当該申告書の提出期限から１年を経過した日までに法人税に係る更正又は決定が行われないとき
②	申告書を提出期限までに提出しなかった国税準拠法人についてその申告書の提出期限から１年を経過した日までに法人税に係る決定が行われないとき
③	都道府県知事がした更正又は決定に係る国税準拠法人の所得が過少であると認められる場合において、当該更正し、又は決定した日から１年を経過した日までに法人税に係る更正が行われないとき

第2節　法人事業税

第13　法人事業税の市町村に対する交付

　都道府県が、法人事業税の額の一部に相当する額を、令和元年10月１日から都道府県内の市町村に対し交付する交付金（以下「法人事業税交付金」といいます。）の交付は、次によります。

事　項	法人事業税交付金の内容
法人事業税交付金の交付	法人事業税交付金は、次により交付します（地法72の76、734④、地令35の４の５、35の４の６、57の２の６、57の２の７）。 イ　道府県が交付する場合 　　道府県は、当該道府県内の市町村に対し、当該道府県に納付された法人の行う事業に対する法人事業税の額に相当する額（※１）に100分の7.7を乗じて得た額を、各市町村の従業者数（統計法第２条第４項に規定する基幹統計である事業所統計の最近に公表された結果によるものをいいます。ロにおいて同じです。）で按分して得た額を交付します。 ロ　東京都が交付する場合 　　都は、都内の市町村（特別区を除きます。以下同じです。）に対し、都に納付された法人の行う事業に対する法人事業税の額に相当する額（※１）に100分の5.4を乗じて得た額を各市町村及び特別区の従業者数で按分して得た額を交付します（※２参照）。 　※１　標準税率を超える税率で事業税を課す都道府県については、当該都道府県に納付された法人の行う事業に対する事業税の額に相当する額から、当該額に都道府県が標準税率を超えて課する部分の割合として算定した率（超過課税割合）を乗じて得た額を控除した額 　※２　都においては、法人の行う事業に対する法人事業税の収入額に100分の7.7を乗じて得た額を各市町村及び特別区の従業者数で按分して得た額のうち特別区に係る額を、特別区財政調整交付金の原資とします（地法734④、地方自治法282②、地方自治法施行令210の10）。
交付時期	法人事業税交付金は、毎年度８月、12月、３月に交付します。この場合において、それぞれの交付時期における交付すべき額の算定期間は、前年度３月から７月、８月から11月、12月から２月とします（地令35の４の６、57の２の７）。 　なお、交付金の算定の基礎となる「納付された法人の行う事業に対する法人事業税の額」は、当該算定期間中に実際に納付されたものとなります。
経過措置	令和元年度から令和４年度において交付する交付金については、

— 381 —

第3章 事業税及び特別法人事業税

次のとおり経過措置が講じられています。

イ　令和元年度に限り、法人事業税交付金は、同年度内に交付しないで、令和2年度に交付すべき法人事業税交付金に加算して交付します（平成28年改正地法附則6①）。

ロ　令和2年度における法人事業税交付金は、その交付率は100分の3.4とし、各市町村の法人税割額又は都民税の法人税割額により按分して得た額を交付します。なお、令和2年度に限り、8月に交付すべき額は当該年度の前年度10月から7月までを算定期間とします（平成28年改正地法附則6②④、平成31年改正地令附則3①）。

ハ　令和3年度における法人事業税交付金は、納付された法人事業税の額に100分の7.7を乗じて得た額の3分の2を法人税割額で、他の3分の1を各市町村又は特別区の従業者数で按分して得た額を交付します（平成28年改正地法附則6③④、平成31年改正地令附則3②）。

ニ　令和4年度における法人事業税交付金は、納付された法人事業税の額に100分の7.7を乗じて得た額の3分の1を法人税割額で、他の3分の2を各市町村又は特別区の従業者数で按分して得た額を交付します（平成28年改正地法附則6③④、平成31年改正地令附則3③）。

第3節　特別法人事業税

　平成20年度の税制改正においては、地域間の税源偏在の是正に早急に対応するため、消費税を含む税体系の抜本的改革が行われるまでの間の措置として、法人事業税（所得割及び収入割に限ります。）の税率を引き下げるとともに、地方法人特別税（国税）及び地方法人特別譲与税を創設することにより、偏在性の小さい地方税体系の構築を進めることとされました。

　これらの措置は、「地方法人特別税等に関する暫定措置法（平成20年法律第25号）」（以下「暫定措置法」といいます。）を新たに制定して行われていますが、この暫定措置法によって創設された地方法人特別税の概要は、次のとおりであり、平成20年10月1日以後に開始する事業年度から実施されています。そして、平成26年度の税制改正において、比較的税源偏在の小さい地方消費税の税率が平成26年4月1日から引き上げられることや同税制改正において地方法人課税の偏在性を是正するため地方法人税（国税・219頁参照）を創設することとされたことから、税源偏在是正の暫定措置として創設されたこの税の規模を3分の1縮小し、法人事業税に復元することとされ、これらの改正が平成26年10月1日以後に開始する事業年度から実施されています。

　そして、平成27年度及び平成28年度の税制改正において外形標準課税が拡大され、所得割の税率が引き下げられたことから（328頁）、外形課税対象法人の基準法人所得割額の税率が改正されています。

　なお、平成28年度の税制改正においては、地方法人特別税等に関する暫定措置法は廃止され、地方法人特別税は平成29年4月1日以後に開始する事業年度から廃止することとされていましたが、消費税率の引上げ時期の変更に伴う税制上の措置により、廃止時期が令和元年10月1日以後に開始する事業年度に延期されました。

　そして、令和元年度の税制改正において、令和元年10月1日以後に開始される事業年度から新たに特別法人事業税が導入されることとなり、同日以後に開始される事業年度から、地方法人特別税は廃止されることとなりました。

| 納税義務者 | 法人は、特別法人事業税を納める義務がある（特別法人事業税及び特別法人事業譲与税に関する法律4）。
※1　この納税義務者の範囲は、法人事業税の所得割又は収入割の納税義務者と一致します。
※2　人格のない社団等及びみなし課税法人は、法人とみなされます（特別法人事業税及び特別法人事業譲与税に関する |

	法律3）。
課税団体及び課税の対象	法人の基準法人所得割額及び基準法人収入割額には、国が特別法人事業税を課する（特別法人事業税及び特別法人事業譲与税に関する法律5）。
課税標準	基準法人所得割額又は基準法人収入割額とする（特別法人事業税及び特別法人事業譲与税に関する法律6）。 ※1　基準法人所得割額とは、地方税法の規定によって計算した法人事業税の所得割額をいいます。 　　なお、この所得割額は、課税免除及び不均一課税（地法6、7）、仮装経理に基づく過大申告の場合の更正に伴う事業税額の控除（地法72の24の10）、租税条約の実施に係る更正に伴う事業税額の控除（地法72の24の11）、減免（地法72の49の4）、特定寄附金税額控除（地法附則9の2の2）に関する規定を適用しないで、税率は標準税率によって計算したものです。次の※2において同じです。 ※2　基準法人収入割額とは、地方税法の規定によって計算した法人事業税の収入割額をいいます。
税額の計算	次に掲げる法人の区分に応じ、次により計算した金額とする（特別法人事業税及び特別法人事業譲与税に関する法律7）。 (1)　付加価値額、資本割額及び所得割額の合算額により法人の事業税を課される法人（外形課税対象法人） 　　基準法人所得割額×260% (2)　所得割額により法人事業税が課される特別法人（地法72条の24の7第6項に規定する特別法人） 　　基準法人所得割額×34.5% (3)　所得割額により法人事業税が課される法人（(1)及び(2)に掲げる法人を除く。） 　　基準法人所得割額×37% (4)　収入割額により法人事業税を課される法人 　　基準法人収入割額×30% (5)　収入割額、付加価値割額及び資本割額の合算額又は収入割額及び所得割額の合算額により法人事業税を課される法人 　　基準法人収入割額×40%
賦課徴収	都道府県が、当該都道府県の法人事業税の賦課徴収の例により、当該都道府県の法人事業税の賦課徴収と併せて行う（特別法人事業税及び特別法人事業譲与税に関する法律8前段）。この場合において、地方税法第17条の6第1項（第1号に係る部分に限る。）の規定により更正又は決定をすることができる期間については、特別法人事業税及び法人の事業税は、同一の税目に属する地方税とみなして、同項の規定を適用する（特別法人事業税及び特別法人事業譲与税に関する法律8後段）。

申告	法人事業税に係る申告書を提出する義務がある法人は、当該申告書に記載すべき所得割額又は収入割額に係る基準法人所得割額又は基準法人収入割額、これらを課税標準として算定した特別法人事業税の額その他必要な事項を記載した申告書を、当該都道府県の法人事業税の申告の例により、当該都道府県の法人の事業税の申告書と併せて、当該都道府県の知事に提出しなければならない（特別法人事業税及び特別法人事業譲与税に関する法律9）。
納付等	(1)　特別法人事業税の納税義務者は、特別法人事業税に係る徴収金を当該都道府県の法人事業税に係る地方団体の徴収金の納付の例により、当該都道府県の法人事業税に係る地方団体の徴収金と併せて当該都道府県に納付しなければならない（特別法人事業税及び特別法人事業譲与税に関する法律10①）。 (2)　特別法人事業税に係る徴収金及び法人事業税に係る地方団体の徴収金の納付があった場合には、その納付額をその併せて賦課され又は申告された特別法人事業税及び法人事業税の額にあん分した額に相当する特別法人事業税に係る徴収金及び法人事業税に係る地方団体の徴収金の納付があったものとする（特別法人事業税及び特別法人事業譲与税に関する法律10②）。 (3)　都道府県は、特別法人事業税に係る徴収金の納付があった場合には、当該納付があった月の翌々日の末日までに、特別法人事業税に係る徴収金として納付された額を国に払い込む（特別法人事業税及び特別法人事業譲与税に関する法律10③）。
還付等	(1)　都道府県は、地方税法の規定により法人事業税の所得割又は収入割の全部又は一部に相当する金額を還付する場合には、当該都道府県の法人事業税の還付の例により、当該法人の事業税の所得割又は収入割と併せて納付された特別法人事業税の全部又は一部に相当する金額を還付する（特別法人事業税及び特別法人事業譲与税に関する法律11①）。 (2)　都道府県は、特別法人事業税に係る徴収金に係る過誤納金がある場合には、遅滞なく、還付しなければならない（特別法人事業税及び特別法人事業譲与税に関する法律11②）。 (3)　特別法人事業税に係る還付金又は特別法人事業税に係る徴収金に係る過誤納金の還付は、法人事業税に係る還付金又は法人事業税に係る地方団体の徴収金に係る過誤納金の還付と併せて行う（特別法人事業税及び特別法人事業譲与税に関する法律11③）。
延滞金の計算	特別法人事業税に係る延滞金及び法人事業税に係る延滞金の計算については、特別法人事業税及び法人事業税の合算額により行い、算出された特別法人事業税に係る延滞金及び法人事業税に係る延滞金をその計算の基礎となった特別法人事業税及び法人事業税の額にあん分した額に相当する金額を特別法人事業税に係る延滞金又は法人事業税に係る延滞金とする（特別法人事業税及び特別法人事業譲与税に関する法律13①）。

賦課徴収又は申告納付に関する報告等	(1)　都道府県知事は、総務大臣に対し、特別法人事業税の申告の件数、特別法人事業税額、特別法人事業税に係る滞納の状況その他必要な事項を報告するものとする（特別法人事業税及び特別法人事業譲与税に関する法律18①）。 (2)　総務大臣は、必要と認める場合には、都道府県知事に対し、当該都道府県に係る特別法人事業税の賦課徴収又は申告納付に関する事項の報告を求めることができる（特別法人事業税及び特別法人事業譲与税に関する法律18②）。 (3)　総務大臣が都道府県知事に対し、特別法人事業税及び法人事業税の賦課徴収に関する書類を閲覧し、又は記録することを求めた場合には、都道府県知事は、関係書類を総務大臣又はその指定する職員に閲覧させ、又は記録させるものとする（特別法人事業税及び特別法人事業譲与税に関する法律18③）。

第4章　不動産取得税

　不動産取得税は、不動産の取得に対し、不動産を取得した時における不動産の価格を課税標準として、その不動産所在の都道府県において、その不動産の取得者に課される都道府県税です。

　不動産取得税は、いわゆる流通税であり、不動産の移転の事実自体に着目して課されるものであって、不動産の取得者がその不動産を使用・収益・処分することにより得られるであろう利益に着目して課せられるものでないとされています（最高裁（二小）昭48.11.16判決　昭和48年（行ツ）90号）。

　不動産取得税の税額の計算過程を図示すると、次のとおりとなります。

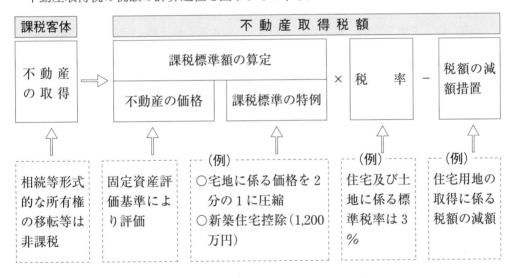

第4章 不動産取得税

第1 課税客体

不動産取得税の課税客体は、不動産の取得とされています（地法73の2①）。

1 課税対象となる不動産

不動産とは、土地及び家屋を総称したものです（地法73一）。

(1) 土　地

土地とは、次のものをいいます（地法73二）。この土地には立木その他土地の定着物は含まれないものとされています（取扱通知(県)5章2(1)）。

土　地	土地に含まれないもの
田、畑、宅地、塩田、鉱泉地、池沼、山林、牧場、原野その他の土地	立木その他土地の定着物（石垣、溝渠、沓脱石等）

(2) 家　屋

家屋とは、住宅、店舗、工場、倉庫その他の建物をいいます（地法73三）。

イ　家屋の範囲

家屋の範囲は、固定資産税にいう家屋又は不動産登記法上の建物の意義（不動産登記規則111）と同一であるとされており、それは、次のものをいいます（取扱通知(県)5章2(2)）。

家　屋　の　範　囲
屋根及び周壁を有し、土地に定着した建造物であって、その目的とする用途に供しうる状態にあるもの

土地に定着して建造され、屋根及び周壁又はこれらに類するものを有し、独立して風雨を凌ぎうる外界から遮断された一定の空間を有する建造物であり、その目的とする居住、作業、貯蔵等の用に供しうる状態にあるものと解されます。

なお、一つの建造物が家屋であるか否かの判定は、その構造、利用状況又は効用、価値等を総合的に勘案して判定することとなりますが、建造物の構造等からみて家屋であるかどうかを定め難い建物については、不動産登記事務取扱手続準

第1　課税客体

則第77条に定められている例示から類推し、その利用状況等をも勘案して判定することとなります（固定資産税の項（453頁）参照）。

ロ　附帯設備と家屋

電気設備、運搬設備等家屋と一体となって効用を果たす設備については、総務大臣が告示した固定資産評価基準における取扱いによって家屋に含まれるものであるか否かを判定することとされています（取扱通知(県)５章２(２)ア）。

なお、市町村が、地方税法第343条第９項に規定する賃借人が取り付けた家屋の特定附帯設備のうち家屋に属する部分を、同項の規定により家屋以外の資産（償却資産）とみなして固定資産税を課する場合（600頁参照）であっても、不動産取得税については、従前のとおり当該部分は家屋として課税することとされています（同通知５章２(７)）。

ハ　構築物と家屋

土地の定着物であっても、いわゆる構築物は家屋ではありませんが、家屋であるか構築物であるかの判定は、その構造、用途等を総合的に判断して行うこととされています（取扱通知(県)５章２(２)イ）。そして、いわゆる工業用サイロについては概ね家屋と解されるとされています（同通知）。

留意点

次のような家屋については、不動産取得税の性格から、課税の対象としないものとして取り扱うこととされています（取扱通知(県)５章２(２)ウ、エ、５章２(６)）。

①	建築基準法第85条の規定による許可を受けた仮設建築物等（許可から２年を超えて使用されている場合その他の一般家屋との均衡を失する場合を除きます。）
②	鶏舎、豚舎等の畜舎、堆肥舎等は、一般に社会通念上家屋とは認められないもので、不動産取得税を課税しないこととしても一般家屋との間に不均衡を生じないと認められるもの
③	取り壊すことを条件として家屋を取得し、取得後使用することなく、直ちに取り壊した場合で、その家屋を不動産としてではなく、動産として取得したとみられるもの

2　不動産の取得

(1)　不動産の取得の意義

不動産取得税の課税客体である不動産の取得とは、不動産の所有権の取得（共有不動産にあっては、共有持分の取得）をいいます。この場合、不動産の取得とは、有償で

— 389 —

あると無償であるとを問わず、またその原因が売買、交換、贈与、寄附、法人に対する現物出資、建築、公有水面の埋立、干拓による土地の造成等原始取得、承継取得の別を問いません。ただし、法人が組織変更し、又は人格なき社団が法人格を取得した場合には、不動産について実質的な所有権の移転があったものとは認められないことから、課税対象とはなりません。

不動産の取得について図示すると、次のようになります。

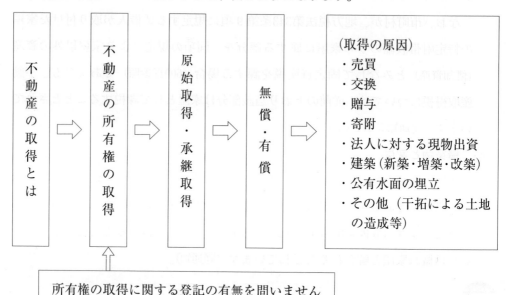

なお、不動産の取得に関しては、最高裁における判例として、次のようなものがあります。

【参考判例】（最高裁（二小）昭48.11.16判決
　　　　　　昭和43年（行ツ）90号、民集27巻10号1333頁）
不動産取得税は、いわゆる流通税に属し、不動産の移転自体に着目して課せられるものであって、不動産の取得者がその不動産を使用・収益・処分することにより得られるであろう利益に着目して課せられるものではないことに照らすと、地方税法第73条の2第1項にいう「不動産の取得」とは、不動産の取得者が実質的に完全有効な内容の所有権を取得するか否かには関係なく、所有権移転の形式による不動産の取得のすべての場合を含むと解するのが相当である。

(2) 不動産登記と不動産の取得

不動産取引については、不動産登記が目的物の引渡と同様に重要視されます。しかしながら、我が国の民法は、物権の変動について意思主義を採っており、不動産登記は、公信力がなくその物権を第三者に対抗するための対抗要件に過ぎないことから、

第1　課税客体

不動産登記の有無は、不動産の取得とは直接関係しません。

　しかし、所有権の保存登記又は移転登記が行われれば、登記簿上所有者とされている者が実体上真実の所有権の取得者と推定される（最高裁昭和34年1月8日判決昭和33年(オ)第214号）ことから、課税実務上においては、不動産登記は、不動産の取得という課税客体を捕捉する手段として最も簡便かつ有効な手段であり、これを手がかりとして、不動産取得税の課税が行われています。

　なお、不動産登記によった場合には、登記簿上の所有者が単なる名義人であって、実体法上の所有権の取得者が別に存在する場合のように登記が真実の権利関係を反映していない場合もありますが、この不動産登記に現れた表見的な権利の移転事実によって不動産取得税を課税された者が、課税庁とその移転事実について争いがある場合は、訴訟上原告に真実の権利者でない旨の立証責任があるとする判例（大阪地裁昭和32年7月24日判決昭和31年(行)第84号）があります。

(3)　共有と不動産の取得

　共有持分は一種の所有権であることから、不動産の共有持分の取得も、不動産取得税の課税対象となります。

　また、共有物の分割は、交換又は売買とその実質を同じくするものであることから、共有物の分割による不動産の取得は、不動産取得税の課税対象となります。ただ、共有不動産の分割という特殊性を考慮して、当該不動産の取得者の分割前の当該共有物に係る持分の割合を超える部分の取得についてのみ課税対象とすることとされています（地法73の7二の三）。

　なお、共有に関しては、最高裁における判例として、次のようなものがあります。

> 【参考判例】（最高裁（三小）昭53.4.11判決
> 　　　　　　　昭和51年（行ツ）55号、民集32巻3号583頁）
> 　共有は所有の一形態であるから、不動産の共有持分の取得も不動産の所有権の取得として「不動産の取得」にあたるというべきであり、共有物の分割は共有者相互間において共有物の各部分につきその有する持分の交換又は売買が行われることにほかならないのであるから、共有不動産の分割により他の共有者の有していた持分を取得することも「不動産の取得」にあたるものと解すべきである。

(4)　意思表示の瑕疵と不動産の取得

　不動産の取得は、不動産の所有権の取得とされていますが、次に掲げる不動産の取得については、それぞれ次によることとなります。

— 391 —

第4章　不動産取得税

イ　意思表示が無効の場合

　　虚偽表示による意思表示及び要素の錯誤による意思表示は無効とされている（民法94、95）ことから、この場合においては、不動産の移転行為そのものがなかったものとなるので、不動産の取得ということも起こり得ません。このため、この場合には、不動産取得税の課税関係が生じません。

　　なお、無効に関する判例として、次のようなものがあります。

> 【参考判例】（京都地裁昭41.4.25判決
> 　　　　　　昭和35年（ワ）1013号、判例タイムズ191号189頁）
> 　不動産売買契約が無効であって、買主がその所有権を取得しなかったことが判明し、確定判決により、買主の所有権取得登記が抹消されたときは、買主に対する不動産取得税賦課処分は当然に失効する。

ロ　意思表示が取り消された場合

　　意思表示に何らかの瑕疵があったことにより意思表示が取り消される場合がありますが、この場合における不動産取得税の課税関係は次のようになります。

区　分	不動産取得税の課税関係
意思表示の瑕疵により取り消された場合	無能力者が行った意思表示及び詐欺又は脅迫によってなされた意思表示が取り消された場合においては、その意思表示は最初から効力がなかったものとみなされる（民法121）ことから、取り消された後の効果は、無効の場合と同様となり、不動産取得税の課税関係が生じません。
瑕疵ある意思表示に追認が行われた場合	瑕疵ある意思表示について、追認（民法122）が行われ、又は法定追認（民法125）事由が生じると、その瑕疵ある意思表示は最初から有効であったものとみなされることから、その意思表示に基づく不動産の取得に対しては、不動産取得税の課税関係が生じます。
特別な取消権により取り消された場合	法律上特に取消権が認められている場合（詐害行為取消権（民法424）、書面によらない贈与の取消し（民法550）、夫婦間の契約の取消し（民法754）等によって取り消された場合）においては、意思表示の瑕疵なく一旦は完全に譲渡、贈与等の法律行為により不動産の所有権が移転していることから、不動産取得税の課税関係が生じます。 　なお、その契約の取消しの効果として従前の所有者にその不動産の所有権が復帰するときは、本来の所有権が確認されるに過ぎないこと等を考慮して、課税対象としないこととする取扱いが適当であると考えられます。

第1 課税客体

(5) 契約の解除と不動産の取得

イ 契約解除の種類

契約の解除と呼ばれるものには、次の3つの種類があります。

	種　類	解　除　の　内　容
①	法定解除	民法に契約の解除事由として定められている解除です。例えば、履行遅滞による解除（民法541）や履行不能による解除（民法543）がこれに該当します。
②	約定解除	当事者の一方又は双方が当初の契約の中で解除権を留保した場合の解除です。例えば、売買契約における買戻特約（民法579）等がこれに該当します。
③	合意解除	契約の当事者が本来の契約とは別にその契約を解除するための契約を締結する場合がこれに該当します。解除契約ともいいます。

ロ 契約の解除が行われた場合における不動産取得税の課税関係

不動産の売買契約は、解除権が行使されるまでの間は完全に有効に成立していることから、たとえ契約の解除がなされたからといっても、買主は一時的とはいえ当該不動産の所有権を取得していることになりますので、解除された契約に基づく当初の不動産の取得に対しては、不動産取得税が課されることとなります。

なお、契約の解除が行われることによって、その契約の当事者間の関係はすべて現状に戻されますが、それによって一旦所有権の移転があったという事実そのものまでが消滅するものではないことから、契約の解除に伴う元の所有者への不動産の復帰についても、不動産取得税の課税対象とする取扱いとされています。

ただ、法定解除に伴う所有権の復帰については、解除権の行使の当然の効果として生ずる変動であることから不動産の取得にあたらないとする考え方も存します。

おって、契約の解除に関しては、次のような通達及び最高裁の判例があります。

【通達】（昭29.12.28自丁府発第134号自治庁府県税課長通達）

問　買戻条件つき売買のもの、買戻しによる所有権の移転があった場合においては、両者共課税して差し支えないか。

答　お見込みのとおり両者共課税すべきである。

【参考判例】（最高裁（二小）昭48.11.2判決

昭和45年（行ツ）54号、最高裁判所裁判集民事110号399頁）

地方税法73条の2第1項にいう「不動産の取得」とは、所有権の得喪に関する法律効果の側面からではなく、その経過的事実に則してとらえた不動産所有権の事実

— 393 —

をいうものと解するのが相当である。売買契約の解除に基づく売主の所有権回復も、その経過的事実に則してこれをみれば、それが合意によるものであると解除権の行使によるものであるとにかかわらず、一旦買主に移転した所有権が再び売主に移転したものというべきであり、したがって、右にいう「不動産の取得」にあたると解すべきである。

3 不動産の取得の時期

不動産の取得の時期は、次のとおり、契約内容その他から総合的に判断して現実に所有権を取得したと認められるときによるものであり、所有権の取得に関する登記の有無は問わないものとされています（取扱通知(県)5章3(3)）。

なお、家屋が新築された場合等については、取得時期の特例が定められています。詳細については、次頁の「第2　納税義務者」の項を参照して下さい。

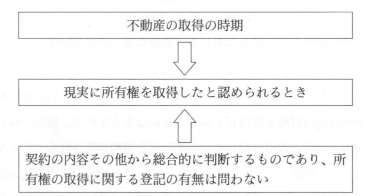

（取得の時期の例示）

- ○　所有権の移転が契約上明示されている場合はその時
- ○　所有権の移転が契約上明示されていない場合は契約が締結された時
- ○　割賦販売契約のように所有権留保付きの特約がある場合は代金完済の時
- ○　行政庁の許可が契約の効力要件とされる場合はその行政庁の許可があった時

（農地の取得の時期）

農地法の適用を受ける農地又は採草放牧地を承継取得した場合は、同法第3条第1項又は第5条第1項の規定による許可があった日又は同項第3号の規定による届出の効力が生じた日前においては、その取得はないものとします（取扱通知(県)5章3(3)ただし書）。

なお、農地法の適用を受ける農地等であるか否かについては、登記簿の地目によるものではなく、現況主義によることとなります（同通知）。この場合において、その認定につき疑義がある場合には、農地関係部局と連絡をとることとされています（同通知）。

第 2 　納税義務者

　不動産取得税の納税義務者は、不動産の取得者とされており（地法73の２）、個人たると法人たるとを問いません。

1　不動産の取得者

　不動産の取得者とは、不動産の所有権を取得した者をいいます。また、共有も所有の一形態であり、共有持分は共有者の１人１人が目的物の上に有する所有権であることから、共有持分の取得者も不動産取得税の納税義務者となります。

　なお、不動産の取得者とは、実質上の取得者をいいますので、名義書換え等をしてもそこに実体上の取得がない限り、名義上の取得者は不動産の取得者とはなりません。したがって、取得した名義人と実質上の取得者が異なる場合においては、後者が取得者になることになります。

2　家屋が新築された場合の納税義務者

　家屋が新築された場合における家屋の完成時（取得の時期）についての紛争及び家屋が請負契約に基づいて新築された場合における所有権の帰属をめぐる課税の混乱を避けるという課税技術上の理由等から、家屋が新築された場合（当該家屋の新築が次の３（397頁）に該当する場合を除きます。）には、当該家屋が最初に使用された日にその家屋の原始取得があったものとみなし、その家屋の所有者を取得者とみなして、これに対して不動産取得税を課税することとし、また、当該家屋が使用されることなく他人に譲渡された場合には、その譲渡された日にその家屋の原始取得があったものとみなし、その家屋の譲受人を取得者とみなして、これに対して不動産取得税を課税することとされています（地法73の２②）。

　ただし、家屋が新築された日から６月（宅地建物取引業者等が一定の期間内に売り渡す新築住宅については、「６月」を「１年」とする特例措置が講じられています。次の３の留意点（399頁）を参照。）を経過して、なお、その家屋について最初の使用又は譲渡が行われない場合には、当該家屋が新築された日から当該期間（「６月」又は「１年」）が経過した日にその家屋の原始取得があったものとみなし、その家屋の所有者を取得者とみなして、これに対して不動産取得税が課税されます（地法73の２②ただし書、地法附則10の２①）。

— 395 —

この家屋が新築された場合の課税関係を図示すると、次のようになります。

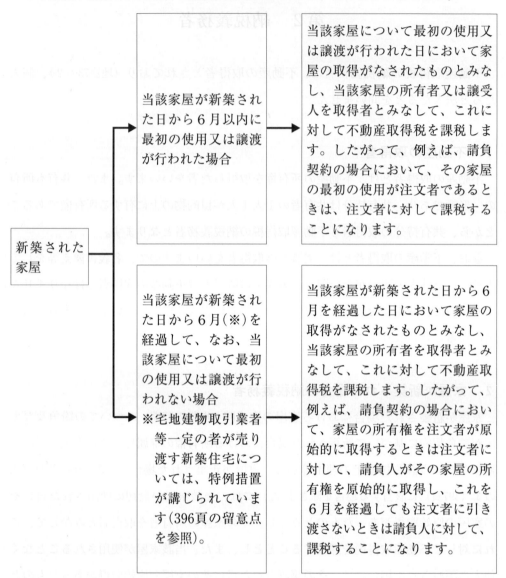

留意点

家屋の取得原因とされる新築とは、家屋がその本来の使用目的に応じた利用をすることができる状態にまでに建造されることをいいます。また、「新築された」とは、事実上家屋の新築が完了したときをいうものであり、新築されたか否かの判定は、一般社会通念によるものですが、その判定については、次のことに留意することとされています（取扱通知(県) 5 章 3 (4)）。

第2　納税義務者

	留　意　内　容
①	新築されたとは、一般的には、その家屋について当初の新築計画に基づいてその新築が完了した場合をいいます。
②	新築されたかどうかその判定が困難な場合は、建築基準法の適用がある家屋については、同法第7条第5項又は第7条の2第5項の規定による検査済証の交付を受け得る程度であるかどうかで認定することもできますが、「新築された」とは、一般的には主要構造部について概ね工事を終了し、最低限度の附帯設備の取り付けを終わり、家屋として使用し得る状態になったときをいいます。
③	新築されたかどうかの判定は原則として家屋全体について行うこととなりますが、工事の段階を設けて長期間にわたって工事を行っている場合には各工事部分について行うことができます。

3　宅地建物取引業者等が請負契約に基づいて家屋を新築した場合の特例

　宅地建物取引業者等一定のもの（次頁の注参照）が注文者でその注文者が請負契約に基づいて家屋を新築した場合（請負人がその所有権を原始的に取得する場合に限ります。）には、これらの注文者が他に譲渡するために家屋を建築するというこれらの注文者の地位の特殊性等を考慮して、請負人から注文者に対する譲渡（引渡し）に対しては不動産取得税を課税しないこととし、請負人から注文者に対する譲渡（当該家屋が新築された後最初に行われる譲渡に限ります。以下同じです。）後最初の使用又は譲渡が行われた日において家屋の取得がなされたものとみなし、当該家屋の所有者又は譲受人を取得者とみなして、これに対して不動産取得税を課税することとされています（地法73の2②カッコ書）。

　ただし、家屋が新築された日から6月（宅地建物取引業者等が一定の期間内に売り渡す住宅については、「6月」を「1年」とする特例措置が講じられています。399頁の留意点を参照。）を経過して、なお、当該家屋について最初の使用又は譲渡（当該請負人から注文者に対する譲渡後最初に行われる使用又は譲渡をいいます。）が行われない場合においては、当該家屋が新築された日から当該期間（「6月」又は「1年」）が経過した日において家屋の取得がなされたものとみなし、当該家屋の所有者（注文者）を取得者とみなして、これに対して不動産取得税が課税されます（地法73の2②ただし書、地法附則10の2①）。

　この請負契約により家屋を新築した場合の課税関係を図示すると、次頁のようになります。

　なお、この特例は、請負契約により新築された家屋の所有権が原始的にこれらの注

— 397 —

第4章　不動産取得税

文者に帰属する場合には適用されず、この場合は、原則どおり、上記**2**により新築後最初に行われた使用又は譲渡が新築家屋に係る取得とみなされて不動産取得税が課税されることになります。

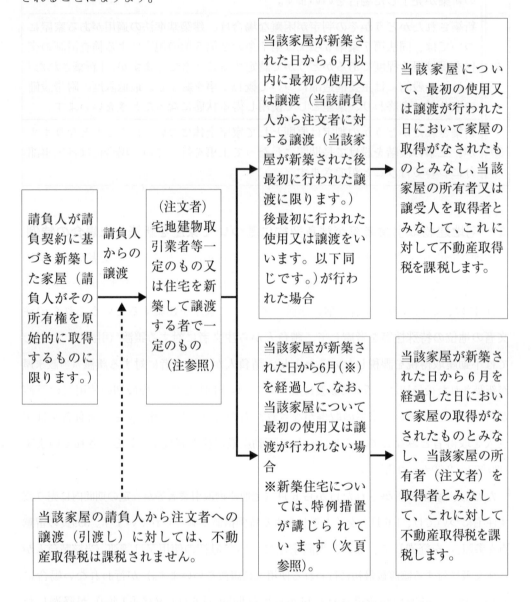

(注)　宅地建物取引業者等一定のものとは、次に掲げる者をいいます（地法73の2②、地令36の2の2）。
　　イ　独立行政法人都市再生機構
　　ロ　地方住宅供給公社
　　ハ　家屋を新築して譲渡することを業とする者で次に掲げるもの
　　　（イ）　宅地建物取引業法第2条第3号に規定する宅地建物取引業者
　　　（ロ）　日本勤労者住宅協会

留意点

前頁の（注）に掲げる者（以下「特例適用対象者」といいます。）が売り渡す新築住宅でその住宅の新築が平成10年10月1日から令和4年3月31日までの間に行われたものについては、昨今の経済情勢や住宅の流通状況等にかんがみ、特例適用対象者が新築住宅を取得したものとみなされる時期を、当該住宅の新築の日から1年（通常の場合は6月）を経過した日とする緩和措置が講じられています（地法附則10の2①）。

なお、この特例が適用される場合の課税関係を図示すると、次のようになります。

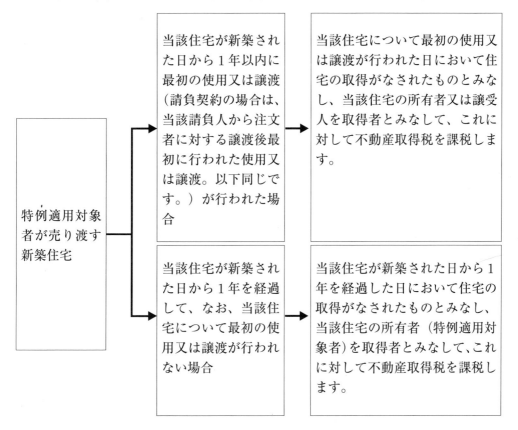

4　家屋の改築、増築及び移築が行われた場合の課税の取扱い

家屋の取得原因とされる建築には新築のほかに増築及び改築があり、また、新築の特殊な形態として移築があります。これらに対する不動産取得税の課税は、次によることとなります。

イ　増築及び改築

家屋の増築（家屋の床面積又は体積を増加することをいいます。）が行われた場合には、その増加した部分の取得があったものとして、その増加した部分の価格を

第4章　不動産取得税

課税標準として、不動産取得税が課税されます。

　また、家屋を改築したことにより当該家屋の価格が増加した場合においては、当該改築をもって家屋の取得とみなし、当該改築により増加した価格を課税標準として、不動産取得税が課税されます（地法73の2③）。

　この場合において、増築又は改築による不動産取得税の納税義務者とは、当該増築又は改築部分が社会経済上独立性を失わないもの（すなわち家屋に附属したまま当該家屋と別に所有権の対象となりうるもの）で、増築又は改築をした者の権原により附属せしめたものである場合以外には、当該家屋の所有権を有する者をいうものとされています（取扱通知(県)5章3(5)）。

　なお、改築とは、次のことをいいます（地法73八、同通知5章2(4)）。

改築とは	家屋の壁、柱、床、はり、屋根、天井、基礎、昇降の設備（間仕切壁、間柱、附け柱、揚げ床、最下階の床、廻り舞台の床、小ばり、ひさし、局部的な小階段、屋外階段その他これらに類する家屋の部分も含まれます。）その他家屋と一体となって効用を果たす一定の設備について行われた取替え又は取付けで、その取替え又は取付けのための支出が資本的支出と認められるものをいいます。 ※　資本的支出とは、所得税及び法人税の所得の計算に用いられる場合と概ね同様な観念であって、家屋の本来の耐用年数を延長させるようなものとか、あるいは価額を増加させるようなものをいいます。

　(注)　家屋と一体となって効用を果たす一定の設備とは、次のものをいいますが（地令36の2）、具体的判定については、総務大臣が告示した固定資産評価基準における取扱いによって家屋に含まれるか否かを判定することとされています（取扱通知(県)5章2(4)イ）。

家屋と一体となって効用を果たす設備	イ　消火設備	ロ　空気調和設備	ハ　衛生設備
	ニ　じんかい処理設備	ホ　電気設備	ヘ　避雷針設備
	ト　運搬設備（※）	チ　給排水設備	リ　ガス設備
	ヌ　造付金庫	ル　固定座席設備	ヲ　回転舞台設備
	ワ　背景吊下設備	※昇降の設備は除かれます。	

ロ　移築及び移設

(イ)　家屋を解体して、これを材料として他の場所に同一の構造で再建するいわゆる移築は、新築に該当しますが、負担の均衡上改築の場合に準じて、その移築により増加した価格を課税標準として課税することが適当であるとされています（取扱通知(県)5章2(5)）。

(ロ)　家屋を解体せず、原型のまま他の場所に移転させる移設については、移設の

－ 400 －

第2　納税義務者

特殊性にかんがみ、それが増築又は改築に該当する部分を除き、不動産取得税の課税対象としない取扱いになっています（同通知5章2（5））。

5　区分所有建物に係る課税の特例

(1)　専有部分の取得があった場合

建物の区分所有等に関する法律第2条第3項の専有部分の取得があった場合においては、当該区分所有に係る専有部分の各部分を個別に評価することが著しく困難であり、また、専有部分の取得と共用部分の取得は相伴うものであることから、次の算式により求めた額に相当する価格の家屋の取得があったものとみなして、不動産取得税が課税されます（地法73の2④）。

（算　式）

$$
\left[\begin{array}{l}\text{当該専有部分の属する一棟の}\\\text{建物（共用部分とされた附属}\\\text{の建物を含みます。）の価格}\end{array}\right] \times \left[\begin{array}{c}\text{当該区分所有者に係る}\\\text{専有部分の床面積}\\\hline\text{当該専有部分の床面積の合計}\end{array}\right]
$$

（注）　専有部分の天井の高さ、附帯設備の程度等について著しい差違がある場合には、その差違に応じて、この専有部分の床面積の割合を補正することとされています（地法73の2④、地規7の3）。

(2)　共用部分のみの取得があった場合

建物の区分所有等に関する法律第2条第4項の共用部分のみの建築があった場合には、区分所有者が、次の算式によって得た額に相当する価格の家屋を取得したものとみなして、不動産取得税が課税されます（地法73の2⑥）。したがって、当該建築に係る共用部分を管理者等が所有する場合であっても、各区分所有者に不動産取得税が課税されることとなります。

（算　式）

$$
\text{当該建築に係る共用部分の価格} \times \frac{\text{当該区分所有者に係る}}{\text{専有部分の床面積}}{\text{当該専有部分の床面積の合計}}
$$

6　主体構造部と附帯設備の取得者が異なる場合の課税の特例

家屋が新築された場合において、その家屋の主体構造部と一体となって家屋としての効用を果たしている附帯設備に係る取得者が主体構造部の取得者と異なるときは、次のように、主体構造部の取得者が附帯設備をも併せて取得したものとみなして不動産取得税を課税することができます（地法73の2⑦）。ただし、この場合において、そ

の者が区分課税を申し出た場合は、次の右欄によります。

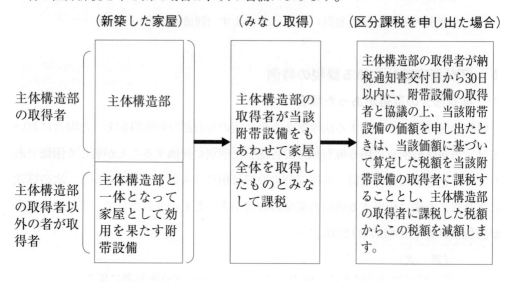

7 土地区画整理事業等に係る土地の仮換地等に係る課税の特例

(1) 仮換地等の取得

土地区画整理事業等に伴い次の左欄の仮換地又は一時利用地（以下「仮換地等」といいます。）の指定があった場合において、中欄のみなし（適用）要件にあたることとなったときは、右欄により不動産取得税が課税されます（地法73の2⑪）。

仮換地等の指定	みなし（適用）要件	課税関係
土地区画整理法による土地区画整理事業又は土地改良法による土地改良事業の施行に係る土地についてこれらの法令の定めるところにより仮換地等の指定があった場合	当該仮換地等である土地について使用し、又は収益することができることとなった日以後に当該仮換地等である土地に対応する従前の土地（以下「従前の土地」といいます。）の取得があったとき	当該従前の土地の取得をもって当該仮換地等である土地の取得とみなし、当該従前の土地の取得者を取得者とみなして、不動産取得税を課税します。

（注）　土地区画整理事業には、農住組合法及び密集市街地における防災街区の整備の促進に関する法律による事業並びに大都市地域における住宅及び住宅地の供給の促進に関する特例措置法による住宅街区整備事業を含みます（次の(2)において同じです。）。

(2) 保留地予定地等の取得

土地区画整理事業に係る次の左欄の保留地予定地等がある場合において、中欄のみなし（適用）要件にあたることとなったときは、右欄により不動産取得税が課税されます（地法73の2⑫、地令36の2の3）。

第2　納税義務者

対象不動産	みなし（適用）要件	課税関係
土地区画整理事業の施行に係る土地の保留地予定地等 ※　土地区画整理法による土地区画整理事業に係る土地について当該事業の施行者が同法第100条の2の規定によって管理する土地をいいます。	イ　当該施行者以外の者が当該事業に係る換地処分の公告がある日までの間当該保留地予定地等である土地について使用し、又は収益することができること及び同公告日の翌日に当該施行者が取得する当該保留地予定地等である土地を取得することを目的とする契約が締結されたとき ロ　同公告日の翌日に土地区画整理組合の参加組合員が取得する当該保留地予定地等である土地について当該参加組合員が使用し、又は収益することができることを目的とする契約が締結されたとき	中欄の契約に基づき当該保留地予定地等である土地について使用し、又は収益することができることとなった日において当該保留地予定地等である土地の取得がされたものとみなし、当該保留地予定地等である土地を取得することとされている者を取得者とみなして、不動産取得税を課税します。

(注)　上記の土地区画整理法第100条の2の規定には、農住組合法第8条第1項及び密集市街地における防災街区の整備の促進に関する法律第46条第1項において適用する場合並びに大都市地域における住宅及び住宅地の供給の促進に関する特別措置法第83条において準用する場合を含みます。

第4章　不動産取得税

第3　非課税及び納税義務の免除

1　非課税措置

　不動産取得税は、不動産の取得に対し、当該不動産の取得者に課税するものであり、およそ何人たるを問わず、不動産を取得した事実が存する以上、そこに担税力を見出して課税するのが原則です。しかし、不動産取得税においては、さまざまな理由から課税の特例が設けられていますが、その一つとして非課税措置があります。

　この非課税措置には、その不動産を取得した者の地位等による非課税、その取得される不動産が供される用途による非課税、その不動産が取得された事情を考慮した非課税、その不動産の所有権の移転が形式的なものにすぎない場合の非課税に分類することができますが、その非課税の内容は、次のとおりです。

⑴　国等に対する非課税

　次の者又は不動産に対しては、取得者の公的地位又はその不動産の性質等を考慮して、不動産取得税が非課税とされています（地法73の3）。

	非課税とされる者又は非課税とされる不動産
①	国、非課税独立行政法人、国立大学法人等及び日本年金機構並びに都道府県、市町村、特別区、地方公共団体の組合、財産区、合併特例区及び地方独立行政法人
②	皇室経済法第7条に規定する皇位とともに伝わるべき由緒ある物である不動産

－ 404 －

(2) 用途による非課税

　次に掲げる者がそれぞれ次に掲げる不動産として使用するために取得した場合においては、その不動産が公益を目的とする用途に供されること等を考慮して、当該不動産の取得に対しては、不動産取得税が非課税とされています（地法73の4）。

非 課 税 と さ れ る 不 動 産	
①	（独）郵便貯金簡易生命保険管理・郵便局ネットワーク支援機構、（独）水資源機構、（独）鉄道建設・運輸施設整備支援機構、日本放送協会、土地改良区、土地改良区連合、（国研）日本原子力研究開発機構、（国研）理化学研究所及び（国研）量子科学技術研究開発機構が直接その本来の事業の用に供する不動産で一定のもの
②	宗教法人が専らその本来の用に供する宗教法人法に規定する境内建物及び境内地（旧宗教法人令の規定による宗教法人のこれに相当する建物及び土地を含みます。）
③	学校法人又は私立学校法第64条第4項の法人（以下「学校法人等」といいます。）がその設置する学校において直接保育若しくは教育の用に供する不動産又は学校法人等がその設置する寄宿舎で学校教育法に規定する学校若しくは専修学校に係るものにおいて直接その用に供する不動産
④	公益社団法人若しくは公益財団法人、宗教法人又は社会福祉法人がその設置する幼稚園において直接保育の用に供する不動産
⑤	医療法第31条の公的医療機関の開設者、医療法第42条の2第1項に規定する社会医療法人及び特定医療法人（租税特別措置法第67条の2第1項の承認を受けているものをいいます。）、公益社団法人及び公益財団法人、一般社団法人及び一般財団法人（非営利型法人に該当するものに限ります。）、社会福祉法人、健康保険組合及び健康保険組合連合会並びに国家公務員共済組合及び国家公務員共済組合連合会がその設置する看護師、准看護師、歯科衛生士、歯科技工士、助産師、臨床検査技師、理学療法士及び作業療法士の養成所において直接教育の用に供する不動産
⑥	公益社団法人若しくは公益財団法人で職業能力開発促進法第24条の規定による認定職業訓練を行うことを目的とするもの又は職業訓練法人で一定のもの若しくは都道府県職業能力開発協会がその職業訓練施設において直接職業訓練の用に供する不動産
⑦	公益社団法人又は公益財団法人がその設置する図書館において直接その用に供する不動産
⑧	公益社団法人若しくは公益財団法人又は宗教法人がその設置する博物館法に規定する博物館において直接その用に供する不動産
⑨	社会福祉法人（日本赤十字社を含みます。以下⑮まで同じです。）が生活保護法に規定する保護施設の用に供する不動産で一定のもの

⑩	社会福祉法人その他児童福祉法に規定する小規模保育事業の認可を得た者が児童福祉法に規定する小規模保育事業の用に供する不動産
⑪	社会福祉法人その他公益社団法人又は公益財団法人等政令で定める者が児童福祉法に規定する児童福祉施設の用に供する不動産で一定のもの
⑫	学校法人、社会福祉法人その他就学前の子どもに関する教育、保育等の総合的な提供の推進に関する法律第3条第1項若しくは第3項の認定又は同法第17条第1項の設置の認定を受けた者が同法に規定する認定こども園の用に供する不動産
⑬	社会福祉法人その他公益社団法人又は公益財団法人等政令で定める者が老人福祉法に規定する老人福祉施設の用に供する不動産で一定のもの
⑭	社会福祉法人が障害者の日常生活及び社会生活を総合的に支援するための法律に規定する障害者支援施設の用に供する不動産
⑮	⑨から⑭までに掲げる不動産のほか、社会福祉法人その他公益社団法人又は公益財団法人等政令で定める者が社会福祉法に規定する社会福祉事業の用に供する不動産で一定のもの
⑯	更生保護法人が更生保護事業法に規定する更生保護事業の用に供する不動産で一定のもの
⑰	介護保険法の規定により市町村から委託を受けた者が同法に規定する包括的支援事業の用に供する不動産
⑱	児童福祉法の規定により市町村の認可を得た者が同法に規定する事業所内保育事業（利用定員が6人以上であるものに限ります。）の用に供する不動産
⑲	⑤から⑮までに掲げる不動産のほか、日本赤十字社が直接その本来の事業の用に供する不動産で一定のもの
⑳	公益社団法人又は公益財団法人で学術の研究を目的とするものがその目的のため直接その研究の用に供する不動産
㉑	健康保険組合、健康保険組合連合会、国民健康保険組合、国民健康保険団体連合会、日本私立学校振興・共済事業団並びに国家公務員共済組合法、地方公務員等共済組合法、農業協同組合法、消費生活協同組合法、水産業協同組合法による組合及び連合会が経営する病院及び診療所の用に供する不動産で一定のもの
㉒	医療法第42条の2第1項に規定する社会医療法人が直接救急医療等確保事業に係る業務の用に供する不動産で一定のもの
㉓	農業共済組合及び農業共済組合連合会が経営する家畜診療所の用に供する不動産並びにこれらの組合及び連合会が直接農業保険法の規定による損害の額の認定の用に供する不動産
㉔	（独）都市再生機構が取得する不動産で次に掲げるもの イ　独立行政法人都市再生機構法第11条第1項第1号から第3号まで、第7号又は第15号イに規定する業務の用に供する土地で一定のもの

	ロ　同法第11条第1項第1号から第3号までに規定する業務を行う場合における敷地の整備若しくは宅地の造成又は第13号又は第16号の賃貸住宅の建設と併せて建設する家屋で国又は地方公共団体が公用又は公共の用に供するもので一定のもの
㉕	地方住宅供給公社が取得する次に掲げる不動産 イ　地方住宅供給公社法第21条第1項又は第3項第2号若しくは第4号に規定する業務の用に供する土地 ロ　同法第21条第3項第1号の住宅の建設又は同項第2号の宅地の取得若しくは造成と併せ、同項第6号に規定する業務として土地又は家屋で国又は地方公共団体が公用又は公共の用に供するものを取得し、若しくは造成し、又は建設する場合における当該土地及び家屋
㉖	（独）中小企業基盤整備機構が独立行政法人中小企業基盤整備機構法に規定する業務の用に供する不動産で一定のもの、中心市街地の活性化に関する法律に規定する一定の業務の用に供する土地及び中小企業等経営強化法に規定する一定の業務の用に供する土地
㉗	成田国際空港株式会社が成田国際空港株式会社法に規定する一定の事業の用に供する不動産で一定のもの
㉘	新関西国際空港株式会社が関西国際空港及び大阪国際空港の一体的かつ効率的な設置及び管理に関する法律に規定する一定の事業の用に供する不動産で一定のもの及び同法に規定する指定会社が同法に規定する一定の事業の用に供する不動産で一定のもの
㉙	中部国際空港の設置及び管理に関する法律第4条第2項に規定する指定会社が同法に規定する一定の事業の用に供する不動産で一定のもの
㉚	日本下水道事業団が日本下水道事業団法に規定する一定の業務の用に供する不動産で一定のもの
㉛	商工会議所又は日本商工会議所が商工会議所法に規定する一定の事業の用に供する不動産及び商工会又は都道府県商工会連合会若しくは全国商工会連合会が商工会法に規定する一定の事業の用に供する不動産で、一定のもの
㉜	日本司法支援センターが総合法律支援法に規定する一定の業務の用に供する不動産で一定のもの
㉝	全国新幹線鉄道整備法の規定に基づき国土交通大臣から指名された中央新幹線の建設主体が同法に規定する整備計画に基づき取得する中央新幹線の事業の用に供する不動産
㉞	次に掲げる独立行政法人及び国立研究開発法人が一定の業務等の用に供する不動産で一定のもの （独）国立重度知的障害者総合施設のぞみの園 （独）自動車事故対策機構 （独）労働者健康安全機構 （独）日本芸術文化振興会

第4章　不動産取得税

（独）日本スポーツ振興センター	
（独）高齢・障害・求職者雇用支援機構	
（国研）科学技術振興機構	
（独）国際協力機構	
（国研）宇宙航空研究開発機構	
（国研）海洋研究開発機構	
（独）国民生活センター	
（独）日本学生支援機構	
（国研）農業・食品産業技術総合研究機構	
（国研）情報通信研究機構	
（国研）森林研究・整備機構	
（国研）医薬基盤・健康・栄養研究所	
（国研）水産研究・教育機構	

(3)　適用期限が定められている用途非課税等

　上記の用途非課税のほかに、適用期限が定められている用途非課税等として、次のようなものがあります（地法附則10）。

	非課税とされる不動産	適用期限
①	預金保険法に規定する協定銀行が協定の定めにより内閣総理大臣のあっせんを受けて行う破綻金融機関等の事業の譲受け等又は預金保険機構の委託を受けて行う資産の買取りにより取得する不動産	令和5年3月31日までのあっせん又は委託の申出
②	鉄道事業者が新幹線の開業に伴い旅客会社等から譲渡により取得する並行在来線の鉄道施設の用に供する一定の不動産	令和5年3月31日までの取得
③	保険業法に規定する協定銀行が協定の定めにより保険契約者保護機構の委託を受けて行う破綻保険会社、協定承継保険会社又は清算保険会社の資産の買取りにより取得する不動産	令和5年3月31日までの委託の申出
④	（株）東日本高速道路、（株）首都高速道路、（株）中日本高速道路、（株）西日本高速道路、（株）阪神高速道路若しくは（株）本州四国連絡高速道路が、高速道路株式会社法に規定する一定の事業の用に供するために取得する不動産で一定のもの又は（独）日本高速道路保有・債務返済機構が、独立行政法人日本高速道路保有・債務返済機構法に規定する一定の業務の用に供するために取得する不動産で一定のもの	令和8年3月31日までの取得
⑤	マンションの建替え等の円滑化に関する法律に規定する施行者又はマンション敷地売却組合が、マンション建替事業又はマンション敷地売却事業により取得する要除却認定マンション及びその敷地	令和4年3月31日までの取得

— 408 —

第3 非課税及び納税義務の免除

(4) 外国の政府に対する非課税

　外国の政府が不動産を次に掲げる施設の用に供する不動産として使用するために取得した場合においては、当該不動産の取得に対しては、不動産取得税が非課税とされています（地法73の4②）。ただし、③に掲げる施設の用に供する不動産については、外国が不動産取得税に相当する税を当該外国において日本国の③に掲げる施設の用に供する不動産の取得に対して課する場合には、非課税となりません。

	非課税の対象となる施設
①	大使館、公使館又は領事館
②	専ら大使館、公使館若しくは領事館の長又は大使館若しくは公使館の職員の居住の用に供する施設
③	専ら領事館の職員の居住の用に供する施設

(5) 公共用地の非課税

　次に掲げる不動産の取得に対しては、その不動産が公共の用に供されること等を考慮し、不動産取得税が非課税とされています（地法73の4③）。

	非課税とされる不動産の取得
①	公共の用に供する道路の用に供するために不動産を取得した場合における当該不動産の取得
②	保安林の用に供するために土地を取得した場合における当該土地の取得（森林の保健機能の増進に関する特別措置法第2条第2項第2号に規定する施設の用に供する土地で同法施行令第1条各号に掲げる施設の用に供する土地のうち山林以外のものを除きます（地令37の10）。）
③	墓地の用に供するために土地を取得した場合における当該土地の取得
④	公共の用に供する運河用地、水道用地、用悪水路、ため池、堤とう又は井溝の用に供するために土地を取得した場合における当該土地の取得

(6) 取得の事情等を考慮した非課税

　次に掲げる不動産の取得に対しては、その取得の事情等を考慮して、不動産取得税が非課税とされています（地法73の5、73の6）。

— 409 —

第4章　不動産取得税

	非課税とされる不動産の取得
①	土地開発公社が公有地の拡大の推進に関する法律に規定する業務の用に供する不動産で一定のものを取得する場合における当該不動産の取得
②	イ　土地改良法による土地改良事業の施行に伴う換地の取得で一定のもの ロ　土地改良法による農用地の交換分合による土地の取得
③	土地収用法の規定によって土地をもって損失を補償された場合における当該土地の取得
④	イ　土地区画整理法の規定による土地区画整理事業の施行に伴う換地の取得（農住組合法及び密集市街地における防災街区の整備の促進に関する法律において適用する土地区画整理法の規定による換地の取得を含みます。） ロ　土地区画整理法第104条第6項の規定により土地の共有持分を取得した場合における当該土地の共有持分の取得 ハ　土地区画整理法第104条第7項（農住組合法及び密集市街地における防災街区の整備の促進に関する法律において適用する場合を含みます。）の規定により建築物の一部及びその建築物の存する土地の共有持分を取得した場合における当該建築物の一部及びその建築物の存する土地の共有持分の取得 ニ　土地区画整理法第104条第11項（※）の規定により保留地を取得した場合における当該保留地の取得 ※　土地区画整理法第104条第11項には、農住組合法及び密集市街地における防災街区の整備の促進に関する法律において適用する場合並びに大都市地域における住宅及び住宅地の供給の促進に関する特別措置法、地方拠点都市地域の整備及び産業業務施設の再配置の促進に関する法律、被災市街地復興特別措置法、中心市街地の活性化に関する法律及び高齢者、障害者等の移動等の円滑化の促進に関する法律において準用する場合を含みます。
⑤	イ　大都市地域における住宅及び住宅地の供給の促進に関する特別措置法又は被災市街地復興特別措置法の規定により土地の共有持分を取得した場合における当該土地の共有持分の取得 ロ　被災市街地復興特別措置法の規定により住宅又は住宅等を取得した場合における当該住宅又は住宅等の取得
⑥	イ　大都市地域における住宅及び住宅地の供給の促進に関する特別措置法による住宅街区整備事業の施行に伴う換地の取得 ロ　大都市地域における住宅及び住宅地の供給の促進に関する特別措置法において準用する土地区画整理法の規定により施設住宅の一部等を取得した場合における当該施設住宅の一部等 ハ　大都市地域における住宅及び住宅地の供給の促進に関する特別措置法の規定により施設住宅の一部又は施設住宅の敷地又はその共有持分を取得した場合における当該施設住宅の一部又は施設住宅の敷地又はその共有持分の取得で一定のもの ニ　大都市地域における住宅及び住宅地の供給の促進に関する特別措置法にお

第3　非課税及び納税義務の免除

	いて準用する土地区画整理法の規定により保留地を取得した場合における当該保留地の取得
⑦	新都市基盤整備法による新都市基盤整備事業の施行に伴う換地の取得

(7)　形式的な所有権の移転等の場合の非課税

　次に掲げる不動産の取得に対しては、その所有権の移転等が形式的なものであること等を考慮して、不動産取得税が非課税とされています（地法73の7）。

	非課税とされる不動産の取得
①	相続（包括遺贈及び被相続人から相続人に対してなされた遺贈を含みます。）による不動産の取得
②	法人の合併又は分割（一定の要件（注1）に該当する分割（※）に限ります。）による不動産の取得 ※　分割型分割にあっては、分割法人の株主等に分割承継法人の株式（出資を含みます。）以外の資産（当該株主等に対する剰余金の配当、利益の配当又は剰余金の分配として交付される金銭その他の資産を除きます。以下「分割交付金」といいます。）が交付されず、かつ、当該株式が当該株主等の保有する分割法人の株式の数の割合に応じて交付されるものに、分社型分割にあっては、分割法人に分割交付金が交付されないものに限ります。
③	法人が新たに法人を設立するために現物出資（現金出資をする場合における当該出資の額に相当する資産の譲渡を含みます。）を行う場合（政令で定める場合に限ります（注2）。）における不動産の取得
④	共有物の分割による不動産の取得（当該不動産の取得者の分割前の当該共有物に係る持分の割合（※）を超える部分の取得を除きます。） ※　持分の割合とは、原則として、不動産の価格の割合と解すべきものですが、意図的に租税回避を図ろうとする意思が認められない場合にあっては、不動産の面積の割合によっても差し支えないとされています（取扱通知(県)5章5の2）。また、複数の共有地で互いに隣接し、その共有地が同一で、かつ持分割合が同じである場合において、合筆することなく当該隣接する複数の共有地を一体としてとらえて当該持分に応じた分割をしたと認められるときは、一の共有物を分割した場合に準じて非課税として取り扱って差し支えないとされています（同取扱通知）。
⑤	会社更生法又は金融機関等の更生手続の特例等に関する法律（以下「更生特例法」といいます。）の規定により更生計画において株式会社、協同組織金融機関（更生特例法第2条第2項に規定するものをいいます。）又は相互会社（更生特例法第2条第6項に規定するものをいいます。）から新株式会社、新協同組織金融機関又は新相互会社に移転すべき不動産を定めた場合における新株式会社、新協同組織金融機関又は新相互会社の当該不動産の取得

— 411 —

⑥	委託者から受託者に信託財産を移す場合における不動産の取得（当該信託財産の移転が地方税法第73条の2第2項本文の規定に該当する場合における不動産の取得を除きます。）
⑦	信託の効力が生じた時から引き続き委託者のみが信託財産の元本の受益者である信託により受託者から当該受益者（※）に信託財産を移す場合における不動産の取得 ※　次のいずれかに該当する者に限るとされています。 　イ　当該信託の効力が生じた時から引き続き委託者である者 　ロ　当該信託の効力が生じた時における委託者から相続をした者 　ハ　当該信託の効力が生じた時における委託者が合併により消滅した場合における当該合併後存続する法人又は当該合併により設立された法人 　ニ　当該信託の効力が生じた時における委託者が②の分割をした場合における当該分割により設立された法人又は当該分割により事業を承継した法人
⑧	資産の流動化に関する法律に規定する一定の特定目的信託の原委託者（同法に規定する原委託者をいい、当該特定目的信託の効力が生じた時から引き続き委託者である者に限ります。）が、当該特定目的信託の信託財産に属する不動産（同法に規定する受託信託会社等が、当該特定目的信託の効力が生じた時に当該原委託者から当該特定目的信託の信託財産として取得したものであって、当該原委託者に賃貸したものに限ります。）を当該特定目的信託に係る信託契約の終了の時に買い戻す場合における当該不動産の取得
⑨	信託の受託者の変更があった場合における新たな受託者による不動産の取得
⑩	相続税法の規定による承認に基づき物納の許可があった不動産をその物納の許可を受けた者に移す場合における不動産の取得
⑪	建物の区分所有等に関する法律に規定する専有部分の取得に伴わない共用部分である家屋の取得（当該家屋の建築による取得を除きます。）
⑫	保険業法の規定によって会社がその保険契約の全部の移転契約に基づいて不動産を移転する場合における不動産の取得
⑬	譲渡担保財産により担保される債権の消滅により当該譲渡担保財産の設定の日から2年以内に譲渡担保権者から譲渡担保財産の設定者（設定者が更迭した場合における新設定者を除きます。）に当該譲渡担保財産を移転する場合における不動産の取得 ※　譲渡担保財産の設定者から譲渡担保権者への譲渡担保財産の移転については、納税義務の免除が行われることとされています（414頁参照）。
⑭	生産森林組合がその組合員となる資格を有する者から現物出資を受ける場合における土地の取得
⑮	沖縄振興開発金融公庫が沖縄振興開発金融公庫法に規定する業務で政令で定めるものを行う場合における不動産の取得

第3　非課税及び納税義務の免除

⑯	（独）住宅金融支援機構又は沖縄振興開発金融公庫の貸付金の回収に関連する不動産の取得（（独）住宅金融支援機構又は沖縄振興開発金融公庫が建築中の住宅を取得し、建築工事を完了した住宅の取得を含みます。）
⑰	（独）都市再生機構、（独）中小企業基盤整備機構、地方住宅供給公社又は土地開発公社がその譲渡した不動産を当該不動産に係る譲渡契約の解除又は買戻し特約により取得する場合における当該不動産の取得
⑱	農業協同組合又は農業協同組合連合会が農業協同組合法の規定により権利を承継する場合における不動産の取得
⑲	漁業協同組合、漁業生産組合若しくは漁業協同組合連合会又は水産加工業協同組合若しくは水産加工業協同組合連合会が水産業協同組合法の規定により権利を承継する場合における不動産の取得
⑳	森林組合又は森林組合連合会が森林組合法の規定により権利を承継する場合における不動産の取得
㉑	農業共済組合が農業保険法の規定により権利を承継する場合における不動産の取得
㉒	預金保険法に規定する特定承継金融機関等（同法の規定により特定承継銀行とみなされる承継協定銀行を含みます。）が同法の規定による決定を受けて行う特別監視金融機関等からの特別事業譲受け等による不動産の取得
㉓	預金保険法に規定する承継銀行が同法の規定による決定を受けて行う被管理金融機関からの事業の譲受け等による不動産（同法の規定により当該承継銀行が保有する資産として適当であることの確認がされたものに限ります。）の取得
㉔	保険業法に規定する承継保険会社が、保険契約者保護機構の保険業法の規定による決定を受けて行う破綻保険会社からの保険契約の移転による不動産の取得

(注)1　非課税とされる分割は、次に掲げる要件に該当する分割とされています（地令37の14）。

非課税要件	イ　当該分割により分割事業（分割法人の分割前に営む事業のうち当該分割により分割承継法人において営まれることとなるものをいいます。以下同じです。）に係る主要な資産及び負債が分割承継法人に移転していること。 ロ　当該分割に係る分割事業が分割承継法人において当該分割後に引き続き営まれることが見込まれていること。 ハ　当該分割の直前の分割事業に係る従業者（※）のうち、その総数のおおむね100分の80以上に相当する数の者が当該分割後に分割承継法人の業務に従事することが見込まれていること。 ※　分割法人の役員や使用人だけではなく、他の法人から出向して分割法人の事業に従事している者など、現に分割法人の事業に従事している者が含まれるとされています（取扱通知(県)5章5(2)）。

　2　非課税とされる現物出資は、次に掲げる要件に該当する場合における現物出資とされています（地令37の14の2）。

－ 413 －

| | イ　株式会社が新たに株式会社を設立するために現物出資（現金出資をする場合における当該出資の額に相当する資産の譲渡を含みます。以下同じです。）を行う場合であって、当該新たに設立される株式会社（以下「新設株式会社」といいます。）の設立時において、次に掲げる要件が充足されるとき。 |
|非課税要件|（イ）　現物出資を行う株式会社（以下「出資株式会社」といいます。）が、新設株式会社の発行済株式の総数の100分の90以上の数を所有していること。
（ロ）　新設株式会社が出資株式会社の事業の一部の譲渡を受け、当該譲渡に係る事業を継続して行うことを目的としていること。
（ハ）　新設株式会社の取締役の1人以上が出資株式会社の取締役又は監査役であること。
ロ　株式会社以外の法人が同種の法人を設立するために現物出資を行う場合であって、イに掲げる場合に類するとき。|

2　納税義務の免除及び徴収猶予

　不動産取得税においては、非課税制度とは別に、非課税措置と類似の効果をもつ納税義務の免除制度が設けられています。非課税の認定にあたっては、不動産の取得時において、その不動産の取得が非課税要件を満たしているのかどうかが不明であったり、また、その非課税の判定が困難なものがあることから、この制度は、このような不動産の取得に対しては、いったん、不動産取得税の納税義務を発生させておき、一定期間内において非課税の要件を満たした場合において、その発生した納税義務を免除しようとするものです。そして、納税義務を免除する場合においては、当初不動産取得税を課税した段階で画一的に徴収に着手することは、将来非課税となるべきものについて納税を強いることにもなり、他方、課税庁においてもその事務の煩瑣さを来すことにもなりますので、納税義務の免除に係る不動産取得税額については、徴収猶予を行うこととされています。

　この不動産取得税の納税義務の免除は、次の左欄に該当するときに行われることとされており、また、この場合の徴収猶予は、次の右欄の期間について行われます。

　なお、徴収猶予は、当該不動産の取得に係る不動産取得税額についてこの納税義務の免除の適用があるべき旨の申告があり、その申告が真実であると認められるときに行われます。この場合において、この納税義務の免除が適用されないことが明らかになったとき等には、その徴収猶予は取り消され、当該取消額は直ちに徴収されることになります。また、この徴収猶予をした期間に係る延滞金額は、免除されます。

第 3 　非課税及び納税義務の免除

	納税義務が免除されるとき	徴収猶予の期間
①	譲渡担保権者が譲渡担保財産の取得をした場合において、当該譲渡担保財産により担保される債権の消滅により当該譲渡担保財産の設定の日から2年以内に譲渡担保権者から譲渡担保財産の設定者に当該譲渡担保財産を移転したとき（地法73の27の4）	当該譲渡担保財産の取得の日から2年以内の期間
②	都市再開発法に規定する再開発会社が同法に規定する第二種市街地再開発事業の施行に伴い同法に規定する建築施設の部分を取得した場合において、同法の規定による建築工事の完了の公告があった日の翌日に譲受け予定者が当該建築施設の部分を取得したとき（地法73の27の5）	建築工事の完了の公告があった日の翌日まで
③	都市再開発法に規定する再開発会社が同法に規定する第二種市街地再開発事業の施行に伴い同法に規定する公共施設の用に供する不動産を取得した場合において、当該公共施設の整備に関する工事の完了の公告の日の翌日に国又は地方公共団体が当該不動産を取得したとき（地法73の27の5）	公共施設の整備に関する工事の完了の公告があった日の翌日まで
④	農業経営基盤強化促進法に規定する農地利用集積円滑化団体又は農地中間管理事業の推進に関する法律に規定する農地中間管理機構が、農業経営基盤強化促進法第4条第3項第1号ロに規定する農地売買等事業又は同法第7条第1号に掲げる事業（農用地等の貸付けであってその貸付期間（当該期間のうち延長に係るものを除きます。）が5年を超えるものを行うことを目的として当該農用地等を取得するものを除きます。）の実施により農業振興地域の整備に関する法律に定める農業振興地域整備計画において農用地区域として定められた区域内の農地、採草放牧地又は開発して農地とすることが適当な土地を取得した場合において、これらの土地（開発して農地とすることが適当な土地について開発をした場合にあっては、開発後の農地）をその取得の日から5年以内（※）に当該事業の実施により売り渡し、若しくは交換し、又は農業経営基盤強化促進法による事業の実施により現物出資したとき（地法73の27の6） ※　これらの土地の取得の日から5年以内に、これらの土地について土地改良法による土地改良事業で同法第2条第2項第2号、第3号、第5号又は第7号に掲げるもの（これらの事業に係る調査で国の行政機関の定めた計画に基づくものが行われる場合には、当該調査）が開始された場合において、これらの事業の完了の日として政令で定める日（換地処分の公告があった日又は工事の完了の公告があった日等）後1年を経過する日がこれらの土地の取得の日か	当該取得の日から5年以内の期間（左欄※の土地改良事業に係るものである場合には、当該取得の日から当該事業の完了の日後1年を経過する日までの期間）

— 415 —

	ら5年を経過する日後に到来することとなったときは、当該1年を経過する日までの期間とされています（地法73の27の6①カッコ書）	
⑤	土地改良区が土地改良法の規定により換地計画において定められた換地（地方税法施行令第39条の7で定めるものに限ります。）を取得した場合において、当該換地をその取得の日から2年以内に譲渡したとき（地法73の27の7）	当該土地の取得の日から2年以内の期間

3　生前一括贈与により農地等を取得した場合における不動産取得税の徴収猶予

　生前一括贈与による農地等の取得に係る不動産取得税については、贈与税の納税猶予の例によって徴収を猶予することとされていますが、不動産取得税における生前一括贈与に係る徴収猶予制度の骨子は、次のとおりです（地法附則12、地令附則10、措法70の4）。

項　目	内　　　容
贈与者の範囲	農地等の贈与の日まで引き続き3年以上農業を営んでいた個人で次に掲げる場合に該当する者以外の者であること イ　その贈与をした日の属する年（対象年）の前年以前においてその農業の用に供していた農地をその推定相続人に対し贈与をしている場合であってその農地が相続時精算課税の適用を受けるものであるとき ロ　対象年においてその贈与以外の贈与により農地等の贈与をしている場合
受贈者の範囲	贈与者の推定相続人のうちの1人で、次の要件の全てに該当することにつき農業委員会が証明したものであること (イ)　贈与により農地等を取得した日において年齢が18歳以上であること (ロ)　贈与により農地等を取得した日まで引き続き3年以上農業に従事しており、その贈与を受けた後速やかにその農地等によって農業経営を行ったこと
対象となる農地等	イ　贈与者が農業の用に供していた農地（特定市街化区域農地等及び一定の遊休農地は除かれます。）及び採草放牧地（特定市街化区域農地等は除かれます。）並びに農業振興地域の整備に関する法律に規定する農用地区域の準農地であること ロ　農地にあっては全部、採草放牧地及び準農地にあってはその面積の3分の2以上の面積の贈与を受けたこと

第3　非課税及び納税義務の免除

申告の手続き及び担保の提供	この徴収猶予の適用を受ける受贈者は、その農地等の取得の日の属する年の翌年の3月15日（既に納税通知書が交付されているときは、その納税通知書に記載された納期限）までに徴収猶予を受けたい旨を都道府県知事に申請しなければなりません。なお、この徴収猶予を受けるためには、その徴収猶予分に係る税額に相当する担保を提供しなければなりません。
継続届出書の提出	徴収猶予適用者は、当該徴収猶予に係る期限が確定するまでの間は、その納期限の翌日から起算して、毎3年を経過するごとの日までに、継続届出書及び都市営農農地等に係る農業経営に関する明細書を都道府県知事に提出しなければなりません。
納税義務に係る期限の確定及び納付	徴収猶予を受けた税額は、当該贈与者が死亡したとき又は当該贈与者の死亡の時以前に受贈者が死亡したときにその納税義務が免除されます。ただし、その免除要件に該当する前に当該受贈者が農業経営を廃止した場合、特例農地の面積の20％超を譲渡等した場合又は受贈者が指定相続人に該当しないこととなった場合等には、その時点で徴収猶予に係る期限が確定し、徴収猶予の適用を受けている税額の全部又は一部及びその税額に対応する延滞金を併せて納付しなければなりません。

（注）　平成24年度の地方税制の改正により、不動産取得税の徴収猶予を10年以上（貸付け時において65歳未満である場合には、20年以上）受けている者が、農業経営基盤強化促進法の規定に基づき農地等の貸付けを行ったときは、不動産取得税の徴収猶予の継続を認めることとし、贈与税の取り扱いと同様とすることとされています。

— 417 —

第4　課税標準

　不動産取得税の課税標準は、不動産を取得した時における不動産の価格とされています（地法73の13①）。この不動産の価格は、適正な時価をいうものですが、それは、固定資産税の課税標準とされる価格と同意義です。

　また、家屋の改築をもって家屋の取得とみなした場合に課される不動産取得税の課税標準は、当該改築により増加した価格とされています（地法73の13②）。

1　不動産の価格の決定

(1)　固定資産課税台帳に固定資産の価格が登録されている不動産

　これらの不動産については、次によりその価格が決定されます。

原則	都道府県知事が固定資産課税台帳に登録されている当該価格により課税標準となるべき価格を決定します（地法73の21①本文）。 ※　当該台帳に固定資産の価格が登録されているか否かは、当該不動産の取得があったときの状態で決定されます。
特則	都道府県知事が総務大臣が定める固定資産評価基準及び修正基準によって評価して課税標準となるべき価格を決定します（地法73の21①但し書、②、地法附則11の6）。

特則によることができる場合	当該不動産について、増築、改築、損壊、地目の変換その他特別の事情があることにより固定資産課税台帳に登録されている価格により難いとき（地法73の21①但し書、取扱通知(県)5章20(1)）

その他特別の事情とは	①	増築、改築、損壊、地目の変換等当該家屋又は土地自体の物理的変動があった場合
	②	賃借人が取り付けた家屋の特定附帯設備（600頁参照）のうち家屋に属する部分が地方税法第343条第9項の規定により償却資産とみなされて固定資産税が課された場合
	③	都市的諸施策の整備等地帯として環境に著しい変動があった場合
	④	固定資産税の賦課期日後に生じた地価の著しい変動といった事情があった場合（ただし、当該地価変動により固定資産課税台帳に登録されている価格が当該不動産の適正な時価を示しているといえない程度に

第4　課税標準

		達した場合に限られます。）
	⑤	農地について農地法第5条第1項の規定による都道府県知事の許可を受けた場合

　なお、不動産の価格の決定に関しては、最高裁における判例として、次のようなものがあります。

> 【参考判例】（最高裁昭51.3.26判決
> 　　　　　　　昭和46年（行ツ）9号、判例時報812号48頁）
> 　道府県知事が不動産取得税の課税標準である不動産の価格を決定するについては、固定資産課税台帳に当該不動産の価格が登録されている場合には、法73条の21第1項但書に該当しない限り、みずから客観的に適正な時価を認定することなく、専ら右登録価格によりこれを決定すべきものとしていると解するのが相当であり、したがって、仮に右登録価格が当該不動産の客観的に適正な時価と一致していなくとも、それが法73条の21第1項但書所定の程度に達しない以上は、右登録価格によってした不動産取得税の賦課処分は違法となるものではなく、右のような場合には、不動産取得税の納税者は、右賦課処分の取消訴訟において、右登録価格が客観的に適正な時価でないと主張して課税標準たる価格を争うことはできないものと解される。

⑵　**固定資産課税台帳に固定資産の価格が登録されていない不動産**

　これらの不動産については、都道府県知事が総務大臣の定める固定資産評価基準及び修正基準によって評価して当該不動産に係る課税標準となるべき価格を決定します（地法73の21②、地法附則11の6）。

　なお、新築家屋は原則として全てその価格が当該台帳に登録されていない取扱いとなります。

2　宅地評価土地に係る価格の特例措置

　宅地評価土地については、次のような課税標準の特例措置が講じられています（地法附則11の5）。

宅地評価土地に係る価格の特例	
宅地評価土地（地目が宅地である土地及び地目が宅地以外となっている土地でその価格がその土地と状況が類似する宅地に比準して求められるものをいい、それは、固定資産税にいう宅地評価土地の意義と同じです。）	その宅地評価土地の取得が平成18年1月1日から令和6年3月31日までの間に行われた場合に限り、その課税標準を上記1によって決定した価格の2分の1の額とします。

— 419 —

第5　課税標準の特例措置

1　新築住宅の取得に係る特例

　新築住宅の取得に対する不動産取得税については、我が国の住宅事情等を勘案して、次のとおり、課税標準の特例措置が講じられており、住宅の建築に際しての税負担が軽減されることとされています。

　すなわち、住宅を建築した場合又は新築された住宅でまだ人の居住の用に供されたことのないもの（以下「新築建売住宅」といいます。）を購入した場合には、これらの住宅が一定の要件を満たすものであるときに限り、次のとおり、当該住宅の取得に対する不動産取得税の課税標準の算定上、その住宅の課税標準となるべき価格から、一戸（共同住宅等にあっては、居住の用に供するために独立的に区画された一の部分）について1,200万円が控除されます（地法73の14①）。

　なお、この特例は、当該住宅の取得者から、当該都道府県の条例で定めるところにより、当該住宅の取得につきこの特例の適用があるべき旨の申告がなされた場合に限り適用されます（地法73の14④）。

(1)　共同住宅等以外の住宅を建築した場合又は新築建売住宅を購入した場合

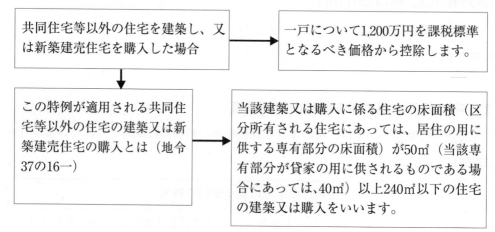

第5　課税標準の特例措置

⑵　共同住宅等を建築した場合又は新築建売共同住宅等を購入した場合

共同住宅等を建築し、又は新築建売共同住宅等を購入した場合
※　共同住宅等とは、共同住宅、寄宿舎その他これらに類する多数の人の居住の用に供する住宅をいいます。

居住の用に供するために独立的に区画された一の部分について1,200万円を課税標準となるべき価格から控除します。

この特例が適用される共同住宅等の建築又は購入とは（地令37の16二）

当該建築又は購入に係る住宅の居住の用に供するために独立的に区画された一の部分のいずれかの床面積が、50㎡（当該独立的に区画された一の部分が貸家の用に供されるものである場合にあっては、40㎡）以上240㎡以下の住宅の建築又は購入をいいます。

この特例は、当該建築又は購入に係る住宅の居住の用に供するために独立的に区画された一の部分でその床面積が50㎡（当該独立的に区画された一の部分が貸家の用に供されるものである場合にあっては、40㎡）以上240㎡以下のものに適用されます（地令37の17）。

留意点

新築住宅控除の適用にあたっては、次のことについて留意する必要があります。

留意事項	留意内容
住宅とは	人の居住の用に供する家屋又は家屋のうち人の居住の用に供する部分で、別荘以外のものをいいます（地法73四、地令36①）。
別荘とは	日常生活の用に供しない家屋又はその部分（毎月1日以上の居住（これと同程度の居住を含みます。）の用に供するもの以外のもの）のうち専ら保養の用に供するものをいいます（地令36②、地規7の2の16）。したがって、例えば、週末に居住するため郊外等に取得する家屋、遠距離通勤者が平日に居住するため職場の近くに取得する家屋等については、住宅の範囲に含めるのが適当であるとされています（取扱通知(県)5章2(3)）。
住宅と一構となるべき住宅の新築又は購入である場合の床面積	当該建築又は購入が住宅と一構となるべき住宅の新築又は購入である場合の床面積は、一構をなすこれらの住宅の床面積となります（地令37の16一カッコ書）。なお、一構となるべき住宅とは、母屋と附属家屋との関係にあるもので、その建築又は購入の順序を問わず、不動産登記法上一個の建物とみられるべきものをいいます（取扱通知(県)5章7）。
建築とは	新築、増築及び改築を総称したものです。
増築又は改築が行われた場合の床面積	当該建築が住宅の増築又は改築である場合の床面積は、当該増築又は改築がされた後の住宅の床面積となります（地令37の16一カッコ書）。
区分所有される共同住宅等以外の住宅の床面積	区分所有される共同住宅等以外の住宅の床面積は、居住の用に供する専有部分の床面積とし、当該専有部分の属する建物に共用部分があるときは、これを共用すべき各区分所有者の専有部分の床面積の割合により当該共用部分の床面積をあん分して得た面積を当該専有部分の床面積に算入します（地令37の16一カッコ書）。
共同住宅等に共同の用に供される部分がある場合の床面積	共同住宅等に共同の用に供される部分（当該住宅が区分所有される住宅である場合には、当該住宅に係る共用部分を含みます。）があるときは、これを共用すべき独立的に区画された各部分の床面積の割合により当該共同の用に供される部分の床面積を配分して、それぞれその各部分の床面積に算入します（地令37の16二カッコ書）。

(3) 住宅建築後1年以内に当該住宅と一構となるべき住宅を新築し、又は増築した場合

　共同住宅等以外の住宅の建築（新築建売住宅の購入を含みます。以下同じです。）をした者が、その住宅の建築後1年以内にその住宅と一構となるべき住宅を新築し、又はその住宅に増築した場合には、取得の時期を区分して課税を免れようとする脱法的行為を防止するため、最初の住宅の建築と当該1年以内の住宅の新築又は増築をもって（すなわち、前後の住宅の建築をもって）一戸の住宅の建築とみなして、(1)の新築住宅控除の特例が適用されます（地法73の14②）。

　したがって、これによって、最初の住宅の建築に係る住宅の取得につき適用されていた新築住宅控除の特例が受けられなくなる場合がありますので、この点について、留意する必要があります（下図参照）。

（例示）

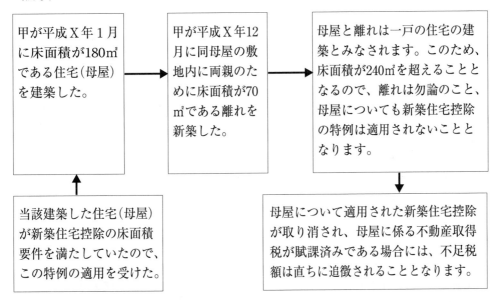

　なお、当該一構となるべき住宅の新築又は増築に係る住宅について(1)の新築住宅控除の特例が適用されるのは、当該1年以内の新築又は増築後の当該住宅が床面積要件を満たし、かつ、最初の住宅の建築に係る住宅の取得につき(1)の新築住宅控除の特例の適用があるべき旨の申告がなされていたときに限られます（地法73の14④後段）。

第4章 不動産取得税

2 個人の耐震基準適合既存住宅の取得に対する特例

　個人が次の左欄の耐震基準適合既存住宅を取得した場合には、当該既存住宅が新築された時において課税標準となるべき価格から控除するものとされていた次の右欄の額が当該既存住宅の課税標準となるべき価格から控除されます（地法73の14③、地令37の18、地規7の6）。

　なお、この耐震基準適合既存住宅の敷地である住宅用地を取得した場合の課税の特例については442頁を、また、耐震基準不適合既存住宅を取得した場合の課税の取扱いについては445頁を参照してください。

個人が自己の居住の用に供する既存住宅（新築された住宅でまだ人の居住の用に供されたことのないもの以外の住宅でその床面積が50m²以上240m²以下のものをいいます。）のうち下欄の耐震基準適合既存住宅を取得した場合

→

一戸について、当該既存住宅が新築された時において控除するものとされていた下欄の額が価格から控除されます。

耐震基準適合既存住宅
上記の既存住宅のうち、耐震基準（注）に適合するものとして次に掲げる要件のいずれかに該当するもの イ　昭和57年1月1日以後に新築されたものであること。 ロ　当該住宅が国土交通大臣が総務大臣と協議して定める耐震基準に適合する旨を証する書類（平成17年国土交通省告示第385号参照）を当該住宅につきこの特例の適用があるべき旨の申告の際に提出することにより証明がされた住宅であること。

住宅が新築された日	控除額
昭51.1.1～昭56.6.30まで	（万円） 350
昭56.7.1～昭60.6.30まで	420
昭60.7.1～平元.3.31まで	450
平元.4.1～平9.3.31まで	1,000
平9.4.1以降	1,200

（注）　左欄の耐震基準とは、建築基準法施行令第3章及び第5章の4に規定する基準又は国土交通大臣が総務大臣と協議して定める地震に対する安全性に係る基準をいいます（地令37の18②）。

　なお、この特例は、当住宅の取得者から、当該都道府県の条例で定めるところにより、当該住宅の取得につきこの特例の適用があるべき旨の申告がなされた場合に限り適用されます（地法73の14④）。

3　公営住宅等の取得に係る特例

公営住宅及びこれに準ずる住宅（以下「公営住宅等」といいます。）を地方公共団体から当該公営住宅等の入居者又は入居者の組織する団体が譲渡を受けた場合には、**1**の新築住宅の取得に係る特例は、次のように適用することとされています（地法73の14⑤）。

公営住宅等の取得に係る特例	
公営住宅等を地方公共団体から当該公営住宅等の入居者又は入居者の組織する団体が譲渡を受けた場合	当該譲渡に係る住宅をもって建築に係る住宅とみなして新築住宅控除の特例を適用します（すなわち、1,200万円を控除します）。

4　その他の課税標準の特例

不動産取得税の課税標準となる価格の算定については、上記の住宅の取得に係る課税標準の特例の他に種々の特例が設けられており、その税負担が軽減されています。これらの特例は、いずれも非課税措置を講ずるほどではありませんが、ほぼそれと同様の政策的理由又は取得の事情を考慮して設けられているものです。

(1)　被収用不動産等の代替不動産を取得した場合における特例

次の左欄に掲げる者が、公共事業の用に供するため、その収用され、譲渡し、又は移転補償金を受けた不動産（以下「被収用不動産等」といいます。）に代わる中欄の代替不動産を取得した場合には、その不動産の取得に対する不動産取得税の課税標準の算定上、その不動産の価格から、右欄の額が控除されます（地法73の14⑥、地令38）。

第4章　不動産取得税

	特例対象者	代替不動産	控除額
①	土地収用法等の規定により土地又は家屋を収用することができる公共事業（以下単に「公共事業」といいます。）の用に供するため不動産を収用されて補償金を受けた者	当該収用され、譲渡し、又は移転補償金に係る契約をした日から2年以内に取得した不動産で被収用不動産等に代わるものと都道府県知事が認めるもの	イ　固定資産課税台帳に被収用不動産等の価格が登録されている場合……その登録価格 ロ　固定資産課税台帳に被収用不動産等の価格が登録されていない場合……当該収用等に係る契約をした日現在における価格（地令39一）で都道府県知事が固定資産評価基準及び修正基準によって決定したもの
②	公共事業を行う者に当該公共事業の用に供するため不動産を譲渡した者		
③	公共事業の用に供するため収用され、又は譲渡した土地の上に建築されていた家屋について移転補償金を受けた者		
④	地方公共団体、土地開発公社又は(独)都市再生機構に、不動産（これらの者が公共事業を行う者に代わって取得する不動産で、その者によりその譲渡を受けてこれを当該公共事業の用に供する旨の証明がされたものに限ります。）を譲渡した者		
⑤	④の譲渡に係る土地の上に建築されていた家屋について移転補償金を受けた者		

第5　課税標準の特例措置

留意点

この特例については、次のことに留意する必要があります（取扱通知(県)5章12）。

	留　意　内　容
①	「公共事業」とは、土地収用法第3条各号に掲げる事業又は他の法律の規定によって土地又は家屋を収用することができる事業をいいます。したがって、必ずしも土地収用法又は他の法律の規定において収用することができる事業として認定を受けた事業であることを要しません。
②	「公共事業の用に供するため収用され、又は譲渡した土地の上に建築されていた家屋について移転補償金を受けた者」及び「当該譲渡に係る土地の上に建築されていた家屋について移転補償金を受けた者」とは、収用され又は譲渡した土地の上に建築されていた家屋の所有者であって、当該家屋の立退きを余儀なくされたことによってその家屋に係る移転の補償金を受けた者をいいます。したがって、その家屋の借家人等についてはこの特例規定は適用されません。
③	「代わるもの」であるかどうかの認定にあたっては、必ずしも土地には土地、家屋には家屋というように物理的な代替性のみにとらわれることなく、被収用者の生業等の実体に即して判断することとなります。
④	平成18年4月1日から令和6年3月31日までの間において、被収用不動産等を収用され又は譲渡した場合には、固定資産課税台帳に登録されている価格又は都道府県知事の決定した価格のうち宅地評価土地（宅地及び宅地比準土地をいいます。）の部分の価格については、2分の1の額とすることとされています。（地法附則11の5③）
⑤	取得した日から1年以内に被収用不動産等の代替不動産として認定された不動産については、この課税標準の特例措置ではなく、地方税法第73条の27の3に規定する減額の特例措置が適用されることとなります（「第7　税額の減額措置」の3（446頁）を参照して下さい。）。

(2) 市街地再開発事業の施行に伴い従前の宅地等に対応して与えられる不動産を取得した場合における特例

都市再開発法による市街地再開発事業の施行地区内に宅地、借地権又は建築物（以下「従前の宅地等」といいます。）を有する者が、その事業の施行に伴い従前の宅地等に対応して与えられる不動産を取得した場合には、その不動産の取得に対する不動産取得税の課税標準の算定上、当該不動産の価格から、次の算式により計算した額が控除されます（地法73の14⑦）。

なお、平成28年度の税制改正において、この特例の対象に、第1種市街地再開発事

第4章　不動産取得税

業に新たに導入される個別利用区への権利変換手法により従前の権利者が取得する個別利用区内の宅地が追加されました。

（算　式）

$$当該不動産の価格 \times \frac{従前の宅地等の価額}{与えられた不動産の価額}$$

※1　従前の宅地等の価額は、都市再開発法第72条の権利変換計画において定められ、又は同法第118条の23第1項の規定により確定した価額です。

　2　与えられた不動産の価額は、イ及びロの価額（同法第103条第1項又は第118条の23第1項等の規定により確定した価額です。）の合計額です。

　イ　施設建築敷地若しくはその共有持分又は施設建築物の一部等若しくは建築施設の部分の価額

　ロ　施設建築敷地又は施設建築物に関する権利の価額

---

(3)　市街地再開発事業等に伴い補償金等により代替不動産を取得した場合における特例

　次の左欄に掲げる者が、市街地再開発事業等に伴い、当該清算金又は補償金を受けた不動産（以下「従前の不動産」といいます。）に代わるものと都道府県知事が認める中欄の代替不動産を取得した場合には、当該不動産の取得に対する不動産取得税の課税標準の算定上、その不動産の価格から、右欄の額が控除されます（地法73の14⑧、地令39）。

特例対象者		代替不動産	控除額
①	土地区画整理法第94条の規定による清算金（換地計画において換地を定めないこととされたことにより支払われるものに限ります。）を受けた者	換地処分の公告があった日から2年以内に取得した代替不動産	イ　固定資産課税台帳に従前の不動産の価格が登録されている場合……当該登録価格 ロ　固定資産課税台帳に従前の不動産の価格が登録されていない場合……次に掲げる日現在における価格（地令39二～四）で都道府県知事が固
②	都市再開発法第91条第1項の規定による補償金（権利変換計画において施設建築物の一部等又は建築施設の部分が与えられないように定められたことにより支払われるものに限ります。）を受けた者	権利変換期日から2年以内に取得した代替不動産	
③	都市再開発法第91条第1項の規定による補償金（市街地再開発事業の施行者が、施設建築物の構造、配置設計、用途構成、環境又は利用状況等につき、権利変換を希望せず、金銭の給付を希	権利変換期日から2年以内に取得した代替不動産	

第5　課税標準の特例措置

	望する旨の申出をした者の従前の生活又は事業を継続することを困難又は不適当とする事情があることによりこの申出がされたと認める場合における当該申出に基づき支払われるものに限ります。）を受けた者		定資産評価基準及び修正基準によって決定したもの a　①の場合は換地処分の公告があった日 b　②、③及び④の場合は権利変換の日
④	密集市街地における防災街区の整備の促進に関する法律第226条第1項の規定による補償金（防災街区整備事業の施行者が、防災施設建築物の構造、配置設計、用途構成、環境又は利用状況等につき、権利変換を希望せず、金銭の給付を希望する旨の申出をした者の従前の生活又は事業を継続することを困難又は不適当とする事情があることによりこの申出がされたと認める場合における当該申出に基づき支払われるものに限ります。）を受けた者	権利変換期日から2年以内に取得した代替不動産	

　（注）　平成18年4月1日から令和6年3月31日までの間に換地処分の公告又は権利変換があったときの従前の不動産のうち宅地評価土地（宅地及び宅地比準土地をいいます。）に係る価格は、固定資産課税台帳に登録されている価格又は都道府県知事が決定した価格の2分の1の額とすることとされています（地法附則11の5③）。

⑷　交換分合により農業振興地域内の土地を取得した場合における特例

　農業振興地域の整備に関する法律第13条の2第1項の規定による交換分合により同法第6条第1項に規定する農業振興地域内にある土地を取得（交換分合計画において当該交換分合計画に係る土地の所有者以外の者が取得すべき土地として定められた土地の取得を除きます。）した場合には、当該土地の取得に対する不動産取得税の課税標準の算定上、その土地の価格から、次の左欄の取得区分に応じ、右欄の額が控除されます（地法73の14⑨、地令39五、39の2の2）。

	土　地　の　取　得　区　分	控　除　額
①	②に掲げる取得以外の取得	交換分合によって失った土地の固定資産課税台帳に登録された価格（当該価格が登録されていないときは、当該交換分合計画の公告のあった日現在における価格（地令39

— 429 —

第4章　不動産取得税

		五）で都道府県知事が固定資産評価基準及び修正基準によって決定したもの）（以下「登録価格等」といいます。）
②	農業振興地域の整備に関する法律により市町村が農業振興地域整備計画を定め、又は変更しようとする場合における当該定めようとする農業振興地域整備計画又は変更後の農業振興地域整備計画に係る農用地区域内にある土地の取得	登録価格等又は当該土地の価格の3分の1の額のいずれか多い額

(注)　平成18年4月1日から令和6年3月31日までの間に交換分合計画の公告があったときの土地のうち宅地評価土地（宅地及び宅地比準土地をいいます。）に係る価格は、固定資産課税台帳に登録されている価格又は都道府県知事が決定した価格の2分の1の額とすることとされています（地法附則11の5③）。

(5)　防災街区整備事業の施行に伴い従前の宅地等に対応して与えられる不動産を取得した場合における特例

　密集市街地における防災街区の整備の促進に関する法律による防災街区整備事業の施行地区内に宅地、借地権若しくは建築物又は指定宅地若しくはその使用収益権（以下「従前の宅地等」といいます。）を有する者が、その事業の施行に伴い従前の宅地等に対応して与えられる不動産を取得した場合には、その不動産の取得に対する不動産取得税の課税標準の算定上、当該不動産の価格から、次の算式により計算した額が控除されます（地法73の14⑩）。

```
…（算　式）…………………………………………………………………

　　当該不動産の価格　×　　従前の宅地等の価額
　　　　　　　　　　　　　　与えられた不動産の価額

　※1　従前の宅地等の価額は、密集市街地における防災街区の整備の促進に関す
　　　る法律第204条の権利変換計画において定められた価額です。
　　2　与えられた不動産の価額は、イ及びロの価額（同法第247条第1項の規定に
　　　より確定した価額です。）の合計額です。
　　　イ　防災施設建築敷地若しくはその共有持分又は防災施設建築物の一部等の
　　　　価額
　　　ロ　個別利用区内の宅地又は使用収益権の価額
```

(6)　児童福祉法に規定する保育事業の用に供する家屋を取得した場合における特例

　次の左欄に該当する場合には、当該家屋の取得に対する不動産取得税の課税標準の算定上、その家屋の価格から、右欄の額が控除されます（地法73の14⑪～⑬）。

— 430 —

第5 課税標準の特例措置

	特 例 適 用 区 分	控除額
①	児童福祉法の規定により市町村の認可を得た者が直接同法第6条の3第9項に規定する家庭的保育事業の用に供する家屋（その事業の用以外の用に供されていないものに限ります。）を取得した場合	当該家屋の価格に2分の1を参酌して3分の1以上3分の2以下の範囲内で道府県の条例で定める割合を乗じて得た額
②	児童福祉法の規定により市町村の認可を得た者が直接同法第6条の3第11項に規定する居宅訪問型保育事業の用に供する家屋（その事業の用以外の用に供されていないものに限ります。）を取得した場合	当該家屋の価格に2分の1を参酌して3分の1以上3分の2以下の範囲内で道府県の条例で定める割合を乗じて得た額
③	児童福祉法の規定により市町村の認可を得た者が直接同法第6条の3第12項に規定する事業所内保育事業（利用定員が5人以下であるものに限ります。）の用に供する家屋（その事業の用以外の用に供されていないものに限ります。）を取得した場合	当該家屋の価格に2分の1を参酌して3分の1以上3分の2以下の範囲内で道府県の条例で定める割合を乗じて得た額

⑺ **生活困窮者自立支援法に規定する認定生活困窮者就労訓練事業の用に供する不動産を取得した場合における特例**

　社会福祉法人その他公益社団法人又は公益財団法人等政令で定める者が直接生活困窮者自立支援法第16条第3項に規定する認定生活困窮者就労訓練事業（社会福祉事業として行われるものに限ります。）の用に供する不動産を取得した場合には、その不動産の取得に対する不動産取得税の課税標準の算定上、当該不動産の価格から、当該不動産の価格の2分の1の額が控除されます（地法73の14⑭、地令39の2の3）。

⑻ **適用期限が定められている課税標準の特例**

　不動産取得税に係る課税標準の特例は次の表のとおりです。

条	項	特例名	制度の概要	適用期限
附11条	①	農用地利用集積計画に基づき取得する農用地区域内にある土地に係る特例措置	農用地利用集積計画に基づき農用地等を取得した場合には、不動産取得税の課税基準から1/3を控除する（交換による取得の場合で、取得した土地の価格の1/3に相当する額よりも、交換により失った土地	R5.3.31

— 431 —

第 4 章　不動産取得税

条	項	特例名	制度の概要	適用期限
			の価格の方が大きいときは、当該失った土地の価格を控除する。）。	
附11条	②	高規格堤防整備事業に伴い取得する建替家屋に係る課税標準の特例措置	高規格堤防の整備に係る事業の用地の上に建築されていた家屋について移転補償金を受けた者が、当該土地の上に従前の家屋の代替家屋を取得した場合には、不動産取得税の課税標準から従前の家屋の価格を控除する。	R 4 . 3 .31
附11条	③	特定目的会社が資産流動化計画に基づき取得する不動産に係る課税標準の特例措置	特定目的会社が資産の流動化に関する法律に規定する資産流動化計画に基づき不動産を取得した場合には、不動産取得税の課税標準から3/5を控除する。	R 5 . 3 .31
附11条	④	信託会社等が取得する不動産に係る課税標準の特例措置	信託会社等が投資信託の引受けにより、投資信託及び投資法人に関する法律に規定する投資信託約款に従い不動産を取得した場合には、不動産取得税の課税標準から3/5を控除する。	R 5 . 3 .31
附11条	⑤	投資法人が取得する不動産に係る課税標準の特例措置	投資法人（Ｊリート）が投資信託及び投資法人に関する法律に規定する規約に従い不動産を取得した場合には、不動産取得税の課税標準から3/5を控除する。	R 5 . 3 .31
附11条	⑥	ＰＦＩ法に規定する選定事業者が取得する公共施設等に係る課税標準の特例措置	ＰＦＩ法に規定する選定事業者が国又は地方公共団体が法律の規定によりその事業等として実施するものである一定の選定事業により公共施設等の用に供する一定の家屋を取得した場合には、不動産取得税の課税標準から1/2を控除	R 7 . 3 .31

— 432 —

第5　課税標準の特例措置

条	項	特例名	制度の概要	適用期限
			する。	
附11条	⑦	都市再生特別措置法に規定する認定事業者が取得する不動産に係る課税標準の特例措置	都市再生特別措置法に規定する認定事業者が認定計画に基づき認定事業の用に供する不動産を取得した場合には、不動産取得税の課税標準から1/5を参酌して1/10以上3/10以下の範囲内において都道府県の条例で定める割合を控除する（特定都市再生緊急整備地域にあっては、不動産取得税の課税標準から1/2を参酌して2/5以上3/5以下の範囲内において都道府県の条例で定める割合を控除する。）。	R 5 . 3 .31
附11条	⑧	新築の認定長期優良住宅の取得に係る課税標準の特例措置	新築の長期最良住宅の普及の促進に関する法律に規定する認定長期優良住宅を取得した場合には、不動産取得税の課税標準から1,300万円を控除する。	R 4 . 3 .31
附11条	⑨	重要無形文化財の公演のための施設等の取得に係る課税標準の特例措置	公益社団・財団法人が文化財保護法に規定する重要無形文化財の公演のための用に供する一定の不動産を取得した場合には、不動産取得税の課税標準から1/2を控除する。	R 5 . 3 .31
附11条	⑩	農業協同組合等が一定の貸付けを受けて共同利用する施設を取得した場合の課税標準の特例措置	農業協同組合等が農業近代化資金等の貸付けを受けて農林漁業経営の近代化又は合理化のための共同利用に供する施設を取得した場合には、価格に当該施設の取得価額に対する当該貸付けを受けた額の割合（上限1/2）を乗じて得た額を価格から控除する。	R 5 . 3 .31
附11条	⑪	新築のサービス付き高齢者向け住宅等に係る	高齢者の居住の安定確保に関する法律に基づき登録を受け	R 5 . 3 .31

— 433 —

第4章　不動産取得税

条	項	特例名	制度の概要	適用期限
		特例措置	たサービス付き高齢者向け住宅である貸家住宅（床面積30㎡～180㎡）を取得した場合には、不動産取得税の課税基準から1,200万円控除する。	
附11条	⑫	小規模不動産特定共同事業者等が不動産特定共同事業により取得する不動産に係る課税標準の特例措置	不動産特定共同事業契約に基づき小規模不動産特定共同事業者、特例事業者又は委託型適格特例投資家限定事業者が取得する一定の不動産の課税標準について、当該不動産の価格の1/2に相当する額を価格から控除する。	R5.3.31
附11条	⑬	中小企業者が取得する健康サポート薬局の用に供する不動産に係る課税標準の特例措置	中小企業者が健康サポート薬局の用に供する不動産を取得した場合には、不動産取得税の課税標準から1/6を控除する。	R4.3.31
附11条	⑭	低未利用土地権利設定等促進計画に基づき取得する土地に係る課税標準の特例措置	低未利用土地権利設定等促進計画に基づき土地を取得した場合には、不動産取得税の課税標準から1/5を控除する。	R4.3.31
附11条	⑮	中小事業者等が認定経営力向上計画に従って事業譲渡を受ける不動産に係る課税標準の特例措置	中小事業者等が認定経営力向上計画に従って事業譲渡を受ける不動産を取得した場合には、不動産取得税の課税標準から1/6を控除する。	R4.3.31
附11条	⑯	帰還・移住等環境整備推進法人が整備する対象特定公共施設等の用に供する土地に係る課税標準の特例措置	帰還・移住等環境整備推進法人が帰還・移住等環境整備事業計画に記載された事業により整備する特定公益的施設又は特定公共施設の用に供する土地を取得した場合には、不動産取得税の課税標準から1/5を控除する。	R4.3.31
附11条	⑰	居住誘導区域等権利設定等促進計画に基づき取得する不動産に係る	都市再生特別措置法に基づき市町村が作成する居住誘導区域等権利設定等促進計画に基	R5.3.31

— 434 —

第5　課税標準の特例措置

条	項	特例名	制度の概要	適用期限
		課税標準の特例措置	づく移転により不動産を取得した場合には、不動産取得税の課税標準から1/5を控除する。	
附11条	⑱	(独)鉄道建設・運輸施設整備支援機構が一定の業務により取得する土地に係る課税標準の特例措置	(独)鉄道建設・運輸整備支援機構が、ＪＲ北海道・四国及びＪＲ貨物が国鉄から承継した土地のうち不要となったものの引取り業務により土地を取得した場合には、不動産取得税の課税標準から2/3を控除する。	Ｒ5.3.31

第4章　不動産取得税

第6　税率及び免税点

1　税　率

　不動産取得税の税率については、標準税率のみが法定されており、それは4％とされています（地法73の15）。ただし、この標準税率については、特例措置が講じられており、その標準税率は、次のようになっています（地法附則11の2①、平成18年改正地法附則8⑪）。

　したがって、都道府県は、この標準税率を基準として条例によりその税率を定めることとなります。

区　　分		本則税率	特例税率	備　　　　考
土　　地		4％	3％	特例税率は、平成18年4月1日から令和6年3月31日までの間にその取得が行われた場合に適用されます。
家　屋	住　　宅	4％	3％	
	住宅以外	4％	—	

　　（注）　平成15年4月1日から平成18年3月31日までの間に不動産（土地又は家屋）の取得が行われた場合における不動産取得税の標準税率は、3％とされていましたが、平成18年度の税制改正において、この特例税率のうち、土地及び家屋のうち住宅に係るものの適用期限が平成21年3月31日まで延長され、住宅以外の家屋に係るものについては廃止され本則税率（4％）によることとされました（ただし、その廃止にあたっては経過措置が講じられ、平成18年4月1日から平成20年3月31日までの間にその取得が行われた場合における税率は3.5％とされました。）。そして、平成21年度の税制改正において3年延長され、さらに平成24年度、平成27年度、平成30年度及び令和3年度の税制改正においてそれぞれ3年延長されたものです。

2　免税点

(1)　免税点の内容

　不動産取得税においては、取得原因の区分に応じ次のとおり免税点が定められており、課税標準となるべき額が次の免税点に満たない場合には、不動産取得税は課税されません（地法73の15の2①）。

— 436 —

第6 税率及び免税点

免税点	取得原因の区分		課税標準となるべき額
	土地の取得		10万円
	家屋の取得	建築による取得	一戸につき 23万円
		承継による取得	一戸につき 12万円

(注)1 免税点の適用の基準となるのは「課税標準となるべき額」とされていますので、課税標準の特例が適用される不動産の取得の場合は、その特例が適用された後の額となります。
　　　2 共同住宅等にあっては、一戸とは、居住の用に供するために独立的に区画された一部分をいいます。

留意点

　免税点の適用にあたっては、次の諸点について留意する必要があります（取扱通知(県) 5 章18）。

	留 意 内 容
①	隣接する二以上の土地を同時に取得した場合（例えば、下図のように、甲が乙と丙とそれぞれ別々に契約を交わして、隣接地BとCを同時に取得した場合）には、その契約の態様の如何にかかわらず、当該隣接する二以上の土地全体を一の土地として免税点を適用します。 　　乙所有の隣接地B　甲が取得したA土地　丙所有の隣接地C
②	隣接しない二以上の土地を同時に取得した場合には、たとえ契約が一の場合であっても、それぞれの土地に対して別個の免税点を適用します。
③	主体構造部の取得者と附帯設備の取得者とが異なるため、その取得ごとに不動産取得税が課税されることとなる場合には、それぞれの取得ごとに免税点を適用します。

(2) 共同取得と免税点

　不動産が共同取得された場合における免税点の適用の基準となる額は、その共同取得した不動産の課税標準となるべき額そのものによるものではなく、その額を共同取得者の持分によってあん分して得られる額によることとなります。したがって、次の例示のような場合は、次によることとなります。

— 437 —

(例示)

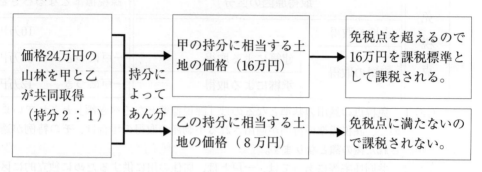

(3) 1年以内に隣接地又は一構となるべき家屋を取得した場合の免税点の特則

取得予定の土地又は家屋を分割取得することによって免税点を適用して課税を免れることを防止するため、免税点については、次のような特則が定められています。

イ 土地の取得の場合

下表の①欄の土地を取得した者が当該土地を取得した日から1年以内に②欄の土地を取得した場合においては、③欄の額によって、土地の免税点を判定します（地法73の15の2②）。

①（取得土地）	②（隣接地の土地）	③（価格の合計額）
取得した一の土地	当該一の土地に隣接した土地	①欄の土地の価格と②欄の隣接地の土地の価格との合計額

ロ 家屋の取得の場合

下表の①欄の家屋を取得した者が当該家屋を取得した日から1年以内に②欄の家屋を取得した場合においては、③欄の額によって、家屋の免税点を判定します（地法73の15の2②）。

①（取得母屋）	②（取得附属屋）	③（価格の合計額）
家屋（母屋）の取得	①欄の家屋と一構となるべき家屋（附属屋）の取得	①欄の家屋の価格と②欄の家屋の価格との合計額

第7 税額の減額措置

1 住宅用土地の取得に対する税額の減額

住宅用土地の取得に対する不動産取得税については、我が国の住宅事情等を勘案して、次のとおり、税額の減額措置が講じられており、住宅用土地の取得に際しての税負担が軽減されることとされています。

(1) 新築住宅用土地の取得に対する税額の減額

イ 減額措置の内容

次の左欄のいずれかに該当する場合には、当該特例適用住宅（441頁参照）に係る住宅用土地の取得に対する不動産取得税額から、右欄の額が減額されます（地法73の24①、地法附則11の5②）。

適 用 区 分		減額される額
①	土地を取得した日から2年以内（※1）に当該土地の上に特例適用住宅が新築された場合（※2） ※1　当該土地の取得が平成16年4月1日から令和4年3月31日までの間に行われたときは3年（土地の取得の日から3年以内に特例適用住宅が新築されることが困難である場合として政令で定める場合（注参照）は4年）以内とされています（地法附則10の2②）。 ※2　この規定は、当該土地の取得者が当該土地を特例適用住宅の新築の時まで引き続き所有している場合又は当該特例適用住宅の新築が当該土地の取得者から当該土地を取得した者により行われた場合に限り適用されます。 　なお、この新築された場合には、建築会社等に請け負わせて特例適用住宅を新築させた場合も含まれます。	次に掲げる額のうちいずれか高い方の額 ①　150万円×税率 ②　（1㎡当たりの取得土地の課税標準となるべき価格の2分の1の額）×（新築住宅の床面積×2（200㎡を限度とします。））×税率 ※1　床面積は、共同住宅等以外の住宅の場合は当該特例適用住宅一戸の床面積であり、共同住宅等の場合は当該住宅の居住の用に供するために独立的に区画された一の部分でその床面積が50㎡（当該独立的に区画された一の部分が貸家の用に供されるものであるときは、40㎡）以上240㎡以下のものの床面積です
②	土地を取得した者が当該土地を取得した日前1年の期間内に当該土地の上に特例適用住宅を新築していた場合（※）	

— 439 —

第4章　不動産取得税

②	※ この場合には、建築会社等に請け負わせて特例適用住宅を新築させた場合も含まれます。	（地令39の2の4②）。
③	新築された特例適用住宅でまだ人の居住の用に供されたことのないもの及び当該特例適用住宅の用に供する土地を当該特例適用住宅が新築された日から1年以内に取得した場合（※） ※ この規定は、特例適用住宅と当該住宅に係る土地を同時に取得した場合に限らず、これらの取得の時期が異なった場合にも適用されます。	2 「1㎡当たりの取得土地の課税標準となるべき価格」が2分の1とされるのは、住宅用土地の取得が平成18年1月1日から令和6年3月31日までの間に行われた場合に限られます（地法附則11の5②）。

(注)　政令で定める場合は、当該特例適用住宅が居住の用に供するために独立的に区画された部分が100以上ある共同住宅等であって、土地を取得した日からその共同住宅等が新築されるまでの期間が3年を超えると見込まれることについてやむを得ない事情があると都道府県知事が認めた場合とされています（地令附則6の17②）。

なお、土地を取得してから、その土地を駐車場等住宅以外のものの用に一度供した後に、特例適用住宅が新築された場合は、上記のやむを得ない事情があるとはいえないとされています（取扱通知(県)5章22(5)）。

留意点

この減額措置の運用については、次のことに留意することとされています（取扱通知(県)5章22)。

	留　意　内　容
①	共同取得した土地の共有者のうち一部の者が特例適用住宅の新築の時まで当該土地を引き続き所有していた場合又はその土地の上に特例適用住宅を新築していた場合若しくは単独で土地を取得した者がそれ以外の者と共同してその土地の上に特例適用住宅を新築していた場合にもこの減額の取扱いを受けられます。
②	土地を取得した日から2年以内（土地の取得が平成16年4月1日から令和4年3月31日までの間に行われたときに限り3年（土地の取得の日から3年以内に特例適用住宅が新築されることが困難である場合として政令で定める場合（上記イの(注)を参照）には、4年）以内）に特例適用住宅が新築されたかどうか又は土地を取得した日前1年の期間内に特例適用住宅が新築されていたかどうかの認定については、その実態に応じて判断することとなります。
③	更地について減額されるべき部分について徴収猶予の申請があった場合においては、特に疑わしいものを除き原則としてこれを容認することとされています。

— 440 —

第7 税額の減額措置

ロ 特例適用住宅とは

特例適用住宅とは、次の要件を満たす住宅をいいます（地法73の24①、地令39の2の4①）。

住宅の区分	特例適用住宅の要件
共同住宅等以外の住宅	床面積が50㎡（区分所有される住宅の居住の用に供する専有部分が貸家の用に供されるものである場合にあっては、40㎡）以上240㎡以下の住宅 ※ 区分所有される場合の床面積の取扱いは、新築住宅控除の場合と同様です（422頁参照）。
共同住宅等	居住の用に供するために独立的に区画された一の部分のいずれかの床面積が、50㎡（当該独立的に区画された一の部分が貸家の用に供されるものである場合にあっては、40㎡）以上240㎡以下の住宅 ※ 共同の用に供される部分がある場合の床面積の取扱いは、新築住宅控除の場合と同様です（422頁参照）。

ハ この減額措置の適用を受けるための申告

この特例は、当該土地の取得者から、都道府県の条例で定めるところにより、当該土地の取得につきこの減額の適用があるべき旨の申告が行われた場合に限り適用されます（地法73の24⑤）。

ただし、次に掲げる場合は、その申告を要しません（地法73の24⑤、地令39の3の2）。

	減額の適用があるべき旨の申告を要しない場合
①	当該土地の取得に対して課する不動産取得税につき次のニの徴収猶予がなされた場合
②	当該土地を取得した時において土地の利用につき法令による制限があり住宅を新築することができない場合
③	当該土地を取得した時において住宅を新築することができないことにつき真にやむを得ない理由がある場合

ニ 新築特例期間内に特例適用住宅を新築する場合の徴収猶予

都道府県は、(1)のイの①の住宅用土地の取得に対する不動産取得税を賦課徴収する場合において、次の左欄に該当するときは、中欄の税額を徴収猶予することとされています（地法73の25①、地法附則10の2②）。

ただし、都道府県は、徴収猶予に係る当該税額について、当該減額の適用がな

— 441 —

第4章　不動産取得税

いことが明らかになったとき、又は徴収猶予の事由の一部に変更があることが明らかとなったときは、当該徴収猶予をした税額の全部又は一部についてその徴収猶予を取り消し、当該取消額を直ちに追徴することができるとされています（地法73の26）。

徴収猶予の要件	徴収猶予額	徴収猶予の期間
当該土地の取得者から、(1)の**イ**の①の適用があるべき旨の申告（※）があり、当該申告が真実であると認められるとき ※　当該土地を取得した日から2年（当該土地の取得が平成16年4月1日から令和4年3月31日までの間に行われたときは、3年（やむを得ない事情があるときは4年））以内に当該土地の上に特例適用住宅を新築する旨の申告をいいます。	当該土地に係る不動産取得税額のうち当該減額対象の部分に係る税額	当該土地の取得の日から2年（当該土地の取得が平成16年4月1日から令和4年3月31日までの間に行われたときは、3年（やむを得ない事情があるときは4年））以内の期間

⑵　耐震基準適合既存住宅等用土地の取得に対する税額の減額

次の左欄のいずれかに該当する場合には、当該住宅用土地の取得に対する不動産取得税額から、右欄の額が減額されます（地法73の24②、地法附則11の5②）。

適　用　区　分		減額される額
①	土地を取得した者が当該土地を取得した日から1年以内に当該土地の上にある自己の居住の用に供する耐震基準適合既存住宅等を取得した場合	次に掲げる額のうちいずれか高い方の額 (イ)　150万円×税率 (ロ)　（1㎡当たりの取得土地の課税標準となるべき価格の2分の1の額）×（耐震基準適合既存住宅等の床面積×2（200㎡を限度とします。））×税率 ※　「1㎡当たりの取得土地の課税標準となるべき価格」が2分の1とされるのは、住宅用土地の取得が平成18年1月1日から令和6年3月31日までの間に行われた場合に限られます（地法附則11の5②）。
②	土地を取得した者が当該土地を取得した日前1年の期間内に当該土地の上にある自己の居住の用に供する耐震基準適合既存住宅等を取得していた場合	

— 442 —

第7　税額の減額措置

 耐震基準適合既存住宅等とは

　　耐震基準適合既存住宅及び新築された特例適用住宅（⑴の□の特例適用住宅を
　いいます。）でまだ人の居住の用に供されたことのないもののうち当該特例適用
　住宅に係る土地について⑴の特例の適用を受けるもの以外のものをいいます（地
　法73の24②）。

　　なお、この場合における耐震基準適合既存住宅は、耐震基準適合既存住宅の取
　得に係る課税標準の特例措置の対象とされる耐震基準適合既存住宅とその範囲を
　一にします（424頁参照）。

⑶　**個人の取得した耐震基準不適合既存住宅を耐震改修した場合における当該**
　　住宅用土地の取得に対する税額の減額

　　次の左欄のいずれかに該当する場合には、当該住宅用土地の取得に対する不動産取
　得税額から、右欄の額が減額されます（地法73の24③、地法附則11の5②）。

適　用　区　分		減額される額
①	土地を取得した者が当該土地を取得した日から1年以内に当該土地の上にある耐震基準不適合既存住宅を取得した場合（当該耐震基準不適合既存住宅の取得が第73条の27の2第1項の規定に該当する場合に限ります。）	次に掲げる額のうちいずれか高い方の額 ㈠　150万円×税率 ㈡　（1㎡当たりの取得土地の課税標準となるべき価格の2分の1の額）×（耐震基準不適合既存住宅の床面積×2（200㎡を限度とします。））×税率 ※　「1㎡当たりの取得土地の課税標準となるべき価格」が2分の1とされるのは、住宅用土地の取得が令和6年3月31日までの間に行われた場合に限られます（地法附則11の5②）。
②	土地を取得した者が当該土地を取得した日前1年の期間内に当該土地の上にある耐震基準不適合既存住宅を取得していた場合（当該耐震基準不適合既存住宅の取得が第73条の27の2第1項の規定に該当する場合に限ります。）	

 耐震基準不適合既存住宅とは

　　既存住宅のうち、耐震基準適合既存住宅以外のものをいいます（地法73の24③）。

　　なお、地方税法第73条の27の2の適用要件については、後述します。

— 443 —

留意点

(イ) (2)及び(3)の特例は、新築住宅に係る住宅用土地の場合と同様に、一定の場合を除き、その土地の取得者から、都道府県の条例で定めるところにより、その土地の取得につきこの減額の適用があるべき旨の申告がなされた場合に限り適用されます（地法73の24⑤）。

(ロ) (2)①及び(3)①により減額すべき額に相当する税額については、その土地の取得者から減額の適用があるべき旨の申告があり、その申告が真実であると認められるときは、(2)①の土地の取得にあっては当該取得の日から1年以内、(3)①の土地の取得にあっては当該取得の日から1年6月以内、(3)②の土地の取得（当該土地の上にある耐震基準不適合既存住宅の取得が第73条の27の2第1項の規定に該当することとなった日前に行われたものに限ります。）にあっては当該土地の取得の日から6月以内の期間を限って、徴収が猶予されます（地法73の25）。

(4) 1年以内に隣接する土地を取得した場合の減額措置の適用

土地を取得した者が当該土地を取得した日から1年以内に当該土地に隣接する土地を取得した場合においては、(1)又は(2)の減額措置の特例は、次のように適用することとされています（地法73の24④）。

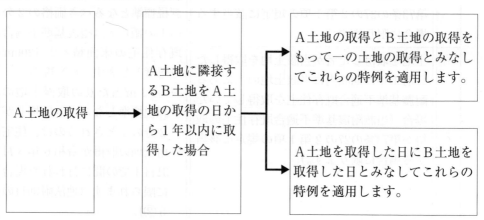

(5) 1年以内に一構となるべき住宅を新築し、又はその住宅に増築した場合の減額措置の適用

1年以内に一構となるべき住宅を新築し、又はその住宅に増築した場合においては、(1)の特例は、次のように適用することとされています（地法73の24⑥、地令39の3）。

区　　　分	減額措置の適用関係
イ　共同住宅等以外の住宅の新築がされたことにより(1)のイの①の特例が適用がある場合において、その住宅の新築をした者が当該住宅の新築後1年以内にその住宅と一構となるべき住宅を新築し、又はその住宅に増築したとき ロ　共同住宅等以外の住宅の建築（新築住宅の購入を含みます。以下同じです。）をして(1)のイの②又は③の特例の適用を受ける者が、その住宅の建築後1年以内にその住宅と一構となるべき住宅を新築し、又はその住宅に増築した場合	これらの前後の住宅の建築をもって一戸の住宅の新築又は取得とみなし、その新築又は取得が(1)のイのそれぞれの特例期間内にあったものとみなして、(1)の減額措置の特例を適用します。 　したがって、これにより、当該住宅が特例適用住宅の面積要件を満たさなくなるときは、前の住宅について適用されていた新築住宅控除及び前の住宅用地に適用されていた減額措置は取り消され、当該取消しに係る不足税額は直ちに追徴されることとなります。

2　個人の取得した耐震基準不適合既存住宅を耐震改修した場合の税額の減額

　個人の取得した耐震基準不適合既存住宅が次の左欄に該当するときは、当該既存住宅の取得に対して課する不動産取得税については、当該住宅に係る税額から、右欄の額が減額されます（地法73の27の2）。

特例適用の要件	減額される額
個人が耐震基準不適合既存住宅を取得した場合において、当該個人が、当該耐震基準不適合既存住宅を取得した日から6月以内に、当該耐震基準不適合既存住宅の耐震改修（建築物の耐震改修の促進に関する法律第2条第2項に規定する耐震改修をいい、一部の除却及び敷地の整備を除きます。）を行い、当該住宅が耐震基準に適合することにつき証明を受け（注1）、かつ、当該住宅をその者の居住の用に供したとき	当該耐震基準不適合既存住宅が新築された時において課税標準となるべき価格から控除するものとされていた下欄の額に税率を乗じて得た額 | 当該住宅が新築された日	控除額
昭51.1.1～昭56.6.30	350万円
昭56.7.1～昭60.6.30	420万円
昭60.7.1～平元.3.31	450万円
平元.4.1～平9.3.31	1,000万円
平9.4.1～	1,200万円	

　（注）1　この証明は、当該住宅が国土交通大臣が総務大臣と協議して定める地震に対する安全性に係る基準に適合する旨を証する書類（平成26年国土交通省告示第437号

第4章　不動産取得税

参照）を、当該住宅を取得した日から6月以内に、この減額の適用があるべき旨の申告をした都道府県知事に提出する方法で行うこととされています（地規7の7）。

2　この減額の適用に当たっては、次の諸点に留意することとされています（取扱通知（県）5章24）。

(1)　この減額の適用を受けようとする個人は、耐震基準不適合既存住宅を取得した日から6月以内に次に掲げる全てを完了させること。

イ　当該耐震基準不適合既存住宅に耐震改修を行うこと。

ロ　当該住宅が耐震基準に適合することにつき証明を受けること。

ハ　当該住宅をその者の居住の用に供すること。

(2)　耐震基準不適合既存住宅について行う耐震改修は、この減額の適用を受けようとする個人が当該住宅を自己の居住の用に供する前に完了させること。

3　当該住宅の取得者から当該不動産取得税についてこの減額の適用があるべき旨の申告があり、当該申告が真実であると認められるときは、当該減額対象の部分に係る税額について、当該取得の日から6月以内の期間を限って、徴収が猶予されます（地法73の27の2②）。

3　不動産取得日から1年以内に被収用不動産等の代替不動産と認定された場合における税額の減額

不動産を取得した者が、当該不動産を取得した日から1年以内に、次の左欄に掲げる場合において、その取得した不動産が当該収用され、譲渡し、又は移転補償金を受けた不動産（以下「被収用不動産等」といいます。）に代わるものと認められるときは、その代替不動産の取得に対する不動産取得税額から、右欄の額が減額されます（地法73の27の3、地令39の4）。

なお、収用等の認定を受けた後に取得した被収用不動産等の代替不動産については、課税標準の特例措置が適用されることになっています（「第5　課税標準の特例措置」の4(1)（425頁）を参照して下さい。）。

第7　税額の減額措置

	適用区分	減額される額
①	当該取得した不動産以外の不動産が公共事業の用に供するため収用されて補償金を受けた場合	イ　被収用不動産等の価格が固定資産課税台帳に登録されている場合……当該登録価格に税率を乗じて得た額 ロ　被収用不動産等の価格が固定資産課税台帳に登録されていない場合……都道府県知事が固定資産評価基準及び修正基準によって決定した価格（収用され、若しくは譲渡し、又は移転補償金に係る契約をした日現在におけるもの）に税率を乗じて得た額（地法73の27の3①、地令39六）。
②	公共事業を行う者に当該公共事業の用に供するため当該取得した不動産以外の不動産を譲渡した場合	
③	公共事業の用に供するため収用され、又は譲渡した土地の上に建築されていた家屋について移転補償金を受けた場合	
④	地方公共団体、土地開発公社又は（独）都市再生機構に、当該取得した不動産以外の不動産（これらの者が公共事業を行う者に代わって取得する不動産で、その者によりその譲渡を受けてこれを当該公共事業の用に供する旨の証明がされたものに限ります。）を譲渡した場合	
⑤	④の譲渡に係る土地の上に建築されていた家屋について移転補償金を受けた場合	

 留意点

この特例については、次のことに留意する必要があります。

	留意内容
①	平成18年4月1日から令和6年3月31日までの間において、被収用不動産等を収用され又は譲渡した場合には、固定資産課税台帳に登録された価格又は都道府県知事の決定した価格のうち宅地評価土地（宅地及び宅地比準土地をいいます。）の部分の価格については、2分の1の額とするとされています（地法附則11の5③）。
②	都道府県は、その不動産の取得者から、当該減額すべき額に相当する税額について、この減額の適用があるべき旨の申告があり、その申告が真実であると認められるときは、当該代替不動産の取得の日から1年以内の期間を限って、この減額すべき額を徴収猶予することとされています（地法73の27の3②）。 　ただし、都道府県は、当該猶予に係る税額について、この減額の適用がないことが明らかになったとき、又は徴収猶予の事由の一部に変更があることが明らかになったときは、当該徴収猶予をした税額の全部又は一部について徴収猶予を取り消し、その取消額を直ちに追徴することができるとされています（地法73の27の3③）。

第4章　不動産取得税

4　心身障害者を多数雇用する事業所の事業主が助成金の支給を受けて取得する事業用施設に対する税額の減額

次の左欄に該当するときは、当該施設の取得に対する不動産取得税額から、右欄の額が減額されます（地法附則11の4①、地令附則9）。

適　用　要　件	減額される額
心身障害者を多数雇用する事業所の事業主が障害者の雇用の促進等に関する法律の規定による助成金の支給を受けて、当該事業所の事業の用に供する一定の施設を平成23年7月1日から令和5年3月31日までの間に取得した場合において、その者が当該施設の取得の日から引き続き3年以上当該施設を当該事業所の事業の用に供したとき	当該施設の課税標準となるべき価格の10分の1に相当する額に税率を乗じて得た額

(注)　当該施設の取得者からこの特例の適用があるべき旨の申告があり、当該申告が真実であると認められるときは、当該減額対象の部分に係る税額について、当該施設の取得の日から3年以内の期間を限って、徴収が猶予されます（地法附則11の4②）。

5　サービス付き高齢者向け住宅の敷地の用に供する土地に対する税額の減額

次の左欄に該当するときは、当該土地の取得に対する不動産取得税額から、右欄の額が減額されます（地法附則11の4③）。

適　用　要　件	減額される額
高齢者の居住の安定確保に関する法律の登録を受けたサービス付き高齢者向け住宅である一定の貸家住宅（注）（以下「特例適用サービス付き高齢者向け住宅」といいます。）の用に供する土地を令和5年3月31日までに取得した場合で、次のいずれかに該当するとき ①　土地を取得した日から3年以内に当該土地の上に特例適用サービス付き高齢者向け住宅が新築されたとき（当該土地を取得した者（以下「取得者」といいます。）が当該土地を特例適用サービス付き高齢者向け住宅の新築の時まで引き続き所有しているとき又は特例適用サービス付き高齢者向け住宅の新築が当該取得者から当該土地を取得した者により行われるときに限ります。） ②　土地を取得した者が当該土地を取得した日前1年の期間内に当該土地の上に特例適用サービス付き高齢者向け	次に掲げる額のうちいずれか高い方の額 イ　150万円×3％（税率） ロ　（1㎡当たりの取得土地の課税標準となるべき価格の2分の1の額×独立的に区画された一の部分の床面積×2（200㎡を限度とします。））×3％

— 448 —

第7 税額の減額措置

住宅を新築していたとき ③ 新築された特例適用サービス付き高齢者向け住宅でま だ人の居住の用に供されたことのないもの及び当該特例 適用サービス付き高齢者向け住宅に係る土地を特例適用 サービス付き高齢者向け住宅が新築された日から1年以 内に取得したとき	

(注) 次に掲げる要件に該当する貸家住宅とされています（地令附則7⑮、9の2、地規附則3の2の14、3の2の15）。

　イ　当該貸家住宅の居住の用に供するために独立的に区画された一の部分のいずれかの床面積が30㎡以上180㎡以下であること。

　ロ　当該貸家住宅が主要構造部を耐火構造とした建築物、準耐火建築物等であること。

　ハ　当該貸家住宅の建設に要する費用について、政府の補助（高齢者等居住安定化推進事業のうちサービス付き高齢者向け住宅（高齢者専用賃貸住宅の整備を行う事業により建設されたものを除く。）の整備を行う事業に係る補助とされています。）又はサービス付き高齢者向け住宅の整備に要する費用に係る地方公共団体の補助を受けていること。

　ニ　当該貸家住宅に係る高齢者の居住の安定確保に関する法律第7条第2項に規定するサービス付き高齢者向け住宅登録簿に記載されたサービス付き高齢向け住宅の戸数が10戸以上であること。

6 宅地建物取引業者が買取中古住宅を改修して個人に譲渡した場合の当該買取中古住宅に対する税額の減額

次の左欄に該当するときは、当該宅地建物取引業者による当該改修工事対象住宅の取得に対して課する不動産取得税については、当該税額から右欄の額が減額されます（地法附則11の4④）。

特例適用の要件	減額される額
次のいずれにも該当するとき イ　宅地建物取引業法に規定する宅地建物取引業者が改修工事対象住宅（注1）を取得した場合において、当該宅地建物取引業者が、当該改修工事対象住宅を取得した日から2年以内に、一定の基準を満たす改修工事（リフォーム）（注2）を行った後、当該改修した住宅（住宅性能向上改修住宅（注3）を個人に対して譲渡し、当該個人がその者の居住の用に供したとき ロ　当該宅地建物取引業者による当該改	当該改修工事対象住宅が新築された時において課税標準となるべき価格から控除するものとされていた下欄の額に税率を乗じて得た額 表参照

当該住宅が新築された日	控除額
昭51.1.1～昭56.6.30	350万円
昭56.7.1～昭60.6.30	420万円
昭60.7.1～平元.3.31	450万円
平元.4.1～平9.3.31	1,000万円
平9.4.1～	1,200万円

第4章　不動産取得税

修工事対象住宅の取得が平成27年4月1日から令和5年3月31日までの間に行われたとき	

(注) 1　改修工事対象住宅とは、新築された日から10年以上を経過した住宅（共同住宅にあっては、居住の用に供するために独立的に区画された一の部分をいいます。）であって、まだ人の居住の用に供されたことのない住宅以外のものをいいます。

2　改修工事は、一及び二又は一及び三に掲げる要件を満たす改修工事とされています（地令附則9の3①）。

一　次に掲げる工事に要した費用の額の合計額が、住宅性能向上改修住宅の個人に対する譲渡の対価の額の100分の20に相当する金額（当該金額が300万円を超える場合にあっては、300万円）以上であること。

イ　増築、改築、大規模の修繕又は大規模の模様替

ロ　共同住宅等の居住の用に供するために独立的に区画された一の部分について行う次に掲げるいずれかの修繕又は模様替

(1)　当該一の部分の床（主要構造部である床及び最下階の床の過半又は主要構造部である階段の床をいいます。）の過半について行う修繕又は模様替

(2)　当該一の部分の間仕切壁（主要構造部である間仕切壁及び建築物の構造上重要でない間仕切壁をいいます。）の室内に面する部分の過半について行う修繕又は模様替

(3)　当該一の部分の主要構造部である壁の室内に面する部分の過半について行う修繕又は模様替

ハ　改修工事対象住宅のうち居室、調理室、浴室、便所その他の室の一室の床又は壁の全部について行う修繕又は模様替

ニ　改修工事対象住宅について行う地震に対する安全性に係る基準に適合させるための一定の修繕又は模様替

ホ　改修工事対象住宅について行う高齢者等の居住の安全性及び高齢者等に対する介助の容易性の向上に資する修繕又は模様替

ヘ　改修工事対象住宅について行う外壁、窓等を通じての熱の損失の防止に資する一定の修繕又は模様替

ト　改修工事対象住宅について行う給水管、配水管又は雨水の浸入を防止する部分に係る一定の修繕又は模様替

二　一のイからヘまでに掲げる工事に要した費用の額の合計額が100万円を超えること。

三　一のニからトまでに掲げる工事のうちいずれか一の工事に要した費用の額が50万円を超えること。

3　住宅性能向上改修住宅のうち次に掲げる要件のいずれにも該当するものとされています（地令附則9の3②）。

イ　床面積が50㎡以上240㎡以下のものであること。

ロ　地方税法施行令第37条の18第3項各号に掲げる要件のいずれかに該当するものであること（424頁の「既存住宅」の項参照）。

4　当該改修工事対象住宅の取得者から当該不動産取得税についてこの減額の適用があるべき旨の申告があり、当該申告が真実であると認められるときは、当該減額すべき額に相当する税額について、当該取得の日から2年以内の期間を限って、徴収が猶予されます（地法附則11の4⑤）。

－ 450 －

第7　税額の減額措置

7　宅地建物取引業者が買取中古住宅を改修して個人に譲渡した場合の当該買取中古住宅の敷地の用に供する土地の取得に対する税額の減額

　次の左欄に該当するときは、当該宅地建物取引業者による当該改修工事対象住宅の敷地の取得に対する不動産取得税額から、右欄の額が減額されます（地法附則11の4⑥、11の5②）。

特例適用の要件	減額される額
イ　宅地建物取引業者が改修工事対象住宅の敷地の用に供する土地（当該改修工事対象住宅とともに取得したものに限ります。以下この条において「改修工事対象住宅用地」といいます。）を取得した場合において、当該宅地建物取引業者が、当該改修工事対象住宅用地を取得した日から2年以内に、当該改修工事対象住宅について住宅性能向上改修工事を行った後、当該住宅性能向上改修住宅のうち一定のもの（以下「特定住宅性能向上改修住宅」といいます。）の敷地の用に供する土地を個人に対し譲渡し、当該個人が当該特定住宅性能向上改修住宅をその者の居住の用に供したとき ロ　当該宅地建物取引業者による当該改修工事対象住宅用地の取得が令和5年3月31日までに行われたとき	次に掲げる額のうちいずれか高い方の額 (イ)　150万円×税率 (ロ)　（1㎡当たりの取得土地の課税標準となるべき価格の2分の1の額）×（改修工事対象住宅の床面積×2（200㎡を限度とします。））×税率 ※　「1㎡当たりの取得土地の課税標準となるべき価格」が2分の1とされるのは、住宅用土地の取得が令和6年3月31日までの間に行われた場合に限られます（地法附則11の5②）。

— 451 —

第5章　固定資産税

　固定資産税は、土地、家屋及び償却資産という3種類の固定資産を課税客体とし、その所有者を納税義務者として、当該固定資産の所在する市町村（東京都特別区の存する区域については東京都）が、当該固定資産の価値に応じて毎年経常的に課税する財産税です。

　固定資産税は、土地、家屋及び償却資産の資産の保有と市町村の行政サービスとの間に一般的な受益関係が存在するという応益的な考え方に基づいて課税されるものです。

　また、固定資産税は、資産価値に着目し、その固定資産を所有することに担税力を見出して、その価値に応じて課税される物税であり、資産の所有者の所得などの人的要素（所得の多少、扶養親族の有無・多少等）は考慮されない建前となっています。

　なお、固定資産税の税額の計算過程を図示すると、大略次のとおりとなります。

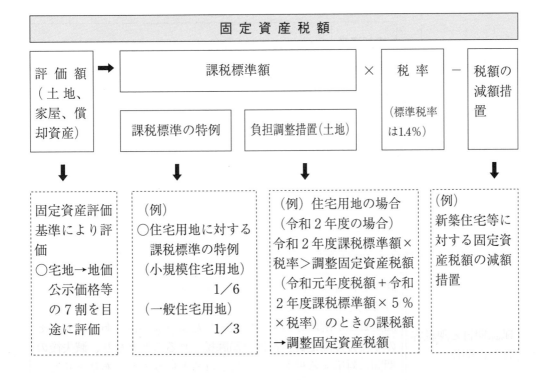

第1 課税客体

1 課税客体となる固定資産
(1) 固定資産の定義

　固定資産税の課税の対象となるべき課税客体は、賦課期日（例えば、令和3年度分の固定資産税の場合は、令和3年1月1日）現在において当該市町村に所在する固定資産とされています。そして、ここでいう「固定資産」とは、次のとおり、土地、家屋及び償却資産を総称したものをいいます（地法341一～四）。

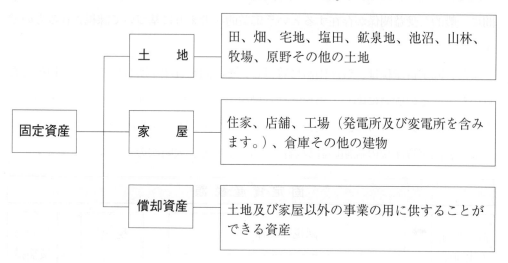

(2) 賦課期日と課税客体との関係

　固定資産税は、賦課期日（当該年度の初日の属する年の1月1日（令和3年度の固定資産税の場合は、令和3年1月1日））現在において所在する固定資産に対してその年の年度分の固定資産税が課税されます（地法359）。

　したがって、賦課期日と課税客体との関係は、次のとおりとなります。

賦課期日と課税客体との関係	課税客体となる固定資産であるか否かは、賦課期日の現況によって判定します。したがって、賦課期日後にその所在していた固定資産が解体等の事由で滅失したような場合であっても、その年度分の固定資産税は全額課税されることとなり、滅失後の期間に対応する税額分が還付されるということはありません。その反対に、賦課期日後に所在することとなった固定資産については、その年度分の固定資産税は全く課税されません。

(3) 企業会計上の固定資産との関連

　企業会計においては、固定資産とは、流動資産に対比する用語として用いられ、それは、次のとおり、企業目的を達成するため長期間にわたって利用又は運用される資産であり、有形無形を問わないものとされています。

　これに対して、固定資産税の課税客体である固定資産は、土地、家屋及び償却資産とされており、これは、企業会計上の有形固定資産の範囲とおおむね一致します。

企業会計上の固定資産		固定資産税の固定資産
有形固定資産	土地、建物、構築物、機械装置、船舶、車両運搬具、工具、器具及び備品等	土地、家屋、償却資産
無形固定資産	営業権、特許権、借地権、商標権、実用新案権、鉱業権及びソフトウェア等	（課税対象としません）
投資等	投資有価証券、子会社株式、出資金及び長期貸付金等	（　同　　　上　）

2　課税客体となる土地

(1) 土地の意義

　固定資産税の課税客体となる土地とは、田、畑、宅地、塩田、鉱泉地、池沼、山林、牧場、原野その他の土地をいいます（地法341二）。

　これは、土地の意義を規定したというより土地の利用面から区分又は種類を掲げたものであり、その意義については、地方税法で特に定められていませんが、この場合の土地の意義は、不動産登記法にいう土地の意義と基本的には同様のものであるといえます。

不動産登記法上の土地とは		登記簿に登記されるべき土地、つまり所有権等の私権の目的となり得る土地をいいます。

第5章　固定資産税

(2)　立木等及び埋立地等の取扱い

次に掲げるものについては、それぞれ次のように取り扱います。

	区　　分	取　扱　い
立木等及び埋立地等の取扱い	土地に定着する立木、野菜、埋蔵鉱物等	土地の範囲に含まれません。したがって、土地の評価にあたっては、立木等の価格を合わせて土地の価格とすることはできません。
	公有水面埋立法の規定による竣工認可又は竣工通知のない埋立地等	当該認可等があるまでは、法律上公有水面として取り扱われますので、土地には含まれません。
	公有水面埋立法の規定による竣工認可又は竣工通知のない埋立地等で工作物を設置し、その他土地を使用する場合と同様の状態で使用されているもの（埋立工事に関して使用されているものを除きます。）	当該埋立地等を土地とみなして、固定資産税を課税します（地法343⑦）。

(3)　地目の認定

イ　地目認定の時期

固定資産税の賦課期日が1月1日とされていますので、地目の認定は、同日現在の現況及び利用目的に重点をおいて行うこととなります。

ロ　現況主義による認定

地目の認定は、次によるとされています（固定資産評価基準1章1節一）。

地目の認定	現況主義としている理由
土地評価上の地目は、登記簿上の地目にかかわりなく、現況の地目によるものであり、その地目の認定にあたっては、当該土地の現況及び利用目的に重点をおき、部分的に僅少の差異の存するときであっても、土地全体としての状況を観察して認定します。	土地評価上の地目は、実地調査によって認定することが比較的容易であり、また、各筆の土地について均衡のとれた適正な評価を行う必要があることから、登記簿上の地目にかかわりなく、現況の地目によって行うものとされているものです。

第1　課税客体

ハ　地目認定の単位

地目の認定の単位は、次によることとなります。

認 定 単 位	認定単位の例外
地目の認定は、原則として1筆ごとに行うものであり、それは、部分的に僅少の差異の存するときでも土地全体としての状況を勘案して認定することとなります。	1筆の土地が相当の規模で2以上の全く別個の用途に利用されているような場合（例えば、1,000㎡の土地を700㎡は畑として、300㎡は住宅地として利用しているような場合）には、これらの利用状況に応じて区分して、それぞれに地目を付することになります。

(4)　地積の認定

イ　地積の取扱い

地積の取扱いは、次によるとされています（固定資産評価基準1章1節二）。

区 分	原 則	例　　　　外	
		状 況	認 定
登記簿に登記されている土地	登記地積	登記地積＞現況地積	現況地積
		登記地積＜現況地積	現況地積 ただし、登記地積によることが著しく不適当な場合に限ります。
登記簿に登記されていない土地	現況地積	—	

ロ　地積調査が行われている場合の取扱い

左欄の場合において、地積調査後の地積が登記簿に登記されている土地で当該市町村における他の土地との評価の均衡上当該地積によることが特に不適当であると認められるものについては、右欄によることとされています（固定資産評価基準1章1節二）。

地積調査が行われている場合の地積の認定	
国土調査法による地積調査を行っている市町村において、当該市町村の一部の地域について地積調査後の地積が登記簿に登記されている場合	地積調査前の当該土地の登記簿に登記されていた地積によります。

第5章　固定資産税

3　課税客体となる家屋

(1)　家屋の意義

固定資産税の課税客体となる家屋とは、住家、店舗、工場（発電所及び変電所を含みます。）、倉庫その他の建物をいいます（地法341三）。その意義は、不動産登記法の建物の意義と同じです（取扱通知(市) 3章2）。

課税客体となる家屋の意義	不動産登記法上の建物
不動産登記法の建物とその意義を同じくするものであり、それは、登記簿に登記されるべき建物をいいます。 　また、不動産取得税における家屋とその意義を同じくします。	屋根及び周壁又はこれらに類するものを有し、土地に定着した建造物であって、その目的とする用途に供し得る状態にあるものをいいます（不動産登記規則111）。

(2)　家屋の認定

固定資産税の課税客体となる家屋は、賦課期日（1月1日）現在において家屋と認められるものであることが必要です。そして、この場合における家屋の認定は、次によることとなります。

課税客体となる家屋の認定	賦課期日の現況が家屋であるか否かは、個々の建物の現況に応じて判断することになりますが、この場合の家屋とは、土地に定着して建造され、家屋としての構造上不可欠とされる主要な構造部を備え、壁体をつけ、外回りの建具等を建て込んだ程度に達することによって外界と遮断した一定の空間を有し、その目的とする居住、作業、貯蔵等の用に供し得る状態にあるものをいうと解されています。 　したがって、建築中の建物で家屋の内・外部仕上げ等工事の一部が未了のものであっても、賦課期日における現況が家屋の使用が開始される等一連の新築工事が終了したと認められる状態にあるものは、これを家屋として取り扱うことができるものと解されています。 ※　最高裁の判例では、「新築の家屋の場合は、一連の新築工事が完了した段階において初めて家屋としての資産価値が定まり、その正確な評価が可能になるというべきであり、……工事途中の建造物を課税客体とすることは、固定資産の持つ資産価値に着目しつつ明確な基準の下に公平な課税を図るべき固定資産税制度の趣旨に沿うものとはいうことができない」とされています（昭和59年12月7日判決）。

— 458 —

第1　課税客体

(3)　家屋であるか償却資産であるかの判定

　一つの建造物が家屋であるか償却資産であるかの判定は、その構造、利用状況又は効用、価値等を総合的に勘案して行うこととなりますが、建造物の構造等からみて家屋であるかどうかを定め難い建物については、不動産登記事務取扱手続準則第77条《建物認定の基準》に定められている次の例示から類推し、その利用状況等をも勘案して判定することとなります。

家屋であるか否かの判定	
建物（家屋）として取り扱うもの	イ　停車場の乗降場又は荷物積卸場。ただし、上屋を有する部分に限ります。 ロ　野球場又は競馬場の観覧席。ただし、屋根を有する部分に限ります。 ハ　ガード下を利用して築造した店舗、倉庫等の建造物 ニ　地下停車場、地下駐車場又は地下街の建造物 ホ　園芸又は農耕用の温床施設。ただし、半永久的な建造物と認められるものに限ります。
建物（家屋）として取り扱われないもの	イ　ガスタンク、石油タンク又は給水タンク ロ　機械上に建設した建造物。ただし、地上に基脚を有し、又は支柱を施したものを除きます。 ハ　浮船を利用したもの。ただし、固定しているものを除きます。 ニ　アーケード付街路（公衆用道路上に屋根覆を施した部分） ホ　容易に運搬することができる切符売場又は入場券売場等

留意点

　次に掲げるものについては、それぞれ次のように取り扱います。

留意事項	取扱いの内容
鶏舎、豚舎、堆肥舎等	鶏舎、豚舎等の畜舎、堆肥舎等の簡易な建物も不動産登記法における建物に該当し、登記の対象とされますが、固定資産税においては、これらの建物は、一般に社会通念上家屋とは認められないと考えられるので、特にその構造その他からみて一般家屋との権衡上課税客体とせざるを得ないものを除いて、課税客体としないこととされています（取扱通知(市)3章2）。
仮設建築物等	工事施工の現場における短期間の利用に止まる事務所、作業員宿泊所、材料置場その他これらに類する仮設建築物は、他の一般家屋との均衡を失しない限り、家屋として取り扱わないこととされています。ただし、当該仮設建築物が賦課期日を含めて相当期間継続して存在し、他の一般家屋の施工状況

— 459 —

	と同程度のものについては、家屋として取り扱います。
構築物とその区分が明瞭でないもの	事業用家屋であってその家屋の全部又は一部がそれに附接する構築物とその区分が明瞭でなく、その所有者の資産区分においても構築物として経理されているものについては、その区分の不明確な部分を償却資産として取り扱うことが適当であるとされています（取扱通知(市)3章3）。

(4) 建築設備の取扱い

次に該当する建築設備は、家屋に含めて評価することとされています（固定資産評価基準2章1節七）。したがって、これらの建築設備は、固定資産税の課税客体となる家屋の範囲に含まれることとなります。

家屋の範囲に含められる建築設備	
家屋の所有者が所有する右欄の設備で、家屋に取り付けられ、家屋と構造上一体となって、家屋の効用を高めるもの	① 電気設備　② ガス設備　③ 給水設備 ④ 排水設備　⑤ 衛生設備　⑥ 冷暖房設備 ⑦ 空調設備　⑧ 防災設備　⑨ 運搬設備 ⑩ 清掃設備等

留意点

建築設備の取扱いについては、次のことに留意する必要があります。

	留　意　内　容
①	家屋の所有者が所有するとは、当該家屋の所有者が当該建築設備の所有権を有することをいいます。したがって、その建築設備の所有者と家屋の所有者とが同一人である場合に限り、その建築設備が家屋に含まれることとなります。 ※　家屋の所有者以外の者が当該家屋に取り付けた建築設備の所有権を、当該家屋の所有者が民法第242条〈不動産の付合〉の規定により取得した場合も、その付合した建築設備は、ここでいう「家屋の所有者が所有する建築設備」に該当することとなります。 　なお、家屋の所有者以外の者が事業の用に供するため取り付けた建築設備や間仕切り等の附帯設備でそれが民法第242条の規定により家屋の所有者が所有することとなったものについては、地方税法第343条第9項において課税の特例措置が講じられています（600頁参照）。
②	「家屋に取り付けられ、家屋と構造上一体となって」の判断は、次によります。 (イ)　当該設備が埋込方式又は半埋込方式により取り付けられているものなど当該家屋の特定の場所に固定されているものは家屋に含め、取り外しが容易で、別の場所に自在に移動できるものは家屋に含めません。 (ロ)　固定されていない配線等であっても、壁仕上げ、天井仕上げ、床仕上げ等

第1　課税客体

	の裏側に取り付けられているものは、構造上一体となっているものとして家屋に含めます。 (ハ)　屋外に設置された電気の配線及びガス・水道の配管並びに家屋から独立して設置された設備（例えば焼却炉等）は家屋と構造上一体となっていませんので、家屋に含めません。 (ニ)　給水設備の給水タンク、給湯式浴槽に給湯する給湯器、空調設備の室外機等屋外に設置された設備であっても、配管、配線により屋内の機器と一体となって一式の建築設備としての効用を発揮しているものについては、当該一式の建築設備について、家屋に含めるか否かを判定します。したがって、その一式の建築設備の主要部分が家屋に取り付けられ、それが家屋と構造上一体をなしている場合には、その建築設備の従たる部分も家屋に含まれることとなります。 (ホ)　電球、蛍光管のような消耗品に属するものは、家屋に含めません。
③	家屋の効用を高めるものとは、当該建築設備を備えることによって家屋自体の利便性が高まるものをいい、特定の生産又は業務の用に供されるものは、家屋の評価に含めません。したがって、例えば、店舗のネオンサイン、病院における自家発電設備、工場における受変電設備、冷凍倉庫における冷凍設備、ホテルにおける厨房設備、洗濯設備等は家屋の評価に含まれないこととなります。

4　課税客体となる償却資産

固定資産税の課税客体である償却資産とは、次の要件を備えているものをいいます（地法341四）。詳細については、「第13　償却資産に対する固定資産税」（593頁）を参照してください。

課 税 客 体 と な る 償 却 資 産 の 要 件	
①	土地及び家屋以外の事業の用に供することができる資産であること
②	その資産の減価償却額又は減価償却費が法人税法又は所得税法の規定による所得の計算上損金又は必要な経費に算入されるもの（これに類する資産で法人税又は所得税を課されない者が所有するものを含みます。）であること
③	鉱業権、漁業権、特許権その他の無形減価償却資産でないこと
④	自動車税の課税客体である自動車及び軽自動車税の課税客体である軽自動車等でないこと

— 461 —

第5章　固定資産税

第2　納税義務者

1　固定資産税の納税義務者

　固定資産税の納税義務者は、原則として、固定資産の所有者（質権又は100年より長い存続期間の定めのある地上権が設定されている土地については、その質権者又は地上権者）とされています（地法343①）。そして、この場合における所有者とは、次に掲げる者をいいます（地法343②③）。

固定資産	固定資産の所有者
土　　地	・登記簿に所有者として登記されている者 ・土地補充課税台帳に所有者として登録されている者
家　　屋	・登記簿に所有者（区分所有家屋については区分所有者）として登記されている者 ・家屋補充課税台帳に所有者（区分所有家屋については区分所有者）として登録されている者
償却資産	償却資産課税台帳に所有者として登録されている者

(1)　登記簿に登記されている土地及び家屋に係る納税義務者

　固定資産税においては、登記簿に登記されている土地又は家屋に対しては、次により、固定資産税が課税されます（地法343①②）。

登記簿上の所有者	登記簿上の所有者に係る課税の取扱い
市町村長は、登記簿に登記されている土地又は家屋については、土地課税台帳又は家屋課税台帳に、不動産登記法第27条第3号、第34条第1項各号及び第44条第1項各号に掲げる登記事項（所在地、地目及び地積、建物の構造及び床面積等）、所有権等の登記名義人の住所及び氏名等並びに基準年度の価格又は比準価格を登録しなければならないとされています（地法381①③）。	固定資産税は、台帳課税主義（固定資産課税台帳に登録されている所有者及び価格等に基づいて課税することをいいます）により課税することとされていることから、左欄により、その土地又は家屋の所有者として土地課税台帳又は家屋課税台帳に登録された者は、固定資産税の納税義務者たる土地又は家屋の所有者として、固定資産税が課税されることとなります（地法343②）。 　したがって、土地又は家屋が登記簿に登記されている場合には、当該土地又は家屋の真実の所有者が誰であるかを問わず、それを確認することもなく、次のように、その賦課が行われる

第2 納税義務者

したがって、登記簿に登記されている土地又は家屋については、当該登記簿に所有者として登記されている者（所有権に関する登記がなされるまでの間は登記簿の表題部に所有者として登記された名義人を、所有権に関する登記がなされた以後においては甲区欄に所有者として登記された所有名義人をいいます。）が、その土地又は家屋の所有者として土地課税台帳又は家屋課税台帳に登録されることになります。

こととなります。

イ 売買等により賦課期日現在においてその所有権が既に他の者に移転している場合においても、所有権に関する移転登記がなされない限り、その課税台帳には依然として旧所有者が所有者として登録されていることから、登記簿上所有者とされる旧所有者に対して固定資産税が課税されることとなります。

ロ また、賦課期日現在において所有者として登記されていた者が、後に確定判決により真実の所有者でなくなったとしても、その者を納税義務者としてした賦課処分は適法であるので、既にされた賦課処分の取消しをすることができないとされています（「行政実例」昭32.7.18自丁市発第122号）。

なお、台帳課税主義に関係する判例として、次のような判例があります。

-----【参考判例1】福岡地裁昭56.4.23判決 昭和55年(行ウ)17号-----
　　　　　　　行政事件裁判例集32巻4号616頁
地方税法が固定資産税の賦課について台帳課税主義を採用したのは、徴税機関として一々実質的所有権の帰属者を調査させ、所有者の変動するごとにその所有期間に応じて税額を確定賦課させることは、徴税事務を極めて複雑困難ならしめるものであることにかんがみ、徴税の事務処理の便宜上、納税義務者の判定にあたっては、画一的形式的に登記簿上の所有名義人を所有者として取り扱えば足りるとしたものであり、こうした地方税法の規定に照らすと、賦課期日である毎年1月1日現在登記簿上に所有者として登記されている者は、真実の権利関係の如何にかかわらず、それだけで当該年度の固定資産税の納税義務を負うというべきである。

-----【参考判例2】大阪地裁昭51.8.10判決 昭和51年(行ウ)17号-----
　　　　　　　行裁例集27巻8号1461号
土地に対する固定資産税の賦課については、土地に関する権利関係の調査、確定の煩を避けるため、課税技術上、いわゆる台帳課税主義が採られているのであって、登記簿上、所有者として公示されている者は、真実の権利関係の如何にかかわらず、その年度の固定資産税の納税義務者として決定されているのであって、Yが、昭和44年度分から同50年度分までの租税につき、その間の登記簿上の所有名義人であるXに対し、これを賦課、徴収したことは適法であり、従って、Yは法律上の原因なくしてこれを利得した者には該当しないから、例え、Xがその期間真実の所有者でなく、又、その後登記が抹消されたとしても、租税をXに返還すべき義務はない。

－ 463 －

第5章　固定資産税

(2)　登記簿に登記されていない土地及び家屋に係る納税義務者

　登記簿に登記されていない土地又は家屋に係る固定資産税の納税義務者は、次によるとされています（地法343②、381②④）。

登記簿に登記されていない土地及び家屋に係る納税義務者	
登記簿に登記されていない土地又は家屋	当該土地又は家屋が固定資産税を課することができるもの（賦課期日現在の現況において固定資産税を課することができるもので、土地にあっては、例えば国有地から民有地に払い下げになった土地で賦課期日現在でまだ未登記のものが、また、家屋にあっては、例えば新築家屋等で賦課期日現在においてまだ未登記のものが、それぞれ該当します。）であるときは、当該土地又は家屋の現実の所有者が当該土地又は家屋の所有者として土地補充課税台帳又は家屋補充課税台帳に登録され、その登録された者が当該土地又は家屋に係る固定資産税の納税義務者となります。

(3)　登記簿上の所有者が死亡している場合等の土地及び家屋に係る納税義務者

　次に該当するときは、台帳課税主義の例外として当該登記又は登録されている者ではなく、賦課期日現在において、当該土地又は家屋を現に所有している者（現実の所有者）が納税義務者となります（地法343②後段）。

所 有 者 の 状 況	
①	所有者として登記又は登録されている個人が賦課期日前に死亡しているとき
②	所有者として登記又は登録されている法人が賦課期日前に消滅しているとき
③	所有者として登記されている人的非課税の適用を受けている者（469頁参照）が賦課期日前に所有者でなくなっているとき

(4)　償却資産に係る納税義務者

　償却資産は、土地や家屋のように登記の対象とされていないことから、次に掲げる者が償却資産の所有者として固定資産税の納税義務者となります（「第13　償却資産に対する固定資産税」（593頁）参照）（地法343③）。

償却資産の所有者	賦課期日現在において事業の用に供することができる償却資産を現実に有している者で償却資産課税台帳に所有者として登録されているもの

— 464 —

第2　納税義務者

(5)　賦課期日と納税義務者との関係

　固定資産税は、当該年度の賦課期日（例えば、令和3年度分の固定資産税の場合は、令和3年1月1日）現在において固定資産の所有者として固定資産課税台帳に登録されている者に対して当該年度分の固定資産税が課税されます（地法359）。

　したがって、賦課期日と納税義務者との関係は、次のとおりとなります。

賦課期日と納税義務者との関係	固定資産の所有者であるか否かは、1月1日現在の現況によって判定されます。したがって、賦課期日現在において固定資産課税台帳に所有者として登録されている者は、その後その年度中にその固定資産を他に売却したような場合であっても、その年度分の固定資産税が全額課税されることとなり、売却後の期間に対応する税額分が還付されるということはありません。この反対に、賦課期日後に新たに固定資産の所有者となった者については、その年度分の固定資産税は全く課税されません。

　なお、賦課期日に関係する判例として、次のような判例があります。

> **【参考判例】** 最高裁（大法廷）昭30.3.23判決　昭和28年（オ）616号
> 最高裁判所民事判例集9巻3号336頁
> 日本国憲法の下では、租税を創設し、改廃するのはもとより、課税標準、徴税の手続はすべて法律に基づいて定められなければならないと同時に法律に基づいて定めるところに委ねられていると解すべきである。それ故地方税法が……主として徴税の便宜に着眼してその賦課期日を定めることとしても、その当否は立法の過程において審議決定されるところに一任されているものと解すべく、1月1日現在において土地所有者として登録されている者を納税義務者と確定し、その年度における納期において所有権を有する者であると否とを問わないこととした地方税法343条、359条の規定は、憲法の諸条規に適合して定められていること明らかである。

2　納税義務者とされる質権者又は地上権者

　次の左欄の土地に係る固定資産税は、右欄によります（地法343①）。

質権者又は地上権者に対する課税	
質権又は100年より長い存続期間の定めのある地上権が設定されている土地	当該土地の所有者ではなく、質権者又は地上権者を納税義務者として固定資産税が課税されます。

第5章　固定資産税

3　所有者とみなされて納税義務者となる者

　固定資産税の納税義務者は、原則として固定資産の所有者であり、しかも固定資産課税台帳に所有者として登録されている者とされていますが、次の左欄に該当する場合には、その所有者に対して固定資産税を課税することが極めて不合理であることから、右欄により固定資産税を課税することとされています。

		みなされる場合	みなす所有者に対する課税
①		固定資産の所有者の所在が震災、風水害、火災その他の事由によって不明である場合（地法343④）	市町村は、その固定資産の使用者を所有者とみなして固定資産税を課税することができます。
②		相当な努力が払われたと認められる方法により探索を行ってもなお固定資産の所有者が不明である場合（地法343⑤）	市町村は、その固定資産の使用者を所有者とみなして固定資産税を課税することができます。
③		農地法の定めるところによって、国が土地を買収し、又は買い取り、これを同法の規定により農林水産大臣が管理する場合又は相続税法等の規定によって農地を物納として国が収納した場合（地法343⑥）	イ　当該買収し、又は収納した日から国が当該土地又は農地を他人に売り渡し、その所有権が売渡の相手方に移転する日までの間はその使用者を所有者とみなして固定資産税が課税されます。 ロ　イの移転後当該売渡の相手方が登記簿に所有者として登記される日までの間はその売渡の相手方を所有者とみなして固定資産税が課税されます。
④		土地区画整理事業又は土地改良事業の施行に係る土地について仮換地の指定があった場合又は仮使用地がある場合（地法343⑦）	イ　市町村は、仮換地等の指定があった場合においては、当該仮換地等を使用し又は収益することができることとなった日から換地処分の公告がある日又は換地計画の認可の公告がある日までの間は、当該仮換地等に対応する従前の土地について登記簿又は土地補充課税台帳に所有者として登記又は登録されている者をもって当該仮換地等に係る所有者とみなし、換地処分の公告があった日又は換地計画の認可の公告があった日から換地を取得した者が登記簿に当該換地に係る所有者として登記される日までの間は、当該換地を取得した者をもって当該換地に係る所有者とみなして固定資産税を課税することができます。

第2　納税義務者

みなされる場合	みなす所有者に対する課税
	ロ　市町村は、仮使用地がある場合においては、当該仮使用地を使用し又は収益することができることとなった日から換地処分の公告がある日又は換地計画の認可の公告がある日までの間は、土地区画整理事業の施行者以外の仮使用地の使用者をもって当該仮使用地に係る所有者とみなし、換地処分の公告があった日又は換地計画の認可の公告があった日から保留地を取得した者が登記簿に当該保留地に係る所有者として登記される日までの間は、当該保留地を取得した者をもって当該保留地に係る所有者とみなして固定資産税を課税することができます。
⑤　公有水面埋立法の規定による埋立又は干拓によって造成した埋立地又は干拓地（以下「埋立地等」といいます。）のうち竣工認可前又は竣工通知前のもので工作物を設置し、その他土地を使用する場合と同様の状態で使用されている場合（埋立て又は干拓に関する工事に関して使用されている場合を除きます。）（地法343⑧）	市町村は、これらの埋立地等をもって土地とみなし、また、埋立地等のうち、都道府県等以外の者が使用する埋立地等にあっては、当該埋立地等を使用する者をもって当該埋立地等に係る所有者とみなし、都道府県等が使用し、又は国が埋立て若しくは干拓によって造成する埋立地等にあっては、都道府県等又は国が当該埋立地等を都道府県等又は国以外の者に使用させている場合に限り、当該埋立地等を使用する者をもって当該埋立地等に係る所有者とみなして固定資産税を課税することができます。 　なお、この場合においては、これらの埋立地等が隣接する土地の所在する市町村をもってこれらの埋立地等が所在する市町村とみなして、当該市町村が固定資産税を課税することとなります。
⑥　信託会社が信託の引受けをした償却資産で、当該信託会社がこれをその信託行為の定めるところに従い第三者に譲渡することを条件として当該第三者に賃貸している場合（地法343⑨）	当該償却資産が当該第三者の事業の用に供されるものであるときは、当該第三者をもって所有者とみなして固定資産税が課税されます（「第13　償却資産に対する固定資産税」（593頁）を参照）。
⑦　家屋の所有者以外の者がその事業の用に供するため取り付	市町村は、当該取り付けた者の事業の用に供することができる資産である場合に限り、

第5章　固定資産税

みなされる場合	みなす所有者に対する課税
けた特定附帯設備が、当該家屋に付合したことにより当該家屋の所有者が所有することとなった場合（地法343⑩）	当該取り付けた者をもって固定資産の所有者とみなし、当該特定附帯設備のうち家屋に属する部分は償却資産とみなして固定資産税を課税することができます（「第13　償却資産に対する固定資産税」（593頁）を参照）。

第3 課税団体

1 固定資産税の課税団体

固定資産税の課税団体は、この税が応益的な考え方に基づいて課税されるものであることから、賦課期日現在において当該固定資産が所在する市町村及び東京都（次の**2**を参照）とされています（地法342、734①）。ただし、例外として、大規模償却資産については、その価額のうち一定の課税限度額までは市町村が課税し、それを超える部分の額については、その市町村を包括する都道府県が課税することとされています（地法349の4、349の5、740）。

なお、固定資産を左欄のように区分して課税団体をまとめると、右欄の団体が課税団体となります。

固 定 資 産 の 区 分		課 税 団 体
土　　地		所在市町村
家　　屋		所在市町村
償却資産	一般の償却資産	所在市町村
	移動性償却資産又は可動性償却資産　　地法第389条第1項第1号該当資産以外の資産	主たる定けい場又は定置場所在の市町村
	地法第389条第1項第1号該当資産（総務大臣指定）	都道府県知事又は総務大臣から価格等の配分を受けた市町村
	鉄道、軌道、発電、送電、配電若しくは電気通信の用に供する固定資産又は二以上の市町村にわたって所在する固定資産で、その全体を一の固定資産として評価しなければ適正な評価ができないと認められるもののうち総務大臣が指定するもの（地法第389条第1項第2号該当資産）	都道府県知事又は総務大臣から価格等の配分を受けた市町村
	大規模償却資産（東京都特別区及び指定都市に所在するものを除きます。）　一定の限度額以内の額	所在市町村
	一定の限度額を超える額	所在市町村を包括する都道府県

第5章　固定資産税

2　東京都特別区の存する区域における課税団体の特例

　東京都特別区に対しては、固定資産税の課税権が付与されておらず（地法736①）、同特別区の存する区域においては、東京都が固定資産税を課税することとされています（地法734①）。

　したがって、東京都特別区に所在する固定資産及び東京都特別区に主たる定けい場又は定置場が所在する償却資産並びに東京都が総務大臣等から価格等の配分を受ける償却資産に対しては、東京都が課税することとなります。

　なお、固定資産税に関する地方税法の規定を東京都に準用及び適用する場合には、特別区の区域を、一の市の区域とみなすこととされています（地法737①）。したがって、例えば、免税点を適用する場合には、その特別区ごとに固定資産の名寄せを行って、免税点を判定することとなります。

第4 非課税制度

1 所有者の性格による非課税（人的非課税）

次の者に対しては、これらの者の公的性格にかんがみ、かつ、これらの者の非課税相互主義に基づいて、固定資産税が非課税とされています（地法348①）。

> 国並びに都道府県、市町村、特別区、これらの組合、財産区及び合併特例区

2 固定資産の性格又は用途による非課税（物的非課税）

次に掲げる固定資産については、その固定資産の性格又はその固定資産の供される用途の特質にかんがみ、固定資産税が非課税とされています（地法348②〜⑨、地法附則14）。ただし、市町村は、固定資産を有料で借り受けた者がこれを次の①から㊻までに掲げる固定資産として使用する場合においては、当該固定資産の所有者に固定資産税を課税することができます（地法348②ただし書）。また、市町村は、①から㊻までに掲げる固定資産がそれぞれ定められている目的以外の目的に使用されている場合には、これらの固定資産に対し、固定資産税を課税することとされています（地法348③）。

	固定資産の性格又は用途による非課税
①	国並びに都道府県、市町村、特別区、これらの組合及び財産区が公用又は公共の用に供する固定資産
②	皇室経済法第7条に規定する皇位とともに伝わるべき由緒ある物である固定資産
③	（独）水資源機構、土地改良区、土地改良区連合及び土地開発公社が直接その本来の事業の用に供する固定資産
④	鉄道事業者又は軌道経営者が、千葉市の区域、東京都の特別区の存する区域、川崎市の区域、横浜市の区域、名古屋市の区域、京都市の区域、大阪市の区域、神戸市の区域及び広島市の区域並びにこれらの近郊の一定の区域又は成田国際空港及び新千歳空港並びにその周辺の一定の区域において直接鉄道事業又は軌道経営の用に供するトンネル
⑤	公共の危害防止のために設置された鉄道事業又は軌道経営の用に供する踏切道及び踏切保安装置

— 471 —

第 5 章　固定資産税

	固定資産の性格又は用途による非課税
⑥	既設の鉄道若しくは既設の軌道と道路とを立体交差させるために新たに建設された立体交差化施設で一定のもの、公共用飛行場の滑走路の延長に伴い新たに建設された立体交差化施設又は道路の改築に伴い改良された既設の立体交差化施設で一定のもののうち線路設備、電路設備及び停車場設備
⑦	鉄道事業者又は軌道経営者が市街化区域内において鉄道事業又は軌道経営の用に供する地下道又は跨線道路橋で公衆が利用できるもの
⑧	宗教法人が専らその本来の用に供する境内建物及び境内地
⑨	墓地
⑩	公共の用に供する道路、運河用地及び水道用地
⑪	公共の用に供する用悪水路、ため池、堤とう及び井溝
⑫	一定の保安林に係る土地
⑬	国立公園又は国定公園の特別地域のうち特別保護地区その他第一種特別地域内の池沼、山林及び原野
⑭	国宝、重要文化財、重要有形民俗文化財、特別史蹟、史蹟、特別名勝、名勝、特別天然記念物若しくは天然記念物として指定され、若しくは旧重要美術品等の保存に関する法律第 2 条第 1 項の規定により認定された家屋又はその敷地
⑮	文化財保護法第144条第 1 項に規定する重要伝統的建造物群保存地区内の家屋で一定のもの
⑯	学校法人又は私立学校法第64条第 4 項の法人（⑰において「学校法人等」といいます。）が設置する学校において直接保育又は教育の用に供する固定資産
⑰	学校法人等が設置する寄宿舎で学校教育法第 1 条の学校又は同法第124条の専修学校に係るものにおいて直接その用に供する固定資産
⑱	公益社団法人若しくは公益財団法人、宗教法人又は社会福祉法人が設置する幼稚園において直接保育の用に供する固定資産
⑲	公益社団法人又は公益財団法人が設置する図書館において直接その用に供する固定資産
⑳	公益社団法人若しくは公益財団法人又は宗教法人が設置する博物館において直接その用に供する固定資産

第 4　非課税制度

	固定資産の性格又は用途による非課税
㉑	医療法第31条の公的医療機関の開設者、医療法第42条の2第1項に規定する社会医療法人及び特定医療法人（租税特別措置法第67条の2第1項の承認を受けているものをいいます。）、公益社団法人及び公益財団法人、一般社団法人及び一般財団法人（非営利型法人に該当するものに限ります。）、社会福祉法人、健康保険組合及び健康保険組合連合会並びに国家公務員共済組合及び国家公務員共済組合連合会が設置する看護師、准看護師、歯科衛生士、歯科技工士、助産師、臨床検査技師、理学療法士及び作業療法士の養成所において直接教育の用に供する固定資産
㉒	社会福祉法人（日本赤十字社を含みます。以下㉘までにおいて同じです。）が生活保護法に規定する保護施設の用に供する固定資産で一定のもの
㉓	社会福祉法人その他児童福祉法に規定する小規模保育事業の認可を得た者が児童福祉法に規定する小規模保育事業の用に供する固定資産
㉔	社会福祉法人、公益社団法人又は公益財団法人等一定の者が児童福祉法に規定する児童福祉施設の用に供する固定資産で一定のもの
㉕	学校法人、社会福祉法人その他就学前の子どもに関する教育、保育等の総合的な提供の推進に関する法律第3条第1項若しくは第3項の認定又は同法第17条第1項の設置の認定を受けた者が同法に規定する認定こども園の用に供する固定資産
㉖	社会福祉法人、公益社団法人又は公益財団法人等一定の者が老人福祉法に規定する老人福祉施設の用に供する固定資産で一定のもの
㉗	社会福祉法人が障害者の日常生活及び社会生活を総合的に支援するための法律に規定する障害者支援施設の用に供する固定資産
㉘	㉒から㉗までに掲げる固定資産のほか、社会福祉法人、公益社団法人又は公益財団法人等一定の者が社会福祉法に規定する社会福祉事業の用に供する固定資産で一定のもの
㉙	更生保護法人が更生保護事業法に規定する更生保護事業の用に供する固定資産で一定のもの
㉚	介護保険法の規定により市町村から委託を受けた者が同法に規定する包括的支援事業の用に供する固定資産
㉛	児童福祉法の規定により市町村の認可を得た者が同法に規定する事業所内保育事業（利用定員が6人以上であるものに限ります。）の用に供する固定資産
㉜	㉑から㉘までに掲げる固定資産のほか、日本赤十字社が直接その本来の事業の用に供する固定資産で一定のもの
㉝	農業協同組合法、消費生活協同組合法及び水産業協同組合法による組合及び連合会並びに農林漁業団体職員共済組合が所有し、かつ、経営する病院及び診療所において直接その用に供する固定資産で一定のもの並びに農業共済組合及び

— 473 —

第5章　固定資産税

	固定資産の性格又は用途による非課税
	農業共済組合連合会が所有し、かつ、経営する家畜診療所において直接その用に供する固定資産
㉞	健康保険組合及び健康保険組合連合会、国民健康保険組合及び国民健康保険団体連合会、国家公務員共済組合及び国家公務員共済組合連合会並びに地方公務員共済組合（以下「健康保険組合等」といいます。）が所有し、かつ、経営する病院及び診療所において直接その用に供する固定資産で一定のもの並びに健康保険組合等が所有し、かつ、経営する一定の保険施設において直接その用に供する固定資産
㉟	医療法第42条の2第1項に規定する社会医療法人が直接救急医療等確保事業に係る業務の用に供する固定資産で一定のもの
㊱	公益社団法人又は公益財団法人で学術の研究を目的とするものがその目的のため直接その研究の用に供する固定資産で一定のもの
㊲	日本私立学校振興・共済事業団が日本私立学校振興・共済事業団法に規定する業務の用に供する固定資産で一定のもの
㊳	商工会議所又は日本商工会議所が商工会議所法に規定する事業の用に供する固定資産及び商工会又は都道府県商工会連合会若しくは全国商工会連合会が商工会法に規定する事業の用に供する固定資産で一定のもの
㊴	漁業協同組合、漁業生産組合及び漁業協同組合連合会が所有し、かつ、一定の漁船用燃料の貯蔵施設の用に供する固定資産で一定のもの
㊵	公益社団法人又は公益財団法人で学生又は生徒の修学を援助することを目的とするものがその目的のため設置する寄宿舎で一定のもの
㊶	日本下水道事業団が日本下水道事業団法に規定する業務の用に供する固定資産で一定のもの
㊷	（独）都市再生機構が一定の工事に係る施設の用に供されるものとして取得した土地
㊸	（独）鉄道建設・運輸施設整備支援機構が日本国有鉄道清算事業団の債務等に関する法律第13条第1項第2号及び第3号の業務の用に供するため所有する固定資産並びに同法第25条の規定により貸し付けている固定資産で一定のもの
㊹	旅客会社等が所有する専ら皇室の用に供する車両
㊺	日本司法支援センターが総合法律支援法に規定する業務の用に供する固定資産で一定のもの
㊻	次に掲げる独立行政法人及び国立研究開発法人が一定の業務の用に供する固定資産で一定のもの （独）国立重度知的障害者総合施設のぞみの園 （独）自動車事故対策機構 （独）労働者健康安全機構

第4　非課税制度

固定資産の性格又は用途による非課税

	（独）日本芸術文化振興会 （独）日本スポーツ振興センター （独）高齢・障害・求職者雇用支援機構 （独）中小企業基盤整備機構 （独）国際協力機構 （独）国民生活センター （独）日本学生支援機構 （国研）農業・食品産業技術総合研究機構 （国研）水産研究・教育機構 （国研）宇宙航空研究開発機構 （国研）情報通信研究機構 （国研）医薬基盤・健康・栄養研究所 （国研）森林研究・整備機構 （国研）量子科学技術研究開発機構
㊼	河川法第7条に規定されるダムに係る河川の河川管理者との協議に基づき設置する、ダムの用に供する洪水吐ゲート及び放流のための管で一定のもの
㊽	森林組合法、農業保険法、消費生活協同組合法、水産業協同組合法、漁業災害補償法、輸出入取引法、中小企業等協同組合法、中小企業団体の組織に関する法律、酒税の保全及び酒類業組合等に関する法律、商店街振興組合法及び生活衛生関係営業の運営の適正化及び振興に関する法律による組合（信用協同組合及び企業組合を除き、生活衛生同業小組合を含みます。）、連合会（信用協同組合連合会を除きます。）及び中央会が所有し、かつ、使用する事務所及び倉庫
㊾	全国健康保険協会、健康保険組合及び健康保険組合連合会、国民健康保険組合及び国民健康保険団体連合会、国家公務員共済組合及び国家公務員共済組合連合会、地方公務員共済組合、全国市町村職員共済組合連合会及び地方公務員共済組合連合会、企業年金基金及び確定給付企業年金法に規定する企業年金連合会、国民年金基金及び国民年金基金連合会、法人である労働組合、職員団体等に対する法人格の付与に関する法律による法人である職員団体等、漁船保険組合、たばこ耕作組合、輸出水産業組合、土地改良事業団体連合会並びに農業協同組合及び農業協同組合連合会が所有し、かつ、使用する事務所及び倉庫
㊿	旅客会社等が独立行政法人鉄道建設・運輸施設整備支援機構法の規定に基づき借り受ける固定資産のうち東京都の特別区の存する区域並びに稲城市の区域、府中市の区域、国分寺市の区域、小平市の区域、東村山市の区域、所沢市の区域、さいたま市の区域、川崎市の区域、横浜市の区域及び松戸市の区域において直接鉄道事業の用に供するトンネル
51	非課税独立行政法人が所有する固定資産（当該固定資産を所有する非課税独立行政法人以外の者が使用しているものその他の一定のものを除きます。）、国立大学法人等が所有する固定資産（当該固定資産を所有する国立大学法人等以外の者が使用しているものを除きます。）及び日本年金機構が所有する固定資産

— 475 —

第5章　固定資産税

	固定資産の性格又は用途による非課税
	（日本年金機構以外の者が使用しているものを除きます。）
㊽	（独）海技教育機構が公益社団法人又は公益財団法人から無償で借り受けて直接その本来の業務の用に供する土地で一定のもの
㊾	地方独立行政法人（公立大学法人を除きます。）が所有する固定資産（当該固定資産を所有する地方独立行政法人以外の者が使用しているものその他の一定のものを除きます。）及び公立大学法人が所有する固定資産（当該固定資産を所有する公立大学法人以外の者が使用しているものを除きます。）
㊿	外国の政府が所有する次に掲げる施設の用に供する固定資産（ただし、ハに掲げる施設の用に供する固定資産については、外国が固定資産税に相当する税を当該外国において日本国のハに掲げる施設の用に供する固定資産に対して課する場合には、ハに掲げる施設の用に供する固定資産は非課税となりません。） イ　大使館、公使館又は領事館 ロ　専ら大使館、公使館若しくは領事館の長又は大使館若しくは公使館の職員の居住の用に供する施設 ハ　専ら領事館の職員の居住の用に供する施設
⑤	東日本高速道路株式会社、首都高速道路株式会社、中日本高速道路株式会社、西日本高速道路株式会社、阪神高速道路株式会社若しくは本州四国連絡高速道路株式会社が、高速道路株式会社法第5条第1項第1号、第2号若しくは第4号に規定する事業（本州四国連絡高速道路株式会社にあっては、同項第1号、第2号、第4号又は第5号ロに規定する事業）の用に供する固定資産で一定のもの又は独立行政法人日本高速道路保有・債務返済機構が、独立行政法人日本高速道路保有・債務返済機構法第12条第1項第1号若しくは第8号に規定する業務の用に供する固定資産で一定のもの（平成18年度から令和7年度までの各年度分の固定資産税に限ります。）
⑤	（独）鉄道建設・運輸施設整備支援機構が一定の区域において都市計画都市鉄道等利便増進法に規定する都市鉄道利便増進事業により整備し、かつ、直接鉄道事業又は軌道経営の用に供するトンネル（令和5年3月31日までに整備されたものに限ります。）

第5　課税標準

1　固定資産税の課税標準

(1)　固定資産の価格の意義

　固定資産税の課税標準は、固定資産の価格であり、それは、次の左欄の価格で固定資産課税台帳に登録されたものをいいます（地法349、349の2）。そして、この場合における固定資産の価格とは、適正な時価をいいます（地法341五）。

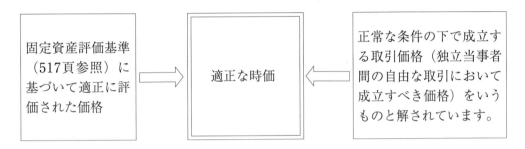

　なお、適正な時価に関係する判例として、次のような判例があります。

　【参考判例】最高裁（一小）平成15年6月26日判決・平成10年（行ヒ）第41号
　　　　　　　判例時報1830号29頁
　　土地に対する固定資産税は、土地の資産価値に着目し、その所有という事実に担税力を認めて課する一種の財産税であって、個々の土地の収益の有無にかかわらず、その所有者に対して課するものであるから、上記の適正な時価とは、正常な条件の下に成立する当該土地の取引価格、すなわち客観的な交換価値をいうと解される。
　　したがって、土地課税台帳等に登録された価格が賦課期日における当該土地の客観的な交換価値を上回れば、当該価格の決定は違法となる。

(2)　課税標準の態様

　土地及び家屋の課税標準については、原則として課税標準となる価格を3年間据え置くという価格の据置制度がとられており（地法349①～③）、基準年度（479頁参照）の翌年度（第2年度）及び基準年度の翌々年度（第3年度）においては、新たな評価を行わないこととされています。ただし、令和4年度と令和5年度においてさらに地価の下落傾向がみられる場合には、市町村長の判断により、その価格を修正することができる特例措置が講じられています（地法附則17の2）。
　これに対して、償却資産の課税標準については、価格の据置制度がとられていない

ことから、当該年度の賦課期日現在における価格が課税標準となります（地法349の2）。また、固定資産税の課税標準については、課税標準の特例措置が講じられているほか、土地に対する税負担の調整措置、大規模償却資産に係る課税の特例措置等が講じられています。

したがって、固定資産税における課税標準の態様をまとめると、次のようになります。

課　税　標　準　の　態　様	
土地及び家屋	①　土地及び家屋の課税標準は、原則として基準年度の価格（地法349）
	②　据置年度において地目の変換、家屋の改築若しくは損壊その他これらに類する特別の事情又は市町村の配置分合若しくは境界変更という特別の事情があるため、①の基準年度の価格によることが不適当であるか又は当該市町村を通じて固定資産税の課税上著しく均衡を失すると市町村長が認める土地又は家屋については、①の基準年度の価格によらず、当該土地又は家屋に類似する土地又は家屋の基準年度の価格に比準する価格（比準価格）（地法349②ただし書、③ただし書、⑤ただし書）
	③　土地及び家屋に対する公益事業等に係る課税標準の特例の対象となる土地又は家屋については、基準年度の価格又は比準価格に課税標準の特例率を乗じて得た額（地法349の3、地法附則15等）
	④　住宅用地については、課税標準となるべき価格に3分の1（小規模住宅用地にあっては、6分の1）を乗じて得た額（地法349の3の2）
	⑤　税負担の調整措置の対象となる土地については、負担水準に応じて定められている調整措置によって求められる額（地法附則18、19等）
	⑥　市街化区域農地については、課税標準となるべき価格に3分の1を乗じて得た額（地法附則19の2等）
償却資産	⑦　償却資産に係る課税標準は、原則としてその年の賦課期日における価格（地法349の2）
	⑧　償却資産に対する公益事業等に係る課税標準の特例の対象となる償却資産については、価格に課税標準の特例率を乗じて得た額（地法349の3、地法附則15等）
	⑨　大規模償却資産については、市町村の人口段階区分及び財政事情に応じ、課税標準となるべき額のうち、一定の額を市町村が、この額を超える部分の額を道府県がそれぞれの固定資産税の課税標準とします（地法349の4、349の5、740）。

第5　課税標準

2　土地及び家屋の課税標準

(1)　価格の据置制度

　土地及び家屋に係る固定資産税は、資産価値に着目して課税することとされていることから、その課税標準は、適正な時価である価格とされています。したがって、適正な時価に基づき課税をするということからすれば、毎年度評価替えをし、これによって得られる適正な時価をもとに課税することが最も望ましい課税のあり方といえます。

　しかし、土地及び家屋については、その評価する課税客体の量（土地約1億8千万筆、家屋約6千万棟）が膨大であり、毎年度評価替えを行うことは、現行の事務処理上の体制の実情からすると物理的に困難であるといわれており、一方、評価に当たっては、課税の適正及び公平が損われない範囲内においてその事務処理の簡素合理化を図り徴税コストをできる限り最小に抑えることも要請されます。

　このようなことから、土地及び家屋については、**基準年度**（昭和31年度及び昭和33年度並びに昭和33年度から起算して3年度又は3の倍数の年度を経過したごとの年度をいい、令和3年度が基準年度に当たります。）において賦課期日現在における適正な時価を評価して（すなわち、評価替えをして）、これを原則として翌年度及び翌々年度まで3年間据え置くこととされています（地法349①〜③）。

　したがって、土地及び家屋に対して課する固定資産税の課税標準は、基準年度においては、その基準年度の賦課期日現在における価格で固定資産課税台帳に登録されたものとなり、基準年度の翌年度（第2年度といいます。）及び基準年度の翌々年度（第3年度といいます。）においては、新たな評価を行わず、基準年度の課税標準の基礎となった価格で固定資産課税台帳に登録されたものとなります。

　ただし、特別の事情（地目の変換、家屋の改築又は市町村の合併等）があるため、基準年度の価格によることが不適当であるか又は当該市町村を通じて固定資産税の課税上著しく均衡を失すると市町村長が認める土地又は家屋については、基準年度の価格によらず、その土地又は家屋に類似する土地又は家屋の基準年度の価格に比準する価格（比準価格（478頁参照））によるとされています（地法349②ただし書、③ただし書）。

　これにより、土地及び家屋の課税標準は、基準年度、第2年度又は第3年度の区分に従い、次のようになります。

— 479 —

第5章　固定資産税

区　　分	基準年度	第2年度	第3年度
基準年度に係る賦課期日に所在する土地又は家屋	その土地又は家屋の基準年度に係る賦課期日における価格（以下「基準年度の価格」といいます。）	イ　左に同じ ロ　地法349②ただし書の規定の適用を受けることとなるものは、その土地又は家屋に類似する土地又は家屋の基準年度の価格に比準する価格	イ　左のイ又はロに同じ ロ　地法349③ただし書の規定の適用を受けることとなるものは、その土地又は家屋に類似する土地又は家屋の基準年度の価格に比準する価格
第2年度において新たに固定資産税が課されることとなる土地又は家屋	―	その土地又は家屋に類似する土地又は家屋の基準年度の価格に比準する価格	イ　左に同じ ロ　地法349⑤ただし書の規定の適用を受けることとなるものは、その土地又は家屋に類似する土地又は家屋の基準年度の価格に比準する価格
第3年度において新たに固定資産税が課されることとなる土地又は家屋	―	―	その土地又は家屋に類似する土地又は家屋の基準年度の価格に比準する価格

(注) 1　表中における地方税法第349条第2項ただし書又は同条第3項ただし書の規定は、次のような場合に適用されます。

> 基準年度の土地又は家屋について第2年度又は第3年度の固定資産税の賦課期日において次に掲げる事情があるため、基準年度の固定資産税の課税標準の基礎となった価格によることが不適当であるか又は当該市町村を通じて固定資産税の課税上著しく均衡を失すると市町村長が認める場合
>
> イ　地目の変換、家屋の改築又は損壊その他これらに類する特別の事情
>
> ロ　市町村の廃置分合又は境界変更

2　表中における地方税法第349条第5項は、第2年度の土地又は家屋について第3年

― 480 ―

第5　課税標準

度の固定資産税の賦課期日において（注１）と同様の事情がある場合に適用されます。

3　（注１）の「地目の変換、家屋の改築又は損壊その他これに類する特別の事情」とは、土地又は家屋の価値に大幅な増減を来した原因が土地又は家屋自体に内在する場合をいい（昭42.1.12固定資産税課長回答）、それは、次のような場合等が該当するとされています。

土地	用途変更による現況地目の変更又は浸水、土砂の流入、隆起、陥没、地すべり、埋没等によって当該土地の区画、形質に著しい変化があった場合等 ※　登記簿上の地積の更正があった場合には、その更正は、実質的には区画の量的な変化にあたることになることから、この「特別の事情」に該当するものとして、次の賦課期日から新地積により評価替えを行う取り扱いとされています。
家屋	改築、損壊、増築、大規模な附帯設備（家屋の一部として家屋に含めて評価されるものに限ります。）の更新又は除去等家屋の価値に大幅な増減を来した場合等 ※1　改築とは、家屋の壁、柱、床、はり、屋根、天井、基礎及び建築設備等について行われた更新で、資本的支出として認められるものを、また、増築とは、家屋の床面積又は体積が増加することをいいます。 　2　損壊とは、風水害、震災、雪害、火災その他の自然的現象又は人為的原因によって家屋が著しく損傷を受け、又は破壊されている状態をいいます。

4　基準年度の価格に比準する価格とは、次の価格をいいます。

> 第２年度又は第３年度の賦課期日の現況における土地又は家屋が、仮に基準年度の賦課期日に所在したものとした場合において当該土地又は家屋に類似する土地又は家屋の基準年度の価格に比準する価格（基準年度の価格と同一の水準のものに準拠しつつ、その地目、構造等の異同を是正して求めた価格）

(2)　据置年度における土地の価格修正制度

　固定資産税においては、原則として基準年度（最近では令和３年度）の評価額を3年間据え置くという価格据置制度がとられていますが、この据置制度は、地価の下落局面においては、基準年度の価格が第２年度又は第３年度の賦課期日における価格を上回ることとなり、納税者に不利益をもたらすことになる場合もあります。

　このようなことから、据置年度である令和４年度又は令和５年度の固定資産税につ

いては、次の要件のいずれも満たしている土地については、当該土地に係る修正前の価格を総務大臣の定める修正基準によって修正し、当該修正価格をその年度分の課税標準とすることができます（地法附則17の2）。

	価 格 修 正 の 要 件
①	当該市町村の区域内の自然的及び社会的条件からみて類似の利用価値を有すると認められる地域において地価が下落していること
②	市町村長が当該土地の修正前の価格を固定資産税の課税標準とすることが固定資産税の課税上著しく均衡を失すると認めること ※ 「……課税上著しく均衡を失すると認める」に該当する場合としては、例えば、令和4年度（第2年度）の価格を決定する上で、令和3年度（基準年度）以降も地価が下落しており、令和3年度の価格を据え置くこととすると当該市町村内の地価が下落した土地の納税者と地価が下落しなかった土地の納税者との間に不公平が生ずる場合や、当該市町村内の納税者に著しい負担感を感じさせるおそれがある場合等が考えられます。

なお、地価の下落については、都道府県地価調査及び不動産鑑定士又は不動産鑑定士補による鑑定評価を活用して地価の下落状況を把握して判断することになります。

3 償却資産の課税標準

償却資産に対して課する固定資産税の課税標準は、次のとおり、賦課期日における価格で償却資産課税台帳に登録されたものです（「第13 償却資産に対する固定資産税」（602頁）参照）（地法349の2）。

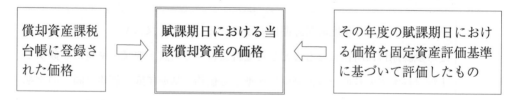

第6 課税標準の特例

1 公益事業等に対する課税標準の特例

固定資産税においては、公用、公共の用に供する固定資産に対しては非課税措置が講じられていますが、更に、国等における国土交通対策、中小企業対策、農林漁業対策、社会福祉対策及び環境対策等に資する見地から、課税標準の特例措置が講じられています。

(1) 適用期限が定められていない課税標準の特例（地法349の3）

※のあるものは、都市計画税についても適用がある。

条	項	特例名	制度の概要	適用期限
349条の3	①	鉄道事業者等が敷設した新規営業路線の線路設備等に係る課税標準の特例措置	鉄道事業者、軌道経営者、(独)鉄道建設・運輸施設整備支援機構が新たに敷設した鉄軌道に係る線路設備、電路設備等に対する固定資産税の課税標準を次のとおりとする。 ・最初の5年度分価格の1／3、その後の5年度分価格の2／3 （うち立体交差化施設に係る橋りょう、高架橋等の線路設備　最初の5年度分価格の1／6、その後価格の1／3）	なし
349条の3	②	一般ガス導管事業者が新設したガス事業用の償却資産に係る課税標準の特例措置	一般ガス導管事業者が新設したガスの製造及び供給の用に供する償却資産に対する固定資産税の課税標準を次のとおりとする。 ・最初の5年度分価格の1／3、その後の5年度分価格の2／3	なし
349条の3	③	農業協同組合等が取得した共同利用機械等に係る課税標準の	農業協同組合、中小企業等協同組合等が政府の補助又は農業近代化資金等の貸付	なし

第5章　固定資産税

条	項	特例名	制度の概要	適用期限
		特例措置	を受けて取得した共同利用に供する機械及び装置に対する固定資産税の課税標準を次のとおりとする。 ・最初の3年度分価格の1／2	
349条の3	④	外航船舶等に係る課税標準の特例措置	船舶に対する固定資産税の課税標準を次のとおりとする。 ・外航船舶　価格の1／6 ・準外航船舶　価格の1／4	なし
349条の3	⑤	内航船舶に係る課税標準の特例措置	内航船舶（外航船舶及び準外航船舶以外の船舶で、専ら遊覧の用等に供する船舶等を除く。）に対する固定資産税の課税標準を次のとおりする。 ・価格の1／2	なし
349条の3	⑥	離島航路事業の用に供する船舶に係る課税標準の特例措置	内航船舶（外航船舶及び準外航船舶以外の船舶で、専ら遊覧の用等に供する船舶等を除く。）のうち、離島航路整備法に規定する離島航路事業者が専ら離島航路事業の用に供するものに対する課税標準を次のとおりとする。 ・349条の3⑤の規定により課税標準とされる額に1／3を乗じて得た額	なし
349条の3	⑦	国際路線に就航する航空機に係る課税標準の特例措置	国際路線に就航する一定の航空機で航空法の許可を受けた者が運航するものに対する固定資産税の課税標準を次のとおりとする。 ・価格の1／5 （うち国際路線専用機価	なし

— 484 —

第6　課税標準の特例

条		項	特例名	制度の概要	適用期限
				格の1／10、国際路線準専用機価格の2／15)	
	349条の3	⑧	主として離島路線に就航する航空機に係る課税標準の特例措置	主として一定の離島路線に就航する70ｔ未満の航空機で航空法の許可を受けた者が運航するものに対する固定資産税の課税標準を次のとおりとする。 ・最初の3年度分価格の1／3、その後の3年度分価格の2／3 （うち30ｔ未満の小型航空機無期限価格の1／4）	なし
※	349条の3	⑨	日本放送協会の事業用資産に係る課税標準の特例措置	日本放送協会が事業の用に供する固定資産（宿舎等を除く。）に対する固定資産税の課税標準を次のとおりとする。 ・価格の1／2	なし
※	349条の3	⑩	(国研)日本原子力研究開発機構の研究設備等に係る課税標準の特例措置	(国研)日本原子力研究開発機構が設置する原子力に関する基礎的研究業務等の用に供する設備並びにこれらの設備を収容する家屋に対する固定資産税の課税標準を次のとおりとする。 ・最初の5年度分価格の1／3、その後の5年度分価格の2／3	なし
※	349条の3	⑪	登録有形文化財等である家屋及びその敷地に係る課税標準の特例措置	登録有形文化財又は登録有形民俗文化財である家屋、登録記念物である家屋及びその家屋の敷地の用に供されている土地、重要文化的景観を形成している一定の家屋及びその家屋の敷地の用に供されている土地に対する固定資産税の課税標準を次のとおりとする。	なし

第5章　固定資産税

条	項	特例名	制度の概要	適用期限
			・価格の1／2	
349条の3	⑫	北海道・東北・北陸・九州新幹線の構築物に係る課税標準の特例措置	北海道・東北・北陸・九州新幹線に係る新たな営業路線の開業のために敷設された鉄道に係る線路設備、電路設備等に対する固定資産税の課税標準を次のとおりとする。 ・最初の5年度分価格の1／6、その後の5年度分価格の1／3	なし
349条の3	⑬	青函トンネル又は本州四国連絡橋に係る鉄道施設に係る課税標準の特例措置	青函トンネル又は本州四国連絡橋に係る鉄道施設の用に供する償却資産に対する固定資産税の課税標準を次のとおりとする。 ・価格の1／6 ※349条の3①又は㉔の規定の適用を受ける償却資産にあっては、これらの規定により課税標準とされる額の1／6	なし
349条の3	⑭	公共用水域に係る事業の施行に伴い新設等された鉄軌道の橋りょうの線路設備等に係る課税標準の特例措置	河川その他公共用水域に係る事業の施行に伴う橋りょうの新設等により鉄軌道事業者、軌道経営者が敷設した事業用の線路設備又は電路設備に対する固定資産税の課税標準を次のとおりとする。 ・最初の5年度分価格の2／3、その後の5年度分価格の5／6 （うち河川管理者による事業の施行により敷設された線路設備等　最初の5年度分価格の1／6、その後の5年度分価格の1／3）	なし

— 486 —

第6　課税標準の特例

条	項	特例名	制度の概要	適用期限
349条の3	⑮	(国研)宇宙航空研究開発機構の業務用資産に係る課税標準の特例措置	(国研)宇宙航空研究開発機構が所有し、かつ直接人工衛星等の開発及びこれに必要な施設等の開発業務等の用に供する一定の家屋及び償却資産に対する固定資産税の課税標準を次のとおりとする。 ・最初の5年度分価格の1／3、その後の5年度分価格の2／3	なし
349条の3	⑯	(国研)海洋研究開発機構の業務用資産に係る課税標準の特例措置	(国研)海洋研究開発機構が所有し、かつ直接海洋に関する基盤的研究開発業務等の用に供する一定の家屋及び償却資産に対する固定資産税の課税標準を次のとおりとする。 ・最初の5年度分価格の1／3、その後の5年度分価格の2／3	なし
349条の3	⑰	(独)水資源機構がダムの用に供する家屋及び償却資産に係る課税標準の特例措置	(独)水資源機構が所有するダムの用に供する一定の家屋及び償却資産のうち水道又は工業用水道の用に供するものに対する固定資産税の課税標準を次のとおりとする。 ・最初の5年度分価格の1／2、その後の5年度分価格の3／4	なし
349条の3	⑱	JR旅客会社等から無償譲渡を受けた特定地方交通線等に係る固定資産に係る課税標準の特例措置	JR旅客会社から特定地方交通線に係る鉄道施設の無償譲渡を受けた者、旧日本国有鉄道清算事業団又は(独)鉄道建設・運輸施設整備支援機構から鉄道施設の無償譲渡を受けた者が当該譲渡により取得し鉄道事業	なし

第5章　固定資産税

条		項	特例名	制度の概要	適用期限
				の用に供する固定資産（宿舎等を除く。）に対する固定資産税の課税標準を次のとおりとする。 ・価格の1／4 ※349条の3①、⑭又は㉔の規定の適用を受ける償却資産にあっては、これらの規定により課税標準とされる額の1／4	
	349条の3	⑲	（国研）新エネルギー・産業技術総合開発機構の業務用資産に係る課税標準の特例措置	（国研）新エネルギー・産業技術総合開発機構が所有し、かつ直接石油代替エネルギー技術の開発及び基盤技術研究に関する業務等の用に供する一定の償却資産に対する固定資産税の課税標準を次のとおりとする。 ・最初の5年度分価格の1／3、その後の5年度分価格の2／3	なし
	349条の3	⑳	（国研）科学技術振興機構の業務用資産に係る課税標準の特例措置	（国研）科学技術振興機構が所有し、かつ直接新技術の創出に資することとなる科学技術に関する基礎研究等の用に供する一定の家屋及び償却資産に対する固定資産税の課税標準を次のとおりとする。 ・最初の5年度分価格の1／2	なし
※	349条の3	㉑	（国研）農業・食品産業技術総合研究機構の業務の用に供する土地に係る課税標準の特例措置	（国研）農業・食品産業技術総合研究機構が所有し、かつ直接農機具の改良に関する試験研究等の用に供する一定の土地に対する固定資産税の課税標準を次のとおりとする。 ・価格の1／3	なし

第6　課税標準の特例

	条	項	特例名	制度の概要	適用期限
				（うちほ場の用に供するもの　価格の1／6）	
※	349条の3	㉒	新関西国際空港株式会社の業務用資産に係る課税標準の特例措置	新関西国際空港株式会社が所有し、又は指定会社から借り受ける固定資産のうち、直接本来の事業の用に供する一定の固定資産に対する固定資産税の課税標準を次のとおりとする。 ・価格の1／2	なし
※	349条の3	㉓	信用協同組合等の事務所及び倉庫に係る課税標準の特例措置	信用協同組合及び信用協同組合連合会、労働金庫及び労働金庫連合会、信用金庫及び信用金庫連合会が所有し、かつ使用する事務所及び倉庫に対する固定資産税の課税標準を次のとおりとする。 ・価格の3／5	なし
	349条の3	㉔	鉄道事業者等により新たに建設された変電所に係る課税標準の特例措置	鉄道事業者、軌道経営者、(独)鉄道建設・運輸施設整備支援機構により新たに建設された変電所の用に供する償却資産でその鉄道事業者等がその事業の用に供する一定のものに対する固定資産税の課税標準を次のとおりとする。 ・最初の5年度分価格の3／5	なし
※	349条の3	㉕	中部国際空港株式会社の業務用資産に係る課税標準の特例措置	中部国際空港株式会社が所有し、かつ直接中部国際空港の設置管理業務等の用に供する一定の固定資産に対する固定資産税の課税標準を次のとおりとする。 ・価格の1／2	なし
	349条の3	㉖	外国貿易船による物	外国貿易のため外国航路に	なし

第5章　固定資産税

	条	項	特例名	制度の概要	適用期限
			品運送用コンテナーに係る課税標準の特例措置	就航する船舶による物品運送の用に供される一定のコンテナーに対する固定資産税の課税標準を次のとおりとする。 ・価格の4／5	
※	349条の3	㉗	家庭的保育事業用資産に係る課税標準の特例措置	家庭的保育事業の認可を得た者が直接当該事業の用に供する家屋及び償却資産（他の用途に供されないものに限る）に対する固定資産税の課税標準を次のとおりとする。 ・価格に1／2を参酌して1／3以上2／3以下の範囲内において市町村の条例で定める割合に乗じて得た額 （大臣配分又は知事配分資産価格の1／2）	なし
※	349条の3	㉘	居宅訪問型保育事業用資産に係る課税標準の特例措置	居宅訪問型保育事業の認可を得た者が直接当該事業の用に供する家屋及び償却資産（他の用途に供されないものに限る）に対する固定資産税の課税標準を次のとおりとする。 ・価格に1／2を参酌して1／3以上2／3以下の範囲内において市町村の条例で定める割合に乗じて得た額 （大臣配分又は知事配分資産価格の1／2）	なし
※	349条の3	㉙	事業所内保育事業（利用定員が5人以下）用資産に係る課税標準の特例措置	事業所内保育事業（利用定員が5人以下であるものに限る）の認可を得た者が直接当該事業の用に供する家屋及び償却資産（他の用途	なし

－ 490 －

第6　課税標準の特例

条		項	特例名	制度の概要	適用期限
				に供されないものに限る）に対する固定資産税の課税標準を次のとおりとする。 ・価格に１／２を参酌して１／３以上２／３以下の範囲内において市町村の条例で定める割合に乗じて得た額 （大臣配分又は知事配分資産価格の１／２）	
※	349条の3	㉚	認定生活困窮者就労訓練事業用資産に係る課税標準の特例措置	社会福祉法人等が直接認定生活困窮者就労訓練事業（社会福祉事業として行われるものに限る）の用に供する固定資産に係る課税標準を次のとおりとする。 ・価格の１／２	なし
	349条の3	㉛	(国研)日本医療研究開発機構の業務用資産に係る課税標準の特例措置	(国研)日本医療研究開発機構が所有し、かつ直接医療分野の研究開発等の業務の用に供する一定の償却資産に対する固定資産税の課税標準を次のとおりとする。 ・最初の５年度分価格の１／３、その後の５年度分価格の２／３	なし
※	349条の3	㉜	(国研)量子科学技術研究開発機構の研究設備等に係る課税標準の特例措置	(国研)量子科学技術研究開発機構が設置する量子科学に関する基礎的研究業務等の用に供する設備並びにこれらの設備を収容する家屋に対する固定資産税の課税標準を次のとおりとする。 ・最初の５年度分価格の１／３、その後の５年度分価格の２／３	なし
※	349条の3	㉝	世界遺産に登録された稼働中の産業遺産	景観法の規定により指定を受けた景観重要建造物のう	なし

— 491 —

第5章　固定資産税

条	項	特例名	制度の概要	適用期限
		に係る課税標準の特例措置	ち世界遺産に登録された一定の固定資産に対する固定資産税の課税標準を次のとおりとする。 ・価格の1／3	

(2)　適用期限が定められている課税標準の特例

※のあるものは、都市計画税についても適用がある。

条		項	特例名	制度の概要	適用期限
※	附15条	①	総合効率化事業者が総合効率化計画に基づき新増設した倉庫等に係る課税標準の特例措置	流通業務の総合化及び効率化の促進に関する法律に規定する総合効率化事業者が、総合効率化計画に基づき取得した一定の施設又は設備に対する固定資産税の課税標準を次のとおりとする。 ①　倉庫事業者が取得した一定の倉庫　最初の5年度分価格の1／2 （うち倉庫に附属する機械設備　最初の5年度分価格の3／4） ②　日本貨物鉄道株式会社以外の鉄道事業者等が取得した貨物の運送の用に供する設備　最初の5年度分価格の2／3 （省令で定める小規模な総合効率化事業者にあっては価格の3／5）	R4.3.31
	附15条	②	公共の危害防止のために設置された施設又は設備に係る課税標準の特例措置	次に掲げる公害防止施設に対する固定資産税の課税標準を、それぞれ次のとおりとする。 ①　水質汚濁防止法に規定する特定施設等を設置する工場、事業場の汚水又	R4.3.31

— 492 —

第6 課税標準の特例

条	項	特例名	制度の概要	適用期限
			は廃液の処理施設等 イ 大臣配分又は知事配分資産 価格の1／2 ロ その他の資産 価格に1／2を参酌して1／3以上2／3以下の範囲内において市町村の条例で定める割合 ② ごみ処理施設 価格の1／2 ③ 一般廃棄物最終処分場 価格の2／3 ④ 産業廃棄物処理施設 イ 石綿が含まれている産業廃棄物の処理の用に供する産業廃棄物処理施設 価格の1／2 ロ イ以外の産業廃棄物処理施設 価格の1／3 ⑤ 公共下水道の使用者が設置した除害施設 イ 大臣配分又は知事配分資産 価格の3／4 ロ その他の資産 価格に3／4を参酌して2／3以上5／6以下の範囲内において市町村の条例で定める割合	
附15条	③	国内路線に就航する航空機に係る課税標準の特例措置	航空法の許可を受けた者が運航する一定の航空機に対する固定資産税の課税標準を次のとおりとする。 ① 地方的な航空運送の用に供する航空機で最大離陸重量が200ｔ未満のもの 最初の5年度分価格の2／5 ② ①のうち特に地方的な	Ｒ3年度分

— 493 —

第5章　固定資産税

条	項	特例名	制度の概要	適用期限
			航空運送の用に供する航空機 イ　最大離陸重量が30 t 未満のもの　最初の5年度分価格の1／4 ロ　最大離陸重量が30 t 以上50 t 未満のもの　最初の1年度分価格の3／8、その後の4年度分価格の2／5 ③　①、②以外の航空機　最初の3年度分価格の2／3	
附15条	④	心身障害者多数雇用事業所の用に供する家屋に係る課税標準の特例措置	心身障害者を多数雇用する事業所の事業主が障害者の雇用の促進等に関する法律に規定する助成金等を受けて取得した当該事業所の事業の用に供する一定の家屋に対する固定資産税の課税標準を次のとおりとする。 ・最初の5年度分価格の5／6	R 5 . 3 .31
附15条	⑤	沖縄電力株式会社が電気供給業の用に供する償却資産に係る課税標準の特例措置	沖縄電力株式会社が電気供給業の用に供する償却資産（事務所、宿舎の用に供する償却資産を除く。）に対する固定資産税の課税標準を次のとおりとする。 ・価格の2／3 ※349条の3①に規定する償却資産にあっては、価格の2／3に同項に定める率を乗じて得た額	R 3 年度
附15条	⑥	地震防災対策の用に供する償却資産に係る課税標準の特例措置	南海トラフ地震防災対策推進地域、日本海溝・千島海溝周辺海溝型地震防災対策推進地域及び首都直下地震緊急対策地域において新た	R 5 . 3 .31

— 494 —

第6 課税標準の特例

条		項	特例名	制度の概要	適用期限
				に取得された地震防災対策の用に供する一定の償却資産に対する固定資産税の課税標準を次のとおりとする。 ・最初の3年度分価格の2／3	
	附15条	⑦	JR貨物が取得した新規製造車両に係る課税標準の特例措置	JR貨物が取得し、業務の用に供する一定の新規製造車両（機関車）に対する固定資産税の課税標準を次のとおりとする。 ・最初の5年度分価格の3／5	R4.3.31
	附15条	⑧	一定の低公害自動車に燃料を充てんするための設備に係る課税標準の特例措置	燃料電池自動車に水素充填するための設備で、政府の補助を受けて新たに取得されたものに対する固定資産税の課税標準を次のとおりとする。 ・最初の3年度分価格の3／4	R5.3.31
	附15条	⑨	国際船舶に係る課税標準の特例措置	主として外国貿易のため外国航路に就航する船舶であって、海上運送法に規定する国際船舶であるものに対する固定資産税の課税標準を次のとおりとする。 ・349条の3④の規定により課税標準とされる額に1／3を乗じて得た額（一定の特定船舶にあっては1／6を乗じて得た額）	R5年度
※	附15条	⑩	整備新幹線の開業に伴いJRから譲渡された並行在来線に係る課税標準の特例措置	整備新幹線の開業に伴いJR旅客会社から特定鉄道事業者に譲渡された並行在来線に対する固定資産税の課税標準を次のとおりとする。	R5.3.31

— 495 —

第5章　固定資産税

条	項	特例名	制度の概要	適用期限
			・最初の20年度分価格の1／2 ※349条の3①、⑭又は㉔の規定の適用を受ける償却資産にあっては、これらの規定により課税標準とされる額の1／2	
附15条	⑪	鉄道事業者等が取得した車両の運行の安全性の向上に資する償却資産に係る課税標準の特例措置	鉄道事業者、軌道経営者が政府の補助を受けて取得した車両の運行の安全性の向上に資する一定の償却資産に対する固定資産税の課税標準を次のとおりとする。 ・最初の5年度分価格の1／3	R 5.3.31
附15条	⑫	鉄道事業者等が取得した低床型の新造車両に係る課税標準の特例措置	鉄道事業者、軌道経営者が取得し、事業の用に供する新造車両で、高齢者、身体障害者等が円滑に利用できる特殊な構造を有するもの（低床型新造車両）に対する固定資産税の課税標準を次のとおりとする。 ・最初の5年度分価格の1／3	R 5.3.31
附15条	⑬	鉄道事業者等が取得等した新規製造車両又は改良車両に係る課税標準の特例措置	鉄道事業者、軌道経営者が取得等した新規製造客車又は改良車両で、利用者の利便の向上に資するもの又はエネルギー使用の合理化に資するものに対する固定資産税の課税標準を次のとおりとする。 ・最初の5年度分価格の2／3 （省令で定める小規模な鉄道事業者等にあっては価格の3／5）	R 5.3.31

－ 496 －

第6　課税標準の特例

条	項	特例名	制度の概要	適用期限
附15条	⑭	総合効率化事業者が取得等した新規製造車両に係る課税標準の特例措置	総合効率化事業者が取得等した新規製造客車で、利用者の利便の向上に資するもの又はエネルギー使用の合理化に資するものに対する固定資産税の課税標準を次のとおりとする。 ・最初の5年度分価格の3／5 　（省令で定める小規模な総合効率化事業者にあっては価格の3／5）	R 4 . 3 .31
※　附15条	⑮	ＰＦＩ法の選定事業者が整備した一定の公共施設等に係る課税標準の特例措置	民間資金等の活用による公共施設等の整備等の促進に関する法律（ＰＦＩ法）に規定する選定事業者が事業計画又は協定に従って実施する選定事業（国・地方公共団体がその事務・事業として実施するものであることを証明したものに限る）により取得した家屋及び償却資産に対する固定資産税の課税標準を次のとおりとする。 ・価格の2／3	R 7 . 3 .31
※　附15条	⑯	認定事業者が都市再生事業により取得した公共施設等に係る課税標準の特例措置	都市再生特別措置法に基づく認定事業者が、都市再生事業により新たに取得した公共施設等の用に供する一定の家屋及び償却資産に対する固定資産税の課税標準を次のとおりとする。 ・都市再生緊急整備地域で施行された事業により取得したもの　最初の5年度分価格に3／5を参酌して1／2以上7／10以下の範囲内において市町	R 5 . 3 .31

第5章　固定資産税

条		項	特例名	制度の概要	適用期限
				村の条例で定める割合を乗じて得た額 （大臣配分資産又は知事配分資産価格の3／5） ・特定都市再生緊急整備地域で施行された事業により取得したもの　最初の5年度分価格に1／2を参酌して2／5以上3／5以下の範囲内において市町村の条例で定める割合を乗じて得た額 （大臣配分資産又は知事配分資産価格の1／2）	
※	附15条	⑰	鉄道事業者等が都市鉄道利便増進事業により取得した施設等に係る課税標準の特例措置	鉄道事業者、軌道経営者、鉄軌道施設の貸付を行う法人が都市鉄道利便増進事業により取得した都市鉄道施設・駅附帯施設の用に供する一定の家屋・償却資産に係る固定資産税の課税標準を次のとおりとする。 ・最初の5年度分価格の2／3	R5.3.31
※	附15条	⑱	指定会社等が外貿埠頭公社から承継した一定の固定資産に係る課税標準の特例措置	外貿埠頭公社の民営化に伴い、特定外貿埠頭の管理運営に関する法律に基づく指定会社等が、外貿埠頭公社からの出資により取得した一定の固定資産に対する固定資産税の課税標準を次のとおりとする。 ・最初の10年度分価格の1／2 （旧公団からの承継資産にあっては3／5）	なし
※	附15条	⑲	鉄道事業者が鉄道事業再構築事業を実施する路線において取	鉄道事業者が、地域公共交通の活性化及び再生に関する法律に規定する認定鉄道	R4.3.31

— 498 —

第6　課税標準の特例

条		項	特例名	制度の概要	適用期限
			得した家屋等に係る課税標準の特例措置	事業再構築実施計画に基づき鉄道事業再構築事業を実施する路線に係る鉄道事業の用に供する一定の家屋又は償却資産のうち政府の補助を受けて取得したものに対する固定資産税の課税標準を次のとおりとする。 ・最初の5年度分価格の1／4	
	附15条	⑳	バイオ燃料製造事業者が取得したバイオ燃料製造施設に係る課税標準の特例措置	農林漁業有機物資源のバイオ燃料の原材料としての利用の促進に関する法律に基づく認定生産製造連携事業計画に従って一定のバイオ燃料を製造する事業者等が新設するバイオ燃料製造設備に対する固定資産税の課税標準を次のとおりとする。 ・最初の3年度分価格の2／3 （省令で定める設備にあっては価格の1／2）	R 4 . 3 . 31
※	附15条	㉑	公益社団・財団法人が所有する重要無形文化財の公演のための施設等に係る課税標準の特例措置	公益社団・財団法人が所有する施設であって、重要無形文化財の公演のための専用の施設の用に供する土地及び家屋に対する固定資産税の課税標準を次のとおりとする。 ・価格の1／2	R 4 年度
※	附15条	㉒	国際戦略港湾及び一定の国際拠点港湾の港湾運営会社が取得した荷さばき施設等に係る課税標準の特例措置	国際戦略港湾又は一定の国際拠点港湾の港湾運営業者が国の無利子貸付又は補助を受けて取得した一定の荷さばき施設等に対する固定資産税の課税標準を次のとおりとする。 ・最初の10年度分	R 5 . 3 . 31

第5章　固定資産税

条	項	特例名	制度の概要	適用期限
			国際戦略港湾において価格の1／2 　特定国際拠点港湾において価格の2／3	
附15条	㉓	津波対策に資する港湾施設等に係る課税標準の特例措置	臨港地区に港湾施設等を有する事業者が取得した港湾施設等に対する固定資産税の課税標準を次のとおりとする。 ・最初の4年度分価格に1／2を参酌して1／3以上2／3以下の範囲内において市町村の条例で定める割合を乗じて得た額（大臣配分又は知事配分資産価格の1／2）	R6.3.31
附15条	㉔ ・ ㉕	津波避難施設に係る課税標準の特例措置	令和6年3月31日までに市町村と締結した管理協定の対象となった協定避難施設に係る協定避難用部分若しくは市町村長により指定された指定避難施設に係る指定避難施設避難用部分又は一定の避難の用に供する償却資産に対する固定資産税の課税標準を次のとおりとする。 ①指定避難施設　指定避難施設として指定された日又は償却資産を取得した日の属する年の翌年の1月1日の翌日から起算して5年を経過する日を賦課期日とする年度までの各年度分価格に2／3を参酌して1／2以上5／6以下の範囲内において市町村の条例で定める割合を乗じて得た額（大臣	R6.3.31

— 500 —

第6　課税標準の特例

条	項	特例名	制度の概要	適用期限
			配分又は知事配分資産価格の2／3） ②協定避難施設　管理協定を締結した日又は償却資産を取得した日の属する年の翌年の1月1日の翌日から起算して5年を経過する日を賦課期日とする年度までの各年度分価格に1／2を参酌して1／3以上2／3以下の範囲内において市町村の条例で定める割合を乗じて得た額（大臣配分又は知事配分資産価格の1／2）	
※　附15条	㉖	鉄道事業者等が駅のバリアフリー化により取得した一定の償却資産等に係る課税標準の特例措置	鉄道事業者等がその事業の用に供する鉄道施設等を高齢者、障害者等の移動等の円滑化の促進に関する法律に規定する公共交通移動等円滑化基準に適合させるために実施する一定の鉄道駅等の改良工事により取得する停車場建物又は停車場設備等に対する固定資産税の課税標準を次のとおりとする。 ・最初の5年度分価格の2／3	R5.3.31
附15条	㉗	再生可能エネルギー発電設備に係る課税標準の特例措置	電気事業者による再生可能エネルギー電気の調達に関する特別措置法に規定する一定の再生可能エネルギー発電設備（太陽光、風力、水力、地熱、バイオマス）に係る固定資産税の課税標準を、最初の3年度分次のとおりとする。	R4.3.31

— 501 —

第5章　固定資産税

条	項	特例名	制度の概要	適用期限
			①太陽光（1,000kW未満かつ政府の補助を受けたもので再生特措法に規定する認定を受けたものを除く。）、風力（20kW以上）、地熱（1,000kW未満）、バイオマス（10,000kW以上20,000kW未満）　価格に2／3を参酌して1／2以上5／6以下の範囲内において市町村の条例で定める割合を乗じて得た額（大臣配分又は知事配分資産価格の2／3） ②太陽光（1,000kW以上かつ政府の補助を受けたもので再生特措法に規定する認定を受けたものを除く。）、風力（20kW未満）、水力（5,000kW以上）　価格に3／4を参酌して7／12以上11／12以下の範囲内において市町村の条例で定める割合を乗じて得た額（大臣配分又は知事配分資産価格の3／4） ③水力（5,000kW未満）、地熱（1,000kW以上）、バイオマス(10,000kW未満)　価格に1／2を参酌して1／3以上2／3以下の範囲内において市町村の条例で定める割合を乗じて得た額（大臣配分又は知事配分資産価格の1／2）	
附15条	㉘	首都直下地震・南海トラフ地震に備えた	鉄軌道事業者が鉄道施設等の耐震補強工事によって新	R 4 . 3 .31

— 502 —

第6　課税標準の特例

条	項	特例名	制度の概要	適用期限
		耐震対策により取得した鉄道施設に係る課税標準の特例措置	たに取得した一定の償却資産に係る固定資産税の課税標準を次のとおりとする。 ・最初の5年度分価格の2／3	
※ 附15条	㉙	資源・エネルギー等の海上輸送ネットワークの拠点となる埠頭において整備される荷さばき施設等に係る課税標準の特例措置	港湾法に規定する特定貨物輸入拠点港湾において、政府の補助を受けて取得した荷さばき施設等に係る固定資産税の課税標準を次のとおりとする。 ・最初の10年度分価格の2／3	R5.3.31
附15条	㉚	浸水防止用設備に係る課税標準の特例措置	水防法に規定する浸水想定区域内の一定の地下街等の所有者又は管理者が同法に規定する浸水防止計画に基づき取得した地下街等における洪水時の避難の確保及び洪水時の浸水の防止を図るための一定の設備に係る固定資産税の課税標準を次のとおりとする。 ・最初の5年度価格に2／3を参酌して1／2以上5／6以下の範囲内において市町村の条例で定める割合を乗じて得た額（大臣配分又は知事配分資産価格の2／3）	R5.3.31
附15条	㉛	港湾の民有護岸等の耐震化の推進に係る課税標準の特例措置	南海トラフ地震防災対策推進地域、日本海溝・千島海溝周辺海溝型地震防災対策推進地域及び首都直下地震緊急対策区域において港湾法の規定による国の貸付けに係る資金の貸付けを受けて改良された一定の特別特定技術基準対象施設の用に供	R5.3.31

第5章　固定資産税

条	項	特例名	制度の概要	適用期限
			する償却資産に対する固定資産税の課税基準を次のとおりとする。 ① 南海トラフ地震防災対策推進地域又は首都直下地震緊急対策区域において改良され、その港湾区域が一定の開発保全航路又は緊急確保航路の区域に隣接する港湾に存する特別特定技術基準対象施設　最初の5年度分価格の1／2 ② ①以外の特別特定技術基準対象施設　最初の5年度分価格の5／6	
附15条	㉜	防災上重要な道路の無電柱化のために新設したケーブル等に係る課税標準の特例措置	電気事業者等が防災上重要な道路の地下に埋設するために新設した地下ケーブル等に係る固定資産税について、課税基準を次のとおりとする。 ① 占用の禁止又は制限が行われたことにより、電柱の新設が禁止された道路の区域の地下に埋設するために新設した電線等　最初の4年度分価格の1／2 ② 緊急輸送道路の区域の地下に埋設するために新設した電線等（①に掲げる電線等を除く。）　最初の4年度分価格の3／4	R4.3.31
※　附15条	㉝	農地中間管理機構が新たに農地中間管理権を取得した農地に係る課税標準の特例措置	農地中間管理権を取得した一定の土地で、その存続期間が10年以上であるものに係る固定資産税について、課税標準を次のとおりとす	R4.3.31

— 504 —

第6　課税標準の特例

条		項	特例名	制度の概要	適用期限
				る。 最初の３年度分価格の１／２ （うち農地中間管理権の存続期間が15年以上　最初の５年度分価格の１／２）	
※	附15条	㉞	企業主導型保育事業用資産に係る課税標準の特例措置	子ども・子育て支援法に基づく政府の補助を受けた者が企業主導型保育事業の用に供する固定資産に対する固定資産税の課税標準を次のとおりとする。 ・最初の５年度価格に１／２を参酌して１／３以上２／３以下の範囲内において市町村の条例で定める割合を乗じて得た額 （大臣配分又は知事配分資産価格の１／２）	R 5 . 3 .31
※	附15条	㉟	緑地保全・緑化推進法人が設置及び管理する市民緑地に係る課税標準の特例措置	緑地保全・緑化推進法人が設置及び管理する市民緑地の用に供する一定の土地に対する固定資産税の課税標準を次のとおりとする。 ・最初の３年度分価格に２／３を参酌して１／２以上５／６以下の範囲内において市町村の条例で定める割合を乗じて得た額	R 5 . 3 .31
	附15条	㊱	電気通信事業者が取得した特定電気通信設備に係る課税標準の特例措置	電気通信事業者である法人が首都直下地震緊急対策区域内において取得し事業の用に供する一定の特定電気通信設備で地域特定電気通信設備供用事業に係る認定計画に記載されたものに対して課する固定資産税の課税標準を次のとおりとする。 ・最初の３年度分価格の３	R 4 . 3 .31

— 505 —

	条	項	特例名	制度の概要	適用期限
※				／４	
※	附15条	㊲	立地誘導促進施設協定に定められた一定の立地誘導促進施設に係る課税標準の特例措置	立地誘導促進施設協定（有効期間５年以上）に定められた立地誘導促進施設（都市再生推進法人が管理するものに限る。）の用に供する一定の土地及び償却資産に対して課する固定資産税の課税標準を次のとおりとする。 特定立地誘導促進施設協定が認可を受けた日の属する年の１月１日を賦課期日とする年度から３年度分（当該特定立地誘導促進施設協定の有効期間が10年以上である場合には、５年度分）　価格の２／３	Ｒ４．３．31
※	附15条	㊳	帰還・移住等環境整備推進法人が整備した対象特定公共施設等の用に供する土地等に係る課税標準の特例措置	帰還・移住等環境整備推進法人が帰還・移住等環境整備事業計画に記載された事業により整備した特定公益的施設又は特定公共施設の用に供する土地及び償却資産に係る固定資産税の課税標準を次のとおりとする。 ・最初の５年度分　価格の１／３	Ｒ４．３．31
※	附15条	㊴	地域福利増進事業に係る課税標準の特例措置	特定所有者不明土地について土地使用権を取得した者が当該特定所有者不明土地を使用する地域福利増進事業により整備する施設の用に供する土地及び償却資産に係る固定資産税の課税標準を次のとおりとする。 ・最初の５年度分　価格の２／３	Ｒ５．３．31

第6 課税標準の特例

	条	項	特例名	制度の概要	適用期限
	附15条	㊵	農業協同組合等が取得した共同利用機械等に係る課税標準の特例措置	農業協同組合、中小企業等協同組合等が農業近代化資金等の貸付を受けて取得した共同利用に供する機械及び装置に対する固定資産税の課税標準を次のとおりとする。 ・最初の3年度分価格の1／2	R5.3.31
	附15条	㊶	農業協同組合等が認定就農者に利用させるために取得した償却資産に係る課税標準の特例措置	農地中間管理事業の推進に関する法律の規定により市町村が公表した人・農地プランにおいて地域の中心となる経営体として位置付けられた農業経営基盤強化促進法に規定する認定就農者に利用させるため、農業協同組合等が取得した一定の償却資産に係る固定資産税について、課税標準を次のとおりとする。 ・最初の5年度分 価格の2／3	R4.3.31
※	附15条	㊷	浸水被害軽減地区の指定を受けた土地に係る課税標準の特例措置	水防法に規定する浸水被害軽減地区の指定を受けた土地に係る固定資産税及び都市計画税について、課税標準を次のとおりとする。 ・最初の3年度分価格に2／3を参酌して1／2以上5／6以下の範囲内において市町村の条例で定める割合を乗じて得た額	R5.3.31
※	附15条	㊸	一体型滞在快適性等向上事業の用に供する固定資産に係る課税標準の特例措置	市町村が作成する都市再生整備計画で定めた都市再生特別措置法に規定する一体型滞在快適性等向上事業の実施主体が滞在快適性等向上施設等の用に供する一定	R4.3.31

— 507 —

第 5 章　固定資産税

条	項	特例名	制度の概要	適用期限
			の固定資産に係る固定資産税及び都市計画税について、課税標準を次のとおりとする。 ・最初の5年度分　価格の1／2	
附15条	㊸	ローカル5Gの設備に係る課税標準の特例措置	電波法の規定によりローカル5G無線局（地域社会の諸課題の解決に寄与するものとして省令で定めるものに限る。）に係る免許を受けた者が、特定高度情報通信技術活用システムの開発供給及び導入の促進に関する法律に規定する認定導入計画に基づき、新たに取得した一定の償却資産に係る固定資産税について、課税標準を次のとおりとする。 ・最初の3年度分　価格の1／2	R4.3.31
附15条	㊹	シェアサイクル事業の用に供する償却資産に係る課税標準の特例措置	自転車活用推進法に規定する市町村自転車活用推進計画に定められた一定のシェアサイクル事業を行う者が当該事業の用に供する一定の償却資産に係る固定資産税について、課税標準を次のとおりとする。 ・最初の3年度分　価格の3／4	R5.3.31
附15条	㊺	雨水貯留浸透施設に係る課税標準の特例措置	特定都市河川浸水被害対策法又は下水道法に規定する認定計画に基づき設置された一定の雨水貯留浸透施設に係る固定資産税について、課税標準を次のとおりとする。 ・価格に1／3を参酌して	R6.3.31

— 508 —

第6 課税標準の特例

条		項	特例名	制度の概要	適用期限
				1／6以上1／2以下の範囲内において市町村の条例で定める割合を乗じて得た額 （大臣配分資産又は知事配分資産価格の1／3）	
	附15条の2	①	JR等が国鉄から承継した一定の固定資産等に係る課税標準の特例措置	国鉄改革前において旧市町村納付金の一定の特例措置の適用があったものに対する固定資産税の課税標準について、当該特例措置（償却資産の区分に応じ、1／6～3／4）と同等の特例措置を講じる。 ① JR各社が国鉄から承継した鉄道事業用資産 ② （独）鉄道建設・運輸施設整備支援機構が所有し、かつJR各社に有償で貸し付けている鉄道の用に供する固定資産のうち、国鉄改革前に国鉄に有償で貸し付けていたもの	なし
※	附15条の2	②	JR北海道又はJR四国が所有等する一定の本来事業用資産に係る課税標準の特例措置	JR北海道又はJR四国が所有し、又は借り受け、若しくは利用する一定の固定資産で、直接その本来の事業の用に供するものに対する固定資産税の課税標準を次のとおりとする。 ・価格の1／2 ※349条の3①、⑫から⑭まで若しくは㉔、附15条⑯、⑰若しくは㉜又は附15条の2①の規定の適用を受ける固定資産にあっては、これらの規定により課税標準とされる額の1／2	R3年度

条	項	特例名	制度の概要	適用期限
※ 附15条の3		JR北海道、JR四国又はJR貨物が国鉄から承継した一定の固定資産に係る課税標準の特例措置	JR北海道、JR四国又はJR貨物が所有する国鉄から承継した一定の固定資産に対する固定資産税の課税標準を次のとおりとする。 ・価格の3／5 ※附15条の2①又は附15条の2②の規定の適用を受ける固定資産にあっては、これらの規定により課税標準とされる額の3／5	R3年度

2 住宅用地に対する課税標準の特例

住宅用地に対する固定資産税については、住宅政策に資する見地から、次のような課税標準の特例措置が講じられており、その税負担が軽減されることとされています（地法349の3の2）。

住宅用地の区分	課税標準の特例の内容
住宅用地	課税標準となるべき価格を3分の1に圧縮します。
うち小規模住宅用地	課税標準となるべき価格を6分の1に圧縮します。

　この特例の対象となる住宅用地は、左欄に掲げる住宅の敷地の用に供されている土地で、右欄の住宅用地とされています（地令52の11）。

　なお、平成27年度の税制改正において、空家等対策の推進に関する特別措置法第14条第2項の規定により所有者等（同法第3条に規定する所有者等をいいます。）に対して同法の規定による必要な措置の勧告がされた同法第2条第2項に規定する特定空家等の敷地の用に供されている土地については、平成28年度以後の年度分の固定資産税から、この住宅用地に係る特例措置の対象から除外することとされています（改正後の地法349の3の2①、平成27年改正地法附則17③）。

住宅の区分	特例の対象となる住宅用地
① 専用住宅（専ら人の居住の用に供する家屋をいいます。） ※ 別荘部分を有する専用住宅は②によります。	当該専用住宅の敷地の用に供されている土地（その専用住宅の床面積の10倍を限度とします。）

第6 課税標準の特例

②	併用住宅等（その一部を人の居住の用に供する家屋で、居住用部分（別荘部分を除きます。）の床面積のその家屋の床面積に対する割合（以下「居住部分の割合」といいます。）が4分の1以上であるものをいい、別荘部分を有する専用住宅を含みます。） ※ 別荘部分を有する専用住宅とは、その住宅のうち別荘の用に供する部分以外の部分の床面積のその住宅の床面積に対する割合が4分の1以上であるものをいいます。	下表（住宅用地率）の左欄に掲げる併用住宅等の区分及び同表の中欄に掲げる当該併用住宅等に係る居住部分（別荘部分を除きます。）の割合の区分に応じ、同表の右欄に掲げる率を当該併用住宅等の敷地の用に供されている土地の面積（当該併用住宅等の床面積の10倍を限度とします。）に乗じて得た面積に相当する土地 ※ 別荘部分を有する専用住宅にあっては、その別荘の用に供する部分以外の部分の床面積のその住宅の床面積に対する割合となります。

（住宅用地率）

	併用住宅等の区分	居住部分の割合	住宅用地率
①	②以外の併用住宅等	4分の1以上2分の1未満	0.5
		2分の1以上	1.0
②	地上階数5以上の耐火建築物である併用住宅等	4分の1以上2分の1未満	0.5
		2分の1以上4分の3未満	0.75
		4分の3以上	1.0

（計算例）併用住宅に係る特例対象住宅用地の算定

イ ・土地350㎡ ・併用住宅（2階建）床面積250㎡（うち居住部分100㎡）

  (イ) 居住部分の割合   100㎡÷250㎡＝0.4→0.5（住宅用地率）

  (ロ) 特例の対象となる住宅用地の面積→350㎡×0.5＝175㎡

ロ ・土地800㎡ ・併用住宅（5階建耐火建築物）床面積500㎡（うち居住部分260㎡）

  (イ) 居住部分の割合   260㎡÷500㎡＝0.52→0.75（住宅用地率）

  (ロ) 特例の対象となる住宅用地の面積→800㎡×0.75＝600㎡

小規模住宅用地とは

　住宅用地のうち、次の左欄に掲げる区分に応じ、右欄に定める住宅用地に該当するものをいいます（地法349の3の2②、地令52の12、地規12の2）。

第 5 章　固定資産税

住宅用地の区分		小規模住宅用地
①	住宅用地でその面積が200㎡以下であるもの	当該住宅用地
②	住宅用地でその面積が200㎡を超えるもののうち住居１戸当たりの住宅用地の面積が200㎡以下であるもの	当該住宅用地
③	住宅用地でその面積が200㎡を超えるもののうち住居１戸当たりの住宅用地の面積が200㎡を超えるもの	200㎡に当該住居の数を乗じて得た面積に相当する住宅用地

　（注）　住居１戸当たりの住宅用地の面積とは、当該住宅用地の面積を当該住宅用地の
　　　　上に存する住居（その全部が別荘の用に供される住居を除きます。）の数で除して
　　　　得た面積をいいます。

留意点1

　　住宅用地に対する課税標準の特例については、次のように取り扱うこととされて
います（地方税法第349条の3の2の規定における住宅用地の認定について（平9.4.1自
治固第13号固定資産税課長通知））。

㈠　住宅の認定

　　当該家屋が住宅であるかどうかの認定は、次によります。

住　宅　の　認　定	
①	住宅に該当するかどうかは、１個の家屋ごとに判断します。この場合、原則として１棟の家屋をもって１個の家屋とします。なお、複数棟から構成される家屋で不動産登記法上１個の家屋として取り扱われるものについては、構造、利用実態、外観等からみて別個の家屋と判断できる場合には、例外として別個の家屋として取り扱うことができます。
②	附属的な家屋（物置、納屋、土蔵等）については、本体の家屋と効用上一体として利用される状態にある場合には、１個の家屋に含めます。
③	人の居住の用に供するとは、特定の者が継続して居住の用に供することをいいます。
④	賦課期日において現に人が居住していない家屋については、当該家屋が構造上住宅と認められ、かつ、当該家屋（併用住宅にあっては、当該家屋のうち居住部分とします。）が居住以外の用に供されるものでないと認められる場合には住宅とします。ただし、賦課期日における当該家屋の使用若しくは管理の状況又は所有者等の状況等から客観的にみて、当該家屋について、構造上住宅と認められない状況にある場合、使用の見込みはなく取壊しを予定している場合又は居住の用に供するために必要な管理を怠っている場合等で今後人の居住の用に供される見込みがないと認められる場合には、住宅には該当しないものであるので、賦課期日における当該家屋の客観的状況等に留意

第6 課税標準の特例

| ⑤ | 併用住宅の共用部分については、専用部分の床面積の割合によって按分し、それぞれの専用部分に含めます。 |

㈹ 住居の数の認定

住居の数の認定は、次によります。

住 居 の 数 の 認 定	
①	住居とは、人が居住して日常生活に用いる家屋等の場所をいいます。したがって、1棟の家屋内に一世帯が独立して生活を営むことができる区画された部分が2以上設けられている場合には、当該2以上の区画された部分がそれぞれ住居となります（地規12の2①）。
②	「独立して生活を営むことができる区画された部分」とは、構造上独立的に区画された家屋の一部分であり、原則として専用の出入口、炊事場及び便所を有するものをいいます。ただし、共同住宅にあっては、各世帯の居住の用に供されている区画された部分ごとに炊事場又は便所が設けられることなく共用されているような場合においても、通常当該区画された部分において一世帯が独立して生活を営むことができる状態にあると認められますので、その限りにおいては当該区画された部分が、それぞれ住居となります。
③	したがって、①及び②の基準によって算定した数が、住居の数となります。
④	その全部が別荘の用に供されている住居は、住居として取り扱いません。

㈥ 敷地の認定

敷地の認定は、次によります。

敷 地 の 認 定	
①	住宅の敷地の用に供されている土地とは、当該住宅を維持し、又はその効用を果たすために使用されている一画地の土地で賦課期日現在において当該家屋の存するものをいいます。
②	一画地の土地は、道路、塀、垣根、溝等によって他の土地と区分して認定することとなりますが、明確な境界がない場合においては、土地の使用の実態によって認定します。この場合、住宅の敷地に使用されている土地が1筆の土地の一部分である場合は、当該部分のみをもって一画地とし、数筆の土地にわたり1個の住宅が存する等数筆の土地が一体として利用されているような場合には、数筆をもって一画地と認定します。
③	一画地の土地の上に住宅その他の家屋が混在する場合において、当該土地のうち住宅の敷地である部分を明確に区分することが困難なときは、当該土地に存する家屋の総床面積に応じて按分し、それぞれの家屋の用に供している土地を認定することができます。ただし、総床面積に応じて按分することが

— 513 —

第5章　固定資産税

	不適当な場合は、建築面積に応じて按分してその土地を認定することができます。
④	住宅の建設予定地は住宅の敷地ではありませんが、既存の住宅に代えて住宅が建設中である土地で次に掲げる要件をすべて満たすものについては、住宅用地として取り扱うことができます。 イ　当該土地が、当該年度の前年度に係る賦課期日において住宅用地であったこと。 ロ　当該土地において、住宅の建設が当該年度に係る賦課期日において着手されており、当該住宅が当該年度の翌年度に係る賦課期日までに完成するものであること。 　　なお、既存の家屋に代えて新たな家屋を建築している土地については、原則として、当該家屋の建設が当該年度に係る賦課期日において着手されており、かつ当該家屋が当該年度の翌年度にかかる賦課期日までに完成する必要があるが、当該翌年度に係る賦課期日において、当該土地において適当と認められる工事予定期間を定めて当該家屋の建設工事が現に進行中であることが客観的に見て取れる状況である場合にはこの限りではないこと。 ハ　住宅の建替えが、建替え前の敷地と同一の敷地において行われるものであること。 ニ　当該年度の前年度に係る賦課期日における当該土地の所有者と、当該年度に係る賦課期日における当該土地の所有者が、原則として同一であること。 ホ　当該年度の前年度に係る賦課期日における当該住宅の所有者と、当該年度に係る賦課期日における当該住宅の所有者が、原則として同一であること。

(二)　住宅用地の認定

　　住宅用地の認定は、次によります。

住　宅　用　地　の　認　定	
①	住宅の床面積の10倍を超える面積を有する敷地又は居住部分の割合が2分の1（5階建以上の耐火建築物である住宅にあっては、4分の3）未満である併用住宅の敷地については、当該敷地の一部が住宅用地になりますが、この場合、法令の定めるところによって住宅用地の面積を算定し、当該面積に相当する土地を住宅用地として税額の算定をすれば足りるものであり、住宅用地部分の土地を具体的に特定する必要はありません。
②	①の場合において、敷地の所有者が同一でないときは、所有者相互間の均衡を図るため、各人の所有する土地のうち住宅用地とされる部分の割合がそれぞれ同一となるように住宅用地を定めることとなります。これを算式で示すと、次のようになります（地令52の11④、地規12）。 各人が所有する土地に係る住宅用地の面積 ＝ 全敷地に係る住宅用地の面積 × （各人が所有する土地の面積／敷地全体の面積）

— 514 —

| ③ | 住宅用地でその一部が小規模住宅用地であるものが、同一の者によって所有されていない場合には、それぞれの所有者に係る小規模住宅用地の面積は、次の算式によって計算します（地令52の11④、地規12の2②）。
それぞれの所有者に係る小規模住宅用地の面積 ＝ 全小規模住宅用地の面積 × (各人が所有する住宅用地の面積 / 全住宅用地の面積) |

留意点2

　市町村長は、住宅用地の所有者（所有者のうち申告すべき事項に異動のない者は除かれます。）に、当該市町村の条例により、賦課徴収に関し必要な事項を申告させることができます。また、住宅用地から住宅用地以外の土地への変更があり、かつ、当該土地の所有者が当該年度の前年度に係る賦課期日から引き続きその土地を所有している場合には、その土地の所有者に、条例により、その旨を申告させることができます（地法384）。

3　被災住宅用地に対する課税標準の特例

　2の「住宅用地に対する課税標準の特例」は、原則として賦課期日の現況において住宅の存する土地について適用されることとされています。したがって、住宅が震災、風水害、火災その他の災害（以下「震災等」といいます。）により滅失し、又は損壊したため取り壊された場合には、住宅が再建されていなければ、住宅用地として認定できないことから、この住宅用地に対する課税標準の特例の適用が受けられないことになります。

　そこで、当該被災者の被災後の税負担が急増することを回避し、住宅の再建を側面から支援するという観点から、このような土地に対して課する当該被災年度の翌年度又は翌々年度分の固定資産税については、次のとおり、当該土地を住宅用地とみなして、住宅用地に対する課税標準の特例等の地方税法の規定を適用することとされています（地法349の3の3①、地令52の13①②）。

　なお、市町村長は、この特例の適用に当たっては、被災した土地の所有者等に、当該市町村の条例の定めるところにより、特例適用に関し必要と認める事項を申告させることができます（地法384の2）。

	適用要件	特例措置の内容
被災住宅用地に対する特例	震災等により滅失し、又は損壊した家屋の敷地の用に供されていた土地で被災年度分の固定資産税について住宅用地に対する課税標準の特例の適用を受けたもの（次の4において「被災住宅用地」といいます。）のうち家屋又は構築物の敷地の用に供されている土地以外の土地で被災年度に係る賦課期日における当該被災住宅用地の所有者その他一定の者が所有するものについて被災年度の翌年度又は翌々年度の賦課期日において住宅用地として使用することができないと市町村長が認める場合（次の4に該当する場合を除きます。）	被災年度の翌年度分又は翌々年度分の固定資産税については、当該土地を住宅用地とみなして、地方税法の規定を適用します。したがって、これらの年度分の固定資産税については、住宅用地に対する課税標準の特例等について引き続き適用を受けることができます。

なお、被災年度とは、当該震災等の発生した日の属する年の1月1日（当該震災等の発生した日が1月1日である場合には、当該震災等の発生した日の属する年の前年の1月1日）を賦課期日とする年度をいいます。

また、当該被災住宅用地を住宅用地として使用することができないことについての市町村長の認定は、市町村長が、当該土地の具体的な使用状況、当該土地に住宅を建築することについての物理的、経済的又は法律的な障害の有無等諸事情を斟酌して、個別具体的に認定することになります。なお、主な認定事項としては、次のようなものが対象となります。

市町村長の認定事項の主なもの	
①	がれき等の処理が遅れて物理的に住宅の再建ができない。
②	当該土地を巡る権利関係の調整に時間を要し住宅の再建ができない。
③	復旧工事用の資材置き場として当該用地を提供しているため、当該用地を使用することができない。
④	経済的事情により住宅再建まで一定の時間を要する。

第6　課税標準の特例

4　長期避難指示等に係る被災住宅用地に対する課税標準の特例等

被災住宅用地のうち長期避難指示等に係るもの等については、前記**3**の特例ではなく、次によることとされています（地法349の3の3①）。

	適用要件	特例措置の内容
①　長期避難指示等に係る被災住宅用地に対する特例	被災住宅用地のうち家屋又は構築物の敷地の用に供されている土地以外の土地について、震災等に基づく避難指示等の期間が翌年以降に及ぶときにおいて、被災年度の翌年度から避難指示等の解除後3年度までの各年度に係る賦課期日において住宅用地として使用することができないと市町村長が認める場合	被災年度の翌年度から避難指示等の解除後3年度分までの固定資産税については、当該土地を住宅用地とみなして、地方税法の規定を適用します。したがって、これらの年度については、住宅用地に対する課税標準の特例等について引き続き適用を受けることができます。
②　被災市街地復興推進地域に係る被災住宅用地に対する特例	被災住宅用地のうち家屋又は構築物の敷地の用に供されている土地以外の土地について、被災市街地復興推進地域が定められた場合において、被災年から4年度までの各年度に係る賦課期日において住宅用地として使用することができないと市町村長が認める場合	被災年度の翌年度から被災後4年度分までの固定資産税については、当該土地を住宅用地とみなして、地方税法の規定を適用します。したがって、これらの年度については、住宅用地に対する課税標準の特例等について従前と同様引き続き適用を受けることができます。

(注)　避難指示等とは、災害対策基本法第60条第1項及び第6項の規定による避難のための立退きの勧告若しくは指示、同法第61条第1項の規定による避難のための立退きの指示又は同法第63条第1項及び第2項の規定による警戒区域の設定をいいます。

— 517 —

第7 固定資産の評価及び価格等の決定

1 評価及び価格の決定の概要

　固定資産の評価は、船舶、車両、鉄道、発電又は電気通信等で総務大臣が指定するもの及び大規模償却資産で都道府県知事が指定するものを除き、固定資産所在の市町村又は東京都に設置される固定資産評価員（固定資産評価員を設置していない市町村にあっては、市町村長）によって行われ、その価格及びその固定資産に係る課税標準の特例の適用後の価格（以下「価格等」と略称します。）の決定は、固定資産評価員によって行われた評価の結果に基づき市町村長又は東京都知事（特別区の区域内に係るものに限ります。）（以下単に「市町村長」といいます。）が行います（地法409、410）。

　なお、固定資産評価員が行うこととなる土地又は家屋についての評価及び市町村長が決定することとなる土地又は家屋についての価格等の決定は、以下の手順によって行われます。

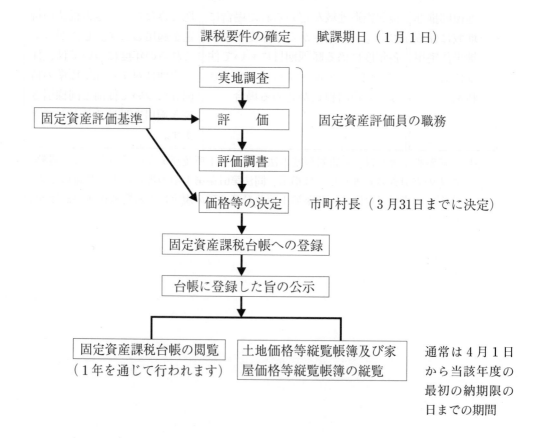

2 固定資産評価員

　固定資産の評価は、固定資産評価員によって行われますが、固定資産税における固定資産評価員制度は、次のとおりです。

固　定　資　産　評　価　員　制　度	
固定資産評価員の設置	市町村長の指揮を受けて固定資産を適正に評価し、かつ、市町村長が行う価格の決定を補助するために、市町村に、固定資産評価員を設置することとされています（地法404①）。 ただし、市町村は、固定資産税を課される固定資産が少ない場合においては、固定資産評価員を設置しないで、固定資産評価員の職務を市町村長に行わせることができます（地法404④）。
選　任	固定資産評価員は、固定資産の評価に関する知識及び経験を有する者のうちから、市町村長が、当該市町村の議会の同意を得て、選任します（地法404②）。 なお、二以上の市町村の長は、当該市町村の議会の同意を得て、その協議によって協同して同一の者を当該各市町村の固定資産評価員に選任することができます。この場合の選任については、議会の同意を要しないものとされています（地法404③）。
兼職禁止	固定資産評価員は、次に掲げる職を兼ねることができないとされています（地法406①）。 イ　国会議員及び地方団体の議会の議員 ロ　農業委員会の委員 ハ　固定資産評価審査委員会の委員
評価補助員	市町村長は、必要があると認める場合においては、固定資産の評価に関する知識及び経験を有する者のうちから、固定資産評価補助員を選任して、これに固定資産評価員の職務を補助させることができます（地法405）。

3 固定資産の評価

(1) 固定資産の評価の原則

イ 土地及び家屋の評価

　市町村長は、固定資産評価員又は固定資産評価補助員にその市町村所在の固定資産の状況を毎年少なくとも1回実地に調査させることとされています（地法408）。そして、固定資産評価員は、その実地調査の結果に基づいて当該市町村に所在する土地又は家屋の評価をする場合においては、土地又は家屋の区分に応じ、さらに評価するそれぞれの年度において、次表に掲げる価格によって、当該土地又は家屋を評価します（地法409①）。

区　　分	基準年度	第２年度	第３年度
基準年度に係る賦課期日に所在する土地又は家屋	その土地又は家屋の基準年度に係る賦課期日における価格（以下「基準年度の価格」といいます。）	イ　左に同じ ロ　地法第349条第２項ただし書の規定の適用を受けることとなるものは、その土地又は家屋に類似する土地又は家屋の基準年度の価格に比準する価格	イ　左のイ又はロに同じ ロ　地法第349条第３項ただし書の規定の適用を受けることとなるものは、その土地又は家屋に類似する土地又は家屋の基準年度の価格に比準する価格
第２年度において新たに固定資産税が課されることとなる土地又は家屋	－	その土地又は家屋に類似する土地又は家屋の基準年度の価格に比準する価格	イ　左に同じ ロ　地法第349条第５項ただし書の規定の適用を受けることとなるものは、その土地又は家屋に類似する土地又は家屋の基準年度の価格に比準する価格
第３年度において新たに固定資産税が課されることとなる土地又は家屋	－	－	その土地又は家屋に類似する土地又は家屋の基準年度の価格に比準する価格

(注)　上記の表中における地方税法第349条第２項ただし書、第３項ただし書及び第５項ただし書の規定の適用並びに比準する価格については、480頁・481頁の(注)を参照して下さい。

ロ　償却資産の評価

　償却資産については、毎年、当該償却資産に係る賦課期日における価格によって、当該償却資産を評価します（地法409③）。詳細については「第13　償却資産に対する固定資産税」（606頁）を参照して下さい。

ハ　評価調書の提出

　固定資産評価員は、評価を行った場合においては、遅滞なく、評価調書を作成し、これを市町村長に提出することとされています（地法409④）。

ニ 土地又は家屋の評価と不動産取得税との関係

　固定資産税と不動産取得税は、土地及び家屋については、同一の課税客体を同一の基準（固定資産評価基準）で評価することとなるために、次のように取り扱うこととし、その評価を両者間で統一することにしています。

土地又は家屋の評価と不動産取得税との関係		
イ　固定資産課税台帳に固定資産の価格が登録されている不動産		原則として、その登録価格によります（地法73の21①本文）。
ロ　当該不動産について増築、改築、損壊、地目の変換その他特別の事情があるためにイの登録価格により難い不動産 ハ　固定資産課税台帳に固定資産の価格が登録されていない不動産		都道府県知事が固定資産評価基準に基づいて評価し独自に価格を決定します（地法73の21②）。 ※　この場合、都道府県知事は、直ちに、その価格その他必要な事項をその不動産の所在地の市町村長に通知しなければならないとされています（地法73の21③）。

(2)　固定資産評価基準

　総務大臣は、固定資産の評価の基準並びに評価の実施の方法及び手続（以下「固定資産評価基準」といいます。）を定め、これを告示することとされています（地法388①）。固定資産の評価は、この固定資産評価基準に定める方法及び手続によって市町村の固定資産評価員が評価を行い、市町村長はこの評価に基づいて固定資産の価格を決定することとなります。

　現行の固定資産評価基準は、昭和38年12月25日に自治省告示第158号として告示され、昭和39年度分の固定資産税から適用されています。

　固定資産税の課税標準は、固定資産の価格とされ、それは、適正な時価をいうものとされています。固定資産評価基準は、この適正な時価を求めるための専門的・技術的な方法及び手続を定めたものであり、これによって、固定資産の評価の適正化及びその評価の全国統一と市町村間の均衡化を図ることとしているものです。

　この固定資産評価基準は、官報に告示することによって法令に準じた形式を整えており、また、市町村長は、これによって固定資産の価格を決定しなければならないとされていることから、法的拘束力をもつと解されています。

第5章　固定資産税

	総務大臣が定める基準	根　拠	法的拘束力
固定資産評価基準	「固定資産の評価の基準並びに評価の実施の方法及び手続」（固定資産評価基準）	地法第388条第1項に基づく総務省告示	イ　市町村長は、固定資産評価基準によって、固定資産の価格を決定しなければなりません（地法403①）。 ロ　都道府県知事又は総務大臣がその価格を決定すべき固定資産について評価を行う場合においては固定資産評価基準によって行わなければなりません（地法73の21②、389①、745）。

【参考判例1】「固定資産評価基準によって」（地法403①）の意義（最高裁（一小）昭和61年12月11日判決・昭和58年（行ツ）第55号、判例時報1225号）

固定資産評価基準は、法388条1項に基づき、その明示的具体的委任を受けて、自治大臣が固定資産の評価の基準並びに評価の実施及び手続きについて市町村間の評価の統一均衡化を図るために発したものであって、昭和37年改正法によって、固定資産評価基準に「よって」固定資産の価格を決定しなければならないと定められ、あわせて法388条1項において固定資産評価基準を定め告示することを自治大臣に対し、明示的具体的委任をした経緯を徴すると、市町村長は、固定資産評価基準に従って評価をなすべく義務づけられているものと解するのが相当である。その意味で固定資産評価基準は法的拘束力を有しているものといわなければならない。

【参考判例2】「評価基準による評価と客観的時価との関係」（最高裁（一小）平成15年6月26日・平成10年（行ヒ）第41号、判例時報1830号29頁）

法は、固定資産の評価の基準並びに評価の実施の方法及び手続を自治大臣の告示である評価基準にゆだね（法388条1項）、市町村長は、評価基準によって、固定資産の評価を決定しなければならないと定めている（法403条1項）。これは、全国一律の統一的な評価基準による評価によって、各市町村全体の評価の均衡を図り、評価に関する者の個人差に基づく評価の不均衡を解消するために、固定資産の価格は評価基準によって決定されることを要するものとする趣旨であるが、適正な時価の意義については上記（※正常な条件の下に成立する当該土地の取引価格、すなわち、客観的な交換価値）のとおり解すべきであり、法もこれを算定するための技術的かつ細目的な基準の定めを自治大臣の告示に委任したものであって、賦課期日における客観的な交換価値を上回る価格を算定することまでもゆだねたものではない。そして、評価基準に定める市街地宅地評価法は、標準宅地の適正な時価に基づいて所定の方式に従って各筆の宅地の評価をすべき旨を規定するところ、これにのっとって算定される当該宅地の価格が、賦課期日における客観的な交換価値を超えるものではないと推認することができるためには、標準宅地の適正な時価として評定された価格が、標準宅地の賦課期日における客観的な交換価値を上回っていないことが必要である。

(3) 土地の評価の概要

固定資産評価基準における土地の評価は、大略次のとおりとされています（固定資産評価基準1章）。

なお、地上権、借地権等が設定されている土地は、これらの権利が設定されていない土地として評価するとされています（固定資産評価基準1章1節三）。

イ　宅　地

宅地の評価については、広い意味での標準地比準方式（売買実例価額に基づき標準宅地の価格を評定し、これに比準して、各筆の宅地の評価を行う方式をいいます。）が採用されています。そして、標準宅地の適正な時価を求める場合には、当分の間、土地基本法第16条の趣旨を踏まえ、平成6年度の評価替えから地価公示価格及び不動産鑑定士等による鑑定評価から求められた価格等を活用することとし、これらの価格の7割を目途として評定するものとされています（固定資産評価基準1章12節）。

固定資産評価基準においては、具体的な宅地の評価方法として、「市街地宅地評価法」と「その他の宅地評価法」とが定められています。

(イ)　市街地的形態を形成している地域の宅地（市街地宅地評価法）

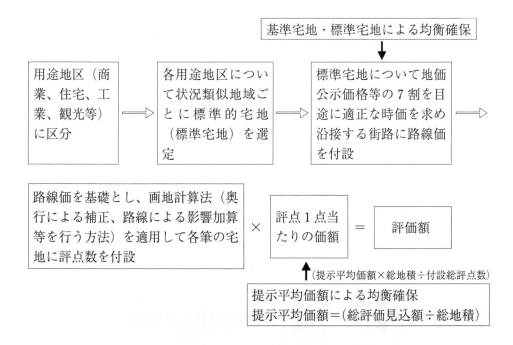

(注) 1　状況類似地域とは、用途地区をさらに、街路条件（幅員、舗装、歩道等）、交通・接近条件（最寄駅、最寄商店街、学校、病院等への接近性）、環境条件（商業的形態の密度、日照、地盤、上・下水道等）、行政的条件（土地の利用に関す

る公法上の規制等）からみて相当に相違する地区ごとに細分化した地域をいいます。
2　標準宅地は、それぞれの状況類似地域ごとにそれぞれの地域内において最も代表的で評価の拠点としてふさわしいものとして選定した主要な街路に沿接する宅地の中から奥行、間口、形状等の状況が当該地域において標準的と認められるものを選定することとなります。
3　各筆の宅地の評点数は、各筆の宅地の立地条件に基づき、路線価を基礎とし、一画地の宅地ごとに画地計算法を適用して求めることとなります。この場合において、一画地は、原則として、土地課税台帳又は土地補充課税台帳に登録された一筆の宅地によります。
4　画地計算法とは、路線価を基に宅地を評価するにあたりそれぞれの宅地の画地の奥行、間口、形状、街路との状況等をその評価に具体的に反映させるために行う補正方法をいいます。なお、画地計算法として、次のようなものがあり、その詳細は、固定資産評価基準別表第3（画地計算法）に定められています。
イ　奥行価格補正……宅地の価額は、道路から奥行が長くなるにしたがって、また、奥行が著しく短くなるにしたがって、漸減することを考慮して行う補正
ロ　側方路線影響加算……角地・準角地は、一方のみが道路に接している画地に比して利用間口が広くなり、宅地としての利用価値が増大することを考慮して行う補正
ハ　二方路線影響加算……正背（正面と裏面）が道路に接している画地は、角地ほどではないが利用間口が広くなり、宅地としての利用価値が増大することを考慮して行う補正
ニ　不整形地補正……形状が悪いことによる利用上の制約を考慮して行う補正
ホ　間口狭小補正……利用間口が狭いことによる利用上の制約を考慮して行う補正
ヘ　奥行長大補正……間口に比して奥行が長大であることによる利用上の制約を考慮して行う補正
ト　がけ地補正……がけを有することによる利用上の制約を考慮して行う補正
チ　通路開設補正……無道路地に適用し通路開設の費用性に着目して行う補正

　　　（参考）　画地計算法における宅地の形状
　　　　　　　※　奥行価格補正は全ての土地に適用となる。

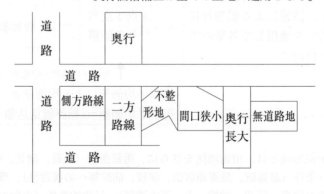

(ロ) 市街地的形態を形成するに至らない地域の宅地 （その他の宅地評価法）

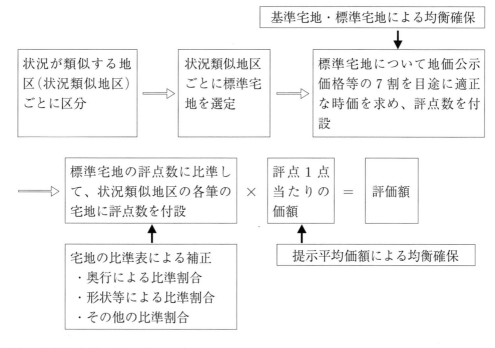

(ハ) 農業用施設の用に供する宅地

① 原　則

農用地区域・市街化調整区域内に存する農業用施設（農業振興地域の整備に関する法律第3条第3号又は第4号に規定する施設をいいます。）の用に供する宅地に適用します。

$$\boxed{評価額} = \boxed{付近の農地の価額} + \boxed{造成費相当額}$$

（注）造成費相当額……当該農業用施設用地を農地から転用する場合において通常必要と認められる造成費に相当する額

② 例　外

市街化調整区域内に存する農業用施設の用に供する宅地（農用地区域内に存するものを除きます。）で、当該宅地の近傍の土地との評価の均衡上、①の方法によって評価することが適当でないと認められる場合には、市街地宅地評価法又はその他の宅地評価法により評価します。

(ニ) 生産緑地地区内の宅地

① 原　則

生産緑地地区内に存する宅地（農林漁業用施設用地）について適用します。

$$\boxed{評価額} = \boxed{付近の農地等の価額} + \boxed{造成費相当額}$$

② 例　外

　　生産緑地法第8条第1項ただし書に規定する行為に係る宅地で、生産緑地地区の区域外に存する宅地との評価の均衡上、①の方法によって評価することが適当でないと認められるもの又は同法第14条の規定により生産緑地地区内における行為の制限が解除されたものについては、市街地宅地評価法又はその他の宅地評価法により評価します。

ロ　田及び畑

(イ)　一般農地（田・畑）

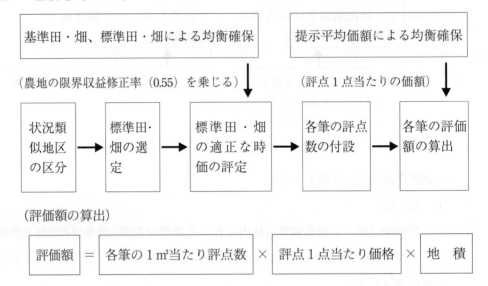

(評価額の算出)

$$評価額 = 各筆の1m^2当たり評点数 \times 評点1点当たり価格 \times 地積$$

　(注)　各筆の評点数の付設については、田・畑の比準表等によって補正を行います。比準表の細目は、次のとおりです。

　　　田……(イ)　日照の状況、(ロ)　田面の乾湿、(ハ)　面積、(ニ)　耕うんの難易、
　　　　　　(ホ)　災害

　　　畑……(イ)　日照の状況、(ロ)　農地の傾斜、(ハ)　保水・排水の良否、(ニ)　面積、
　　　　　　(ホ)　耕うんの難易、(ヘ)　災害

(ロ)　宅地等介在農地（田・畑）

(対象)

　(i)　農地法第4条第1項又は第5条第1項により転用許可を受けた農地

　(ii)　宅地等に転用することが確実と認められるもの

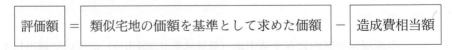

　　※　造成費相当額……当該農地から宅地に転用する場合において通常必要と認められる造成費に相当する額

(ハ) 市街化区域農地（田・畑）

(対象)

地方税法附則第19条の2第1項に規定する農地（生産緑地地区の区域内の農地等を除きます。）

評価額 ＝ 類似宅地の価額を基準として求めた価額 － 造成費相当額

(注) 造成費相当額……当該農地から宅地に転用する場合において通常必要と認められる造成費に相当する額

(ニ) 勧告遊休農地（田・畑）

(対象)

地方税法附則第17条の3第1項に規定する勧告遊休農地

評価額 ＝ 一般農地としての価額 ÷ 農地の限界収益修正率（0.55）

ハ 山 林

(イ) 一般山林

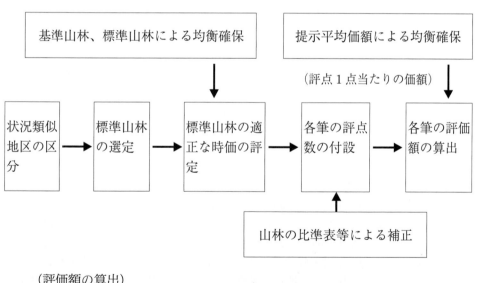

(評価額の算出)

評価額 ＝ 各筆の1m²当たり評点数 × 評点1点当たり価格 × 地 積

(ロ) 介在山林

付近の宅地・農地等に比準して求めた価額

第5章　固定資産税

(注)　介在山林とは、宅地、農地等のうちに介在する山林及び市街地近郊の山林で、当該山林の近傍の宅地、農地等との評価の均衡上、一般山林の評価方法によって評価することが適当でないと認められるものをいいます。

二　鉄軌道用地

	鉄軌道用地の区分	評価方法
①	鉄軌道用地（②の複合利用鉄軌道用地を除きます。） ※　鉄軌道用地とは、次に掲げる鉄道又は軌道による運送の用（以下単に「運送の用」といいます。）に供する土地をいいます。 　イ　線路敷（工場の敷地内にあるものを除きます。）の用に供する土地 　ロ　停車場建物、転・遷車台、給炭水設備、給油設備、検車洗浄設備又はプラットホーム・積卸場の用に供する土地 　ハ　イ又はロの土地に接する土地で、変電所、車庫、倉庫（資材置場を含みます。）、踏切番舎又は保線区、検車区、車掌区、電力区、通信区等の現業従業員の詰所の用に供するもの	当該鉄軌道用地に沿接する土地の価額の3分の1に相当する価額によってその価額を求める方法によります。この場合において、「鉄軌道用地に沿接する土地の価額」は、当該鉄軌道用地をその沿接する土地の地目、価額の相違等に基づいて区分し、その区分した鉄軌道用地に沿接する土地の価額、その区分した鉄軌道用地の地積等を総合的に考慮して求めます。
②	複合利用鉄軌道用地 ※　複合利用鉄軌道用地とは、次に掲げるものをいいます。 　イ　複合利用建物（運送の用に供する部分と鉄道又は軌道による運送以外の用（以下単に「運送以外の用」といいます。）に供する部分を有する建物をいいます。）の敷地である鉄軌道用地（ロに該当するものを除きます。） 　ロ　鉄軌道用地でその上部に設置された人工地盤等の上に複合利用建物若しくは運送以外の用にのみ供する建物（以下「複合利用建物等」といいます。）があるものその他人工地盤等の上を運送以外の用に供するもの又は鉄軌道用地で近接する土地にある複合利用建物等の一部がその上部にあるもの 　ハ　鉄軌道の高架下にある鉄軌道用地で、当該土地に運送以外の用にのみ供する建物があるものその他当該土地を運送以外の用に供するもの（イに該当する	複合利用鉄軌道用地の地積を運送の用に供する部分の面積と運送以外の用に供する部分の面積で按分し（注1）、それぞれの地積に対応する価額を算出し、これらの価額を合算してその価額を求める方法によります。ただし、小規模な鉄道施設を有する建物に該当する建物の敷地については、地目を宅地として評価します。 　なお、運送の用に供する部分に相当する地積に対応する価額は、複合利用鉄軌道用地を含む鉄軌道用地に沿接する土地の価額の3分の1に相当する価額によって求め、運送以外の用に供する部分に相当する地積に対する価額は、複合利用鉄軌道用地の付近の土地の価額に比準して求めます

— 528 —

第7　固定資産の評価及び価格等の決定

| | ものを除きます。） | （注２）。 |

(注) 1　複合利用鉄軌道用地の地積を按分する場合において、運送の用に供する部分と運送以外の用に供する部分のそれぞれの面積の算定は、建物にあっては床面積、建物以外にあってはその面積を用いて行います。ただし、建物の屋上が、駐車場に利用される等運送以外の用に供されている場合はその部分の面積を運送以外の用に供する部分の面積に算入し、運送の用に供されている場合は当該部分の面積を運送の用に供する部分の面積に算入します。

2　必要に応じて当該土地の利用状況、形状及び利用上の阻害原因の状況などを考慮して価額を求めることとされています。

ホ　その他の土地（主なもの）

区　分	評価方法の概要
ゴルフ場等用地	（ゴルフ場等用地の取得価額＋ゴルフ場等の造成費）×（位置・利用状況等による補正） ※　ゴルフ場等用地とは、ゴルフ場、遊園地、運動場、野球場、競馬場及びその他これに類似する施設の用に供する一団の土地をいいます。
特別緑地保全地区内の土地	山　林……当該土地が特別緑地保全地区として定められていないとした場合の価額の２分の１に相当する価額 宅地等……当該土地が特別緑地保全地区として定められていないとした場合の価額に、当該土地の総地積に対する樹木の生育している部分の地積の割合に応じて「画地計算法」の「がけ地補正率表」を適用した場合に得られる補正率を乗じた価額 ※　特別緑地保全地区内の土地とは、都市緑地法に規定する特別緑地保全地区（近郊緑地特別保全地区を含みます。）内の土地のうち山林及び宅地等をいいます。
大規模工場用地	大工場地区に所在する工場用地のうち大規模な工場用地として利用される土地（おおむね20万平方メートル以上のものに限ります。）の評価は、用途地区、状況類似地域等の区分を適切に行い、規模による価格の格差を反映させる方法によります。ただし、規模の異なる大規模工場用地が連たんする場合等、さらに価格の格差を反映させる必要がある場合には、標準宅地との規模による格差率（大規模工場用地規模格差補正率）に応じた補正を行います（市町村長は、必要があるときは、この補正率について、所要の補正をして、これを適用することができます。）。
保安空地等	付近の類似の土地の価額の２分の１に相当する価額 ※　保安空地等とは、法令の規定により公共の危害防止のために著しく広大な土地を保安上保有すべきことを義務

第5章　固定資産税

づけられている者の所有する土地で総務大臣が定めるものをいいます。

(4)　家屋の評価の概要

固定資産評価基準における家屋の評価は、大略次のとおりとされています（固定資産評価基準2章）。

イ　再建築価格方式による評価

家屋の評価は、再建築価格を基準として評価する方法によっており、それは、評価時において家屋の新築に通常必要とされる建築費を求め、家屋の現状によって、経過年数、損耗の程度等に応ずる減価を行って評価します。

再建築価格とは	評価の対象となった家屋と同一のもの（家屋の構造、規模、形態、機能等が同一であり、当該家屋を構成している資材とその量がほぼ同様であるものをいいます。）を評価の時点においてその場所に新築するものとした場合に必要とされる建築費をいいます。

【参考判例】再建築価格方式の妥当性（京都地裁昭和50年12月12日判決・昭和48年（行ウ）第12号判例タイムズ338号）

固定資産税はいわゆる物税であって、課税客体である固定資産そのものの価値に着目して課せられる財産課税であるから、担税力はそのもの自体の有する客観的価値に応じて決定されるべきであるところ、建物の固定資産税課税標準額についても、建物自体の有する客観的価値、つまり適正な時価（地方税法341条5号）によって決定するのが相当である。右の見地からすれば、建物を新築するにつき時価と一致するものではないのに対し、評価客体と同一のものを再建築し、これに要した費用に各種増減価を施してその価格を決定する方法、すなわち再建築価格方式は適正な時価を算出する最も妥当な方法であるといわなければならない。

ロ　家屋評価の仕組み

(イ)　新築家屋の評価

評価額	=	評点数	×	評点1点当たりの価額

(i)　評点数の求め方

再建築費評点数	×	損耗の状況による減点補正率	〔 × 需給事情による減点補正率 〕

(注)1　再建築費評点数は、次により求めます。

— 530 —

第7　固定資産の評価及び価格等の決定

(a)　部分別による場合

次により求めたものが再建築費評点数となります。

〈標準評点数〉 用途別区分（専用住宅、併用住宅等）ごとの、部分別区分（屋根、基礎、外壁仕上、柱・壁体、内壁仕上、天井仕上、床、建具、建築設備等）ごとの評点数	×	〈補正係数〉 工事の施工量等が標準と相違する場合の補正	×	〈計算単位の数値〉 建床面積、延床面積、個数、建築設備数等

(b)　比準による場合

　比準家屋に係る再建築評点数は、比準家屋と標準家屋（家屋の実態に応じ、構造、程度、規模等の別に区分し、それぞれの区分ごとに標準とすべきものとして選定したものをいいます。）との各部分別の使用資材、施工量等との相違を考慮し、(a)の部分別により求めた標準家屋の部分別再建築費評点数又は再建築評点数に比準して求めます。

2　補正率の内容は、次のとおりです。

損耗の状況による減点補正率	経年減点補正率	家屋を通常の維持管理を行うものとした場合において、その年数の経過に応じて通常生ずる減価を基礎として定められています（具体の補正率は固定資産評価基準に定められています）。 　なお、積雪寒冷地域に所在する家屋については、その家屋の経年減点補正率に積雪又は寒冷地域の区分に応ずる一定の補正率を乗じて当該減点補正率を減ずることとされています（積雪寒冷補正）。 ※　経年減点補正率に用いられる経過年数とは、通常考えられる維持補修を加えた状態において家屋としての効用を発揮しうる最低限に達するまでの年数をいいます。なお、減価償却資産の耐用年数等に関する省令に定める建物の耐用年数は、減価償却資産に投資された経費を回収する期間（投下資本の費用配分期間）とされており、両者は、その性格を異にしています。
	損耗減点補正率	各部分別の損耗の現況を通常の維持管理を行うものとした場合において、その年数の経過に応じて通常生ずる損耗の状態に修復するものとした場合に要する費用を基礎として定められています。 　なお、この補正率は、天災、火災その他の事由により経年減点補正率によることが適当でない家屋に適用されます。
需給事情による減点補正率		建築様式が著しく旧式となっている家屋、所在地域の状況によりその価額が減少すると認められる家屋等について、その減少する価額の範囲において求められるものです。

— 531 —

(ii) 評点一点当たりの価額の求め方

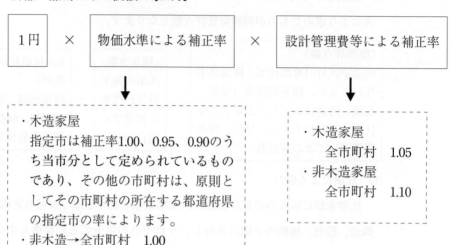

(ロ) 在来分の家屋の評価

　　在来分の家屋の評価は、(イ)の「再建築費評点数」を次により求めたものを基礎として、(イ)の方法により算定します。

　　ただし、その評価額が前年度の価額を超えることとなる場合は、その評価額は前年度の価額に据え置かれます（固定資産評価基準2章4節経過措置）。なお、在来分の家屋の実態や市町村合併等により課税上の不均衡が生ずること等からこの方法によることが適当でない場合又は増築、改築、損壊その他これらに類する特別の事情がある場合には、この方法は適用されず、新築家屋を評価する場合と同様に、(イ)の部分別評価又は比準評価の方法により評価替えを行うこととされています（同経過措置）。

| 在来分家屋の再建築費評点数 | ＝ | 前基準年度に適用した固定資産評価基準により求めた再建築費評点数 | × | 再建築費評点補正率（木造家屋1.04、非木造家屋1.07） |

（注）再建築費評点補正率は、平成30基準年度の評価基準で評価された家屋について、標準評点数を令和3基準年度の評価基準のものに置き換え、再建築費評点数の変動の見込みを求めるためのサンプル調査（市町村調査）を行い求められた、工事原価に相当する費用の変動割合に基づいて算定されたものです。

4 価格等の決定と固定資産課税台帳への登録及び路線価の閲覧

　市町村長による固定資産の価格等の決定及び固定資産課税台帳への登録等は、次のように行われます（地法410、411、地規15の6の3）。なお、災害その他特別の事情がある場合には、4月1日以後に価格を決定することができます。

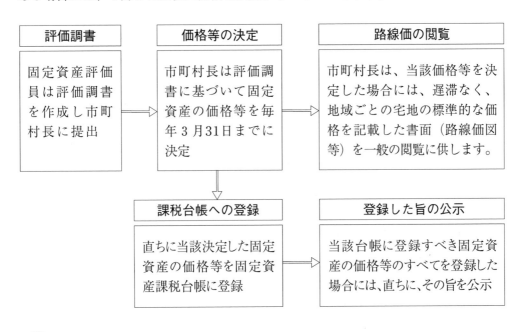

留意点

1　価格等を登録した旨の公示後における価格等の決定又は修正は、次の左欄に該当する場合に限り、右欄により行うとされています（地法417①）。

価格等を登録した旨の公示後における価格等の決定又は修正	
市町村長が固定資産の価格等のすべてを登録した旨の公示の日以後において固定資産の価格等の登録がなされていないこと又は登録された価格等に重大な錯誤があることを発見した場合	市町村長は、直ちに固定資産課税台帳に登録された類似の固定資産の価格と均衡を失しないように価格等を決定し、又は決定された価格等を修正して、これを固定資産課税台帳に登録するとともに、その旨を納税義務者に通知しなければなりません。

（注）　重大な錯誤とは、客観的にみて価格等の決定に重大な誤りがあると認められるような錯誤（例えば、虚偽の申告又は申請による誤算、固定資産課税台帳に登録する際の誤記、価格等を決定する際の計算単位の誤り、評価調書における課税客体の誤記又は認定誤り等）をいうものと解されています。

2　土地及び家屋については、価格の据置制度がとられていることから、第2年度又は第3年度における登録については、次のように取り扱うことになります（地法

411③)。

第2年度及び第3年度における固定資産課税台帳への登録	
第2年度又は第3年度において基準年度の土地又は家屋に対して課する固定資産税の課税標準について基準年度の価格による場合	土地課税台帳等又は家屋課税台帳等に登録されている基準年度の価格をもって第2年度又は第3年度において土地課税台帳等又は家屋課税台帳等に登録された価格とみなします。
第3年度において基準年度の土地若しくは家屋又は第2年度の土地若しくは家屋に対して課する固定資産税の課税標準について比準価格による場合	土地課税台帳等又は家屋課税台帳等に登録されている当該比準価格をもって第3年度において土地課税台帳等又は家屋課税台帳等に登録された比準価格とみなします。

5 固定資産課税台帳と登録事項

　市町村は、固定資産の状況及び固定資産税の課税標準である固定資産の価格を明らかにするため、固定資産課税台帳を備えることとされています（地法380①）。

　固定資産税は、固定資産課税台帳に登録されている固定資産の価格等を課税標準とし、固定資産課税台帳に所有者として登録されている者を納税義務者として課するいわゆる台帳課税主義を採っていることから、この意味において、固定資産課税台帳は、固定資産税の課税においてその基本をなすべきものといえます。

　なお、市町村は、固定資産課税台帳の全部又は一部の備付けを電磁的記録の備付けをもって行うことができます（地法380②）。

(1) 固定資産課税台帳の種類

　固定資産課税台帳とは、次の5種類の台帳を総称したものをいいます（地法341九）。

固定資産課税台帳	土　地	土地課税台帳 土地補充課税台帳
	家　屋	家屋課税台帳 家屋補充課税台帳
	償却資産	償却資産課税台帳

― 534 ―

第7 固定資産の評価及び価格等の決定

(2) 固定資産課税台帳の登録事項

　市町村長は、左欄の固定資産課税台帳の区分に応じ、次の事項をそれぞれの台帳に登録することとされています。

台帳の区分	登　録　事　項
土地課税台帳	土地課税台帳への登録は、登記簿に登記されている土地について行われるものであり、その登録事項は、次のとおりとされています（地法381①⑥、地法附則15の5、28）。 ①　不動産登記法第27条第3号及び第34条第1項各号に掲げる登記事項（イ当該土地の所在する市、区、郡、町、村及び字、地番、地目、地積　ロ所有権の登記のない土地については所有者の氏名又は名称及び住所並びに所有者が2人以上であるときはその所有者ごとの持分） ②　所有権、質権及び100年より長い存続期間の定めのある地上権の登記名義人の住所及び氏名又は名称 ③　基準年度の価格又は比準価格 ④　地法第349条の3、第349条の3の2、地法附則第15条、第15条の2又は第15条の3の規定による課税標準の特例の適用を受ける土地にあっては、価格にこれらの規定に定める課税標準の特例率を乗じて得た額 ⑤　地法附則第28条の規定により登録することとされている土地の負担調整措置等に関する事項（例えば、宅地等調整固定資産税額の算定の基礎となる課税標準となるべき額等） ⑥　土地登記簿に所有者として登記されている個人が賦課期日前に死亡しているとき、若しくは所有者として登記されている法人が同日前に消滅しているとき、又は所有者として登記されている地法第348条第1項の非課税団体が同日前に所有者でなくなっているときは、賦課期日においてその土地を現に所有している者の住所及び氏名又は名称並びに③から⑤まで掲げる事項 ⑦　所有者の所在が震災、風水害、火災その他の事由によって不明である場合において、その使用者を所有者とみなして固定資産税を課するときは、その使用者の住所及び氏名又は名称並びに③から⑤まで掲げる事項
土地補充課税台帳	土地補充課税台帳への登録は、登記簿に登記されていない土地で固定資産税を課することができるもの（例えば、国有地から民有地に払い下げになったもの等で賦課期日現在においてまだ未登記のもの）について行われるものであり、その登録事項は、次のとおりとされています（地法381②⑥、地法附則15の5、28）。 ①　土地の所有者の住所及び氏名又は名称

— 535 —

土地補充課税台帳	② 土地の所在、地番、地目及び地積 ③ 基準年度の価格又は比準価格 ④ 地法第349条の3、第349条の3の2、地法附則第15条、第15条の2又は第15条の3の規定による課税標準の特例の適用を受ける土地にあっては、価格にこれらの規定に定める課税標準の特例率を乗じて得た額 ⑤ 地法附則第28条の規定により登録することとされている土地の負担調整措置等に関する事項
家屋課税台帳	家屋課税台帳への登録は、登記簿に登記されている家屋（区分所有に係る家屋の専有部分が登記簿に登記されている場合においては、当該区分所有に係る家屋）について行われるものであり、その登録事項は、次のとおりとされています（地法381③⑥、地法附則15の5、地法附則39⑥）。 ① 不動産登記法第27条第3号及び第44条第1項各号に掲げる登記事項（㋑建物の所在する市、区、郡、町、村、字及び土地の地番、家屋番号、建物の種類、構造及び床面積　㋺建物の名称があるときはその名称　㋩附属建物があるときはその所在する市、区、郡、町、村、字及び土地の地番並びに種類、構造及び床面積　㋥建物が共用部分又は団地共用部分であるときはその旨　㋭区分所有に係る建物又は附属建物にあっては、一棟の建物の所在する市、区、郡、町、村、字及び土地の地番、一棟の建物の構造及び床面積、一棟の建物の名称があるときはその名称、敷地権があるときはその敷地権　㋬所有権の登記がない建物については所有者の氏名又は名称及び住所並びに所有者が2人以上であるときはその所有者ごとの持分） ② 所有権の登記名義人の住所及び氏名又は名称 ③ 基準年度の価格又は比準価格 ④ 地法第349条の3、地法附則第15条、第15条の2又は第15条の3の規定による課税標準の特例の適用を受ける家屋にあっては、価格にこれらの規定に定める課税標準の特例率を乗じて得た額 ⑤ 登記簿に所有者として登記されている個人が賦課期日前に死亡しているとき、若しくは所有者として登記されている法人が賦課期日前に消滅しているとき、又は所有者として登記されている非課税の適用を受けている者が賦課期日に所有者でなくなっているときは、賦課期日においてその家屋を現に所有している者の住所及び氏名又は名称並びに③及び④に掲げる事項 ⑥ 所有者の所在が震災、風水害、火災その他の事由によって不明である場合において、その使用者を所有者とみなして固定資産税を課するときは、その使用者の住所及び氏名又は名

	称並びに③及び④に掲げる事項
家屋補充課税台帳	家屋補充課税台帳への登録は、登記簿に登記されている家屋以外の家屋で固定資産税を課することができるもの（例えば、新築家屋等で賦課期日現在においてまだ未登記のもの）について行われるものであり、その登録事項は、次のとおりとされています（地法381④⑥、地法附則15の5、地法附則39⑥）。 ① 家屋の所有者の住所及び氏名又は名称 ② 家屋の所在、家屋番号、種類、構造及び床面積 ③ 基準年度の価格又は比準価格 ④ 地法第349条の3、地法附則第15条、第15条の2又は第15条の3の規定による課税標準の特例の適用を受ける家屋にあっては、価格にこれらの規定に定める課税標準の特例率を乗じて得た額
償却資産課税台帳	償却資産課税台帳の登録事項は、次のとおりとされています（地法381⑤⑥、地法附則15の5）。 ① 所有者（地法第343条第8項又は第9項の場合にあっては、これらの規定によって信託償却資産又は特定附帯設備の所有者とみなされる者とします。）の住所及び氏名又は名称 ② 償却資産の所在、種類及び数量 ③ 価格 ④ 地法第349条の3、第349条の3の4、地法附則第15条、第15条の2又は第15条の3の規定による課税標準の特例の適用を受ける償却資産にあっては、価格にこれらの規定に定める率を乗じて得た額 ⑤ 地法第349条の4の規定による課税の特例の適用を受ける大規模償却資産又は第349条の5の規定による課税の特例の適用を受ける新設大規模償却資産にあっては、当該市町村において課税標準とすべき金額

(3) 土地名寄帳及び家屋名寄帳

固定資産課税台帳は、地番ごと又は家屋番号ごとに作成されており、所有者ごとにまとめられていません。そこで、市町村は、固定資産課税台帳に基づいてこれを各納税義務者ごとにまとめた次の名寄帳を作成して備えることとされています（地法387①）。これによって、市町村は、はじめて固定資産税の課税事務を進めていくことができることとなります。また、免税点の判定もこの名寄帳を基礎として行うこととなります。

なお、市町村は、これらの名寄帳の備付けを電磁的記録の備付けをもって行うこと

ができます（地法387②）。

土地名寄帳及び家屋名寄帳	固定資産課税台帳に基づいて、同一の所有者の所有する土地又は家屋に関する登録事項を所有者ごとにまとめて記載した帳簿のことをいいます。この名寄帳に記載する事項は、土地名寄帳にあっては納税義務者の住所及び氏名又は名称、土地の所在、地目、地積、価格等であり、家屋名寄帳にあっては納税義務者の住所及び氏名又は名称、家屋番号、床面積、価格等とされています。

(4) 市町村と登記所との関係

イ　登記所から市町村への通知

登記所は、左欄に掲げる場合においては、中欄により市町村に通知することとされています（地法382①②）。市町村長は、登記所からの通知を受けた場合においては、その通知事項を右欄により課税台帳に登録することとなります（地法382③）。

	通知義務がある場合	市町村への通知期限	課税台帳への登録
登記所から市町村への通知	①　土地又は建物の表示に関する登記をした場合 ②　所有権、質権若しくは100年より長い存続期間の定めのある地上権の登記又はこれらの登記の抹消、これらの権利の登記名義人の氏名等の変更・更正の登記若しくは100年より長い存続期間を100年より短い存続期間に変更する地上権の変更の登記をした場合	登記所は、左欄の登記をしたときは10日以内に、その旨を当該土地又は家屋の所在地の市町村に通知しなければなりません。 ただし、②については、登記簿の表題部に記録した所有者のために所有権の保存の登記をした場合又は当該登記を抹消した場合は、その必要はありません。	市町村長は、その通知を受けたときは、遅滞なく、当該土地又は家屋についての異動を土地課税台帳又は家屋課税台帳に記載（当該台帳の備付けが電磁的記録の備付けをもって行われている場合にあっては、記録）をし、又はこれに記載をされた事項を訂正しなければなりません。

ロ　市町村長から登記所への修正等の申出

市町村長は、次の左欄に掲げる場合においては、当該土地又は家屋の所在地を管轄する登記所にこれらの事項の修正その他の措置をとるべきことを申し出ることができます（地法381⑦）。この場合において、登記所は、右欄の対応をとるこ

ととされています（地法381⑦、取扱通知(市) 3 章34）。

	登記所に修正の申出ができる場合	登記所の対応
登記所への修正の申出	市町村長は、登記簿に登記されるべき土地又は家屋が登記されていないため、又は地目その他登記されている事項が事実と相違するため課税上支障があると認める場合	その申出を相当と認めるときは、遅滞なく、その申出に係る登記又は登記されている事項の修正その他の措置をとり、その申出を相当でないと認めるときは、遅滞なく、その旨を市町村長に通知しなければなりません。

ハ　市町村長から登記所への価格等の通知

市町村長は、次の左欄に掲げる場合においては、右欄により、登記所に通知することとされています（地法422の 3 ）。

通知義務がある場合	登記所への価格等の通知
土地及び家屋の基準年度の価格又は比準価格を決定し、又は修正した場合	その基準年度の価格又は比準価格を、遅滞なく、当該決定又は修正に係る土地又は家屋の所在地を管轄する登記所に通知しなければなりません。

6　土地価格等縦覧帳簿及び家屋価格等縦覧帳簿の縦覧

市町村長は、土地価格等縦覧帳簿及び家屋価格等縦覧帳簿を毎年 3 月31日までに作成し（災害その他特別の事情がある場合には、 4 月 1 日以後に作成することができます。また、これらの帳簿の作成を電磁的記録の作成をもって行うこともできます。）、固定資産税の納税者が、その納付すべき当該年度の固定資産税に係る土地又は家屋について土地課税台帳等又は家屋課税台帳等に登録された価格と当該土地又は家屋が所在する市町村内の他の土地又は家屋の価格とを比較することができるよう、当該帳簿又はその写し（これらの帳簿が電磁的記録の作成をもって行われている場合にあっては、当該帳簿に記録されている事項を記載した書類。以下同じです。）を、毎年、次により、縦覧対象者の縦覧に供しなければなりません（地法415、416①、地規14）。この場合において、市町村長は、土地価格等縦覧帳簿又は家屋価格等縦覧帳簿に記載（これらの帳簿の作成が電磁的記録の作成をもって行われている場合にあっては、記録）をされている事項を映像面に表示して縦覧に供することができます（地法416②）。

第5章　固定資産税

① 縦覧帳簿	② 縦覧期間	③ 縦覧場所	④ 縦覧対象者
土地価格等縦覧帳簿及び家屋価格等縦覧帳簿	4月1日から、4月20日又は当該年度の最初の納期限の日のいずれか遅い日以後の日までの間	市町村長によって公示される場所	当該市町村内に所在する土地又は家屋に対して課される固定資産税の納税者

(注) 1　災害その他特別の事情がある場合には、4月2日以後の日から、当該日から20日を経過した日又は当該年度の最初の納期限の日のいずれか遅い日以後の日までの間を縦覧期間とすることができます。
　　 2　縦覧期間については、具体的には市町村長が公示することとされています。
　　 3　土地（家屋）のみを所有している者は家屋（土地）の縦覧ができません。なお、納税者の代理人であっても縦覧は可能です。

留意点

土地価格等縦覧帳簿及び家屋価格等縦覧帳簿とは、次の帳簿をいいます（地法415①）。

縦覧帳簿土地価格等	土地課税台帳又は土地補充課税台帳に登録された土地（地方税法の規定により固定資産税を課することができるものに限ります。）の所在、地番、地目、地積（固定資産税の非課税規定の適用を受ける土地にあっては、当該非課税規定の適用を受ける部分の面積を除きます。）及び当該年度の固定資産税に係る価格を記載した帳簿
縦覧帳簿家屋価格等	家屋課税台帳又は家屋補充課税台帳に登録された家屋（地方税法の規定により固定資産税を課することができるものに限ります。）の所在、家屋番号、種類、構造、床面積（固定資産税の非課税規定の適用を受ける家屋にあっては、当該非課税規定の適用を受ける部分の面積を除きます。）及び当該年度の固定資産税に係る価格を記載した帳簿

7　固定資産課税台帳の閲覧

市町村長は、次の左欄に掲げる者の求めに応じ、固定資産課税台帳のうちこれらの者に係る固定資産について記載（当該台帳の備付けが電磁的記録の備付けをもって行われている場合にあっては、記録）をされている部分(注)として右欄に掲げる部分又はその写し（当該台帳の備付けが電磁的記録の備付けをもって行われている場合にあっては、当該台帳に記録をされている事項(注)を記載した書類）をこれらの者の閲覧に供しなければなりません（地法382の2①、地令52の14、地規12の4）。

この場合において、市町村長は、固定資産課税台帳に記載されている事項を映像面

— 540 —

第7　固定資産の評価及び価格等の決定

に表示して閲覧に供することができます（地法382の2②）。また、閲覧は、土地名寄帳又は家屋名寄帳の閲覧の方法によることができます（地法387③④）。

　なお、この閲覧は、一年を通じて行われます。

		閲覧を求めることができる者	閲覧対象資産
固定資産課税台帳の閲覧	①	固定資産税の納税義務者	当該納税義務に係る固定資産
	②	土地について賃借権その他の使用又は収益を目的とする権利（対価が支払われるものに限ります。）を有する者	当該権利の目的である土地
	③	家屋について賃借権その他の使用又は収益を目的とする権利（対価が支払われるものに限ります。）を有する者	当該権利の目的である家屋及びその敷地である土地
	④	固定資産の処分をする権利を有する一定の者	当該権利の目的である固定資産

（注）　納税義務者（代理人を含みます。）以外の者（上表の②から④までに掲げる者）の請求に係る閲覧対象事項から個人番号を除外することとされています（地規12の3の3。）

留意点

　固定資産課税台帳の閲覧については、次のことに留意することとなります。

	留　意　内　容
①	上表①の「納税義務に係る固定資産」とは、納税義務者が固定資産の所有者であれば、その者が所有している固定資産であり、納税義務者が固定資産の使用者であれば、使用している固定資産です。
②	上表②及び③の「賃借権その他の使用又は収益を目的とする権利」とは、賃借権、地上権、地役権、永小作権、入会権、採石権、鉱業権その他の使用又は収益を目的とする権利を指します。 　なお、家屋について賃借権その他の使用又は収益を目的とする権利を有する者で、対価を支払って当該権利を取得している者は、固定資産課税台帳のうち、当該権利の目的である家屋の敷地である土地について記載されている部分も閲覧することができます。
③	上表④の「固定資産の処分をする権利を有する一定の者」とは、次の者をいいます（地規12の4）。 イ　所有者 ロ　破産法第74条の規定により破産管財人に選任された者及び同法第91条第2項の規定により保全管理人に選任された者

－ 541 －

		ハ　会社更生法第30条第2項の規定により保全管理人に選任された者及び同法第42条第1項の規定により管財人に選任された者
③		ニ　預金保険法第77条第2項の規定により金融整理管財人に選任された者及び同法第126条の5第1項の規定による特定管理を命ずる処分があった場合における預金保険機構 ホ　農水産業協同組合貯金保険法第85条第2項の規定により管理人に選任された者 ヘ　保険業法第242条第2項の規定により保険管理人に選任された者 ト　金融機能の再生のための緊急措置に関する法律第11条第2項の規定により金融整理管財人に選任された者 チ　民事再生法第64条第2項の規定により管財人に選任された者及び同法第79条第2項の規定により保全管理人に選任された者 リ　外国倒産処理手続の承認援助に関する法律第32条第2項の規定により承認管財人に選任された者及び同法第51条第2項の規定により保全管理人に選任された者
④		上表①から④までに掲げる者の代理人については、法令上の規定はないものの、本人と同様に閲覧することができます。

8　固定資産課税台帳記載事項の証明

　市町村長は、次の①の固定資産税の納税義務者から、地方団体の徴収金と競合する債権に係る担保の設定その他の目的で、固定資産課税台帳に登録された事項について地方税法第20条の10の規定による証明書の交付の請求があったときは、当該納税義務者に関するものに限り、これを交付しなければなりません（地法20の10、地令6の21①四）。

　また、市町村長は、次の②から⑤までに掲げる者の請求があったときは、中欄に掲げる固定資産に関して、固定資産課税台帳に記録されている事項として右欄に掲げる事項についての証明書を交付しなければなりません（地法382の3、地令52の15、地規12の5）。

		証明書の交付を請求することができる者	対象固定資産	証明事項
固定資産課税台帳記載事項の証明	①	固定資産税の納税義務者	当該納税義務に係る固定資産	固定資産課税台帳に登録されている事項
	②	土地について賃借権その他の使用又は収益を目的とする権利（対価が支払われるものに限ります。）を有する者	当該権利の目的である土地	同　　上

	③	家屋について賃借権その他の使用又は収益を目的とする権利（対価が支払われるものに限ります。）を有する者	当該権利の目的である家屋及びその敷地である土地	同　　上
	④	固定資産の処分をする権利を有する一定の者	当該権利の目的である固定資産	同　　上
	⑤	民事訴訟費用等に関する法律別表第一の1の項から7の項まで、10の項、11の2の項ロ、13の項及び14の項の上欄に掲げる申立てをしようとする者	当該申立ての目的である固定資産	地法第381条第1項から第5項までに規定する登録事項

留意点

固定資産課税台帳記載事項の証明については、次のことに留意することとなります。

	留　意　事　項
①	上表②から④までに掲げる者は、「固定資産課税台帳の閲覧制度」の場合と同様です（「7　固定資産課税台帳の閲覧」（540頁を参照）。
②	地方税法では、次の規定で登録事項を法定しています（詳細については535頁を参照）。 　イ　地法第381条（第1項（土地課税台帳）、第2項（土地補充課税台帳）、第3項（家屋課税台帳）、第4項（家屋補充課税台帳）、第5項（償却資産課税台帳）及び第6項（課税標準の特例関係）） 　ロ　地法附則第15条の5（適用期限が定められている課税標準の特例関係） 　ハ　地法附則第28条（土地の負担調整措置に係る調整固定資産税額の基礎となる課税標準となるべき額等）
③	上表⑤に掲げる申立てをしようとする者には、以下の申立てを行う者が該当します。 　イ　訴えの提起 　ロ　控訴の提起 　ハ　上告の提起又は上告受理の申立て 　ニ　請求について判断をしなかった判決に対する控訴の提起又は上告の提起若しくは上告受理の申立て 　ホ　請求の変更 　ヘ　反訴の提起 　ト　民事訴訟法第47条第1項若しくは第52条又は民事再生法第138条第1項若しくは第2項の規定による参加の申出 　チ　支払督促の申立て 　リ　民事保全法の規定による保全命令の申立て

第5章　固定資産税

> ヌ　借地借家法第41条の事件の申立て又は同条の事件における参加の申出（申立人として参加する場合に限る。）
> ル　民事調停法による調停の申立て

9　審査の申出及び不服申立て

(1)　固定資産の価格に係る不服審査

イ　固定資産評価審査委員会に対する審査申出制度の概要

固定資産税の納税者は、当該年度の固定資産税に係る固定資産について固定資産課税台帳に登録された価格について不服がある場合においては、一定の期間内に、文書をもって、固定資産評価審査委員会に審査の申出をすることができます（地法432①）。

固定資産の価格に対する不服審査申出制度の概要を図示すると、次頁のとおりになります。

— 544 —

第7 固定資産の評価及び価格等の決定

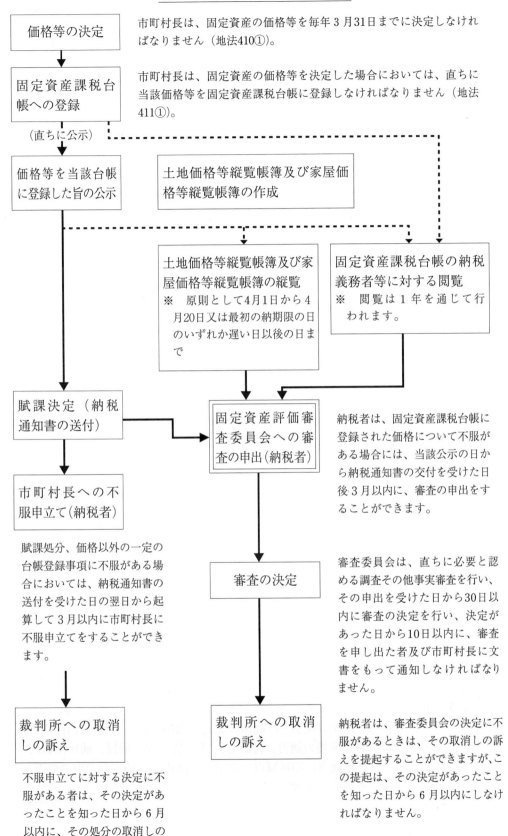

ロ　固定資産評価審査委員会

固定資産課税台帳に登録された価格に関する不服を審査決定するために、市町村に、固定資産評価審査委員会を設置することとされています（地法423）。

この固定資産評価審査委員会は、固定資産税の運営のより一層の適正公平を期し、納税者の評価に対する信頼を確保する趣旨から、評価価格に対する納税者の不服については、市町村長において処理することとせずに市町村長から独立した中立的な機関によって審査決定するために、各市町村に中立的・専門的な第三者機関として設置されるものです。

固定資産評価審査委員会	設置目的	固定資産課税台帳に登録された価格に関する不服を審査決定するため
	委員会の構成等	イ　当審査委員会の委員の定数は3人以上とし、当該市町村の条例で定められます。 ロ　当審査委員会の委員は、当該市町村の住民、市町村税の納税義務がある者又は固定資産の評価について学識経験を有する者のうちから、当該市町村の議会の同意を得て、市町村長が選任し、その任期は、3年とされています。

ハ　審査の申出事項

審査の申出をすることができる事項は、次のように、その納付すべき当該年度の固定資産税に係る固定資産について固定資産課税台帳に登録された価格とされています（地法432①、地法附則17の2⑧⑨）。

区　分	内　　　　　容
審査の申出ができる事項	固定資産課税台帳に登録された価格 　なお、価格を算出する次のような要因を含みます。 イ　路線価（標準宅地から路線価を付設するための比準項目・比準係数等） ロ　地目、地積、画地形状の認定、適用された画地計算法、画地計算にあたって補正等の適用の要否とその補正係数 ハ　家屋の種別・床面積の認定、適用された再建築費評点基準表の種類の適否、付設した評点数（評点項目、補正係数）、経年減点、損耗減点、需給事情減点等の補正の適用の要否とその補正係数

第7　固定資産の評価及び価格等の決定

審査の申出ができない事項	イ　固定資産課税台帳に登録された事項のうち登記簿に登記された事項（ただし、当該登記された事項（地目、地積等）が実際と異なり、これを基礎として評価されたことを理由として固定資産の価格に不服がある場合には、審査の申出をすることができます。） ロ　都道府県知事又は総務大臣が決定し、又は修正し市町村長に通知した価格 ハ　据置登録価格（固定資産課税台帳に登録されている基準年度又は第2年度の価格をもって第2年度又は第3年度の価格として固定資産課税台帳に登録されたものとされる価格（すなわち、地法第411条第3項の規定によって登録されたものとみなされる価格）をいいます。） 　　ただし、次に掲げる場合においては、審査の申出をすることができます。 　a　据置登録価格について地目の変換、家屋の改築又は損壊その他これらに類する特別の事情があるため評価替えをすべき旨を申し立てる場合 　b　第2年度又は第3年度において下落修正措置により価格が修正された場合におけるその修正価格（修正に関する部分に限ります。）について不服がある場合及び価格の下落修正措置の適用を受けなかった者が当該価格についてその適用を受けるべきものであることを申し立てる場合 ニ　例えば次のような事項 　a　納税義務者に当たるか否か 　b　課税客体に当たるか否か 　c　非課税に当たるか否か 　d　課税標準の特例が適用されるか否か 　e　減免されるべきか否か

ニ　審査の申出期間

　固定資産税の納税者は、次の左欄の区分に応じ、それぞれ右欄の期間内に、文書をもって、固定資産評価審査委員会に審査の申出をすることができます（地法432①）。ただし、天災その他やむを得ない特別の事由がある場合には、その理由がやんだ日の翌日から起算して一週間以内に審査の申出ができます（地法432②、行政不服審査法18①ただし書、②)。

	区　　分	審　査　の　申　出　期　間
①	②及び③以外の場合	固定資産課税台帳に当該価格等を登録した旨の公示の日から、納税通知書の交付を受けた日後3月以内
②	都道府県知事の勧告を受けて市町村が価格を修正した場合	固定資産課税台帳に当該修正した価格等を登録した旨の公示の日から同日後3月以内（当該修正して登録された価格等に基づいて、既に、決定したその賦課額について更正処分を受けた者にあっては、当該更正に係る納税通知書の交付を受けた日後3月以内)
③	固定資産の価格等のすべてを登録した旨の公示の日以後において価格等を決定し、又は修正した場合	固定資産課税台帳に当該決定し、又は修正した価格等を登録した旨の通知を受けた日から3月以内

ホ 審査委員会における審査

審査委員会における審査は、以下のように行われます。

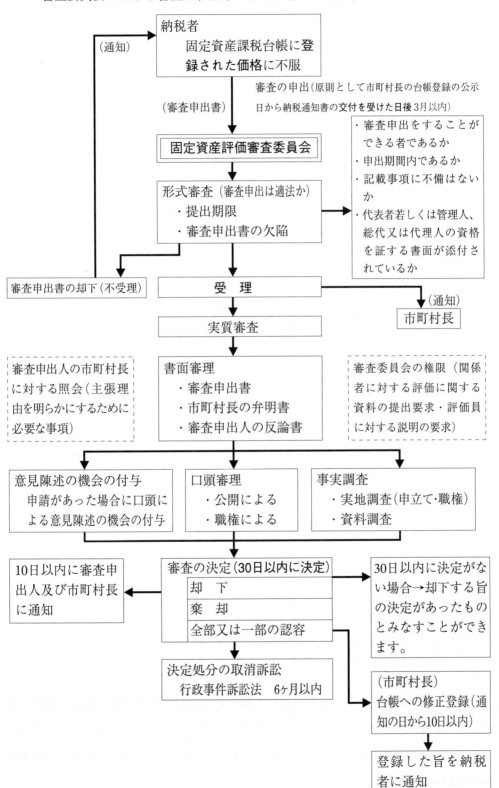

第5章 固定資産税

(2) 賦課決定に係る不服申立て

固定資産税の賦課を受けた者は、その賦課について不服があるときは、地方税法第19条から第19条の8までの規定によるほか、行政不服審査法の定めるところにより、市町村長に対して、不服の申立てをすることができます（地法19一、行政不服審査法）。

行政不服審査法に基づく不服申立ては、行政庁の処分又は不作為について行う審査請求を原則としています。個別法に特別の定めがある場合に限り、審査請求の前に処分庁に対して行う再調査の請求や、審査請求の裁決を経た後更に行う再審査請求をすることができることとされていますが、地方税法には当該定めがありませんので、固定資産税に関する不服申立ては、審査請求によることとなります。

審査請求は、処分庁又は不作為庁（以下「処分庁等」という。）の最上級行政庁に対してするものですが、処分庁等に上級行政庁が無い場合には、当該処分庁等に対してすることとされています。したがって、市町村長がした処分又は不作為と、地方税法第3条の2の規定により市町村長から委任された支所等の長がした処分又は不作為のいずれについても、市町村長に対して審査請求を行うこととなります。

固定資産税において、不服の申立てができる場合は左欄の場合とされており、右欄の事項については、不服申立てをすることができません。

不服申立てができる場合	不服申立てのできない事項
固定資産税の賦課を受けた者でその賦課について不服がある場合 ※　その不服があるとは、具体的には、賦課決定に違法又は錯誤があることによって不服があることをいいます。	イ　都道府県知事又は総務大臣がその価格等を評価して決定する固定資産で、都道府県知事又は総務大臣に対して不服の申立てをすることができる事項（地法19八、19の5） ロ　固定資産評価審査委員会に対して審査の申出をすることができる事項（地法432①③）

(注)　違法とは、法令の規定に違背することをいい、錯誤とは、事実の認識の誤謬をいい、例えば、税額の算定を誤って計算した場合等がこれに該当します。したがって、賦課に違法又は錯誤がないのにもかかわらず、単に税負担が過重だということだけでは不服申立ての理由になりません。

なお、不服申立てのできる期間及び不服申立てに対する決定は、次のとおりとされており、不服申立てに対する決定に不服がある者は、その決定のあったことを知った日から6ヶ月以内に、その処分の取消しの訴えを起こすことができます（行政事件訴訟法14）。

— 550 —

第7　固定資産の評価及び価格等の決定

不服申立てのできる期間	不服申立てに対する決定
正当な理由があるときを除き、処分のあったことを知った日の翌日から起算して３月以内とされています。したがって、納税通知書を受け取った場合において、その賦課に不服があるときは、当該納税通知書を受けとった日の翌日から起算して３月以内に行う必要があります（行政不服審査法18①）。 　なお、当該処分があった日の翌日から起算して１年を経過したときは、正当な理由がある場合を除き、することができません（同法18②）。	市町村長は、不服申立てを受理した場合においては、その申立てを受理した日から30日以内にその申立てに対する決定をしなければならないとされていましたが、平成28年４月１日からは、行政不服審査法第16条によることとされています。

— 551 —

第8 税率及び免税点

1 税率

　固定資産税の税率については、次のとおり、標準税率が定められています（地法350①）。

| 標 準 税 率 | 1.4% |

　したがって、具体的に適用される税率は、各市町村が標準税率を基準として当該市町村の条例によって定めることとなります。

　固定資産税の税率については、標準税率のみが定められており、制限税率が定められていませんが、市町村は、左欄に該当する場合において固定資産税の税率を定め又はこれを変更して1.7％を超える税率で固定資産税を課する旨の条例を制定しようとするときは、右欄によることとされています（地法350②）。

| 一の納税義務者に係る課税標準の総額がその市町村の課税標準の総額の3分の2を超える者がある場合 | | 当該市町村の議会において、当該納税義務者の意見を聴くこととなります。 |

　なお、固定資産税については、全国1,719市町村のうち152市町村（令和2年4月1日現在）が標準税率を超える税率で課税しています。

2 免税点

　固定資産税においては、免税点制度が採用されており、市町村は、同一の者についてその市町村の区域内におけるその者の所有に係る土地、家屋又は償却資産に対して課する固定資産税の課税標準となるべき額が、土地にあっては30万円、家屋にあっては20万円、償却資産にあっては150万円に満たない場合には、固定資産税を課することができないとされています（地法351）。ただし、市町村は、財政上その他特別の必要がある場合には、その市町村の条例で定めるところによって、その額がそれぞれ30万円、20万円又は150万円に満たないときであっても、固定資産税を課すことができます（地法351ただし書）。

第8　税率及び免税点

固定資産の区分	免税点	
土　地	課税標準となるべき額の合計額	３００，０００円
家　屋		２００，０００円
償却資産		１，５００，０００円

(注) 1　共有に係る固定資産についての免税点の適用については、それぞれの共有者が他の固定資産を所有している場合であっても、その資産とは別個に、共有されている固定資産を別の人格が所有しているものとして免税点を適用します。したがって、例えば、甲がA市内に課税標準額20万円の土地と、乙と共有している課税標準額50万円の土地を、それぞれ所有している場合には、甲が単独で所有している課税標準額が20万円の土地は、免税点未満となりますので当該土地に対して固定資産税が課税されないこととなり、共有している課税標準額50万円の土地は免税点を超過していますので、当該土地に対して固定資産税が課税されることとなります。
2　東京都の特別区及び地方自治法第252条の19第1項の指定都市の区の区域は、これを一の市の区域とみなされます（地法737）ので、これらの区の区域に所在する固定資産について免税点を適用するときは、その特別区又は区の区域ごとに同一の納税義務者について名寄せを行って免税点を判定することとなります。
3　区分所有に係る家屋の免税点の判定は、当該家屋の区分所有者ごとではなく、区分所有に係る家屋全体に係る課税標準額によって行います。また、区分所有に係る家屋の敷地の用に供されている土地についても同様の取扱いとなります。

第5章　固定資産税

第9　区分所有家屋及びその敷地（共用土地）に対する課税の特例

1　区分所有家屋に対する課税の特例

　共有物に対して課する固定資産税については、地方税法第10条の2第1項の規定により、納税者が連帯して納付する義務を負うこととされています。ただし、建物の区分所有等に関する法律第2条第3項の専有部分の属する家屋（以下「区分所有家屋」といいます。）に対して課する固定資産税については、区分所有家屋を各区分所有者の専有部分ごとに評価することが著しく困難であり、また、地方税法第10条の2第1項に規定する連帯納税義務によって区分所有家屋の各区分所有者に固定資産税を課することも必ずしも適当でないと考えられます。

　このようなことから、区分所有家屋に対して課する固定資産税については、この連帯納税義務の規定を適用しないこととし、区分所有家屋を一括して評価したうえでその区分所有家屋に係る固定資産税額を算出し、その算出税額を次の算式によってあん分して求めた額を当該各区分所有者の当該区分所有家屋に係る固定資産税額として、当該各区分所有者に課することとされています（地法352①）。

　なお、専有部分とは、区分所有権の目的たる建物の部分をいいます。そして、建物の部分とは、一棟の建物に構造上区分された数個の部分で独立して住居、店舗、事務所、事業所又は倉庫その他建物としての用途に供することができるものをいいます。

$$\left[\begin{array}{l}\text{当該家屋を一括して評価し、これ}\\\text{に基づき算定される固定資産税額}\end{array}\right] \times \left[\dfrac{\begin{array}{c}\text{当該区分所有者に係る}\\\text{専有部分の床面積}\end{array}}{\text{当該専有部分の床面積の合計}}\right]$$

（注）1　共用部分の管理の目的のために別途規約により一部の区分所有者又は管理者を所有者として定めている共用部分については、これを区分所有者全員の共有に属するものと、また、一部共用部分については、これを共用すべき区分所有者全員の共有に属するものと、それぞれみなして計算することとされています（地法352③）。

　　　　また、専有部分の天井の高さ、附帯設備の程度又は仕上部分の程度について著しい差違がある場合には、その差違に応じて、この専有部分の床面積の割合を補正することとされています。そして、この場合における補正は、当該割合に、それぞれ次の算式により計算した数値（次のイからハまでのうち2以上に該当する場合においては、それぞれの数値を加えた数値）に1を加えた数値を乗じて行うこととされています（地規15の3①、7の3）。

　　　　なお、次の算式において、家屋とは、専有部分の属する一棟の建物（区分所有法第4条第2項の規定により共用部分とされた附属の建物を含みます。以下同じです。）をいい、天井の高さの差違に応ずる数値とは、専有部分に係る天井の高さと当該家屋の専有部分に係る天井の平均の高さとの差違のメートル数（1メートル未満の端数は、切り捨てます。）に0.1を乗じて得た数値をいいます。この場合において、

－ 554 －

専有部分に係る天井の高さが当該家屋の専有部分に係る天井の平均の高さよりも低いときは、当該数値は、負数とします。

イ　専有部分の天井の高さに差違がある場合

（算　式）

$$\frac{\text{家屋の評価額} - \text{専有部分に係る附帯設備の評価額相当額の合計額} - \text{専有部分に係る仕上部分の評価額相当額の合計額}}{\text{家屋の評価額}} \times \text{天井の高さの差違に応ずる数値}$$

ロ　専有部分の附帯設備の程度に差違がある場合

（算　式）

$$\left[\frac{\text{専有部分に係る附帯設備の評価額相当額の合計額}}{\text{家屋の評価額}}\right] \times \left[\frac{\text{当該専有部分に係る附帯設備の単位床面積当たりの評価額相当額}}{\text{専有部分に係る附帯設備の単位床面積当たりの評価額相当額}} - 1\right]$$

ハ　専有部分の仕上部分の程度に差違がある場合

（算　式）

$$\left[\frac{\text{専有部分に係る仕上部分の評価額相当額の合計額}}{\text{家屋の評価額}}\right] \times \left[\frac{\text{当該専有部分に係る仕上部分の単位床面積当たりの評価額相当額}}{\text{専有部分に係る仕上部分の単位床面積当たりの評価額相当額}} - 1\right]$$

2　高さが60mを超える建築物（建築基準法令上の「超高層建築物」）のうち、複数の階に住戸が所在しているもの（居住用超高層建築物）については、当該居住用超高層建築物全体に係る固定資産税額を各区分所有者に按分する際に用いる当該各区分所有者の専有部分の床面積を、住戸の所在する階層の差違による床面積当たりの取引単価の変化の傾向を反映するための補正率（階層別専有床面積補正率）を用いて以下の算式によって補正します。補正に当たっては、居住用以外の専有部分を含む居住用超高層建築物においては、まず当該居住用超高層建築物全体に係る固定資産税額を、床面積により居住用部分と非居住部分に按分の上、居住用部分の税額を各区分所有者に按分する場合についてのみ階層別専有床面積補正率を適用します。（地法352②）

なお、この補正は、平成30年度から新たに課税されることとなる居住用超高層建築物（平成29年4月1日前に売買契約が締結された住戸を含むものを除く。）について適用します。

（階層別専有床面積補正率）

$$t = 100 + (10／39) \times (当該人の居住の用に供する専有部分が所在する階 - 1)$$

（算　式）

$$\left[\frac{\text{全ての専有部分の床面積の合計}}{} - \text{人の居住の用に供する専有部分以外の専有部分の床面積の合計}\right] \times \frac{\text{当該人の居住の用に供する専有部分の床面積} \times t}{\text{全ての人の居住の用に共する専有部分の床面積} \times t の合計}$$

2 区分所有家屋の敷地の用に供されている土地（共用土地）に対する課税の特例

⑴ 各共有者の共用土地に対する持分の割合がその者が所有する専有部分の床面積の割合と一致する場合

共有物に対して課する固定資産税については、地方税法第10条の2第1項の規定により、納税者が連帯して納付する義務を負うこととされています。ただし、区分所有に係る家屋の敷地の用に供されている土地（以下「共用土地」といいます。）で次に掲げる要件を満たすものに対して課する固定資産税については、区分所有家屋の場合と同様、連帯納税義務によって固定資産税を課することが適当でないと考えられることから、当該共用土地に係る納税義務者で当該家屋の各区分所有者であるもの（以下「共用土地納税義務者」といいます。）に対しては、当該共用土地に係る固定資産税額を原則として当該共用土地に係る持分割合により按分して求めた額を当該共用土地納税義務者の当該共用土地に係る固定資産税額として当該各共用土地納税義務者に課することとされています（地法352の2①）。

	課税の特例の対象となる共用土地の要件
①	当該共用土地に係る区分所有に係る家屋の区分所有者全員によって共有されているものであること
②	当該共用土地に係る各共用土地納税義務者の当該共用土地に係る持分の割合が、その者の当該共用土地に係る区分所有に係る家屋の区分所有者全員の共有に属する共用部分に係る建物の区分所有等に関する法律第14条第1項から第3項までの規定による割合（すなわち、その者が所有する専有部分の床面積の割合）と一致するものであること

なお、共用土地に係る持分割合は、当該共用土地が住宅用地である部分と住宅用地以外の部分とを併せ有する土地である場合又は小規模住宅用地である部分と小規模住宅用地以外の部分とを併せ有する土地である場合には、総務省令第15条の4の規定によって補正したところの割合となります。

⑵ 各共有者の共用土地に対する持分の割合がその者が所有する専有部分の床面積の割合と一致しない場合

⑴の①に掲げる要件に該当する共用土地で⑴の②に掲げる要件に該当しないものに対して課する固定資産税については、当該共用土地に係る土地納税義務者全員の合意により⑴により按分する場合に用いられる割合に準じて定めた割合によって当該共用

— 556 —

第9　区分所有家屋及びその敷地(共用土地)に対する課税の特例

土地に係る固定資産税額を按分することを、市町村長に申し出た場合において、市町村長が(1)による按分の方法を斟酌し、当該割合により按分することが適当であると認めたときは、当該共用土地に係る固定資産税についての連帯納税義務が解除され、当該各共用土地納税義務者は、当該共用土地に係る固定資産税額を当該割合によって按分して求めた額を、当該各共用土地納税義務者の当該共用土地に係る固定資産税額として当該各共用土地納税義務者に課することとされています（地法352の2⑤）。

第5章　固定資産税

第10　新築住宅等に対する固定資産税の減額措置

1　新築住宅に対する固定資産税の減額

　新築住宅に対する固定資産税については、住宅政策に資する見地から、次のような特例措置が講じられており、その新築当初における固定資産税の額が軽減されることとされています。この場合において、住宅対策として宅地をより有効に利用することが求められていることから、新築の中高層耐火建築物である住宅については、通常の新築住宅の場合より軽減措置の期間が長くされています。

(1)　減額措置の内容

　次の表の左欄の新築住宅に対して課される固定資産税については、当該住宅に対して新たに固定資産税が課されることとなった年度から、①の住宅にあっては 3 年度分、②の住宅にあっては 5 年度分の固定資産税に限り、右欄の額が当該住宅に係る固定資産税額から減額されます（地法附則15の 6 ①、②、地令附則12①〜⑥）。

　なお、この減額は、後述の **2** 、 **3** 、 **4** 、 **5** 、 **6** 又は **7** の減額の適用がある場合は、適用されません。

住　宅　の　区　分		減額される額
①	昭和38年 1 月 2 日から令和 4 年 3 月31日までの間に新築された住宅（②の住宅を除きます。）	当該住宅に係る固定資産税額のうち次の(3)により算定される額の 2 分の 1 に相当する額
②	昭和39年 1 月 2 日から令和 4 年 3 月31日までの間に新築された中高層耐火建築物（主要構造部を耐火構造又は準耐火構造等とした建築物で地上階数 3 以上を有するものをいいます。）である住宅	

(2)　減額の対象となる住宅の要件

　この減額の対象となる住宅は、住宅の区分に応じ、次のとおりとされています（地令附則12②、③）。

区　　分	新　築　住　宅　の　要　件
区分所有に係る住宅以外の住宅	（居住部分割合要件） イ　家屋で人の居住の用に供する部分（別荘部分を除きます。）の床面積の当該家屋の床面積に対する割合が 2 分の

— 558 —

第10　新築住宅等に対する固定資産税の減額措置

	1以上であること
	（床面積要件） ロ　住宅で次に掲げる住宅の区分に応じ、それぞれ次に定める要件に該当するものであること 　(イ)　共同住宅等以外の住宅……人の居住の用に供する部分の床面積が50㎡以上280㎡以下の住宅であること 　(ロ)　共同住宅等……基準住居部分を有する住宅であること 　※　基準住居部分とは、人の居住の用に供するために独立的に区画された家屋の一の部分でその床面積が50㎡（当該独立的に区画された家屋の一の部分が貸家の用に供されるものである場合にあっては40㎡、高齢者の居住の安定確保に関する法律第7条第1項の登録を受けた同法第5条第1項に規定するサービス付き高齢者向け住宅である場合にあっては30㎡）以上280㎡以下であるものをいいます。
区分所有に係る住宅	（居住部分割合要件） イ　居住用専有部分を有する家屋であること ※　居住用専有部分とは、家屋の専有部分で人の居住の用に供する部分（別荘部分を除きます。）の床面積の当該専有部分の床面積に対する割合が2分の1以上であるものをいいます。 （床面積要件） ロ　居住用専有部分に係る基準部分を有する住宅であること ※　基準部分とは、家屋の専有部分のうち、人の居住の用に供する専有部分でその床面積が50㎡（当該専有部分が貸家の用に供されるものである場合にあっては40㎡、高齢者の居住の安定確保に関する法律第7条第1項の登録を受けた同法第5条第1項に規定するサービス付き高齢者向け住宅である場合にあっては30㎡）以上280㎡以下であるもの（専有部分が二以上の部分に独立的に区画されている場合には、当該区画された部分のうち基準住居部分であるもの）をいいます。

(注)1　分譲マンション等区分所有家屋の上記の判定は、上記のように各専有部分ごとに行うこととなりますが、この場合の床面積については、

　　「専有部分の床面積」＋「持分であん分した共用部分の床面積」

　　で判定します。なお、賃貸マンション等についても、独立的に区画された部分ごとに区分所有家屋に準じた方法で判定します。

　　2　一戸の併用住宅に廊下、階段等のように共同の用に供する部分がある場合の人の居住の用に供する部分の床面積は、「人の居住の用のみに供する部分の床面積」に、

　　〔（共同の用に供する部分の床面積）×（人の居住の用のみに供する部分の床面積）／（人の居住の用のみに供する部分の床面積＋その他の用のみに供する部分の床面積）〕

　　によって求めた床面積を加算したものとなります。

— 559 —

第5章　固定資産税

3　床面積要件を判定する場合の「人の居住の用に供する部分」の床面積には、別荘の用に供する部分の床面積が含まれます。

(3)　減額の額の算定の基礎となる税額の算定方法

減額の額の算定の基礎となる税額（すなわち、2分の1とされる固定資産税額）は、次の左欄の住宅の区分に応じ、右欄により算定した額（区分所有に係るものにあっては、各区分所有者ごとに次により算定した額の合算額）とされています（地令附則12④）。

減額の額の算定の基礎となる税額の算定方法	
区分所有住宅以外の住宅	次に掲げる住宅の区分に応じ、それぞれ次によって算定します。 イ　ロ以外の住宅 　　当該住宅に係る固定資産税額 ロ　人の居住の用に供する部分（以下、この図では「居住部分」と略称します。）以外の部分を有する住宅（併用住宅）及び居住部分の床面積が120㎡を超える住宅 　当該住宅の固定資産税額 × $\dfrac{\text{居住部分（共同住宅等にあっては、基準住居部分（独立的に区画された一の部分））の床面積}}{\text{当該住宅の床面積}}$ ※1　当該居住部分には、別荘部分は含まれません。 　2　一の居住部分（共同住宅等にあっては、独立的に区画された一の部分）の床面積が120㎡を超える場合にあっては、当該部分の床面積を120㎡として算定します。 　3　基準住居部分については、前頁を参照してください。
区分所有に係る住宅	次に掲げる居住用専有部分の区分に応じ、それぞれ次によって算定します。 イ　居住用専有部分（別荘部分を有しないものに限ります。）で基準部分（その床面積が120㎡以下のものに限ります。）であるもの（二以上の部分に独立的に区画されている居住用専有部分にあっては、基準部分（その床面積が120㎡以下のものに限ります。）のみを有するもの） 　当該居住用専有部分に係る区分所有者の専有部分税額(固定資産税額) ロ　イ以外の居住用専有部分 　当該居住用専有部分の専有部分税額 × $\dfrac{\text{当該居住用専有部分に係る基準部分のうち居住部分の床面積}}{\text{当該居住用専有部分の床面積}}$ ※1　居住部分には、別荘部分は含まれません。 　2　一の基準部分のうち居住部分の床面積が120㎡を超える場合にあっては、当該部分の床面積を120㎡として算定します。 　3　「居住用専有部分」及び「基準部分」については、前頁を参照してください。

（注）　居住部分とその他の部分とについて、天井の高さ、附帯設備の程度等について著

— 560 —

第10　新築住宅等に対する固定資産税の減額措置

しい差違がある場合には、その差違に応じて上記の当該割合を補正することとされています（地令附則12④）。

2　認定長期優良住宅に対する固定資産税の減額

　長期にわたって良好な状態で使用される構造等を備えた住宅については、前記1の新築住宅に対する固定資産税の減額措置に代えて、次のような減額措置が講じられています。すなわち、次の左欄の認定長期優良住宅に対して課される固定資産税については、当該住宅に対して新たに固定資産税が課されることとなった年度から5年度分（中高層耐火建築物である住宅にあっては、7年度分）の固定資産税に限り、右欄の額が当該住宅に係る固定資産税額から減額されます（地法附則15の7①②）。

　この特例は、認定長期優良住宅の所有者から、当該認定長期優良住宅が新築された日から当該認定長期優良住宅に対して新たに固定資産税が課されることとなる年度の初日の属する年の1月31日までの間に、当該認定を受けて新築された認定長期優良住宅であることを証する書類（長期優良住宅建築等計画の認定通知書若しくは変更認定通知書又は地位承継の承認通知書の写し）を添付して、この特例の適用があるべき旨の申告書の提出が市町村にされた場合に限り適用されます（同附則15の7③）。

　なお、この減額は、後述の**3**、**4**、**5**、**6**又は**7**（中高層耐火建築物にあって**4**又は**7**）の減額の適用がある場合は、適用されません。

減額の対象となる住宅	減額される額
長期優良住宅の普及及び促進に関する法律第10条第2号に規定する市町村長又は都道府県知事の認定を受けた長期優良住宅（認定長期優良住宅）で同法施行の日（平成21年6月4日）から令和4年3月31日までの間に新築されたもの	当該住宅に係る固定資産税額（その住宅の居住部分の床面積が120㎡を超える場合は120㎡に相当する部分の額となります。）の2分の1に相当する額

（注）　認定長期優良住宅の床面積等の要件は、**1**の「新築住宅に対する固定資産税の減額」の場合と同様とされています（地法附則15の6①、地令附則12③～⑤）。

3　市街地再開発事業の施行に伴い与えられた家屋等に対する固定資産税の減額

　次の左欄の家屋に対して課される固定資産税については、当該家屋に対して新たに固定資産税が課されることとなった年度から5年度分の固定資産税に限り、右欄の額が当該家屋に係る固定資産税額から減額されます（地法附則15の8①、地令附則12⑦

－ 561 －

減額の対象となる家屋	減額される額	
平成23年7月1日から令和5年3月31日までの間に新築された都市再開発法第2条第6号に規定する施設建築物に該当する家屋の一部である同条第8号に規定する施設建築物の一部が、同法による市街地再開発事業（第1種・第2種市街地再開発事業の施行区域内又は市街地再開発促進区域内において施行されるものに限ります。）の施行に伴い宅地、借地権又は建築物に対応して従前の権利者に与えられた場合における当該家屋	当該家屋が基準部分（559頁参照）を有する住宅である場合	イ　従前の権利に対応する居住部分に係る税額（（注）イを参照）の3分の2に相当する額 ロ　従前の権利に対応する非居住部分に係る税額（（注）ロを参照）の3分の1（第1種市街地再開発事業の施行に伴うものは、4分の1）に相当する額
	当該家屋が住宅以外の家屋である場合	家屋のうち従前の権利に対応する部分に係る税額（（注）ロを参照）の3分の1（第1種市街地再開発事業の施行に伴うものは、4分の1）に相当する額

（注）　減額の額の算定の基礎となる税額は、従前の権利者ごとに、次により求めた額を合算した額とされています（地令附則12⑪）。

イ　住宅の場合

(イ)　その全部が従前の権利に対応する居住部分又は非居住部分である専有部分

　　当該専有部分に係る専有部分税額

(ロ)　その一部が従前の権利に対応する居住部分又は非居住部分である専有部分

$$\text{専有部分の専有部分税額} \times \frac{\text{当該専有部分の床面積のうち従前の権利に対応する居住部分又は非居住部分の床面積}}{\text{当該専有部分の床面積}}$$

ロ　非住宅の場合

(イ)　その全部が従前の権利に対応する部分である専有部分

　　当該専有部分に係る専有部分税額

(ロ)　その一部が従前の権利に対応する部分である専有部分

$$\text{専有部分の専有部分税額} \times \frac{\text{当該専有部分の床面積のうち従前の権利に対応する部分の床面積}}{\text{当該専有部分の床面積}}$$

4　サービス付き高齢者向け住宅に対する固定資産税の減額

　次の左欄の貸家住宅（その全部又は一部が専ら住居として貸家の用に供される家屋をいいます。）に対して課される固定資産税については、当該貸家住宅に対して新たに固定資産税が課されることとなった年度から5年度分の固定資産税に限り、右欄の額が当該貸家住宅に係る固定資産税額から減額されます（地法附則15の8②、地令附則12

第10　新築住宅等に対する固定資産税の減額措置

⑫～⑭）。

減額の対象となる住宅	減額される額
平成27年4月1日から令和5年3月31日までの間に新築された高齢者の居住の安定確保に関する法律第7条第1項の登録を受けた同法第5条第1項に規定するサービス付き高齢者向け住宅である貸家住宅（2（中高層耐火建築物に係る部分に限ります。）、4又は7の特例の適用を受けるものを除きます。）	当該貸家住宅に係る固定資産税額（560頁参照）（※）に3分の2を参酌して2分の1以上6分の5以下の範囲内において市町村の条例で定める割合を乗じて得た額に相当する額 ※　算定の基礎となる居住部分の床面積が120㎡を超えるものは、その部分の床面積を120㎡として算定した額となります。

(注)1　この特例の対象となる貸家住宅の要件は、次のとおりとされています（地令附則12⑫、地規附則7④、⑤）。
　　イ　当該貸家住宅が主要構造部を耐火構造とした建築物、準耐火建築物等であること。
　　ロ　当該貸家住宅の建設に要する費用について、政府の補助（高齢者等居住安定化推進事業のうちサービス付き高齢者向けの住宅（高齢者専用賃貸住宅の整備を行う事業により建設されたものを除く。）の整備を行う事業に係る補助とされています。）を受けていること。
　　ハ　当該貸家住宅に係る高齢者の居住の安定確保に関する法律第7条第2項に規定するサービス付き高齢者向け住宅登録簿に記載されたサービス付き高齢向け住宅の戸数が10戸以上であること。
　　2　「居住部分割合要件」及び「床面積要件」並びに「減額の額の算定の基礎となる税額の算定方法」は、1の「新築住宅に対する固定資産税の減額」の場合と同様とされています（ただし、床面積（居住の用に供するために独立的に区画された家屋の一の部分の床面積）要件は30㎡以上180㎡以下となります。）ので、この項（558頁）を参照して下さい。

5　防災街区整備事業の施設建築物に対する固定資産税の減額

　次の左欄の家屋に対して課される固定資産税については、当該家屋に対して新たに固定資産税が課されることとなった年度から5年度分の固定資産税に限り、右欄の額が当該家屋に係る固定資産税額から減額されます（地法附則15の8③、地令附則12⑬）。

減額の対象となる家屋	減額される額	
平成16年4月1日から令和5年3月31日までの間に新築された密集市街地における防災街区の整備の促進に関する法律第117条第5号に規定する	当該家屋が基準部分（559頁参照）を有する住宅である場合	イ　従前の権利に対応する住居部分に係る税額の3分の2に相当する額 ロ　従前の権利に対応する非居住部分に係る税額の3分の1に相

— 563 —

		当する額
防災施設建築物に該当する家屋の一部である同条第7号に規定する防災施設建築物の一部が、同法第2条第5号に規定する防災街区整備事業の施行に伴い宅地、借地権又は建築物に対応して従前の権利者に与えられた場合における当該家屋	当該家屋が住宅以外の家屋である場合	家屋のうち従前の権利に対応する部分に係る税額の3分の1に相当する額

(注) 適用要件及び減額の額の算定の基礎となる税額の算定方法は、「**3** 市街地再開発事業の施行に伴い与えられた家屋等に対する固定資産税の減額」(561頁) と同様とされています (地令附則12⑬)。

6 高規格堤防の整備に伴う建替家屋に対する固定資産税の減額

次の左欄の家屋に対して課される固定資産税については、当該家屋に対して新たに固定資産税が課されることとなった年度から5年度分の固定資産税に限り、右欄の額が当該家屋に係る固定資産税額から減額されます (地方附則15の8④、地令附則12⑯⑰)。

減額の対象となる家屋	減額される額	
平成31年4月1日から令和4年3月31日までの間に、河川法第6条第2項(同法第100条第1項において準用する場合を含みます。)に規定する高規格堤防の整備に係る事業の用に供するため使用された土地の上に建築されていた家屋(以下「従前の家屋」といいます。)について移転補償金を受けた者が、当該土地の上に当該家屋に代わるものとして取得した家屋	当該家屋が一定の住宅 (1⑵の住宅と同じ要件を満たす住宅をいいます。) である場合	イ 当該家屋(区分所有家屋にあってはその専有部分)のうち特定居住用部分((注1)を参照)に係る税額の2／3に相当する額 ロ 当該家屋のうち特定居住用部分以外の部分に係る税額の1／3に相当する額 ((注2) を参照)
	当該家屋が一定の住宅以外の住宅又は住宅以外の家屋である場合	当該家屋に係る税額の1／3に相当する額 ((注2) を参照)

(注)1 次に掲げる一定の住宅の区分に応じ、それぞれ次に定めるものをいいます。(地

第10　新築住宅等に対する固定資産税の減額措置

令附則12⑰)

イ　一定の住宅（ロに掲げるものを除きます。）　人の居住の用に供する部分（共同住宅等にあっては、基準住居部分のうち人の居住の用に供する部分に限ります。）で別荘の用に供する部分以外の部分

ロ　区分所有に係る一定の住宅　居住用専有部分に係る基準部分のうち、人の居住の用に供する部分で別荘の用に供する部分以外の部分

2　減額の額の算定の基礎となる税額は、移転補償金を受けた者ごとに、次により求めた額を合算した額とされています。（地令附則12⑯)

イ　一定の住宅の全てが特定居住用部分の場合

区分所有以外

一定の住宅に係る固定資産税額 $\times$ $\dfrac{\text{従前の家屋（の専有部分）の床面積}}{\text{一定の住宅の床面積}}$

区分所有

一定の住宅の専有部分に係る専有部分税額 $\times$ $\dfrac{\text{従前の家屋（の専有部分）の床面積}}{\text{一定の住宅の専有部分の床面積}}$

※点線囲み内の数値が1を超える場合には、1

ロ　一定の住宅が特定居住用部分以外の部分を有する場合の特定居住用部分

区分所有以外

特定居住用部分に係る固定資産税額 $\times$ $\dfrac{\text{従前の家屋（の専有部分）の床面積}}{\text{特定居住用部分の床面積}}$

区分所有

特定居住用部分に係る専有部分税額 $\times$ $\dfrac{\text{従前の家屋（の専有部分）の床面積}}{\text{専有部分のうち特定居住用部分の床面積}}$

※点線囲み内の数値が1を超える場合には、1

ハ　一定の住宅が特定居住用部分以外の部分を有する場合の特定居住用部分以外の部分

区分所有以外

特定居住用部分以外の部分に係る固定資産税額 $\times$ $\dfrac{\text{従前の家屋（の専有部分）の床面積から特定居住用部分の床面積を減じて得た数値}}{\text{特定居住用部分以外の部分の床面積}}$

区分所有

特定居住用部分以外の部分に係る専有部分税額 $\times$ $\dfrac{\text{従前の家屋（の専有部分）の床面積から特定居住用部分の床面積を減じて得た数値}}{\text{特定居住用部分以外の部分の床面積}}$

※点線囲み内の数値が1を超える場合には1、ゼロを下回る場合にはゼロ

第5章 固定資産税

ニ 一定の住宅以外の住宅及び住宅以外の家屋の場合

区分所有以外

$$家屋に係る固定資産税額 \times \frac{従前の家屋（の専有部分）の床面積}{家屋の床面積}$$

区分所有

$$家屋の専有部分に係る専有部分税額 \times \frac{従前の家屋（の専有部分）の床面積}{家屋の専有部分の床面積}$$

※点線囲み内の数値が1を超える場合には、1

7 耐震改修された既存住宅に対する固定資産税の減額

次の左欄の耐震基準適合住宅に対して課される固定資産税については、右欄に掲げる期間について、右欄の額が当該耐震基準適合住宅に係る固定資産税額から減額されます（地法附則15の9①、地令附則12⑱～㉑）。

なお、この減額は、納税義務者から耐震改修が完了した日から3月以内に、当該耐震基準適合住宅につきこの減額の適用があるべき旨の申告書を提出した場合に限り、適用されます（地法附則15の9②③）。そして、その申告の際には、関係機関が発行した当該住宅が耐震基準適合住宅に該当することを証する書類（平成18年国土交通省告示第466号）を提出することとされています（地規附則7⑥）。

減額の対象となる既存住宅	減額される額及び減額期間
昭和57年1月1日以前から所在する住宅（注1）のうち平成18年1月1日から令和4年3月31日までの間に耐震改修（注2）（一戸当たりの改修工事費が50万円を超えるものに限ります。）が行われたもので建築基準法施行令第3章及び第5章の4に規定する基準又は国土交通大臣が総務大臣と協議して定める地震に対する安全性に係る基準（注3）（耐震基準）に適合することが証明されたもの（以下「耐震基準適合住宅」といいます。）	当該改修工事が完了した年の翌年度分から、次の工事時期に応じ、それぞれ次の期間の当該耐震基準適合住宅に係る固定資産税額(注4)の2分の1に相当する額 イ 平成18年1月1日から平成21年12月31日までに改修した場合……3年度間 ロ 平成22年1月1日から平成24年12月31日までに改修した場合……2年度間 ハ 平成25年1月1日から令和4年3月31日までに改修した場合……1年度間（注5）

(注)1 減額の対象となる住宅の要件は、「1 新築住宅に対する固定資産税の減額」（558頁）の場合と同様とされています（地法附則15の6①）。
　　2 耐震改修とは、地震に対する安全性の向上を目的とした増築、改築、修繕又は模様替えをいいます。
　　3 国土交通大臣が総務大臣と協議して定める基準は、「平成18年国土交通省告示第465号」及び「平成18年国土交通省告示第185号」とされています。

— 566 —

第10　新築住宅等に対する固定資産税の減額措置

4　次の耐震基準適合住宅の区分に応じ、次に定める固定資産税額（区分所有に係るものにあっては、各区分所有者ごとに次のロにより算定した額の合算額）とされています（地令附則12㉑）。
　イ　区分所有に係るもの以外のもの
　　当該適合住宅に係る固定資産税額のうち居住部分に相当する額（居住部分（共同住宅等にあっては一の独立区画部分）の床面積が120㎡を超える場合にあっては、120㎡に相当する部分の額となります。）
　ロ　区分所有に係るもの
　　当該居住用専有部分に係る専有部分税額のうち居住部分に相当する額（居住部分（居住専有独立部分を有するものにあっては一の居住専有独立部分）の床面積が120㎡を超える場合にあっては、120㎡に相当する部分の額となります。）
5　建築物の耐震改修の促進に関する法律第7条第2号又は第3号に掲げる通行障害既存耐震不適格建築物に該当するものは、2年度間となります。
6　この減額措置は、**12**、**13**の適用がある場合は、その適用を受けることはできないとされています（地法附則15の9①）。

8　バリアフリー改修が行われた住宅に対する固定資産税の減額

　次の左欄のバリアフリー改修が行われた住宅又は専有部分に対して課される固定資産税については、その改修工事が完了した年の翌年度分の固定資産税に限り、右欄の額が当該住宅又は専有部分に係る固定資産税額から減額されます（地法附則15の9④⑤、地令附則12㉒～㉙）。

　なお、この減額は、納税義務者から当該改修工事が完了した日から3月以内に、高齢者等（注2）であることを示す住民票等及び工事明細書や写真等工事内容等を確認することができる関係書類を添付して、この減額の適用があるべき旨の申告書の提出がされた場合に限り適用されます（地法附則15の9⑥⑦、地規附則7⑧）。

減額の対象となる住宅及び専有部分	減額される額
新築された日から10年以上経過した住宅又は区分所有家屋の専有部分（注1）のうち、人の居住の用に供する部分（貸家用に供する部分を除きます。以下「特定居住用部分」といいます。）において平成28年4月1日から令和4年3月31日までの間に高齢者等（注2）の居住の安全性及び高齢者等に対する介助の容易性の向上に資するバリアフリー改修工事（注3）が行われたものであって、その特定居住用部分に高齢者等が居住しているもの	当該住宅又は専有部分に係る固定資産税額のうち特定居住用部分に相当する額（特定居住用部分の床面積が100㎡を超える場合は100㎡に相当する部分の額となります。）の3分の1に相当する額

（注）1　減額の対象となる住宅又は専有部分は、改修後の床面積が50㎡以上280㎡以下であり、かつ、居住部分の床面積のその家屋又は専有部分の床面積に対する割合が2分の1以上のもので、貸家の用に供する部分以外の居住部分を有するものとさ

— 567 —

第5章　固定資産税

れています（地令附則12②②②⑦）。

2　高齢者等とは、65歳（その工事が完了した日の翌年の1月1日における年齢）
以上の者、介護保険法の要介護認定を受けている者若しくは要支援認定を受けて
いる者又は障害者のいずれかの者をいいます（地令附則12㉓）。

なお、これらの者がその改修住宅の特定居住用部分に居住しているかどうかの
判定は、申告の時の現況によります（地法附則15の9⑧）。

3　バリアフリー改修工事（すなわち、居住安全改修工事）は、次に該当する工事
で、その工事費用の額が50万円（国又は地方公共団体からの補助金等をもって充
てる部分を除きます。）を超えるものとされています（地令附則12㉔、平成19年3
月30日国土交通省告示第410号）。

イ　通路又は出入り口の拡幅工事　　ニ　便所、浴室等の手すりの取付け工事
ロ　階段の勾配の緩和工事　　　　　ホ　便所、浴室等の床の段差の解消工事
ハ　浴室、便所等の改良工事　　　　ヘ　ドアの引き戸等への取替え工事

4　この減額措置は、前記**8**、**12**又は**13**の適用がある場合又は既にこの減額措置の
適用を受けたことがある場合は、この減額措置の適用を受けることはできないと
されています（地法附則15の9④⑤）。

9　省エネ改修を行った既存住宅に対する固定資産税の減額

次の左欄の熱損失防止改修住宅又は熱損失防止改修専有部分に対して課される固定
資産税については、左欄の熱損失防止改修工事が完了した年の翌年度分の固定資産税
に限り、右欄の額が当該熱損失防止改修住宅又は当該熱損失防止改修専有部分に係る
固定資産税額から減額されます（地法附則15の9⑨⑩、地令附則12㉚～㊱）。

この減額は、納税義務者から、当該改修工事が完了した日から3月以内に、その改
修後のそれぞれの部位が省エネ基準に適合することを証する国土交通大臣が総務大臣
と協議して定める書類（平成20年国土交通省告示第516号）等必要な書類を添付して、
この減額の適用があるべき旨の申告書の提出がされた場合に限り、適用されます（地
法附則15の9⑪⑫）。

減額の対象となる住宅及び専有部分	減額される額
平成20年1月1日以前から所在する住宅又は区分所有に係る家屋の専有部分（注1）のうち、人の居住の用に供する部分（貸家の用に供される部分を除きます。以下「特定居住用部分」といいます。）において、平成20年4月1日から令和4年3月31日までの間に外壁、窓等を通しての熱の損失の防止に資する一定の省エネ改修工事（注2）が行われたもの（以下「熱損失防止改修住宅」又は「熱損失防止改修専有部分」といいます。）	当該熱損失防止改修住宅又は熱損失防止改修専有部分に係る固定資産税額のうち特定居住用部分に相当する額（特定居住用部分の床面積が120㎡を超える場合は120㎡に相当する部分の額となります。）の3分の1に相当する額

— 568 —

第10 新築住宅等に対する固定資産税の減額措置

(注)1 減額の対象となる住宅又は専有部分は、改修後の床面積が50㎡以上280㎡以下であり、かつ、居住部分の床面積のその家屋又は専有部分の床面積に対する割合が2分の1以上のもので、貸家の用に供する部分以外の居住部分を有するものとされています（地令附則12㉚㉞）。

2 減額の対象となる改修工事は、①窓の断熱改修工事（二重サッシ化、複層ガラス化等）又は①と併せて行う②床の断熱改修工事、③天井の断熱改修工事若しくは④壁の断熱改修工事（これらの工事は外気等と接するものの工事に限ります。）で、当該改修工事によりそれぞれの部位が新たに省エネ基準に適合することとなるもののうち、当該改修工事に要した費用の額が50万円（国又は地方公共団体からの補助金等をもって充てる部分を除きます。）を超えるものとされています（地令附則12㉛、平成20年4月30日国土交通省告示第515号）。

3 この減額措置は、前記 **8**、**12**又は**13**の適用がある場合又は既にこの減額措置の適用を受けたことがある場合は、この減額措置の適用を受けることはできないとされています（地法附則15の9⑨⑩）。

10 耐震改修された認定長期優良住宅に対する固定資産税の減額

次の左欄の特定耐震基準適合住宅に対して課される固定資産税については、左欄の耐震改修工事が完了した年の翌年度分の固定資産税に限り、右欄の額が当該特定耐震基準適合住宅に係る固定資産税額から減額されます（地法附則15の9の2①、地令附則12㊲～㊵）。

なお、この減額は、納税義務者から耐震改修が完了した日から3月以内に、当該特定耐震基準適合住宅につきこの減額の適用があるべき旨の申告書を提出した場合に限り、適用されます（地法附則15の9の2②③）。そして、その申告の際には、関係機関が発行した当該住宅が認定長期優良住宅に該当することとなった旨を証する書類（平成18年国土交通省告示第466号）等を提出することとされています（地規附則7⑩）。

減額の対象となる既存住宅	減額される額及び減額期間
昭和57年1月1日以前から所在する住宅（注1）のうち平成29年4月1日から令和4年3月31日までの間に耐震改修（注2）（一戸当たりの改修工事費が50万円を超えるものに限ります。）が行われたもので認定長期優良住宅（561頁参照）に該当することとなったもの（以下「特定耐震基準適合住宅」といいます。）	当該特定耐震基準適合住宅に係る固定資産税額(注3)の3分の2に相当する額(注4)

(注)1 減額の対象となる住宅の要件は、「**1** 新築住宅に対する固定資産税の減額」（558頁）の場合と同様とされています（地法附則15の6①）。

2 耐震改修とは、地震に対する安全性の向上を目的とした増築、改築、修繕又は模様替えをいいます。

— 569 —

3　次の特定耐震基準適合住宅の区分に応じ、次に定める固定資産税額（区分所有に係るものにあっては、各区分所有者ごとに次のロにより算定した額の合算額）とされています（地令附則12㊵）。
　イ　区分所有に係るもの以外のもの
　　　当該適合住宅に係る固定資産税額のうち居住部分に相当する額（居住部分（共同住宅等にあっては一の独立区画部分）の床面積が120㎡を超える場合にあっては、120㎡に相当する部分の額となります。）
　ロ　区分所有に係るもの
　　　当該居住用専有部分に係る専有部分税額のうち居住部分に相当する額（居住部分（居住専有独立部分を有するものにあっては一の居住専有独立部分）の床面積が120㎡を超える場合にあっては、120㎡に相当する部分の額となります。）
4　建築物の耐震改修の促進に関する法律第7条第2号又は第3号に掲げる通行障害既存耐震不適格建築物に該当するものは、1年度目が3分の2、2年度目が2分の1となります。
5　この減額措置は、既にこの減額措置の適用を受けたことがある場合は、その適用を受けることはできないとされています（地法附則15の9の2①）。

11　省エネ改修を行った認定長期優良住宅に対する固定資産税の減額

　次の左欄の特定熱損失防止改修住宅又は特定熱損失防止改修住宅専有部分に対して課される固定資産税については、左欄の熱損失防止改修工事が完了した年の翌年度分の固定資産税に限り、右欄の額が当該特定熱損失防止改修住宅又は当該特定熱損失防止改修住宅専有部分に係る固定資産税額から減額されます（地法附則15の9の2④⑤、地令附則12㊶～㊻）。

　この減額は、納税義務者から、当該改修工事が完了した日から3月以内に、その改修後のそれぞれの部位が省エネ基準に適合することを証する国土交通大臣が総務大臣と協議して定める書類（平成20年国土交通省告示第516号）等必要な書類を添付して、この減額の適用があるべき旨の申告書の提出がされた場合に限り、適用されます（地法附則15の9の2⑥⑦）。

減額の対象となる住宅及び専有部分	減額される額
平成20年1月1日以前から所在する住宅又は区分所有に係る家屋の専有部分（注1）のうち、人の居住の用に供する部分（貸家の用に供される部分を除きます。以下「特定居住用部分」といいます。）において、平成20年4月1日から令和4年3月31日までの間に外壁、窓等を通しての熱の損失の防止に資する一定の省エネ改修工事（注2）が行われ、認定長期優良住宅（561頁参照）に該当することとなったもの（以下「特定熱損失防止	当該特定熱損失防止改修住宅又は特定熱損失防止改修住宅専有部分に係る固定資産税額のうち特定居住用部分に相当する額（特定居住用部分の床面積が120㎡を超える場合は120㎡に相当する部分の額となります。）の3分の2に相当する額

— 570 —

改修住宅」又は「特定熱損失防止改修住宅専有部分」といいます。）

(注)1　減額の対象となる住宅又は専有部分は、改修後の床面積が50㎡以上280㎡以下であり、かつ、居住部分の床面積のその家屋又は専有部分の床面積に対する割合が2分の1以上のもので、貸家の用に供する部分以外の居住部分を有するものとされています（地令附則12④④）。

　　　2　減額の対象となる改修工事は、①窓の断熱改修工事（二重サッシ化、複層ガラス化等）又は①と併せて行う②床の断熱改修工事、③天井の断熱改修工事若しくは④壁の断熱改修工事（これらの工事は外気等と接するものの工事に限ります。）で、当該改修工事によりそれぞれの部位が新たに省エネ基準に適合することとなるもののうち、当該改修工事に要した費用の額が50万円（国又は地方公共団体からの補助金等をもって充てる部分を除きます。）を超えるものとされています（地令附則12③①、平成20年4月30日国土交通省告示第515号）。

　　　3　この減額措置は、前記**10**の適用がある場合又は既にこの減額措置の適用を受けたことがある場合は、この減額措置の適用を受けることはできないとされています（地法附則15の9の2④⑤）。

12　耐震改修が行われた要安全確認計画記載建築物等に対する固定資産税の減額

　次の左欄の耐震基準適合家屋に対して課される固定資産税については、次の右欄の耐震改修工事が完了した年の翌年から2年度分の固定資産税に限り、右欄の額が当該耐震基準適合家屋に係る固定資産税額から減額されます（地法附則15の10①）。

　なお、この減額は、納税義務者から耐震改修が完了した日から3月以内に、当該耐震基準適合家屋につきこの特例の適用があるべき旨の申告書を提出した場合に限り、適用されます（地法附則15の10②③）。そして、その申告の際には、関係機関が発行した耐震基準適合証明書（平成26年国土交通省告示第417号）を提出することとされています（地規附則7⑪）。

減額の対象となる家屋	減額される額
建築物の耐震改修の促進に関する法律第7条に規定する要安全確認計画記載建築物又は同法附則第3条第1項に規定する要緊急安全確認大規模建築物に該当する家屋（同法第7条又は同項の規定による報告があったものに限り、同法第8条第1項の規定による命令又は同法第12条第2項の規定による指示の対象となったものを除きます。）（注1）のうち平成26年4月1日から令和	当該の耐震基準適合家屋に係る固定資産税額（住宅部分に相当する額は除かれます（注3）。）の2分の1に相当する額 ※　上記の固定資産税額は、区分所有家屋以外の家屋にあっては政令で定めるところにより算定した額（注3により算定したものであり、この額は、当該耐震改修に要した費用の額（注4により算定します。）の100分の2.5に相当する額を限度とします。）とされ、区

4年5月31日までの間に政府の補助（注2）を受けて耐震改修（566頁参照）が行われたもので耐震基準（566頁参照）に適合することにつき証明がされたも（以下「耐震基準適合家屋」といいます。）	分所有家屋にあっては各区分所有者ごとに政令で定めるところにより算定した額（注3により算定したものであり、この額は、当該耐震改修に要した費用の額（注4により算定します。）の100分の2.5に相当する額を限度とします。）の合算額とされています。

(注) 1 同法の規定に基づき耐震診断を義務づけられた①不特定多数の者が利用する大規模な建築物等（病院、旅館など）、②地方公共団体が耐震改修促進計画で指定した避難路に敷地が接する建築物、③都道府県が耐震改修促進計画で指定した防災拠点となる建築物とされています。

2 政府の補助とは、耐震対策緊急促進事業のうち耐震改修を行う事業に係る補助とされています（地規附則7⑩）。

3 減額の基礎となる固定資産税額は、次の家屋の区分に応じ、次に定める額とされています（地令附則12㉟）。

(1) 区分所有家屋以外の家屋

イ 住宅以外の家屋…当該家屋に係る固定資産税額

ロ 住宅のうち共同住宅等である家屋以外の家屋…当該家屋に係る固定資産税額に、当該家屋の床面積から居住部分（人の居住の用に供する部分（別荘の用に供する部分を除きます。）をいいます。以下注3及び注4で同じです。）の床面積（120㎡を限度として算定）を控除して得た床面積の当該家屋の床面積に対する割合（一定のものについてはこの割合を補正することとされています。）を乗じて得た額

ハ 住宅のうち共同住宅等である家屋…当該家屋に係る固定資産税額に、当該家屋の床面積から居住部分の床面積（一の独立区画部分の床面積は120㎡を限度として算定）を控除して得た床面積の当該家屋の床面積に対する割合（一定のものについてはこの割合を補正することとされています。）を乗じて得た額

(2) 区分所有家屋

イ 居住用専有部分以外の専有部分…当該専有部分に係る専有部分税額

ロ 居住専有独立部分を有する居住用専有部分以外の居住用専有部分…当該居住用専有部分に係る専有部分税額に、当該居住用専有部分の床面積から居住部分の床面積（120㎡を限度として算定）を控除して得た床面積の当該居住用専有部分の床面積に対する割合（一定のものについてはこの割合を補正することとされています。）を乗じて得た額

ハ 居住専有独立部分を有する居住用専有部分…当該居住用専有部分に係る専有部分税額に、当該居住用専有部分の床面積から居住部分の床面積（一の居住専有独立部分の床面積は120㎡を限度として算定）を控除して得た床面積の当該居住用専有部分の床面積に対する割合（一定のものについてはこの割合を補正することとされています。）を乗じて得た額

4 耐震改修に要した費用の額は、注1の政府の補助の額の算定の基礎となった当該耐震基準適合家屋に係る耐震改修に要した費用の額に、次の家屋の区分に応じ、次に定める割合を乗じて得た額とされています（地令附則12㊱）。

(1) 区分所有家屋以外の家屋

イ 住宅以外の家屋…10分の10

ロ 住宅のうち共同住宅等である家屋以外の家屋…当該家屋の床面積から居住部分の床面積（120㎡を限度として算定）を控除して得た床面積の当該家屋の

床面積に対する割合（一定のものについてはこの割合を補正することとされています。）

ハ　住宅のうち共同住宅等である家屋…当該家屋の床面積から居住部分の床面積（一の独立区画部分の床面積は120㎡を限度として算定）を控除して得た床面積の当該家屋の床面積に対する割合（一定のものについてはこの割合を補正することとされています。）

(2)　区分所有家屋

イ　居住用専有部分以外の専有部分…当該専有部分に係る専有部分税額の当該家屋に係る固定資産税額に対する割合

ロ　居住専有独立部分を有する居住用専有部分以外の居住用専有部分…当該居住用専有部分に係る専有部分税額の当該家屋に係る固定資産税額に対する割合に、当該居住用専有部分の床面積から居住部分の床面積（120㎡を限度として算定）を控除して得た床面積の当該居住用専有部分の床面積に対する割合（一定のものについてはこの割合を補正することとされています。）を乗じて得た割合

ハ　居住専有独立部分を有する居住用専有部分…当該居住用専有部分に係る専有部分税額の当該家屋に係る固定資産税額に対する割合に、当該居住用専有部分の床面積から居住部分の床面積（一の居住専有独立部分の床面積は120㎡を限度として算定）を控除して得た床面積の居住用専有部分の床面積に対する割合（一定のものについてはこの割合を補正することとされています。）を乗じて得た割合

13　利便性等向上改修工事が行われた改修実演芸術公演施設に対する固定資産税及び都市計画税の減額

次の左欄の改修実演芸術公演施設に対して課される固定資産税及び都市計画税については、利便性等向上改修工事が完了した年の翌年から２年度分の固定資産税及び都市計画税に限り、右欄の額が当該改修実演芸術公演施設に係る固定資産税額及び都市計画税額から減額されます（地法附則15の11①）。

なお、この減額は、納税義務者から利便性等向上改修工事が完了した日から３月以内に、当該改修実演芸術公演施設につきこの特例の適用があるべき旨の申告書を提出した場合に限り、適用されます（地法附則15の11②③）。そして、その申告の際には、建築物移動等円滑化誘導基準に適合する旨の関係機関による通知書の写し及び主として実演芸術の公演の用に供する施設である旨を証する書類を提出することとされています（地規附則７の２）。

減額の対象となる家屋	減額される額
高齢者、障害者等の移動等の円滑化の促進に関する法律第２条第17号に規定する特別特定建築物に該当する家屋のうち、平成30年４月１日から令和４年	当該改修実演芸術公演施設に係る固定資産税額又は都市計画税額（当該額が当該利便性等向上改修工事に要した費用の額の100分の５に相当する額を超える場合

3月31日までの間に主として実演芸術の公演の用に供する施設であることにつき証明がされ、かつ、利便性等向上改修工事が行われたものであって、建築物移動等円滑化誘導基準に適合することにつき総務省令で定めるところにより証明がされたもの	には、当該100分の5に相当する額）の3分の1に相当する額

(注) 1　特別特定建築物のうち高齢者、障害者等の移動等の円滑化の促進に関する法律施行令第5条第3号に規定する劇場及び演芸場並びに同条第4号に規定する集会場及び公会堂とされています（地令附則12の2）。

　　　2　利便性等向上改修工事とは、高齢者、障害者等の当該施設の利用上の利便性及び安全性の向上を目的とした修繕又は模様替をいいます（地法附則15の11）。

第11　宅地等に対する税負担の調整措置

⑴　固定資産税における負担調整措置の経緯

　宅地に対する固定資産税については、土地基本法第16条の趣旨等を踏まえ、また、その均衡化・適正化を図ることにより固定資産税の土地評価に対する国民の信頼を確保するため、平成6年度にいわゆる7割評価が実施されましたが、それまで評価水準は市町村ごとにばらばらでしたので、各宅地の評価額の上昇割合にもばらつきがありました。

　一方、平成8年度までは評価替えによる評価額の急激な上昇による税負担の急増に配慮して大部分の土地について税負担をなだらかに上昇させるという負担調整措置等が講じられました。

　この結果、評価額と課税標準額との間に大きな乖離が生じることとなるとともに、各宅地の間の評価額の上昇の違いがそのまま課税標準額の上昇の違いとならなかったことから、負担水準（評価額に対する前年度課税標準額の割合）にばらつきが生じることとなりました。さらに、平成4年以降に、全国的な地価の下落が始まりましたが、その地価の下落幅が土地ごと、地域ごとに異なっていたことから、その負担水準のばらつきが拡大することとなりました。

　そこで、平成9年度の評価替えに伴う負担調整措置においては、これまでの負担調整措置が抜本的に改められ、課税の公平の観点から、地域や土地によるばらつきのある負担水準の均衡化をより重視することとし、それは、負担水準の高い土地は税負担を引き下げ又は据え置き、負担水準の低い土地はなだらかに税負担を上昇させることによって負担水準のばらつきを是正していくというものでありました。そして、このような考え方に基づく負担調整措置の原則は、平成12年度、平成15年度及び平成18年度の評価替えに伴う負担調整措置においても引き続き踏襲することとされました。ただし、平成18年度の負担調整措置においては、負担調整の複雑な仕組（負担水準を細分化して定められた負担調整率によってなだらかに税負担を上昇させることとされていました。）の簡素化を図りつつ、負担調整の速度を一定程度速めることとされました。

　そして、平成21年度の評価替えに伴う平成21年度から平成23年度までの各年度分の土地に係る負担調整措置については、地価の動向、全国の土地に係る負担水準の状況等を踏まえ、平成20年度までの仕組みを継続することとし、引き続き土地に係る負担の適正化及び均衡化を図ることとされました。

第5章　固定資産税

　さらに、24年度の評価替えに伴う土地に係る平成24年度から平成26年までの負担調整措置については、これまでの負担調整措置の実施状況の現状等を踏まえつつ、評価替えによる税収や税負担の変動状況等をも勘案して、平成21年度の税制改正で講じられた負担調整の仕組みを継続することとされました。ただし、住宅用地については、負担水準80％以上100％以下の住宅用地の税額を前年度の税額に据え置く措置を段階的に廃止することとされました。

　27年度の評価替えに伴う土地に係る平成27年度から平成29年度までの負担調整措置については、商業地等の据置特例の対象土地における税負担の不均衡及び一般市街化区域農地の負担調整措置により生じている不均衡等の課題があるものの、負担調整の実施状況の現状及び地価の動向を踏まえつつ、現下の最優先の政策課題がデフレ脱却であること等にも配慮して、条例減額制度を含め平成24年度の税制改正で講じられた負担調整の仕組みを継続することとされました。

(2)　令和3年度の評価替えに伴う宅地等に対する負担調整措置

　令和3年度評価替えにおいては、大都市を中心に地価が上昇する一方、地方において地価が下落していることを受け、負担水準が据置ゾーン外となる土地が数多く生ずると見込まれており、そうした土地の負担水準を据置ゾーン内に再び収斂させることに取り組むべきであるとされました。

　現下の商業地の地価の状況を見ると、新型コロナウイルス感染症の影響により、令和2年7月時点では三大都市圏や地方圏の一部では上昇が続いている一方で、全国では5年ぶりに下落に転じています。

　このような状況を踏まえ、負担調整措置については、納税者の予見可能性に配慮するとともに固定資産税の安定的な確保を図るため、令和3年度から令和5年度までの間、下落修正措置を含め土地に係る固定資産税の負担調整の仕組みと地方公共団体の条例による減額制度を継続することとされました。

　その上で、新型コロナウイルス感染症により社会経済活動や国民生活全般を取り巻く状況が大きく変化したことを踏まえ、納税者の負担感に配慮する観点から、令和3年度に限り、負担調整措置等により税額が増加する土地について前年度の税額に据え置く特別な措置を講ずることとされました。

　今後の固定資産税制度については、据置特例が存在することで、据置ゾーン内における負担水準の不均衡が解消されないという課題があり、負担の公平性の観点からは更なる均衡化に向けた取組みが求められます。

第11 宅地等に対する税負担の調整措置

これらを踏まえ、税負担の公平性や市町村の基幹税である固定資産税の充実確保の観点から、負担調整措置のあり方について引き続き検討を行うこととされています。

商業地等及び小規模住宅用地に対する負担調整措置

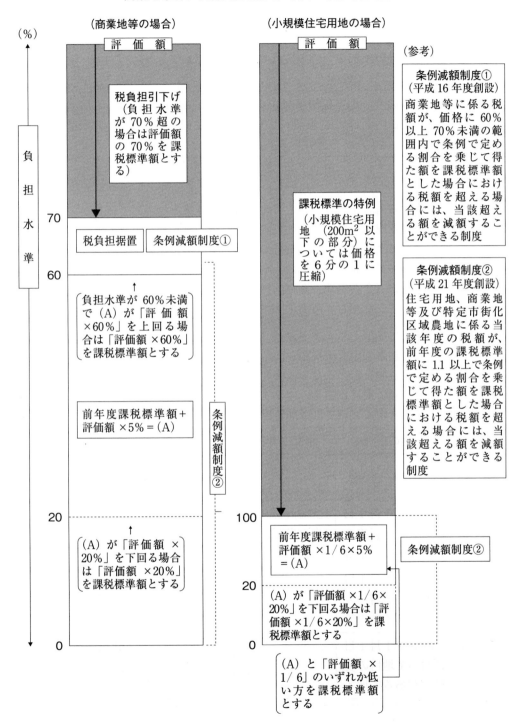

（注）負担水準は、地価公示価格等の7割を目途に評価された当該年度の価格（小規模住宅用地にあっては課税標準の特例措置の適用後のもの）に対する前年度課税標準額（小規模住宅用地にあっては課税標準の特例措置の適用後のもの）の割合（579頁参照）です。

第5章　固定資産税

用語の意義

　宅地等に対する税負担の調整措置における次の左欄の用語の意義は、それぞれ右欄のとおりです。

用　語	用　語　の　意　義
宅地等	農地以外の土地をいいます（地法附則17二）。
住宅用地	宅地等のうち地方税法第349の3の2第1項に規定する住宅用地をいいます（地法附則17三）。詳細については、「住宅用地に対する課税標準の特例」の項（510頁）を参照して下さい。
商業地等	宅地等のうち住宅用地以外の宅地及び宅地比準土地をいいます（地法附則17四）。この場合、宅地比準土地とは、宅地以外の土地で当該土地に対して課する当該年度分の固定資産税の課税標準となるべき価格が、当該土地とその状況が類似する宅地の固定資産税の課税標準とされる価格に比準する価格によって決定されたものをいいます（地法附則17四カッコ書）。 　したがって、商業地等には、宅地以外の土地で宅地並に評価されることとなるもの（介在農地、介在山林、宅地比準の雑種地等）が含まれることとなります。ただし、市街化区域農地は、宅地並に評価されますが、商業地等には含まれないとされています。
前年度分の固定資産税の課税標準額	宅地等調整固定資産税額、商業地等据置固定資産税額及び住宅用地据置固定資産税額を求めるために必要なものであり、それは、土地の区分に応じ、次の表に掲げる額をいいます（地法附則18⑥）。 　なお、文中においては「前年度分の課税標準額」と略称しています。 （下表参照）

土地の区分	令和3年度	令和4年度	令和5年度
令和2年1月1日に所在する宅地等	前年度課税標準額（次頁参照）	前年度課税標準額	前年度課税標準額
令和3年1月1日において地目の変換等がある宅地等	比準課税標準額（次頁参照）	前年度課税標準額	前年度課税標準額
令和4年1月1日において地目の変換等がある宅地等	―	比準課税標準額	前年度課税標準額
令和5年1月1日において地目の変換等がある宅地等	―	―	比準課税標準額

― 578 ―

前年度課税標準額	次に掲げる区分に応じ、それぞれ次に定める額をいいます(地法附則17六)。

当該年度の前年度分の固定資産税について負担調整措置の適用がなかった宅地等の場合	当該年度の前年度分の固定資産税の課税標準の基礎となった価格(A) ※ 当該宅地等が当該年度の前年度分の固定資産税について住宅用地の課税標準の特例(地法349の3の2)の適用を受ける住宅用地であるときは、当該価格(A)にこの規定に定められている特例率(1/3又は1/6)を乗じて得た額となります。
当該年度の前年度分の固定資産税について負担調整措置の適用があった宅地等の場合	当該年度の前年度分の負担調整措置適用後の課税標準となるべき額(B) ※ 当該宅地等が当該年度の前年度分の固定資産税について課税標準の特例(地法349の3又は地法附則15から15の3までの規定)の適用を受ける宅地等であるときは、当該額(B)をこれらの規定に定められている特例率で除して得た額となります。

比準課税標準額

次により計算した額をいいます(地法附則17七)。

$$比準課税標準額 = A \times \frac{B}{C}$$

A=当該宅地等の当該年度分の課税標準となるべき価格

B=当該宅地に類似する宅地等で前年度に係る賦課期日に所在する類似宅地等の前年度課税標準額

C=類似宅地等の当該年度分の課税標準となるべき価格

※ 比準課税標準額は、当該年度において地目の変換等があった土地又は新たに固定資産税が課されることとなる土地についての前年度課税標準額を表す概念です。

負担水準

当該宅地等に係る前年度課税標準額が当該年度の評価額に対してどの程度の水準にあるかを示す数値であり、次の算式により算定した数値をいいます(地法附則17八)。

$$負担水準 = \frac{A}{B}$$

A = イ ロに掲げる宅地等以外の宅地等……当該宅地等に係る前年度課税標準額

ロ 令和3年度から令和5年度までの各年度において新たに課税されることとなる宅地等及び当該各年度において地目の変換等がある宅地等……当該宅地等に係る比準課税標準額

B=当該宅地等に係る当該年度分の課税標準となるべき価格(※)

※ 当該宅地等が住宅用地の課税標準の特例(地法349の3の2)の適用を受ける住宅用地であるときは、当該価格にこの規定に定められている特例率(1/3又は1/6)を乗じて得た額となります。

第5章　固定資産税

1　商業地等

イ　負担水準が0.6未満の商業地等

　　商業地等のうち当該商業地等の当該年度の負担水準が0.6未満の商業地等に係る令和3年度から令和5年度までの各年度分の固定資産税については、当該商業地等の次の左欄により求めた本則課税による固定資産税額（A）が、当該商業地等の次の右欄により求めた宅地等調整固定資産税額（B）を超える場合には、当該宅地等調整固定資産税額をもって、その年度分の固定資産税の額とします（地法附則18①）。

　　ただし、上記の適用がある場合において、この（B）欄の額が（C）欄の額を超える場合には、（C）欄の額を当該商業地等に係る宅地等調整固定資産税額とし（地法附則18②）、また、この（B）欄の額が（D）欄の額に満たない場合には、（D）欄の額を当該商業地等に係る宅地等調整固定資産税額とします（地法附則18③）。

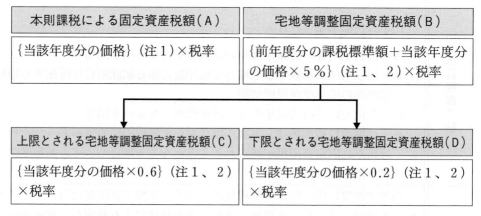

（注）1　当該商業地等が当該年度分の固定資産税について課税標準の特例（地法第349条の3又は地法附則第15条から第15条の3までにおいて定められている特例をいいます。）の適用を受ける商業地等であるときは、｛　｝内の額は、当該額にこれらの規定に定める特例率を乗じて得た額となります。次のロ及びハにおいて同じです。
　　　2　令和3年度分の固定資産税にあっては、令和3年度限りの特別な措置として、令和2年度分の固定資産税の課税標準額とする。

ロ　負担水準が0.6以上0.7以下の商業地等

　　商業地等のうち当該商業地等の当該年度の負担水準が0.6以上0.7以下のものに係る令和3年度から令和5年度までの各年度分の固定資産税については、その税額を据え置くこととし、次により求めた商業地等据置固定資産税額をもって、その年度分の固定資産税の額とします（地法附則18④）。

> 商業地等据置固定資産税額＝当該商業地等の前年度分の課税標準額×税率

ハ　負担水準が0.7を超える商業地等

　商業地等のうち当該商業地等の当該年度の負担水準が0.7を超えるものに係る令和3年度から令和5年度までの各年度分の固定資産税については、その税額を負担水準を0.7とした場合の税額まで引き下げることとし、次により求めた商業地等調整固定資産税額をもって、その年度分の固定資産税の額とします（地法附則18⑤）。

> 商業地等調整固定資産税額＝｛当該年度分の価格×0.7｝×税率

2　住宅用地

　住宅用地に係る令和3年度から令和5年度までの各年度分の固定資産税は、当該住宅用地の次の左欄により求めた本則課税による固定資産税額（A）が、当該住宅用地の次の右欄により求めた宅地等調整固定資産税額（B）を超える場合には、当該宅地等調整固定資産税額をもって、その年度分の固定資産税の額とします（したがって、（B）欄の額が（A）欄の額を超える場合には、（A）欄の額がその年度分の固定資産税の額となります。）（地法附則18①）。ただし、（B）欄の額が（C）欄の額に満たない場合には、（C）欄の額を当該住宅用地に係る宅地等調整固定資産税額とします（地法附則18③）。

本則課税による固定資産税額（A）	宅地等調整固定資産税額（B）
｛当該年度分の価格×住宅用地に係る課税標準の特例率（1／6又は1／3）｝×税率	｛前年度分の課税標準額＋当該年度分の価格×住宅用地に係る課税標準の特例率（1／6又は1／3）×5％｝(注)×税率

下限とされる宅地等調整固定資産税額（C）
｛当該年度分の価格×住宅用地に係る課税標準の特例率（1／6又1／3）×0.2｝×税率

（注） 令和3年度の固定資産税にあっては、令和3年度限りの特別な措置として、令和2年度分の固定資産税の課税標準額とする。

3　条例による固定資産税額の減額措置

イ　商業地等に対する減額措置

　　市町村及び東京都（東京都が特別区の区域内で固定資産税を課する場合の東京都をいいます。以下この項で単に「市町村」といいます。）は、平成30年度から令和2年度までの各年度分の固定資産税に限り、商業地等に対する固定資産税について、当該商業地等に係る当該年度分の固定資産税額（注1）が当該商業地等に係る当該年度分の価格に0.6以上0.7未満の範囲内において当該市町村の条例で定める割合を乗じて得た額を課税標準額とした場合における税額を超える場合には、その超えることとなる額に相当する額（すなわち、次により計算される額）を、当該商業地等に係る当該年度分の固定資産税額から減額することができるとされています（地法附則21）。

　　したがって、条例でその割合を例えば0.65と定めた場合において、当該年度分の税額が（当該年度分の価格×0.65×税率）を超えるときは、その税額は、（当該年度分の価格×0.65×税率）となります。

──（ a ）──		──（ b ）──
当該商業地等に係る当該年度分の固定資産税額（注1）	－	｛当該商業地等に係る当該年度分の価格×0.6以上0.7未満の範囲内において当該市町村の条例で定める割合｝（注2）×税率

（注）1　当該商業地等が当該年度分について負担調整措置の適用を受けるものであるときは、当該年度分の宅地等調整固定資産税額、商業地等据置固定資産税額又は商業地等調整固定資産税額となります。
　　　2　当該商業地等が当該年度分の固定資産税について課税標準の特例の適用を受ける商業地等であるときは、｛　｝内の額は、この特例を適用して計算したものとなります。

ロ　住宅用地、商業地等及び特定市街化区域農地に対する減額措置

　　平成21年度の評価替えは、大都市圏の地価が高い水準で上昇している状況の下で行われましたが、地価がこのような状況にあるときはその評価替えにより負担水準が低下することになることから、現行の負担調整措置の仕組みでは大幅な税負担の増加をもたらすこととなります。そこで、平成21年度の税制改正においては、これに対応するため、上記イによる条例減額制度に加え、新たな条例減額制度が導入されました。そして、平成24年度、平成27年度、平成30年度及び令和3年度の税制改

第11　宅地等に対する税負担の調整措置

正においては、この税負担急増土地に係る条例減額制度について継続することとされました。

　すなわち、市町村は、令和３年度から令和５年度までの各年度分の固定資産税に限り、当該市町村の区域（当該市町村の条例で定める区域を除きます。）において、当該区域に所在する住宅用地、商業地等及び特定市街化区域農地（以下この項で「住宅用地等」といいます。）に係る当該年度分の固定資産税額（注１）が、前年度分の課税標準額（注２）に100分の110以上の割合で市町村の条例で定める割合（注３）を乗じて得た額を課税標準額とした場合における税額を超える場合には、その超えることとなる額に相当する額（すなわち、次により計算される額）を、当該住宅用地等に係る当該年度分の固定資産税額から減額することができるとされています（地法附則21の２）。

　したがって、条例でその割合を例えば1.1と定めた場合において、当該年度分の税額が（前年度分の課税標準額×1.1×税率）を超えるときは、その税額は、（前年度分の課税標準額×1.1×税率）となります。

| ─────（ａ）───── | | ─────────（ｂ）───────── |
| 当該年度分の固定資産税額（注１） | － | 前年度分の課税標準額（注２）に100分の110以上の割合で市町村の条例で定める割合（注３）を乗じて得た額を課税標準額とした場合における税額 |

（注）１　当該住宅用地等が当該年度分について負担調整措置の適用を受けるものであるときは、当該年度分の宅地等調整固定資産税額、住宅用地据置固定資産税額、商業地等据置固定資産税額、商業地等調整固定資産税額、市街化区域農地調整固定資産税額又は市街化区域農地据置固定資産税額となります。

　　　２　前年度分の課税標準額は、前年度分の固定資産税について、上記**イ**の条例による商業地等に係る減額措置又はこの減額措置による減額が行われている場合は、その減額後の税額に対応する前年度分の課税標準額となります。

　　　　なお、地目の変換等があった土地又は用途変更があった土地については、変更前の土地として前年度に課税された税額を基礎とした税額上昇率ではなく、負担調整措置における地方税法に規定する「前年度分の固定資産税の課税標準額」（例えば、田から住宅用地になった土地の場合は、当該年度の住宅用地としての評価額に、当該土地に類似する住宅用地の当該年度の負担水準割合を乗じた額となります。）に対応する税額を基礎とした税額上昇率に基づいてこの減額の対象となるかどうかを判断することとなります（地法附則21の２②）。

　　　３　この割合は、住宅用地、商業地等及び特定市街化区域農地の区分ごとに市町村の条例で定めることとなります。

第12　農地に対する固定資産税の課税

1　農地に対する課税の概要
(1)　農地に対する課税の仕組み

　固定資産税においては、農地は次のように区分されることになりますが、これらの農地に対する評価及び課税については、農地の区分によって次のように異なる仕組みが採られています。

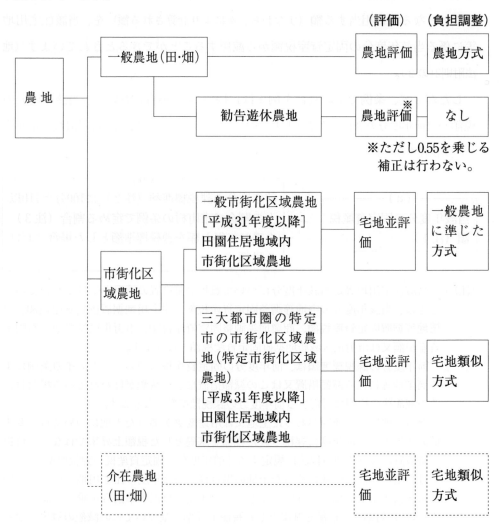

第12　農地に対する固定資産税の課税

(2)　農地の分類及びその意義

農地は、次のように分類され、その意義は次のとおりです。

区　分	各　農　地　の　意　義
一般農地	市街化区域農地及び農地法の転用許可を受けた農地等を除いた農地をいいます（地法附則17一）。
勧告遊休農地	農地のうち農地法に基づく農業委員会による農地中間管理機構の農地中間管理権の取得に関する協議の勧告を受けたものをいいます（地法附則17の3①）。
市街化区域農地	農地のうち都市計画法第7条第1項に規定する市街化区域内の農地で、次に掲げる農地を除いたものをいいます（地法附則19の2①、地令附則14）。 イ　生産緑地法第2条第3号に規定する生産緑地である農地（特定生産緑地の指定がされなかった農地、指定の期限の延長がされなかった農地及び指定の解除がされた農地を除く） ロ　同法第4条第6項に規定する都市計画施設として定められた公園、緑地又は墓園の区域内の農地で同法第55条第1項の規定による都道府県知事の指定を受けたもの ハ　同法第59条第1項から第4項までの規定による国土交通大臣又は都道府県知事の認可又は承認を受けた同法第4条第15項に規定する都市計画事業に係るもの ニ　古都における歴史的風土の保存に関する特別措置法第6条第1項に規定する歴史的風土特別保存地区の区域内農地 ホ　都市緑地法第12条の規定による特別緑地保全地区の区域内の農地 ヘ　文化財保護法第109条第1項の規定による文部科学大臣の指定を受けた史跡、名勝又は天然記念物である農地 ト　地法第348条の規定により固定資産税を課されない農地
田園住居地域内農地	市街化区域農地のうち都市計画法第8条第1項第1号に規定する田園住居地域内のものをいいます（地法附則19の2①）。
一般市街化区域農地	市街化区域農地のうち特定市街化区域農地以外のものをいいます。評価は宅地並に行われますが、課税は、一般農地と同様の税負担の調整措置を適用することとされていますので、一般農地に準じた課税となります（地法附則29の7①）。
特定市街化区域農地	東京都の特別区及び次に掲げる三大都市圏の特定市の区域内にその区域の全部又は一部が所在する市街化区域農地をいいます（地法附則29の7①）。 イ　首都圏整備法第2条第3項に規定する既成市街地又は同条第4項に規定する近郊整備地帯 ロ　近畿圏整備法第2条第3項に規定する既成都市区域又は同条第4項に規定する近郊整備区域

— 585 —

	ハ　中部圏開発整備法第2条第3項に規定する都市整備区域
介在農地	イ　農地法第4条第1項又は第5条第1項により転用許可を受けた農地 ロ　宅地等に転用することが確実と認められるもの

(3)　農地の評価

　一般農地（田・畑）及び市街化区域農地の評価は、次によることとされています。

区　分	評　価　の　方　法
一般農地	農地として利用する場合における売買価額を基準として評価します（固定資産評価基準1章2節）（526頁参照）。
市街化区域農地	沿接する道路の状況、公共施設等の接近の状況その他宅地としての利用上の便等からみて、当該市街化区域農地とその状況が類似する宅地（類似宅地）の価額を基準として求めた価額から当該市街化区域農地を宅地に転用する場合において通常必要と認められる造成費に相当する額を控除した価額によってその価額を求める方法によります（固定資産評価基準1章2節の2）。
介在農地	沿接する道路の状況、公共施設等の接近の状況その他宅地等としての利用上の便等からみて、転用後における当該田及び畑とその状況が類似する土地の価額を基準として求めた価額から当該田及び畑を宅地等に転用する場合において通常必要と認められる造成費に相当する額を控除した価額によってその価額を求める方法によります（固定資産評価基準1章2節）。
勧告遊休農地	一般農地の価額を農地の平均10アール当たり純収益額の限界収益額（面積差10アールの農業経営相互間の純収益の差額をいう。）に対する割合（0.55）で除して求める方法によります。 また、平成29年度以降に新たに当該勧告のあった勧告遊休農地の第2年度又は第3年度の価格は、基準年度の価格ではなく（通常の第2年度又は第3年度の価格については、479頁の2の「(1)　価格の据置制度」を参照）、勧告遊休農地として固定資産評価基準で評価替えを行い、これにより課税することとされています（地法附則17の3）。
田園住居地域内市街化区域農地	平成31年度以降に新たに田園住居地域内市街化区域農地となる土地の第2年度又は第3年度の価格は、基準年度の価格ではなく（通常の第2年度又は第3年度の価格については、479頁の2の「(1)　価格の据置制度」を参照）、田園住居地域内市街化区域農地として固定資産評価基準で評価替えを行い、これにより課税することとされています（地法附則19の2の2）。

2 農地に対する税負担の調整措置

　一般農地、一般市街化区域農地及び特定市街化区域農地についても、宅地等と同様の趣旨から、次のような税負担の調整措置が講じられています。

(1) 一般農地

　一般農地に係る令和3年度から令和5年度までの各年度分の固定資産税については、その負担水準の均衡化を図ることとして税負担の調整措置が講じられており、当該農地の次の左欄により求めた農地課税による固定資産税額が、当該一般農地の次の右欄により求めた農地調整固定資産税額を超える場合には、当該農地調整固定資産税額をもって、その年度分の固定資産税の額とします（地法附則19）。

農地課税による固定資産税額	農地調整固定資産税額
当該年度分の価格(注1)×税率	前年度分の課税標準額(注1、2)×当該年度の負担調整率×税率

(注)1　課税標準の特例（地法第349条の3又は地法附則第15条から第15条の3までにおいて定められている特例をいいます。）の適用を受ける農地であるときは、当該年度分の価格及び前年度分の課税標準額は、当該額にこれらの規定に定める特例率を乗じて得た額となります。次の(3)において同じです。
　　　2　令和3年度の固定資産税にあっては、令和3年度限りの特別な措置として、令和2年度分の固定資産税の課税標準額とする。

　なお、負担調整率は、当該一般農地に係る当該年度の負担水準（当該年度の価格に対する前年度課税標準額の割合をいいます。）の区分に応じ、次のとおりとされています（地法附則19①）。

負担水準の区分	負担調整率
0.9以上のもの	1.025
0.8以上0.9未満のもの	1.05
0.7以上0.8未満のもの	1.075
0.7未満のもの	1.10

(2) 勧告遊休農地

　勧告遊休農地に対しては、農地に係る負担調整を適用しないこととされています（地法附則17の4）。

第5章 固定資産税

⑶ 一般市街化区域農地

一般市街化区域農地に係る令和3年度から令和5年度までの各年度分の固定資産税については、その負担水準の均衡化を図ることとして税負担の調整措置が講じられており、当該一般市街化区域農地の次の左欄により求めた宅地並課税による固定資産税額が、当該一般市街化区域農地の次の右欄により求めた農地調整固定資産税額を超える場合には、当該農地調整固定資産税額をもって、その年度分の固定資産税の額とします（地法附則19、29の7）。

宅地並課税による固定資産税額	農地調整固定資産税額
｛当該年度分の価格×地法附則第29条の7第2項に定める率（1／3）｝（注）×税率	前年度分の課税標準額×一般農地に適用される当該年度の負担調整率（注）×税率

なお、一般市街化区域農地に係る農地調整固定資産税額は、一般農地に係る負担調整率を適用して算定することとされています。そして、この場合の負担水準は、｛前年度課税標準額÷（当該年度の価格×地法附則第29条の7第2項に定める率（1／3））｝により算定します。

(注) 令和3年度の固定資産税にあっては、令和3年度限りの特別な措置として、令和2年度分の固定資産税の課税標準額とする。

⑷ 特定市街化区域農地

特定市街化区域農地に係る令和3年度から令和5年度までの各年度分の固定資産税は、当該特定市街化区域農地の次の左欄により求めた宅地並課税による固定資産税額（A）が、当該特定市街化区域農地の次の右欄により求めた市街化区域農地調整固定資産税額（B）を超える場合には、当該市街化区域農地調整固定資産税額をもって、その年度分の固定資産税の額とします（したがって、（B）欄の額が（A）欄の額を超える場合には、（A）欄の額がその年度分の固定資産税の額となります。）（地法附則19の4①）。ただし、（B）欄の額が（C）欄の額に満たない場合には、（C）欄の額を当該特定市街化区域農地に係る市街化区域農地調整固定資産税額とします（地法附則19の4②）。

— 588 —

宅地並課税による固定資産税額（Ａ）	市街化区域農地調整固定資産税額（Ｂ）
{当該年度分の価格×地法附則第19条の３第１項本文に定める率（１／３）}×軽減率(注)×税率	{前年度分の課税標準額＋当該年度分の価格×１／３×５％}(注)×税率

下限とされる市街化区域農地調整固定資産税額（Ｃ）
{当該年度分の価格×１／３×0.2}(注)×税率

(注)　令和３年度の固定資産税にあっては、令和３年度限りの特別な措置として、令和２年度分の固定資産税の課税標準額とする。

3　宅地化農地に対する課税の特例

　平成４年度以降の東京都の特別区及び三大都市圏の特定市の区域内に所在するいわゆる特定市街化区域農地に対して課する固定資産税については、「保全する農地」として生産緑地地区内の農地については一般農地として課税を行う一方、「宅地化する農地」と位置づけられた農地については課税の適正化措置の対象とすることとされています。

　ただし、農地所有者が一定期間内に宅地化のための計画策定等に着手し、開発許可、地区計画の策定等が行われた特定市街化区域農地については、一定の要件の下に、納税義務の免除及び税額の減額等の特例措置が講じられています。

⑴　宅地化農地の認定

　固定資産税の納税義務の免除及び税額の減額等の対象となる特定市街化区域農地は、宅地化農地であり、それは、次の①から③までの要件を満たすものをいいます（地法附則29の５①、地令附則14の５②、地規附則８の３①）。

第5章　固定資産税

		宅 地 化 農 地 の 要 件
特 例 の 対 象 と な る 宅 地 化 農 地	①	市街化区域設定年度に係る賦課期日に所在する市街化区域農地であること
	②	①の市街化区域農地の所有者が市街化区域設定日から市街化区域設定年度の初日の属する年の12月31日までの間に当該市街化区域農地につき宅地化のための手続で次に掲げるものを開始していること イ　都市計画法第29条第1項に規定する開発行為の許可（以下「開発許可」といいます。）の申請 ロ　土地区画整理法第4条第1項の土地区画整理事業の施行の認可、同法第14条第1項の土地区画整理組合の設立の認可、同条第3項の事業計画の認可又は同法第51条の2第1項の土地区画整理事業の施行の認可の申請 ハ　特定市街化区域農地の固定資産税の課税の適正化に伴う宅地化促進臨時措置法第3条第1項の土地区画整理事業の施行の要請 ニ　大都市地域における住宅及び住宅地の供給の促進に関する特別措置法（以下「大都市地域住宅等供給促進法」といいます。）第11条第2項の特定土地区画整理事業の施行の要請又は大都市地域住宅等供給促進法第30条第2項の住宅街区整備事業の施行の要請 ホ　大都市地域住宅等供給促進法第33条第1項の住宅街区整備事業の施行の認可又は大都市地域住宅等供給促進法第37条第1項の住宅街区整備組合の設立の認可の申請 ヘ　農住組合法第67条第1項の農住組合の設立の認可の申請 ト　都市計画法第29条第1項に規定する開発行為の許可を要しない宅地の造成に係る計画が次に掲げる事項につき総務省令で定める書類により国土交通大臣の定める基準に適合していることについての市町村長の認定の申請 　a　宅地としての安全性に関する事項 　b　道路、給水施設、排水施設その他宅地に必要な施設に関する事項 　c　その他優良な宅地の供給に必要な事項 チ　イからトまでに掲げる手続を行うために都道府県知事又は市町村長に対して行う当該市街化区域農地の計画的な宅地化に係る協議で当該協議が開始されたことについて都道府県知事又は市町村長の証明を受けたもの
	③	②の手続が開始されたことにつき市町村長の認定を受けたものであること

(2)　宅地化農地に対する課税の特例措置

　宅地化農地に対する固定資産税及び都市計画税については、次のような課税の特例措置が講じられています（地法附則29の5①⑦⑯）。

第12 農地に対する固定資産税の課税

宅地化農地に係る課税の特例		
① 納税義務の免除	市街化区域設定日から市街化区域設定年度の初日の属する年の12月31日までの間に宅地化農地として市町村長の認定を受けたもの（上記(1)の宅地化農地をいいます。）について、市街化区域設定日から市街化区域設定年度の翌年度の初日の属する年の12月31日までの間に開発許可等宅地化のための計画策定等がなされたことにつき市町村長の確認を受けた場合	市町村は、市街化区域設定年度分及び市街化区域設定年度の翌年度分の固定資産税及び都市計画税に限り、当該宅地化農地の所有者に課する固定資産税又は都市計画税については、市街化区域設定年度分及び市街化区域設定年度の翌年度分（市街化区域設定年度に当該確認を受けたときにあっては、市街化区域設定年度分）の当該宅地化農地に係る固定資産税額又は都市計画税額のそれぞれ10分の9に相当する額に係る地方団体の徴収金に係る納税義務を免除します。 ※　当該納税義務が免除されるべき税額に相当する額については、市街化区域設定年度の翌々年度の初日の属する年の3月31日までの期間、徴収を猶予することとされています（地法附則29の5⑦）。
② 税額の減額	当該宅地化農地について、市街化区域設定年度の翌年度までに開発許可等宅地化のための計画策定等がなされたことにつき市町村長の確認を受けた場合	市町村は、当該宅地化農地の所有者に課する固定資産税又は都市計画税については、市街化区域設定年度の翌々年度分（市街化区域設定年度に当該確認を受けた場合にあっては、市街化区域設定年度の翌年度分及び市街化区域設定年度の翌々年度分）及び市街化区域設定年度から起算して3年度を経過した年度分の固定資産税又は都市計画税に限り、当該確認を受けた宅地化農地に係る土地の固定資産税額又は都市計画税額のそれぞれ10分の9（市街化区域設定年度から起算して3年度を経過した年度分については、3分の2）に相当する額を当該確認を受けた宅地化農地に係る土地に係る固定資産税額又は都市計画税額から減額します。

　なお、市街化区域設定年度の翌年度の初日の属する年の12月31日までの間に開発許可等宅地化のための計画策定等がなされないことについて、宅地化農地所有者の申請に基づきやむを得ない理由があると市町村長が認定するときに限り、市街化区域設定年度の翌々年度の初日の属する年の1月1日から同年度の翌年度の初日の属する年の12月31日までの間に当該宅地化農地について宅地化のための計画策定等がなされたこ

とにつき市町村長の確認を受けた場合においても、納税義務の免除及び減額措置等の適用を受けることができることとされています（地法附則29の5③⑧⑰）。

市町村長が確認することとなる計画策定等は、次に掲げるものとされています（地令附則14の5③）。

	市町村長の確認を受ける事項
①	都市計画法第29条第1項に規定する開発行為の許可
②	土地区画整理法第4条第1項の土地区画整理事業の施行の認可、同法第14条第1項の土地区画整理組合の設立の認可、同条第3項の事業計画の認可又は同法第51条の2第1項の土地区画整理事業の施行の認可
③	土地区画整理法第52条第1項又は第66条第1項の規定による事業計画の決定
④	土地区画整理法第71条の2第1項の規定による施行規程及び事業計画の認可
⑤	大都市地域住宅等供給促進法第33条第1項の住宅街区整備事業の施行の認可又は大都市地域住宅等供給促進法第37条第1項の住宅街区整備組合の設立の認可
⑥	大都市地域住宅等供給促進法第52条第1項の規定による事業計画の決定
⑦	大都市地域住宅等供給促進法第58条第1項の規定による施行規程及び事業計画の認可
⑧	農住組合法第67条第1項の農住組合の設立の認可
⑨	都市計画法第12条の5第2項第3号に規定する地区整備計画（同条第3項に規定する再開発等促進区（以下⑨において「再開発等促進区」といいます。）におけるものを除きます。）についての都市計画の決定又は再開発等促進区若しくは幹線道路の沿道の整備に関する法律第9条第3項に規定する沿道再開発等促進区についての都市計画の決定（当該宅地化農地が、都市計画法第8条第1項第1号に規定する第1種低層住居専用地域、第2種低層住居専用地域、第1種中高層住居専用地域又は第2種中高層住居専用地域内にある場合に限ります。）
⑩	都市計画法第29条第1項に規定する開発行為の許可を要しない宅地の造成に係る計画についての優良な宅地化計画の認定

第13　償却資産に対する固定資産税

1　課税客体となる償却資産

⑴　課税客体となる償却資産の意義

　固定資産税の課税客体となる償却資産とは、次の要件を備えているものをいいます（地法341四）。

	課税客体となる償却資産の要件
①	土地及び家屋以外の事業の用に供することができる資産であること
②	その資産の減価償却額又は減価償却費が法人税法又は所得税法の規定による所得の計算上損金又は必要な経費に算入される資産で一定の少額資産（597頁参照）以外のもの（これに類する資産で法人税又は所得税を課されない者が所有するものを含みます。）であること
③	鉱業権、漁業権、特許権その他の無形減価償却資産でないこと
④	自動車税の課税客体である自動車及び軽自動車税の課税客体である軽自動車等でないこと

⑵　事業の用に供することができる資産

　課税客体となる償却資産としての要件の一つである「事業の用に供することのできる資産」であるか否かについては、次によることとなります。

	事業の用に供することができる資産の範囲
①	「事業」とは、一般に、一定の目的のために一定の行為を継続、反復して行うことをいいます。そして、この場合の事業は、必ずしも営利又は収益そのものを得ることを直接の目的とする必要はありません。
②	「事業の用に供する」とは、資産をその事業に直接たると間接たるとを問わず使用する場合をいいます。したがって、例えば、企業がその社員の利用に供するために設置している福利厚生施設（医療施設、食堂施設、寄宿舎、娯楽施設等）の用に供されている設備、備品等の資産は、間接的に企業としてその事業の用に供していることとなり、帳簿記載の有無にかかわらずその資産は償却資産として課税客体となります。

— 593 —

第5章　固定資産税

③	「事業の用に供する」場合には、所有者自身が事業を行わず、その資産を他の者に貸し付けて、その者がその資産を事業の用に供している場合又は事業の用に供し得る状態においている場合も含まれます。したがって、資産の貸付けを業としている者がその貸付け資産を他に貸し付けたときは、その貸し付けられた資産が貸付け先で事業の用に供されているか否かにかかわらず、その資産は、貸付事業者の事業の用に供されていますので、償却資産として課税客体となります。
④	「事業の用に供することができる資産」とは、事業用資産のことをいいます。したがって、家庭用の器具備品等のような非事業用の資産や商品である機械等あるいは貯蔵品とみられる機械等のような棚卸資産は、ここでいう課税客体である償却資産には含まれません。
⑤	「事業の用に供することができる資産」には、現に事業の用に供されている資産はもとより、事業の用に供する目的をもって所有され、かつ、それが事業の用に供することができると認められる状態にある資産も含まれます。したがって、一時的に事業の活動を停止し、遊休、未稼働の状態にある資産であっても、それが事業の用に供する目的をもって保有され、本来的に事業の用に供することができる状態にあるものは、課税客体である償却資産に含まれることとなります。ただし、用途廃止資産（生産方式の変更、機能の劣化、技術革新に伴う旧式化等の事由によって、現実には使用されなくなり、将来他に転用する見込みもないまま、解体又は撤去もされず、原形を止めている状態にあるものをいいます。）で、将来において使用できないような廃棄同様の状態にあるもの、あるいは将来においても使用しないことが客観的に明確なものであるものは、事業の用に供することができない資産として取り扱います。
⑥	事業の用に供することのできる資産であるか否かについては、資産の持つ機能はもとより、その資産の保有者の保有する目的等を総合的に判断することとなります。したがって、例えば、家庭用として使用されるミシンは、事業の用に供していないことから課税客体である償却資産に該当しませんが、これが洋裁店等で使用される場合は、事業の用に供されていることになることから課税客体である償却資産に該当することとなります。
⑦	工具、器具及び備品のような課税客体となり得る資産であっても、購入後倉庫に保管されているような場合のいわゆる貯蔵品とみられるものは「棚卸資産」に該当しますので、事業の用に供することができる資産には含まれません。
⑧	清算中の法人が所有する資産については、その法人が自らの清算事務の用に供しているもの及び他の事業者に事業用資産として貸し付けているもの等その事業の用に供しているものを除き、償却資産として課税客体に含めない取り扱いとなります。

第13　償却資産に対する固定資産税

⑨	その資産が賦課期日現在において事業の用に供することができる状態にあるものが償却資産として課税客体となります。この場合において、賦課期日現在において事業の用に供することができるかどうかの判定は、その資産の種類、機能、企業の形態、内容等を検討し、客観的な事実認定によって判断することとなります。
⑩	大規模な工場や発電所の建設が行われる場合等において、当該資産が建設仮勘定において経理されているものであっても、その一部が賦課期日までに完成し、事業の用に供することができるものであるときは、原則として、その完成部分が償却資産として課税客体となります。

留意点

　土地とは、田、畑、宅地、塩田、鉱泉地、池沼、山林、牧場、原野その他の土地をいいます（地法341二）が、その土地と償却資産の区分についての留意点をあげると次のとおりです。

　なお、家屋と償却資産の区分についての留意点については、家屋の項（459頁）を参照してください。

土地と償却資産の区分についての留意事項	
①	土地に定着する岸壁、橋、さん橋、ドック、軌道（いわゆるレールのみならず、枕木、砂利等も含まれます。）、貯水池、坑道、煙突等は、一般的に償却資産として取り扱われます。
②	舗装道路、すなわち道路の舗装部分（道路建設費のうち舗装部分の造成に要した費用）及び舗装路面、すなわち工場の構内、作業広場、飛行場の滑走路、誘導路等の舗装部分は、構築物として償却資産とされます。
③	立木、果樹、野菜等は、課税客体である土地に含まれませんが、同時に課税客体である償却資産にも含めない取り扱いとされています。
④	民間企業の経営する自動車道については、道路の舗装部分のみならず、原野、山林等を切り開いて構築した切土、盛土、路床、路盤、土留等の土工施設も構築物として償却資産とされます。

(3)　その資産の減価償却額又は減価償却費が損金又は必要な経費に算入される資産

　このことについては、取扱通知(市)第3章5において、次のことをいうものとされています。

— 595 —

第5章　固定資産税

> 5　「その減価償却額又は減価償却費が法人税法又は所得税法の規定による所得の計算上損金又は必要な経費に算入されるもの」とは、法人税法施行令第13条又は所得税法施行令第6条に規定する資産をいうものであるが、法第341条第4号の償却資産は、これらの資産のうち家屋及び無形固定資産以外の資産をいうものであり、現実に必ずしも所得の計算上損金又は必要な経費に算入されていることは要しないものであって、当該資産の性質上損金又は必要な経費に算入されるべきものであれば足りるものであること。ただし、法人税法施行令第13条第9号又は所得税法施行令第6条第9号に掲げる牛、馬、果樹その他の生物は、これらの資産の性格にかんがみ、固定資産税の課税客体とはしないものとすること。

　なお、損金又は必要経費に算入されない資産としては、次の左欄のようなものがありますが、その取り扱いは、右欄によります。

損金又は必要な経費に算入されない資産	
簿外資産	会社の帳簿に記載されていないいわゆる簿外資産については、同種の資産が法人税法又は所得税法の規定によって減価償却をすることが認められるものである場合には、それが事業の用に供することができるものである限り、課税客体となる償却資産に含まれます（取扱通知(市) 3章6）。
償却済資産	法人税又は所得税において、その耐用年数が経過し、すでに減価償却が終わって残存価額のみが計上されている資産であっても、本来減価償却のできる資産であることに変わりがないので、その資産が事業の用に供することができる状態にある限り、課税客体となる償却資産として取り扱われます。
減価償却を行っていない資産	企業の中には、赤字決算のため固定資産について全く減価償却を行わない場合もありますが、これはあくまで決算処理上の取扱いに過ぎず、このような場合の資産であっても、事業の用に供している限り、課税客体となる償却資産に含まれます。
建設仮勘定の資産で事業の用に供されているもの	建設仮勘定において経理されている資産については、その一部が賦課期日までに完成し、それが事業の用に供されているものは、課税客体となる償却資産として取り扱います（取扱通知(市) 3章7）。 ※　法人税においては、建設中の建物、機械及び装置等の資産が建設仮勘定として表示されている場合であっても、その完成した部分が事業の用に供されているときは、その部分は減価償却資産に該当することとされています（法人税基本通達7－1－4）。

第13　償却資産に対する固定資産税

⑷　法人税又は所得税を課されない者が所有する資産

　法人税又は所得税が非課税とされる者が所有する資産については、次のように取り扱います（地法341四）。

法人税又は所得税を課されない者が所有する資産の取扱い	その資産を所有する者が法人税又は所得税を課されるものであったとしたならば、法人税法又は所得税法の規定による所得の計算上、その資産の減価償却額又は減価償却費が損金の額又は必要な経費に算入されるべき性質の資産であれば、資産を所有する他の者との均衡を考慮して、課税客体である償却資産とすることとされています。

　したがって、次に掲げる資産は、償却資産として課税客体となります。

イ	法人税法別表第1に掲げる公共法人の所有する資産で固定資産税が非課税とされないもの
ロ	法人税法別表第2に掲げる公益法人等又は人格のない社団等で収益事業を営まないものの所有する資産で固定資産税が非課税とされないもの

⑸　課税客体とされない償却資産

イ　無形減価償却資産の除外

　固定資産税においては、次の無形減価償却資産は、課税客体である償却資産の範囲から除外されます（地法341四、法令13八、所令6八）。

課税客体とされない無形減価償却資産
①鉱業権（租鉱権、採石権等を含みます。）、②漁業権（入漁権を含みます。）、③ダム使用権、④水利権、⑤特許権、⑥実用新案権、⑦意匠権、⑧商標権、⑨ソフトウェア、⑩育成者権、⑪樹木採取権、⑫公共施設等運営権、⑬営業権、⑭専用側線利用権、⑮鉄道軌道連絡通行施設利用権、⑯電気ガス供給施設利用権、⑰水道施設利用権、⑱工業用水道施設利用権、⑲電気通信施設利用権

ロ　少額償却資産の除外

　次の減価償却資産は、課税客体である償却資産から除外されます（地法341四、地令49）。ただし、リース資産（法人税法第64条の2第1項又は所得税法第67条の2第1項に規定するリース資産をいいます。）にあっては、当該リース資産の所有者が当該リース資産を取得した際における取得価額（法人税法施行令第54条第1項各号又は所得税法施行令第126条第1項各号若しくは第2項の規定により計算した価額をいいます。次表において同じです。）が20万円未満のものを少額償却資産とするとされています（地令49ただし書）。

— 597 —

課税客体から除外される少額償却資産
① 減価償却資産で使用可能期間が1年未満であるもの又は取得価額が10万円未満であるもので、当該資産の取得価額相当額を、法人税法又は所得税法の規定による所得の計算上法人税法施行令第133条又は所得税法施行令第138条の規定を適用して一時に損金又は必要な経費に算入しているもの
② 減価償却資産でその取得価額が20万円未満であるものを一括償却資産として法人税法施行令第133条の2第1項又は所得税法施行令第139条第1項の規定を適用して3年均等償却を行っているもの

(注) 使用可能期間が1年未満であるもの又は取得価額が20万円未満のものであっても、これを資産計上して、個別に減価償却しているものは、この場合における少額償却資産とはなりません。

ハ 自動車税及び軽自動車税の課税対象資産の除外

地方税の体系において二重課税を避けるため、次の左欄の自動車等は、課税客体である償却資産から除外されます（地法341四）。

課税客体から除外される自動車等	課税客体となる自動車
イ 自動車税の課税客体である自動車 ロ 軽自動車税の課税客体である原動機付自転車、軽自動車、小型特殊自動車及び二輪の小型自動車	道路運送車両法施行規則別表第1に掲げる大型特殊自動車など

(6) 非課税とされる償却資産

償却資産に係る非課税の詳細については、471頁を参照してください。

2 納税義務者

(1) 償却資産に係る固定資産税の納税義務者

償却資産に係る固定資産税の納税義務者は、次の者とされています（地法343①、③、359）。

| 償却資産課税台帳に所有者として登録されている者（台帳課税主義） | | 賦課期日（例えば令和3年度分の固定資産税の場合は、令和3年1月1日）現在において、事業の用に供することができる償却資産を現実に所有している者で償却資産課税台帳に登録されているものをいいます。 |

(2) 納税義務者に対する特則

償却資産に対する固定資産税は、償却資産の所有者に課することを原則としていま

すが、次のような償却資産に対して課する場合については、特則が設けられています。

イ 所有権留保付売買に係る償却資産

左欄に該当するときの所有権留保付償却資産に対しては、右欄により固定資産税が課されます（地法342③）。

所有権留保付売買に係る償却資産に係る納税義務者の特則	
償却資産に係る売買があった場合において売主が当該償却資産について所有権を留保しているとき	左欄に該当するときの償却資産は、売主及び買主の共有物とみなされ、これにより、売主及び買主は、地方税法第10条の2第1項の規定により、当該償却資産に係る固定資産税について連帯して納税義務を負うこととなります。 　なお、割賦販売の場合等にあっては、原則として買主に対して課税し、また、申告についても、原則として、買主が行うよう取り扱うこととされています（取扱通知(市) 3章10）。

(注)1 「償却資産に係る売買があった場合において売主が当該償却資産の所有権を留保しているとき」とは、所有権留保付割賦販売の場合等をいいますが、この場合等には、売買であることが明記されていなくとも、実質的に所有権留保付の売買とみられるような場合も含まれることになります。したがって、外見上償却資産に係る賃貸契約であっても、賃貸期間満了後にその償却資産を借主に無償譲渡する旨の譲渡条件が付されている場合等のように実質的に所有権留保付の売買とみられる場合も含まれます。

　　2 所有権移転外リース取引によるリース資産については、そのリース取引が上記に該当するようなものでない限り、原則としてリース資産の所有者（賃貸人）が納税義務者となります。

ロ 信託に係る償却資産

信託に係る償却資産に対しては、その信託を行う者が名目上の所有権者であること等を考慮して、次により固定資産税が課されます（地法343⑨、取扱通知(市) 3章13）。

信託に係る償却資産に対する特則	特則の内容
	信託会社（信託業務を兼営する金融機関を含みます。）が信託の引受けをした償却資産で、その信託行為の定めるところにしたがい当該信託会社が第三者にこれを譲渡することを条件として当該第三者に賃貸しているものについては、当該償却資産が当該第三者の事業の用に供されるものであるときは、当該第三者をもって当該償却資産の所有者とみなして、この者に対して固定資産税を課税します。

ハ　賃借人が取り付けた家屋の特定附帯設備

　民法第242条本文によると、家屋の所有者以外の者がその家屋に付設した附帯設備が、その家屋に附属しその家屋とは別に所有権の対象となり得ないもの（例えば、増改築の部分が毀損又は過分の費用をかけなければ分離できない程度に家屋に従として付合してその家屋と不可分一体をなし社会経済上独立性を失うに至るもの）であるときは、それがこれを付設した者の権原により附属せしめたものであっても、その附帯設備の所有権は、家屋の所有者に帰属することとされています。このため、固定資産税においては、この規定により付合した附帯設備についてはこれを家屋に含めて評価し、その家屋の所有者に課税することとされています。

　ただし、賃借人が取り付けた次の左欄の家屋の特定附帯設備については、右欄のような課税の特則が定められています（地法343⑩）。

賃借人が取付けた家屋の特定附帯設備に係る納税義務者の特則	
家屋の附帯設備（※）であって、当該家屋の所有者以外の者がその事業の用に供するため取り付けたものであり、かつ、当該家屋に付合（民法242）したことにより当該家屋の所有者が所有することとなったもの（特定附帯設備） ※　家屋の附帯設備とは、家屋に属するものとしては建築設備（460頁参照）及び特殊設備並びに地方税法施行規則第10条の2の15に規定するもの（木造家屋にあっては外壁、内壁、天井、造作、床又は建具とされ、木造家屋以外の家屋にあっては外周壁骨組、間仕切骨組、外部仕上、内部仕上、床仕上、天井仕上、屋根仕上又は建具とされています。）をいい、家屋に属さないものとしては償却資産その他家屋に取り付けられたものをいいます。	市町村は、当該特定附帯設備については、当該取り付けた者の事業の用に供することができる資産である場合に限り、当該取り付けた者をもってその資産の所有者とみなし、当該特定附帯設備のうち家屋に属する部分は償却資産とみなして固定資産税を課税することができます。

　なお、家屋に付設した附帯設備が家屋と別に所有権の対象となり得るもので、それが権原により附属せしめたものは、その所有権はこれを付設した者に帰属することとなるので（民法242ただし書）、この場合、その附帯設備は家屋に含まれず、それが事業の用に供し得るものであれば、原則どおり、償却資産としてこれを付設した者に対して課税されることとなります。

第13　償却資産に対する固定資産税

3　課税団体

⑴　償却資産に対する固定資産税の課税団体

　償却資産に対する固定資産税の課税団体は、次のとおりです（地法342、349の4、349の5、389、734、740）。

区　　　　　分		課　税　団　体
①	一般の償却資産（②～④以外のもの）	所在市町村
②	移動性償却資産又は可動性償却資産	総務大臣が指定するもの（地法第389条第1項第1号該当資産）	都道府県知事又は総務大臣から価格等の配分を受けた市町村
		船舶（総務大臣が指定するものを除きます。）	主たる定けい場所在の市町村
		船舶以外のもの（総務大臣が指定するものを除きます。）	主たる定置場所在の市町村
③	鉄道、軌道、発電、送電、配電若しくは電気通信の用に供する固定資産又は二以上の市町村にわたって所在する固定資産で、その全体を一の固定資産として評価しなければ適正な評価ができないと認められるもののうち総務大臣が指定するもの（地法第389条第1項第2号該当資産）		都道府県知事又は総務大臣から価格等の配分を受けた市町村
④	大規模償却資産（604頁参照）（東京都特別区及び指定都市に所在するものを除きます。）	一定の限度額以内の額	所在市町村
		一定の限度額を超える額	所在市町村を包括する都道府県

⑵　東京都特別区の存する区域における課税団体の特例

　東京都特別区に所在する償却資産及び同特別区に主たる定けい場又は定置場が所在する償却資産並びに東京都が価格等の配分を受ける償却資産に対しては、東京都が課税することとされています（地法734①）。

— 601 —

償却資産に関する用語の意義

用　　語	意　　義
移動性償却資産	船舶、車両、航空機、大型特殊自動車等自力によって本来移動することのできる償却資産をいいます。
可動性償却資産	建設用機械、推進器のない浚渫船等人力又は機械力その他によって移動することが可能であり、かつ、工事現場作業場等の移動に伴ってその所在が移動する償却資産をいいます。
主たる定けい場	船舶の定けい場のうち主要なものをいい、船舶の発着地関係、旅客輸送関係、入港回数、在泊時間の長短等の具体的事実及び資料によって総合的に勘案した結果、船舶航行の本拠地と認定されるべき場所をいいます。
主たる定置場	車両、建設用機械等が通常定置される場所のことであり、一般的には、その車両等が日常の業務に使用される場合の本拠地的な場所（車両の車庫の所在地など及び建設用機械の管理事務所の所在地など）をいいます。

4　課税標準

(1)　償却資産の課税標準

　償却資産に対して課される固定資産税の課税標準は、賦課期日における当該償却資産の価格で償却資産課税台帳に登録されたものであり（地法349の2）、その価格は、適正な時価をいいます（地法341五）。

　償却資産の課税標準であるこの価格は、基準年度の価格が原則として3年間据え置かれることとなっている土地や家屋と異なり、毎年、当該償却資産に係る賦課期日における価格によって、当該償却資産の評価をしたものとされています（地法349の2、409③）。

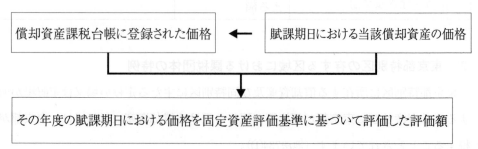

第13　償却資産に対する固定資産税

(2)　総務大臣が指定する償却資産の課税標準

　イに掲げる総務大臣の指定する償却資産（以下「指定償却資産」といいます。）に係る課税標準は、**ロ**により配分された価格等が課税標準となります（地法389①）。

　イ　総務大臣が指定する償却資産

①	移動性償却資産又は可動性償却資産で二以上の市町村にわたって使用されるもの（地法第389条第1項第1号に規定するもの）のうち総務大臣が指定しているものは、次のものです。 (イ)　鉄道及び軌道に係る車両 (ロ)　索道に係る搬器 (ハ)　航空機（定期航空路線に就航するもの） (ニ)　船舶（原則として総トン数500トン以上のもの）
②	鉄道、軌道、発電、送電、配電若しくは電気通信の用に供する固定資産又は二以上の市町村にわたって所在する固定資産で、その全体を一の固定資産として評価しなければ適正な評価ができないと認められるもの（地法第389条第1項第2号に規定するもの）のうち総務大臣が指定しているものは、次のものです。 (イ)　鉄道及び軌道事業の用に供する償却資産（車両を除きます。） (ロ)　専用鉄道に係る償却資産（車両を除きます。） (ハ)　ガス事業の用に供する償却資産 (ニ)　天然ガス事業の用に供する償却資産 (ホ)　電気事業の用の供する償却資産 (ヘ)　索道事業の用に供する償却資産（搬器を除きます。） (ト)　送水管に係る償却資産 (チ)　道路事業の用に供する償却資産 (リ)　原料運搬施設に係る償却資産 (ヌ)　水道又は工業用水道の用に供する償却資産 (ル)　電気通信事業の用に供する償却資産 (ヲ)　その他の償却資産

　ロ　償却資産の価格等の配分

　指定償却資産に対する固定資産税の課税は、次の①から③までの手続きを経て行われることとなります。したがって、指定償却資産に係る当該市町村の課税標準は、②によって価格等の配分を受けたものとなります。

①	評価	指定償却資産の関係市町村が同一都道府県内にある場合には都道府県知事が、関係市町村が二以上の都道府県に係る場合には総務大臣が、固定資産評価基準によって評価を行います（地法389①）。

②	価格等の配分	都道府県知事又は総務大臣は、「地方税法第389条第1項の規定により道府県知事又は総務大臣が決定する固定資産の価格の配分に関する規則（昭和28年総理府令第91号）」の定めるところによって、その固定資産が所在するものとされる市町村並びにその価格及び課税標準の特例を受ける固定資産についてはその特例の適用後の価格（以下「価格等」といいます。）を決定し、その決定した価格等を関係市町村に配分します（地法389①）。この場合、都道府県知事又は総務大臣は、決定し、配分した価格等を3月31日までに当該市町村の長に通知しなければなりません（地法389①）。
③	登録	価格等の配分を受けた市町村は、遅滞なく、当該市町村に配分された償却資産の価格等を固定資産課税台帳に登録し（地法389②）、当該指定償却資産に対して固定資産税を課税します。

(3) 大規模償却資産の課税標準等

イ 大規模償却資産の意義

大規模償却資産とは、一の納税義務者が所有する償却資産で、一の市町村に所在するものの価額（課税標準の特例の適用を受けるものにあっては、その適用後において課税標準とされる額）の合計額が、下表の左欄に掲げる市町村において右欄に掲げる金額を超えるものをいいます（地法349の4①）。

市町村の区分	金　　　　額
人口5千人未満の町村	5億円
人口5千人以上1万人未満の市町村	人口6千人未満の場合にあっては5億4千4百万円、人口6千人以上の場合にあっては5億4千4百万円に人口5千人から計算して人口千人を増すごとに4千4百万円を加算した額
人口1万人以上3万人未満の市町村	人口1万2千人未満の場合にあっては7億6千8百万円、人口1万2千人以上の場合にあっては7億6千8百万円に人口1万人から計算して人口2千人を増すごとに4千8百万円を加算した額
人口3万人以上20万人未満の市町村	人口3万5千人未満の場合にあっては12億8千万円、人口3万5千人以上の場合にあっては12億8千万円に人口3万人から計算して人口5千人を増すごとに8千万円を加算した額
人口20万人以上の市	40億円

第13　償却資産に対する固定資産税

ロ　**大規模償却資産に対する固定資産税の課税**

　　大規模償却資産に係る固定資産税については、当該大規模償却資産の所在市町村が左欄の金額（これを「課税定額」といいます。）を課税標準として固定資産税を課税し、所在市町村が課税することのできる金額を超える部分の金額については、所在市町村を包括する都道府県が課税することとされています（地法349の4①、740）。

所在市町村が課する部分	包括都道府県が課する部分
当該大規模償却資産の価額のうち**イ**の表の右欄の金額（ただし、人口3万人以上の市町村にあって当該償却資産の価額の10分の4の額がその市町村に係る**イ**の表の右欄に掲げる金額を超えるときは、当該償却資産の価額の10分の4の額とします。）	当該大規模償却資産の価額のうち所在市町村が課することができる金額を超える部分の金額

　　（注）　指定都市に所在する大規模償却資産については、この課税制度は適用されないこととされています（地法349の4①）。

　　　　　　また、東京都が特別区の存する区域において固定資産税を課する場合においても、この課税制度を適用しないこととされています（地法734⑤）。なお、指定都市及び東京都特別区については、次の**ニ**の特例も適用されないこととされています（地法349の4①、734⑤）。

ハ　**財源保障による課税定額の増額**

　　所在市町村が大規模償却資産に対して課税することができる課税定額は、原則として上記**ロ**によることとなりますが、この課税定額によるとすれば所在市町村の当該年度の基準財政収入見込額が前年度の基準財政需要額の1.6倍に満たないこととなる場合には、1.6倍に達することとなるまで課税定額を増額するという財源保障の制度が設けられています（地法349の4②）。

　　すなわち、次の算式によって求めた数値がプラスの数値になる場合には、その数値を財源保障として課税定額に上積みした額が、市町村の実際の課税限度額となります。

　　------（算式）------

　　{基準財政需要額×160／100－〔基準財政収入額－大規模償却資産の税収見込額＋（大規模償却資産の課税定額×大規模償却資産の個数）×1.4／100×75／100〕}×100／75×100／1.4

ニ　新設大規模償却資産の場合の特例

　左欄の新設大規模償却資産については、右欄のとおり、一定年度分の固定資産税に限り、市町村の課税限度額について特別の定めをし、市町村の税収制限を緩和することとしています（地法349の5）。

新設大規模償却資産	特別の定め
一の納税義務者が所有する償却資産で新たに建設された一の工場又は発電所若しくは変電所（以下「一の工場」と総称します。）（一の工場に増設された設備で一の工場に類すると認められるものを含みます。）の用に供するもののうち、その価額の合計額が、その償却資産に対して新たに固定資産税が課されることとなった年度から5年度間のうちいずれか一の年度において、上記イの表の右欄の金額を超えることとなるもの	左欄の新設大規模償却資産については、大規模償却資産に該当することとなった最初の年度から6年度分の固定資産税に限り、㋑その所有者が所有する他の償却資産と区分し、それぞれ各別に一の納税義務者が所有するものとみなして、課税限度額を計算し、㋺また、財源保障額の計算にあたっては、最初の2年度間は100分の220に、次の2年度間は100分の200、最後の2年度間は100分の180に、それぞれ財源保障率を引き上げます。

(4)　課税標準の特例

　償却資産に対して課される固定資産税の課税標準については、国等における国土交通対策、中小企業対策、農林漁業対策、社会福祉対策及び環境対策等に資する見地から、課税標準の特例措置が講じられています。詳細については、「第6　課税標準の特例」の「1　公益事業等に対する課税標準の特例」（483頁）を参照してください。

5　償却資産の評価

　償却資産については、土地や家屋のように、いわゆる評価額の据置制度がとられていませんので、当該償却資産の課税標準となる価格については、毎年、当該償却資産に係る賦課期日における価格によって、当該償却資産の評価を行うこととなります（地法409③）。そして、この評価は、具体的には、固定資産評価基準によって行われます。

(1) 償却資産の評価及び価格等の決定の主体

　償却資産の評価は、左欄の償却資産の区分に応じ、中欄の者が行います（地法389、409③、743①）。

　また、価格及び当該償却資産に係る課税標準の特例の適用後の価格（以下「価格等」といいます。）の決定は、一般の償却資産については右欄の市町村長（都の特別区の区域内に係るものは東京都知事）が3月31日までに行い（地法410）、総務大臣の指定する償却資産及び大規模償却資産については中欄の都道府県知事又は総務大臣が行い、3月31日までに市町村長に通知します（地法389①、743①）。

　なお、災害その他特別の事情がある場合には、4月1日以後に価格を決定し、又は通知することができます。

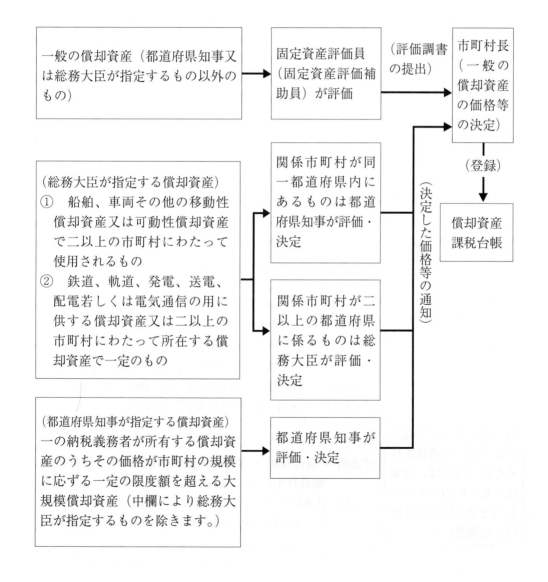

(2) 償却資産の評価の基本

償却資産の評価については、固定資産評価基準第3章第1節一において、次のように定められています。

償却資産の評価	償却資産の評価は、前年中に取得された償却資産にあってはその償却資産の取得価額を、前年前に取得された償却資産にあってはその償却資産の前年度の評価額を基準とし、その償却資産の耐用年数に応ずる減価を考慮してその価額を求める方法によるものとする。

(3) 償却資産の評価の方法

償却資産の評価額は、次の算式によって求めることとなります（固定資産評価基準3章1節二～四）。なお、この場合の償却資産の減価償却の方法は、取替資産等の例外を除きすべて定率法によります。

償 却 資 産 の 評 価 の 方 法	
前年中（前年の1月2日から1月1日まで）に取得した償却資産	(算式) 評価額＝取得価額×（1－耐用年数に応ずる減価率／2） 　(注)　評価額＝$P-P×r／2=P×(1-r／2)$ 　　　　P：取得価額 　　　　r：減価率 　　　　$1-r／2$：半年分の減価残存率 　　　　$1-r$：1年分の減価残存率
前年前に取得した償却資産	(算式) 評価額＝前年度の評価額×耐用年数に応ずる減価残存率 　(注)　評価額＝$P'-P'×r=P'×(1-r)$ 　　　　P'：前年度の評価額 　　　　r：減価率 　　　　$1-r$：1年分の減価残存率 　　ただし、これにより求めた額が、（取得価額×5／100）よりも小さい場合は、（取得価額×5／100）により求めた額を価格とします（同評価基準3章1節十）。
前年前に取得した償却資産で新たに課税されるもの（例えば、自家用として使用していたものを事業用として使用した場合）	(算式) 評価額 ＝ 取得価額 × 半年分の減価残存率 ×（1年分の減価残存率)$^{n-1}$ 　(注)　評価額 ＝ $P ×(1-r／2)×(1-r)^{n-1}$ 　　　　n：その償却資産の取得の年から前年までの経過年数

第13 償却資産に対する固定資産税

（参考）

減 価 残 存 率 表

耐用年数	減価残存率		耐用年数	減価残存率		耐用年数	減価残存率	
	前年中取得のもの	前年前取得のもの		前年中取得のもの	前年前取得のもの		前年中取得のもの	前年前取得のもの
2	0.658	0.316	35	0.968	0.936	68	0.983	0.967
3	0.732	0.464	36	0.969	0.938	69	0.983	0.967
4	0.781	0.562	37	0.970	0.940	70	0.984	0.968
5	0.815	0.631	38	0.970	0.941	71	0.984	0.968
6	0.840	0.681	39	0.971	0.943	72	0.984	0.968
7	0.860	0.720	40	0.972	0.944	73	0.984	0.969
8	0.875	0.750	41	0.972	0.945	74	0.984	0.969
9	0.887	0.774	42	0.973	0.947	75	0.985	0.970
10	0.897	0.794	43	0.974	0.948	76	0.985	0.970
11	0.905	0.811	44	0.974	0.949	77	0.985	0.970
12	0.912	0.825	45	0.975	0.950	78	0.985	0.971
13	0.919	0.838	46	0.975	0.951	79	0.985	0.971
14	0.924	0.848	47	0.976	0.952	80	0.986	0.972
15	0.929	0.858	48	0.976	0.953	81	0.986	0.972
16	0.933	0.866	49	0.977	0.954	82	0.986	0.972
17	0.936	0.873	50	0.977	0.955	83	0.986	0.973
18	0.940	0.880	51	0.978	0.956	84	0.986	0.973
19	0.943	0.886	52	0.978	0.957	85	0.987	0.974
20	0.945	0.891	53	0.978	0.957	86	0.987	0.974
21	0.948	0.896	54	0.979	0.958	87	0.987	0.974
22	0.950	0.901	55	0.979	0.959	88	0.987	0.974
23	0.952	0.905	56	0.980	0.960	89	0.987	0.974
24	0.954	0.908	57	0.980	0.960	90	0.987	0.975
25	0.956	0.912	58	0.980	0.961	91	0.987	0.975
26	0.957	0.915	59	0.981	0.962	92	0.987	0.975
27	0.959	0.918	60	0.981	0.962	93	0.987	0.975
28	0.960	0.921	61	0.981	0.963	94	0.988	0.976
29	0.962	0.924	62	0.982	0.964	95	0.988	0.976
30	0.963	0.926	63	0.982	0.964	96	0.988	0.976
31	0.964	0.928	64	0.982	0.965	97	0.988	0.977
32	0.965	0.931	65	0.982	0.965	98	0.988	0.977
33	0.966	0.933	66	0.983	0.966	99	0.988	0.977
34	0.967	0.934	67	0.983	0.966	100	0.988	0.977

（注）「前年中取得のもの」の欄は、半年分の減価残存率、「前年前取得のもの」の欄は、
1年分の減価残存率です。

留意点

償却資産の評価に当たっては、次のことに留意することとなります。

留意事項	留意内容
取得価額の算定	償却資産の取得価額の具体的な算定方法は、原則として、法人税法及び同法施行令並びに所得税法及び同法施行令による所得の計算上当該償却資産の減価償却費の計算の基礎となる取得価額の算定の方法の例によって算定します（固定資産評価基準3章1節六）。 　ただし、固定資産税における取得価額の算定においては、その評価の目的が財産課税としての適正な資産価値を求めることにあることから、法人税及び所得税において認められている圧縮記帳は、認めないこととされています（同評価基準3章1節六）。 　なお、法人税又は所得税において、消費税を税抜価格により経理処理している場合には消費税額抜きとなり、税込価格により経理処理している場合には消費税額込みの額となります。
耐用年数	償却資産の耐用年数は、減価償却資産の耐用年数等に関する省令別表第1、第2、第5及び第6に掲げる耐用年数（いわゆる法定耐用年数）によるものとされています（同基準3章1節八）。ただし、法人税法施行令第57条第1項又は所得税法施行令第130条第1項の規定により国税局長の承認を受けた短縮耐用年数によるものにあっては当該短縮耐用年数に、同耐用年数省令第3条第1項の規定による見積耐用年数によるものにあっては当該見積耐用年数によるものとされています（同基準3章1節三及び八ただし書）。
増加償却	通常の使用時間を超えて使用される機械及び装置については、法人税法施行令第60条又は所得税法施行令第133条の規定の適用を受けるものに限り、法人税又は所得税における増加償却制度と同様の控除額の加算が行われることとされています（同基準3章1節九）。
評価額の最低限度	償却資産の評価額は、当該償却資産の評価額が当該償却資産の取得価額（物価変動に伴う取得価額の補正を行った場合においては、当該補正後の額とします。）又は改良費の価額の100分の5に相当する額を下回ることとなる場合においては、当該100分の5に相当する額とすることとされています（同基準3章1節十）。
特別償却・割増償却	特別償却及び割増償却は、法人税及び所得税において特例措置として講じられている特例の一つであり、特定の設備等

第13　償却資産に対する固定資産税

	に対する投資の促進を目的として、納税者が特定の償却資産を取得し、これを事業の用に供した場合に、事業の用に供した日を含む事業年度（又は年）の普通の減価償却額又は減価償却費に加えて取得価額の一定割合を償却するものですが、固定資産評価基準においては、その評価の目的が財産課税としての適正な資産価値（適正な時価）を求めることにあることから、法人税及び所得税における特別償却及び割増償却のような特例措置は、講じられていません。
改　　良　　費	償却資産における改良費の評価は、その改良を加えられた本体部と区分して、それぞれの改良部分ごとに、その改良のために支出された金額を基準とし、その改良を加えられた償却資産の耐用年数に応ずる減価を考慮して行うものとされています（同基準3章1節十三）。 　（算式） イ　前年中に支出された改良費に係る評価額＝改良費の額×{1－(本体部について適用される耐用年数に応ずる減価率÷2)} ロ　前年前に支出された改良費に係る評価額＝その改良費に係る前年度の評価額×(1－本体部について適用される耐用年数に応ずる減価率)

　（注）　固定資産評価基準においては、上記の事項のほかに、「取得価額が明らかでない償却資産の評価」、「物価の変動に伴う取得価額の補正」、「災害等による評価額の補正」、「取替資産の評価」及び「鉱業用坑道の評価」等について定められています。

⑷　法人税又は所得税の取扱いと固定資産税の取扱いの比較

　固定資産税においては、償却資産の取得価額、減価方法等については、原則として、法人税又は所得税における取扱いの方法の例によって算定することとされていますが、その細部については、固定資産税の財産課税としての性格や課税実務上の便宜等を考慮した結果、法人税又は所得税の取扱いと相違するところがあります。

　なお、法人税又は所得税の取扱いと固定資産税の取扱いを比較すると、次表のとおりになります。

項　　　目	法人税・所得税	固定資産税
償却計算の期間	事業年度	暦年（賦課期日制度）
減価償却の方法	一般の資産は、定額法・定率法の選択制度 ※　定率法を選択した場合 　イ　平成24年4月1日以	一般の資産は定率法 ※　減価率は、法人税及び所得税の「旧定率法」で使用する償却率と同じです。

— 611 —

	後に取得された資産については「200％定率法」が、平成19年4月1日から平成24年3月31日までに取得された資産については「250％定率法」が、それぞれ適用されます。 ロ　平成19年3月31日以前に取得された資産については「旧定率法」が適用されます。	
前年中の新規取得資産の償却方法	月割償却	半年償却（1／2）
圧縮記帳制度	制度あり	制度なし
特別償却・割増償却制度（租税特別措置法）	制度あり	制度なし
増加償却・陳腐化償却制度	制度あり	制度あり
評価額の最低限度	1円（備忘価額）	取得価額の100分の5
改　良　費	原則として区分評価	区分評価

6　免税点及び申告

⑴　償却資産に対して課する固定資産税の免税点

　一の納税義務者の左欄の名寄せ課税標準額が、右欄の額（免税点）に満たないときは、当該納税義務者の所有する償却資産に対しては、固定資産税は課されません（地法351）。

名寄せ課税標準額	免税点
一の納税義務者が当該市町村内において所有するすべての償却資産についての課税標準となるべき額の合計額	150万円

留意点

免税点の適用にあたっては、次のことに留意することとなります。

留意事項	留意内容
東京都特別区及び指定都市（地方自治法第252条の19第1項の市をいいます。）の区に所在する償却資産に対する免税点の判定	免税点は、市町村の行政区域ごとに同一の納税義務者について名寄せが行われて判定されることとなりますが、東京都の特別区及び指定都市の区の区域は、一の市の区域とみなして固定資産税の規定を適用することとされています（地法737）ので、これらの区の区域に所在する償却資産については、その区ごとに名寄せが行われ、免税点の判定が行われることとなります。
免税点の判定の基礎となる課税標準額とは	免税点の判定の基礎となる課税標準額は、地法第349条の3及び地法附則第15条等の規定による課税標準の特例の適用があるものについては、これらの特例の適用後の課税標準額が免税点の判定の基礎となります。 $\begin{bmatrix}課税標準となるべき\\価格（評価額）\end{bmatrix} \times \begin{bmatrix}課税標準の特例率\end{bmatrix}$
共有に係る償却資産の免税点	共有に係る償却資産の免税点は、当該共有償却資産の課税標準額の共有持分相当額と単独所有償却資産の課税標準額とを合算することなく、当該共有償却資産を別の人格が所有しているものとして免税点を判定することとなります。

(2) 償却資産の申告

下表の左欄の償却資産の所有者は、「償却資産申告書」（総務省令第26号様式）又は「固定資産申告書（道府県知事または総務大臣に対する申告書)」（総務省令第30号様式）によって、毎年1月1日現在における償却資産について固定資産税の賦課につき必要な事項を1月31日までに、左欄の償却資産の区分に応じ右欄の市町村長、都道府県知事又は総務大臣に申告しなければなりません（地法383、394、745）。

区分	申告先
次頁の下欄以外の償却資産	所在地の市町村長又は東京都知事（特別区の区域内に係るもの)

総務大臣が指定するもの	① 移動性償却資産又は可動性償却資産で二以上の市町村にわたって使用されるもの（地法389①一）	当該償却資産が一の都道府県内に所在するもの	所在地の都道府県知事
	② 鉄道、軌道、発電、送電、配電若しくは電気通信の用に供する償却資産又は二以上の市町村にわたって所在する償却資産でその全体を一の償却資産として評価しなければ適正な評価ができないと認められるもの（地法389①二）	当該固定資産が二以上の都道府県にわたって所在するもの	総務大臣
指定大規模償却資産（総務大臣が指定するものを除きます。）（地法742①）			所在地の都道府県知事

留意点

償却資産の申告については、次のことに留意することとなります。

留意事項	留意内容
申告の意義	固定資産税の賦課は、課税権者である市町村長が税額を計算し、これを納税通知書により納税者に通知すること（賦課処分）によって課税するいわゆる賦課課税方式によっています。このため、この申告によって自動的に固定資産税額が確定するものではなく、その申告書は課税資料として取り扱われることとなるものであり、市町村長は、この申告書等を基にして税額を計算し、賦課決定することとなるものです。
免税点未満となる償却資産の申告	免税点未満となる償却資産の所有者であっても、賦課期日である1月1日現在において事業用の償却資産を所有している者は、その償却資産の所在地の市町村長に対して、償却資産の申告をしなければなりません。

第14　賦課徴収

1　賦　課
(1)　賦課期日

　固定資産税の賦課期日は、次のとおり、当該年度の初日の属する年の1月1日とされており（地法359）、したがって、例えば、令和2年度分の固定資産税であれば、令和2年1月1日が賦課期日となります。

固定資産税の賦課期日	賦課期日とは
当該年度の初日の属する年の1月1日	固定資産税の課税客体、課税団体、納税義務者、課税標準等、各種の課税要件を確定せしめるための現在日をいいます。

　したがって、固定資産税は、賦課期日現在の固定資産に対し、当該固定資産の価格を課税標準として、同日現在において当該固定資産の所有者として固定資産課税台帳に登録されている者に対し、同日現在において当該固定資産が所在する市町村が、課税することとなります。

(2)　賦課の期間制限

　固定資産税の期間制限は、次のとおりとされています（地法17の5⑤）。

固定資産税に係る賦課決定の期間制限	固定資産税に係る賦課決定は、法定納期限（第1期分の納期限）の翌日から起算して5年を経過した日以後においては、することができません。

(3)　納　期

　固定資産税の納期は、次のとおりとされています（地法362①）。

固定資産税の納期	固定資産税の納期は、4月、7月、12月及び2月中において、市町村の条例で定める日です。 　ただし、特別の事情がある場合においては、これと異なる納期を定めることができます。例えば、東京都特別区の場合、6月、9月、12月、2月とされています。

— 615 —

2 徴収の方法

(1) 普通徴収

固定資産税の徴収は、次によります。

固定資産税の徴収の方法	普通徴収の方法により徴収します（地法364①）。したがって、市町村は、その税額を計算して賦課決定し、その税額や各納期における納付額、納期限等を記載した納税通知書を納税者に交付して、これを徴収することとなります。		当該納税通知書は、遅くとも納期限前10日までに納税者に交付（例えば、納期限が4月30日であれば、10日間の余裕期間をおいて4月20日までに交付）しなければなりません（地法364⑨）。

(2) 課税明細書の交付

市町村長は、土地又は家屋に対して課する固定資産税を徴収しようとする場合においては、次の事項を記載した課税明細書を、遅くとも納期限前10日までに納税者に交付しなければなりません（地法364③④、地法附則15の4、16）。

イ　土地　所在、地番、地目、地積、価格、課税標準額、軽減税額
ロ　家屋　所在、家屋番号、種類、構造、床面積、価格、課税標準額、軽減税額

なお、税負担の調整措置の適用を受ける土地については、前年度分の課税標準額、当該調整措置適用後の当該年度分の課税標準額及び条例により税額を減額する場合のその減額する額を記載しなければなりません（地法附則27の5）。

(3) 固定資産税における仮徴収

市町村は、左欄に該当する場合においては、右欄により当該年度に係る固定資産税について、仮徴収することができます（地法364⑤⑦、地規15の5）。

固定資産税における仮徴収制度	
都道府県知事又は総務大臣が評価し、価格等を決定して配分する固定資産（船舶を除きます。）について、その所有者からその固定資産について1月31日までに申告がなかったことその他やむを得ない理由によって当該年度の固定資産税の納税通知書の交付期限までにその価格等の配分の通知が行われなかった場合	その固定資産の前年度の課税標準額を課税標準として仮に算定した固定資産税額をその年度の納期の数で除して得た額（仮算定税額の2分の1の額を限度）について、その通知が行われる日までに到来する納期において仮徴収することができます。

(4) 納期前納付及び前納報奨金

固定資産税については、次の左欄のとおり、前納が認められています。そして、前納があった場合、市町村は、右欄により、前納報奨金を交付することができます。

納期前納付（前納）	前納報奨金
固定資産税の納税義務者は、納税通知書に記載された納付額のうち到来した納期に係る納付額に相当する金額の税金を納付しようとする場合においては、当該納期の後の納期に係る納付額に相当する金額の税金をあわせて納付することができます（地法365①）。	左欄の場合においては、市町村は、当該納税者に未納に係る地方団体の徴収金がない場合に限り、当該市町村の条例で定める金額の報奨金をその納税者に交付することができます（地法365②）。 　なお、報奨金の額は、納期前に納付した税額の100分の1に、納期前に係る月数（1月未満の端数がある場合においては、14日以下は切り捨て、15日以上は1月とします。）を乗じて得た額を超えることができません（地法365③）。

3　減　免

市町村長は、次の者に限り、当該市町村の条例の定めるところにより、固定資産税を減免することができます（地法367）。この減免は、条例にその根拠を置くので、市町村長は、条例及びこれに基づく規則等に、減免できる場合及び減免の額等の基準について、具体的に規定する必要があります。

	減　免　対　象　者
①	天災その他特別の事情がある場合において固定資産税の減免を必要とすると認められる者
②	貧困により生活のため公私の扶助を受ける者
③	その他特別の事情がある者

（注）　天災その他特別の事情がある場合とは、例えば、震災、風水害等の天災又は火災等の人災があり、これらの災害によって土地の流失、家屋の滅失等多大の被害を被った場合をいいます。

　　　なお、固定資産税における災害減免については、通知「災害被害者に対する地方税の減免措置等について」（平成12年4月1日自治税企第12号各都道府県知事あて自治事務次官通知）が発遣されています。

第6章　その他の都道府県税

第1節　地方消費税

　地方消費税は、国の消費税と同様、消費一般に対して広く公平に負担を求める税であり、それは、課税資産の譲渡等に係る消費税額から仕入れ等に係る消費税額を控除した後の消費税額を課税標準として課される譲渡割と、課税貨物に係る消費税額を課税標準として課される貨物割によって構成されています。

　この地方消費税は、都道府県が都道府県税として課するものとされており、賦課徴収に関する規定が地方税法において独自に定められています。しかし、その徴収については、納税者の便宜を図る等の観点から、当分の間、国に委託することとしており、このため、その申告納付等は、消費税の例により、消費税と併せて行うこととされています。

　地方消費税の課税要件等は、次のとおりとされています（地法2章3節、地法附則9の3～9の16）。

課税要件等	内　　　　容
納税義務者	イ　譲渡割 　　消費税法第2条第1項第9号に規定する課税資産の譲渡等（同法その他の法律又は条約の規定により消費税を課さないこととされるもの及び免除されるものを除きます。）を行った個人事業者及び法人（法人でない社団又は財団で代表者又は管理人の定めがあるものを含みます。以下同じです。） 　※　課税資産の譲渡等に係る消費税の納税義務者の範囲と一致します。 ロ　貨物割 　　消費税法第2条第1項第11号に規定する課税貨物（輸入品に対する内国消費税の徴収等に関する法律その他の法律又は条約の規定により消費税を課さないこととされるもの及び免除されるものを除きます。）を保税地域から引き取る者 　※　課税貨物に係る消費税の納税義務者の範囲と一致します。

第6章　その他の都道府県税

課税要件等	内　　　　　容
課税団体	イ　譲渡割 　　課税資産の譲渡等を行う事業者が、個人である場合には原則としてその住所地所在の都道府県、法人である場合には原則としてその本店又は主たる事務所の所在地の都道府県 ロ　貨物割 　　当該課税貨物が引き取られる保税地域所在の都道府県
課税標準	イ　譲渡割 　　課税資産の譲渡等に係る消費税額から仕入れ等に係る消費税額を控除した後の消費税額 ロ　貨物割 　　課税貨物に係る消費税額
税率	イ　～平成26年3月31日　100分の25（消費税率換算　1％） ロ　平成26年4月1日～　63分の17（消費税率換算　1.7％） ハ　令和元年10月1日～　78分の22（消費税率換算　2.2％）（注） ※　消費税と合わせた税率は、次のとおりです。 　・～平成26年3月31日　5％（うち消費税　4％） 　・平成26年4月1日～　8％（うち消費税　6.3％） 　・令和元年10月1日～　10％（注）（うち消費税　7.8％）（注） （注）　軽減税率適用時を除きます。
賦課徴収	イ　譲渡割は、当分の間、国（税務署）が消費税の賦課徴収の例により、消費税の賦課徴収と併せて行います。 ロ　貨物割は、国（税関）が消費税の賦課徴収の例により、消費税の賦課徴収と併せて行います。
申告納付の手続き	イ　譲渡割の申告及び納付は、当分の間、消費税の申告及び納付の例により、消費税の申告及び納付と併せて、申告については税務署長に、納付については国に行います。 ロ　貨物割の申告及び納付は、消費税の申告及び納付の例により、消費税の申告及び納付と併せて、申告については税関長に、納付については国に行います。
還付の方法	イ　譲渡割に係る還付金又は過誤納金の還付は、当分の間、国が消費税の還付の例により、消費税に係る還付金又は過誤納金（還付加算金を含みます。）の還付と併せて行います。 ロ　国は、輸入品に対する内国消費税の徴収等に関する法律の規定により消費税の全部又は一部に相当する金額を還付する場合においては、消費税の還付の例により、消費税に係る還付金の還付と併せて、その還付すべき消費税に係る還付金に相当する額に78分の22を乗じて得た額を貨物割に係る還付金として還付します。

第1節　地方消費税

課税要件等	内　　　　　　容
都道府県間の清算	都道府県は、地方消費税の清算について、次のとおり旧税率相当分に係るものと税率引上げ相当分に係るものとを区分して行います。 イ　旧税率相当分に係るもの 　国から払い込まれた譲渡割及び貨物割の納付額の合算額の22分の10（令和元年10月1日から令和2年3月31日までは17分の10、令和2年4月1日から令和3年3月31日までは21分の10）に相当する額から国に支払った徴収取扱費の額に相当する額を減額した額について、消費に関連した基準によって都道府県間において清算を行います。 ロ　税率引上げ相当分に係るもの 　国から払い込まれた譲渡割及び貨物割の納付額の合算額の22分の12（令和元年10月1日から令和2年3月31日までは17分の7、令和2年4月1日から令和3年3月31日までは21分の11）に相当する額について、消費に関連した基準によって都道府県間において清算を行います。
市区町村に対する交付	都道府県は、次により市区町村に対し交付します。 イ　旧税率相当分に係るもの 　都道府県は、上欄イによる額の2分の1に相当する額を当該都道府県内の市区町村に対し、その額の2分の1の額を、官報で公示された最近の国勢調査の結果による各市区町村の人口に、他の2分の1の額を基幹統計である事業所統計の最近公表された結果による各市区町村の従業者数に、それぞれ按分して交付します。 ロ　税率引上げ相当分に係るもの 　都道府県は、上欄ロによる額の2分の1に相当する額を、当該都道府県内の市区町村に対し、各市区町村の上記イの人口に按分して交付します。
地方消費税の使途	都道府県は引上げ相当分の地方消費税収に係る清算後の額から当該都道府県内の市区町村に交付した額を控除した額に相当する額を、市区町村は都道府県から交付を受けた上欄ロの額を、それぞれ消費税法第1条第2項に規定する経費（「制度として確立された年金、医療及び介護の社会保障給付並びに少子化に対処するための施策に要する経費」（社会保障4経費））その他社会保障施策（社会福祉、社会保険及び保健衛生に関する施策をいいます。）に要する経費に充てるものとされています。

－ 621 －

第6章　その他の都道府県税

第2節　道府県たばこ税及び市町村たばこ税

　現在、たばこについては、消費税及び地方消費税のほかに、国税として国のたばこ税及びたばこ特別税が、地方税として道府県が課する道府県たばこ税及び都が課する都たばこ税（以下「道府県たばこ税」と総称します。）と市町村が課する市町村たばこ税及び特別区が課する特別区たばこ税（以下「市町村たばこ税」と総称します。）が、それぞれ課されています。

　道府県たばこ税及び市町村たばこ税の課税要件等は、次のとおりとされています（地法2章5節、3章4節）。

課税要件等	内　　　　　容
納税義務者	製造たばこの製造者、特定販売業者及び卸売販売業者（以下「卸売販売業者等」といいます。） 製造たばこの製造者　　卸売販売業者　　　　　小売販売業者 特 定 販 売 業 者　　　　　　　　　　　　　消　費　者 （納税義務者） 　売渡し経路が────→のとき　　卸売販売業者 　売渡し経路が┈┈┈┈→のとき　　製造たばこの製造者 　　　　　　　　　　　　　　　　　又は特定販売業者
課税客体	卸売販売業者等が行う小売販売業者若しくは消費者等への売渡し又は消費等に係る製造たばこ
課税主体	イ　製造たばこが卸売販売業者等から小売販売業に売り渡される場合には、当該小売販売業者の営業所所在の都道府県又は市区町村 ロ　卸売販売業者等が消費者等に売渡しをし、又は消費等をする場合には、当該卸売販売業者等の事務所又は事業所で当該売渡し又は消費等に係る製造たばこを直接管理するものが所在する都道府県又は市区町村
課税標準	売渡し又は消費等に係る製造たばこの本数 　なお、製造たばこの本数は、紙巻たばこの本数によるものとされ、次の表の左欄に掲げる製造たばこの本数の算定については、同欄の区分に応じ、それぞれ当該右欄に定める重量をもって紙巻たばこの1本に換算します。

— 622 —

第2節　道府県たばこ税及び市町村たばこ税

区　　　　　分	重　　量
1　喫煙用の製造たばこ	
イ　葉巻及びパイプたばこ	1グラム
ロ　刻みたばこ	2グラム
2　かみ用及びかぎ用の製造たばこ	2グラム

「加熱式たばこ」に係る紙巻たばこの本数への換算方法については、平成30年度の税制改正により以下のイ、ロにより換算された本数の合計本数となりました（地法74の4③、467③及び平成30年改正地法6）。

イ　重量換算：加熱式たばこの重量（フィルターその他の総務省令で定めるものに係る部分の重量を除く。）の0.4グラムをもって紙巻たばこの0.5本に換算

ロ　小売定価等換算：紙巻たばこの一本の金額に相当する金額として政令に定めるところにより計算した金額をもって紙巻たばこの0.5本に換算

　　また、「葉巻たばこ」に係る紙巻たばこの本数への換算方法については、令和2年度の税制改正により軽量な葉巻たばこ（1本当たりの重量が1グラム未満の葉巻たばこをいう。）について、当該葉巻たばこ1本を紙巻たばこ1本に換算する方法となりました（地法74の4②、467②及び令和2年改正地法2）。

※　加熱式たばこの課税方式の見直しについては、激変緩和等の観点から、平成30年10月1日から5年間かけて段階的に移行することとしています。なお、経過措置中の課税標準は、新たな換算方式による紙巻たばこへの換算を1／5ずつ増やしていくこととなります（地法74の4③、467③及び平成30年改正地法1、3、4、5、6）。

※　葉巻たばこの課税方式の見直しについては、激変緩和等の観点から、令和2年10月1日から2段階で移行することとしています。なお、経過措置中の課税標準は、1本あたりの重量が0.7グラム未満の葉巻たばこ1本を紙巻たばこ0.7本に換算する方法となります（地法74の4②、467②及び令和2年改正地法1、2）。

税　　率

道府県たばこ税	市町村たばこ税	国たばこ税	たばこ特別税
（円／千本）	（円／千本）	（円／千本）	（円／千本）
1,000	6,122	6,302	820

※1　上表は、令和3年4月1日時点の税率です。
　2　平成30年度の税制改正により、製造たばこの税率を平成30年10月1日から3段階で引き上げることとされています（地法74の5、468及び平成30年改正地法1、4、5）。

— 623 —

第6章　その他の都道府県税

(円／千本)

実施時期	地方のたばこ税		国のたばこ税	
	道府県たばこ税	市町村たばこ税	国たばこ税	たばこ特別税
平成30.10.1～ （実施済）	930円	5,692円	5,802円	820円
令和2.10.1～ （実施済）	1,000円	6,122円	6,302円	820円
令和3.10.1～	1,070円	6,552円	6,802円	820円

課税免除	卸売販売業者等が次に掲げる製造たばこの売渡し又は消費等をする場合には、当該売渡し又は消費等に係る製造たばこに対しては、道府県たばこ税又は市町村たばこ税が課税免除されます。 イ　製造たばこの本邦からの輸出又は輸出の目的で行われる輸出業者に対する売渡し ロ　本邦と外国との間を往来する本邦の船舶又は航空機に船用品又は機用品として積み込むための製造たばこの売渡し ハ　品質が悪変し、又は包装が破損し、若しくは汚染した製造たばこその他販売に適しないと認められる製造たばこの廃棄 ニ　既に道府県たばこ税又は市町村たばこ税を課された製造たばこの売渡し又は消費等
申告納付の手続	道府県たばこ税又は市町村たばこ税を申告納付すべき者は、毎月末日までに、前月の初日から末日までの間における売渡し等に係る製造たばこの課税標準数量、税額等を記載した申告書を都道府県知事又は市区町村長に提出し、その申告書により納付すべき税額を当該都道府県又は市区町村に納付しなければなりません。
市町村たばこ税の都道府県に対する交付	市区町村は、当該年度に納付された市町村たばこ税の額が課税定額を超える場合には、その超える部分の額を当該市区町村を包括する都道府県に対してその翌年度に交付することとされています。 　なお、課税定額は、{前々年度の全国の市町村たばこ税の額の合計額×（当該市区町村のたばこ消費基礎人口に2を乗じて得た数÷全国のたばこ消費基礎人口の合計）×調整率}とされています。

第3節　ゴルフ場利用税

　ゴルフ場利用税は、ゴルフ場所在の都道府県が、ゴルフ場の利用に対し、利用の日ごとに定額によって、その利用者に課する都道府県税です。

　ゴルフ場利用税は、ゴルフ場を利用する者のその支出行為に担税力を見出し、その利用者に対して課する税であり、税収の7割がゴルフ場所在市町村又は特別区（以下「市区町村」といいます。）にゴルフ場利用税交付金として交付されており、過疎地域など財源に乏しい市町村の貴重な財源となっています。

　ゴルフ場利用税の課税要件等は、次のとおりとされています（地法2章6節）。

課税要件等	内　　　容
課税客体	ゴルフ場の利用行為 ※　ゴルフ場とは、ホールの数が18ホール以上であり、かつ、コースの総延長をホールの数で除して得た数値（以下「ホールの平均距離」といいます。）が100メートル以上の施設（当該施設の総面積が10万平方メートル未満のものを除きます。）及びホールの数が18ホール未満のものであっても、ホールの数が9ホール以上であり、かつ、ホールの平均距離がおおむね150メートル以上の施設をいいます（取扱通知(県)7章1）。
納税義務者	ゴルフ場の利用者
非　課　税	イ　年齢18歳未満の者、年齢70歳以上の者及び障害者のゴルフ場の利用（これらの者に該当する旨をその者が証明する場合に限ります。） ロ　国民体育大会のゴルフ競技に参加する選手が当該ゴルフ競技（公式練習を含む。）として行うゴルフ場の利用（都道府県知事又は都道府県の教育委員会がその旨を証明する場合に限ります。） ハ　学生、生徒若しくは児童又はこれらの者を引率する教員が学校の教育活動として行うゴルフ場の利用（学長又は校長がその旨を証明する場合に限ります。） ニ　スポーツ基本法に規定する国際競技大会のうち、我が国への招致又は開催の支援のための措置を講ずることが閣議決定・了解されたもののゴルフ競技に参加する選手が当該ゴルフ競技（公式練習を含む。）として行うゴルフ場の利用（当該国際競技大会のゴルフ競技の準備及び運営を行う者がその旨を証明する場合に限ります。）

税　　率	標準税率　1人1日につき　　800円 制限税率　1人1日につき1,200円 　※　ゴルフ場のうち800円の標準税率が適用されるものは、ホールの数が18ホール以上であり、かつ、施設の整備の状況等が標準的であるゴルフ場です。 　　　したがって、標準税率の適用されるゴルフ場以外のゴルフ場については、標準税率の適用されるゴルフ場との利用料金の相違によるほか、ホールの数、施設の整備の状況等の相違を勘案して数段階の税率区分を設けることができるとされています（取扱通知(県) 7 章 3 (2)）。
特別徴収の手続	イ　ゴルフ場利用税は、ゴルフ場の経営者その他徴収の便宜を有する者をゴルフ場所在の都道府県の条例によって特別徴収義務者として指定し、これに徴収させることとしています。 ロ　特別徴収義務者は、条例で定める日（通常、翌月の15日）までにその徴収すべき税額を納入しなければなりません。
ゴルフ場利用税交付金	都道府県は、当該都道府県内のゴルフ場所在の市区町村に対し、当該都道府県に納入された当該市区町村の所在するゴルフ場に係るゴルフ場利用税の額の10分の 7 に相当する額を交付するとされています。

第4節　軽油引取税

　軽油引取税は、都道府県が、特約業者又は元売業者からの軽油の引取り等に対して課する都道府県税であり、この税は、流通課税の形態をとっており、その税の実質的な税負担は消費者に転嫁することを予定しています。

　なお、軽油引取税は、従来、目的税とされ、これを道路に関する費用に充てるとされていましたが、平成21年度の税制改正によって使途が特定されない普通税に改められました。

第1　軽油等の意義

1　軽油とは

　燃料油は、その性状及び用途の相違によって、揮発油、灯油、軽油、重油の4種類に大別することができますが、これらのうち、軽油とは、灯油と重油との中間の性状を有するもので、次の①から④までに掲げる規格のすべてに該当する炭化水素油をいいます（地法144①一、地令43）。

軽　油　の　規　格		
軽油	①	温度15度において0.8017を超え、0.8762に達するまでの比重を有すること。 ※　この炭化水素油には、軽油のほかに一般に灯油及び重油と称せられるものの相当部分が含まれます。
	②	分留性状90％留出温度が267度を超え、400度以下であること。 ※　これにより、灯油と重油が除かれます。
	③	残留炭素分が0.2％以下であること。 ※　これにより、重油が除かれます。
	④	引火点が温度130度以下であること。 ※　これにより、潤滑油が除かれます。

第6章　その他の都道府県税

2　炭化水素油とは

軽油の定義における炭化水素油とは、次の物質をいいます（取扱通知(県)9章2（2））。

炭化水素油の規格	
炭化水素油	炭素と水素のみからなる各種の炭化水素化合物を主成分とする混合物で、常温（温度15度）、常圧（水銀柱760ミリメートル）において油状をなしているものをいいます。したがって、次に掲げるような物質は、軽油の範囲に含まれません。 イ　単一の炭化水素化合物（ベンゾール等） ロ　炭化水素化合物を主成分としない炭化水素とその他の物との混合物 ハ　常温、常圧において気状（プロパンを主成分とする液化ガス）、固状又は半固状（パラフィン、ワセリン等）を呈する炭化水素の混合物

（注）　燃料炭化水素油、混和軽油等の販売又は消費に対する課税の規定（地法144の2③、④、⑤）における「炭化水素油」には、炭化水素とその他の物との混合物又は単一の炭化水素で、一気圧において温度15度で液状であるものを含むものとされています（地法144の2③）ので、これらの規定における炭化水素油と上記の炭化水素油とでは、若干その範囲を異にしています。

3　混和

軽油引取税が課されていない軽油に炭化水素油以外のものを混和した場合においては、その混和により生じたものが課税対象となる軽油とみなされます（地法144②）。

なお、これは、軽油にセタン価を向上するため、硝酸又は亜硝酸アルキル、ニトロ化合物などが添加剤として用いられる場合又は軽油に環境対策の観点などから脂肪酸メチルエステル等が混合される場合において適用されます（取扱通知（県）9章5）。

— 628 —

第4節　軽油引取税

第2　元売業者及び特約業者

1　元売業者

(1)　元売業者の指定

　元売業者は、軽油の流通の中心をなしており、軽油引取税の課税制度の根幹を担っていることから、その指定については、次に掲げる者で(2)の資格要件を備えているものについて総務大臣が個別指定することとされています（地法144①二）。

元売業者	イ　軽油を製造することを業とする者
	ロ　軽油を輸入することを業とする者
	ハ　軽油を販売することを業とする者

(2)　元売業者の資格要件

　元売業者として総務大臣の指定を受けようとする者は、次の資格要件を備えていなければならないとされています（地法144の7①、地規8の29、8の30、8の31）。

元 売 業 者 の 資 格 要 件	
軽油の製造業者	軽油を製造することを業とする者で次の基準に該当する者であること。 イ　石油の備蓄の確保等に関する法律第26条第1項の規定による届出を適正に行った者であること。 ロ　次のいずれかに該当すること。 　(イ)　最近の3年（元売業者の指定の申請の日の属する年を除きます。）における軽油の年間の製造量の平均が20万キロリットル以上であること。 　(ロ)　石油の備蓄の確保等に関する法律第26条第1項の規定による届出の日から起算して3年を経過しない者である場合にあっては、申請の日の属する年の前年（元売業者の指定の申請の日の属する年の前年をいいます。）における軽油の年間の製造量が20万キロリットル以上であること。
軽油の輸入業者	軽油を輸入することを業とする者で次の基準に該当する者であること。 イ　石油の備蓄の確保等に関する法律第16条の規定による登録を受けた者であること。 ロ　最近の3年（元売業者の指定の申請の日の属する年を除きます。）における軽油の年間の輸入量の平均が5万キロリットル以上であること。

— 629 —

	軽油を販売することを業とする者で次のイ又はロの基準のいずれかに該当する者であること。
軽油の販売業者	イ　次のすべてに該当すること。 　㈠　最近の3年（元売業者の指定の申請の日の属する年を除きます。）における他の元売業者以外の者に対する軽油の年間の販売量（現実の納入を伴う販売に係るものに限ります。）の平均が30万キロリットル以上であること。 　㈡　その者との間に、その者から継続的に軽油の供給を受け、これを販売することを内容とする販売契約（※）を締結している石油製品の販売業者で、他にこれと同様の販売契約を締結していないもの（以下「系列販売業者」といいます。）の数が150以上であること。 　　※　このような販売契約を2以上の者と締結している者は、系列販売業者に含まれません。 　㈢　系列販売業者の主たる事務所又は事業所が30以上の都道府県に所在すること。 　㈣　主として元売業者以外の者に対し軽油を販売するもの（その者に係る軽油の総販売量のうちに占める元売業者以外の者に対する販売量の割合が、2分の1を超えるものをいいます。）であること。 ロ　その行う事業によってその組合員又は会員のために奉仕することを目的とする全国を地区とする組合である場合にあっては、次のいずれかに該当すること。 　㈠　主として免税軽油を取り扱う石油製品の販売業者と継続的に軽油の供給を行う販売契約を締結し、専ら当該販売業者に対し軽油を販売するものであること。 　㈡　その組合員又は会員（当該組合員又は会員の組合員又は会員等を含みます。）中の免税軽油使用者の数が30万以上であること。

(3)　元売業者の指定及び指定の取消し

　総務大臣は、元売業者としての資格を有する者のうち、次頁の左欄の指定要件のすべてに該当するものを、これらの者の申請に基づき、元売業者として指定することとされています（地法144の7①、地令43の7）。したがって、元売業者の指定を申請しようとする者は、申請書に必要な書類を添付して、これをその主たる事務所又は事業所所在地の都道府県知事を経由して総務大臣に提出しなければなりません（地規8の32①）。

　また、総務大臣は、元売業者が次頁の右欄の取消要件に該当するときは、元売業者の指定を取り消すことができることとされています（地法144の7②、地令43の8）。

　なお、総務大臣は、元売業者の指定をしたとき及びその指定を取り消したときは、その旨を官報に公示することとされています（地規8の32③）。

第4節　軽油引取税

指 定 要 件	取 消 要 件
イ　その事業を適確に遂行するに足りる経理的基礎を有することその他の事情から軽油引取税の徴収の確保に支障がないと認められること。 ロ　次のいずれにも該当しない者であること。 　㈠　元売業者の指定を取り消された者（右欄のロの㈠又は㈡の事由により取り消されたものを除きます。次の㈡において同じです。）で、その取消しの日から起算して2年を経過しないもの 　㈡　元売業者の指定を取り消された者が法人である場合において、その取消しの原因となった事実があった日以前1年以内にその法人の役員であった者でその取消しの日から起算して2年を経過しないもの 　㈢　国税又は地方税の滞納処分を受け、その滞納処分の日から起算して2年を経過しない者 　㈣　国税若しくは地方税に関し罰金以上の刑に処せられ、又は通告処分を受け、その刑の執行を終わり、若しくは執行を受けることがなくなった日又はその通告の旨を履行した日から起算して3年を経過しない者 　㈤　法人であって、その役員のうち㈠から㈣までのいずれかに該当する者があるもの 　※　役員とは、業務を執行する社員、取締役、執行役又はこれらに準ずる者をいい、相談役、顧問その他いかなる名称を有する者であるかを問わず、法人に対して業務を執行する社員、取締役、執行役又はこれらに準ずる者と同等以上の支配力を有するものと認められる者が含まれます。以下軽油引取税の項において同じです。	イ　指定要件に該当しなくなったこと。 ロ　次のいずれかに該当すること。 　㈠　偽りその他不正の行為により指定を受けたこと。 　㈡　元売業者の資格要件に該当しなくなったこと。 　㈢　1年以上引き続き軽油の製造、輸入又は販売をしていないこと。 　㈣　元売業者又は元売業者の代理人、使用人その他の従業者（以下「代理人等」といいます。）が帳簿書類その他の物件の検査又は見本品の軽油の採取を拒み、妨げ、又は忌避したこと（代理人等については元売業者がその行為を防止するため相当の注意及び監督を尽くしたときを除きます。㈤及び㈥で同じです。）。 　㈤　元売業者又は代理人等が虚偽記載等をした帳簿書類を提示したこと。 　㈥　元売業者又は代理人等が徴税吏員等の質問に対し、答弁をしないこと又は虚偽の答弁をしたこと。 　㈦　都道府県知事の承認を受けないで軽油の製造等を行い、又は偽りその他不正の手段によりその製造等の承認を受けたこと。 　㈧　軽油の製造等に関する事実又は軽油の引取り、引渡し等についての帳簿の記載をせず、若しくは偽り、又はその帳簿を隠匿したこと。 　㈨　供給者罰則に当たる違反行為（不正軽油を製造する者に情を知って原材料又は設備等を提供し、又は運搬したこと等の行為）をしたこと。 　㈩　事業の開廃等の届出をせず、又は偽ったこと。 　㊒　軽油の引取り、引渡し、納入等についての報告・通知をせず、又はこれを偽ったこと。 　㊓　代理人等又は代理人等であった者が、その代理人等である間の事実により、罰金以上の刑に処せられ、又は通告処分を受け、その通告の旨を履行したこと。 　㊔　徴収して納入すべき軽油引取税を納入しなかったこと。 　㊕　保全担保等を指定期限までに提供等をしなかったこと。

2 特約業者

(1) 軽油引取税における仮特約業者制度

イ 仮特約業者の意義

軽油引取税の引取課税における特別徴収制度において元売業者とともにその根幹をなす特約業者は、仮特約業者の指定を受け、その指定後一定期間を経ないと特約業者の指定を受けることができないとされています（地法144の8）。

なお、仮特約業者は、特約業者と異なり、軽油引取税の特別徴収義務を負いません。したがって、元売業者又は特約業者以外の石油製品の販売業者とまったく同様に取り扱われます。

仮特約業者制度の意義	仮特約業者制度の内容
特約業者の指定に当たり、特約業者としての要件を満たすものであるかどうかの調査を行うための十分な期間を確保し、軽油引取税のほ脱を図るおそれのある者が特約業者の指定を受けることを未然に防止することをその旨とします。	元売業者との間に締結された販売契約に基づいて当該元売業者から継続的に軽油の供給を受け、これを販売することを業とする者で特約業者としての指定を受けようとするものは、仮特約業者の指定を受け、その指定を受けた日から起算して1年を経ないと、特約業者の指定を受けることができません。 ただし、仮特約業者が、特約業者の指定要件（635頁参照）のすべてを満たしたときは、その1年を経なくとも、特約業者の指定を受けることができます。

ロ 仮特約業者の指定及び指定の取消し

仮特約業者は、元売業者との間に締結された販売契約に基づいて当該元売業者から継続的に軽油の供給を受け、これを販売することを業とする者（次頁の左欄のいずれかの欠格要件に該当するものを除きます。）の申請に基づき、その者の主たる事務所又は事業所所在地の都道府県知事が指定することとされています（地法144の8①、地令43の9）。したがって、仮特約業者の指定を申請しようとする者は、申請書に必要な書類を添付して、これをその主たる事務所又は事業所所在地の都道府県知事に提出しなければなりません（地規8の33）。

また、当該都道府県知事は、仮特約業者が次頁の右欄の取消要件に該当することとなったときは、仮特約業者の指定を取り消すことができることとされています（地法144の8③、地令43の10）。

第4節　軽油引取税

欠　格　要　件	取　消　要　件
イ　破産者で復権を得ていないことその他その経営の基礎が薄弱であると認められる者であること。 ロ　仮特約業者の指定を取り消された者（右欄のロの(ロ)に該当するものとして取り消された者を除きます。ニにおいて同じです。）で、その取消しの日から起算して2年を経過しないものであること。 ハ　特約業者の指定を取り消された者（軽油の販売量等についての基準に該当しなくなったことや1年以上引き続き軽油の販売をしていないこと等により指定を取り消された者を除きます。ニにおいて同じです。）で、その取消しの日から起算して2年を経過しないものであること。 ニ　仮特約業者又は特約業者の指定を取り消された者が法人である場合において、その取消しの原因となった事実があった日以前1年以内にその法人の役員であった者でその取消しの日から起算して2年を経過しないものであること。 ホ　国税又は地方税の滞納処分を受け、その滞納処分の日から起算して2年を経過しない者であること。 ヘ　国税若しくは地方税に関し罰金以上の刑に処せられ、又は通告処分を受け、その刑の執行を終わり、若しくは執行を受けることがなくなった日又はその通告の旨を履行した日から起算して3年を経過しない者であること。 ト　法人であって、その役員（631頁参照）のうちロからヘまでのいずれかに該当する者があること。	イ　欠格要件に該当することとなったこと。 ロ　次のいずれかに該当すること。 　(イ)　偽りその他不正の行為により指定を受けたこと。 　(ロ)　特約契約に基づき元売業者から軽油の供給を受け、販売することを業とする者でなくなったこと。 　(ハ)　仮特約業者又はその代理人等が帳簿書類等の検査又は見本品の軽油の採取を拒み、妨げ、又は忌避したこと（代理人等については、仮特約業者がその行為を防止するため相当の注意及び監督を尽くしたときを除きます。(ニ)及び(ホ)で同じです。）。 　(ニ)　仮特約業者又は代理人等が虚偽の記載又は記録をした帳簿書類を提示したこと。 　(ホ)　仮特約業者又は代理人等が徴税吏員等の質問に対し、答弁をしないこと又は虚偽の答弁をしたこと。 　(ヘ)　都道府県知事の承認を受けないで軽油の製造等を行い、又は偽りその他不正の手段によりその製造等の承認を受けたこと。 　(ト)　軽油の製造等に関する事実又は軽油の引取り、引渡し等についての帳簿の記載をせず、若しくは偽り、又はその帳簿を隠匿したこと。 　(チ)　供給者罰則に当たる違反行為（631頁参照）をしたこと。 　(リ)　事業の開廃等の届出をせず、又は偽ったこと。 　(ヌ)　軽油の引取り、引渡し、納入等についての報告をせず、又はこれを偽ったこと。 　(ル)　代理人等又は代理人等であった者が、その代理人等である間の事実により、罰金以上の刑に処せられ、又は通告処分を受け、その通告の旨を履行したこと。

第6章　その他の都道府県税

(2)　特約業者とは

軽油引取税における特約業者とは、次の者をいいます（地法144①三）。

特約業者	元売業者との間に締結された販売契約に基づいて当該元売業者から継続的に軽油の供給を受け、これを販売することを業とする者で、都道府県知事の指定を受けている者

（注）　元売業者との間に締結された販売契約とは、通常「特約店契約」と呼ばれ、当該特約店の取り扱う石油製品の種類、販売区域、代金決済の方法、担保等について規定し、継続的な性質を有しているものをいいます。

(3)　特約業者の指定及び指定の取消し

特約業者の指定は、仮特約業者として指定された者のうち、次頁の左欄の指定要件のすべてを満たしている者を、当該仮特約業者の申請に基づき、その仮特約業者の主たる事務所又は事業所所在地の都道府県知事が個別指定することとされています（地法144の9①、地令43の11、地規8の36）。この場合において、当該都道府県知事は、あらかじめ関係都道府県知事の意見を聴かなければならないとされています。

したがって、特約業者の指定を申請しようとする仮特約業者は、申請書に必要な書類を添付して、これをその主たる事務所又は事業所所在地の都道府県知事に提出しなければなりません（地規8の34）。

また、特約業者の主たる事務所又は事業所所在地の都道府県知事は、特約業者が次頁の右欄の取消要件に該当することとなったときは、特約業者の指定を取り消すことができることとされています（地法144の9③、地令43の12）。

なお、主たる事務所又は事業所所在地の都道府県知事が特約業者を指定したときは、当該特約業者の指定の効果は、すべての都道府県に及びます。

第4節　軽油引取税

指　定　要　件	取　消　要　件
イ　その事業を適確に遂行するに足りる経理的基礎を有することその他の事情から軽油引取税の徴収の確保に支障がないと認められること。 ロ　元売業者との間に締結された販売契約に基づいてその元売業者から継続的に軽油の供給を受け、これを販売することを業とする者であること。 ハ　仮特約業者の欠格要件のいずれにも該当しないこと。 ニ　次のいずれかに該当する者であること。 　(イ)　仮特約業者として1年以上引き続き軽油（ロの販売契約に基づき供給を受けた軽油に限ります。(ロ)において同じです。）の販売をしている者 　(ロ)　仮特約業者として3月以上引き続き軽油の販売をしている者で、系列元売業者がその仮特約業者の納入すべき税について保証するもの ホ　次の基準のすべて（ニの(ロ)に該当する場合は(イ)から(ハ)までのすべて）に該当する者であること。 　(イ)　石油の備蓄の確保等に関する法律第27条第1項の規定により石油販売業の届出を義務付けられている者にあっては、当該届出を適正に行っていること。 　(ロ)　専ら元売業者以外の者に対し軽油を販売するものであること。 　(ハ)　専ら特約業者以外の者に対し軽油を販売するものであること。 　(ニ)　最近の3年における軽油の年間の販売量の平均が70キロリットル以上であること。	イ　指定要件に該当しなくなったこと。 ロ　次のいずれかに該当すること。 　(イ)　偽りその他不正の行為により指定を受けたこと。 　(ロ)　1年以上引き続き軽油の販売をしていないこと。 　(ハ)　特約業者又は特約業者の代理人、使用人その他の従業者（以下「代理人等」といいます。）が帳簿書類その他の物件の検査又は見本品の軽油の採取を拒み、妨げ、又は忌避したこと（代理人等については特約業者がその行為を防止するため相当の注意及び監督を尽くしたときを除きます。(ニ)及び(ホ)で同じです。）。 　(ニ)　特約業者又は代理人等が虚偽記載等をした帳簿書類を提示したこと。 　(ホ)　特約業者又は代理人等が徴税吏員等の質問に対し、答弁をしないこと又は虚偽の答弁をしたこと。 　(ヘ)　都道府県知事の承認を受けないで軽油の製造等を行い、又は偽りその他不正の手段によりその製造等の承認を受けたこと。 　(ト)　軽油の製造等に関する事実又は軽油の引取り、引渡し等についての帳簿の記載をせず、若しくは偽り、又はその帳簿を隠匿したこと。 　(チ)　供給者罰則に当たる違反行為（631頁参照）をしたこと。 　(リ)　事業の開廃等の届出をせず、又は偽ったこと。 　(ヌ)　軽油の引取り、引渡し、納入等についての報告をせず、又はこれを偽ったこと。 　(ル)　代理人等又は代理人等であった者が、その代理人等である間の事実により、罰金以上の刑に処せられ、又は通告処分を受け、その通告の旨を履行したこと。 　(ヲ)　徴収して納入すべき軽油引取税を納入しなかったこと。 　(ワ)　保全担保等を指定期限までに提供等をしなかったこと。

— 635 —

第3　軽油の引取りに対する課税

　引取課税は、軽油引取税の課税の主体をなすものであり、それは、特約業者又は元売業者からの軽油の引取りで当該引取りに係る軽油の現実の納入を伴うものに対し、その引取りを行う者に課されます（地法144の2①）。

1　軽油の引取りと軽油の現実の納入

　軽油の引取り及び軽油の現実の納入とは、それぞれ次のことをいいます。

軽油の引取り	軽油の現実の納入
一般に軽油の取引において、軽油を所有し、使用し、又は譲渡する目的をもって一の人格者から他の人格者に当該軽油の実力的支配権が移転することをいいます（取扱通知(県)9章6(1)）。	一般に、軽油の取引において軽油が一の人格者から他の人格者の直接的支配下に移転することをいいます（取扱通知(県)9章6(3)）。

　軽油の「引取り」及び「現実の納入」については、次の諸点に留意することとされています（同取扱通知9章6）。

	留　意　内　容
①	軽油引取税にいう「軽油の引取り」は、民法に規定する「引渡」に対応する観念であって単なる「庫出」ではないこと。したがって、軽油の引取り形態は、民法上の現実の引渡しのみならず、簡易の引渡し、占有改定又は指図による占有の移転が含まれるものであること。
②	軽油の引取りを行う場合においては、軽油を所有し、使用し、又は譲渡する目的をもって締結された私法上の売買、交換等の契約が存在することが前提とされているので、運送業者が他の者の委託を受けて運送のために行う軽油の引取り、倉庫業者が保管のために行う軽油の引取り等は、軽油引取税にいう軽油の引取りとはならないこと。
③	特約業者又は元売業者において、本店と支店又は支店相互の間において軽油の引取り（通常「社内転送」という。）が行われても、これらの場合は、特約業者又は元売業者の同一の人格者の内部における移動であるから、軽油引取税にいう軽油の引取りとはならないこと。

第4節　軽油引取税

④	軽油について販売契約等が成立した場合においても、必ずしも同時に当該軽油の引取りが行われるとは限らないものであること。したがって、軽油の引取りが行われたか否かについては、個々具体的な取引について事実に即して検討すべきものであり、通常は、特約業者又は元売業者の営業所の帳簿上の仕切等によって判断することが適当と考えられるものであること。

⑤	軽油の引取りの形態ごとの引取りの時期及び現実の納入は、次のとおりとなること。

引取りの形態	引 取 り の 時 期	現実の納入
現実の引渡し	現実の引渡しが行われたとき	引取の段階で現実の納入に該当する
簡易の引渡し	当事者間において、その旨の意思表示が行われたとき	引取の段階で現実の納入に該当する
占有改定	代理人が本人のために占有すべき旨の意思表示が行われたとき	引取りの段階では現実の納入に該当しない
指図による占有の移転	本人が代理人に第三者のために所持すべき旨を通知し第三者が承諾したとき	引取りの段階では現実の納入に該当しない

※　倉庫業者若しくは他の者に寄託している軽油又は運送中の軽油について倉庫証券又は貨物引換証が発行された場合において、これらの証券の裏書交付の方法によるときは、その段階では、現実の納入には該当しません。

2　みなし引取り

　特約業者又は元売業者からの軽油の引取りを行う者が当該引取りに係る軽油の現実の納入を受けない場合に当該軽油につき現実の納入を伴う引取りを行う者があるときは、その現実の納入を伴う引取りを行う者が当該納入の時に当該特約業者又は元売業者から当該納入に係る軽油の引取りを行ったものとみなして、軽油引取税が課税されます（地法144の2②）。

（例示）

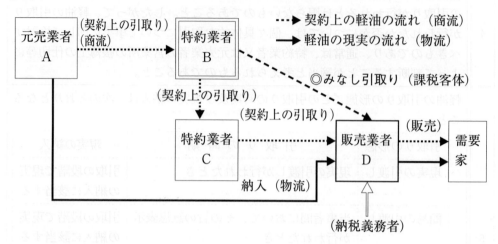

（補説）

　「特約業者B」からの軽油の引取りを行う「特約業者C」が当該引取りに係る軽油の現実の納入を受けない場合（「特約業者C」の軽油の引取りは、現実の納入を伴う軽油の引取りに該当しません。）に、当該軽油につき現実の納入を伴う引取りを行う者（すなわち「販売業者D」）があるときは、「販売業者D」が当該納入の時（すなわち「販売業者D」が納入を受けた時）に「特約業者B」から当該納入に係る軽油の引取りを行ったものとみなして、「販売業者D」に軽油引取税を課税することとなります。

3　課税の対象とならない軽油の引取り

　特約業者又は元売業者からの軽油の引取りであっても、次に掲げる軽油の引取りは、課税の対象から除外されます（地法144の2①）。

課税の対象とならない軽油の引取り
① 特約業者が元売業者から軽油の引取りを行う場合における当該軽油の引取り
② 元売業者が他の元売業者から軽油の引取りを行う場合（通称「ジョイント」といいます。）における当該軽油の引取り

（注）　元売業者の特約業者からの引取り及び特約業者の他の特約業者からの引取りは、課税対象の引取りとなります。

4 軽油の流通過程における軽油引取税の課税関係

(1) 軽油の流通経路

軽油の製造業者が製造し、又は軽油の輸入業者が輸入した軽油は、次のような流通経路を経て、最後には需要家に至ります。

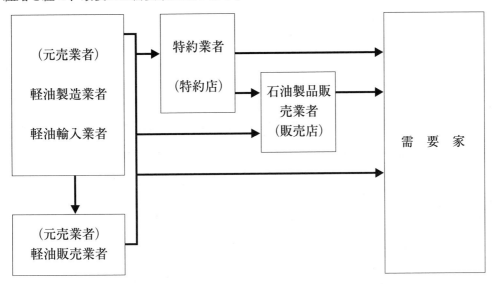

(2) 軽油の流通過程における軽油引取税の課税

軽油の流通過程における軽油引取税の課税関係を図示すると、次のとおりとなります。

イ 商取引上の軽油の流れ（商流）と現実の軽油の流れ（物流）が一致している場合

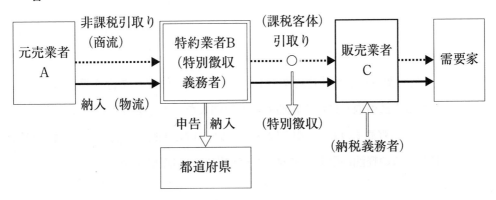

（補説）

　(イ) 「特約業者B」の「元売業者A」からの軽油の引取りは非課税引取りとなります。

(ロ) 「販売業者Ｃ」の「特約業者Ｂ」からの軽油の引取りは、軽油の現実の納入を伴うものであるので、「販売業者Ｃ」の「特約業者Ｂ」からの軽油の引取りに対して軽油引取税が課税されます。この場合、特別徴収義務者である「特約業者Ｂ」は、「販売業者Ｃ」から軽油引取税を特別徴収し、これを都道府県に申告納入することになります。

(ハ) 「販売業者Ｃ」は、軽油引取税込みの価格で軽油を需要家（消費者）に売却します。

ロ　特約業者が元売業者に出荷指図することにより軽油を販売する場合

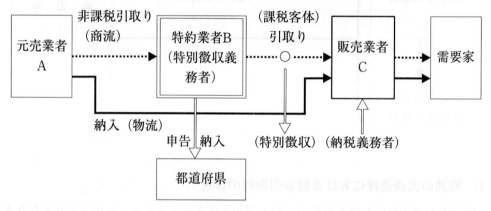

（補説）

(イ)　この例は、「特約業者Ｂ」は、「販売業者Ｃ」からの注文があった場合において、「元売業者Ａ」に対し「販売業者Ｃ」へ軽油を納入するよう出荷指図し、「元売業者Ａ」は持届け（元売業者の責任において当該販売業者に対し軽油を納入することをいいます。）により物流上直接「販売業者Ｃ」に対し軽油を納入している場合です。

(ロ)　「販売業者Ｃ」が「特約業者Ｂ」から軽油の引取りを行う際、「販売業者Ｃ」は当該引取りに係る軽油の現実の納入を「元売業者Ａ」から受けている（すなわち軽油そのものを引き取っている）ので、「販売業者Ｃ」の「特約業者Ｂ」からの軽油の引取りに対して軽油引取税が課税されます。

第4節　軽油引取税

ハ　特約業者から軽油の引取りを行う者が当該引取りに係る軽油の現実の納入を受けない場合

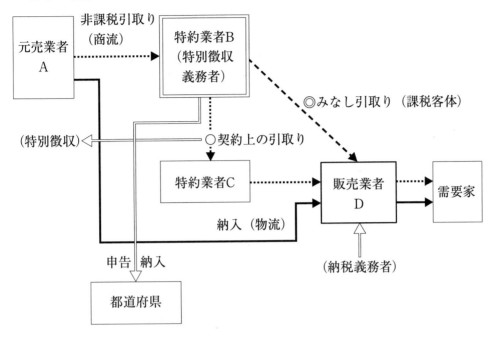

(補説)

(イ)　この例は、「特約業者C」は「特約業者B」から軽油の引取りを行うが、当該引取りに係る軽油の現実の納入は、「特約業者C」が受けている場合ではなく、「特約業者C」から引取りを行う「販売業者D」が受けている場合です。

(ロ)　この場合には、「特約業者C」は、その引取り係る軽油を現実に納入することなく「販売業者D」に引き渡しているので、「販売業者D」が当該軽油につき現実の納入を受けた時に「特約業者B」から当該納入に係る軽油の引取りを行ったものとみなされて、「販売業者D」に軽油引取税が課税されます。

(ハ)　この例における特別徴収義務者は「特約業者C」ではなく「特約業者B」であり、「特約業者B」は、「特約業者C」から軽油の売却代金とともに軽油引取税額を特別徴収し、これを都道府県に申告納入することとなります。

ニ 特約業者から軽油の引取りを行う販売業者が当該引取りに係る軽油の現実の納入を受けることなく他の販売業者に引き渡す場合

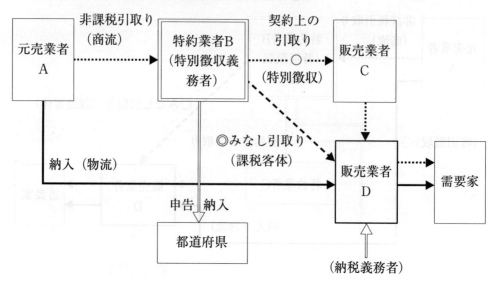

(補説)

(イ) この例の場合は、「販売業者C」は、その取引に係る軽油を現実に納入することなく「販売業者D」に引き渡しているので、「販売業者C」の「特約業者B」からの軽油の引取りは、当該軽油につき現実の納入が伴っていません。したがって、この場合には、「販売業者D」が当該軽油につき現実の納入を受けた時に「特約業者B」から当該納入に係る軽油の引取りを行ったものとみなされて、「販売業者D」に軽油引取税が課税されます。

(ロ) 特別徴収義務者である「特約業者B」は、「販売業者C」から軽油の売却代金とともに軽油引取税額を特別徴収し、これを都道府県に申告納入することとなります。

ホ　元売業者が他の元売業者から軽油の供給を受けた場合（ジョイントの場合）

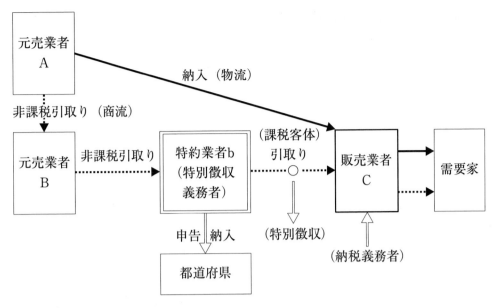

（補説）

(イ)　この例は、「元売業者B」は「元売業者A」から軽油を購入し、これを自己の軽油として系列下の「特約業者b」に販売する場合です。

(ロ)　「販売業者C」は、軽油の引取りを「特約業者b」から行うとともに、当該引取に係る軽油の現実の納入を「元売業者A」から受けている（すなわち軽油そのものを引き取っている）ので、「販売業者C」の「特約業者b」からの軽油の引取りに対して軽油引取税が課税されます。

第6章　その他の都道府県税

ヘ　元売業者が他の系列の特約業者からの引取りに係る軽油を自己の軽油として系列下の特約業者等に販売する場合

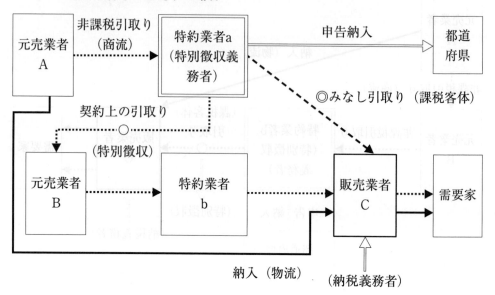

（補説）

(イ)　この例は、「元売業者Ｂ」の系列である「特約業者ｂ」は「販売業者Ｃ」に対する引渡しに係る軽油を「元売業者Ｂ」に出荷依頼した場合において、「元売業者Ｂ」がこれを他の系列の「特約業者ａ」からの引取りに係る軽油を充てることとし、そして、その「特約業者ａ」はこれを自己と特約契約を締結している「元売業者Ａ」に納入を依頼し、「元売業者Ａ」が直接これを「販売業者Ｃ」に対して納入している場合です。

(ロ)　軽油の引取り（商流）は、「元売業者Ａ」→「特約業者ａ」→「元売業者Ｂ」→「特約業者ｂ」→「販売業者Ｃ」と行われていますが、「特約業者ａ」、「元売業者Ｂ」及び「特約業者ｂ」はいずれも当該引取りに係る軽油の現実の納入（物流）を受けておらず、最終的に「販売業者Ｃ」の「特約業者ｂ」からの引取りの段階で軽油の現実の納入が行われています。したがって、この例の場合には、「販売業者Ｃ」が当該軽油につき現実の納入を受けた時に「特約業者ａ」から当該納入に係る軽油の引取りを行ったものとみなされて、「販売業者Ｃ」に軽油引取税が課税されます。

(ハ)　この例による特別徴収義務者は「特約業者ａ」であり、「特約業者ａ」は「元売業者Ｂ」から軽油の売却代金とともに軽油引取税額を特別徴収して、都道府県に申告納入することとなります。

第4節　軽油引取税

ト　元売業者が直接需要家に軽油を販売した場合

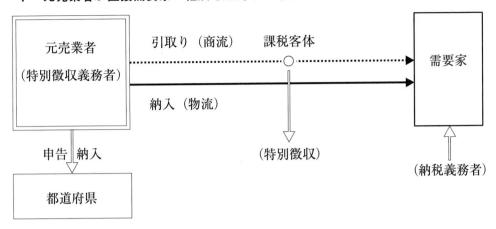

（補説）

　元売業者が軽油を大口需要家に直売している場合や元売業者が直接ガソリンスタンドで軽油を需要家に直売している場合等においては、需要家の元売業者からの軽油の引取りに対し軽油引取税が課税されることになります。この場合、特別徴収義務者である元売業者は、軽油の販売の際、軽油引取税を特別徴収し、これを都道府県に申告納入することとなります。

5　引取課税における課税団体

　軽油引取税の課税団体は、次のように、納入地所在の都道府県とされています（地法144の2①）。

課税団体	軽油の引取りで当該引取りに係る軽油の現実の納入を伴うものに係る当該軽油の納入地所在の都道府県
納入地とは	特約業者又は元売業者からの引取りに係る軽油の現実の納入があったときの当該納入に係る場所、すなわち、当該軽油が引取者の直接的支配下に移転した際の当該場所をいいます。 　なお、石油製品の販売業者が当該引取りを行った場合の当該軽油の納入地については、当該納入に係る軽油を現実に納入した当該石油製品の販売業者の事業所となります。

　なお、軽油の納入地を図示すると、次のとおりとなります。

イ　持届制による場合

(イ)　販売業者の場合

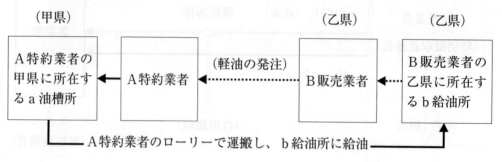

（補説）

　その納入時期は、B販売業者のb給油所に軽油が納入された時であり、納入地は、地方税法第144条の2第1項カッコ書の規定により、当該納入に係る軽油を現実に納入したB販売業者の乙県のb給油所となります。したがって、乙県がその課税権を有することとなります。

(ロ)　需要家の場合

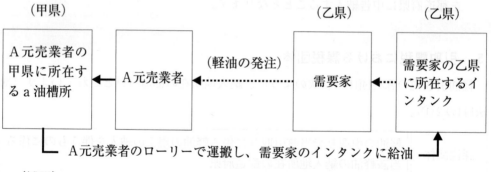

（補説）

　その納入時期は、需要家のインタンクに軽油が納入された時であり、納入地は、地方税法第144条の2第1項本文の規定により、当該軽油が需要家の直接的支配下に移転した際の場所（すなわち乙県のインタンク）となります。したがって、乙県がその課税権を有することとなります。

第4節　軽油引取税

ロ　庫渡制による場合

(イ)　石油製品の販売業者が庫取りを行った場合

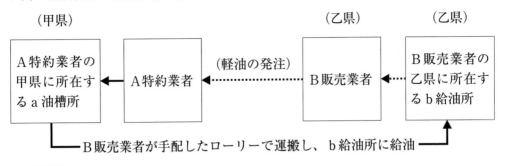

(補説)

　その納入時期は、B販売業者が手配したローリーに軽油が納入された時であり、納入地は、地法税法第144条の2第1項カッコ書の規定により、当該納入に係る軽油を現実に納入したB販売業者のb給油所となります。したがって、乙県がその課税権を有することとなります。

(ロ)　需要家が庫取りを行った場合

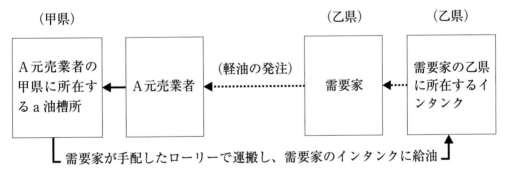

(補説)

　その納入時期は、需要家が手配したローリーに軽油が納入された時であり、納入地は、地方税法第144条の2第1項本文の規定により、当該軽油が需要家の直接的支配下に移転した際の場所（すなわち甲県のa油槽所）となります。したがって、甲県がその課税権を有することとなります。

ハ　特約業者又は元売業者が直営の給油所で直売する場合

（補説）

　　その納入時期は、トラック等に軽油が給油された時であり、納入地は、当該特約業者又は元売業者の甲県の所在する直営給油所となります。したがって、甲県がその課税権を有することとなります。

6　引取課税に係る課税標準

　引取課税に係る課税標準は、次のとおり、引取数量から法定欠減量を控除して得た数量とされています（地法144の2①、144の14②③、地令43の13）。

| 軽油の引取りで当該引取りに係る軽油の現実の納入を伴うものの軽油の数量 | － | 法定欠減量 | ＝ | 課税標準量 |

(イ)　特約業者からの引取りに係る軽油については、当該軽油の数量に1％を乗じて得た数量
(ロ)　元売業者からの引取りに係る軽油については、当該軽油の数量に0.3％を乗じて得た数量

7　税　率

　軽油引取税の税率は、一定税率とされており、それは、1キロリットルにつき15,000円とされています（地法144の10）。ただし、当分の間、1キロリットルにつき32,100円とされています（地法附則12の2の8）。

　なお、軽油引取税の税率を1キロリットルにつき32,100円とする特例措置の適用停止措置（揮発油価格高騰時におけるこの特例税率を停止する措置（地法附則12の2の9））を別に法律で定める日までその適用を停止することとされています（地法附則53）。

第4節　軽油引取税

8　引取課税に係る軽油引取税の徴収の方法

引取課税に係る軽油引取税は、特別徴収の方法により徴収されます（地法144の13）。

(1)　特別徴収義務者の指定

引取課税に係る軽油引取税は、元売業者又は特約業者その他徴収の便宜を有する者を当該都道府県の条例によって特別徴収義務者に指定し、これに徴収させることとされています（地法144の14①）。

この場合における特別徴収義務者の指定は、次によります。

指定の形態	指定の方法
総務大臣の指定した元売業者及び都道府県知事の指定した特約業者を指定する場合	これらの者は、総務大臣から元売業者として、都道府県知事から特約業者として、それぞれ指定されることにより、何らの手続きも要せず都道府県の条例により当然に特別徴収義務者として指定されることとなります（包括指定）。
上記以外のもので徴収の便宜を有する者を指定する場合	都道府県知事が個別に特別徴収義務者として指定します（個別指定）。

(2)　特別徴収義務者の登録及び証票の交付

特別徴収義務者として指定された者は、その事務所又は事業所所在地の都道府県知事及び当該特別徴収義務者からの引取りに係る軽油の納入地の都道府県知事に、軽油引取税の特別徴収義務者としての登録を申請しなければならないとされています（地法144の15①）。また、この登録の申請が受理された場合には、その者が当該都道府県に係る登録特別徴収義務者として登録されるとともに、当該都道府県内に事務所又は事業所を有する者に対しては、当該都道府県知事から、その者の当該都道府県内に所在する事務所又は事業所ごとに、その者が軽油取引税を徴収すべき義務を課せられた者（特別徴収義務者）であることを証する証票（特別徴収義務者証）が交付されます（地法144の16①②）。

これを図示すると、次頁のようになります。

— 649 —

（A県に主たる事務所を有する特約業者の場合）
本社：A県　　　事務所：B県　　　納入地：C県　　　D県

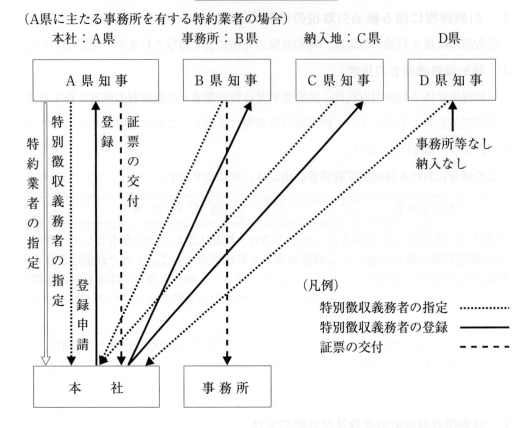

(3) 特別徴収義務者の申告納入義務

特別徴収義務者の申告納入は、次によることとされています（地法144の14②）。

納入申告書	納入申告書の提出先	申告納入期限
総務省令第16号の10様式による納入申告書（前月中において徴収すべき軽油引取税に係る課税標準量及び税額並びに免税軽油の数量その他必要な事項を記載することとされています。）	当該特別徴収義務者からの引取りに係る軽油の納入地所在の都道府県ごとにその都道府県に提出します。	当該納入申告書を翌月の末日までに提出し、その納入金をその都道府県に納入しなければなりません。

（注）　当該登録特別徴収義務者は、当該登録に係る都道府県に納入すべき軽油引取税がない場合においても、納入申告書を提出しなければならないとされています（地法144の14⑤）。

第4節　軽油引取税

留意点

申告納入に当たっては、次のことについて留意する必要があります。

留意事項	留意内容
保全担保	都道府県知事は、軽油引取税の徴収金の保全のために必要があるときは、その税金の担保として、特別徴収義務者に、金額（1年間の軽油引取税相当額を限度）及び期間（1年を限度）を指定して、債権、不動産等の担保又は金銭の提供を命ずることができます（地法144の20、地令43の14）。
徴収猶予	都道府県知事は、軽油引取税の特別徴収義務者が軽油の代金及び軽油引取税の全部又は一部を納期限までに受け取ることができなくなったことにより、その納入すべき軽油引取税の全部又は一部を納入することができないと認める場合には、その特別徴収義務者の申請により、その納入することができないと認められる金額を限度として2月以内の期間を限って、その徴収を猶予するものとされています（地法144の29）。この場合において、都道府県知事は、一定の場合を除き（※）、その徴収猶予に係る金額に相当する担保を徴するものとされており、また、徴収猶予の期間中の延滞金を免除するものとされています。 ※　特別徴収義務者がその徴収猶予の申請をした日前3年以内において軽油引取税に係る地方団体の徴収金について滞納処分を受けたことがなく、かつ、最近における軽油引取税に係る地方団体の徴収金の納入状況からみてその徴収猶予された期間の末日までにその徴収猶予に係る軽油引取税を納入することが確実と認められる場合は、担保を提供する必要がないとされています（地令43の16）。
徴収不能額等の還付等	都道府県知事は、特別徴収義務者が次に掲げる場合に該当するときは、その申請により、軽油引取税が既に納入されている場合はこれを還付し、徴収猶予をしている場合、その他軽油引取税額が未納となっている場合はその納入の義務を免除するものとされています（地法144の30）。 イ　軽油の代金及び軽油引取税の全部又は一部を受け取ることができなくなったことについて正当な理由（例えば、破産、強制執行若しくは整理の手続に入り、又は解散若しくは事業閉鎖を行うに至った場合等がこれに該当します。）があると認める場合 ロ　徴収した軽油引取税額を失ったことについて、天災その他避けることができない理由があると認める場合

— 651 —

第6章　その他の都道府県税

第4　軽油引取税のみなす課税

次の左欄に掲げる場合には、軽油の引取りがあったものとみなして、右欄により軽油引取税が課されることとされており（地法144の3①）、その課された軽油引取税は申告納付の方法により納付することとされています（地法144の18）。

軽油引取税におけるみなす課税		
①	イ　特約業者が軽油を自ら消費する場合 ロ　元売業者が軽油を自ら消費する場合	当該自らの消費をもって課税客体である「軽油の引取り」があったものとみなし、当該特約業者又は元売業者をもって「引取りを行う者」とみなして、当該消費量を課税標準として、その消費について直接関係を有する事務所等所在の都道府県において、当該特約業者又は元売業者に軽油引取税が課されます。なお、これらの者は、翌月の末日まで当該都道府県知事に申告書を提出し、その税額を納付しなければなりません。 ※　特約業者又は元売業者が軽油を使用して軽油以外の炭化水素油を製造する場合における当該軽油の使用は、ここでいう軽油の消費に含まれません（地法144の3②）。 　なお、上記の軽油を使用して軽油以外の炭化水素油を製造する場合とは、通常「ブレンド」と呼ばれているもので軽油と重油とを混合してより良質の重油を製造する場合をいいますので、単なる混合によるもので分離されるような場合は、このブレンドに含まれず、その消費した軽油については、みなす課税が適用されます。また、軽油以外の炭化水素油を製造するための軽油の消費であっても、それが、自動車の内燃機関の用に供することができると認められる炭化水素油で一定のもの（一般に一定の灯油が該当します。）を製造するための軽油の消費であるときは、当該消費した軽油については、みなす課税が適用されます（地法144の3②カッコ書、取扱通知(県)9章10（2））。
②	イ　免税証により免税軽油を引き取った者が、自らその軽油を使用せず、他の者に譲渡する場合	その譲渡又は消費をもって課税客体である「軽油の引取り」があったものとみなし、当該譲渡者又は消費者をもって「引取りを行う者」とみなして、その譲渡又は消費に係る数量を課税標準として、その免税証を交付した都道府県において、当該譲渡者又は消費者に軽油

－ 652 －

第4節　軽油引取税

	ロ　免税用途以外の用途にその軽油を消費する場合	引取税が課されます。なお、これらの者は、譲渡又は消費をした日から30日以内に当該都道府県知事に申告書を提出し、その税額を納付しなければなりません。
③	特約業者及び元売業者以外の者が軽油の製造（混和、廃油の再生又は原油の精製によるものも含まれます。）をして、当該製造に係る軽油を自ら消費し、又は他の者に譲渡する場合	その消費又は譲渡をもって課税客体である「軽油の引取り」があったものとみなし、当該消費者又は譲渡者をもって「引取りを行う者」とみなして、その消費又は譲渡に係る数量を課税標準として、その消費又は譲渡をする者の当該消費又は譲渡について直接関係を有する事務所等所在の都道府県において、当該消費者又は譲渡者に軽油引取税が課されます。なお、これらの者は、翌月の末日までに当該都道府県知事に申告書を提出し、その税額を納付しなければなりません。
④	特約業者及び元売業者以外の者が軽油の輸入をする場合	その輸入をもって課税客体である「軽油の引取り」があったものとみなし、その輸入者をもって「引取りを行う者」とみなして、その輸入に係る数量を課税標準として、その輸入者の当該輸入について直接関係を有する事務所等所在の都道府県において、その輸入者に軽油引取税が課されます。なお、その輸入者は、当該軽油の輸入の時までに当該都道府県知事に申告書を提出し、その税額を納付しなければなりません。

留意点

みなす課税については、次のことについて留意する必要があります（取扱通知(県)9章10(1)、(3)）。

留意事項	留意内容
消費、譲渡又は輸入の意義	イ　消費には、通常の消費のみならず、原料としての消費も含まれます。 ロ　譲渡とは、有償たると無償たるとを問わず、当事者間の契約によって所有権を他人に移転することをいいます。 ハ　輸入とは、関税法第2条に規定する輸入と同義です（同法第67条の輸入の許可を受ける場合には、当該許可を受けることをいいます。）
免税軽油を譲渡する場合	免税軽油を譲渡しようとする者は、あらかじめ、当該軽油に係る免税証を交付した都道府県知事に届け出て、その承認を受けなければならないものであり、何人も都道府県知事の承認のなかった軽油を譲り受けてはならないものとされています。なお、承認なくして免税軽油の譲渡を行った者及びその者から軽油を譲り受けた者については罰則の適用があります。

第6章　その他の都道府県税

第5　引取り以外に対する課税

　軽油引取税は、特約業者又は元売業者からの軽油の引取りで当該引取りに係る軽油の現実の納入を伴うものに対して課されるほか、本税の負担を回避しようとするものを防止し、併せて負担の公平を確保する趣旨から、燃料炭化水素油、混和軽油等の販売又は消費に対しても課されることとされています。

1　特別徴収義務者が燃料炭化水素油を販売した場合

　特別徴収義務者である特約業者又は元売業者が燃料炭化水素油を販売した場合には、次により、軽油引取税が課されます（これを「特別徴収義務者課税」と呼称しています。）（地法144の2③、144の18①一）。

特別徴収義務者課税	
課税要件	特約業者又は元売業者が燃料炭化水素油を自動車の内燃機関の燃料として販売した場合
課税方法	当月中における当該販売量を課税標準として、当該特約業者又は元売業者の事業所所在の都道府県において、これらの者に対して軽油引取税が課されます。なお、これらの者は、翌月の末日までに当該都道府県知事に申告書を提出し、その税額を納付しなければなりません。

留意点

　特別徴収義務者課税については、次のことに留意する必要があります。

留意事項	留意内容
燃料炭化水素油	炭化水素油（炭化水素とその他の物との混合物又は単一の炭化水素で、1気圧、温度15度で液状であるものを含みます。）で、軽油又は揮発油以外のもの（揮発油税法に規定する揮発油のうち灯油に該当するものを含みます。）をいいます（次頁の図を参照）。 ※　「炭化水素とその他の物との混合物」とは、炭化水素に炭化水素化合物以外の物、例えば、メタノール等を混和して生じたものをいいます。そして、その混合物は、「炭化水素を主成分とする混合物に限らず、広く炭化水素とその他の物質とを混合した物質をいうものと解する」（最高裁平成18年6月19日判決）とされてます。 　また、「単一の炭化水素」とは、炭素と水素のみからなる一種類の炭化水素化合物をいいます。

第4節　軽油引取税

燃料炭化水素油の譲渡に対する都道府県知事の承認等	元売業者及び特約業者は、燃料炭化水素油を自動車の内燃機関の燃料として譲渡するときは、当該譲渡を行う場所の所在地の都道府県知事の承認を受けなければならないとされています（地法144の32①）。 　なお、その承認を受けた者は、当該承認に係る燃料炭化水素油を自動車の保有者に譲渡するときは、自動車用炭化水素油譲渡証及びその写しを作成して、当該譲渡証を当該自動車の保有者に交付することとされています（地法144の32⑥）。
二重課税の調整	当該承認を受けた当該販売に係る燃料炭化水素油に既に軽油引取税又は揮発油税が課され、又は課されるべき軽油又は揮発油が含まれているときは、当該含まれている軽油又は揮発油に相当する部分の炭化水素油の数量を課税標準となる販売量から控除することとされています（地法144の2③）。 　なお、当該承認を受けていない燃料炭化水素油については、この二重課税の調整は行わないこととされています。

燃料炭化水素油等の定義

単一の炭化水素で1気圧、温度15度で液状であるもの ・炭素と水素のみからなる単一の炭化水素化合物 ベンゾール等	炭素と水素のみからなる各種の炭化水素化合物を主成分とする混合物で、1気圧、温度15度で液状であるもの			炭化水素とその他の物との混合物（炭化水素化合物が主成分でないもの）で1気圧において温度15度で液状であるもの （例）単一の炭化水素又は炭化水素油に炭化水素化合物以外の物（例えばメタノール等）を混和して生じたもの
	揮　発　油 比重が0.8017を超えない炭火水素油	**軽　　油** 比重が0.8017を超え0.8762以下の炭化水素油で一定のもの	**重　油**	
		灯　油		
	比重(0.8017)	**みなし揮発油** 比重 (0.8762)		
	この他に潤滑油等がある			
単一の炭化水素油で、1気圧、温度15度で気体又は固体のもの エチレン等	炭素と水素のみからなる各種の炭化水素化合物を主成分とする混合物で、1気圧、温度15度で気体又は固体のもの LPG パラフィン等			炭化水素とその他の物との混合物（炭化水素化合物が主成分でないもの）で、1気圧、温度15度で気体又固体のもの

　　　　　の部分が燃料炭化水素油に該当します。

— 655 —

2 石油製品販売業者が混和軽油又は燃料炭化水素油を販売した場合

　石油製品販売業者が混和軽油又は燃料炭化水素油を販売した場合には、次により、軽油引取税が課されます（これを「販売業者課税」と呼称しています。）（地法144の2④、144の18①二）。

販売業者課税	
課税要件	イ　石油製品販売業者（特約業者又は元売業者以外の石油製品の販売業者をいいます。以下同じです。）が軽油に軽油以外の炭化水素油を混和し又は軽油以外の炭化水素油と軽油以外の炭化水素油を混和して製造された軽油（混和軽油）を販売した場合 ロ　石油製品販売業者が燃料炭化水素油を自動車の内燃機関の燃料として販売した場合
課税方法	当月中における当該販売量を課税標準として、当該石油製品販売業者の事業所所在の都道府県において、当該石油製品販売業者に対して軽油引取税が課されます。なお、当該石油製品販売業者は、翌月の末日までに当該都道府県知事に申告書を提出し、その税額を納付しなければなりません。

　販売業者課税については、次のことに留意する必要があります。

留意事項	留意内容
混和軽油とは	例えば、軽油に灯油を混和して軽油となった炭化水素油、重油と灯油を混和して軽油となった炭化水素油等をいいます。
混和軽油を販売した場合	これには、石油製品販売業者自身が混和軽油を製造し販売した場合はもとより、石油製品販売業者が他から混和軽油を購入して販売した場合も含まれます。
製造等に対する都道府県知事の承認	石油製品販売業者は、軽油と軽油以外の炭化水素油を混和して炭化水素油を製造するとき、軽油を製造するとき又は燃料炭化水素油を自動車の内燃機関の燃料として譲渡するときは、当該製造又は譲渡を行う場所の所在地の都道府県知事の承認を受けなければならないとされています（地法144の32①）。
二重課税の調整	当該承認を受けた当該販売に係る軽油又は燃料炭化水素油に既に軽油引取税又は揮発油税が課され、又は課されるべき軽油又は揮発油が含まれているときは、これを課税標準となる販売量から控除することとされています。

第4節　軽油引取税

3　自動車の保有者が炭化水素油を自動車の燃料として消費した場合

　軽油引取税においては、課税の公平を図る見地から、すべての自動車用燃料（例え
ば、自動車の保有者が所持する手持の灯油等）の消費を最終的に課税対象として捕捉す
ることとし、これらの消費に対して、次により、軽油引取税が課されます（これを
「保有者課税」と呼称しています。）（地法144の2⑤、144の18①三）。

保 有 者 課 税	
課税要件	自動車の保有者が炭化水素油を自動車の内燃機関の燃料として消費した場合
課税方法	当月中における当該炭化水素油の消費量を課税標準として、当該自動車の主たる定置場所在の都道府県において、当該自動車の保有者に対して軽油引取税が課されます。なお、当該保有者は、翌月の末日までに当該都道府県に申告書を提出し、その税額を納付しなければなりません。 ※　当該消費に係る炭化水素油（燃料炭化水素油にあっては、当該消費につき都道府県知事の承認を受け、又は自動車用炭化水素油譲渡証の交付を受けたものをいいます。）に既に軽油引取税又は揮発油税が課され、又は課されるべき軽油若しくは燃料炭化水素油又は揮発油が含まれているときは、これを課税標準となる消費量から控除します。

4　特別徴収義務の消滅した特別徴収義務者が軽油を所有している場合

　特別徴収義務の消滅した特別徴収義務者が未課税軽油を所有している場合には、次
により、軽油引取税が課されます（これを「所有者課税」と呼称しています。）（地法144
の2⑥、144の18①四、地令43の2）。

所 有 者 課 税	
課税要件	軽油引取税の特別徴収義務者がその特別徴収の義務が消滅した時に軽油を所有している場合
課税方法	当該所有している未課税軽油（引渡しの後現実の納入が行われていない軽油を含みます。）の数量を課税標準として、当該軽油を直接管理する事業所等の所在する都道府県において、その所有者に対して軽油引取税が課されます。なお、当該特別徴収義務者は、その特別徴収の義務が消滅した日の属する月の翌月の末日までに当該都道府県知事に申告書を提出し、その税額を納付しなければなりません。

第6章　その他の都道府県税

第6　課税免除

1　輸出及び二重課税の回避のための課税免除

次に掲げる軽油の引取りに対しては、都道府県知事の承認があった場合に限り、軽油引取税が非課税とされています（地法144の5）。

課税免除となる引取り	
①	軽油の引取りで本邦からの輸出として行われたもの
②	既に軽油引取税を課された軽油に係る引取り

2　用途による課税免除

次の左欄に掲げる者（免税軽油使用者（事業の主体））がそれぞれ右欄の用途に供するために引取りした軽油については、免税証の交付があった場合又は都道府県知事の承認があった場合に限り、課税が免除されます（地法144の6、地法附則12の2の7、地令43の6、地令附則10の2の2、地規附則4の7）。

なお、これらの課税免除は、①に掲げる課税免除を除き、令和6年3月31日までに行われる軽油の引取りに対して適用されます（地法附則12の2の7）。

	免税軽油使用者	免税用途
①	石油化学製品を製造する事業を営む者	イ　エチレン、プロピレン、ブチレン、ノルマルパラフィン、硝安油剤爆薬、潤滑油、グリース又は印刷インキ用溶剤の原料（ノルマルパラフィンにあっては、ノルマルパラフィンとなる部分に限ります。）の用途 ロ　ポリプロピレンの製造工程における物性改良のためのアモルファスポリマーの粘性低下の用途
②	船舶の使用者	船舶の動力源の用途
③	自衛隊	通信の用に供する機械、自動車（道路運送車両法の登録を受けている自動車等を除きます。）その他これらに類する一定のものの電源又は動力源の用途
④	鉄道事業又は軌道事業を営む者	鉄道用車両、軌道車両又はこれらの車両に類する一定のものの動力源の用途

第4節　軽油引取税

	免税軽油使用者	免 税 用 途
⑤	日本貨物鉄道株式会社	駅（専用側線のために設けられたものを除きます。）の構内その他これに類するコンテナ貨物の取扱いを行う場所において専らコンテナ貨物の積卸しの用に供するフォークリフトその他これに類する機械（※）の動力源の用途
⑥	農業又は林業を営む者、委託を受けて農作業を行う者（右欄注1）、農地の造成等を主たる業務とする者及び素材生産業を営む者（右欄注2）	農業又は林業の用に供する機械及び左欄の業務の用に供する機械で次に掲げるものの動力源の用途 イ　動力耕うん機その他の耕うん整地用機械、栽培管理用機械、収穫調整用機械、植物繊維用機械及び畜産用機械 ロ　製材機、集材機、積込機及び可搬式チップ製造機 （注）1　基幹的な作業（専ら機械を使用して行われるものをいいます。）の全ての委託を受けて農作業を行う者をいいます。 　　　2　前年度の素材の生産量が1,000m³以上である者とされています。
⑦	セメント製品製造業（⑧の製造業を除きます。）を営む者	その者の事業場内において専らセメント製品又はその原材料の積卸しのために使用するフォークリフトその他これに類する機械（※）の動力源の用途
⑧	生コンクリート製造業を営む者	その者（製造した生コンクリートを事業場外で自ら運搬するものを除きます。）の事業場内で専ら骨材の積卸しのために使用するフォークリフトその他これに類する機械（※）の動力源の用途
⑨	鉱物（岩石及び砂利を含みます。）の掘採事業を営む者	削岩機及び動力付試すい機並びに鉱物の掘採事業を営む者の事業場内において専ら鉱物の掘採・積込み・運搬のために使用する機械（※）の動力源の用途
⑩	とび・土工工事業（右欄注）を営む者	とび・土工・コンクリート工事の工事現場において専らくい打ち、くい抜き、掘削又は運搬のために使用する建設機械でカタピラを有するもの（※）の動力源の用途 （注）建設業法によるとび・土工工事業の許可を受けて専らとび・土工・コンクリート工事を行う者が営むとび・土工工事業とされています。
⑪	鉱さいバラス製造業を営む者（右欄注）	その者の事業場内において専ら鉱さいの破砕又は鉱さいバラスの集積・積込みに使用する機械（※）の動力源の用途 （注）中小事業者等に限ります。
⑫	港湾運送業を営む者	港湾において専ら港湾運送のために使用されるブルドーザーその他これに類する機械（※）の動力源の用途

第6章　その他の都道府県税

免税軽油使用者	免　税　用　途
⑬ 倉庫業を営む者	その者の倉庫において専ら倉庫業のために使用するフォークリフトその他これに類する機械（※）の動力源の用途
⑭ 鉄道（軌道を含みます。）に係る貨物利用運送事業又は鉄道貨物積卸業を営む者	駅（専用側線のために設けられたものを除きます。）の構内において専ら鉄道運送事業者の行う貨物の運送に係るもの又は鉄道（軌道を含みます。）の車両への積込み若しくは取卸しの事業のために使用するフォークリフトその他これに類する機械（※）の動力源の用途
⑮ 航空運送サービス業を営む者	総務省令で定める空港で専ら航空機への旅客の乗降、航空貨物の積卸し若しくは運搬又は航空機の整備のために使用するパッセンジャーステップ、ベルトローダー、高所作業車等（※）の動力源の用途
⑯ 廃棄物処理事業を営む者（右欄注）	廃棄物の埋立地内において専ら廃棄物の処分のために使用する機械（※）の動力源の用途 　（注）　産業廃棄物処分業者及び特別管理産業廃棄物処分業者にあっては、中小事業者等に限ります。
⑰ 木材加工業（右欄注）を営む者	その者の事業場内において専ら木材の積卸しのために使用する機械（※）の動力源の用途 　（注）　一般製材業、単板製造業、床板製造業、木材チップ製造業、造作材製造業、合板製造業、建築用木製組立材料製造業、パーティクルボード製造業、木材防腐処理業とされています。
⑱ 木材市場業（右欄注）を営む者	その者の事業場内において専ら木材の積卸しのために使用する機械（※）の動力源の用途 　（注）　木材取引のために開設される市場で、売場を設けて定期に又は継続して開場され、かつ、その売買が原則としてせり売り又は入札により行われるものを開設し、又は経営する事業とされています。
⑲ 堆肥製造業を営む者	その者の事業場内において、専ら堆肥の製造工程で使用する機械（※）又は堆肥等の積卸し若しくは運搬のために使用する機械（※）の動力源の用途
⑳ 索道事業を営む者	専らその者のスキー場の整備のために使用する積雪を圧縮するための機械（※）又は雪を製造するための機械（※）の動力源の用途

（注）1　上記の表中「※」印の付いている機械等からは、道路運送車両法第4条の規定による登録を受けているものは除かれます。

　　　2　船舶の動力源に供する免税軽油の引取りを行った自衛隊の船舶の使用者が、令和6年3月31日までに次に掲げる規定により当該引取りに係る軽油を譲渡する場

— 660 —

合には、当該軽油の譲渡については、軽油引取税を課さないとされています（地法附則12の２の７⑤⑦）。

一　重要影響事態に際して我が国の平和及び安全を確保するための措置に関する法律第６条第１項（同法第７条第８項及び重要影響事態等に際して実施する船舶検査活動に関する法律第５条第７項において準用する場合を含みます）。

二　武力攻撃事態等及び存立危機事態におけるアメリカ合衆国等の軍隊の行動に伴い我が国が実施する措置に関する法律第10条第１項

三　国際平和共同対処事態に際して我が国が実施する諸外国の軍隊等に対する協力支援活動等に関する法律第７条第１項（同法第８条第８項及び重要影響事態等に際して実施する船舶検査活動に関する法律第５条第７項において準用する場合を含みます）。

3　船舶の動力源に供する免税軽油の引取りを行った自衛隊の船舶の使用者が、物品又は役務の相互提供に関する条約その他の国際約束で一定のものに基づき、令和６年３月31日までに当該引取りに係る軽油を当該締約国の軍隊の船舶の動力源に供するため譲渡する場合には、上記２の適用があるときを除き、当該軽油の譲渡については、軽油引取税を課さないとされています（地法附則12の２の７⑥⑦）。

3　用途による課税免除の手続

　用途による課税免除は、免税証の交付を行った都道府県に係る登録特別徴収義務者（以下「免税取扱特別徴収義務者」といいます。）が、その都道府県知事が交付した免税証及びその数量を証するに足る書面を納入申告書に添付して、当該都道府県知事の承認を受けた場合に適用することとされています（地法144の14④、地法附則12の２の７）が、この場合における課税免除の手続は次によるとされています。

(1)　免税軽油使用者が直接免税取扱特別徴収義務者から免税軽油を引取る場合

　免税軽油使用者は、あらかじめ免税証の交付を受けようとする都道府県知事にその用途、その用途に係る免税機械等の明細等を記載した申請書を提出して免税軽油使用者証の交付を受けておかなければなりません。そして、免税の用途に軽油を供する必要が生じたときは、免税軽油使用者証を提示し、あわせて免税軽油の数量、免税軽油の引取りを行おうとする販売業者の事務所等の所在地等を記載した免税交付申請書を免税軽油の使用に係る事務所等の所在地の都道府県知事に提出して免税証の交付を受け、その免税証の交付を行った都道府県に係る免税取扱特別徴収義務者にその免税証を提出し、免税証と引き換えに免税証に記載されている数量の軽油を引取ります（地法144の21、地法附則12の２の７②、地令43の15、地令附則10の２の２⑧、地規８の38）。

　これを図示すると、次のようになります。

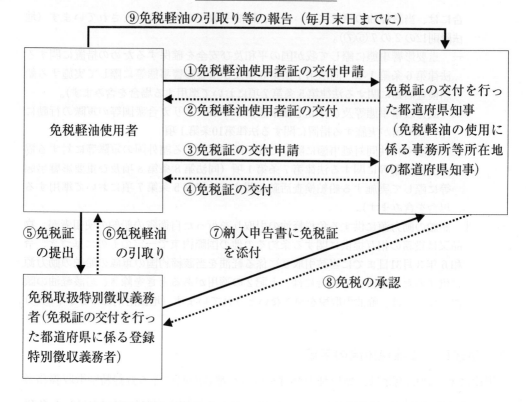

(2) 免税軽油使用者が免税取扱特別徴収義務者以外の販売業者から免税軽油を引取る場合

　船舶の使用者等が免税証に記載された販売業者の事務所等所在地以外の地において軽油の引取りを行う必要が生じたことその他やむを得ない理由がある場合（軽油を必要とするときにたまたま希望した販売業者が軽油を所有していなかった場合等が該当します。）には、免税軽油使用者は、免税証に記載された販売業者からではなく、他の販売業者から免税軽油の引取りを行うことができることとされています（地法144の21⑦、地法附則12の2の7②）。なお、この場合において、免税軽油使用者は、引取りを行う販売業者の事務所所在の都道府県の条例の定めるところにより、免税証に他の販売業者から軽油の引取りを行ったことについての記名押印をしなければならないとされています。

　これを図示すると、次のようになります。

第4節　軽油引取税

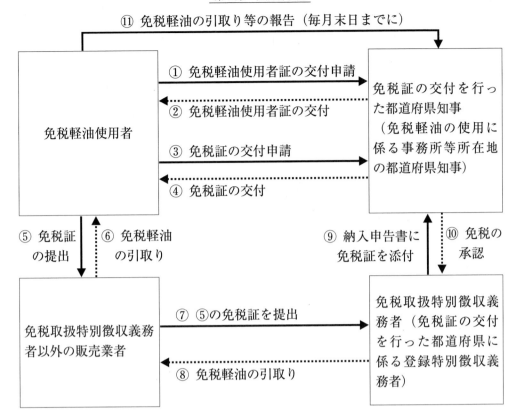

```
○11 免税軽油の引取り等の報告（毎月末日までに）

免税軽油使用者　───①　免税軽油使用者証の交付申請───▶　免税証の交付を行っ
　　　　　　　　　◀──②　免税軽油使用者証の交付────　　た都道府県知事
　　　　　　　　　───③　免税証の交付申請──────▶　（免税軽油の使用に
　　　　　　　　　◀──④　免税証の交付────────　　係る事務所等所在地
　　　　　　　　　　　　　　　　　　　　　　　　　　　　　の都道府県知事）

⑤免税証　　⑥免税軽油　　　　　　　　　⑨納入申告書に　　○10 免税の
の提出　　　の引取り　　　　　　　　　　免税証を添付　　　承認

免税取扱特別徴収義　───⑦　⑤の免税証を提出──────▶　免税取扱特別徴収義
務者以外の販売業者　◀──⑧　免税軽油の引取り────　　務者（免税証の交付
　　　　　　　　　　　　　　　　　　　　　　　　　　　　　を行った都道府県に
　　　　　　　　　　　　　　　　　　　　　　　　　　　　　係る登録特別徴収義
　　　　　　　　　　　　　　　　　　　　　　　　　　　　　務者）
```

● 留意点

免税の手続については、次のことに留意する必要があります。

	留　意　内　容
①	免税軽油使用者証は、原則として免税軽油を使用しようとする者個々人が交付を受けなければなりませんが、免税軽油使用者のうち、都道府県知事が認める者（例えば農業や林業を営む者のようにその所要数量が少ない者等）については、2人以上の免税軽油使用者が代表者を定めて免税軽油使用者証の交付を受けることができます（地法144の21②後段、地法附則12の2の7）。
②	免税軽油使用者は、特別の事情により、免税交付申請書を免税軽油の使用に係る事務所等の所在地の都道府県知事に提出して免税証の交付を受けることが困難である場合には、その主たる事務所等所在地の都道府県知事又は当該免税軽油の使用に係る事務所等を管理する事務所等所在地の都道府県知事に、当該都道府県知事から交付を受けた免税軽油使用者証を提示して、かつ、必要事項を記載した届出書を提出して免税軽油の交付を申請することができます（地法144の21①ただし書、地法附則12の2の7）。
③	都道府県知事は、②により、免税軽油使用者が当該都道府県以外の都道府県に事務所等が所在する販売業者から免税軽油の引取りを行うための免税証を交付

— 663 —

第6章　その他の都道府県税

	したときは、遅滞なく、免税証が使用されることとなる都道府県に対し、必要な事項を通知します（地法144の21⑨、地法附則12の2の7）。
④	免税軽油使用者が免税証を当該免税証に係る免税取扱特別徴収義務者である者以外の軽油の販売業者に提出して、免税軽油の引取りを求めた場合には、当該販売業者は、当該免税軽油使用者に代わって、当該免税証を当該免税証に係る免税取扱特別徴収義務者である販売業者に提出して免税軽油の引取りを行います（地法144の21⑧、地法附則12の2の7）。
⑤	免税軽油使用証の交付を受けた者（上記①の場合は、それぞれの者）は、当月中に行った当該免税軽油使用者証に係る報告対象免税軽油（免税軽油使用証を提示して交付を受けた免税証により引取りを行った免税軽油をいいます。以下同じです。）の引取りに関する事実及びその数量等を記載した報告書を、原則として翌月末日までに、免税軽油使用者証を交付した都道府県知事に提出します（地法144の27、地法附則12の2の7）。 　ただし、免税軽油使用証の交付を受けた者が当該免税軽油に係る免税証を有しておらず、かつ、当該報告対象免税軽油を保有していない場合は、その報告書の提出を要しないとされています（同条）。
⑥	偽りその他不正の行為によって免税証の交付を受け、免税軽油の引取りを行った者は、10年以下の懲役若しくは1,000万円以下の罰金に処し、又はこれを併科するとされています（地法144の22）。

— 664 —

第4節　軽油引取税

第7　製造等の承認を受ける義務及び軽油引取税の補完的納税義務

1　製造等に係る承認

　元売業者（次の①及び②に掲げる場合にあっては、軽油を製造することを業とする元売業者としての指定を受けた者を除きます。）、特約業者、石油製品販売業者、軽油製造者等（軽油の製造又は輸入をする者で元売業者以外のものをいいます。）及び自動車の保有者は、次の左欄に掲げる場合においては、都道府県知事が混和等による軽油等の製造等の実態を把握し、もって軽油引取税の課税の適正化を図るため、あらかじめ、製造、譲渡又は消費を行う時期、数量その他の事項を定めて、右欄の都道府県知事の承認を受けなければならないとされています（地法144の32、地規8の41～8の44）。

	都道府県知事の承認が必要な場合	必要な承認	承認を行う知事
①	軽油と軽油以外の炭化水素油を混和して炭化水素油を製造するとき	製造の承認	製造を行う場所の所在地の都道府県知事
②	①に掲げる場合のほか、軽油を製造するとき	同　　　上	同　　　上
③	燃料炭化水素油を自動車の内燃機関の燃料として譲渡するとき	譲渡の承認	譲渡を行う場所の所在地の都道府県知事
④	燃料炭化水素油を自動車の内燃機関の燃料として消費するとき（③により承認を受けて譲渡されたものを消費する場合を除きます。）	消費の承認	自動車の主たる定置場の所在地の都道府県知事

2　軽油引取税の補完的納税義務

　軽油引取税においては、脱税対策の強化の一環として補完的納税義務制度が設けられています。すなわち、次の左欄に該当するときは、右欄に掲げる者は、当該軽油引取税に係る地方団体の徴収金について、当該納税義務者と連帯して納税義務を負います（地法144の4、地令43の5）。

— 665 —

補完的納税義務の適用要件	補完的納税義務を負う者
上記1による都道府県知事の承認を受ける義務に違反して製造された軽油について軽油引取税を納付する義務を負う者（すなわち、本来の納税義務者）が特定できないとき又はその所在が明らかでないとき	イ　実際にその軽油の製造を行った者 ロ　実際にその軽油の製造の用に供した施設又は設備（以下「施設等」といいます。）を所有するものでその納税義務者又はその軽油の製造を行った者に施設等を貸し付け、又は使用させた者

留意点

補完的納税義務については、次のことに留意する必要があります（取扱通知（県）9章11）。

留意事項	留意内容
軽油の製造を行った者	他の者の委託を受けて軽油を製造した者等、物理的に軽油の製造を行った者をいいます。
特定できないとき	これには、軽油の製造を行った者のほかに納税義務者が存在することが明らかではあるがその納税義務者が特定できないときはもとより、軽油の製造を行った者のほかに納税義務者が存在するかどうか明らかでないときも含まれます。
施設等を貸し付け、又は使用させた者	これには、次に掲げる者が該当します。 イ　民法でいう賃貸借又は使用貸借による貸付けを行った者 ロ　民法が典型契約として規定する賃貸借契約以外の契約（非典型契約）により施設等を使用させた者 ハ　施設等を貸し付け又は使用させた相手が、本来の納税義務者又は軽油の製造を行った者に、当該施設等を更に貸し付け又は使用させた場合において、これを承認し又は容認した者 ニ　本来の納税義務者又は軽油の製造を行った者が施設等を使用した場合において、これを承諾し又は容認した者
補完的納税義務に係る課税団体の特則	本来の納税義務者が特定できないとき、又はその納税義務者の所在が明らかでないときであってその納税義務者の事業所若しくは軽油の消費若しくは譲渡について直接関係を有する事務所若しくは事業所（以下「事業所等」といいます。）が明らかでないときは、その軽油の製造が行われた場所を事業所等とみなし、その場所の所在する都道府県がその軽油について課税することとなります。 　なお、本来の納税業務者の所在が明らかでないときであって事業所等が明らかなときは、当該事業所等所在の都道府県が課税団体となります。

第4節　軽油引取税

第8　軽油の引取りに係る報告等

1　軽油の引取りに係る報告

　軽油の引取りについては、元売業者、特約業者、軽油製造業者等及びこれらの者以外の者で軽油の製造をした者に次のような報告義務が課されています（地法144の35、地規8の47）。また、都道府県知事は、(1)又は(2)により報告を受けた場合は、当該報告事項を、速やかに関係都道府県知事に通知するとされています。

(1)　元売業者、特約業者及び軽油製造業者等（軽油の製造又は輸入をすることを業とする者で元売業者以外のものをいいます。以下同じです。）は、前月中における軽油の引取り、引渡し、納入、製造及び輸入に関する事実並びにその数量、前月の末日における軽油の在庫数量等の事項を、毎月末日までに、都道府県知事（次頁の図を参照）に報告しなければならないとされています。この場合において、自動車の保有者に対する引渡しについては、その報告事項のうち引取者の氏名又は名称及び引取者ごとの引渡数量等について省略することができることとされています（地規8の51）。

(2)　(1)以外の者は、軽油の製造をした場合には、当該製造をした日から30日以内に、軽油の製造に関する事実及びその数量等を主たる事務所等所在の都道府県知事に報告しなければならないとされています。

(3)　元売業者は、特約業者が当該元売業者から引取りを行った軽油について、当該特約業者の指図に基づき納入を行った場合には、毎月末日までに、前月中におけるその納入に関する事実等の事項を、当該特約業者に通知しなければならないとされています。

　また、石油製品販売業者は、毎月末日までに、前月中においてその事務所等ごとにその納入を受けた軽油の数量等の事項を記載した書類を、当該引取りに係る特別徴収義務者に提出しなければならないとされています（同条）。

　なお、これを図示すると、次のようになります。

— 667 —

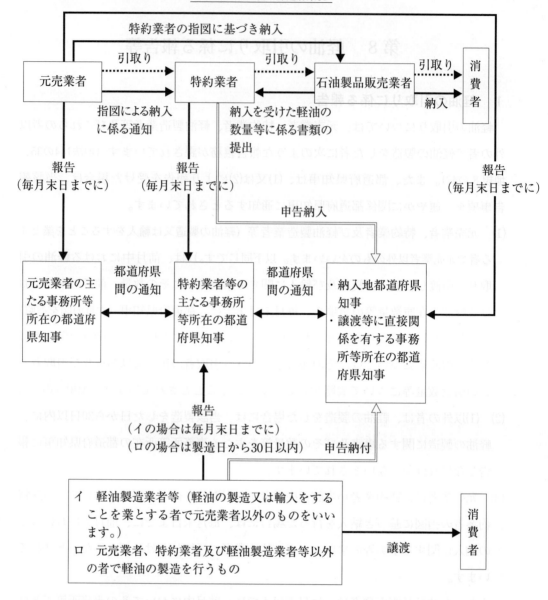

2 帳簿記載義務及び事業の開廃等の届出

　元売業者、特約業者、石油製品販売業者及び軽油製造業者等は、その事務所等ごとに、帳簿を備え、軽油又は燃料炭化水素油の引取り、引渡し、納入、貯蔵及び消費に関する事実をこれに記載しなければならないとされています（地法144の36）。

　また、これらの者は、事業を開始し、廃止し、又は休止しようとするときは、その旨を、当該事務所等ごとに、主たる事務所等所在地の都道府県知事（元売業者にあっては、当該都道府県知事を経由して総務大臣）に届け出なければならないとされています（地法144の34）。

第9　軽油引取税の指定市に対する交付

　次の左欄の指定道府県は、右欄により算定した額を、左欄の指定市に対して交付することとされています（地法144の60①）。

軽油引取税の指定市に対する交付	
道路法第7条第3項に規定する指定市（大阪市、名古屋市、京都市、横浜市、神戸市、北九州市、札幌市、川崎市、福岡市、広島市、仙台市、千葉市、さいたま市、静岡市、堺市、新潟市、浜松市、岡山市、相模原市及び熊本市をいいます。）を包括する指定道府県	左欄の指定市に対し、その徴収した軽油引取税額に相当する額の10分の9に相当する額に当該指定市の区域内に存する一般国道等（一般国道、高速自動車国道及び道府県道（当該指定道府県又は指定市がその管理について経費を負担しないもの等を除きます。）をいいます。）の面積を当該指定道府県の区域内に存する一般国道等の面積で除して得た数を乗じて得た額を交付します。

（注）　上記の一般国道等の面積については、道路の種類、幅員による道路の種別その他の事情を参酌して、補正することができるとされており（地法144の60②）、総務省令第8条の58において具体の補正が定められています。

第5節 自動車税

第1 環境性能割

　令和元年10月の消費税率10％への引上げ時に、自動車取得税を廃止し、自動車税及び軽自動車税に環境性能割が創設されました。

　環境性能割は、自動車がもたらすCO_2排出、道路の損傷、交通事故、公害、騒音等の様々な社会的費用にかかる行政需要に着目した原因者負担金的性格を有しています。そして、環境インセンティブを最大化する政策的意図に基づいて、自動車の環境性能に応じて税率を決定する仕組みとして設計されています。

1　課税客体

⑴　課税の対象となる自動車

　自動車税環境性能割の課税客体は、自動車とされています。課税の対象となる自動車は、次の左欄に掲げる自動車とされており（地法145①）、右欄に掲げる自動車は、課税の対象とされていません。

　なお、自動車は、新車であると中古車であるとを問いません。

課税の対象となる自動車	課税の対象とならない自動車
道路運送車両法第3条の自動車のうち次に掲げるもの イ　普通自動車 ロ　小型自動車（二輪のものを除きます。）	道路運送車両法第3条の自動車のうち次に掲げるもの イ　大型特殊自動車 ロ　小型特殊自動車 ハ　小型自動車のうち二輪のもの（側車付二輪自動車を含みます。）

第5節　自動車税

(2)　自動車の付加物の取扱い

　自動車には、自動車に付加して一体となっている次に掲げる付加物が含まれます（地法145①、地令44）。

付　加　物		備　　考
付加物の区分	イ　ラジオ、ヒーター、クーラー、時計、ウインドウォッシャーその他の自動車に取り付けられる自動車の附属物	「附属物」とは、自動車の売買の際、通例自動車とともに売却される自動車の附属備品（取付用品）をいいます。 　なお、取り付けられる性質のものでないマット、シートカバー、ヘッドレス、スペヤタイヤ、標準工具等は、この附属物に含まれません。
	ロ　特殊の用途にのみ用いられる自動車に装備される特別な機械又は装置のうち人又は物を運送するために用いられるもの	「特殊の用途にのみ用いられる自動車」とは、いわゆる特種用途自動車（自動車登録番号の分類番号が8、80から89まで、800から899まで、80Aから89Zまで、8A0から8Z9まで及び8AAから8ZZまでの自動車並びに検査対象軽自動車の車両番号の分類番号が80から89まで、800から899まで、80Aから89Zまで、8A0から8Z9まで及び8AAから8ZZまでの軽自動車）をいい、これらの自動車に装備されている機械又は装置については人又は物を運送するために用いられる物のみが自動車に含まれます。したがって、例えば、ミキサー車、タンクローリー車、塵芥収集車、バキュームカー等における容器に該当する装置、冷凍車、レントゲン車、録画車等における覆いの装置が自動車に含まれることとなります。

(3)　自動車の取得とは

　自動車税環境性能割の課税客体である自動車の取得とは、次の取得をいいます。

自動車の取得		自動車の所有権の取得をいいます。この場合、その取得は有償であると無償であるとを問わず、すべての所有権の取得をいいます。
	自動車の取得に含めないもの	次の自動車の取得は、課税客体である自動車の取得には含まれません（地法146②、地令44の2）。 イ　自動車製造業者の製造による自動車の取得（商品自動車の所有権の取得）

第6章 その他の都道府県税

	ロ　自動車販売業者の販売のための自動車の取得（商品自動車の所有権の取得） ハ　道路以外の場所のみにおいてその用い方に従い用いられる自動車その他運行の用に供されない自動車の取得

2　納税義務者

　自動車税環境性能割は、自動車の取得者に対して課税されます（地法146①）。したがって、自動車の所有権の取得をした者が自動車税環境性能割の納税義務者となります。

　ただし、次の左欄の行為があった場合には、この行為を自動車の取得とみなし、右欄の者を自動車の取得者とみなして、自動車税環境性能割が課税されます（地法147）。

		自動車の取得とみなされる行為	自動車のみなし取得者
自動車税環境性能割のみなす課税	①	自動車の所有権留保付売買契約の締結	買主
	②	所有権留保付売買契約により売買されている自動車についての買主を変更する契約の締結	新しく買主となる者
	③	次の行為。なお、次の者が、それぞれ次の自動車につき新規登録を受けたとき、自動車検査証の交付を受けたとき又は軽自動車の使用の届出をしたときは、これらの新規登録、自動車検査証の交付又は届出を運行の用に供することとみなします。 ㈠　自動車製造業者が、製造により取得した自動車を運行の用に供すること ㈡　自動車販売業者が、販売のために取得した自動車を運行の用に供すること ㈢　運行の用に供しない自動車を取得した者が、その自動車を運行の用に供すること	 運行の用に供する者 （製造業者） 運行の用に供する者 （販売業者） 運行の用に供する者
	④	国外で自動車を取得した者が、その自動車を国内に持ち込んで運行の用に供すること	運行の用に供する者

（注）1　自動車販売業者（以下「販売業者」といいます。）とは、自動車を販売することを業とする者をいい、自動車製造業者又は自動車修理業者が自動車を販売することを業とする場合には、これらの者もここにいう販売業者に含まれます（取扱通知(県)10章5（1））。
　　　　　なお、中古車の販売をすることを業とする者は、すべて古物営業法第3条の許可を受けなければならないものとされています。
　　　2　販売業者の販売のための自動車の取得とは、販売業者が商品としての自動車を取得することをいいます（同取扱通知）。したがって、販売業者が自己の使用に供するために自動車を取得する場合の取得は、販売のための取得に含まれません。

第5節　自動車税

　3　いわゆる下取りに係る中古車の取得は、通常、販売業者の販売のための自動車
　の取得に該当するとされています（同取扱通知）。

3　課税団体

　自動車税環境性能割の課税団体は、当該自動車の主たる定置場所在の都道府県とされています（地法146①）。

　なお、自動車の主たる定置場の取扱いは、次によります。

主 た る 定 置 場 と は
自動車を使用しない場合において、主として自動車を止めて置く場所をいいますが、具体的には、次の場所をもって主たる定置場とすることとされています（取扱通知（県）10章4）。

登録自動車	自動車の取得者の当該自動車の使用の本拠の位置として道路運送車両法第6条の自動車登録ファイルに登録された場所
軽自動車	自動車の取得者の当該自動車の使用の本拠の位置として自動車検査証又は軽自動車届出済証に記載された場所

4　非課税

　自動車税環境性能割については、次のような国等が取得する自動車に対して、非課税制度が設けられています。

非 課 税 措 置 の 内 容
イ　都道府県は、次の者の自動車の取得に対しては、自動車税環境性能割を課することができないとされています（地法148①）。

国、非課税独立行政法人、国立大学法人等及び日本年金機構並びに都道府県、市町村、特別区、これらの組合、財産区、合併特例区及び地方独立行政法人

ロ　都道府県は、次に掲げる自動車の取得に対しては、自動車税環境性能割を課することができないとされています（地法150）。

　㈠　相続（被相続人から相続人に対してされた遺贈を含みます。）に基づく自動車の取得

　㈡　法人の合併又は一定の分割に基づく自動車の取得

　㈢　法人が新たに法人を設立するために現物出資を行う場合における自動車の取得

　㈣　会社更生法又は更生特例法による更生計画において株式会社、協同組織金融機関又は相互会社から新株式会社、新協同組織金融機関又は新相互会社に移転すべき自動車を定めた場合における新株式会社、新協同組織金融機関又は新相互会社の当該自動車の取得

— 673 —

第6章　その他の都道府県税

　　㈥　委託者から受託者に信託財産を移す場合における自動車の取得
　　㈦　信託の効力が生じた時から引き続き委託者のみが信託財産の元本の受益者である信託により受託者から元本の受益者（当該信託の効力が生じた時から引き続き委託者である者に限ります。）に信託財産を移す場合における自動車の取得
　　㈧　信託の受託者の変更があった場合の新受託者による自動車の取得
　　㈨　保険業法の規定によって会社がその保険契約の全部の移転契約に基づいて自動車を移転する場合における当該自動車の取得
　　㈩　譲渡担保財産により担保される債権の消滅によりその譲渡担保財産の設定の日から6月以内に譲渡担保権者から譲渡担保財産の設定者にその譲渡担保財産を移転する場合における自動車の取得
　ハ　一般乗合旅客自動車運送事業を経営する者が、都道府県の条例で定める路線の運行の用に供する一般乗合用のバスを令和5年3月31日までに取得した場合には、自動車税環境性能割は非課税とされています（地法附則12の2の10①）。

　また、次のような環境への負荷の低減に著しく資する自動車に対して、非課税制度が設けられています。

課税要件等	環　境　性　能　割　の　内　容
非課税	次に掲げる環境への負荷の低減に著しく資する自動車 ア　電気自動車 イ　次に掲げる天然ガス自動車 　㈦　車両総重量が3.5トン以下の天然ガス自動車のうち、平成30年天然ガス車基準に適合するもの 　㈣　平成21年天然ガス車基準（車両総重量が3.5トンを超え12トン以下のものは、平成22年基準）に適合し、かつ、窒素酸化物の排出量が同基準値より10％以上少ないもの ウ　プラグインハイブリッド自動車 エ　次に掲げるガソリン自動車 　㈦　営業用の乗用車のうち、次のいずれにも該当するもの 　　(ⅰ)　平成30年ガソリン軽中量車基準に適合し、かつ、窒素酸化物の排出量が同基準値より50％以上少ないこと、又は、平成17年ガソリン軽中量車基準に適合し、かつ、窒素酸化物の排出量が同基準値より75％以上少ないこと 　　(ⅱ)　燃費性能が令和12年度燃費基準値75％達成、かつ、令和2年度燃費基準達成 　㈣　自家用の乗用車のうち、次のいずれにも該当するもの 　　(ⅰ)　平成30年ガソリン軽中量車基準に適合し、かつ、窒素酸化物の排出量が同基準値より50％以上少ないこと、又は、平成17年ガソリン軽中量車基準に適合し、かつ、窒素酸化物の排出量が同基準値より75％以上少ないこと 　　(ⅱ)　燃費性能が令和12年度燃費基準値85％達成、かつ、令和2

　　　　第5節　自動車税

　　　年度燃費基準達成
　(ｳ)　車両総重量が2.5トン以下のバス又はトラックのうち、次の
　　　いずれにも該当するもの
　　(ⅰ)　平成30年ガソリン軽中量車基準に適合し、かつ、窒素酸化
　　　　物の排出量が同基準値より50％以上少ないこと、又は、平成
　　　　17年ガソリン軽中量車基準に適合し、かつ、窒素酸化物の排
　　　　出量が同基準値より75％以上少ないこと
　　(ⅱ)　燃費性能が平成27年度燃費基準値より25％以上良いこと
　　　　（バスにあっては令和2年度燃費基準値より5％以上良いこ
　　　　と）
　(ｴ)　車両総重量が2.5トンを超え3.5トン以下のバス又はトラック
　　　のうち、次のいずれにも該当するもの
　　(ⅰ)　平成30年ガソリン軽中量車基準に適合し、かつ、窒素酸化
　　　　物の排出量が同基準値より50％以上少ないこと、又は、平成
　　　　17年ガソリン軽中量車基準に適合し、かつ、窒素酸化物の排
　　　　出量が同基準値より75％以上少ないこと
　　(ⅱ)　燃費性能が平成27年度燃費基準値より15％以上良いこと
　(ｵ)　車両総重量が2.5トンを超え3.5トン以下のバス又はトラック
　　　のうち、次のいずれにも該当するもの
　　(ⅰ)　平成30年ガソリン軽中量車基準に適合し、かつ、窒素酸化
　　　　物の排出量が同基準より25％以上少ないこと、又は、平成17
　　　　年ガソリン軽中量車基準に適合し、かつ、窒素酸化物の排出
　　　　量が同基準値より50％以上少ないこと
　　(ⅱ)　燃費性能が平成27年度燃費基準値より20％以上良いこと
　　　　（バスにあっては令和2年度燃費基準値達成以上であること）
　オ　次に掲げる石油ガス自動車
　(ｱ)　営業用の乗用車のうち、次のいずれにも該当するもの
　　(ⅰ)　平成30年石油ガス軽中量車基準に適合し、かつ、窒素酸化
　　　　物の排出量が同基準値より50％以上少ないこと、又は、平成
　　　　17年石油ガス軽中量車基準に適合し、かつ、窒素酸化物の排
　　　　出量が同基準値より75％以上少ないこと
　　(ⅱ)　燃費性能が令和12年度燃費基準値75％達成、かつ、令和2
　　　　年度燃費基準値達成
　(ｲ)　自家用の乗用車のうち、次のいずれにも該当するもの
　　(ⅰ)　平成30年石油ガス軽中量車基準に適合し、かつ、窒素酸化
　　　　物の排出量が同基準値より50％以上少ないこと、又は、平成
　　　　17年石油ガス軽中量車基準に適合し、かつ、窒素酸化物の排
　　　　出量が同基準値より75％以上少ないこと
　　(ⅱ)　燃費性能が令和12年度燃費基準値85％達成、かつ、令和2
　　　　年度燃費基準値達成
　カ　次に掲げる軽油自動車
　(ｱ)　乗用車のうち、平成30年軽油軽中量車基準又は平成21年軽油

　　　　　　　　　　　　　　－ 675 －

軽中量車基準に適合し、燃費性能が令和12年度燃費基準値85％達成（営業用にあっては75％達成）、かつ、令和2年度燃費基準値達成であるもの

(イ) 車両総重量が2.5トンを超え3.5トン以下のバス又はトラックのうち、次のいずれにも該当するもの

　(i) 平成30年軽油軽中量車基準に適合すること、又は、平成21年軽油軽中量車基準に適合し、かつ、窒素酸化物及び粒子状物質の排出量が同基準値より10％以上少ないこと

　(ii) 燃費性能が平成27年度燃費基準値より15％以上良いこと

(ウ) 車両総重量が2.5トンを超え3.5トン以下のバス又はトラックのうち、次のいずれにも該当するもの

　(i) 平成21年軽油軽中量車基準に適合すること

　(ii) 燃費性能が平成27年度燃費基準値より20％以上（バスにあっては令和2年度基準達成以上）良いこと

(エ) 車両総重量が3.5トンを超えるバス又はトラックのうち、次のいずれにも該当するもの

　(i) 平成28年軽油重量車基準（車両総重量が3.5トンを超え7.5トン以下のものにあっては、平成30年軽油重量車基準）に適合すること、又は、平成21年軽油重量車基準（車両総重量が12トン以下のものにあっては、平成22年基準）に適合し、かつ、窒素酸化物及び粒子状物質の排出量が同基準値より10％以上少ないこと

　(ii) 燃費性能が平成27年度燃費基準値より10％以上良いこと

5　課税標準

(1)　取得価額

　自動車税環境性能割の課税標準は、自動車の取得のために通常要する価額（通常の取得価額）とされます（地法156）。

(2)　通常の取得価額

　次に掲げる自動車の取得については、その自動車の取得価額がないか、又は取引価額を課税標準とすることが不適当であるので、その取得の時における当該自動車の通常の取引価額が取得価額とみなされて、自動車税環境性能割が課されます（地法156、地規9の3、取扱通知(県)10章7（1））。

通常の取得価額によって課税される自動車の取得
①　無償でされた自動車の取得

②	自動車を譲渡した者が自動車を取得した者の親族その他一定の関係者である場合の自動車の取得でその取得価額が通常の取引価額と異なる自動車の取得
③	自動車の製造会社又は販売会社の従業員等が当該会社から購入する場合の取得、自動車を取得する者が自動車を譲渡する者に対し、別途、無償又は廉価で物又は役務を提供している場合の取得等特別な事情がある場合における自動車の取得で、その取得価額が通常の取引価額と異なる自動車の取得
④	代物弁済契約による自動車の取得
⑤	交換契約による自動車の取得
⑥	負担付贈与契約による自動車の取得
⑦	自動車製造業者、自動車販売業者等が製造した自動車又は商品として取得した自動車を運行の用に供した場合におけるみなし取得
⑧	外国で自動車を取得した者がその自動車を国内に持ち込んで運行の用に供した場合におけるみなし取得

なお、通常の取得価額とは、当該自動車を通常の取引の条件に従って自動車等の販売業者から取得するとした場合における当該自動車の販売価額に相当する金額をいいます（地規9の3）が、具体的な取扱いは、次によります。

通常の取得価額の具体的な取扱い	
新車の場合	当該新車と同種の新車の小売による通常の販売価額によります。
中古車の場合	当該中古車と同種の自動車で取得後の経過年数、使用状況等が類似する中古車の小売による通常の販売価額によります。

(3) 課税標準の特例

次の左欄に掲げる自動車の取得に係る自動車税環境性能割については、右欄のような特例措置が講じられています（地法附則12の2の13）。

課税要件等	環 境 性 能 割 の 内 容	
特例措置	特例対象自動車	特例措置の内容
	(1) 一般乗合旅客自動車運送事業を経営する者が路線定期運行の用に供する自動車又は一般貸切旅客自動車運送事業を経営する者がその事業の用に供する自動車（以下「路線バス等」といいます。）のう	取得価額から1,000万円を控除

		ち、一定のノンステップバス（新車に限ります。）で、令和5年3月31日までに取得したもの	
	(2)	路線バス等のうち、一定のリフト付きバス（新車に限ります。）で、令和5年3月31日までに取得したもの	取得価額から650万円（乗車定員が30人未満のものは200万円）を控除なお、乗車定員30人以上の空港アクセスバスに限り、800万円を控除
	(3)	一般乗用旅客自動車運送事業を経営する者がその事業の用に供する乗用車のうち、一定のユニバーサルデザインタクシー（新車に限ります。）で、令和5年3月31日までに取得したもの	取得価額から100万円を控除
	(4)	次に掲げる自動車のうち、車両安定性制御装置、衝突被害軽減制動制御装置及び車線逸脱警報装置を備えるもの（新車に限ります。）で、令和3年4月1日から令和3年10月31日までに取得したものア 車両総重量が5トンを超え12トン以下のバス等イ 車両総重量が3.5トンを超え20トン以下のトラック	取得価額から350万円を控除
	(5)	次に掲げる自動車のうち、車線逸脱警報装置及び衝突被害軽減制動制御装置を備えるもの（新車に限ります。）で、令和3年4月1日から令和3年10月31日までに取得したものア 車両総重量が5トン以下のバス等	取得価額から350万円を控除
	(6)	車両総重量が8トンを超えるトラックのうち、側方衝突警報装置を備えるもので、令和5年3月31日までに取得したもの	取得価額から175万円を控除
	(7)	車両総重量が8トンを超え20トン以下のトラックのうち、車両安定性制御装置、衝突被害軽減制動	取得価額から525万円を控除

第5節　自動車税

| | 制御装置、車線逸脱警報装置及び側方衝突警報装置を備えるもので令和3年10月31日までに取得したもの | |

6　税率及び免税点

(1)　税率

自動車税環境性能割の税率は、次のとおりです。

課税要件等	環境性能割の内容
税率 ※　営業用に対して講じられている軽減措置は、当分の間の措置とされています。 ※自家用の乗用車のうち令和3年12月31日までに取得したものについては、(1)のものは非課税、(2)のものは税率1％、(3)のものは税率2％とされています。	次の(1)から(3)までの適用を受ける自動車の範囲については、2年ごとに見直しを行うこととされています。 表： 税率／税率適用対象自動車 自家用1％／営業用0.5％ (1)　次に掲げる自動車（非課税の適用を受けるものを除きます。） 　ア　次に掲げるガソリン自動車 　　(ア)　営業用の乗用車のうち、次のいずれにも該当するもの 　　　(i)　平成30年ガソリン軽中量車基準に適合し、かつ、窒素酸化物の排出量が同基準値より50％以上少ないこと、又は、平成17年ガソリン軽中量車基準に適合し、かつ、窒素酸化物の排出量が同基準値より75％以上少ないこと 　　　(ii)　燃費性能が令和12年度燃費基準値65％達成、かつ、令和2年度燃費基準値達成であること 　　(イ)　自家用の乗用車のうち、次のいずれにも該当するもの 　　　(i)　平成30年ガソリン軽中量車基準に適合し、かつ、窒素酸化物の排出量が同基準値より50％以上少ないこと、又は、平成17年ガソリン軽中量車基準に適合し、かつ、窒素酸化物の排出量が同基準値より75％以上少ないこと 　　　(ii)　燃費性能が令和12年度燃費基準値75％達成、かつ、令和2年度燃費基準値達成であること 　　(ウ)　車両総重量が2.5トン以下のバス又はトラックのうち、次のいずれにも該当するもの 　　　(i)　平成30年ガソリン軽中量車基準に適合し、かつ、窒素酸化物の排出量が同基準値より50％以上少ないこと、又は、平成17年ガソリン軽中量

車基準に適合し、かつ、窒素酸化物の排出量が
同基準値より75％以上少ないこと

(ii) 燃費性能が平成27年度燃費基準値より20％
（バスにあっては、令和2年度燃費基準達成）
以上良いこと

(エ) 車両総重量が2.5トンを超え3.5トン以下のバス
又はトラックのうち、次のいずれにも該当するも
の

(i) 平成30年ガソリン軽中量車基準に適合し、か
つ、窒素酸化物の排出量が同基準値より50％以
上少ないこと、又は、平成17年ガソリン軽中量
車基準に適合し、かつ、窒素酸化物の排出量が
同基準値より75％以上少ないこと

(ii) 燃費性能が平成27年度燃費基準値より10％以
上良いこと

(オ) 車両総重量が2.5トンを超え3.5トン以下のバス
又はトラックのうち、次のいずれにも該当するも
の

(i) 平成30年ガソリン軽中量車基準に適合し、か
つ、窒素酸化物の排出量が同基準値より25％以
上少ないこと、又は、平成17年ガソリン軽中量
車基準に適合し、かつ、窒素酸化物の排出量が
同基準値より50％以上少ないこと

(ii) 燃費性能が平成27年度燃費基準値より15％以
上良いこと

イ 次に掲げる石油ガス自動車

(ア) 営業用の乗用車のうち、次のいずれにも該当す
るもの

(i) 平成30年石油ガス軽中量車基準に適合し、か
つ、窒素酸化物の排出量が同基準値より50％以
上少ないこと、又は、平成17年石油ガス軽中量
車基準に適合し、かつ、窒素酸化物の排出量が
同基準値より75％以上少ないこと

(ii) 燃費性能が令和12年度燃費基準65％達成、か
つ、令和2年度燃費基準値達成であること

(イ) 自家用の乗用車のうち、次のいずれにも該当す
るもの

(i) 平成30年石油ガス軽中量車基準に適合し、か
つ、窒素酸化物の排出量が同基準値より50％以
上少ないこと、又は、平成17年石油ガス軽中量
車基準に適合し、かつ、窒素酸化物の排出量が
同基準値より75％以上少ないこと

第5節　自動車税

		(ii)　燃費性能が令和12年度燃費基準75%達成、かつ、令和2年度燃費基準値達成であること

ウ　次に掲げる軽油自動車

(ｱ)　乗用車のうち、平成30年軽油軽中量車基準又は平成21年軽油軽中量車基準に適合し、燃費性能が令和12年度燃費基準値75%達成（営業用にあっては65%達成）、かつ、令和2年度燃費基準値達成であるもの

※　令和5年3月31日までに取得した場合に限り非課税とされている（地法附則12の2の10③④）。

(ｲ)　車両総重量が2.5トンを超え3.5トン以下のバス又はトラックのうち、次のいずれにも該当するもの

(i)　平成30年軽油軽中量車基準に適合すること、又は、平成21年軽油軽中量車基準に適合し、かつ、窒素酸化物及び粒子状物質の排出量が同基準値より10%以上少ないこと

(ii)　燃費性能が平成27年度燃費基準値より10%以上良いこと

(ｳ)　車両総重量が2.5トンを超え3.5トン以下のバス又はトラックのうち、次のいずれにも該当するもの

(i)　平成21年軽油軽中量車基準に適合すること

(ii)　燃費性能が平成27年度燃費基準値より15%以上良いこと

(ｴ)　車両総重量が3.5トンを超えるバス又はトラックのうち、次のいずれにも該当するもの

(i)　平成28年軽油重量車基準に適合すること、又は、平成21年軽油重量車基準に適合し、かつ、窒素酸化物及び粒子状物質の排出量が10%以上少ないこと

(ii)　燃費性能が平成27年度燃費基準値より5%以上良いこと

自家用 2% 営業用 1%	(2)　次に掲げる自動車（非課税及び上欄(1)の適用を受けるものを除きます。） ア　次に掲げるガソリン自動車 　(ｱ)　乗用車のうち、次のいずれにも該当するもの 　　(i)　平成30年ガソリン軽中量車基準に適合し、かつ、窒素酸化物の排出量が同基準値より50%以上少ないこと、又は、平成17年ガソリン軽中量車基準に適合し、かつ、窒素酸化物の排出量が同基準値より75%以上少ないこと

(ii) 燃費性能が令和12年度燃費基準値60％達成、かつ、令和２年度燃費基準値達成であること

(イ) 車両総重量が2.5トン以下のバス又はトラックのうち、次のいずれにも該当するもの

(i) 平成30年ガソリン軽中量車基準に適合し、かつ、窒素酸化物の排出量が同基準値より50％以上少ないこと、又は、平成17年ガソリン軽中量車基準に適合し、かつ、窒素酸化物の排出量が同基準値より75％以上少ないこと

(ii) 燃費性能が平成27年度燃費基準値より15％以上良いこと

(ウ) 車両総重量が2.5トンを超え3.5トン以下のバス又はトラックのうち、次のいずれにも該当するもの

(i) 平成30年ガソリン軽中量車基準に適合し、かつ、窒素酸化物の排出量が同基準値より50％以上少ないこと、又は、平成17年ガソリン軽中量車基準に適合し、かつ、窒素酸化物の排出量が同基準値より75％以上少ないこと

(ii) 燃費性能が平成27年度燃費基準値より５％以上良いこと

(エ) 車両総重量が2.5トンを超え3.5トン以下のバス又はトラックのうち、次のいずれにも該当するもの

(i) 平成30年ガソリン軽中量車基準に適合し、かつ、窒素酸化物の排出量が同基準値より25％以上少ないこと、又は、平成17年ガソリン軽中量車基準に適合し、かつ、窒素酸化物の排出量が同基準値より50％以上少ないこと

(ii) 燃費性能が平成27年度燃費基準値より10％以上良いこと

イ 次に掲げる石油ガス自動車（乗用車に限ります。）のうち、次のいずれにも該当するもの

(ア) 平成30年石油ガス軽中量車基準に適合し、かつ、窒素酸化物の排出量が同基準値より50％以上少ないこと、又は、平成17年石油ガス軽中量車基準に適合し、かつ、窒素酸化物の排出量が同基準値より75％以上少ないこと

(イ) 燃費性能が令和12年度燃費基準値60％達成、かつ、令和２年度燃費基準値達成であること

ウ 次に掲げる軽油自動車

第5節　自動車税

		(ｱ)　乗用車のうち、平成30年軽油軽中量車基準又は平成21年軽油軽中量車基準に適合し、燃費性能が令和12年度燃費基準値60％達成、かつ、令和2年度燃費基準値達成であるもの ※　令和5年3月31日までに取得した場合に限り非課税とされている(地法附則12の2の10③④)。 (ｲ)　車両総重量が2.5トンを超え3.5トン以下のバス又はトラックのうち、次のいずれにも該当するもの 　(i)　平成30年軽油軽中量車基準に適合すること、又は、平成21年軽油軽中量車基準に適合し、かつ、窒素酸化物及び粒子状物質の排出量が同基準値より10％以上少ないこと 　(ii)　燃費性能が平成27年度燃費基準値より5％以上良いこと (ｳ)　車両総重量が2.5トンを超え3.5トン以下のバス又はトラックのうち、次のいずれにも該当するもの 　(i)　平成21年軽油軽中量車基準に適合すること 　(ii)　燃費性能が平成27年度燃費基準値より10％以上良いこと (ｴ)　車両総重量が3.5トンを超えるバス又はトラックのうち、次のいずれにも該当するもの 　(i)　平成28年軽油重量基準に適合すること、又は、平成21年軽油重量車基準に適合し、かつ、窒素酸化物及び粒子状物質の排出量が同基準値より10％以上少ないこと 　(ii)　燃費性能が平成27年度燃費基準値以上であること
	自家用 3％ 営業用 2％	(3)　非課税、上欄(1)(2)の適用を受ける自動車以外の自動車

(2)　免税点

　自動車税環境性能割においては、低額な自動車を取得する場合の負担の軽減を図るため、免税点制度（50万円）が設けられており、課税標準がこの免税点以下である自動車の取得に対しては、自動車税環境性能割は課税されません（地法158）。

7 徴収の方法

(1) 申告納付

　自動車税環境性能割の納税義務者は、次の左欄に掲げる自動車の取得の区分に応じ、右欄に定める時又は日までに、自動車税環境性能割の課税標準額及び税額その他必要な事項を記載した申告書（総務省令第16号の43様式）を都道府県知事に提出し、その申告した税額を納付しなければなりません（地法160）。

	自動車の取得の区分	申告納付期限
①	道路運送車両法による新規登録を受ける自動車の取得	当該登録の時
②	道路運送車両法による移転登録を受けるべき自動車の取得	当該登録を受けるべき事由があった日から15日を経過する日（その日前に登録を受けたときは、その登録の時）
③	①及び②の自動車の取得以外の自動車の取得で、道路運送車両法による自動車検査証の記入を受けるべき自動車の取得	当該記入を受けるべき事由があった日から15日を経過する日（その日前に記入を受けたときは、その記入の時）
④	①から③の自動車の取得以外の自動車の取得	当該自動車の取得の日から15日を経過する日

(2) 自動車税環境性能割の納付の方法

　自動車税環境性能割の納付は、次によります（地法162）。

自動車税環境性能割の納付の方法	
証紙による納付	自動車税環境性能割の納税義務者は、自動車税環境性能割額及びこれに係る延滞金額を納付する場合には、申告書又は修正申告書に都道府県が発行する証紙を貼ってしなければなりません。 　ただし、都道府県の条例により自動車税環境性能割及びこれに係る延滞金額に相当する金額を証紙代金収納計器で表示させる納付の方法が定められている場合には、これによることができます。
現金による納付	都道府県が自動車税環境性能割額の納付について、証紙に代えて、その自動車税環境性能割額に相当する現金を納付することができる旨を条例で定めている場合には、その自動車税環境性能割額を現金によって納付することができます。

第 5 節　自動車税

8　自動車税環境性能割の免除

次に掲げる場合においては、その者の自動車の取得に対する自動車税環境性能割の納税義務が免除されます（地法164、165）。

	自動車税環境性能割の免除
①	譲渡担保権者が譲渡担保財産として自動車を取得した場合において、担保債権の消滅によりその取得の日から 6 月以内に譲渡担保財産の設定者にその自動車を移転した場合
②	自動車販売業者から自動車の取得をした者が、次の理由により、当該自動車の取得の日から 1 月以内に当該自動車を当該自動車販売業者に返還した場合 イ　自動車の性能が良好でないこと ロ　自動車の車体の塗色等が契約の内容と異なること

(注)1　①の場合は、その旨の申告があり、その申告が真実であると認められるときは、その取得の日から 6 月以内の期間を限って、その税金の徴収が猶予されます。また、その徴収が猶予された期間に対応する部分の延滞金額が免除されます。
　　 2　②の場合は、その自動車税環境性能割額がすでに納付されているときは、その者の申請により、その税金が還付されます。

9　自動車税環境性能割の市町村に対する交付

都道府県は、次により、自動車税環境性能割の税収入の一部を市区町村に交付することとされています（地法177の 6 ①）。また、道路法第 7 条第 3 項に規定する指定市（京都市、大阪市、横浜市、神戸市、名古屋市、北九州市、札幌市、川崎市、福岡市、広島市、仙台市、千葉市、さいたま市、静岡市、堺市、新潟市、浜松市、岡山市、相模原市及び熊本市をいいます。）を包括する指定道府県は、これらの指定市に対して、前記の交付のほかに、次により、これらの道路に応ずる分としてその税収入の一部を交付することとされています（地法177の 6 ②）。

	自動車税環境性能割の市町村に対する交付
市区町村に対する交付（市区町村道分）	都道府県は、当該都道府県に納付された自動車税環境性能割額の95％の額の100分の47（令和 4 年度以降は100分の43）に相当する額を、当該都道府県内の市区町村に対し、交付します。交付は、市区町村に交付すべき額の総額を 2 分し、その 2 分の 1 の額については市区町村道の延長により、他の 2 分の 1 の額については市区町村道の面積により、各市区町村ごとにあん分し、その合計額を交付します。

指定市への交付（一般国道、高速自動車国道及び都道府県道分）	指定市を包括する指定道府県は、その道府県に納付された税額の95％の額の100分の35の額に、当該指定道府県の区域内に存する一般国道等（一般国道、高速自動車国道及び都道府県道）の延長及び面積のうちに当該指定市の区域内に存する一般国道等の延長及び面積の占める割合を乗じて得た額を、当該指定市に交付します。

第5節　自動車税

第2　種別割

　自動車税種別割は、自動車の所有者に対し、その主たる定置場所在の都道府県が課する都道府県税です。

　自動車税種別割は、自動車の所有の事実に担税力を見出して課する税であり、この税は、課税客体を自動車としていることから、資産税としての性格を有しているとともに、道路損傷負担金的な性格をも併せもっています。

1　課税の対象となる自動車

　自動車税種別割の課税の対象となる自動車は、次に掲げる自動車とされています（地法145①）。

課税の対象となる自動車	道路運送車両法の適用を受ける自動車（二輪の小型自動車、軽自動車、大型特殊自動車及び小型特殊自動車を除きます。） ※　その具体的認定に当たっては、道路運送車両法第4条の規定による登録の有無によっても差し支えないとされています（取扱通知(県)10章1）。

　（注）　二輪の小型自動車、軽自動車及び小型特殊自動車は、軽自動車税（市町村税）の課税の対象となり、また、大型特殊自動車は、固定資産税（市町村税）の課税対象となります。

2　納税義務者

　自動車税種別割の納税義務者は、次に掲げる者とされています（地法146、147）。

納税義務者	①	自動車の所有者	
	②	自動車の所有者とみなされる者	
		みなし課税	自動車の売買があった場合において、売主が当該自動車の所有権を留保しているとき（例えば所有権留保付割賦販売の場合）は、当該自動車について現実に使用又は収益をしている買主を当該自動車の所有者とみなして、自動車税種別割が課されます。（取扱通知(県)10章5）

　（注）　所有権留保付自動車の買主が当該自動車税種別割に係る地方団体の徴収金を滞納した場合において、その者の財産につき滞納処分をしてもなおその徴収すべき額に

— 687 —

第6章　その他の都道府県税

不足すると認められるときは、売主はその自動車の譲渡価額を限度として当該滞納
に係る地方団体の徴収金の第2次納税義務を負うものとされています（地法11の9①）。

3　課税団体

自動車税種別割の課税団体は、当該自動車の主たる定置場所在の都道府県とされて
います（地法146①）。

課税団体	当該自動車の主たる定置場所在の都道府県 （主たる定置場とは） 自動車を使用しない場合において、主として自動車を止めて置く場所をいいます。その認定に当たっては、登録自動車については、道路運送車両法第6条の自動車登録ファイルに登録された使用の本拠の位置をもって主たる定置場とするとされています（取扱通知（県）10章4）。

4　非課税の範囲

自動車税種別割の非課税の範囲は、次のとおりとされています（地法148）。

非課税	①	国、非課税独立行政法人、国立大学法人等及び日本年金機構並びに都道府県、市町村、特別区、これらの組合、財産区、合併特例区及び地方独立行政法人の所有する自動車
	②	日本赤十字社が所有する自動車のうち直接その本来の事業の用に供する救急自動車その他これに類するもので都道府県の条例で定めるもの

(注)　①に掲げる者が所有する自動車を①に掲げるもの以外の者が貸与を受けて使用する場合には、その自動車が公用又は公共の用に供されるものを除き、その使用者に対して自動車税種別割が課されます（地法146③）。

5　税　率

自動車税種別割の税率については、次のとおり、地方税法において標準税率が定められています。したがって、各都道府県は、この標準税率を基準として、条例で定めることとなります。

なお、都道府県は、標準税率を超える税率で自動車税種別割を課する場合には、標準税率に1.5を乗じて得た率を超える税率で課することはできません（地法177の7④）。

⑴　標準税率

自動車税種別割の標準税率は、次に掲げる自動車に対し、1台について、それぞれ次に定める額とされています（地法177の7）。

第5節　自動車税

イ　乗用車（三輪の小型自動車であるものを除きます。）

総 排 気 量 区 分		標準税率（年額）
① 営業用	(1)　　　　　　　～　1　リットル以下	7,500円
	(2)　1　リットル超　～　1.5リットル以下	8,500円
	(3)　1.5リットル超　～　2　リットル以下	9,500円
	(4)　2　リットル超　～　2.5リットル以下	13,800円
	(5)　2.5リットル超　～　3　リットル以下	15,700円
	(6)　3　リットル超　～　3.5リットル以下	17,900円
	(7)　3.5リットル超　～　4　リットル以下	20,500円
	(8)　4　リットル超　～　4.5リットル以下	23,600円
	(9)　4.5リットル超　～　6　リットル以下	27,200円
	(10)　6　リットル超　～	40,700円
② 自家用	(1)　　　　　　　～　1　リットル以下	25,000円
	(2)　1　リットル超　～　1.5リットル以下	30,500円
	(3)　1.5リットル超　～　2　リットル以下	36,000円
	(4)　2　リットル超　～　2.5リットル以下	43,500円
	(5)　2.5リットル超　～　3　リットル以下	50,000円
	(6)　3　リットル超　～　3.5リットル以下	57,000円
	(7)　3.5リットル超　～　4　リットル以下	65,500円
	(8)　4　リットル超　～　4.5リットル以下	75,500円
	(9)　4.5リットル超　～　6　リットル以下	87,000円
	(10)　6　リットル超　～	110,000円

※　令和元年9月30日以前に初回新規登録を受けた自家用の乗用車については、以下の標準税率が適用されます。

総 排 気 量 区 分		標準税率（年額）
② 自家用	(1)　　　　　　　～　1　リットル以下	29,500円
	(2)　1　リットル超　～　1.5リットル以下	34,500円
	(3)　1.5リットル超　～　2　リットル以下	39,500円
	(4)　2　リットル超　～　2.5リットル以下	45,000円
	(5)　2.5リットル超　～　3　リットル以下	51,000円
	(6)　3　リットル超　～　3.5リットル以下	58,000円
	(7)　3.5リットル超　～　4　リットル以下	66,500円
	(8)　4　リットル超　～　4.5リットル以下	76,500円
	(9)　4.5リットル超　～　6　リットル以下	88,000円
	(10)　6　リットル超　～	111,000円

第6章　その他の都道府県税

ロ　トラック（三輪の小型自動車であるものを除きます。）

	最 大 積 載 量 等 区 分	標準税率（年額）
① 営 業 用	(1)　　　　　～　１トン以下　　　 (2)　１トン超　～　２トン以下 (3)　２トン超　～　３トン以下 (4)　３トン超　～　４トン以下 (5)　４トン超　～　５トン以下 (6)　５トン超　～　６トン以下 (7)　６トン超　～　７トン以下 (8)　７トン超　～　８トン以下 (9)　８トン超　～	6,500円 9,000円 12,000円 15,000円 18,500円 22,000円 25,500円 29,500円 29,500円 に最大積載量が ８トンを超える 部分１トンまで ごとに4,700円 を加算した額
② 自 家 用	(1)　　　　　～　１トン以下 (2)　１トン超　～　２トン以下 (3)　２トン超　～　３トン以下 (4)　３トン超　～　４トン以下 (5)　４トン超　～　５トン以下 (6)　５トン超　～　６トン以下 (7)　６トン超　～　７トン以下 (8)　７トン超　～　８トン以下 (9)　８トン超　～	8,000円 11,500円 16,000円 20,500円 25,500円 30,000円 35,000円 40,500円 40,500円 に最大積載量が ８トンを超える 部分１トンまで ごとに6,300円 を加算した額
③ け ん 引 自 動 車	(1)　営業用 　(i)　小型自動車であるもの 　(ii)　普通自動車であるもの (2)　自家用 　(i)　小型自動車であるもの 　(ii)　普通自動車であるもの	 7,500円 15,100円 10,200円 20,600円
④ 被 け ん 引 自 動 車	(1)　営業用 　(i)　小型自動車であるもの 　(ii)　普通自動車であるもので最大積載量が８トン以下のもの 　(iii)　普通自動車であるもので最大積載量が８トンを超えるもの	 3,900円 7,500円 7,500円 に最大積載量が ８トンを超える 部分１トンまで ごとに3,800円 を加算した額

－ 690 －

第5節　自動車税

	(2)　自家用 　(i)　小型自動車であるもの	5,300円
	(ii)　普通自動車であるもので最大積載量が8トン以下のもの	10,200円
	(iii)　普通自動車であるもので最大積載量が8トンを超えるもの	10,200円に最大積載量が8トンを超える部分1トンまでごとに5,100円を加算した額

※　トラックのうち最大乗車定員が4人以上であるものについては、上記税率に次の区分に応じた額を加算することとされています（地法147②）。

（営業用）		
i	総排気量が1リットル以下のもの	3,700円
ii	総排気量が1リットルを超え、1.5リットル以下のもの	4,700円
iii	総排気量が1.5リットルを超えるもの	6,300円
（自家用）		
i	総排気量が1リットル以下のもの	5,200円
ii	総排気量が1リットルを超え、1.5リットル以下のもの	6,300円
iii	総排気量が1.5リットルを超えるもの	8,000円

ハ　バス（三輪の小型自動車であるものを除きます。）

	乗 車 定 員 区 分	標準税率(年額)
①営業用	(1)　一般乗合用のもの（注3）	
	(i)　　　　　～ 30人以下	12,000円
	(ii)　30人超 ～ 40人以下	14,500円
	(iii)　40人超 ～ 50人以下	17,500円
	(iv)　50人超 ～ 60人以下	20,000円
	(v)　60人超 ～ 70人以下	22,500円
	(vi)　70人超 ～ 80人以下	25,500円
	(vii)　80人超 ～	29,000円
	(2)　一般乗合用のもの以外のもの	
	(i)　　　　　～ 30人以下	26,500円
	(ii)　30人超 ～ 40人以下	32,000円
	(iii)　40人超 ～ 50人以下	38,000円
	(iv)　50人超 ～ 60人以下	44,000円
	(v)　60人超 ～ 70人以下	50,500円
	(vi)　70人超 ～ 80人以下	57,000円
	(vii)　80人超 ～	64,000円

— 691 —

第6章　その他の都道府県税

②自家用	(1)	〜　30人以下	33,000円
	(2)	30人超　〜　40人以下	41,000円
	(3)	40人超　〜　50人以下	49,000円
	(4)	50人超　〜　60人以下	57,000円
	(5)	60人超　〜　70人以下	65,500円
	(6)	70人超　〜　80人以下	74,000円
	(7)	80人超　〜	83,000円

ニ　三輪の小型自動車

営　　自　　区　　分	標準税率（年額）
(1)　営業用	4,500円
(2)　自家用	6,000円

(注)1　電気自動車である乗用車については、総排気量1リットル以下の税率区分を適用することが適当であるとされています（取扱通知(県)10章17）。また、ロータリーエンジンを搭載する乗用車については、単室容積にローター数を乗じて得た値に1.5を乗じて得た値を総排気量とみなして税率区分を適用することが適当であるとされています（同通知）。

2　特種用途車（特殊の目的に使用され、かつ、その目的遂行に必要な特殊な構造、装置を備えている自動車（自動車登録番号の分類番号が8、80から89まで、800から899まで、80Aから89Zまで、8A0から8Z9まで及び8AAから8ZZまでのもの）をいいます。）及び電気自動車又はロータリエンジン搭載車等で上記の標準税率における税率区分により難いものについては、用途、総排気量、定格出力、乗車定員、最大積載量、構造（長さ、幅、高さ等）又は装置等自動車の諸元によって区分を設けて、自動車税種別割の税率を定めることができることとされています（地法177の7）。

なお、特種用途車には、例えば、救急自動車、医療防疫用自動車、寝台自動車、放送宣伝自動車、霊柩車、冷蔵冷凍自動車、タンクローリ、撒水自動車、ふん尿自動車、コンクリート・ミキサー車、ロードパッカー、消防自動車、図書館車等が該当します。

3　一般乗合用のものとは、道路運送法第5条第1項第3号に規定する路線定期運行の用に供するものをいいます。

(2)　積雪地域における税率の特例

積雪により、通常、一定の期間において自動車を運行の用に供することができないと認められる地域に主たる定置場を有する自動車に対して課される自動車税種別割の標準税率は、次により計算した税率とされています（地法177の7）。

— 692 —

第5節　自動車税

```
(算　式)

上記の税率 × [ 10/10 − [積雪により自動車を運行の用に
                        供することができない期間の月
                        数（4月を限度とします。）] × 0.75/10 ]

※　この割合は、10分の7を下回ることができないとされています。
```

(3)　自動車税種別割のグリーン化

　自動車税種別割については、排出ガス性能及び燃費性能の優れた環境負荷の小さい自動車は税率を軽減し、新車新規登録から一定年数を経過した環境負荷の大きい自動車は税率を重くする特例措置（いわゆる「自動車税種別割のグリーン化」）が、次のとおり講じられています（地法附則12の3、地規附則5、5の2）。

区　分	自動車税種別割のグリーン化の内容
環境負荷の小さい自動車	①　令和3年度及び令和4年度において新車新規登録を受けた(1)及び(2)の自動車については、次のとおり自動車税の種別割が軽減されます。 (1)　次に掲げる自動車については、当該登録の翌年度にその税率の概ね75％を軽減します。 　イ　電気自動車 　ロ　天然ガス自動車のうち平成30年排出ガス基準に適合又は平成21年天然ガス車基準に適合し、かつ、窒素酸化物の排出量が同基準値より10％以上少ないもの 　ハ　プラグインハイブリッド自動車 　ニ　窒素酸化物の排出量が平成30年排出ガス基準値より50％以上又は平成17年排出ガス基準値より75％以上少ない自動車のうち燃費性能が令和12年度燃費基準値90％達成しているもの（営業用の乗用車に限ります。） (2)　窒素酸化物の排出量が平成30年排出ガス基準値より50％以上又は平成17年排出ガス基準値より75％以上少ない自動車のうち、令和12年度燃費基準値70％達成、かつ、令和2年度燃費基準値達成しているもの（営業用の乗用車に限ります。）((1)のニに該当するものを除きます。）については、当該登録の翌年度にその税率の概ね50％を軽減します。
環境負荷の大きい自動車	次に掲げる自動車（電気自動車、天然ガス自動車、メタノール自動車、混合メタノール自動車及びハイブリット自動車のうちガソリンを燃料とするもの並びに一般乗合用バス及び被けん引自動車

— 693 —

第6章　その他の都道府県税

を除きます。）については、令和4年、令和5年度の自動車税の
種別割について、バス（一般乗合用のものを除きます。）及びト
ラック（被けん引車を除きます。）にあってはその税率の概ね10
％を、当該バス及びトラック以外の自動車にあってはその税率の
概ね15％を重課します（重課税率については、下記のとおり）。

イ　ガソリン自動車又はＬＰＧ自動車で平成18年3月31日までに
　　新車新規登録を受けたもので新車新規登録から13年を超えてい
　　るもの

ロ　軽油自動車その他のイに掲げる自動車以外の自動車で平成20
　　年3月31日までに新車新規登録を受けたもので新車新規登録か
　　ら11年を超えているもの

（参考）自動車税種別割におけるグリーン化特例（重課関係）

1　乗用車

	総排気量区分	標準税率	重課税率
			H30～R5年度
営業用	(1)　　　　　～　1リットル以下	7,500円	8,600円
	(2)　　1リットル超～1.5リットル以下	8,500円	9,700円
	(3)　1.5リットル超～　2リットル以下	9,500円	10,900円
	(4)　　2リットル超～2.5リットル以下	13,800円	15,800円
	(5)　2.5リットル超～　3リットル以下	15,700円	18,000円
	(6)　　3リットル超～3.5リットル以下	17,900円	20,500円
	(7)　3.5リットル超～　4リットル以下	20,500円	23,500円
	(8)　　4リットル超～4.5リットル以下	23,600円	27,100円
	(9)　4.5リットル超～　6リットル以下	27,200円	31,200円
	(10)　　6リットル超～	40,700円	46,800円
自家用	(1)　　　　　～　1リットル以下	29,500円	33,900円
	(2)　　1リットル超～1.5リットル以下	34,500円	39,600円
	(3)　1.5リットル超～　2リットル以下	39,500円	45,400円
	(4)　　2リットル超～2.5リットル以下	45,000円	51,700円
	(5)　2.5リットル超～　3リットル以下	51,000円	58,600円
	(6)　　3リットル超～3.5リットル以下	58,000円	66,700円
	(7)　3.5リットル超～　4リットル以下	66,500円	76,400円
	(8)　　4リットル超～4.5リットル以下	76,500円	87,900円
	(9)　4.5リットル超～　6リットル以下	88,000円	101,200円
	(10)　　6リットル超～	111,000円	127,600円

（注）　三輪の小型自動車は省略しています。

— 694 —

第5節　自動車税

2　トラック

最大積載量等区分		標準税率	重課税率 H30〜R5年度
営業用	(1)　　　〜1トン以下	6,500円	7,100円
	(2)　1トン超〜2トン以下	9,000円	9,900円
	(3)　2トン超〜3トン以下	12,000円	13,200円
	(4)　3トン超〜4トン以下	15,000円	16,500円
	(5)　4トン超〜5トン以下	18,500円	20,300円
	(6)　5トン超〜6トン以下	22,000円	24,200円
	(7)　6トン超〜7トン以下	25,500円	28,000円
	(8)　7トン超〜8トン以下	29,500円	32,400円
	(9)　8トン超〜	29,500円に最大積載量が8トンを超える部分1トンまでごとに4,700円を加算した額	32,400円に最大積載量が8トンを超える部分1トンまでごとに5,100円を加算した額
自家用	(1)　　　〜1トン以下	8,000円	8,800円
	(2)1トン超〜2トン以下	11,500円	12,600円
	(3)2トン超〜3トン以下	16,000円	17,600円
	(4)3トン超〜4トン以下	20,500円	22,500円
	(5)4トン超〜5トン以下	25,500円	28,000円
	(6)5トン超〜6トン以下	30,000円	33,000円
	(7)6トン超〜7トン以下	35,000円	38,500円
	(8)7トン超〜8トン以下	40,500円	44,500円
	(9)8トン超〜	40,500円に最大積載量が8トンを超える部分1トンまでごとに6,300円を加算した額	44,500円に最大積載量が8トンを超える部分1トンまでごとに6,900円を加算した額

(注)　けん引自動車は省略しています。

3　バス

乗車定員区分		標準税率	重課税率 H30〜R5年度
営業用	(1)　一般乗合用のもの		制度なし
	(2)　一般乗合用のもの以外のもの (i)　　　〜30人以下	26,500円	29,100円

— 695 —

	(ii)	30人超～40人以下	32,000円	35,200円
	(iii)	40人超～50人以下	38,000円	41,800円
	(iv)	50人超～60人以下	44,000円	48,400円
	(v)	60人超～70人以下	50,500円	55,500円
	(vi)	70人超～80人以下	57,000円	62,700円
	(vii)	80人超～	64,000円	70,400円
自家用	(1)	～30人以下	33,000円	36,300円
	(2)	30人超～40人以下	41,000円	45,100円
	(3)	40人超～50人以下	49,000円	53,900円
	(4)	50人超～60人以下	57,000円	62,700円
	(5)	60人超～70人以下	65,500円	72,000円
	(6)	70人超～80人以下	74,000円	81,400円
	(7)	80人超～	83,000円	91,300円

6 賦課期日及び納期

自動車税種別割の賦課期日及び納期は、次のとおりとされています（地法177の8、177の9）。

賦課期日	4月1日
納　　　期	5月中において、当該都道府県の条例で定める日です。ただし、都道府県は、特別の事情がある場合においては、これと異なる納期を定めることができます。

7 自動車税種別割における月割課税制度

自動車税種別割の賦課期日は4月1日とされていることから、自動車税種別割は、賦課期日現在において自動車を所有している者に対し、年税額によって課税されます。ただし、自動車税種別割には、月割課税制度が設けられており、賦課期日後（4月1日午前零時後をいいます。以下同じです。）において、自動車（未登録車）を購入した場合（新規登録）、自動車を滅失解体した場合（抹消登録）等には、次により、月割をもって、自動車税種別割が課税されます（地法177の10）。

	区　　　分	月割計算の方法
月割課税	賦課期日後に所有者等となった場合	自動車の所有者等となった月の翌月から、次により、月割をもって課税します。 （当該自動車に係る税率（年税額））×（当該所有者等となった月の翌月から当該年度の末日（3月31日）ま

		での月数÷12)
	賦課期日後に所有者等でなくなった場合	自動車の所有者等でなくなった月まで、次により、月割をもって課税します。 （当該自動車に係る税率（年税額））×（4月1日から所有者等でなくなった月までの月数÷12）

　ただし、次の場合には、賦課徴収事務の合理化等を図る観点から、当該年度の末日（3月31日）にその変更があったものとみなして上記の月割計算を行うこととされています（地法177の10④）。

イ　賦課期日後にその主たる定置場が所在する一の都道府県から他の都道府県に変更された場合

ロ　賦課期日後に自動車の所有者の変更があった場合

　したがって、イの場合には、その定置場を変更した者はその年度分の自動車税種別割の全額をその定置場を変更する前の都道府県に対して納付することとなり、新定置場所在の都道府県に対しては翌年度分の自動車税種別割から納税義務を負うこととなります。また、ロの場合には、前所有者がその年度分の自動車税種別割の全額を負担することとなり、新所有者は翌年度分の自動車税種別割から納税義務を負うこととなります。

8　徴収の方法

(1)　普通徴収

　自動車税種別割は、次の(2)の証紙徴収による場合を除き、普通徴収の方法により徴収されます（地法177の11）。

　したがって、都道府県は、自動車税種別割の額を計算して賦課決定し、その税額及び納期等を記載した納税通知書を納税者に交付して、これを徴収することになります。

　この場合において、納税者に交付すべき納税通知書は、遅くとも、その納期限前10日までに納税者に交付しなければなりません（地法177の11）。

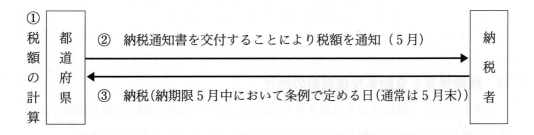

第6章　その他の都道府県税

(2)　証紙徴収

次の上欄に掲げる自動車に係る自動車税種別割で賦課期日後翌年2月末日までの間に納税義務が発生したものについては、証紙徴収の方法により徴収されます（地法177の11）。

証紙徴収による徴収	証紙徴収の対象となる自動車	道路運送車両法第7条の規定による新規登録の申請があった自動車
	証紙徴収の方法	当該申請の際に、その都道府県が発行する証紙を自動車税種別割の申告書又は報告書に貼らせることによって徴収します。この場合において、都道府県は、証紙の額面金額に相当する金額を証紙代金収納計器で表示させることにより、又は証紙の額面金額に相当する現金の納付を受けた後納税済印を押すことによって、証紙に代えることができます。

9　賦課徴収に関する申告又は報告の義務

自動車税種別割の納税義務者は、次に掲げる場合には、その賦課徴収に関し必要な事項を記載した申告書又は報告書（総務省令第16号の43号様式）を都道府県知事に提出しなければなりません（地法177の13）。

	申告書又は報告書を提出しなければならない場合
申告又は報告の区分	①　道路運送車両法第7条の新規登録をした場合
	②　同法第12条の変更登録をした場合
	③　同法第13条の移転登録をした場合
	④　当該都道府県の条例で定める場合 （例　示） (イ)　自動車（商品であるものを除きます。）を取得した場合 (ロ)　自動車を運行の用に供することをやめた場合 (ハ)　自動車を滅失、解体（整備又は改造のため解体した場合を除きます。）又は自動車としての用途を廃止した場合 (ニ)　自動車の主たる定置場が都道府県内に所在することとなったとき、又は所在しないこととなった場合

10　継続検査と自動車税種別割の納付

自動車について継続検査を申請する場合には、自動車税種別割の徴収を確保するため、自動車税種別割の納税証明書を提示しなければならないとされています。

— 698 —

第5節　自動車税

継続検査	自動車検査証の有効期間は、1年又は2年（自家用乗用車について初めて交付を受ける場合は3年）とされていますが、この有効期間の更新を受けるためには、国土交通大臣の行う検査を受け、当該自動車が保安上の技術基準に適合するかどうか確認を受けなければならない（継続検査）とされています（道路運送車両法62①）。
継続検査の際の自動車税種別割の納税証明書の提示	自動車検査証の返付を受けようとする際、申請者は、当該自動車について現に自動車税種別割の滞納（天災その他やむを得ない事由によるものを除きます。）がないことを証するに足る書面を地方運輸局運輸支局長（運輸監理部長を含みます。）に提示しなければならないものとされています（道路運送車両法97の2）。そして、この書面の提示がないときは、地方運輸局運輸支局長（運輸監理部長を含みます。）は、自動車検査証の返付をしないものとされています。 　なお、当該自動車について現に自動車税種別割の滞納があるかどうかは、継続検査の申請の際に当該自動車に係る自動車税種別割を負担すべき者についていいます。したがって、地方税法第177条の10第4項本文の規定（月割課税の特則）の適用を受ける場合には、前の所有者についての証明を要することとなります。ただし、一の都道府県から他の都道府県に移転登録したことにより、前の所有者についての証明が困難と判断される相当な理由のある場合には、現在の所有者が当該自動車に係る自動車税種別割の滞納がないことの証明でも差し支えないとされています。

第6節　鉱　区　税

　鉱区税は、鉱区所在の都道府県が、鉱区を課税客体とし、鉱区の面積を課税標準として、鉱業権者に課する都道府県税です（地法2章9節、地法附則13）。

　鉱区税の課税要件等は、次のとおりとされています。

課税要件等	内　　　　容
課税客体	鉱区（当該鉱業権の行使が認められる地域として、鉱業原簿に登録されたものをいいます。）
納税義務者	鉱業権（地下に埋蔵されている鉱物を掘採する権利をいいます。）を有する者（鉱業法第20条又は第42条の規定により試掘権が存続するものとみなされる期間において試掘することができる者を含みます。）
課税団体	鉱区所在の都道府県
課税標準	鉱区の面積（砂鉱区のうち河床に存するものは河床の延長）
税　　率	税率は一定税率であり、次に定める額とされています。 (1)　砂鉱を目的としない鉱業権の鉱区 　　　試掘鉱区　　　面積100アールごとに　年額　200円 　　　採掘鉱区　　　面積100アールごとに　年額　400円 (2)　砂鉱を目的とする鉱業権の鉱区 　　　　　　　　　　面積100アールごとに　年額　200円 　　　ただし、砂鉱区のうち河床に存するものでそれが延長で表示されているもの（地法附則13） 　　　　　　　　延長1,000メートルごとに　年額　600円 (3)　石油又は可燃性天然ガスを目的とする鉱業権の鉱区 　　　　　　　(1)に掲げる税率の3分の2
賦課期日	(1)　賦課期日は4月1日です。 (2)　賦課期日後に納税義務が発生した者には、その発生した月の翌月から、月割をもって鉱区税が課されます。 　　　また、賦課期日後に納税義務が消滅した者には、その消滅した月まで、月割をもって鉱区税が課されます。 (3)　賦課後にその課税客体である鉱区の承継があった場合においては、前の納税者の納税をもって後の納税義務者の納税とみなされ、(2)の月割課税が行われません。
徴収の方法及び納期	(1)　普通徴収の方法により徴収されます。 (2)　納期は、5月中において、当該都道府県の条例で定める日です。

第7節　狩　猟　税

　狩猟税は、都道府県が鳥獣の保護及び狩猟に関する行政の実施に要する費用に充てるため、都道府県知事の狩猟者の登録を受ける者に対して課する目的税です。

　狩猟税の課税要件等は、次のとおりとされています（地法4章3節、地法附則32及び32の2）。

課税要件等	内　　　　　容
課税客体	狩猟者の登録
納税義務者	都道府県知事の狩猟者の登録を受ける者
非課税	(1)　鳥獣による農林水産業等に係る被害の防止のための特別措置に関する法律に規定する対象鳥獣捕獲員に係る狩猟者の登録をした場合の当該対象鳥獣捕獲員に対する狩猟税（ただし、当該登録が平成27年4月1日から令和6年3月31日までの間に行われた場合に限ります。）（地法附則32①） (2)　鳥獣の保護及び管理並びに狩猟の適正化に関する法律に規定する認定鳥獣捕獲等事業者の従事者に係る狩猟者の登録をした場合の当該従事者に対する狩猟税（ただし、当該登録が平成27年5月29日から令和6年3月31日までの間に行われた場合に限ります。）（地法附則32②）
課税団体	狩猟者の登録を受ける都道府県
税　　率	(1)　第1種銃猟免許（装薬銃を使用する猟法に係る狩猟免許）に係る狩猟者の登録を受ける者 　イ　ロに掲げる者以外の者……16,500円 　ロ　その年度の道府県民税の所得割額を納付することを要しないもののうち、同一生計配偶者又は扶養親族に該当する者（農業、水産業又は林業に従事している者を除きます。）以外の者……11,000円 (2)　網・わな猟免許（網・わな等銃器以外の猟具を使用する法定猟法に係る狩猟免許）に係る狩猟者の登録を受ける者 　イ　ロに掲げる者以外の者……8,200円 　ロ　その年度の道府県民税の所得割額を納付することを要しないもののうち、同一生計配偶者又は扶養親族に該当する者（農業、水産業又は林業に従事している者を除きます。）以外の者……5,500円 (3)　第2種銃猟免許（空気銃を使用する猟法に係る狩猟免許）に係る狩猟者の登録を受ける者……5,500円

税率の特例	(1) 狩猟者の登録が次に掲げる登録のいずれかに該当する場合における その狩猟者の登録に係る狩猟税の税率は、上欄の(1)、(2)及び (3)の税率に次に定める割合を乗じた税率とされています（地法 700の52②）。 イ 放鳥獣猟区（専ら放鳥獣をされた狩猟鳥獣の捕獲を目的とする 猟区をいいます。）のみに係る狩猟の登録……4分の1 ロ イの狩猟者の登録を受けている者が受ける放鳥獣猟区及び放 鳥獣猟区以外の場所に係る狩猟者の登録……4分の3 (2) 狩猟者登録の申請書を提出する日前1年以内の期間に、鳥獣の 保護及び管理並びに狩猟の適正化に関する法律の許可を受け、当 該許可に係る鳥獣の捕獲等を行った者が受ける狩猟者の登録が、 平成27年4月1日から令和6年3月31日までの間に行われた場合 における当該狩猟者に係る狩猟税の税率は、上欄(1)、(2)及び(3)の 税率に2分の1を乗じた税率とされています（地法附則32の2 ①）。 (3) 狩猟者登録の申請書を提出する日前1年以内の期間に、鳥獣の 保護及び管理並びに狩猟の適正化に関する法律に規定する従事者 （認定鳥獣捕獲等事業者の従事者を除きます。）として従事者証の 交付を受けて、当該従事者証に係る鳥獣の捕獲等を行った者が受 ける狩猟者の登録が、平成27年4月1日から令和6年3月31日ま での間に行われた場合における当該狩猟者に係る狩猟税の税率は、 上欄(1)、(2)及び(3)の税率に2分の1を乗じた税率とされています （地法附則32の2②）。
賦課期日及び 納期	(1) 賦課期日は都道府県の条例で定める日とされていますが、条例 では、一般的に「狩猟登録をする日」と定められています。 (2) 納期についても都道府県の条例で定める日とされています。
徴収の方法	徴収は、都道府県の条例で定めるところによって、普通徴収又は証 紙徴収の方法によるとされていますが、条例では、通常「狩猟税の 徴収については、証紙徴収の方法による。ただし、知事が必要と認 める場合においては、普通徴収の方法による。」との趣旨による規 定がなされています。

第8節　水利地益税

　水利地益税は、都道府県が、水利に関する事業、都市計画法に基づいて行う事業、林道に関する事業その他土地又は山林の利益となるべき事業の実施に要する費用に充てるため、当該事業により特に利益を受ける土地又は家屋の所有者等に対して課することができる目的税です。

　都道府県が水利地益税を課するか否かは、当該都道府県の自主的判断（条例事項）に委ねられていますが、この税の課税要件等は、次のとおりとされています（地法4章7節）。

課税要件等	内　　　　　容
課税客体	当該事業により特に利益を受ける土地又は家屋
納税義務者	当該事業により特に利益を受ける土地又は家屋の所有者等
課税団体	当該事業を行う都道府県
課税標準	当該土地又は家屋の価格又は面積
課税限度額	水利地益税の課税額（数年にわたって課する場合においては、各年の課税額の総額）は、当該土地又は家屋が当該事業により特に受ける利益の限度を超えることができません。
税率等	水利地益税の具体の納税義務者、税率、納期及び徴収の方法は、都道府県の条例で定めるところによります。

第8節　水利地益税

第7章　その他の市町村税

第1節　軽自動車税

第1　環境性能割

　令和元年10月の消費税率10%への引上げ時に、自動車取得税を廃止し、自動車税及び軽自動車税に環境性能割が創設されました。

　環境性能割は、自動車がもたらすCO2排出、道路の損傷、交通事故、公害、騒音等の様々な社会的費用にかかる行政需要に着目した原因者負担金的性格を有しています。そして、環境インセンティブを最大化する政策的意図に基づいて、自動車の環境性能に応じて税率を決定する仕組みとして設計されています。

課税要件等	環 境 性 能 割 の 内 容
課税客体	（一）　道路運送車両法に規定する軽自動車（軽自動車に付加して一体となっている物を含みます。）のうち、三輪以上のものとします。
納税義務者等	（二）　三輪以上の軽自動車の取得者に対し、その取得の際、当該三輪以上の軽自動車の主たる定置場の所在の市区町村（以下「定置場所在市区町村」といいます。）が課します。 ※　賦課徴収及び申告・納付については、下欄の（六）を参照。
非課税	（三）　次に掲げる三輪以上の軽自動車に対しては、環境性能割を非課税とします。 　なお、(2)のアからウまでの三輪以上の軽自動車の範囲については、2年ごとに見直しを行うものとされています。 (1)　国等が取得する三輪以上の軽自動車 (2)　次に掲げる環境への負荷の低減に著しく資する三輪以上の軽自動車 ア　電気軽自動車 イ　次に掲げる天然ガス軽自動車 　(ア)　平成30年排出ガス基準に適合するもの 　(イ)　平成21年天然ガス車基準に適合し、かつ、窒素酸化物の排出量が平成21年天然ガス車基準値より10%以上少ないもの

— 705 —

第7章　その他の市町村税

	ウ　次に掲げるガソリン軽自動車 　（ア）　乗用車のうち、次のいずれにも該当するもの 　　（i）　平成30年ガソリン軽中量車基準に適合し、かつ、窒素酸化物の排出量が同基準値より50％以上少ないこと、又は、平成17年ガソリン軽中量車基準に適合し、かつ、窒素酸化物の排出量が同基準値より75％以上少ないこと 　　（ii）　燃費性能が令和12年度燃費基準値を75％達成し、かつ、令和2年度燃費基準値を達成していること 　（イ）　車両総重量が2.5トン以下のトラックのうち、次のいずれにも該当するもの 　　（i）　平成30年ガソリン軽中量車基準に適合し、かつ、窒素酸化物の排出量が同基準値より50％以上少ないこと、又は、平成17年ガソリン軽中量車基準に適合し、かつ、窒素酸化物の排出量が同基準値より75％以上少ないこと 　　（ii）　燃費性能が平成27年度燃費基準値より25％以上良いこと (3)　相続その他の形式的な所有権の移転により取得した軽自動車
課税標準及び免税点	（四）　三輪以上の軽自動車の取得のために通常要する価額として算定した金額（いわゆる、通常の取得価額）とし、免税点は50万円とします。
税率 ※自家用のうち(3)のもの及び営業用については軽減措置が講じられていますが、これは、当分の間の措置とされています。 ※自家用のうち令和3年12月31日までに取得したものについては、(1)のものは非課税、(2)(3)	（五）　環境性能割の税率は、次のとおりです。 　なお、次の(1)から(3)までの適用を受ける三輪以上の軽自動車の範囲については、2年ごとに見直しを行うこととされています。

税率の続き

税率	税率適用対象軽自動車
自家用 1％ 営業用 0.5％	(1)　次に掲げるガソリン軽自動車のうち、三輪以上のもの（（三）の(2)の適用を受けるものを除きます。） 　ア　乗用車のうち、次のいずれにも該当するもの 　　（ア）　平成30年ガソリン軽中量車基準に適合し、かつ、窒素酸化物の排出量が同基準値より50％以上少ないこと、又は、平成17年ガソリン軽中量車基準に適合し、かつ、窒素酸化物の排出量が同基準値より75％以上少ないこと 　　（イ）　燃費性能が令和12年度燃費基準値を60％達成し、かつ、令和2年度燃費基準値を達成していること 　イ　車両総重量が2.5トン以下のトラックのうち、次のいずれにも該当するもの 　　（ア）　平成30年ガソリン軽中量車基準に適合し、かつ、窒素酸化物の排出量が同基準値より50％以上少ないこと、又は、平成17年ガソリン軽中量車基準に適合し、かつ、窒素酸化物の排出量が同基準値より75％以上少ないこと

第1節　軽自動車税

のものは1%とされています。		(イ)　燃費性能が平成27年度燃費基準値より20%以上良いこと
	自家用2%営業用1%	(2)　ガソリン軽自動車のうち三輪以上のもの（乗用車又は車両総重量が2.5トン以下のトラックに限ります。）であって、次のいずれにも該当するもの（(三)の(2)及び(五)の(1)の適用を受けるものを除きます。） ア　平成30年ガソリン軽中量車基準に適合し、かつ、窒素酸化物の排出量が同基準値より50%以上少ないこと、又は、平成17年ガソリン軽中量車基準に適合し、かつ、窒素酸化物の排出量が同基準値より75%以上少ないこと イ　燃費性能が令和12年度燃費基準値を55%達成していること（トラックにあっては、燃費性能が平成27年度燃費基準値より15%以上良いこと）
	自家用2%営業用2%	(3)　(三)の(2)、(五)の(1)及び(2)の適用を受ける三輪以上の軽自動車以外の三輪以上の軽自動車
賦課徴収・申告等		(六)　環境性能割の賦課徴収及び申告等の骨子は、次のとおりですが、これは、当分の間の措置とされています。 (1)　軽自動車税の環境性能割の賦課徴収は、軽自動車税の環境性能割に係る三輪以上の軽自動車の主たる定置場所在の都道府県（以下「定置場所在都道府県」といいます。）が自動車税の環境性能割の賦課徴収の例により、行うこととします。 (2)　軽自動車税の環境性能割の申告又は報告は、自動車税の環境性能割の申告の例により、定置場所在都道府県の知事にしなければなりません。 (3)　軽自動車税の環境性能割の納税義務者は、自動車税の環境性能割に係る地方団体の徴収金の納付の例により、軽自動車税の環境性能割に係る地方団体の徴収金を定置場所在都道府県に納付しなければなりません。 (4)　定置場所在都道府県は、軽自動車税の環境性能割に係る地方団体の徴収金の納付があった場合には、当該納付があった月の翌々月の末日までに、軽自動車税の環境性能割に係る地方団体の徴収金として納付された額を定置場所在市区町村に払い込みます。

— 707 —

第2　種別割

　軽自動車税種別割は、軽自動車等の所有者に対し、その主たる定置場所在の市町村又は特別区（以下「市区町村」といいます。）が課する市町村税です。

　軽自動車税種別割は、軽自動車等の所有の事実に担税力を見出して課する税であり、この税は、課税客体を軽自動車等としていることから資産税としての性格を有しているとともに、道路損傷負担金的な性格をも併せもっています。

1　課税客体

　軽自動車税種別割は、原動機付自転車、軽自動車、小型特殊自動車及び二輪の小型自動車（以下「軽自動車等」といいます。）に対して課されます（地法442）。

区　　分		軽自動車等の規格等
課税の対象となる軽自動車等	原動機付自転車	次の総排気量又は定格出力を有する原動機により陸上を移動させることを目的として製作した用具で軌条又は架線を用いないもの等をいいます（地法442四、道路運送車両法2③、道路運送車両法施行規則1）。 ① 内燃機関を原動機とするもの 　二輪を有するもの（側車付のものを除きます。）にあっては、その総排気量が0.125リットル以下、その他のものにあっては、0.050リットル以下であること。 ② 内燃機関以外のものを原動機とするもの 　二輪を有するもの（側車付のものを除きます。）にあっては、その定格出力が1.00キロワット以下、その他のものにあっては、0.60キロワット以下であること。 ※　被けん引車は、課税対象から除かれます。
	軽自動車	道路運送車両法第3条に規定する軽自動車で、次に掲げる基準に適合するものをいいます（地法442五、道路運送車両法施行規則別表第1）。 ① 二輪自動車（側車付二輪自動車を含みます。）以外の自動車及び被けん引自動車で自動車の大きさが次に該当するもののうち大型特殊自動車及び小型特殊自動車以外のもの。 　ただし、内燃機関を原動機とする自動車は、その総排気量が0.660リットル以下のものに限られます。 　　長さ　　3.40メートル以下 　　幅　　　1.48メートル以下 　　高さ　　2.00メートル以下 ② 二輪自動車（側車付二輪自動車を含みます。）で自

第1節　軽自動車税

課税の対象となる軽自動車等	軽自動車	動車の大きさが次に該当するもののうち大型特殊自動車及び小型特殊自動車以外のもの。 　ただし、内燃機関を原動機とする自動車は、その総排気量が0.250リットル以下のものに限られます。 　長さ　　2.50メートル以下 　幅　　　1.30メートル以下 　高さ　　2.00メートル以下
	小型特殊自動車	道路運送車両法第3条に規定する小型特殊自動車で、次の基準に適合するものをいいます（地法442六、道路運送車両法施行規則別表第1）。 ①　ショベル・ローダ、タイヤ・ローラ、ロード・ローラ、グレーダ、ロード・スタビライザ、スクレーパ、ロータリ除雪自動車、アスファルト・フィニッシャ、タイヤ・ドーザ、モータ・スイーパ、ダンパ、ホイール・ハンマ、ホイール・ブレーカ、フォーク・リフト、フォーク・ローダ、ホイール・クレーン、ストラドル・キャリヤ、ターレット式構内運搬自動車、自動車の車台が屈折して操向する構造の自動車、国土交通大臣の指定する構造のカタピラを有する自動車及び国土交通大臣の指定する特殊な構造を有する自動車であって、自動車の大きさが次に該当するもののうち最高速度15キロメートル毎時以下のもの。 　長さ　　4.70メートル以下 　幅　　　1.70メートル以下 　高さ　　2.80メートル以下 ②　農耕トラクタ、農業用薬剤散布車、刈取脱穀作業車、田植機及び国土交通大臣の指定する農耕作業用自動車であって、最高速度35キロメートル毎時未満のもの。
	二輪の小型自動車	道路運送車両法第3条に規定する小型自動車のうち二輪自動車（側車付二輪自動車を含みます。）をいいます（地法442七）。

2　納税義務者

　軽自動車税種別割の納税義務者は、賦課期日（4月1日）において軽自動車等を所有している次の者とされています（地法443、463の16）。

納税義務者	①	軽自動車等の所有者	
	②	軽自動車等の所有者とみなされる者	
		みなす課税	軽自動車等の売買があった場合において、売主が当該軽自動車等の所有権を留保しているとき（例えば所有権留保付割賦販売の場合）は、当該軽自

第7章　その他の市町村税

	動車等について現実に使用又は収益をしている買主が当該軽自動車等の所有者とみなされて、軽自動車税種別割が課されます（地法444）。

(注)　所有権留保付自動車の買主が当該軽自動車税種別割に係る地方団体の徴収金を滞納した場合において、その者の財産につき滞納処分してもなおその徴収すべき額に不足すると認められるときは、売主はその軽自動車等の譲渡価額を限度として当該滞納に係る地方団体の徴収金の第2次納税義務を負うものとされています（地法11の9）。

3　課税団体

軽自動車税種別割の課税団体は、次のとおりとされています（地法443）。

課税団体	当該軽自動車等の主たる定置場所在の市区町村 　（主たる定置場とは） 　軽自動車等の運行を休止した場合において主として駐車する場所をいいます。その具体的認定に当たっては、明確な反証がない限り、次によるものとされています（取扱通知（市）4章4）。 イ　原動機付自転車及び小型特殊自動車については、その所有者（所有権留保付売買に係るものにあってはその所有者とみなされる買主をいいます。）の住所地（その者が法人である場合においては、その使用の本拠とされる事務所の所在地とします。）にその主たる定置場があるものとして取り扱います。 ロ　軽自動車については、自動車検査証を交付されたものである場合にあってはこれに記載された使用の本拠の位置に、軽自動車届出済証を交付されたものである場合にあってはこれに記載された使用の本拠の位置に、その他の場合にあってはその所有者の住所地に、それぞれその主たる定置場があるものとして取り扱います。 ハ　二輪の小型自動車については、自動車検査証を交付されたものである場合にあってはこれに記載された使用の本拠の位置に、その他の場合にあってはその所有者の住所地に、それぞれその主たる定置場があるものとして取り扱います。

4　非課税の範囲

軽自動車税種別割の非課税の範囲は、次のとおりとされています（地法445）。

非課税	①	国、非課税独立行政法人、国立大学法人等及び日本年金機構並びに都道府県、市町村、特別区、これらの組合、財産区、合併特例区及び地方独立行政法人の所有する軽自動車等
	②	日本赤十字社が所有する軽自動車等のうち直接その本来の事業の用に

第1節　軽自動車税

		供する救急自動車その他これに類するもので市区町村の条例で定めるもの

5　標準税率

　軽自動車税種別割の税率については、地方税法において標準税率が定められています。したがって、各市区町村は、この標準税率を基準として、条例で定めることとなります。

　軽自動車税の標準税率は、次に掲げる軽自動車等に対し、1台について、それぞれ次に定める額とされています（地法463の15）。

　なお、市区町村は、標準税率を超える税率で軽自動車税種別割を課する場合には、標準税率に1.5を乗じて得た率を超える税率で課することができません（地法463の15）。

車種区分				標準税率（年額）
原動機付自転車 （125cc以下）	イ　総排気量50cc以下のもの又は定格出力0.6kW以下のもの（ニのものを除く。）			2,000円（1,000円）
	ロ　二輪のもので総排気量50cc超90cc以下のもの又は定格出力0.6kW超0.8kW以下のもの			2,000円（1,200円）
	ハ　二輪のもので、総排気量90cc超のもの又は定格出力0.8kW超のもの			2,400円（1,600円）
	ニ　三輪のもので、総排気量20cc超のもの又は定格出力0.25kW超のもの			3,700円（2,500円）
軽自動車 （660cc以下）	イ　二輪のもの（125cc超250cc以下）			3,600円（2,400円）
	ロ　三輪のもの			3,900円（3,100円）
	ハ　四輪以上のもの	乗　用	営業用	6,900円（5,500円）
			自家用	10,800円（7,200円）
		貨物用	営業用	3,800円（3,000円）
			自家用	5,000円（4,000円）
二輪の小型自動車（250cc超）				6,000円（4,000円）

（注）1　原動機付自転車、軽自動車のうち二輪のもの及び二輪の小型自動車の税率のうち、外書のものは平成28年度分以後の年度分の軽自動車税（種別割）について、適用されます。なお、カッコ書のものは改正前（平成27年度分以前）の税率となります（平成27年改正後の平成26年改正地法附則13③）。

　　　2　三輪以上の軽自動車（軽自動車のうち三輪のもの及び四輪以上のものをいいます。以下軽自動車税の項で同じです。）の税率のうち、外書のものは平成27年4月1日以

第 7 章　その他の市町村税

後に初めて道路運送車両法第60条第 1 項後段の規定による車両番号の指定（以下軽自動車税の項で「初回車両番号指定」といいます。）を受けた三輪以上の軽自動車について、カッコ書のものは平成27年 3 月31日以前に初回車両番号指定を受けた三輪以上の軽自動車について、それぞれ適用されます（平成26年改正地法附則15①）。

6　軽自動車税種別割のグリーン化

　軽自動車税種別割においては、排出ガス性能及び燃費性能が優れた環境負荷の小さい三輪以上の軽自動車について税率を軽減し、初回車両番号指定から13年を経過した環境負荷の大きい三輪以上の軽自動車について税率を重くする特例措置（軽自動車税種別割のグリーン化）が次のとおり講じられています（地法附則30）。

(1)　軽自動車税種別割におけるグリーン化

区　分	軽自動車税種別割のグリーン化の内容			
環境負荷の小さい軽自動車	①　令和 3 年 4 月 1 日から令和 4 年 3 月31日まで及び令和 4 年 4 月 1 日から令和 5 年 3 月31日までに初回車両番号指定を受けた次の(1)、(2)及び(3)の三輪以上の軽自動車税について、令和 4 年度分及び令和 5 年度分の軽自動車税の種別割の税率が次のとおり軽減されます。 (1)　電気軽自動車及び天然ガス軽自動車（平成30年排出ガス基準に適合するもの又は、平成21年天然ガス車基準に適合し、かつ、窒素酸化物の排出量が同基準値より10％以上少ないものに限ります。）について、次のとおり税率の概ね75％を軽減します。			

車種区分			軽減前税率	軽減後税率
三輪のもの			3,900円	1,000円
四輪以上のもの	乗　用	営業用	6,900円	1,800円
		自家用	10,800円	2,700円
	貨物用	営業用	3,800円	1,000円
		自家用	5,000円	1,300円

(2)　次に掲げる三輪以上のガソリン軽自動車について、次のとおり税率の概ね50％を軽減します。

　営業用乗用車（軽自動車）のうち、窒素酸化物の排出量が平成30年ガソリン軽中量車基準値より50％以上少ないもの又は、平成17年ガソリン軽中量車基準値より75％以上少ないものであって、燃費性能が令和12年度燃費基準値を90％達成し、かつ、令和 2 年度燃費基準値を達成しているもの

－ 712 －

第1節　軽自動車税

車種区分		軽減前税率	軽減後税率
三輪のもの	営業用	3,900円	2,000円
四輪以上のもの　乗用	営業用	6,900円	3,500円

(3)　次に掲げる三輪以上のガソリン軽自動車（(2)の適用を受けるものを除きます。）について、次のとおり税率の概ね25％を軽減します。

　営業用乗用車（軽自動車）のうち、窒素酸化物の排出量が平成30年ガソリン軽中量車基準値より50％以上少ないもの又は、平成17年ガソリン軽中量車基準値より75％以上少ないものであって、燃費性能が令和12年度燃費基準値を70％達成し、かつ、令和2年度燃費基準値を達成しているもの

車種区分		軽減前税率	軽減後税率
三輪のもの	営業用	3,900円	3,000円
四輪以上のもの　乗用	営業用	6,900円	5,200円

環境負荷の大きい軽自動車	三輪以上の軽自動車（電気軽自動車、天然ガス軽自動車、メタノール軽自動車、混合メタノール軽自動車及びガソリンハイブリッド軽自動車並びに被けん引自動車を除きます。）に対しては、当該軽自動車が初回車両番号指定を受けた月から起算して14年（※参照）を経過した月の属する年度以後の年度分（平成28年度以後の年度分に限ります。）の軽自動車税を次のとおり重課します。

車種区分			重課後税率
三輪のもの			4,600円
四輪以上のもの	乗用	営業用	8,200円
		自家用	12,900円
	貨物用	営業用	4,500円
		自家用	6,000円

※　重課の対象となるか否かの起算日に関して、軽自動車に係る自動車検査証及び軽自動車検査ファイル上、平成15年10月14日前に初回車両番号指定を受けた軽自動車については、その年月ではなく、年のみが記録されていることから、当該軽自動車に対する重課は、初回車両番号指定を受けた月の属する年の12月から起算して14年を経過する年の属する年度以後の年度分の軽自動車税について適用することとされています（平成26年改正地法附則14）。

7　賦課及び徴収の方法

(1)　賦課期日及び納期

　軽自動車税種別割の賦課期日及び納期は、次のとおりとされています（地法463の16、463の17）。

賦　課　期　日	納　期
賦課期日は、4月1日とされています。したがって、軽自動車税種別割は、4月1日現在において現に軽自動車等を所有している者に対して、年税額で課されます。	納期は、4月中において、その市区町村の条例で定める日です。 　なお、特別の事情がある場合には、4月以外の月に納期を定めることができます。

　（注）　軽自動車税種別割においては、賦課期日後に軽自動車等を所有することとなった場合又は賦課期日後に軽自動車等の所有権を失うこととなった場合であっても、月割課税は行わないこととされています。

(2)　徴収の方法

　　イ　普通徴収

　　　軽自動車税種別割は、次のロの証紙徴収による場合を除き、普通徴収の方法により徴収されます（地法463の18）。

　　　したがって、市区町村は、軽自動車税種別割の額を計算して賦課決定し、その税額及び納期等を記載した納税通知書を納税者に交付して、これを徴収することになります。

　　　この場合において、納税者に交付すべき納税通知書は、遅くとも、その納期限前10日までに納税者に交付しなければなりません（地法463の18）。

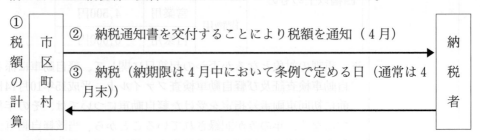

　　ロ　証紙徴収

　　　市町村は、軽自動車等のうち次の左欄に掲げるものに係る軽自動車税種別割については、次により証紙徴収の方法によって徴収することができるとされています（地法463の18③〜⑥）。

第1節　軽自動車税

	証紙徴収の対象となる軽自動車等	条例の定めるところにより標識が交付されることとされている原動機付自転車及び小型特殊自動車 （標識の交付） 市区町村は、軽自動車税種別割の課税客体を把握するため、条例の定めるところにより、原動機付自転車及び小型特殊自動車に対し標識を交付し、これを原動機付自転車及び小型特殊自動車の車体に表示させることができます（地法463の18③）。 　なお、軽自動車及び二輪の小型自動車については、陸運事務所から交付される車両番号標を車体に表示することとされていますので、軽自動車及び二輪の小型自動車に対しては、標識の交付は行われません。
証紙徴収による徴収	証紙徴収の方法	その標識の交付の際に、その市区町村が発行する証紙をもってその税金を払い込ませることによって徴収します。この場合において、市区町村は、軽自動車税種別割を納付する義務が発生することを証する書類に証紙を貼らせ、又は証紙の額面金額に相当する現金の納付を受けた後納税済印を押すことによって、証紙に代えることができます（地法463の18④）。

8　継続検査と軽自動車税種別割の納付

　継続検査の対象となる軽自動車及び二輪の小型自動車について継続検査の申請をする場合には、徴収の確保を図るため、軽自動車税種別割の完納証明書を提示しなければならないとされています。

	継続検査	自動車検査証の有効期間は、1年又は2年（自家用乗用車のについて初めて交付を受ける場合は3年）とされていますが、この有効期間の更新を受けるためには、国土交通大臣の行う検査を受け、当該自動車が保安上の技術基準に適合するかどうか確認を受けなければならない（継続検査）とされています（道路運送車両法62①）。
継続検査と軽自動車税種別割の関係	継続検査の際の軽自動車税種別割完納証明書の提示	道路運送車両法第59条第1項に規定する検査対象軽自動車及び二輪の小型自動車については、徴収の確保を図るため、同法第62条の規定による継続検査において自動車検査証の返付を受けようとする際、当該検査対象軽自動車又は二輪の小型自動車の使用者は、当該検査対象軽自動車又は二輪の小型自動車について現に軽自動車税の滞納（天災その他やむを得ない事由によるものを除きます。）がないことを証するに足

第7章　その他の市町村税

る書面を検査対象軽自動車にあっては軽自動車検査協会に、二輪の小型自動車にあっては地方運輸局運輸支局長（運輸監理部長を含みます。）に提示しなければならないものとされています（道路運送車両法97の2）。そして、この書面の提示がないときは、軽自動車検査協会又は地方運輸局運輸支局長（運輸監理部長を含みます。）は自動車検査証の返付をしないものとされています。

なお、滞納のないことを証するに足る書面としては、納税証明書（納税証明書を提示しないことについてやむを得ない事由があると認められるものにあっては、軽自動車税種別割の納付の領収書）が用いられます。

第2節　市町村たばこ税

　市町村たばこ税については、道府県たばこ税の項において併せて記述しています（622頁参照）。

第7章　その他の市町村税

第3節　鉱 産 税

　鉱産税は、鉱物の掘採の事業に対し、当該事業の作業場所在の市町村又は特別区（以下「市区町村」といいます。）が、その鉱業者に課する市町村税です。

　この鉱産税は、鉱物の掘採事業に対し鉱物の価格を課税標準として課することとされていることから、事業に対する一種の外形標準課税といえます。

　鉱産税の課税要件等は、次のとおりとされています（地法3章6節）。

課税要件等	内　　　　　容
課税客体	鉱物の掘採事業
納税義務者	鉱業者 ※　鉱業者とは、鉱業法上の鉱業権（試掘権及び採掘権をいいます。）を有する者をいいます。なお、租鉱権により他人の鉱区において鉱業権の目的となっている鉱物を採掘する者もこれに含まれます。
課税団体	鉱物の掘採の事業の作業場所在の市区町村
課税標準	鉱物の価格（山元の価格）
税　　率	標準税率　1％　　制限税率　1.2％ 　ただし、鉱物の掘採の事業の作業場において、毎月1日から末日までの間に掘採された鉱物の価格が、その作業場所在の市区町村ごとに200万円以下である場合においては、当該期間に係る鉱産税の標準税率は0.7％（制限税率は0.9％）とされています。
徴収の方法及び納期	イ　申告納付の方法により徴収されます。 ロ　納税者は、毎月1日から末日までの間における課税標準額、税額その他当該市区町村の条例で定める事項を記載した申告書を納期限までに市区町村長に提出し、その申告した税額を納付しなければなりません。 ハ　納期は、毎月10日から末日までの間において当該市区町村の条例で定める日です。

— 718 —

第4節　入　湯　税

　入湯税は、鉱泉浴場所在の市町村又は特別区（以下「市区町村」といいます。）が、環境衛生施設、鉱泉源の保護管理施設及び消防施設その他消防活動に必要な施設の整備並びに観光の振興（観光施設の整備を含みます。）に要する費用に充てるため、鉱泉浴場における入湯に対し、入湯客に課する目的税です。

　入湯税の課税要件等は、次のとおりとされています（地法4章4節）。

課税要件等	内　　　　　容
課税客体	鉱泉浴場における入湯行為 ※　鉱泉浴場とは、原則として温泉法にいう温泉を利用する浴場をいいますが、同法の温泉に類するもので鉱泉と認められるものを利用する浴場等社会通念上鉱泉浴場として認識されるものも含まれます（取扱通知(市)9章2）。 　なお、一般公衆浴場及び共同浴場における入湯行為等公衆の日常行為とみられる入湯行為については、課税しない取扱いとなっています。
納税義務者	鉱泉浴場における入湯客
課税団体	鉱泉浴場所在の市区町村
税　　率	1人1日につき150円を標準とします。
徴収の方法	イ　特別徴収の方法により徴収されます。 ロ　市区町村は、鉱泉浴場の経営者その他徴収の便宜を有する者を当該市区町村の条例で特別徴収義務者として指定し、その者が鉱泉浴場の入湯客（納税義務者）に係る入湯税を徴収します。 ハ　当該特別徴収義務者は、当該市区町村の条例で定める納期限までに、入湯税に係る納入申告書を提出し、この納入金をその市区町村に納入しなければなりません。

第5節　事業所税

　事業所税は、指定都市等が、都市環境の整備及び改善に関する事業に要する費用に充てるため、当該指定都市等に事務所又は事業所を設けて事業を行う法人又は個人に課する目的税です。

　この事業所税は、人口・企業が集中し、都市環境の整備を必要とする都市の行政サービスとそこに所在する事務所又は事業所との受益関係に着目して、これらの事務所又は事業所に対して特別な税負担を求める目的税であり、その課税は、企業等の事業活動を外形基準でとらえて課する外形標準課税によっています。

　なお、事業所税は、資産割と従業者割から構成されていますが、事業所税の税額の計算過程を図示すると、次のとおりとなります。

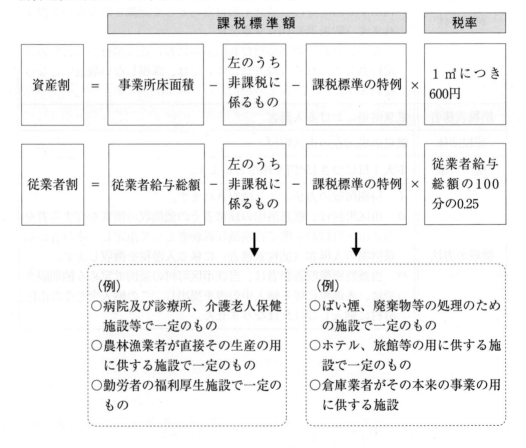

第5節　事業所税

第1　課税客体及び納税義務者

1　通常の場合

　事業所税の課税客体及び納税義務者は、次のとおりとされており、当該納税義務者に対しては、資産割額及び従業者割額の合算額によって事業所税が課されます（地法701の32①）。

課税客体	納税義務者
事務所又は事業所において法人又は個人の行う事業	事業所又は事業所において事業を行う法人又は個人

　なお、この場合における事業所又は事務所（以下「事業所等」といいます。）の範囲は、次のとおりとされています（取扱通知(市) 9章 3 (3)）。

事業所等の範囲	法人住民税における事務所又は事務所の範囲（詳細については259頁参照）とその範囲を同じくします。ただし、建設業における現場事務所等臨時的かつ移動性を有する仮設建築物でその設置期間が 1 年未満のものについては、事業所税の性格にかんがみ、事業所等の範囲には含めないことが適当であるとされています。

(注) 1　いわゆる貸ビル等にあっては、その貸ビル等の全部又は一部を借りて事業を行う法人又は個人が納税義務者となります。

　　 2　清算中の法人は、その清算の業務を行う範囲内において事業を行う法人と認められますので、清算中の法人も事業所税の納税義務を負うこととなります。

　　 3　民法第667条に規定する組合が行う事業については、その組合を構成する法人又は個人が行う事業として、その法人又は個人が納税義務者となります。

　　　　なお、有限責任事業組合契約に関する法律第 2 条に規定する有限責任事業組合（LLP）についても同様となります。

2　親族等特殊関係者が事業を行う場合の納税義務者の特則

　親族等特殊関係者が事業を行う場合には、事業所税の負担の均衡化及び租税回避行為の防止等の観点から、納税義務者について次のような特則が設けられています（地法701の32②）。

－ 721 －

第7章　その他の市町村税

特則が適用される場合	連帯納税義務
特殊関係者を有する者がある場合において、当該特殊関係者が行う事業について、次のような特別の事情があるとき	当該特別の事情のある事業は、特殊関係者を有する者と当該特殊関係者との共同事業とみなされます。これにより、当該特殊関係者を有する者及び当該特殊関係者は、当該事業に係る事業所税については、地方税法第10条の2第1項の規定により連帯して納税義務を負うこととなります。

-----（特別の事情（地令56の21②））-----

特殊関係者の行う事業が当該特殊関係者を有する者又はその者の他の特殊関係者が事業を行う事業所等の存する家屋において行われている場合、すなわち、これらの者の事業が同一家屋内において行われている場合における当該事業をいいます。

　なお、当該特殊関係者を有する者と意思を通じて行われているものでなく、かつ、事業所税の負担を不当に減少させる結果にならない場合は、共同事業とみなされないこととされています。これに該当する場合として、例えば、市街地再開発事業等の施行に伴い、権利床を取得することにより、結果的に同一家屋に同居させられたような場合が考えられます。

　なお、特殊関係者とは、次に掲げる者をいいます（地令5①、56の21①）。

	特　殊　関　係　者
①	判定対象者の配偶者、直系血族及び兄弟姉妹
②	①に掲げる者以外の判定対象者の親族で、判定対象者と生計を一にし、又は判定対象者から受ける金銭その他の財産により生計を維持しているもの
③	①及び②に掲げる者以外の判定対象者の使用人その他の個人で、判定対象者から受ける特別の金銭その他の財産により生計を維持しているもの
④	判定対象者に特別の金銭その他の財産を提供してその生計を維持させている個人（①及び②に掲げる者を除きます。）及びその者と①、②及び③の一に該当する関係がある個人
⑤	判定対象者が同族会社である場合には、その判定の基礎となった株主又は社員である個人及びその者と①、②、③及び④の一に該当する関係がある個人
⑥	判定対象者を判定の基礎として同族会社に該当する会社
⑦	判定対象者が同族会社である場合において、その判定の基礎となった株主又は社員（これらの者と①から④までに該当する関係がある個人及びこれらの者を判定の基礎として同族会社に該当する他の会社を含みます。）の全部又は一部を判定の基礎として同族会社に該当する他の会社

（注）　特殊関係者を有するものであるかどうか及び当該特殊関係者であるかどうかの判定は、課税標準の算定期間の末日の現況によります。

－ 722 －

第5節　事業所税

第2　課税団体

　事業所税は、大都市地域等における都市環境の整備等に要する費用に充てるための目的税であることから、全ての市町村が課するものではなく、その課税団体は、次に掲げる団体（以下「指定都市等」といいます。）に限られています（地法701の30、701の31①一、735、地令56の15）。

　したがって、事業所税は、これらの指定都市等に事業所等を設けて事業を行う者に対し、当該事業所等所在の指定都市等が課することとなります。

　なお、東京都特別区の存する区域においては、東京都が事業所税を課することとされています（地法735①）。

	事 業 所 税 の 課 税 団 体
①	東京都（特別区の存する区域に限ります。）
②	地方自治法第252条の19第1項の政令指定都市 　札幌市、仙台市、さいたま市、千葉市、横浜市、川崎市、相模原市、新潟市、静岡市、浜松市、名古屋市、京都市、大阪市、堺市、神戸市、岡山市、広島市、北九州市、福岡市、熊本市
③	②の市以外の市で首都圏整備法第2条第3項に規定する既成市街地を有する市又は近畿圏整備法第2条第3項に規定する既成都市区域を有する市 　川口市、武蔵野市、三鷹市、守口市、東大阪市、尼崎市、西宮市、芦屋市
④	②及び③の市以外の市で人口30万（注1）以上の市のうち政令で指定する市（注2） 　旭川市、秋田市、郡山市、いわき市、宇都宮市、前橋市、高崎市、川越市、所沢市、越谷市、市川市、船橋市、松戸市、柏市、八王子市、町田市、横須賀市、藤沢市、富山市、金沢市、長野市、岐阜市、豊橋市、岡崎市、一宮市、春日井市、豊田市、四日市市、大津市、豊中市、吹田市、高槻市、枚方市、姫路市、明石市、奈良市、和歌山市、倉敷市、福山市、高松市、松山市、高知市、久留米市、長崎市、大分市、宮崎市、鹿児島市、那覇市

　(注)1　人口は、最近の1月1日現在において住民基本台帳法に基づき住民基本台帳に記録されている者の数とされています（地令56の15）。
　　　2　青森市は、平成25年4月1日から課税団体ではなくなりました。
　　　3　明石市は、平成30年1月26日から課税団体として指定されました。

－ 723 －

第7章　その他の市町村税

第3　非課税の範囲

　事業所税においては、この税が都市環境の整備改善等に要する費用に充てるための目的税であることにかんがみ、その創設の趣旨、目的、その性格等からみて事業所税を課すべきではないと考えられる事業所等において行われる事業について、いわゆる人的非課税及び用途非課税の措置が講じられています。

1　人的非課税

⑴　国及び公共法人

　次に掲げる者に対しては、事業所税が非課税とされています（地法701の34①）。

> 国及び非課税独立行政法人並びに法人税法第2条第5号の公共法人（非課税独立行政法人であるものを除きます。）

⑵　公益法人等又は人格のない社団等

　次に掲げる者が事業所等において行う事業のうち収益事業以外の事業に係る事業所床面積及び従業者給与総額に対しては、事業所税が非課税とされています（地法701の34②）。

①	法人税法第2条第6号の公益法人等（防災街区整備事業組合、管理組合法人及び団地管理組合法人、マンション建替組合及びマンション敷地売却組合、地方自治法第260条の2第7項に規定する認可地縁団体、政党交付金の交付を受ける政党等に対する法人格の付与に関する法律第7条の2第1項に規定する法人である政党等並びに特定非営利活動促進法第2条第2項に規定する特定非営利活動法人を含みます。）
②	人格のない社団等

　（注）　収益事業とは、法人税法施行令第5条に規定する事業で継続して事業場を設けて営まれるものをいいます（地令56の22）。ただし、当該事業のうち、学校法人（専修学校又は各種学校の設置のみを目的とする私立学校法第64条第4項の規定により設立された法人を含みます。）が学生又は生徒のために行う事業は含まないとされています（同条ただし書）。

第5節　事業所税

2　用途非課税

(1)　資産割及び従業者割が非課税とされるもの

次に掲げる施設に係る事業所等において行う事業に対しては、事業所税が非課税とされています（地法701の34③）。

	用 途 非 課 税 の 対 象 と な る 施 設
①	博物館法に規定する博物館その他一定の教育文化施設（⑪に該当するものを除きます。）
②	公衆浴場法に規定する公衆浴場で一定のもの
③	と畜場法に規定すると畜場
④	化製場等に関する法律に規定する死亡獣畜取扱場
⑤	水道法に規定する水道施設
⑥	廃棄物の処理及び清掃に関する法律の規定による許可若しくは認定を受けて、又は同法の規定により市町村の委託を受けて行う一般廃棄物の収集、運搬又は処分の事業の用に供する施設
⑦	医療法に規定する病院及び診療所、介護保険法に規定する介護老人保健施設で一定のもの及び同法で規定する介護医療院で一定のもの並びに看護師、准看護師、歯科衛生士その他一定の医療関係者の養成所
⑧	生活保護法に規定する保護施設で一定のもの
⑨	児童福祉法に規定する小規模保育事業の用に供する施設
⑩	児童福祉法に規定する児童福祉施設で一定のもの（⑪に該当するものを除きます。）
⑪	就学前の子どもに関する教育、保育等の総合的な提供の推進に関する法律に規定する認定こども園
⑫	老人福祉法に規定する老人福祉施設で一定のもの
⑬	障害者の日常生活及び社会生活を総合的に支援するための法律に規定する障害者支援施設
⑭	社会福祉法に規定する社会福祉事業の用に供する施設で一定のもの
⑮	介護保険法に規定する包括的支援事業の用に供する施設
⑯	児童福祉法に規定する家庭的保育事業、居宅訪問型保育事業又は事業所内保育事業の用に供する施設
⑰	農業、林業又は漁業を営む者が直接その生産の用に供する施設で一定のもの
⑱	農業協同組合、水産業協同組合、森林組合その他一定の法人が農林水産業者の共同利用に供する施設で一定のもの
⑲	卸売市場法に規定する卸売市場及びその機能を補完する一定の施設

第 7 章　その他の市町村税

	用 途 非 課 税 の 対 象 と な る 施 設
⑳	電気事業法に規定する一般電気事業、送電事業又は発電事業の用に供する施設で一定のもの
㉑	ガス事業法に規定する一般ガス導管事業又はガス製造事業の用に供する施設で一定のもの
㉒	独立行政法人中小企業基盤整備機構法に規定する連携等又は中小企業の集積の活性化に寄与する事業で一定のものを行う者が都道府県又は（独）中小企業基盤整備機構から資金の貸付けを受けて設置する施設のうち、一定の事業の用に供する施設で一定のもの
㉓	総合特別区域法に規定する事業を行う者が市町村から資金の貸付けを受けて設置する施設のうち、当該事業又は当該事業に係るものとして一定の事業の用に供する施設で一定のもの
㉔	鉄道事業法に規定する鉄道事業者又は軌道法に規定する軌道経営者がその本来の事業の用に供する施設で一定のもの
㉕	道路運送法に規定する一般乗合旅客自動車運送事業（路線を定めて定期に運行する自動車により乗合旅客を運送するものに限ります。）若しくは貨物自動車運送事業法に規定する一般貨物自動車運送事業又は貨物利用運送事業法に規定する貨物利用運送事業のうち鉄道運送事業者の行う貨物の運送に係るもの若しくは第2種貨物利用運送事業のうち航空運送事業者の行う貨物の運送に係るもの（当該第2種貨物利用運送事業に係る貨物の集貨又は配達を自動車を使用して行う事業（特定の者の需要に応じてするものを除きます。）に係る部分に限ります。）を経営する者がその本来の事業の用に供する施設で一定のもの
㉖	自動車ターミナル法に規定するバスターミナル又はトラックターミナルの用に供する施設で一定のもの
㉗	国際路線に就航する航空機が使用する公共の飛行場に設置される施設で当該国際路線に係る一定のもの
㉘	専ら公衆の利用を目的として電気通信回線設備を設置して電気通信事業法に規定する電気通信事業（携帯電話用装置、自動車電話用装置その他の無線通話装置を用いて電気通信役務を提供する事業を除きます。）を営む者で一定のものが当該電気通信事業の用に供する施設で一定のもの
㉙	民間事業者による信書の送達に関する法律に規定する一般信書便事業者がその本来の事業の用に供する施設で一定のもの
㉚	日本郵便株式会社が日本郵便株式会社法第4条第1項第1号及び第6号に掲げる業務並びにこれらに附帯する業務の用に供する施設で一定のもの
㉛	勤労者の福利厚生施設で一定のもの（従業者の福利又は厚生のために設置される美容室、理髪室、喫茶室、食堂、娯楽教養室等が該当します。）
㉜	駐車場法に規定する路外駐車場で一定のもの

第5節　事業所税

㉝	道路交通法に規定する原動機付自転車又は自転車の駐車のための施設で都市計画法に掲げる駐車場として都市計画に定められたもの
㉞	東日本高速道路株式会社、首都高速道路株式会社、中日本高速道路株式会社、西日本高速道路株式会社、阪神高速道路株式会社又は本州四国連絡高速道路株式会社が、高速道路株式会社法に規定する一定の事業の用に供する施設で一定のもの

(2) 資産割又は従業者割が非課税とされるもの

次の①の事業所床面積に対しては資産割が、②の従業者給与総額に対しては従業者割が非課税とされています（地法701の34④⑤）。

非課税とされる事業所床面積又は従業者給与総額	
①	百貨店、旅館その他の消防法に規定する防火対象物で多数の者が出入するものに設置される消防用設備等で一定のもの（以下「消防用設備等」といいます。）及び特殊消防設備等並びに当該防火対象物に設置される建築基準法に規定する避難施設等の一定の防災に関する施設又は設備（消防用設備等及び特殊消防設備等を除きます。）のうち一定の部分に係る事業所床面積
②	港湾運送事業法に規定する港湾運送事業者がその本来の事業の用に供する施設で一定のものに係る従業者給与総額

3　その他非課税

(1) 公益法人等とみなされるもの

次に掲げる者は法人税法第2条第6号の公益法人等とみなされ、収益事業以外の事業に対しては、事業所税が非課税とされています（地法附則32の3）。

平成27年の農業協同組合法等の一部を改正する等の法律附則第12条の規定により、都道府県農業協同組合中央会から組織変更した農業協同組合連合会のうち、引き続きその名称中に農業協同組合中央会という文字を用いるもの

用途非課税については、次のことに留意する必要があります。

留意事項	留意内容
非課税の判定日	上記の施設に係る事業が非課税の適用を受けることができるものであるかどうかの判定は、課税標準の算定期間（法人にあっては事業年度、個人にあっては個人に係る課税期間（次頁の(注)を参照））の末日の現況により行います（地法701の34⑥）。 　なお、その算定期間の中途において事業所等が廃止された場合（当該廃止が事業の廃止によるものである場合を除きます。）においては、当該廃止の直前に行われていた事業が非課税の適用を受ける事業であるかどうかにより判定することが適当であるとされています（取扱通知(市)9章3(5)オ）。
課税標準の算定期間の中途に非課税施設に該当することとなった場合	イ　資産割 　　課税標準の算定期間の末日において非課税施設に該当するものであれば、当該施設に係る事業所床面積の全部が月割課税されることなく非課税となります。 ロ　従業者割 　　その該当することとなった日前の課税標準の算定期間中に支払われた従業者給与総額は、非課税規定の適用を受ける施設に係る従業者給与総額ということではないので、非課税になりません。
課税標準の算定期間の中途に非課税施設に該当しないこととなった場合	イ　資産割 　　当該施設に係る事業所床面積の全部が月割課税されることなく課税対象となります。 ロ　従業者割 　　その該当しないこととなった日前の課税標準の算定期間中に支払われた従業者給与総額は、非課税となります。

第5節　事業所税

第4　課税標準

1　資産割の課税標準

⑴　事業所床面積

資産割の課税標準は、事業所床面積とされています（地法701の40）。

	事業所床面積	事業所床面積とは
資産割の課税標準	課税標準の算定期間の末日現在における事業所床面積 ※　ただし、当該課税標準の算定期間の月数が12月に満たない場合には、次によるとされています。 当該事業所床面積÷12×当該算定期間の月数	事業所用家屋（家屋の全部又は一部で現に事業所等の用に供するものをいいます。）の延べ面積をいいます。ただし、事業所用家屋である家屋に専ら事業所等の用に供する部分（事業所部分）に係る共同の用に供する部分（共用部分）がある場合には、次に掲げる面積の合計面積となります（地法701の31①四、地令56の16）。 イ　当該事業所部分の延べ面積 ロ　当該各共用部分の延べ面積に、当該事業所部分の延べ面積の当該家屋の共用部分以外の部分で当該各共用部分に係るものの延べ面積に対する割合を乗じて得た面積

（注）　課税標準の算定期間とは、法人にあっては事業年度、個人にあっては次の個人に係る課税期間をいいます（地法701の31①七、八）。

　　　　なお、課税標準の算定期間の月数は、暦に従って計算し、1月に満たない端数を生じたときは、これを1月とします（地法701の40③）。

個人に係る課税期間とは	個人の行う事業に対して課する事業所税の課税標準の算定の基礎となる期間をいい、次に掲げる場合の区分に応じ、それぞれ次に掲げる期間とされています。 ㈂　㈃から㈆までに掲げる場合以外の場合……その年の1月1日から12月31日まで ㈃　年の中途において事業を廃止した場合（㈆の場合を除きます。）……その年の1月1日から当該廃止の日まで ㈄　年の中途において事業を開始した場合（㈆の場合を除きます。）……当該開始の日からその年の12月31日まで ㈆　年の中途において事業を開始し、その年の中途において事業を廃止した場合……当該開始の日から当該廃止の日まで

第7章　その他の市町村税

⑵　**課税標準の算定期間の中途において開廃された事業所等に係る事業所床面積の算定**

次に掲げる事業所等において行う事業に対して課する資産割の課税標準となる事業所床面積は、⑴にかかわらず、それぞれ次に定める面積とされています（地法701の40②）。

区　　　分	事業所床面積の算定方法
イ　課税標準の算定期間の中途において新設された事業所等（ハの事業所等を除きます。）	$\left(\begin{array}{l}\text{当該算定期間の}\\\text{末日における事}\\\text{業所床面積}\end{array}\right) \times \dfrac{\left(\begin{array}{l}\text{新設の日の属する月の翌}\\\text{月から当該算定期間の末}\\\text{日の属する月までの月数}\end{array}\right)}{\text{当該算定期間の月数}}$
ロ　課税標準の算定期間の中途において廃止された事業所等（ハの事業所等を除きます。）	$\left(\begin{array}{l}\text{廃止の日に}\\\text{おける事業}\\\text{所床面積}\end{array}\right) \times \dfrac{\left(\begin{array}{l}\text{当該算定期間の開始の日}\\\text{の属する月から廃止の日}\\\text{の属する月までの月数}\end{array}\right)}{\text{当該算定期間の月数}}$
ハ　課税標準の算定期間の中途において新設された事業所等で当該算定期間の中途において廃止されたもの	$\left(\begin{array}{l}\text{廃止の日に}\\\text{おける事業}\\\text{所床面積}\end{array}\right) \times \dfrac{\left(\begin{array}{l}\text{新設の日の属する月の翌}\\\text{月から廃止の日の属する}\\\text{月までの月数}\end{array}\right)}{\text{当該算定期間の月数}}$

2　従業者割の課税標準

⑴　従業者給与総額

従業者割の課税標準は、従業者給与総額とされています（地法701の40①）。

	従業者給与総額	従業者給与総額とは
従業者割の課税標準	課税標準の算定期間中に支払われた従業者給与総額	事業所等に勤務すべき従業者（役員を含みます。）に対して課税標準の算定期間中に支払われた又は支払われるべき俸給、給料、賃金及び賞与並びにこれらの性質を有する給与（以下「給与等」といいます。）の総額（白色事業専従者に係る事業専従者控除額を含みます。）をいいます（地法701の31①五、取扱通知(市)9章3(6)イ）。

— 730 —

第 5 節　事業所税

留意点

従業者給与総額については、次の諸点に留意する必要があります（取扱通知(市) 9 章 3 (6)イ）。

	留　意　内　容
①	「これらの性質を有する給与」とは、扶養手当、住居手当、通勤手当、時間外勤務手当、現物給与等をいうものであり、退職給与金、年金、恩給等は、従業者給与総額に含まれません。
②	外交員その他これらに類する者の業務に関する報酬等で所得税法第28条第 1 項に規定する給与等に該当しないものは、従業者給与総額に含まれません。
③	給与の支払を受けるべき者であっても、その勤務すべき施設が事業所等に該当しない場合のその施設の従業者（例えば常時船舶の乗組員である者）に対して支払われる給与は、従業者給与総額に含まれません。

(2)　従業者割の対象とならない従業者

従業者とは、給与等の支払を受けるべき者をいい、役員もこれに含まれますが、次に掲げる者は、従業者に含まれないものとされています（地法701の31①五、地令56の17）。したがって、これらの者に支払われた又は支払われるべき給与等は従業者割の課税対象となりません。

なお、次の者に該当するかどうかの判定は、その者に対して給与等が支払われる時の現況によります。

	従業者割の対象とならない従業者
①	次に掲げる障害者（役員を除きます。） イ　精神上の障害により事理を弁識する能力を欠く常況にある者又は児童相談所、知的障害者更生相談所、精神保健福祉センター、障害者職業センター若しくは精神保健指定医の判定により知的障害者とされた者 ロ　精神保健及び精神障害者福祉に関する法律第45条第 2 項の規定により精神障害者保健福祉手帳の交付を受けている者 ハ　身体障害者福祉法第15条第 4 項の規定により交付を受けた身体障害者手帳に身体上の障害がある者として記載されている者 ニ　戦傷病者特別援護法第 4 条の規定により戦傷病者手帳の交付を受けている者 ホ　原子爆弾被爆者に対する援護に関する法律第11条第 1 項の規定による厚生労働大臣の認定を受けている者 ヘ　常に就床を要し、複雑な介護を要する者

第7章　その他の市町村税

①	ト　精神又は身体上に障害のある年齢65歳以上の者で、その障害の程度がイ又はハに掲げる者に準ずるものとして市区町村（社会福祉法に定める福祉に関する事務所が老人福祉法第5条の4第2項各号に掲げる業務を行っている場合には、当該福祉に関する事務所の長。）の認定を受けている者
②	年齢65歳以上の者（役員を除きます。） ※　平成17年度の税制改正により、その年齢が「60歳」から「65歳」に引き上げられましたが、その引き上げにあたっては、次のような経過措置が講じられています（平成17年改正地法附則9③〜⑤） 　イ　平成18年4月1日以後開始する法人の事業年度又は個人の年分…62歳 　ロ　平成19年4月1日以後開始する法人の事業年度又は個人の年分…63歳 　ハ　平成22年4月1日以後開始する法人の事業年度又は個人の年分…64歳 　ニ　平成25年4月1日以後開始する法人の事業年度又は個人の年分…65歳

(3)　雇用改善助成対象者に係る従業者給与総額の算定の特例

　年齢55歳以上65歳（平成17年度の税制改正によりその年齢が「60歳」から「65歳」に引きあげられましたが、(2)の②と同様の経過措置が講じられています。）未満の者のうち次の左欄に掲げる者（以下「雇用改善助成対象者」といいます。）に係る従業者給与総額の算定については、右欄のような特例措置が講じられています（地法701の31①五、地令56の17の2、地規24の2）。

　なお、左欄の者に該当するかどうかの判定は、その者に対して給与等が支払われる時の現況によります。

特例の対象となる雇用改善助成対象者	特例措置の内容
イ　雇用保険法第62条第1項第3号若しくは第6号又は労働施策の総合的な推進並びに労働者の雇用の安定及び職業生活の充実等に関する法律施行令第2条第2号の規定に基づき高年齢者、障害者その他就職が特に困難な者の雇用機会を増大させるため行われる労働者の雇入れの促進に関する助成に係る者 ロ　雇用保険法第63条第1項第3号又は労働施策の総合的な推進並びに労働者の雇用の安定及び職業生活の充実等に関する法律第18条第5号に規定する作業環境に適応させるための訓練を受けた者 ハ　本州四国連絡橋の建設に伴う一般旅客定期航路事業等に関する特別措置法施行令第10条第3号に規定する雇用奨励金の支給に係る者	雇用改善助成対象者に係る給与等の額の2分の1に相当する額を従業者給与総額に含めないこととします。

第5節　事業所税

3　課税標準算定上の特例

⑴　事業所等が指定都市等とその他の市町村とにわたって所在する場合等における課税標準の算定

　事業所等が一の指定都市等の区域とその他の市町村の区域とにわたって所在する場合における当該指定都市等が課する事業所税の課税標準は、次により算定します（地令56の50）。

区　　　分	課 税 標 準 の 算 定 方 法
事業所床面積	当該事業所等のうち当該指定都市等の区域内に所在する部分に係る事業所床面積（非課税とされる部分を除きます。）に相当する面積とします。
従業者給与総額	次により算定した従業者給与総額とします。 当該事業所等の従業者給与総額　×　$\dfrac{\text{当該事業所等のうち当該指定都市等の区域内に所在する部分に係る事業所床面積}}{\text{当該事業所等の事業所床面積}}$

⑵　共同事業者等に係る事業所税の課税標準の算定

イ　通常の共同事業の場合

　事業所等において行う共同事業である事業（次のロの特殊関係者の共同事業とみなされる事業を除きます。）に係る各共同事業者ごとの事業所税の課税標準となるべき事業所床面積及び従業者給与総額は、次により算定することとされています（地令56の51）。

> （算　式）
>
> 当該事業をその者が単独で行うものとみなした場合においてその事業に係る事業所税の課税標準となるべき事業所床面積又は従業者給与総額　×　当該事業に係るその者の損益分配の割合（当該割合が定められていない場合には、その者の出資の価額に応ずる割合）

ロ　みなし共同事業の場合

　事業所等において行われる事業が、特殊関係者を有する者と当該特殊関係者との共同事業とみなされる事業に係る事業所税の課税標準となるべき事業所床面積及び従業者給与総額は、そのみなされる事業を特殊関係者が単独で行うものとみなして算定することとされています（地令56の51②）。なお、詳細については、免税点の項（739頁）を参照してください。

— 733 —

第7章　その他の市町村税

4　適用期限が定められていない課税標準の特例

　次の左欄に掲げる施設に係る事業所等において行う事業に対して課する資産割又は従業者割の課税標準となるべき事業所床面積又は従業者給与総額の算定については、課税標準の特例措置が講じられており、当該施設に係る事業所等に係る事業所床面積又は従業者給与総額から当該施設に係る事業所床面積又は従業者給与総額にそれぞれ右欄に掲げる割合を乗じて得た面積又は金額が控除されます（地法701の41①②）。

　この場合において、次の施設に係る事業所等において行われる事業が、課税標準の特例の適用を受ける事業であるかどうかの判定は、課税標準の算定期間の末日の現況によります（地法701の41③）。次の **5** において同じです。

	特 例 対 象 施 設	資産割に係る割合	従業者割に係る割合
①	法人税法第2条第7号の協同組合等がその本来の事業の用に供する施設	2分の1	2分の1
②	学校教育法第124条に規定する専修学校又は同法第134条第1項に規定する各種学校（学校法人又は私立学校法第64条第4項の法人が設置する専修学校又は各種学校を除きます。）において直接教育の用に供する施設	2分の1	2分の1
③	事業活動に伴って生ずるばい煙、汚水、廃棄物等の処理その他公害の防止又は資源の有効な利用のための施設で一定のもの（④に掲げるものを除きます。）	4分の3	―
④	廃棄物の処理及び清掃に関する法律による許可又は認定を受けて行う産業廃棄物の収集、運搬又は処分の事業その他公害の防止又は資源の有効な利用のための事業で一定のものの用に供する施設で一定のもの	4分の3	2分の1
⑤	家畜取引法第2条第3項に規定する家畜市場	4分の3	―
⑥	生鮮食料品の価格安定に資することを目的として設置される施設で一定のもの	4分の3	―
⑦	みそ、しょうゆ若しくは食用酢又は酒類の製造業者が直接これらの製造の用に供する施設で一定のもの	4分の3	―
⑧	木材取引のために開設される市場で一定のもの又は製材、合板の製造その他の木材の加工を業とする者で一定のもの若しくは木材の販売を業とする者がその事業の用に供する専ら木材の保管の用に供される施設	4分の3	―

第5節 事業所税

⑨	旅館業法第2条第2項に規定する旅館・ホテル営業の用に供する宿泊施設で一定のもの（⑩に掲げるものを除きます。）	2分の1	－
⑩	港湾法第2条第5項に規定する港湾施設のうち港務通信施設及び宿泊施設等で一定のもの	2分の1	2分の1
⑪	港湾法第2条第5項に規定する港湾施設のうち上屋及び倉庫業法第7条第1項に規定する倉庫業者がその本来の事業の用に供する倉庫	4分の3	2分の1
⑫	外国貿易のため外国航路に就航する船舶により運送されるコンテナー貨物に係る荷さばきの用に供する施設（⑪に掲げるものを除きます。）	2分の1	－
⑬	港湾運送事業法第2条第2項に規定する港湾運送事業のうち同法第3条第1号又は第2号に掲げる一般港湾運送事業又は港湾荷役事業の用に供する上屋（⑪に掲げるものを除きます。）	2分の1	－
⑭	倉庫業法第7条第1項に規定する倉庫業者がその本来の事業の用に供する倉庫（⑪及び⑱を除きます。）	4分の3	－
⑮	道路運送法第3条第1号ハに掲げる事業（タクシー業務適正化特別措置法第2条第3項に規定するタクシー事業に限ります。）の用に供する施設で一定のもの	2分の1	2分の1
⑯	公共の飛行場に設置される施設（国際路線に係るものを除きます。）で一定のもの	2分の1	2分の1
⑰	流通業務市街地の整備に関する法律第4条第1項に規定する流通業務地区内に設置される同法第5条第1項第1号、第3号から第5号まで又は第9号に掲げる施設で一定のもの（⑱に掲げるものを除きます。）	2分の1	2分の1
⑱	流通業務市街地の整備に関する法律第4条第1項に規定する流通業務地区内に設置される倉庫で倉庫業者がその本来の事業の用に供するもの	4分の3	2分の1
⑲	民間事業者による信書の送達に関する法律第2条第9項に規定する特定信書便事業者がその本来の事業の用に供する施設で一定のもの	2分の1	2分の1
⑳	心身障害者を多数雇用する一定の事業所等で障害者の雇用の促進等に関する法律第49条第1項第6号の助成金の支給に係る施設又は設備に係るもの	2分の1	－

第7章　その他の市町村税

5　適用期限が定められている課税標準の特例

　次の左欄に掲げる施設については、適用期限が定められて課税標準の特例措置が講じられており、これらの施設に係る事業所等に係る事業所床面積又は従業員給与総額から当該施設に係る事業所床面積又は従業員給与総額にそれぞれ中欄の割合を乗じて得た面積又は金額が控除されます（地法附則33）。

	特例対象となる施設	資産割に係る割合	従業者割に係る割合	適用期間
①	沖縄振興特別措置法に規定する提出観光地形成促進計画において定められた観光地形成促進地域において設置される特定民間観光関連施設のうち令和4年3月31日までに新設されたもの	2分の1	—	当該新設された日から5年を経過する日以後に当初に終了する事業年度分まで
②	沖縄振興特別措置法に規定する提出情報通信産業振興計画において定められた情報通信産業振興地域において設置される一定の情報通信産業又は情報通信技術利用事業の用に供する施設のうち令和4年3月31日までに新設されたもの	2分の1	—	同　　上
③	沖縄振興特別措置法に規定する提出産業高度化・事業革新促進計画において定められた産業高度化・産業革新促進地域において設置される一定の製造業等又は産業高度化・事業革新促進事業の用に供する施設のうち令和4年3月31日までに新設されたもの	2分の1	—	同　　上
④	沖縄振興特別措置法に規定する提出国際物流拠点産業集積地域において設置される一定の国際物流拠点産業の用に供する施設のうち令和4年3月31日までに新設されたもの	2分の1	—	同　　上
⑤	特定農産加工業経営改善臨時措置法の規定による承認を受ける特定農産加工業者又は特定事業協同組合等が同法に規定する承認計画に従って実施する経営改善措置に係る事業の用に供する一定の施設	4分の1	—	法人の事業である場合には令和5年3月31日までに終了する事業年度分、個人の事業である場

— 736 —

第5節　事業所税

				合には令和2年分まで
⑥	平成29年4月1日から令和5年3月31日までの期間に企業主導型保育事業の運営費に係る補助を受けた者が当該事業の用に供する施設	4分の3	4分の3	補助を受けなくなった日前に終了した事業年度分まで

(注)　上記の特例は、個人の行う事業についても適用されます。①から④の場合、適用期限は、当該新設の日から5年を経過する日の属する年分まで（ただし、⑤の場合は令和2年分まで）とされています。また、⑥については補助を受けなくなった日の属する年前の年分までとされています。

第7章　その他の市町村税

第5　税率及び免税点

1　税　率

　事業所税の税率は、一定税率（地方団体が課税する場合にこれ以外の税率によることができないものとして法定されている税率をいいます。）とされており、それは、次のとおりです（地法701の42）。

区　　分	税　　　率
資　産　割	事業所床面積1平方メートルにつき600円
従業者割	従業者給与総額の100分の0.25

2　免税点

(1)　免税点の内容

　事業所税においては、免税点制度が設けられており、次の免税点以下の場合においては、事業所税は課税されません（地法701の43①）。

区　　分	免　税　点
資産割	指定都市等の区域内の各事業所等に係る事業所床面積の合計面積（非課税部分を除きます。）が1,000平方メートル
従業者割	指定都市等の区域内の各事業所等の従業者の数（非課税に係る者を除きます。）の合計数が100人

— 738 —

第5節　事業所税

留意点

免税点については、次のことに留意する必要があります。

留意事項	留意内容
東京都が課する事業所税の免税点の判定	東京都は特別区の存する区域において事業所税を課することとされていますが、この場合の免税点は、特別区の区域全体における事業所床面積の合計面積又は従業者数の合計数により判定することとなります（地法737③）。
事業所床面積及び従業者の数の判定時期等	事業所床面積の合計面積が1,000平方メートル以下であるかどうか及び従業者の数の合計数が100人以下であるかどうかの判定は、課税標準の算定期間の末日の現況によります（地法701の43③）。 　ただし、当該算定期間中を通じて従業者の数に著しい変動がある事業所等（当該算定期間に属する各月の末日現在における従業者の数のうち最大であるものの数値が、その従業者の数のうち最小であるものの数値に2を乗じて得た数値を超える事業所等をいいます。ただし、当該算定期間の中途で廃止された事業所等を除きます。）については、次により計算した従業者の数をもって当該算定期間の末日現在の従業者の数とみなすこととされています（地法701の43④、地令56の73）。 〔当該算定期間に属する各月の末日現在の従業者の数を合計した数〕÷（当該算定期間の月数） 　※　当該算定期間の中途において新設された事業所等の場合は、当該事業所等の新設の日からその算定期間の末日までの期間が上記の「算定期間」となります。 　　なお、月数は暦に従って計算し、1月に満たない端数を生じたときは、これを1月とします。
免税点の判定の基礎となる事業所床面積	免税点の判定の基礎となる事業所床面積には、非課税とされる事業所床面積は含まれませんが、課税標準の特例の適用を受ける場合は、課税標準の特例が適用される前の事業所床面積により判定します。
名寄せによる判定	免税点は、いわゆる名寄せにより、同一の者が当該指定都市等の区域内において行う事業に係る各事業所等の事業所床面積の合計面積又は従業者の数の合計数により判定します。

(2) 事業所等が指定都市等とその他の市町村とにわたって所在する場合等における免税点の特例

　事業所等が一の指定都市等の区域とその他の市町村の区域とにわたって所在する場合における当該指定都市等が課する事業所税の免税点の判定は、次によることとされています（地令56の74）。

区　分	免　税　点　の　判　定　方　法
資産割	当該事業所等のうち当該指定都市等の区域内に所在する部分に係る事業所床面積（非課税とされる部分を除きます。）に相当する面積とします。 （例図）甲の事業所 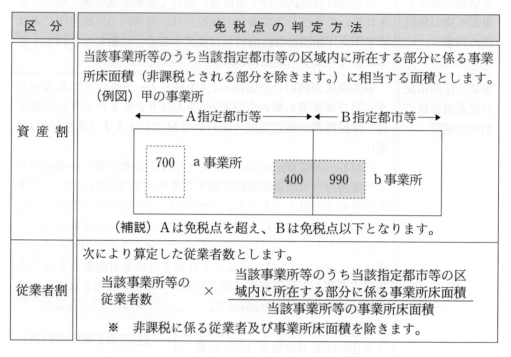 （補説）Aは免税点を超え、Bは免税点以下となります。
従業者割	次により算定した従業者数とします。 　　当該事業所等の従業者数　×　当該事業所等のうち当該指定都市等の区域内に所在する部分に係る事業所床面積 ／ 当該事業所等の事業所床面積 　※　非課税に係る従業者及び事業所床面積を除きます。

(3) 共同事業者に係る免税点の特例

イ　ロ以外の共同事業の場合

　　事業所等において行う事業が共同事業（次のロに該当する共同事業を除きます。）である場合の各共同事業者の行う事業に係る免税点の判定は、次によることとされています（地令56の75①）。

みなし単独事業	免税点の判定
共同事業を行う者は、当該共同事業である事業のうち当該共同事業である事業に係るその者の損益分配の割合（当該割合が定められていない場合には、その者の出資の価額に応ずる割合）に応ずるものを単独で行うものとみなします。	左欄によりその者が単独で行うものとみなされる事業に係る事業所等に係る事業所床面積又は従業者の数は、次により算定し、当該数値によってそのみなされた事業に係る免税点を判定することとなります。 （当該事業所等に係る事業所床面積又は従業者数）×（当該損益分配の割合）

— 740 —

第5節　事業所税

ロ　特殊関係者との共同事業とみなされる事業の場合

　　事業所等において行う事業が特殊関係者を有する者と特殊関係者との共同事業とみなされる事業である場合の各共同事業者の行う事業に係る免税点の判定は、その者は、当該共同事業とみなされる事業を単独で行うものとみなして行うこととされています（地令56の75②）。したがって、例えば、次のような設例の場合においては、これらの法人の事業に係る事業所床面積は、免税点（1,000㎡）を超えることとなり、これらの法人について、資産割に係る事業所税が課されることとなります。

（設例）

　(1)　甲社は、自己がA市内に所有する甲ビルにおいて物品の製造業を行っている。

　(2)　甲社は、乙社と丙社の株式の総数のうち50％を超える株式を保有しており、乙社及び丙社は甲社の同族会社である。

　(3)　乙社及び丙社は、甲社所有の甲ビルにおいて、甲社の事業の下請けを行っている。

　(4)　甲社、乙社及び丙社の甲ビルにおける事業所床面積は、甲社が900㎡、乙社が700㎡、丙社が400㎡となっている。

（補説）

　(イ)　乙社及び丙社は甲社の特殊関係者であり（地令56の21①、5①六）、かつ、これらの法人の行う事業が同一の家屋内において行われていることから、乙社の行う事業は乙社と甲社の共同事業と、丙社の行う事業は丙社と甲社の共同事業とそれぞれみなされることになります。

　(ロ)　次に、乙社及び丙社は互いに特殊関係者であり（地令56の21①、5①七）、かつ、これらの法人の事業が同一の家屋内において行われていることから、乙社の事業と丙社の事業は、それぞれこれらの法人の共同事業とみなされることになります。

　(ハ)　したがって、免税点の判定に当たっては、これらの者は、当該共同事業とみなされる事業を単独で行うものとみなされることとなります。これにより、免税点の判定の基礎となる事業所床面積は、次の中欄のようになり、いずれも免税点（1,000㎡）を超えることとなります。

　(ニ)　なお、課税標準の計算に当たっては、共同事業とみなされた事業を特殊関係者が単独で行うものとみなされることとされています（地令56の51②）の

－741－

第7章　その他の市町村税

で、その床面積は、次の右欄のようになります。

　なお、甲社は、共同事業とみなされる事業（乙社の行う事業及び丙社の行う事業）に係る資産割について連帯納税義務を負うこととなり、また、乙社と丙社は、共同事業とみなされる互いの事業に係る資産割について連帯して納税義務を負うこととなります。

甲社所有の甲ビル	免税点判定上の床面積	課税標準上の床面積
甲社の床面積（900 m²） 乙社の床面積（700 m²） 丙社の床面積（400 m²）	甲社→2,000 m²（900 m² 　＋700 m²＋400 m²） 乙社及び丙社→1,100 m² 　（700 m²＋400 m²）	甲社→900 m² 乙社→700 m² 丙社→400 m²

⑷　企業組合等に係る免税点の特例

　企業組合等については、次のような免税点の特例措置が設けられています（地法701の43②）。

特例措置が適用される事業所等	特例措置の内容
中小企業団体の組織に関する法律に規定する企業組合又は協業組合（以下「企業組合等」といいます。）の各事業所等のうち、その事業所等に係る事業所用家屋がその企業組合等の組合員が組合員となった際その者の事業の用に供されていたものであり、かつ、その者がその後引き続き当該事業所等において行われる事業の主宰者として当該企業組合等の事業に従事しているものその他これに準ずる事業所等（以下「特例事業所等」といいます。）	企業組合等の事業所等の実態、性格等を考慮し、当該特例事業所等については、名寄せを行わず、それぞれ各事業所等ごとに免税点を判定します。

　（注）　主宰者とは、その事業所等で行われる事業の運営について、支配的影響力を有する者をいいます。

　　　　また、これに準ずる事業所等とは、免税点の特例の適用がある事業所等が一定の事情により人的又は物的に引き継がれた場合の当該事業所等（例えば、免税点特例適用事業所等において行われる事業の主宰者である組合員の死亡により、その権利義務を承継した組合員がその承継をした後引き続き当該事業所等において行われる事業の主宰者として当該企業組合等の事業に従事している場合における当該事業所等）をいいます（地令56の72、地規24の26、24の27）。

－ 742 －

第5節　事業所税

第6　申告納付

事業所税の徴収は、申告納付の方法によります（地法701の46、701の47）。

区　　分	申告納付の内容
法人の行う事業に対して課される事業所税	各事業年度終了の日から2月以内に、当該各事業年度に係る事業所税の課税標準額及び税額その他必要な事項を記載した申告書（総務省令第44号様式）を当該事業所等所在の指定都市等の長に提出し、その申告した税額を当該指定都市等に納付しなければなりません。 　ただし、外国法人が納税管理人を定めないでこの法律の施行地に事業所等を有しないこととなる場合（納税管理人を定めないことにつき指定都市等の長の認定を受けた場合を除きます。）には、当該事業年度終了の日から2月を経過した日の前日と当該事業所等を有しないこととなる日とのいずれか早い日までに申告納付しなければなりません。
個人の行う事業に対して課される事業所税	その年の翌年3月15日までに、個人に係る課税期間に係る事業所税の課税標準額及び税額その他必要な事項を記載した申告書（総務省令第44号様式）を当該事業所等所在の指定都市等の長に提出し、その申告した税額を当該指定都市等に納付しなければなりません。 　ただし、年の中途において事業を廃止した場合には、当該事業の廃止の日から1月以内（当該事業の廃止が納税義務者の死亡によるときは、4月以内）に申告納付しなければなりません。

（注）　指定都市等の長は、各事業年度及び個人に係る課税期間について納付すべき事業所税額がない者に、当該指定都市等の条例により、申告書を提出させることができることとされています（地法701の46③、701の47③）。

第7章　その他の市町村税

第7　事業所税の使途

　事業所税は、指定都市等が都市環境の整備等に要する費用に充てるために課税するものであることから、当該事業所税額（徴税費相当額（5％）を控除した残額）を、次に掲げる事業に要する費用に充てなければならないとされています（地法701の73、地令56の82、地規24の28）。

	充　当　事　業
①	道路、都市高速鉄道、駐車場その他の交通施設の整備事業
②	公園、緑地その他の公共空地の整備事業
③	水道、下水道、廃棄物処理施設その他の供給施設又は処理施設の整備事業
④	河川その他の水路の整備事業
⑤	学校、図書館その他の教育文化施設の整備事業
⑥	病院、保育所その他の医療施設又は社会福祉施設の整備事業
⑦	公害防止に関する事業
⑧	防災に関する事業
⑨	都市計画法第12条第1項各号に掲げる事業
⑩	市場、と畜場又は火葬場の整備事業
⑪	一団地の住宅施設（住宅に附帯する通路その他の施設を含みます。）の整備事業
⑫	流通業務団地の整備事業

― 744 ―

第6節　都市計画税

　都市計画税は、都市計画事業又は土地区画整理事業を行う市町村が、その事業に要する費用に充てるため、これらの事業が行われる都市計画区域内に所在する土地及び家屋に対して課する目的税です。

　都市計画税を課するか否か、あるいはその税率水準をどの程度にするかについては、地域における都市計画事業等の実態に応じ、市町村の自主的判断（条例事項）に委ねられています。

1　課税客体等

　都市計画税は、都市計画法第5条の規定により都市計画区域として指定された区域のうち原則として同法第7条第1項に規定する市街化区域内に所在する土地及び家屋を課税客体として、その土地及び家屋の所有者を納税義務者として、その土地及び家屋の所在する市町村（特別区の存する区域にあっては東京都）が課税します。

(1)　課税区域

　課税区域は、次のとおりとされています（地法702）。

都　市　計　画　区　域		
線引きが行われている区域		非線引きの区域
市街化区域	市街化調整区域	
全　　域	特別の事情（※）があるとして条例で定める区域 ※　市街化調整区域内に所在する土地及び家屋の所有者に対して都市計画税を課さないことが当該市街化区域内に所在する土地及び家屋の所有者に対して都市計画税を課することとの均衡を著しく失すると認められる事情とされています（地法702①）。	都市計画事業の受益が及ぶ区域として条例で都市計画区域の全部又は一部の区域を課税区域として定めた場合の区域

　（注）　非線引き区域において課税区域を定めるに当たっては、次に掲げる区域を課税区域から除外することが適当であるとされています（取扱通知(市)9章4(5)）。
　　イ　農業振興地域の整備に関する法律第8条の規定により定められた農用地区域（特に当該区域の利益となる都市計画事業又は土地区画整理事業が施行される農用地区域を除きます。）
　　ロ　市街地から著しく離れたへんぴな地域に所在する山林等のように一般に都市計

第7章　その他の市町村税

画事業又は土地区画整理事業による受益が全くないと認められる地域

(2)　課税客体及び納税義務者

課税客体及び納税義務者は、次のとおりとされています（地法702）。

課税客体	納税義務者
課税区域内に所在する土地及び家屋	課税対象となる土地及び家屋の所有者

2　非課税の範囲

次に掲げる者は非課税とされています（地法702の2①）。

> 国、非課税独立行政法人、国立大学法人等及び日本年金機構並びに都道府県、市町村、特別区、これらの組合、財産区、合併特例区及び地方独立行政法人

また、次の規定により固定資産税を課すことができない土地又は家屋は、非課税とされています（地法702の2②）。

①	地方税法第348条第2項から第5項まで、第7項若しくは第9項又は同法附則第14条（物的非課税）
②	地方税法第351条（固定資産税の免税点）

3　課税標準

課税標準は、次のとおりとされています（地法702①②）。

課　税　標　準	価　格　と　は
課税客体である土地及び家屋の価格	当該価格は、土地又は家屋に係る固定資産税の課税標準となるべき価格です。

（注）　価格は、地方税法第349の3（第9項から第11項まで、第21項から第23項まで、第25項、第27項から第30項まで、第32項又は第33項の規定に限ります。）、同法附則第15条（第1項、第13項、第18項、第19項、第20項から第22項まで、第24項、第25項、第29項、第33項、第37項から第39項まで、第42項から第44項まで、第47項又は第48項の規定に限ります。）、同附則第15条の2第2項又は第15条の3の規定の適用を受ける土地又は家屋にあっては、その価格のそれぞれ当該各項に定める率を乗じて得た額となります。

第6節　都市計画税

　なお、次に掲げる住宅用地等に対しては、次のような課税標準の特例措置が講じられています（地法702の3）。

	特例の対象となる住宅用地	特例措置の内容
区分	一般住宅用地（被災住宅用地を含みます。）に対する固定資産税の課税標準の特例（課税標準をその価格の3分の1の額とする特例）の適用を受ける土地	当該土地に係る都市計画税の課税標準となるべき価格の3分の2の額とします。
	小規模住宅用地（被災住宅用地等を含みます。）に対する固定資産税の課税標準の特例（課税標準をその価格の6分の1の額とする特例）の適用を受ける土地	当該土地に係る都市計画税の課税標準となるべき価格の3分の1の額とします。

4　税　率

　税率は、課税市町村の条例で定めることとなりますが、0.3％を超えることができないとされています（地法702の4）。

5　賦課期日及び納期

　賦課期日及び納期は、次のとおりです（地法702の6、702の7）。

賦　課　期　日	納　　　期
当該年度の初日の属する年の1月1日	固定資産税の納期と同様であり、それは、4月、7月、12月及び2月中において、当該市町村の条例で定める日とされています。 　ただし、特別の事情がある場合においては、これと異なる納期を定めることができます。

－ 747 －

6 賦課徴収等

都市計画税の賦課徴収等は、次のとおりです（地法702の8）。

①	都市計画税の賦課徴収は、固定資産税の賦課徴収の例によるものとされています。したがって、特別の事情がある場合を除くほか、固定資産税の賦課徴収とあわせて行います。この場合において、還付加算金、納期前の納付に対する報奨金又は延滞金の計算については、都市計画税及び固定資産税の額の合算額によって行います。
②	都市計画税の賦課徴収に関する修正の申出及び不服申立て並びに出訴については、固定資産税の賦課徴収に関する修正の申出及び不服申立て並び出訴の例によります。
③	都市計画税の納税義務者は、都市計画税に係る地方団体の徴収金を、固定資産税に係る地方団体の徴収金の納付の例により納付するものとされています。したがって、特別の事情がある場合を除くほか、固定資産税に係る地方団体の徴収金とあわせて納付することとなります。
④	都市計画税を固定資産税とあわせて賦課徴収する場合においては、その都市計画税の賦課徴収に用いる納税通知書、納期限変更告知書、督促状その他の文書は、固定資産税の賦課徴収に用いるそれらの文書をあわせて作成します。

7 土地に対する負担調整措置

土地に係る令和3年度から令和5年度までの各年度分の都市計画税については、固定資産税と同様の税負担の調整措置（条例による減額措置を含みます。）が講じられています（地法附則25、25の3、26、27の2、27の4、27の4の2）。

第7節 水利地益税、共同施設税及び宅地開発税

1 水利地益税

　水利地益税は、市町村又は特別区（以下本節において「市区町村」といいます。）が、水利に関する事業、都市計画法に基づいて行う事業、林道に関する事業その他土地又は山林の利益となるべき事業の実施に要する費用に充てるため、当該事業により特に利益を受ける土地又は家屋の所有者等に対して課することができる目的税です。

　市区町村が水利地益税を課するか否かは、当該市区町村の自主的判断（条例事項）に委ねられていますが、この税の課税要件等は、次のとおりとされています（地法4章7節）。

課税要件等	内　　　　容
課税客体	当該事業により特に利益を受ける土地又は家屋
納税義務者	当該事業により特に利益を受ける土地又は家屋の所有者等
課税団体	当該事業を行う市区町村
課税標準	当該土地又は家屋の価格又は面積
課税限度額	水利地益税の課税額は、当該土地又は家屋が当該事業により特に受ける利益の限度を超えることができません。
税率等	水利地益税の納税義務者、税率、納期及び徴収の方法は、市区町村の条例で定めるところによります。

2 共同施設税

　共同施設税は、市区町村が、共同作業場、共同倉庫、共同集荷場、汚物処理施設その他これらに類する施設に要する費用に充てるため、当該施設により特に利益を受ける者に対して課することができる目的税です。

　市区町村が共同施設税を課するか否かは、当該市区町村の自主的判断（条例事項）に委ねられていますが、この税の課税要件等は、次のとおりとされています（地法4章7節）。

第7章　その他の市町村税

課税要件等	内　　　　　容
納税義務者	当該施設により特に利益を受ける者
課税団体	当該共同施設等を設置する市区町村
課税限度額	共同施設税の課税額は、当該納税者がその施設により受ける利益の限度を超えることができません。
税率等	共同施設税の課税客体、課税標準、税率、納期及び徴収の方法は、当該市区町村の条例で定めるところによります。

3　宅地開発税

　宅地開発税は、宅地開発に伴い公共施設の整備を行う市区町村が、宅地開発に伴い必要となる一定の公共施設の整備に要する費用に充てるため、権原に基づいて宅地開発を行う者に対して課することができる目的税です。

　市区町村が宅地開発税を課するか否かは、当該市区町村の自主的判断（条例事項）に委ねられていますが、この税の課税要件等は、次のとおりとされています（地法4章7節）。

課税要件等	内　　　　　容
課税客体	都市計画法第7条第1項に規定する市街化区域内において公共施設の整備が必要とされる地域としてその市区町村の条例で定める区域内で行われる宅地開発
納税義務者	当該区域内で、所有権等の権原に基づいて宅地開発を行う者
課税団体	宅地開発に伴い公共施設の整備を行う市区町村
課税標準	宅地開発に係る面積
税　率	宅地開発に伴い必要となる公共施設の整備に要する費用、当該公共施設による受益の状況等を参酌して、その市区町村の条例で定めることとされています。
免除等	宅地開発税の納税義務者が宅地開発に伴い必要とされる公共施設又はその用に供される土地を市区町村に無償で譲渡する等の場合には、宅地開発税を免除し、また、そのような公共施設を無償で譲渡する旨の申し出があったときは、徴収猶予することができます。

第8節　国民健康保険税

　国民健康保険は、相互扶助の精神に基づいて、被保険者の疾病、負傷、出産又は死亡に関して必要な保険給付を行うことを目的とするものですが、国民健康保険税は、国民健康保険を行う市町村又は特別区が、その国民健康保険法の規定による国民健康保険事業費納付金の納付に要する費用（高齢者の医療の確保に関する法律の規定による前期高齢者納付金等及び後期高齢者支援金等並びに介護保険法の規定による介護納付金の納付に要する費用を含みます。）、財政安定化基金拠出金の納付に要する費用その他の国民健康保険事業に要する費用に充てるため、国民健康保険の被保険者である世帯主に対して課する目的税です（地法703の4①）。

　このように、国民健康保険税は、国民健康保険に要する費用に充てるために課されるものであるにもかかわらず、地方税として位置づけされていますが、これは、社会保険料の徴収の手段として税の形式を採っているにすぎず、その実質においては、医療保険である国民健康保険の財源を賄うための社会保険料ということになるものです。

　したがって、その課税の方法も他の地方税と異なる方法により行うこととされており、それは、国民健康保険に要する費用の一部をそれぞれの被保険者等に対し一定の方式によりあん分して課税するという方法によっています。

1　課税団体

　国民健康保険税の課税団体は、次のとおりとされています（地法703の4①）。

課税団体	国民健康保険を行う市区町村（一部事務組合又は広域連合を設けて国民健康保険を行う場合においては、当該一部事務組合又は広域連合に加入している市区町村）

2　納税義務者

　国民健康保険税の納税義務者は、次の者とされています（地法703の4①㉘）。

納税義務者	①	国民健康保険の被保険者である世帯主
	②	国民健康保険の被保険者である資格がない世帯主の属する世帯内に国民健康保険の被保険者がある場合において、国民健康保険の被保険者である世帯主とみなされる者（以下「みなす世帯主」といいます。）

第7章　その他の市町村税

(1)　国民健康保険の被保険者

　国民健康保険の被保険者については、いわゆる強制加入の原則がとられており、国民健康保険法第5条の規定によると、都道府県の区域内に住所を有する者は、同法第6条に規定する次のいずれかに該当する者を除き、本人の意思のいかんにかかわらず、当該都道府県が当該都道府県内の市町村とともに行う国民健康保険の被保険者とするとされています。

	国民健康保険の被保険者から除かれる者
①	健康保険法の規定による被保険者。ただし、同法第3条第2項の規定による日雇特例被保険者を除きます。
②	船員保険法の規定による被保険者
③	国家公務員共済組合法又は地方公務員等共済組合法に基づく共済組合の組合員
④	私立学校教職員共済法の規定による私立学校教職員共済制度の加入者
⑤	健康保険法の規定による被扶養者。ただし、同法第3条第2項の規定による日雇特例被保険者の同法の規定による被扶養者を除きます。
⑥	船員保険法、国家公務員共済組合法（他の法律において準用する場合を含みます。）又は地方公務員等共済組合法の規定による被扶養者
⑦	健康保険法第126条の規定により日雇特例被保険者手帳の交付を受け、その手帳に健康保険印紙をはり付けるべき余白がなくなるに至るまでの間にある者及び同法の規定によるその者の被扶養者。ただし、同法第3条第2項ただし書の規定による承認を受けて同項の規定による日雇特例被保険者とならない期間内にある者及び同法第126条第3項の規定により当該日雇特例被保険者手帳を返納した者並びに同法の規定によるその者の被扶養者を除きます。
⑧	高齢者の医療の確保に関する法律の規定による被保険者
⑨	生活保護法による保護を受けている世帯（その保護を停止されている世帯を除きます。）に属する者
⑩	国民健康保険組合の被保険者
⑪	その他特別の理由がある者で国民健康保険法施行規則第1条に定める次に掲げるもの イ　日本の国籍を有しない者であって、住民基本台帳法に規定する外国人住民以外のもの（入管法に定める在留資格を有する者であって既に被保険者の資格を取得しているもの及び厚生労働大臣が別に定めるものを除きます。） ロ　日本の国籍を有しない者であって、入管法別表第1の5の表の下欄に掲げる活動として法務大臣が定める活動のうち、病院又は診療所に入院し疾病又は傷害について医療を受ける活動を行うもの及び当該入院の前後に当該疾病又は傷害について継続して医療を受ける活動を行うもの並びにこれらの者の日常生活上の世話をする活動を行うもの（上記イに該当する者を除きます。） ハ　その他特別の事由がある者で市区町村の条例で定めるもの

— 752 —

第8節　国民健康保険税

(2)　世帯主とは

国民健康保険税の納税義務者となる世帯主は、次の者とされています。

世　帯　主	世帯主とは、通常社会通念上世帯を主宰する者と定義されていますが、国民健康保険税の納税義務者である世帯主とは、一戸を構えて主として当該世帯の生計を維持している者又は一戸を構えなくても独立の生計を営んでいる者であって、国民健康保険税の納税義務者として社会通念上妥当と認められる者をいい、それは、住民基本台帳の世帯主と一致します（取扱通知(市) 9 章 7 (3)、通知「世帯主の定義について」(昭26. 7 . 9 保発第56号厚生省保険局長、地方財政委員会税務部長通知))。

3　納税義務者に対する課税額

納税義務者に対しては、次に掲げる額の合算額によって国民健康保険税が課されます（地法703の 4 ②、地法附則38の 3 ）。

	区　分	課　税　額　の　内　容
納税義務者に対する課税額	基礎課税額	国民健康保険事業に要する費用（下欄の後期高齢者支援金等（令和 5 年度までは病床転換支援金等を加算したものとなります。）及び介護納付金の納付に要する費用を除きます。）に充てるため、国民健康保険の被保険者である世帯主及びその世帯に属する国民健康保険の被保険者につき算定した課税額（課税限度額は63万円）
	後期高齢者支援金等課税額	高齢者の医療の確保に関する法律の規定による後期高齢者支援金等（令和 5 年度までは病床転換支援金等を加算したものとなります。）の納付に要する費用に充てるため、国民健康保険の被保険者である世帯主及びその世帯に属する国民健康保険の被保険者につき算定した課税額（課税限度額は19万円）
	介護納付金課税額	介護保険法の規定による介護納付金の納付に要する費用に充てるため、介護納付金課税被保険者（国民健康保険の被保険者のうち介護保険法第 9 条第 2 号に規定する被保険者（当該市区町村の区域内に住所を有する40歳以上65歳未満の医療保険加入者）であるものをいいます。）である世帯主及びその世帯に属する介護納付金課税被保険者につき算定した課税額（課税限度額は17万円）

(注) 1 　国民健康保険法の改正により、平成30年 4 月 1 日からの国民健康保険の運営については、都道府県が財政運営を担うこととし、保険税（料）の賦課徴収・保険給付については市町村が行うこととなりました。

— 753 —

第7章　その他の市町村税

　このため、国民健康保険事業に要する費用に充てるため課すものとされていた国民
健康保険税（料）は、市町村が国民健康保険事業費納付金に要する費用等に充てる
ために、被保険者の属する世帯の世帯主から徴収することとされました。
2　国民健康保険を行う一部事務組合又は広域連合に加入している市区町村にあって
　は、上記の課税額は、当該一部事務組合又は広域連合の上記費用の分賦金に充てる
　ために課されるものとなります。

4　基礎課税額の算定

(1)　標準基礎課税総額

　国民健康保険税の標準基礎課税総額は、①に掲げる額の見込額から②に掲げる額の
見込額を控除した額とされています。ただし、地方税法の規定による国民健康保険税
の減免を行う場合には、①に掲げる額の見込額から②に掲げる額の見込額を控除した
額に③に掲げる額の見込額を合算した額とされています（地法703の4③）。

標準基礎課税総額の内容		
標準基礎課税総額	①	当該年度における次に掲げる額の合算額 　イ　被保険者に係る国民健康保険法の規定による療養の給付に要する費用の額から当該給付に係る一部負担金に相当する額を控除した額ならびに入院時食事療養費、入院時生活療養費、保険外併用療養費、療養費、訪問看護療養費、特別療養費、移送費、高額療養費及び高額介護合算療養費の支給に要する費用の額の合算額 　ロ　国民健康保険事業費納付金の納付に要する費用（当該市町村を包括する都道府県の国民健康保険に関する特別会計において負担する後期高齢者支援金等及び介護納付金の納付に要する費用に充てる部分を除く。）の額 　ハ　財政安定化基金拠出金の納付に要する費用の額 　ニ　国民健康保険法第81条の2第9項第2号に規定する財政安定化基金事業借入金の償還に要する費用の額 　ホ　保健事業に要する費用の額 　ヘ　その他当該市町村の国民健康保険に関する特別会計において負担する国民健康保険事業に要する費用（国民健康保険の事務の執行に要する費用を除く。）の額
	②	当該年度における次に掲げる額の合算額 　イ　国民健康保険法第714条の規定による補助金の額 　ロ　国民健康保険法第715条の規定により交付を受ける補助金（国民健康保険事業費納付金の納付に要する費用（当該市町村を包括する都道府県の国民健康保険に関する特別会計において負担する後期高齢者支援金等及び介護納付金の納付に要する費用に充てる部分に限る。以下ロにおいて同じ。）に係るものを除く。）及び同

— 754 —

		条の規定により貸し付けられる貸付金（国民健康保険事業費納付金の納付に要する費用に係るものを除く。）の額
		ハ　国民健康保険法第715条の２第１項の国民健康保険保険給付費等交付金の額
		ニ　その他当該市町村の国民健康保険に関する特別会計において負担する国民健康保険事業に要する費用（国民健康保険の事務の執行に要する費用を除く。）のための収入（国民健康保険法第712条の３第１項の規定による繰入金を除く。）の額
	③	当該年度における地方税法第717条の規定による基礎課税額の減免の額の総額

(2)　基礎課税総額の算定

　標準基礎課税総額は、次に掲げる額のいずれかによるものとされています（地法703の４④）。

　基礎課税総額は、次に掲げる標準基礎課税総額の区分に応じ、当該納税義務者及びその世帯に属する被保険者につき算定した所得割額、資産割額、被保険者均等割額又は世帯別平等割額の合計額とされています（地法703の４⑤）。

①	所得割総額、資産割総額、被保険者均等割総額及び世帯別平等割総額の合計額
②	所得割総額、被保険者均等割総額及び世帯別平等割総額の合計額
③	所得割総額及び被保険者均等割総額の合計額

　(注)１　平成30年４月１日から財政運営が都道府県単位で行われることとなったことに伴い、各市町村の所得水準に応じた応益・応能割合とすることを基本としつつ、県内で所得水準の比較的高い市町村について応能割合を高くする等の柔軟な応益・応能割合の運用も想定しており、全国統一的な標準割合を示すことが難しいため、地方税法で標準割合を示さないこととしています。

　　　２　都道府県は、国民健康保険法第82条の２により定められる都道府県国民健康保険運営方針にて、当該都道府県内の市町村における保険料の標準的な算定方法に関する事項等を定めることとされています。

(3) 納税義務者に対する基礎課税額の算定の仕組み

納税義務者に対する基礎課税額の算定の仕組みは、次のとおりです。

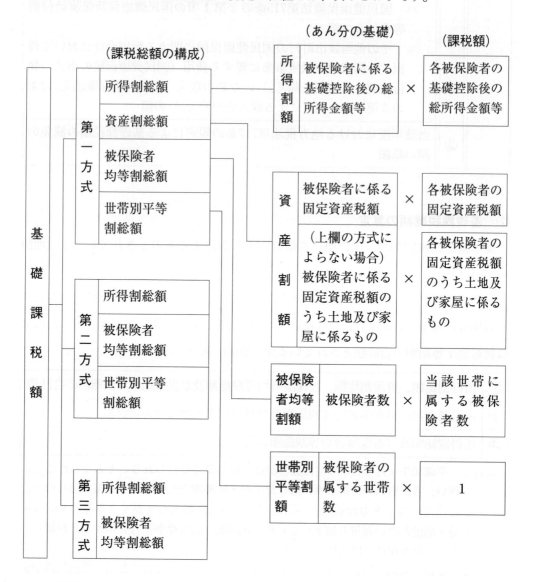

第8節　国民健康保険税

⑷　納税義務者に対する基礎課税額の算定

基礎課税額は、次の左欄に掲げる課税方式のうち当該市区町村が選択した課税方式に応じ、当該納税義務者及びその世帯に属する被保険者につき算定した右欄の額の合算額とされています（地法703の4⑤）。

ただし、当該納税義務者がみなす世帯主である場合は、当該世帯に属する被保険者（当該みなす世帯主を除きます。）につき算定した所得割額、資産割額又は被保険者均等割額の合算額に世帯別平等割額を加えたものが当該課税額となります（地法703の4㉘）。

基礎課税額の課税方式		基礎課税額の内訳
第一方式	所得割額、資産割額、被保険者均等割額及び世帯別平等割額の合算額による課税	①　所得割額 ②　資産割額 ③　被保険者均等割額 ④　世帯別平等割額
第二方式	所得割額、被保険者均等割額及び世帯別平等割額の合算額による課税	①　所得割額 ②　被保険者均等割額 ③　世帯別平等割額
第三方式	所得割額及び被保険者均等割額の合算額による課税	①　所得割額 ②　被保険者均等割額

イ　所得割額の算定

所得割額は、当該市区町村における当該年度分の所得割総額を、基礎控除後の総所得金額等にあん分して算定します（地法703の4⑥⑦、地法附則35の6、36①②、37、37の2、37の3）。

所得割額	次によって算出した金額です。 （当該被保険者に係る基礎控除後の総所得金額等）　×　（あん分率） ・・・（あん分率の算定）・・・ $$\frac{所得割総額}{全被保険者の基礎控除後の総所得金額等の合計額}$$ なお、基礎控除後の総所得金額等とは、前年分について算定した次に掲げる金額の合計額から市町村民税の基礎控除額を控除した金額をいいます。 (イ)　総所得金額（雑損失の繰越控除を適用しないで計算したものとされています。次の(ロ)から(ト)までにおいても同じです。） （注）

— 757 —

第7章　その他の市町村税

$(ロ)$　山林所得金額

$(ハ)$　上場株式等に係る配当所得等の金額

$(ニ)$　長期譲渡所得の金額（特別控除後の金額）

$(ホ)$　短期譲渡所得の金額（特別控除後の金額）

$(ヘ)$　一般株式等及び上場株式等に係る譲渡所得等の金額

$(ト)$　先物取引に係る雑所得等の金額

(注) 1　国民健康保険税においては、特例対象被保険者等（国民健康保険の被保険者又は特定同一世帯所属者のうち次の①又は②のいずれかに該当する者（離職の日の翌日の属する年度の翌年度の末日までの間にある者に限ります。）をいいます。）の所得に給与所得が含まれている場合には、その者に係る総所得金額は、当該給与所得を100分の30に圧縮して計算します（地法703の5の2）。

① 雇用保険法第23条第2項に規定する特定受給資格者

② 雇用保険法第13条第3項に規定する特定理由離職者であって受給資格を有するもの

2　当該市町村における被保険者の所得の分布状況その他の事情に照らし、算定した基礎課税額が政令で定める当該基礎課税額の限度額を上回ることが確実であると見込まれる場合には、総務省令で定めるところにより、基礎控除後の総所得金額等を補正するものとされています（地法703条の4⑥ただし書）。

ロ　**資産割額の算定**

資産割額は、当該市区町村における当該年度分の資産割総額を、次のいずれかの算定方式による当該年度分の固定資産税額にあん分して算定します（地法703の4⑧）。

算定方式	資産割額の算定方法
固定資産税額方式	次によって算出した金額です。 （当該被保険者に係る固定資産税額）×（あん分率） （あん分率の算定） $$\frac{資産割総額}{全被保険者の固定資産税額の合計額}$$
土地及び家屋に係る固定資産税額方式	次によって算出した金額です。 $\begin{bmatrix}当該被保険者に係る土地及び\\家屋に係る固定資産税額\end{bmatrix}$ ×（あん分率） （あん分率の算定） $$\frac{資産割総額}{全被保険者の土地及び家屋に係る固定資産税額の合計額}$$

(注) 1　あん分の基礎となる固定資産税額には、住所地以外の市区町村に所在する固定資産に係る固定資産税額は含まれません。

— 758 —

第8節　国民健康保険税

2　当該市町村における被保険者の資産の分布状況その他の事情に照らし、算定した基礎課税額が政令で定める当該基礎課税限度額を上回ることが確実であると見込まれる場合には、総務省令で定めるところにより、固定資産税額等を補正するものとされています（地法703条の4⑧ただし書）。

ハ　被保険者均等割額の算定

被保険者均等割額は、当該市区町村における当該年度分の被保険者均等割総額を、当該市区町村の被保険者の総数にあん分して算定します（地法703の4⑨）。

被保険者均等割額	次によって算出したあん分額です。 あん分額＝被保険者均等割総額÷被保険者の総数 ※　当該納税義務者に課される被保険者均等割額は、（当該世帯に属する被保険者（みなす世帯主を除きます。）の数）×（あん分額）となります。

ニ　世帯別平等割額の算定

世帯別平等割額は、左欄に掲げる世帯の区分に応じ、それぞれ右欄により算定します（地法703の4⑩）。

	世帯の区分	世帯別平等割額の算定
①	特定世帯及び特定継続世帯以外の世帯	当該市区町村における当該年度分の世帯別平等割総額を当該市区町村の被保険者が属する世帯の数から特定世帯の数に2分の1を乗じて得た数と特定継続世帯の数に4分の1を乗じて得た数の合計数を控除した数にあん分して算定します。
②	特定世帯	①によって算定した額に2分の1を乗じて算定します。
③	特定継続世帯	①によって算定した額に4分の3を乗じて算定します。

（注）1　特定世帯とは、特定同一世帯所属者（国民健康保険法第6条第8号の規定により被保険者の資格を喪失した者（すなわち、高齢者の医療の確保に関する法律の規定による被保険者となった者）であって、当該資格を喪失した日の前日以後継続して同一の世帯に属するものをいいます。）と同一の世帯に属する被保険者が属する世帯であって同日の属する月（以下「特定月」といいます。）以後5年を経過する月までの間にあるもの（当該世帯に他の被保険者がいない場合に限ります。）をいいます。
2　特定継続世帯とは、特定同一世帯所属者と同一の世帯に属する被保険者が属する世帯であって特定月以後5年を経過する月の翌日から特定月以後8年を経過する月までの間にあるもの（当該世帯に他の被保険者がいない場合に限ります。）をいいます。

(5)　基礎課税額の限度額

基礎課税額は、63万円を超えることができないとされています（地法703の4⑪、地

第7章　その他の市町村税

令56の88の2①）。

5　後期高齢者支援金等課税額の算定

(1)　標準後期高齢者支援金等課税総額

　国民健康保険税の標準後期高齢者支援金等課税総額は、①に掲げる額の見込額から②に掲げる額の見込額を控除した額とする。ただし、地方税法の規定による国民健康保険税の減免を行う場合には、①に掲げる額の見込額から②に掲げる額の見込額を控除した額に③に掲げる額の見込額を合算した額とされています（地法703の4⑫、地法附則38の3）。

		標準後期高齢者支援金等課税総額の内容
標準後期高齢者支援金等課税総額	①	当該年度における国民健康保険事業費納付金の納付に要する費用（当該市町村を包括する都道府県の国民健康保険に関する特別会計において負担する後期高齢者支援金等（令和5年度までは病床転換支援金等を加算したもの。）の納付に要する費用に充てる部分に限る。②イ及びロにおいて同じ。）の額
	②	当該年度における次に掲げる額の合算額 　イ　国民健康保険法第75条の規定により交付を受ける補助金（国民健康保険事業費納付金の納付に要する費用に係るものに限る。）及び同条の規定により貸し付けられる貸付金（国民健康保険事業費納付金の納付に要する費用に係るものに限る。）の額 　ロ　その他当該市町村の国民健康保険に関する特別会計において負担する国民健康保険事業に要する費用（国民健康保険事業費納付金の納付に要する費用に限る。）のための収入（国民健康保険法第712条の3第1項の規定による繰入金を除く。）の額
	③	当該年度における第717条の規定による後期高齢者支援金等課税額の減免の額の総額

(2)　後期高齢者支援金等課税総額の算定

　標準後期高齢者支援金等課税総額は、次に掲げる額のいずれかによるものとされています（地法703の4⑬）。

　後期高齢者支援金等課税総額は、次に掲げる標準後期高齢者支援金等課税総額の区分に応じ、当該納税義務者及びその世帯に属する被保険者につき算定した所得割額、資産割額、被保険者均等割額又は世帯別平等割額の合計額とされています（地法703の4⑭）。

— 760 —

第8節　国民健康保険税

①	所得割総額、資産割総額、被保険者均等割総額及び世帯別平等割総額の合計額
②	所得割総額、被保険者均等割総額及び世帯別平等割総額の合計額
③	所得割総額及び被保険者均等割総額の合計額

(注) 1　平成30年4月1日から財政運営が都道府県単位で行われることとなったことに伴い、各市町村の所得水準に応じた応益・応能割合とすることを基本としつつ、県内で所得水準の比較的高い市町村について応能割合を高くする等の柔軟な応益・応能割合の運用も想定しており、全国統一的な標準割合を示すことが難しいため、地方税法で標準割合を示さないこととしています。

2　都道府県は、国民健康保険法第82条の2により定められる都道府県国民健康保険運営方針にて、当該都道府県内の市町村における保険料の標準的な算定方法に関する事項等を定めることとされています。

(3)　納税義務者に対する後期高齢者支援金等課税額の算定

後期高齢者支援金等課税額は、次の左欄に掲げる課税方式のうち当該市区町村が選択した課税方式に応じ、当該納税義務者及びその世帯に属する被保険者につき算定した右欄の額の合算額とされています（地法703の4⑭）。

ただし、当該納税義務者がみなす世帯主である場合は、当該世帯に属する被保険者（当該世帯主を除きます。）につき算定した所得割額、資産割額又は被保険者均等割額の合算額に世帯別平等割額を加えたものが当該課税額となります（地法703の4㉘）。

後期高齢者支援金等課税額の課税方式		後期高齢者支援金等課税額の内訳
第一方式	所得割額、資産割額、被保険者均等割額及び世帯別平等割額の合算額による課税	①　所得割額 ②　資産割額 ③　被保険者均等割額 ④　世帯別平等割額
第二方式	所得割額、被保険者均等割額及び世帯別平等割額の合算額による課税	①　所得割額 ②　被保険者均等割額 ③　世帯別平等割額
第三方式	所得割額及び被保険者均等割額の合算額による課税	①　所得割額 ②　被保険者均等割額

上記の所得割額、資産割額、被保険者均等割額及び世帯別平等割額は、次により算定します。

第7章　その他の市町村税

区　分		後期高齢者支援金等課税額の算定方法
後期高齢者支援金等課税額	所得割額	所得割総額を基礎控除後の総所得金額等にあん分して算定します（地法703の4⑮）。 ※　所得割額の算定の基礎となる基礎控除後の総所得金額等の算定方法は、基礎課税額の所得割額の場合と同じです（757頁参照）。
	資産割額	資産割総額を固定資産税額又は固定資産税額のうち土地及び家屋に係る部分の額にあん分して算定します（地法703の4⑯）。
	被保険者均等割額	被保険者均等割総額を被保険者の数にあん分して算定します（地法703の4⑰）。
	世帯別平等割額	次に掲げる世帯の区分に応じ、それぞれ次により算定します（地法703の4⑱）。 イ　特定世帯及び特定継続世帯以外の世帯 　当該市区町村における当該年度分の世帯別平等割総額を当該市区町村の被保険者が属する世帯の数から特定世帯の数に2分の1を乗じて得た数と特定継続世帯の数に4分の1を乗じて得た数の合計数を控除した数にあん分して算定します。 ロ　特定世帯（759頁の(注)を参照） 　イによって算定した額に2分の1を乗じて算定します。 ハ　特定継続世帯（759頁の（注）を参照） 　イによって算定した額に4分の3を乗じて算定します。

⑷　後期高齢者支援金等課税額の限度額

　後期高齢者支援金等課税額は、19万円を超えることができないとされています（地法703の4⑲、地令56の88の2②）。

6　介護納付金課税額の算定

⑴　標準介護納付金課税総額

　国民健康保険税の標準介護納付金課税総額は、①に掲げる額の見込額から②に掲げる額の見込額を控除した額とする。ただし、地方税法の規定による国民健康保険税の減免を行う場合には、①に掲げる額の見込額から②に掲げる額の見込額を控除した額に③に掲げる額の見込額を合算した額とされています（地法703の4⑳）。

— 762 —

第8節　国民健康保険税

		標準介護納付金課税総額の内容
標準介護納付金課税総額	①	当該年度における国民健康保険事業費納付金の納付に要する費用（当該市町村を包括する都道府県の国民健康保険に関する特別会計において負担する介護納付金の納付に要する費用に充てる部分に限る。②イ及びロにおいて同じ。）の額
	②	当該年度における次に掲げる額の合算額 　イ　国民健康保険法第715条の規定により交付を受ける補助金（国民健康保険事業費納付金の納付に要する費用に係るものに限る。）及び同条の規定により貸し付けられる貸付金（国民健康保険事業費納付金の納付に要する費用に係るものに限る。）の額 　ロ　その他当該市町村の国民健康保険に関する特別会計において負担する国民健康保険事業に要する費用（国民健康保険事業費納付金の納付に要する費用に限る。）のための収入（国民健康保険法第712条の3第1項の規定による繰入金を除く。）の額
	③	当該年度における第717条の規定による介護納付金課税額の減免の額の総額

(2)　介護納付金課税総額の算定

　標準介護納付金課税総額は、次に掲げる額のいずれかによるものとされる（地法703の4㉑）。

　介護納付金課税総額は、次に掲げる標準基礎課税総額の区分に応じ、当該納税義務者及びその世帯に属する被保険者につき算定した所得割額、資産割額、被保険者均等割額又は世帯別平等割額の合計額とされています（地法703の4㉒）。

①	所得割総額、資産割総額、被保険者均等割総額及び世帯別平等割総額の合計額
②	所得割総額、被保険者均等割総額及び世帯別平等割総額の合計額
③	所得割総額及び被保険者均等割総額の合計額

（注）1　平成30年4月1日から財政運営が都道府県単位で行われることとなったことに伴い、各市町村の所得水準に応じた応益・応能割合とすることを基本としつつ、県内で所得水準の比較的高い市町村について応能割合を高くする等の柔軟な応益・応能割合の運用も想定しており、全国統一的な標準割合を示すことが難しいため、地方税法で標準割合を示さないこととしています。

　　　2　都道府県は、国民健康保険法第82条の2により定められる都道府県国民健康保険運営方針にて、当該都道府県内の市町村における保険料の標準的な算定方法に関する事項等を定めることとされています。

第7章　その他の市町村税

⑶　納税義務者に対する介護納付金課税額の算定

　介護納付金課税額は、次の左欄に掲げる課税方式のうち当該市区町村が選択した課税方式に応じ、介護納付金課税被保険者である納税義務者及び納税義務者の世帯に属する介護納付金課税被保険者につき算定した右欄の額の合算額とされています（地法703の4㉒）。

　ただし、当該納税義務者がみなす世帯主である場合は、当該世帯に属する介護納付金課税被保険者（当該みなす世帯主を除きます。）につき算定した所得割額、資産割額又は被保険者均等割額の合算額に世帯別平等割額を加えたものが当該課税額となります（地法703の4㉘）。

介護納付金課税額の課税方式		介護納付金課税額の内訳
第一方式	所得割額、資産割額、被保険者均等割額及び世帯別平等割額の合算額による課税	①　所得割額 ②　資産割額 ③　被保険者均等割額 ④　世帯別平等割額
第二方式	所得割額、被保険者均等割額及び世帯別平等割額の合算額による課税	①　所得割額 ②　被保険者均等割額 ③　世帯別平等割額
第三方式	所得割額及び被保険者均等割額の合算額による課税	①　所得割額 ②　被保険者均等割額

　上記の所得割額、資産割額、被保険者均等割額又は世帯別平等割額は、次により算定します。

第8節　国民健康保険税

区　分	介護納付金課税額の算定方法
介護納付金課税額 所得割額	所得割総額を介護納付金課税被保険者に係る基礎控除後の総所得金額等にあん分して算定します（地法703の4㉓）。 ※　所得割額の算定の基礎となる基礎控除後の総所得金額等の算定方法は、基礎課税額の所得割額の場合と同じです（757頁参照）。
資産割額	資産割総額を介護納付金課税被保険者に係る固定資産税額又は固定資産税額のうち土地及び家屋に係る部分の額にあん分して算定します（地法703の4㉔）。
被保険者均等割額	被保険者均等割総額を介護納付金課税被保険者の数にあん分して算定します（地法703の4㉕）。
世帯別平等割額	世帯別平等割総額を介護納付金課税被保険者が属する世帯の数にあん分して算定します（地法703の4㉖）。

⑷　介護納付金課税額の限度額

　介護納付金課税額は、17万円を超えることができないとされています（地法703の4㉗、地令56の88の2③）。

7　低所得者に対する減額

　市区町村は、低所得者の負担の軽減を図るため、次のとおり、国民健康保険税の納税義務者並びにその世帯に属する国民健康保険の被保険者及び特定同一世帯所属者（759頁の（注）を参照）の所得の合算額が一定額以下の場合においては、当該市区町村の条例の定めるところによって、当該納税義務者に課する被保険者均等割額又は世帯別平等割額を減額するものとされています（地法703の5、地令56の89）。

⑴　減額の対象となる世帯

　減額の対象となる世帯は、低所得者世帯の負担能力を考慮して、次の右欄に掲げる世帯の総所得金額等の合算額が次の左欄のイ又はロに掲げる金額（減額対象基準）を超えない世帯とされています（地法703の5、地法附則35の5、35の6、36、37、37の2、地令56の89①）。

— 765 —

第7章　その他の市町村税

減額対象基準	世帯の総所得金額等の合算額
イ　地方税法施行令第56条の89第2項第2号の規定による減額を行う場合（次頁の図表内の(1)を参照） 　43万円（納税義務者並びにその世帯に属する国民健康保険の被保険者及び特定同一世帯所属者のうち給与所得者等の数が2以上の場合にあっては、43万円に当該給与所得者等の数から1を減じた数に10万円を乗じて得た金額を加算した金額）に当該世帯に属する国民健康保険の被保険者の数と特定同一世帯所属者の数の合計数に52万円を乗じて得た金額を加算した金額 ロ　地方税法施行令第56条の89第2項第3号又は第4号の規定による減額を行う場合（次頁の図表内の(2)及び(3)を参照） 　43万円（納税義務者並びにその世帯に属する国民健康保険の被保険者及び特定同一世帯所属者のうち給与所得者等の数が2以上の場合にあっては、43万円に当該給与所得者等の数から1を減じた数に10万円を乗じて得た金額を加算した金額）に当該世帯に属する国民健康保険の被保険者の数と特定同一世帯所属者の数の合計数に28万5千円を乗じて得た金額を加算した金額	納税義務者並びにその世帯に属する被保険者及び特定同一世帯所属者に係る総所得金額等（イからトまでに掲げる所得を合計したものをいいます。）の合算額（以下7において「総所得金額等の合算額」といいます。） 　なお、これらの所得金額は、雑損失の繰越控除を適用して計算したものです。 イ　総所得金額（注） ロ　山林所得金額 ハ　上場株式等に係る配当所得等の金額 ニ　長期譲渡所得の金額（50万円特別控除前） ホ　短期譲渡所得の金額（50万円特別控除前） ヘ　一般株式等及び上場株式等に係る譲渡所得等の金額 ト　先物取引に係る雑所得等の金額

　（注）　特例対象保険者等の所得に給与所得が含まれている場合の総所得金額の計算については、757頁の「イ　所得割額の算定」の(注)を参照してください。

留意点

　減額措置の判定基礎となる総所得金額及び山林所得金額の計算に当たっては、次のことに留意する必要があります。

— 766 —

第 8 節 　国民健康保険税

留意事項	留　意　内　容
青色専従者給与又は事業専従者控除に関する規定の不適用	総所得金額、山林所得金額、分離の株式等に係る事業所得の金額又は分離の先物取引に係る事業所得の金額は、青色専従者給与額又は事業専従者控除額については必要経費に算入しないところで計算したものとされています。また、青色専従者給与額又は事業専従者控除額は、当該事業専従者の給与所得に係る収入金額としないこととされています（地法703の5①、地法附則37、37の2、37の3）。
公的年金等所得に係る算定の特例	公的年金等所得について所得税法第35条第4項に規定する公的年金等控除額（年齢65歳以上である者に係るものに限ります。）の控除を受けた場合の総所得金額は、公的年金等所得については、その所得から15万円を控除した金額によって算定したものとされています（地法附則35の5）。
特別控除前の長期譲渡所得の金額又は短期譲渡所得の金額	所得割額を算定する場合には、その所得割額のあん分の基礎となる長期譲渡所得の金額及び短期譲渡所得の金額は、50万円特別控除後のものとされていますが、減額の場合においては、50万円特別控除前の長期譲渡所得の金額又は短期譲渡所得の金額とされています（地法附則36）。

(2)　減額する額

　減額は、被保険者均等割額及び世帯別平等割額（世帯別平等割額を課さない市区町村においては、被保険者均等割額）について行われます。そして、その減額は、次の左欄の区分に応じ、政令で定める右欄の減額基準に従い市区町村の条例で定めるところにより行われます（地法703の5、地令56の89）。

減額の区分	政令で定める減額基準
43万円（納税義務者並びにその世帯に属する国民健康保険の被保険者及び特定同一世帯所属者のうち給与所得者等の数が2以上の場合にあっては、43万円に当該給与所得者等の数から1を減じた数に10万円を乗じて得た金額を加算した金額）に当該世帯に属する国民健	(1)　下欄の(2)及び(3)以外の場合 　　当該市区町村の当該年度分の国民健康保険税に係る被保険者均等割額又は世帯別平等割額にイからハまでに掲げる世帯の区分に応じそれぞれイからハまでに定める割合を乗じて得た額 イ　総所得金額等の合算額が43万円（納税義務者並びにその世帯に属する国民健康保険の被保険者及び特定同一世帯所属者のうち給与所得者等の数が2以上の場合にあっては、43万円に当該給与所得者等の数から1を減じた数に10万円を乗じて得た金額を加算した金額）を超えない世帯　10分の7 ロ　総所得金額等の合算額が43万円（納税義務者並びに

－ 767 －

第7章　その他の市町村税

康保険の被保険者の数と特定同一世帯所属者(注)の数の合計数に52万円を乗じて得た金額を加算した金額を超えない場合	その世帯に属する国民健康保険の被保険者及び特定同一世帯所属者のうち給与所得者等の数が２以上の場合にあっては、43万円に当該給与所得者等の数から１を減じた数に10万円を乗じて得た金額を加算した金額）に当該世帯に属する国民健康保険の被保険者の数と特定同一世帯所属者(注)の数の合計数に28万５千円を乗じて得た金額を加算した金額を超えない世帯（イに掲げる世帯を除きます。）　10分の５ ハ　総所得金額等の合算額が43万円（納税義務者並びにその世帯に属する国民健康保険の被保険者及び特定同一世帯所属者のうち給与所得者等の数が２以上の場合にあっては、43万円に当該給与所得者等の数から１を減じた数に10万円を乗じて得た金額を加算した金額）に当該世帯に属する国民健康保険の被保険者の数と特定同一世帯所属者(注)の数の合計数に52万円を乗じて得た金額を加算した金額を超えない世帯（イ又はロに掲げる世帯を除きます。）　10分の２
43万円（納税義務者並びにその世帯に属する国民健康保険の被保険者及び特定同一世帯所属者のうち給与所得者等の数が２以上の場合にあっては、43万円に当該給与所得者等の数から１を減じた数に10万円を乗じて得た金額を加算した金額）に当該世帯に属する国民健康保険の被保険者の数と特定同一世帯所属者(注)の数の合計数に28万５千円を乗じて得た金額を加算した金額を超えない場合	(2)　(1)による減額を行うことが困難であると認める市区町村の場合 　当該市区町村の当該年度分の国民健康保険税に係る被保険者均等割額又は世帯別平等割額にイ又はロに掲げる世帯の区分に応じそれぞれイ又はロに定める割合を乗じて得た額 イ　総所得金額等の合算額が43万円（納税義務者並びにその世帯に属する国民健康保険の被保険者及び特定同一世帯所属者のうち給与所得者等の数が２以上の場合にあっては、43万円に当該給与所得者等の数から１を減じた数に10万円を乗じて得た金額を加算した金額）を超えない世帯　10分の６ ロ　総所得金額等の合算額が43万円（納税義務者並びにその世帯に属する国民健康保険の被保険者及び特定同一世帯所属者のうち給与所得者等の数が２以上の場合にあっては、43万円に当該給与所得者等の数から１を減じた数に10万円を乗じて得た金額を加算した金額）に当該世帯に属する国民健康保険の被保険者の数と特定同一世帯所属者(注)の数の合計数に28万５千万円を乗じて得た金額を加算した金額を超えない世帯（イに掲げる世帯を除きます。）　10分の４ (3)　(1)及び(2)による減額を行うことが困難であると認める市区町村の場合 　当該市区町村の当該年度分の国民健康保険税に係る被

— 768 —

保険者均等割額又は世帯別平等割額にイ又はロに掲げる世帯の区分に応じそれぞれイ又はロに定める割合を乗じて得た額

イ　総所得金額等の合算額が43万円（納税義務者並びにその世帯に属する国民健康保険の被保険者及び特定同一世帯所属者のうち給与所得者等の数が2以上の場合にあっては、43万円に当該給与所得者等の数から1を減じた数に10万円を乗じて得た金額を加算した金額）を超えない世帯　10分の5

ロ　総所得金額等の合算額が43万円（納税義務者並びにその世帯に属する国民健康保険の被保険者及び特定同一世帯所属者のうち給与所得者等の数が2以上の場合にあっては、43万円に当該給与所得者等の数から1を減じた数に10万円を乗じて得た金額を加算した金額）に当該世帯に属する国民健康保険の被保険者の数と特定同一世帯所属者(注)の数の合計数に28万5千万円を乗じて得た金額を加算した金額を超えない世帯（イに掲げる世帯を除きます。）　10分の3

（注）　特定同一世帯所属者については、759頁の「ニ　世帯別平等割額の算定」の(注)を参照してください。

8　賦課期日及び月割課税

　国民健康保険の賦課期日は、4月1日とされています（地法705②）。したがって、この税は、当該賦課期日において、課税要件を充足している者に対しては、年税額によって課税されます。ただし、この税は国民健康保険事業に要する費用に充てられるものであること及び年税として課税する場合のこの税の特殊性から生じる税負担の不合理性（例えば、国民皆保険制度の下における他の社会保険の掛金等の二重負担等）を避ける等の理由から、地方税法に明文の規定はないが、次に掲げる場合には、市区町村の条例の定めるところにより、月割によって課税されることとされています。

	区　分	月割課税の方法
月割課税制度	賦課期日後に納税義務が発生した場合	その発生した日の属する月から、月割をもって算定した国民健康保険税の額（低所得者に係る減額が行われた場合には、当該減額した額とします。以下同じです。）が課されます。
	賦課期日後に納税義務が消滅した場合	その消滅した日（他の社会保険の被保険者等に該当することにより納税義務が消滅した場合において、その消滅した日が月の初日であるときは、その前日）の属する月の前月まで、月割をもって算

第7章　その他の市町村税

定した国民健康保険税の額が課されます。

上記の他に、次に掲げる場合においても月割課税を行うこととなります。

①	賦課期日後にみなす世帯主である国民健康保険税の納税義務者が国民健康保険の被保険者となったことにより同保険の被保険者である世帯主となった場合
②	賦課期日後に国民健康保険税の納税義務者である世帯主が国民健康保険の被保険者でなくなったことによりみなす世帯主となった場合
③	賦課期日後に国民健康保険税の納税義務者の世帯に属する被保険者（当該納税義務者を除きます。以下同じです。）又は介護納付金課税被保険者となった者がある場合
④	賦課期日後に国民健康保険税の納税義務者の世帯に属する被保険者又は介護納付金課税被保険者でなくなった者がある場合

9　徴収の方法

国民健康保険税の徴収の方法は、次によります。

①	通常の場合 （②以外の場合）	国民健康保険税の徴収は、通常の場合は、次の②の場合を除き、普通徴収の方法によります（地法706①）。そして、その納期は、条例で定めることとなりますが、固定資産税等の納期を考慮して、通常は4月、7月、10月、1月とされています。 　なお、市区町村長は、市区町村民税が確定しないためこの税を確定することができない場合には、その確定する日までの間に到来する納期において普通徴収によって徴収すべき国民健康保険税に限り、前年度分の税額の2分の1の額を限度として、仮徴収することができるとされています（地法706の2①）。
②	老齢等年金給付の支払を受けている年齢65歳以上の者である場合	イ　その納税義務者が当該年度の初日（4月1日）において老齢等年金給付の支払を受けている年齢65歳以上74歳以下の国民健康保健の被保険者である世帯主（以下「特別徴収対象被保険者」といいます。）である場合には、一定の場合（注参照）を除き、当該世帯主に対して課される国民健康保険税は特別徴収の方法によって徴収されます（地法706②）（ただし、特別徴収対象被保険者が少ないことその他の特別な事情があることにより特別徴収を行うことが適当でないと認められる市区町村においては、普通徴収の方法により徴収することとなります（地法706②ただし書））。 　この特別徴収による場合、市区町村長は、当該特別徴収対象被保険者に係る老齢等年金給付の支払をする年金保険

— 770 —

第 8 節　国民健康保険税

　　　　　　　　者を特別徴収義務者として当該国民健康保険税を徴収させ
　　　　　　　　ます（地法718の 2 ①）。
　　　　　　ロ　年金保険者は、当該市区町村から通知された支払回数割
　　　　　　　　保険税額を、その年の10月 1 日から翌年の 3 月31日までの
　　　　　　　　間において特別徴収対象年金給付の支払の際徴収し、その
　　　　　　　　徴収した日の属する月の翌月の10日までに、これを当該市
　　　　　　　　区町村に納入しなければなりません（地法718の 4 ）。
　　　　　　　　　なお、前年の10月 1 日から翌年の 3 月31日までの間にお
　　　　　　　　いて、特別徴収されていた特別徴収対象被保険者について、
　　　　　　　　特別徴収対象年金給付がその年度の 4 月 1 日から 9 月30日
　　　　　　　　までの間において支払われる場合には、前年の10月 1 日か
　　　　　　　　ら翌年の 3 月31日までの間に特別徴収の方法によって徴収
　　　　　　　　された保険税相当額（仮特別徴収税額）がその特別徴収対
　　　　　　　　象年金給付の支払の際特別徴収の方法によって徴収されま
　　　　　　　　す（特別徴収による仮徴収）（地法718の 7 ①）。

（注）　次の場合とされています（地令56の89の 2 ③）。
　　イ　当該世帯主の老齢等年金給付の年額が18万円未満である場合その他の当該世帯主
　　　　が当該市区町村の行う介護保険の介護保険法第135条第 5 項に規定する特別徴収対象
　　　　被保険者でない場合
　　ロ　当該世帯主の国民健康保険税又は介護保険料の額の合計額が老齢等年金給付の年
　　　　額を 6 で除して得た額の 2 分の 1 の額を超える場合
　　ハ　当該世帯主の属する世帯に65歳未満の国民健康保険の被保険者が属する場合
　　ニ　前記イ、ロ又はハに掲げる場合のほか、当該世帯主から口座振替の方法により納
　　　　付する旨の申出があったことその他の事情を考慮した上で、特別徴収の方法によっ
　　　　て徴収するよりも普通徴収によって徴収することがこの税の徴収を円滑に行うこと
　　　　ができると市区町村長が認める場合

－ 771 －

第8章　法定外税

　地方税法においては、都道府県並びに市町村及び特別区（以下「地方団体」と総称します。）の課税自主権を尊重し、各地方団体が、自らの判断と責任において地方税の運用を行い得るための制度として、法定外税制度が設けられています。

　この法定外税は、地方団体が、地方税法で具体的に規定する税目以外に、総務大臣の同意を得て創設する税金で、その税収の使途について制限がないものを法定外普通税といい、その使途が特定されているものを法定外目的税といいます。さらに、課税主体によって次のように区分されます。

第1　設定手続

　地方団体は、法定外税を新設し、又は変更（法定外税の税率の引下げ、廃止及び課税期間の短縮を除きます。以下同じです。）しようとする場合においては、あらかじめ、総務大臣に協議し、その同意を得なければならないとされています。そして、総務大臣は、この協議の申出を受けた場合には、その旨を財務大臣に通知するとともに、地方財政審議会の意見を聴き、当該協議の申出に係る法定外税について次頁の表に掲げる不同意の事由のいずれかがあると認める場合を除き、これに同意しなければならないとされています（地法2章10節、3章9節、4章8節）。

　なお、地方団体は、法定外税の納税義務者であって当該納税義務者に対して課すべき当該法定外税の課税標準の合計が当該法定外税の課税標準の合計の10分の1を継続的に超えると見込まれるもの（以下「特定納税義務者」といいます。）がある場合において、当該法定外税の新設又は変更をする旨の条例を制定しようとするときは、当該地方団体の議会において、当該特定納税義務者の意見を聴くこととされています。

　地方団体が法定外税を新設し、又は変更しようとする場合における設定手続を図示すると次のとおりです。

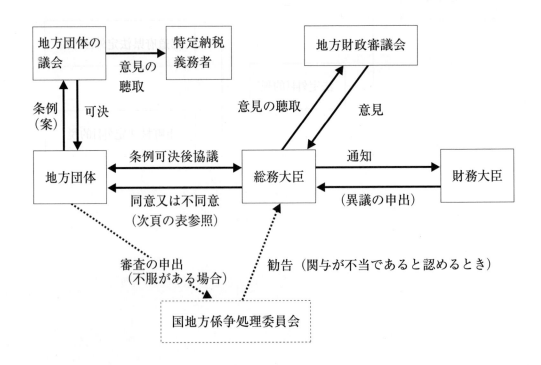

第2　総務大臣の同意

　総務大臣は、法定外税の新設又は変更についての協議の申出を受けた場合には、当該協議の申出に係る法定外税について次の左欄に掲げる事由のいずれかがあると認める場合を除き、これに同意しなければならないとされています（地法261、671、733）。

	不同意の事由	備　　　考
①	国税又は他の地方税と課税標準を同じくし、かつ、住民の負担が著しく過重となること	「国税又は他の地方税と課税標準を同じくし」とは、実質的にみて国税又は他の地方税と課税標準が同じである場合を含むものであり、「住民の負担が著しく過重となること」とは、住民（納税者）の担税力、住民（納税者）の受益の程度、課税を行う期間等から判断して明らかに、住民の負担が箸しく過重となると認められることをいいます。
②	地方団体間における物の流通に重大な障害を与えること	「地方団体間における物の流通に重大な障害を与えること」とは、課税の目的、内容及び方法、流通の状況、流通価格に与える影響等から判断して、当該法定外税が内国関税的なものであるなど、地方団体間における物の流通に重大な障害を与えると認められることをいいます。
③	①及び②に掲げるものを除くほか、国の経済施策に照らして適当でないこと	「国の経済施策」とは、経済活動に関して国の各省庁が行う施策（財政施策及び租税施策を含みます。）のうち、特に重要な、又は強力に推進を必要とするものをいい、「国の経済施策に照らして適当でないこと」とは、課税目的、内容及び方法、住民（納税者）の担税力、住民（納税者）の受益の程度、課税を行う期間、税収見込額、特定の者によって惹起される特別な財政需要に要する費用のために負担を求める税については当該税収を必要とする特別な財政需要の有無等の諸般の事情から判断して、国の経済施策に照らして適当でないと認められることをいいます。

（注）　上記の備考欄の内容は、通知「法定外普通税又は法定外目的税の新設又は変更に対する同意に係る処理基準及び留意事項等について」（平15.11.11総税企第179号総務省自治税務局長通知）によります。

第3　法定外税の実施状況

令和3年4月1日現在における法定外税の実施状況は、次のとおりです。

(1)　法定外普通税

都道府県法定外普通税	
税　　目	実施団体
石油価格調整税	沖縄県
核燃料税	北海道、宮城県、新潟県、石川県、福井県、静岡県、島根県、愛媛県、佐賀県、鹿児島県
核燃料等取扱税	茨城県
核燃料物質等取扱税	青森県

市町村法定外普通税	
税　　目	実施団体
砂利採取税	神奈川県山北町
別荘等所有税	静岡県熱海市
歴史と文化の環境税	福岡県太宰府市
使用済核燃料税	鹿児島県薩摩川内市愛媛県伊方町新潟県柏崎市
狭小住戸集合住宅税	東京都豊島区
空港連絡橋利用税	大阪府泉佐野市

（2） 法定外目的税

都道府県法定外目的税	
税　　目	実施団体
産業廃棄物税	青森県、岩手県、宮城県、秋田県、山形県、福島県、新潟県、三重県、愛知県、滋賀県、京都府、奈良県、山口県、福岡県、佐賀県、長崎県、熊本県、大分県、宮崎県、鹿児島県、沖縄県
産業廃棄物処理税	岡山県
産業廃棄物埋立税	広島県
産業廃棄物処分場税	鳥取県
産業廃棄物減量税	島根県
循環資源利用促進税	北海道
資源循環促進税	愛媛県
乗鞍環境保全税	岐阜県
宿泊税	東京都、大阪府、福岡県

市町村法定外目的税	
税　　目	実施団体
遊漁税	山梨県富士河口湖町
環境未来税	福岡県北九州市
使用済核燃料税	佐賀県玄海町
環境協力税	沖縄県伊是名村 沖縄県伊平屋村 沖縄県渡嘉敷村
美ら島税	沖縄県座間味村
開発事業等緑化負担税	大阪府箕面市
宿泊税	京都府京都市、石川県金沢市、北海道倶知安町、福岡県福岡市、福岡県北九州市

第9章 東日本大震災に係る地方税制上の措置

第1 東日本大震災（原子力発電所事故災害を除きます。）に対処するための措置

　地方税においては、東日本大震災（原子力発電所事故災害については、次の第2を参照してください。）に対処するため、次のとおり、固定資産税及び都市計画税の課税免除等の措置並びに個人住民税、不動産取得税、自動車取得税、自動車税及び軽自動車税等に係る特例措置が講じられています。

1　個人住民税

特例項目	特例の内容
雑損控除等の特例	イ　東日本大震災により住宅家財等に生じた損失の金額については、所得割の納税義務者の選択により、平成22年において生じた損失の金額として、平成23年度以後の年度分の個人の道府県民税及び市町村民税の雑損控除額の控除及び雑損失の金額の繰越控除の特例を適用することができることとします（地法附則42①④、地令附則24、25）。 ロ　東日本大震災により住宅家財等に損失等が生じた場合において、住宅家財等の原状回復等のための震災関連費用についてやむを得ない事情によりその災害のやんだ日の翌日から3年以内にすることができなかった所得割の納税義務者が、当該事情のやんだ日の翌日から3年以内にその支出をしたときは、その支出した金額は災害関連支出とみなして、雑損控除及び雑損失の繰越控除を適用することができることとします（地法附則42③⑥）。 ※　東日本大震災など大規模な災害の場合その他やむを得ない事情がある場合の住宅家財等の原状回復等のための災害関連費用を災害後3年以内（通常は1年以内）に支出をしたときは、その支出した金額について雑損控除及び雑損失の繰越控除を適用することができることとされています（地令7の13の3、48の6の2）。

雑損失の繰越控除の特例	東日本大震災により住宅家財等に生じた損失の金額のうち雑損控除額の控除を適用して総所得金額等から控除しても控除しきれない金額についての繰越期間を3年から5年に延長することとします（地法附則43、地令附則26）。
純損失の繰越控除の特例	イ　事業所得者等の有する棚卸資産、事業用資産等につき東日本大震災により生じた損失（以下「被災事業用資産の損失」といいます。）を有する者の被災事業用資産の損失による純損失の金額及び平成23年において生じた純損失の金額のうち次に掲げるものの繰越期間を3年から5年に延長することとします（地法附則44、地令附則27）。 　⑴　青色申告者でその者の有する事業用資産等のうちに被災事業用資産の占める割合が10%以上である者は、被災事業用資産の損失による純損失を含む平成23年分の純損失の総額 　⑵　白色申告者でその者の有する事業用資産等のうちに被災事業用資産の占める割合が10%以上である者は、被災事業用資産の損失による純損失と変動所得に係る損失による純損失の合計額 ロ　東日本大震災により事業用資産に損失等が生じた場合において、事業用資産の原状回復等のための震災関連費用についてやむを得ない事情によりその災害のやんだ日の翌日から3年以内にその支出をすることができなかった所得割の納税義務者が、当該事情のやんだ日の翌日から3年以内にその支出をしたときは、当該支出をした金額は災害に関連するやむを得ない支出の金額とみなして、被災事業用資産の損失に係る純損失の繰越控除を適用することができることとします（地法附則44④⑧）。 ※1　所得税においては、平成23年分において、事業用資産等について東日本大震災により生じた損失については、その損失額を平成22年分の事業所得の金額等の計算上必要経費に算入することができることとされています（震災特例法6、所法51）が、この所得税の特例は、個人住民税の所得の計算に自動影響することとなります。 　2　東日本大震災など大規模な災害の場合その他やむを得ない事情がある場合の事業用資産の原状回復等のための災害関連費用を災害後3年以内（通常は1年以内）に支出したときは、その支出した金額は被災事業用資産の損失の金額として純損失の繰越控除を適用することができることとされています（地令7の10の4、48の5）。

第1　東日本大震災（原子力発電所事故災害を除きます。）に対処するための措置

被災居住用財産の敷地に係る譲渡期限の延長の特例	居住用財産を譲渡した場合の特例（地法附則4、4の2、5の4、34、34の2、34の3及び35）について、東日本大震災により居住用家屋が滅失した場合には、一定の要件の下、その居住用家屋の敷地に係る譲渡期限を東日本大震災があった日から同日以後7年を経過する日の属する年の12月31日までの間とすることとします（地法附則44の2、地令附則27の2）。 　なお、その有していた居住用家屋が滅失等をして居住に供することができなくなった者の相続人（当該家屋に居住していた者に限ります。）が当該家屋の敷地の用に供されていた土地等を譲渡した場合には、当該相続人は、当該家屋を被相続人がその取得をした日から所有していたものとみなして、居住用財産を譲渡した場合の特例の適用を受けることができます。
買換資産の取得期間等の延長の特例	居住用財産の買換えの特例等について、東日本大震災のため、その買換資産等を予定期間内に取得等をすることが困難となった場合には、一定の要件の下、その予定期間を2年の範囲内で延長することとします（地法附則44の3、地令附則27の3）。
住宅借入金等特別税額控除の適用期間の特例	住宅借入金等特別税額控除の適用を受けていた住宅が東日本大震災により居住の用に供することができなくなった場合においても、控除対象期間の残りの期間について、引き続き住宅借入金等特別税額控除を適用することとします（地法附則45①④）。
住宅の再取得等に係る住宅借入金等特別税額控除の特例	東日本大震災によりその有していた自己の居住用家屋が滅失等をして居住の用に供することができなくなった納税義務者が住宅の再取得又は増改築等をした場合において所得税において東日本大震災に係る特例措置の適用を受けたときは、住宅借入金等特別税額控除の対象とすることとします（地法附則45②⑤）。

2　法人住民税

特例項目	特例の内容
繰戻対象震災損失金額につき法人税の繰戻し還付が行われた場合の法人税割の課税標準となる法人税額	所得税法等の一部を改正する法律（令和3年法律第11号）第13条による改正前の東日本大震災の被災者等に係る国税関係法律の臨時特例に関する法律第15条及び第23条の規定によって繰戻対象震災損失金額につき法人税額の還付を受けたものが納付すべき当該各事業年度の法人税割の課税標準となる法人税額の算定においては、当該還付を受けた法人税額を10年間において繰越控除することとします（地法附則48）。

3 個人事業税

特例項目	特例の内容
損失の繰越控除の特例	事業を行う個人で事業所得者等の有する棚卸資産、事業用資産等につき東日本大震災により生じた損失（以下「被災事業用資産の損失」といいます。）を有する者の被災事業用資産の損失による損失の金額及び平成23年において生じた損失の金額のうち次に掲げるものの繰越期間を3年から5年に延長することとします（地法附則50、地令附則30）。 イ　青色申告者でその者の有する事業用資産等のうちに被災事業用資産の占める割合が10％以上である者は、被災事業用資産の損失を含む平成23年分の損失の総額 ロ　白色申告者でその者の有する事業用資産等のうちに被災事業用資産の占める割合が10％以上である者は、被災事業用資産の損失の合計額 ※　所得税においては、平成23年分において、事業所得者等の有する棚卸資産、事業用資産等について東日本大震災により生じた損失については、その損失額を平成22年分の事業所得の金額等の計算上必要経費に算入することができることとされています（震災特例法6、所法51）が、この所得税の特例は、個人事業税の事業の所得の計算に自動影響することとなります。

4 法人事業税

特例項目	特例の内容
繰戻対象震災損失金額につき法人税の繰戻し還付が行われた場合の所得割の課税標準となる所得	法人が法人事業税の課税標準である各事業年度の所得を法人税の課税標準である所得の計算の例によって算定する場合において、所得税法等の一部を改正する法律（令和3年法律第11号）第13条による改正前の東日本大震災の被災者等に係る国税関係法律の臨時特例に関する法律第15条第1項の繰戻対象震災損失金額につき、同条の規定による法人税額の還付を受けているときは、当該法人の当該各事業年度の所得の計算上損金の額に算入すべき金額は、当該繰戻対象震災損失金額の生じた事業年度以後10年間の事業年度の所得の計算上、損金の額に算入されなかった繰戻対象震災損失金額に相当する金額とします（すなわち、当該繰戻対象震災損失金額を10年間において繰越控除します。）（地令附則29）。

5　不動産取得税

特例項目	特例の内容
被災代替家屋の取得又は改築に係る課税標準の特例	東日本大震災により滅失し、又は損壊した家屋（以下「被災家屋」といいます。）の所有者等が、当該被災家屋に代わるものと都道府県知事が認める家屋（以下「被災代替家屋」といいます。）を令和8年3月31日までに取得し、又は改築した場合には、価格に当該代替家屋の床面積に対する当該被災家屋の床面積の割合を乗じて得た額を価格から控除することとします（地法附則51①）。 　この場合、当該特例措置の対象となる者の範囲は、被災家屋の所有者、当該所有者が個人である場合におけるその相続人、当該所有者と同居するその所有者の三親等内親族、当該所有者が法人である場合における合併法人等とされます（地令附則31①）。
被災代替家屋の敷地の用に供する土地の取得に係る課税標準の特例	被災家屋の敷地の用に供されていた土地（以下「従前の土地」といいます。）の所有者等が、代替家屋の敷地の用に供する土地で当該従前の土地に代わるものと都道府県知事が認める土地を令和8年3月31日までに取得した場合には、価格に当該代替家屋の用に供する土地の面積に対する当該従前の土地の面積の割合を乗じて得た額を価格から控除することとします（地法附則51②）。 　この場合、当該特例措置の対象となる者の範囲は、従前の土地の所有者、当該従前の所有者が個人である場合におけるその相続人、当該従前の所有者の三親等内の親族で当該代替家屋に当該従前の所有者と同居する者又は当該代替家屋に当該従前の所有者と同居する予定であると都道府県知事が認める者及び当該従前の所有者が法人である場合における合併法人等とされます（地令附則31②）。
被災代替農用地の取得に係る課税標準の特例	東日本大震災により耕作又は養畜の用に供することが困難となった農用地であると農業委員会等が認めるもの（以下「被災農用地」といいます。）の平成23年3月11日における所有者（農業を営む者に限ります。）等が、当該被災農用地に代わるものと都道府県知事が認める農用地を取得した場合において、当該取得が令和8年3月31日までに行われたときに限り、価格に当該代替農用地の面積に対する当該被災農用地の面積の割合を乗じて得た額を価格から控除します（地法附則51③）。 　この場合、当該特例措置の対象となる者の範囲は、被災農用地の平成23年3月11日における所有者、当該所有者が個人である場合におけるその相続人、当該所有者の三親等内の親族及び当該所有者が法人である場合における合併法人等とされます（地令附則31③）。

特例項目	特例の内容
土地改良法の規定による換地計画に基づき取得した換地に係る課税の特例	土地改良法の規定に基づき土地を取得することが適当と認める者が、土地改良法の規定による東日本大震災の津波被災区域を含む一定の換地計画に基づき創設農用地換地を令和5年3月31日までに取得した場合には、当該土地の価格の3分の1の額を価格から控除することとします（地法附則51の2）。

6 自動車税及び軽自動車税

特例項目	特例の内容
震災により滅失又は損壊した自動車の代替自動車の取得に係る自動車税の環境性能割の非課税	東日本大震災により滅失し、又は損壊した自動車（以下「被災自動車」といいます。）の所有者等が、都道府県知事が当該被災自動車に代わるものと認める自動車（以下「代替自動車」といいます。）を平成23年3月11日から令和3年3月31日までに取得した場合には、当該代替自動車の取得に対しては、自動車税の環境性能割を課さないこととします（地法附則53の2①）。 　この場合、当該特例措置の対象となる者の範囲は、被災自動車の所有者、当該所有者が個人である場合におけるその相続人、当該所有者が法人である場合における合併法人等とされます（地令附則32①）。 　なお、当該特例の適用を受けようとする場合には、被災自動車及び特例を受けようとする自動車に関する事項等を記載した書類及び滅失し、又は損壊した自動車が被災自動車であることを証する書類等を都道府県知事に提出しなければならないこととされています（地規附則23）。
震災により滅失又は損壊した自動車の代替自動車に係る自動車税の種別割の非課税	東日本大震災により滅失し、又は損壊した被災自動車の所有者等が当該被災自動車に代わるものと都道府県知事が認める自動車を次に掲げる期間に取得した場合における当該自動車については、それぞれ次に定める年度分の自動車税の種別割を課さないこととします（地法附則54）。 イ　平成31年4月1日から令和2年3月31日までの期間 　　　令和元年度分及び令和2年度分 ロ　令和2年4月1日から令和3年3月31日までの期間 　　　令和2年度分及び令和3年度分
震災により滅失又は損壊した自動車の代替軽自動車等の取得に係る軽自動車税の環境性能割の	東日本大震災により滅失し、又は損壊した自動車（以下「被災自動車」といいます。）の所有者等が、都道府県知事が当該被災自動車に代わるものと認める三輪以上の軽自動車（以下「代替軽自動車」といいます。）を平成23年3月11日から令和3年3月31日までに取得した場合には、当該代替軽自動車の取得に対しては、軽自動車税の環境性能割を課さないこととします（地法附則57①）。

第1　東日本大震災（原子力発電所事故災害を除きます。）に対処するための措置

非課税	この場合、当該特例措置の対象となる者の範囲は、被災自動車の所有者、当該所有者が個人である場合におけるその相続人、当該所有者が法人である場合における合併法人等とされます（地令附則34①）。 　なお、当該特例の適用を受けようとする場合には、被災自動車及び特例を受けようとする軽自動車に関する事項等を記載した書類及び滅失し、又は損壊した自動車が被災自動車であることを証する書類等を都道府県知事に提出しなければならないこととされています（地規附則25）。
震災により滅失又は損壊した自動車の代替軽自動車等に係る軽自動車税の種別割の非課税	次に掲げる期間に取得された次のⅰ、ⅱ及びⅲの軽自動車等については、それぞれ次に定める年度分の軽自動車税の種別割を課さないこととします（地法附則58①〜③）。 イ　平成31年４月１日から令和２年３月31日までの期間 　　　令和２年度分 ロ　令和２年４月１日から令和３年３月31日までの期間 　　　令和２年度分及び令和３年度分 　ⅰ　東日本大震災により滅失し、又は損壊した被災自動車の所有者等が、当該被災自動車に代わるものと市町村長が認める三輪以上の軽自動車を取得した場合 　ⅱ　原動機付自転車、二輪の軽自動車及び二輪の小型自動車（以下「二輪自動車等」といいます。）であって東日本大震災により滅失し、又は損壊したもの（以下「被災二輪自動車等」といいます。）の所有者等が、当該被災二輪自動車等に代わるものと市町村長が認める二輪自動車等を取得した場合 　ⅲ　東日本大震災により滅失し、又は損壊した小型特殊自動車（以下「被災小型特殊自動車」といいます。）の所有者等が、当該被災小型特殊自動車に代わるものと市町村長が認める小型特殊自動車を取得した場合 　この場合、当該特例措置の対象となる者の範囲は、被災自動車、被災二輪自動車等及び被災小型特殊自動車（以下「被災軽自動車等」といいます。）の所有者、当該所有者が個人である場合におけるその相続人、当該所有者が法人である場合における合併法人等とされます（地令附則35）。 　なお、当該特例の適用を受けようとする場合には、被災軽自動車等及び特例を受けようとする軽自動車等に関する事項等を記載した書類及び滅失し、又は損壊した軽自動車等が被災軽自動車等であることを証する書類等を市町村長に提出しなければならないこととされています（地規附則26）。

7　固定資産税及び都市計画税

特例項目	特例の内容
被災住宅用地の特例	東日本大震災により滅失し、又は損壊した家屋の敷地の用に供されていた土地で平成23年度分の固定資産税について住宅用地に係る課税標準の特例措置の適用を受けたもの（以下「被災住宅用地」といいます。）のうち、家屋又は構築物の敷地の用に供されている土地以外の土地について、平成24年度から令和8年度までの各年度に係る賦課期日において住宅用地として使用することができないと市町村長が認める場合には、当該土地を住宅用地とみなして、住宅用地に係る課税標準の特例措置等の地方税法の規定を適用します（地法附則56①⑤）。 　この場合、当該特例措置の対象となる者の範囲は、平成23年度に係る賦課期日における当該土地の所有者等、当該所有者等が個人である場合におけるその相続人、当該所有者等から当該土地の譲渡を受けたその者の三親等内の親族及び当該所有者等が法人である場合における合併法人等とされます（地令附則33①）。
被災住宅用地の共有者等に係る特例	平成23年度に係る賦課期日において被災住宅用地を所有し、又はその共有持分を有していた者等（以下「被災住宅用地の共有者等」といいます。）が、平成24年度から令和8年度までの各年度に係る賦課期日において、当該被災住宅用地の全部若しくは一部を所有し、又はその全部若しくは一部について共有持分を有している場合には、平成24年度から令和8年度までの各年度に係る賦課期日において当該被災住宅用地の共有者等が所有し、又は共有持分を有している一定の被災住宅用地の全部又は一部のうち家屋又は構築物の敷地の用に供されている土地以外の土地に対して課する平成24年度から令和8年度までの各年度分の固定資産税及び都市計画税については、当該土地を住宅用地とみなして、課税標準の特例措置等の地方税法の規定を適用します（地法附則56②⑤、地令附則33④～⑧）。 　この場合、当該特例措置の対象となる者の範囲は、平成23年度に係る賦課期日における当該土地の所有者、共有者等、当該所有者、共有者等が個人である場合におけるその相続人、当該所有者、共有者等から当該土地の譲渡を受けたその者の三親等内の親族及び当該所有者、共有者等が法人である場合における合併法人等とされます（地令附則33③）。
被災家屋の敷地の用に供される共用土地に係る特例	東日本大震災により滅失し、又は損壊した家屋の敷地の用に供されていた共用土地であった土地に対して課する固定資産税及び都市計画税については、当該土地の各共有者が当該土地の持分の割合等により按分した額について納付する義務を負うこととします

第1　東日本大震災（原子力発電所事故災害を除きます。）に対処するための措置

	（地法附則56③④、地規附則24④⑤）。
仮換地である住宅用地に係る特例	特定仮換地等に対応する従前の土地が被災住宅用地である場合において、当該被災住宅用地につき土地登記簿等に所有者として登記等がされている者で平成23年度に係る賦課期日における当該被災住宅用地の所有者等をもって当該特定仮換地に係る所有者とみなされたときは、当該特定仮換地等に対して課する平成24年度から令和8年度までの各年度分の固定資産税及び都市計画税については、当該特定仮換地等を被災住宅用地とみなして課税標準の特例措置等の地方税法の規定を適用します（地法附則56⑥～⑨、地令附則33⑨）。
被災住宅用地に代わるものとして取得した土地に係る特例	被災住宅用地の所有者等が、令和8年3月31日までの間に、当該被災住宅用地に代わるものと市町村長が認める土地を取得した場合における当該取得された土地で新たに固定資産税及び都市計画税が課されることとなった年度、翌年度又は翌々年度に係る賦課期日において家屋又は構築物の敷地の用に供されている土地以外の土地に対して課する当該各年度分の固定資産税及び都市計画税については、当該取得された土地のうち被災住宅用地に相当する土地を住宅用地とみなして、課税標準の特例措置等の地方税法の規定を適用します（地法附則56⑩）。 　この場合、当該特例措置の対象となる者の範囲は、被災住宅用地の所有者、当該所有者が個人である場合におけるその相続人、当該所有者の三親等内の親族で、当該取得された土地の上に新築される家屋に当該所有者と同居する予定であると市町村長が認める者及び当該所有者が法人である場合における合併法人等とされます（地令附則33⑪）。 　なお、当該特例の適用を受けようとする場合には、被災住宅用地及び特例を受けようとする土地に関する事項等を記載した書類及び被災住宅用地に存した住宅が東日本大震災により滅失し、又は損壊したことを証する書類等を市町村長に提出しなければならないこととされています（地令附則33⑳　地規附則24⑪）。
被災家屋に代わるものとして取得又は改築した家屋に係る特例	東日本大震災により滅失し、又は損壊した家屋の所有者等が、令和8年3月31日までの間に当該滅失し、又は損壊した家屋に代わるものとして市町村長が認める家屋を取得し、又は改築した場合における当該家屋に対して課する固定資産税及び都市計画税について、特例の適用を受ける部分（従前の家屋の床面積に相当する部分）に係る税額を最初の4年度分2分の1、その後の2年度分3分の1減額します（地法附則56⑪）。 　この場合において、当該特例措置の対象となる者の範囲は、当該滅失し、又は損壊した家屋の所有者、当該所有者が個人である

－ 787 －

	場合におけるその相続人、当該所有者が個人である場合におけるその者と同居するその者の三親等内の親族及び当該所有者が法人である場合における合併法人等とされます（地令附則33⑭～⑯、地規附則24⑩）。 　なお、当該特例の適用を受けようとする場合には、滅失し、又は損壊した家屋及び特例を受けようとする家屋に関する事項等を記載した書類及び被害を受けた家屋が東日本大震災により滅失し、又は損壊したことを証する書類等を市町村長に提出しなければならないこととされています（地令附則33㉙、地規附則24⑬）。
被災した償却資産に代わるものとして取得又は改良した償却資産に係る特例	東日本大震災により滅失し、又は損壊した償却資産の所有者等が、一定の区域内に令和6年3月31日までに当該滅失し、又は損壊した償却資産に代わるものと市町村長が認める償却資産を取得し、又は改良した場合における当該償却資産に対して課する固定資産税の課税標準を4年度分その価格の2分の1とします（地法附則56⑫）。 　この場合、当該特例措置の対象となる者の範囲は、当該滅失し、又は損壊した償却資産の所有者、当該滅失し、又は損壊した償却資産が地方税法の規定により共有物とみなされたものである場合における買主、当該所有者が個人である場合におけるその相続人及び当該所有者が法人である場合における合併法人等とされます（地令附則33⑰）。 　なお、当該特例の適用を受けようとする場合には、滅失し、又は損壊した償却資産及び特例を受けようとする償却資産に関する事項等を記載した書類及び被害を受けた償却資産が東日本大震災により滅失し、又は損壊したことを証する書類等を市町村長に提出しなければならないこととされています（地令附則33⑳、地規附則24⑪）。

8　軽油引取税

特例項目	特例の内容
トリガー条項の適用停止	揮発油価格高騰時における軽油引取税の税率の特例規定の適用停止措置（いわゆる「トリガー条項」）は、東日本大震災の復旧及び復興の状況等を勘案し別に法律で定める日までの間、その適用を停止します（地法附則53）。

第2　原子力発電所事故災害に対処するための措置

　地方税においては、東日本大震災における原子力発電所の事故による災害に対処するため、次のとおり、固定資産税及び都市計画税の課税免除等の措置並びに不動産取得税、自動車取得税、自動車税及び軽自動車税に係る特例措置が講じられています。

1　固定資産税及び都市計画税

特例項目	特例の内容
原子力災害避難区域内の土地及び家屋に係る固定資産税及び都市計画税の課税免除	東北地方太平洋沖地震に伴う原子力発電所の事故に関して各年度の末日までに原子力災害対策本部長が市町村長又は都道府県知事に対して行った以下の指示の対象となった区域（当該各年度の初日の属する年の1月1日前に以下の指示の対象でなくなった区域を除きます。）であって、住民の退去又は避難の実施状況、土地及び家屋の使用状況、市町村による役務の提供状況等（以下「区域内の状況」といいます。）を総合的に勘案し、土地及び家屋に対して固定資産税又は都市計画税を課税することが公益上その他の事由により不適当と市町村長が認めて指定し公示した区域（以下「課税免除区域」といいます。）内に所在する土地及び家屋については、当分の間、各年度分の固定資産税及び都市計画税を課さないこととします（地法附則55①②）。 イ　住民に対し避難のための立ち退きを行うことを求める指示、勧告、助言その他の行為を行うことの指示 ロ　イに掲げるもののほか、これに類するものとして政令で定める指示 　※　市町村長は、上記の公示をした場合には、遅滞なく、総務大臣に届け出なければならないとされています（地法附則55①）。
課税免除区域外となる区域内の土地及び家屋に係る税額の2分の1減額	上欄の課税免除区域に該当しないこととなった土地及び家屋については、当分の間、次のような原則3年度分の固定資産税額及び都市計画税額の2分の1減額特例措置を講じます（地法附則55③〜⑧）。 (1)　N年度（特例適用初年度） 　　N－1年度の課税免除区域で、特例適用初年度において課税免除区域外となる区域のうち、区域内の状況を総合的に勘案し、土地及び家屋に係る固定資産税額及び都市計画税額のそれぞれ2分の1に相当する額を減額して特例適用初年度分の固定資産税及び都市計画税を課税することが適当と市町村長が認めて指

－ 789 －

定し公示した区域（以下「2分の1減額課税初年度区域」とい
います。）内に所在する土地及び家屋については、当該土地及
び家屋に係る固定資産税額及び都市計画税額からその税額の2
分の1に相当する額を減額します（地法附則55③④）。

(2) N＋1年度（特例適用2年度目）

N年度の2分の1減額課税初年度区域のうち、区域内の状況
を総合的に勘案し、土地及び家屋に係る固定資産税額及び都市
計画税額のそれぞれ2分の1に相当する額を減額して特例適用
2年度分の固定資産税及び都市計画税を課税することが適当と
市町村長が認めて指定し公示した区域（以下「2分の1減額課
税第2年度区域」といいます。）内に所在する土地及び家屋に
ついては、当該土地及び家屋に係る固定資産税額及び都市計画
税額からその税額の2分の1に相当する額を減額します（地法
附則55⑤⑥）。

(3) N＋2年度（特例適用3年度目）

N＋1年度の2分の1減額課税第2年度区域のうち、区域内
の状況を総合的に勘案し、土地及び家屋に係る固定資産税額及
び都市計画税額のそれぞれ2分の1に相当する額を減額して
N＋2年度分の固定資産税及び都市計画税を課税することが適
当と市町村長が認めて指定し公示した区域内に所在する土地及
び家屋については、当該土地及び家屋に係る固定資産税額及び
都市計画税額からその税額の2分の1に相当する額を減額しま
す（地法附則55⑦⑧）。

※　市町村長は、上記の公示をした場合には、遅滞なく、総務大
臣に届け出なければならないとされています（地法附則55③⑤
⑦）。

居住困難区域内住宅用地の代替住宅用地に係る特例	居住困難区域（平成23年3月11日に発生した東北地方太平洋沖地震に伴う原子力発電所の事故に関して原子力災害対策特別措置法の規定により原子力災害対策本部長が市町村長又は都道府県知事に対して行った住民に対し避難のための立退きを行うことを求める指示、勧告、助言その他の行為を行うことの指示の対象区域（近く当該指示が解除される見込みであるとされた区域を除きます。）のうち当面の居住に適さない区域として総務大臣が指定して公示した区域をいいます。以下、固定資産税及び次の不動産取得税の項において同じです。）を指定する旨の公示があった日において当該居住困難区域内に所在していた家屋の敷地の用に供されていた土地で平成23年度分の固定資産税について住宅用地に係る課税標準の特例措置の適用を受けたもの（以下「対象区域内住宅用地」といいます。）の所有者等が、同日から当該居住困難区域の指定を解除する旨の公示があった日から起算して3月を経過

第2　原子力発電所事故災害に対処するための措置

する日までの間に、当該対象区域内住宅用地に代わるものと市町村長が認める土地を取得した場合における当該取得された土地で新たに固定資産税及び都市計画税が課されることとなった年度、翌年度又は翌々年度に係る賦課期日において家屋又は構築物の敷地の用に供されている土地以外の土地に対して課する当該各年度分の固定資産税及び都市計画税については、当該取得された土地のうち対象区域内住宅用地に相当する土地を住宅用地とみなして、住宅用地に係る課税標準の特例等の地方税法の規定を適用します（地法附則56⑬）。

この場合において、当該特例措置の対象となる者の範囲は、対象区域内住宅用地の居住困難区域を指定する旨の公示があった日における所有者、当該所有者が個人である場合におけるその相続人、当該所有者の三親等内の親族で、当該所有者と同居する予定であると認められる者及び当該所有者が法人である場合における合併法人等とされます（地令附則33⑳）。

居住困難区域内家屋の代替家屋に係る特例	居住困難区域を指定する旨の公示があった日において当該居住困難区域内に所在した家屋（以下「対象区域内家屋」といいます。）の所有者等が、当該対象区域内家屋に代わるものと市町村長が認める家屋を、同日から当該居住困難区域の指定を解除する旨の公示があった日から起算して3月（当該対象区域内家屋に代わるものと市町村長が認める家屋が同日後に新築されたものであるときは、1年）を経過する日までの間に取得した場合における当該家屋に対して課する固定資産税及び都市計画税について、特例の適用を受ける部分（従前の家屋の床面積に相当する部分）に係る税額を最初の4年度分2分の1、その後の2年度分3分の1を減額します（地法附則56⑭、地令附則33㉔）。 この場合、当該特例措置の対象となる者の範囲は、対象区域内家屋の居住困難区域を指定する旨の公示があった日における所有者、当該所有者が個人である場合におけるその相続人、当該所有者が個人である場合におけるその者と同居するその者の三親等内の親族及び当該所有者が法人である場合における合併法人等とされます（地令附則33㉓）。
居住困難区域内償却資産の代替償却資産に係る特例	居住困難区域を指定する旨の公示があった日における当該居住困難区域内に所在した償却資産（以下「対象区域内償却資産」といいます。）の所有者等が、東日本大震災に際し災害救助法が適用された市町村の区域（東京都の区域を除きます。）内に同日から当該居住困難区域の指定を解除する旨の公示があった日から起算して3月を経過する日までの間に、当該対象区域内償却資産に代わるものと市町村長が認める償却資産を取得した場合における当

－ 791 －

該償却資産に対して課する固定資産税の課税標準を4年度分その価格の2分の1の額とします（地法附則56⑮）。

この場合、当該特例措置の対象となる者の範囲は、対象区域内償却資産の居住困難区域を指定する旨の公示があった日における所有者、当該償却資産が地方税法の規定により共有物とみなされたものである場合における買主、当該所有者が個人である場合におけるその相続人及び当該所有者が法人である場合における合併法人等とされます（地令附則33㉖）。

2 不動産取得税

特例項目	特例の内容
居住困難区域内家屋の代替家屋に係る特例	居住困難区域内に当該居住困難区域を指定する旨の公示があった日において所在した家屋（以下「対象区域内家屋」といいます。）の同日における所有者等が、当該家屋に代わるものと都道府県知事が認める家屋（以下「代替家屋」といいます。）の取得をした場合において、当該取得が同日から当該居住困難区域の指定を解除する旨の公示があった日から起算して3月（代替家屋が同日後に新築されたものであるときは、1年）を経過する日までの間に行われたときに限り、価格に当該代替家屋の床面積に対する当該対象区域内家屋の床面積の割合を乗じて得た額を価格から控除します（地法附則51④）。 この場合、当該特例措置の対象となる者の範囲は、対象区域内家屋の居住困難区域を指定する旨の公示があった日における所有者、当該所有者が個人である場合におけるその相続人、当該所有者が個人である場合におけるその者と同居するその者の三親等内の親族及び当該所有者が法人である場合における合併法人等とされます（地令附則31④）。
居住困難区域内家屋の敷地の用に供されていた土地の代替土地に係る特例	居住困難区域を指定する旨の公示があった日において当該居住困難区域内に所在した家屋の敷地の用に供されていた土地（以下「対象土地」といいます。）の同日における所有者等が、代替家屋の敷地の用に供する土地で当該対象土地に代わるものと都道府県知事が認める土地の取得をした場合において、当該取得が同日から当該居住困難区域の指定を解除する旨の公示があった日から起算して3月を経過する日までの間に行われたときに限り、価格に当該代替家屋の敷地の用に供する土地の面積に対する当該対象土地の面積の割合を乗じて得た額を価格から控除します（地法附則51⑤）。 この場合、当該特例措置の対象となる者の範囲は、対象土地の

第2　原子力発電所事故災害に対処するための措置

	居住困難区域を指定する旨の公示があった日における所有者、当該所有者が個人である場合におけるその相続人、当該所有者の三親等内の親族で、当該代替家屋にその所有者と同居する予定であると都道府県知事が認める者及び当該所有者が法人である場合における合併法人等とされます（地令附則31⑤）。
居住困難区域内農用地の代替農用地に係る特例	居住困難区域を指定する旨の公示があった日において当該居住困難区域内に所在していた農用地（以下「対象区域内農地」といいます。）の同日における所有者（農業を営む者に限ります。）等が、当該対象区域内農用地に代わるものと都道府県知事が認める農用地を取得した場合において、当該取得が同日から当該居住困難区域の指定を解除する旨の公示があった日から起算して3月を経過する日までの間に行われたときに限り、価格に当該農用地の面積に対する当該対象区域内農用地の面積の割合を乗じて得た額を価格から控除します（地法附則51⑥）。 　この場合、当該特例措置の対象となる者の範囲は、対象区域内農用地の居住困難区域を指定する旨の公示があった日における所有者、当該所有者が個人である場合におけるその相続人、当該所有者の三親等内の親族及び当該所有者が法人である場合における合併法人等とされます（地令附則31⑥）。

3　自動車税・軽自動車税

特例項目	特例の内容
自動車持出困難区域内自動車の代替自動車の取得に係る自動車税の環境性能割の非課税	(1)　次に掲げる自動車（以下「対象区域内用途廃止等自動車」といいます。）の所有者等（対象区域内用途廃止等自動車の自動車持出困難区域（次のイを参照）を指定する旨の公示があった日における所有者、当該所有者が個人である場合におけるその相続人及び当該所有者が法人である場合における合併法人等とされています。）が、対象区域内用途廃止等自動車に代わるものと都道府県知事が認める自動車（以下「代替自動車」といいます。）を取得した場合において、当該取得が同日から令和3年3月31日までの間に行われたときに限り、当該代替自動車の取得に対しては、自動車税の環境性能割を課さないこととします（地法附則53の2②、地令附則32③）。 ㈠　避難指示区域であって平成24年1月1日において原子力発電所の事故に関して原子力災害対策本部長が市町村長に対して行った警戒区域の設定を行うことの指示の対象区域であった区域のうち立入りが困難であるため当該区域内の自動車を当該区域の外に移動させることが困難な区域として総務大臣

— 793 —

	が指定して公示した区域（以下「自動車持出困難区域」といいます。）内に当該自動車持出困難区域を指定する旨の公示があった日から継続してあった自動車で、当該自動車持出困難区域内にある間に用途を廃止したもの
	(ロ)　自動車持出困難区域を指定する旨の公示があった日から当該自動車持出困難区域の指定を解除する旨の公示があった日までの間継続して当該自動車持出困難区域内にあった自動車で、同日から２月以内に用途を廃止し又は引取業者に引き渡したもの等
	(ハ)　自動車持出困難区域を指定する旨の公示があった日から当該自動車持出困難区域の外に移動させた日までの間継続して当該自動車持出困難区域内にあった自動車で、同日から２月以内に用途を廃止し又は引取業者に引き渡したもの等
	(2)　自動車持出困難区域内の自動車（以下「対象区域内自動車」といいます。）の所有者等（当該自動車持出困難区域を指定する旨の公示があった日における所有者、その所有者が個人である場合におけるその相続人及び当該所有者が法人である場合における合併法人等とされています。）が、対象区域内自動車以外の自動車（以下「他の自動車」といいます。）を取得した場合において、当該他の自動車の取得をした後に、対象区域内自動車が対象区域内用途廃止等自動車に該当することとなり、かつ、当該取得した他の自動車を対象区域内用途廃止等自動車に代わるものと都道府県知事が認めるときは、当該他の自動車の取得が同日から令和３年３月31日までの間に行われたときに限り、当該他の自動車の取得に対する自動車税の環境性能割に係る地方団体の徴収金に係る納税義務を免除し、又は当該徴収金を還付することとします（地法附則53の２③〜⑥、地令附則32④）。
自動車持出困難区域内自動車の代替自動車に係る自動車税の種別割の非課税	(1)　所有者等（対象区域内用途廃止等自動車の自動車持出困難区域を指定する旨の公示があった日における所有者、当該所有者が個人である場合におけるその相続人及び当該所有者が法人である場合における合併法人等とされています。）が、対象区域内用途廃止等自動車に代わるものと都道府県知事が認める自動車を次に掲げる期間に取得した場合における当該自動車については、それぞれ次に定める年度分の自動車税の種別割を課さないこととします（地法附則54②）。 イ　平成31年４月１日から令和２年３月31日までの期間 　　令和元年度分及び令和２年度分 ロ　令和２年４月１日から令和３年３月31日までの期間 　　令和２年度分及び令和３年度分

第2　原子力発電所事故災害に対処するための措置

	(2)　所有者等（対象区域内自動車の自動車持出困難区域を指定する旨の公示があった日における所有者、その所有者が個人である場合におけるその相続人及び当該所有者が法人である場合における合併法人等とされています。）が、上欄の自動車取得税の特例の(2)の適用を受けることとなった場合においては、当該所有者等が次に掲げる期間に取得された他の自動車については、それぞれ次に定める年度分の自動車税の種別割に係る地方団体の徴収金に係る納税義務を免除し、又は当該徴収金を還付します（地法附則54③〜⑥）。 　イ　平成31年４月１日から令和２年３月31日までの期間 　　　令和元年度分及び令和２年度分 　ロ　令和２年４月１日から令和３年３月31日までの期間 　　　令和２年度分及び令和３年度分
自動車持出困難区域内自動車に係る自動車税の種別割の特例	対象区域内自動車が対象区域内用途廃止等自動車に該当することとなった場合には、当該対象区域内自動車は、自動車持出困難区域を指定する旨の公示があった日以後自動車税の種別割の課税客体である自動車でなかったものとみなします（地法附則54⑦）。
自動車持出困難区域内自動車の代替軽自動車等の取得に係る軽自動車税の環境性能割の非課税	(1)　次に掲げる自動車（以下「対象区域内用途廃止等自動車」といいます。）の所有者等（対象区域内用途廃止等自動車の自動車持出困難区域（次のイを参照）を指定する旨の公示があった日における所有者、当該所有者が個人である場合におけるその相続人及び当該所有者が法人である場合における合併法人等とされています。）が、対象区域内用途廃止等自動車に代わるものと都道府県知事が認める三輪以上の軽自動車（以下「代替軽自動車」といいます。）を取得した場合において、当該取得が同日から令和３年３月31日までの間に行われたときに限り、当該代替軽自動車の取得に対しては、軽自動車税の環境性能割を課さないこととします（地法附則57②、地令附則34③）。 　(イ)　避難指示区域であって平成24年１月１日において原子力発電所の事故に関して原子力災害対策本部長が市町村長に対して行った警戒区域の設定を行うことの指示の対象区域であった区域のうち立入りが困難であるため当該区域内の自動車を当該区域の外に移動させることが困難な区域として総務大臣が指定して公示した区域（以下「自動車持出困難区域」といいます。）内に当該自動車持出困難区域を指定する旨の公示があった日から継続してあった自動車で、当該自動車持出困難区域内にある間に用途を廃止したもの 　(ロ)　自動車持出困難区域を指定する旨の公示があった日から当該自動車持出困難区域の指定を解除する旨の公示があった日

第9章　東日本大震災に係る地方税制上の措置

までの間継続して当該自動車持出困難区域内にあった自動車
で、同日から2月以内に用途を廃止し又は引取業者に引き渡
したもの等

(ハ)　自動車持出困難区域を指定する旨の公示があった日から当
該自動車持出困難区域の外に移動させた日までの間継続して
当該自動車持出困難区域内にあった自動車で、同日から2月
以内に用途を廃止し又は引取業者に引き渡したもの等

(2)　自動車持出困難区域内の自動車（以下「対象区域内自動車」
といいます。）の所有者等（当該自動車持出困難区域を指定す
る旨の公示があった日における所有者、その所有者が個人であ
る場合におけるその相続人及び当該所有者が法人である場合に
おける合併法人等とされています。）が、対象区域内自動車以
外の三輪以上の軽自動車（以下「他の三輪以上の軽自動車」と
いいます。）を取得した場合において、当該他の三輪以上の軽
自動車の取得をした後に、対象区域内自動車が対象区域内用途
廃止等自動車に該当することとなり、かつ、当該取得した他の
三輪以上の軽自動車を対象区域内用途廃止等自動車に代わるも
のと都道府県知事が認めるときは、当該他の三輪以上の軽自動
車の取得が同日から令和3年3月31日までの間に行われたとき
に限り、当該他の三輪以上の軽自動車の取得に対する軽自動車
税の環境性能割に係る地方団体の徴収金に係る納税義務を免除
し、又は当該徴収金を還付することとします（地法附則57③～
⑥、地令附則34④）。

自動車持出困難区域内自動車の代替軽自動車等に係る軽自動車税の種別割の非課税	(1)　所有者等（自動車持出困難区域を指定する旨の公示があった日における軽自動車等の所有者、当該所有者が個人である場合におけるその相続人及び当該所有者が法人である場合における合併法人等とされています。）が、対象区域内用途廃止等自動車等に代わるものと市町村長が認める軽自動車等を次に掲げる期間に取得した場合における当該軽自動車等については、それぞれ次に定める年度分の軽自動車税の種別割を課さないこととします（地法附則58④⑥⑧、地令附則35④⑦）。 イ　平成31年4月1日から令和2年3月31日までの期間 　　　令和2年度分 ロ　令和2年4月1日から令和3年3月31日までの期間 　　　令和2年度分及び令和3年度分 (2)　所有者等（対象区域内軽自動車等の自動車持出困難区域を指定する旨の公示があった日における所有者、その所有者が個人である場合におけるその相続人及び当該所有者が法人である場合における合併法人等とされています。）が、対象区域内軽自動車等以外の軽自動車等（以下「他の軽自動車等」といいま

第2　原子力発電所事故災害に対処するための措置

	す。）を取得した場合において、当該他の軽自動車等の取得を した後に、対象区域内軽自動車等が対象区域内用途廃止等軽自 動車等に該当することとなり、かつ、当該取得した他の軽自動 車等を対象区域内用途廃止等軽自動車等に代わるものと市町村 長が認める他の軽自動車等を次に掲げる期間に取得した場合に おける当該他の軽自動車等については、それぞれ次に定める年 度分の軽自動車税の種別割に係る地方団体の徴収金に係る納税 義務を免除し、又は還付します（地法附則58⑤⑦⑨⑩〜⑫、地 令附則35⑤⑧）。 イ　平成31年４月１日から令和２年３月31日までの期間 　　　令和２年度分 ロ　令和２年４月１日から令和３年３月31日までの期間 　　　令和２年度分及び令和３年度分
自動車持出困難 区域内軽自動車 等に係る軽自動 車税の種別割の 特例	対象区域内軽自動車等が対象区域内用途廃止等軽自動車等に該当 することとなった場合には、当該対象区域内軽自動車等は、自動 車持出困難区域を指定する旨の公示があった日以後軽自動車税の 種別割の課税客体である軽自動車等でなかったものとみなします （地法附則58⑬）。

第10章　新型コロナウイルス感染症緊急経済対策における地方税制上の措置

　令和2年4月20日に閣議決定された「新型コロナウイルス感染症緊急経済対策」において、新型コロナウイルス感染症の我が国社会経済に与える影響が甚大なものであることに鑑み、感染症及びその蔓延防止のための措置の影響により厳しい状況に置かれている納税者に対して、緊急に必要な税制上の措置を講ずることとされました。地方税における措置は次のとおりです。

　なお、当該措置を講ずることとする地方税法等の一部を改正する法律（令和2年法律第26号）、地方税法施行令の一部を改正する政令（令和2年政令第161号）及び地方税法施行規則の一部を改正する省令（令和2年総務省令第49号）は、令和2年4月30日にそれぞれ公布され、原則として同日から施行することとされました。

1　税目共通（証紙徴収による地方税を除く。）

特例項目	特例の内容
徴収の猶予制度の特例	新型コロナウイルス感染症等の影響により令和2年2月1日以後に納税者等の事業につき相当な収入の減少等の事実（令和2年2月1日以後における連続する1月以上の期間の事業収入が前年同期比概ね20％以上減少）がある場合において、納税者等が令和3年2月1日までに納付・納入すべき一定の地方団体の徴収金を一時に納付・納入することが困難であると認められるときは、申請に基づき、その納期限から一年以内の期間を限り、その徴収を猶予することができることとします。（地法附則56） 　本特例について、担保は不要、延滞金も免除となります。

2　個人住民税

特例項目	特例の内容
住宅ローン控除の適用要件の弾力化に係る対応	所得税において新型コロナウイルス感染症の影響による住宅建設の遅延等への対応として、住宅ローン控除の適用要件を弾力化する措置（※）を講じることを踏まえ、所得税における弾力化措置の対象者について、住宅ローン控除可能額のうち所得税から控除しきれなかった額を、控除限度額の範囲内で個人住民税から控除することとします（地法附則61）。 　なお、今回の適用要件の弾力化による措置分についても、従前

第10章　新型コロナウイルス感染症緊急経済対策における地方税制上の措置

の住宅ローン控除と同様、全額国費で対応することとされています。

※　住宅ローンを借りて新築した住宅等に令和2年12月末までに入居できなかった場合でも、次の要件を満たす場合には、控除期間が13年に延長された住宅ローン控除を適用できることとする等

①　新型コロナウイルス感染症の影響によって新築住宅、建売住宅、中古住宅又は増改築等を行った住宅への入居が遅れたこと

②　一定の期日までに、新築、建売住宅・中古住宅の取得、増改築等に係る契約を行っていること

③　令和3年12月末までの間に②の住宅に入居していること

特例項目	特例の内容
イベントを中止等した主催者に対する払戻請求権を放棄した者への寄附金控除の適用に係る対応	政府の自粛要請を踏まえて一定の文化芸術・スポーツイベントを中止等した主催者に対し、観客等が入場料等の払戻しを請求しなかった場合には、放棄した金額を寄附金控除の対象とすることとします。 　具体的には、所得税において寄附金控除の対象となるもののうち、住民の福祉の増進に寄与するものとして当該地方団体の条例で定めるものについて、当該地方団体の個人住民税の税額控除（※）の対象とし、本特例を用いた寄附金控除の対象金額（対象となる寄附金額）は、所得税と同様の上限（20万円）とします（地法附則60）。 ※　税額控除割合：道府県民税4％、市町村民税6％（合計最大10%） 　（注）　指定都市に住所を有する者については、道府県民税2％、市民税8％

3　不動産取得税

特例項目	特例の内容
耐震基準不適合既存住宅の取得に対する減額等の特例	耐震基準不適合既存住宅を取得後に耐震改修した場合の特例（地法73の27の2）について、当該住宅をその取得の日から6月以内に居住の用に供することができない場合において、次に掲げる(1)、(2)及び(3)の要件を満たすときは、当該特例措置を適用できることとします（地法附則62）。 (1)　新型コロナウイルス感染症の影響によって当該耐震改修した住宅を居住の用に供することとなった日が当該取得の日から6

月を経過する日後となったこと。

(2) (1)の耐震改修に係る工事の請負契約を、当該住宅の取得の日から5月を経過する日又は法律の施行の日から2月を経過する日のいずれか遅い日までに締結していること。

(3) (2)の耐震改修に係る工事の終了後6月以内に、当該住宅を居住の用に供すること。

※ 令和4年3月31日までに居住の用に供したときが対象となります。

4 自動車税・軽自動車税

特例項目	特例の内容
自動車税・軽自動車税環境性能割の臨時的軽減の延長	自家用乗用車（登録車及び軽自動車）を取得した場合、自動車税環境性能割及び軽自動車税環境性能割の税率を1％分軽減する特例措置について、令和3年12月31日までに取得したものを対象とします（地法附則12の2の10②、12の2の12②、29の8の2、29の18③）。

5 固定資産税及び都市計画税

特例項目	特例の内容
中小事業者等の家屋及び償却資産に対する課税標準の特例	中小事業者等が所有する償却資産及び事業の用に供する家屋に係る固定資産税及び都市計画税について、令和3年度分に限り、新型コロナウイルス感染症の発生により、令和2年2月から同年10月までの任意の3月間における当該中小事業者等の売上高（全ての事業の売上高の総額をいいます。）が、前年同期間の売上高と比べ30％以上50％未満減少している場合、課税標準を価格に2分の1を乗じて得た額とし、前年同期間の売上高と比べ50％以上減少している場合、課税標準を価格にゼロを乗じて得た額とします。（地法附則63①） なお、当該措置は令和3年1月31日までに特例の適用がある旨の申告がされた場合に限り、適用されます。（地法附則63②） ※ 上記の中小事業者等とは、次に掲げる(1)、(2)及び(3)の法人又は個人をいいます(性風俗関連特殊営業を営む者を除きます。)。 (1) 資本金の額又は出資金の額が1億円以下の法人（ただし、発行済株式の総数の2分の1以上が同一の大規模法人により所有されている法人等を除きます。） (2) 資本又は出資を有しない法人の場合、常時使用する従業員の数が1,000人以下の法人 (3) 常時使用する従業員の数が1,000人以下の個人

先端設備等に該当する家屋及び構築物に対する課税標準の特例	生産性革命の実現に向けた償却資産に係る特例（旧地法附則15㊶）について、新型コロナウイルス感染症の影響を受けながらも新規に設備投資を行う中小事業者等を支援する観点から、適用対象に中小事業者等の認定先端設備等導入計画に位置付けられた、一定の事業の用に供する家屋及び構築物を加えます。また、適用期限を令和5年3月31日まで延長します。（地法附則64） ※　事業の用に供する家屋については、取得価額の合計額が300万円以上の先端設備等と一体となって導入されるものに限ります。 ※　構築物については、旧モデル比で生産性（単位時間当たりの生産量、精度、エネルギー効率等）が年平均1％以上向上するもので、販売開始時期が14年以内、一台又は一基の取得価額が120万円以上のものとします。

〔索　　引〕

下記の各用語の末尾のカッコ書は、次の税目を略称したものです。

住……住民税	事……事業税	地消…地方消費税
不……不動産取得税	た……地方たばこ税	ゴ……ゴルフ場利用税
軽油…軽油引取税	自……自動車税	鉱区…鉱区税
狩……狩猟税	固……固定資産税	軽自…軽自動車税
鉱産…鉱産税	入……入湯税	事所…事業所税
都……都市計画税	国保…国民健康保険税	

〔あ〕

青色事業専従者給与（住・事）…………22,237

青色申告特別控除(事)……………………235

網・わな猟免許（狩）……………………701

〔い〕

家屋敷（住）…………………………………15

一定税率……………………………………2

一般株式等…………………………………90

一般市街化区域農地（固）………………585

一般農地（固）………………585,586,587

移動性償却資産（固）……………………602

医療費控除（住）…………………………44

〔う〕

受取賃借料（事）…………………………282

受取利子の範囲（事）……………………278

〔え〕

延滞金の徴収（住・事）………211,216,354,375

〔お〕

応益課税（事）……………………………255

卸売販売業者等（た）……………………622

〔か〕

外形課税対象法人（事）………………256,257

──────── に係る徴収猶予 ………371

外形標準課税（事・事所）………………255,720

外国人住民に対する個人住民税の取扱い……13

外国税額控除（住）………………………75,182

外国法人に係る課税団体（事）………………261

─── に対する課税の取扱い（住）………145

─── の資本割の課税標準（事）…………304

介護医療保険料控除………………………46

介護納付金課税額（国保）………………753,762

──────── の限度額 …………765

介護納付金課税被保険者（国保）……………753

介在農地（固）……………………………586

家屋（不・固）…………………………388,458

　－価格等縦覧帳簿（固）…………………539

　－が新築された場合の納税義務者

　（不）………………………………………395

　－課税台帳（固）…………………462,536

　－名寄帳（固）……………………………537

　－の改築、増築及び移築が行われた場

　合の課税（不）…………………………399

　－の評価（固）……………………………530

　－補充課税台帳（固）……………………537

画地計算法（固）…………………………524

〔索　引〕

確定申告（住・事）‥‥‥‥‥‥‥199,343
ガス供給業（事）‥‥‥‥‥‥‥‥‥‥318
課税事業と非課税事業とを併せて行って
　いる法人（事）‥‥‥‥‥‥‥‥‥‥323
課税明細書（固）‥‥‥‥‥‥‥‥‥‥616
仮装経理に基づく過大申告（住・事）‥191,335
可動性償却資産（固）‥‥‥‥‥‥‥‥602
寡婦控除（住）‥‥‥‥‥‥‥‥‥‥‥50
株式等譲渡所得割（住）‥‥‥‥‥‥‥114
株式等に係る譲渡所得等の課税の特例
　（住）‥‥‥‥‥‥‥‥‥‥‥‥‥‥90
貨物割（地消）‥‥‥‥‥‥‥‥‥‥‥619
仮換地等（不・固）‥‥‥‥‥‥402,466
仮特約業者（軽油）‥‥‥‥‥‥‥‥‥632
環境性能割（自・軽自）‥‥‥‥670,705
環境負荷の大きい軽自動車（軽自）‥‥‥713
環境負荷の大きい自動車（自）‥‥‥‥693
環境負荷の小さい軽自動車（自）‥‥‥‥712
環境負荷の小さい自動車（自）‥‥‥‥693
勧告遊林農地（固）‥‥‥‥‥585,586,587

〔き〕

企業組合等に係る免税点（事所）‥‥‥742
期限後申告（住・事）‥‥‥‥‥205,353
基準年度（固）‥‥‥‥‥‥‥‥‥‥‥479
基礎課税額（国保）‥‥‥‥‥‥754,755
　―――の限度額‥‥‥‥‥‥‥‥‥759
基礎控除（住）‥‥‥‥‥‥‥‥‥‥‥54
既存住宅（不・固）‥‥‥‥424,566,568
　―――等（不）‥‥‥‥‥‥‥‥‥443
寄附金税額控除（住）‥‥‥‥‥‥‥‥65
寄附金の損金算入限度額の調整（事）‥‥315
給与支払報告書（住）‥‥‥‥‥‥‥‥126
給与所得者（住）‥‥‥‥‥‥‥‥‥‥132
共同事業者等に係る事業所税（事所）‥‥733

共同事業者に係る免税点（事所）‥‥‥740
共同施設税‥‥‥‥‥‥‥‥‥‥‥‥749
共同募金会（住）‥‥‥‥‥‥‥‥‥‥69
居住用財産に係る土地の譲渡（住）‥‥‥87
居住用財産の買換え等の場合の譲渡損失
　（住）‥‥‥‥‥‥‥‥‥‥‥‥‥‥31
均等割（個人住民税）‥‥‥‥‥‥‥‥18
　―――（法人住民税）‥‥‥‥152,158
勤労学生控除（住）‥‥‥‥‥‥‥‥‥50

〔く〕

区分所有家屋及びその敷地に対する課税
　（固）‥‥‥‥‥‥‥‥‥‥‥‥‥554
区分所有建物に係る課税の特例（不）‥‥401
グリーン化（自・軽自）‥‥‥‥693,712

〔け〕

軽減税率（不）適用法人（事）‥‥328～332
形式的な所有権の移転等の場合の非課税
　（不）‥‥‥‥‥‥‥‥‥‥‥‥‥411
軽自動車税‥‥‥‥‥‥‥‥‥‥‥‥705
継続検査（自・軽自）‥‥‥‥‥699,715
契約の解除（不）‥‥‥‥‥‥‥‥‥393
軽油（軽油）‥‥‥‥‥‥‥‥‥‥‥627
　―の現実の納入‥‥‥‥‥‥‥‥‥636
　―の製造等の承認‥‥‥‥‥‥‥‥665
　―の納入地‥‥‥‥‥‥‥‥‥‥645
　―の引取り‥‥‥‥‥‥‥‥‥‥636
　―の引取りに対する課税‥‥‥‥‥636
　―のみなし引取り‥‥‥‥‥‥‥‥637
　―の流通過程における軽油引取税の課
　　税関係‥‥‥‥‥‥‥‥‥‥‥‥639
軽油引取税‥‥‥‥‥‥‥‥‥‥‥‥627
　―――交付金‥‥‥‥‥‥‥‥‥669
　―――の課税免除‥‥‥‥‥‥‥‥658

― 804 ―

─────の徴収の方法 ……………………649

─────の徴収猶予 ……………………651

─────のみなす課税 ……………………652

欠損金額（事）………………308, 309, 310

欠損金の繰戻還付（事）………………311

減額対象基準（国保）………………765

建築設備（固）………………………460

原子力発電所事故災害 ………………789

原動機付自転車（軽自）………………708

〔こ〕

公営住宅等の取得に係る特例（不）…………425

公益法人等（住・事・事所）………144, 266, 724

後期高齢者支援金等課税額（国保）……753, 760

─────の限度額 ……………………762

恒久的施設（住・事）………………145, 233, 261

鉱業権者（鉱区）………………………700

鉱業者（鉱産）………………………718

公共法人（住・事）………………144, 150

─────等に係る均等割の申告納付 ………204

鉱区（鉱区）………………………700

鉱区税 ………………………………700

合計所得金額（住）…………………40

鉱産税 ………………………………718

控除対象還付法人税額（住）…………168, 173

控除対象個別帰属還付税額（住）………168, 176

控除対象個別帰属税額（住）…………168, 171

控除対象個別帰属調整額（住）…………168, 169

控除対象配偶者（住）…………………51

更正の請求（住・事）………………213, 378

更正又は（及び）決定（住・事）………215, 373

鉱泉浴場（入）………………………719

公的年金等支払報告書（住）…………127

公的年金等所得者（住）………………137

鉱物の掘採事業（事・鉱産）………267, 323, 718

小売販売業者（た）…………………622

高齢者向け住宅（不・固）…………448, 562

小型特殊自動車（軽自）………………709

国民健康保険税 ………………………751

国民健康保険の被保険者（国保）…………752

個人事業税 ……………………………225

─────の課税標準の算定方法 …………234

─────の申告 ……………………252

─────の徴収の方法 ……………………251

─────の納税義務者 ……………………232

─────の賦課の方法 ……………………249

個人住民税（市町村民税）……………………9

───── （道府県民税）………………9

───── （特別区民税）………………9

───── （都民税）…………………9

─────の申告 ……………………118

─────の徴収の方法 ……………………130

─────の特別徴収制度 ……………………132

─────の納税義務者………………………10

─────の賦課の方法 ……………………129

国家戦略特別区域（住）………………163

固定資産（固）………………………453

固定資産課税台帳（固）………………534

───────記載事項の証明（固）……542

───────の閲覧（固）…………540

───────の登録事項（固）…………535

───────への価格等の登録（固）…533

固定資産税 ……………………………453

─────の課税団体 ……………………473, 601

─────の課税標準 ……………477, 479, 602

─────の課税標準の特例 ……………483

─────の納税義務者 ……………………462

─────の賦課徴収 ……………………615

─────のみなす所有者 ……………486

固定資産の価格（固）………………477

─ 805 ─

〔索　引〕

──の価格に係る不服審査 …………544

──の価格の決定 …………533

──の評価 …………519

固定資産評価員（固）…………519

固定資産評価基準（固）…………477,521

固定資産評価審査委員会（固）…………544,546

個別帰属益金額（事）…………307

個別帰属損金額（事）…………307

個別帰属特別控除取戻税額等（住）…………167

個別帰属法人税額（住）…………163

個別欠損金額（事）…………308

雇用安定控除（事）…………290

雇用者給与等支給増加額（事）…………292

ゴルフ場利用税 …………625

混和軽油（軽油）…………656

〔さ〕

再建築価格（固）…………530

先物取引に係る雑所得等に係る課税の特
　例（住）…………98

雑損控除（住）…………43

雑損失の繰越控除（住）…………30

山林（固）…………527

　－所得金額（住）…………21,56

〔し〕

市街化区域（都）…………745

　────農地（固）…………527,584,585

市街化調整区域（都）…………745

市街地宅地評価法（固）…………523

自家労力（事）…………228

事業所税 …………720

　──の課税団体 …………723

　──の課税標準の特例 …………733,736

　──の使途 …………744

──の申告納付 …………743

事業所床面積（事所）…………728

事業税 …………225

事業専従者控除（住・事）…………24,239

事業主控除（事）…………245

事業年度（事）…………268

事業の所得（事）…………234

事業の用に供することができる資産
　（固）…………593

事業用資産の譲渡損失（事）…………244

資産割（事所）…………720

　──の課税標準 …………729

資産割額（国保）…………758,762,765

地震保険料控除（個）…………47

質権者（固）…………465

市町村税 …………7

市町村たばこ税 …………622

自動車（自）…………670

自動車税環境性能割 …………670

　──の徴収方法 …………684

　──の納税義務者 …………670

自動車税種別割 …………687

自動車の所有者（自）…………687

支払賃借料（事）…………282

支払利子の範囲（事）…………277

資本金等の額（住・事）…………155,296

資本金等の額が1,000億円を超える法人
　に係る特例（事）…………302

資本金の額又は出資金の額が１億円以上
　の法人の工場の従業者（事）…………366

資本準備金の額（住・事）…………157,298

資本割（事）…………255,296

事務所又は事業所（住・事）…14,143,233,259

社会保険診療報酬に係る所得の除外
　（事）…………236,312

－ 806 －

社会保険料控除（住）……………………46

収益事業（住・事）…………145, 148, 150, 267

収益配分額（事）…………………………268

従業者給与総額（事所）…………………730

従業者の数（住・事）

………………………159, 208, 248, 289, 363

従業者割（事所）…………………………720

─── の課税標準 …………………730

住所（住）……………………………12, 14

修正申告（住・事）…………………210, 353

住宅借入金等特別税額控除（住宅ローン

控除）（個）…………………………63

住宅用地（固）…………………510, 581

─── に対する課税標準の特例 …………510

─── 率 …………………………511

収入金額（事）…………………268, 318

収入割（事）……………………256, 318

住民基本台帳（住）……………………11

住民税 ……………………………9

主体構造部と附帯設備の取得者が異なる

場合の課税（不）…………………401

主たる定置場（自・軽自）…………673, 686, 710

出向者（事）………………………271

出資金の額（住・事）………………157, 298

取得価額（固・自）………………608, 676

種別割（自・軽自）………………687, 708

狩猟税 ……………………………701

純支払賃借料（事）………………282

純支払利子（事）………………277

純損失の繰越控除（住）…………28

省エネ改修（固）………………568

障害者控除（住）………………49

少額償却資産（固）………………597

小規模企業共済等掛金控除（住）…………46

小規模住宅用地（固）………………512

償却資産（固）…………………459, 461, 593

─── 課税台帳 …………………462, 537

─── に係る納税義務者 …………………598

─── に対する固定資産税 …………………593

─── の価格 …………………602

─── の価格等の決定の主体 …………………607

─── の価格等の配分 …………………603

─── の申告 …………………613

─── の評価 …………………607, 608

商業地等（固）………………578, 580

証紙徴収（自・軽自）………………698, 714

上場株式等（住）………………79, 91, 109

上場株式等に係る配当所得に係る課税の

特例（住）…………………………79

譲渡担保財産（不）………………412, 415

譲渡割（地消）……………………619

証票の交付（特別徴収義務者証）（軽油）…649

条例と地方税法の関係 ………………1

条例による固定資産税額の減額措置 ………580

所得控除（住）……………………40

所得税額の損金不算入（事）…………315

所得割（個人住民税）……………19

─── （法人事業税） …………255, 268, 305

所得割額（国保）………………757, 762, 765

所得割の課税標準（住）………………20

─────────── の算定方法（事）…………305

所有権留保付自動車（自・軽自）………687, 709

所有権留保付売買に係る償却資産（固）……599

新型コロナウイルス感染症緊急経済対策 …799

申告納付期限の特例（事）………………344

審査の申出期間（固）………………548

審査の申出事項（固）………………546

信託に係る償却資産（固）………………599

新築住宅等に対する固定資産税額の減額

（固）…………………………558

〔索　引〕

新築住宅の取得に対する特例（不）‥‥‥‥420

新築住宅用土地の取得に対する税額の減

　額（不）‥‥‥‥‥‥‥‥‥‥‥‥‥‥439

森林環境譲与税‥‥‥‥‥‥‥‥‥‥222,224

森林環境税‥‥‥‥‥‥‥‥‥‥222,223,224

〔す〕

水利地益税‥‥‥‥‥‥‥‥‥‥‥‥703,749

据置年度における土地の価格修正制度

　（固）‥‥‥‥‥‥‥‥‥‥‥‥‥‥‥481

〔せ〕

税額控除（住）‥‥‥‥‥‥‥‥‥‥‥58,179

制限税率‥‥‥‥‥‥‥‥‥‥‥‥‥‥‥‥2

清算中の法人の申告納付（事）‥‥‥‥‥350

生産緑地地区（固）‥‥‥‥‥‥‥‥‥‥525

生前一括贈与による農地の取得（不）‥‥‥416

製造業を行う法人の工場の従業者の数

　（事）‥‥‥‥‥‥‥‥‥‥‥‥‥‥‥366

製造たばこの製造者（た）‥‥‥‥‥‥‥622

生命保険会社（事）‥‥‥‥‥‥‥‥‥‥321

生命保険料控除（住）‥‥‥‥‥‥‥‥‥46

税率（軽自動車税）‥‥‥‥‥‥‥‥‥‥711

　—（軽油引取税）‥‥‥‥‥‥‥‥‥648

　—（個人事業税）‥‥‥‥‥‥‥‥‥246

　—（個人住民税均等割）‥‥‥‥‥‥‥18

　—（個人住民税所得割）‥‥‥‥‥‥‥55

　—（固定資産税）‥‥‥‥‥‥‥‥‥552

　—（事業所税）‥‥‥‥‥‥‥‥‥‥738

　—（軽自動車税環境性能割）‥‥‥‥711

　—（軽自動車税種別割）‥‥‥‥‥‥711

　—（自動車税環境性能割）‥‥‥‥‥679

　—（自動車税種別割）‥‥‥‥‥‥‥687

　—（不動産取得税）‥‥‥‥‥‥‥‥436

　—（法人事業税）‥‥‥‥‥‥‥‥‥326

　—（法人住民税均等割）‥‥‥‥152,153

　—（法人住民税法人税割）‥‥‥‥‥178

積雪地域における自動車税の税率（自）‥‥692

石油製品販売業者（軽油）‥‥‥‥‥656,665

世帯主（国保）‥‥‥‥‥‥‥‥‥‥‥‥751

世帯別平等割額（国保）‥‥‥‥759,761,765

前年所得課税主義（住）‥‥‥‥‥‥‥‥20

前年度課税標準額（固）‥‥‥‥‥‥‥‥579

前年度分の固定資産税の課税標準額

　（固）‥‥‥‥‥‥‥‥‥‥‥‥‥‥‥578

前納報奨金（住・固）‥‥‥‥‥‥131,617

〔そ〕

総所得金額（住）‥‥‥‥‥‥‥‥‥‥21,56

　—等の合計額‥‥‥‥‥‥‥‥16,41

総務大臣が指定する償却資産（固）‥‥‥603

総務大臣の同意（法定外税）‥‥‥‥‥‥775

租税条約の実施に係る還付すべき金額

　（住・事）‥‥‥‥‥‥‥‥‥‥192,336

損益通算（住）‥‥‥‥‥‥‥‥‥‥‥‥26

損益の合算又は通算（事）‥‥‥‥‥‥‥241

損害保険会社（事）‥‥‥‥‥‥‥‥‥‥322

損金又は必要な経費に算入される資産

　（固）‥‥‥‥‥‥‥‥‥‥‥‥‥‥‥595

損失の繰越控除（住・事）‥‥‥‥‥27,242

〔た〕

第1種事業（事）‥‥‥‥‥‥‥‥225,232

第1種銃猟免許（狩）‥‥‥‥‥‥‥‥‥701

第2種事業（事）‥‥‥‥‥‥‥‥227,232

第2種銃猟免許（狩）‥‥‥‥‥‥‥‥‥701

第3種事業（事）‥‥‥‥‥‥‥‥229,232

大規模償却資産（固）‥‥‥‥‥‥‥‥‥604

退職所得金額（住）‥‥‥‥‥‥‥‥21,56

退職所得に係る課税の特例（住）‥‥‥‥100

— 808 —

耐震基準適合既存建築物（固）……………569

耐震基準適合既存住宅（不・固）…424,566,571

耐震基準不適合既存住宅（不）……………445

台帳課税主義（固）…………………462,534

田及び畑（固）……………………………526

宅地開発税 …………………………………749

宅地化農地に対する課税の特例（固）………589

宅地建物取引業者等が請負契約に基づい

　て家屋を新築した場合の特例（不）………395

宅地等に対する税負担の調整措置（固）……575

宅地評価土地に係る価格の特例（不）………419

炭化水素油（軽油）………………………628

短期譲渡所得に係る課税の特例（住）………88

単年度損益（事）…………………………286

〔ち〕

地上権者（固）……………………………465

地積の認定（固）…………………………457

地方消費税 …………………………………619

地方税の概要 ………………………………4

　──の体系 ………………………………3

地方団体の課税権 …………………………1

地方法人税（国税）………………………219

地方法人特別税 ……………………………383

地目の認定（固）…………………………456

中間申告（予定申告）（住・事）………193,338

長期譲渡所得に係る課税の特例（住）………81

長期避難指示等に係る被災住宅用地

　（固）………………,………………517

徴収不能額等の還付等（軽油）……………651

調整控除（個）……………………………58

調整前個別帰属法人税額（住）……………164

帳簿記載義務（軽油）……………………668

賃借人が取り付けた家屋の特定附帯設備

　（固）……………………………………600

〔つ〕

月割課税（自・国保）………………600,769

〔て〕

低所得者に対する減額（国保）……………765

適正な時価（固）…………………………477

田園住宅地域内農地 ………………………585

電気供給業（事）…………………………318

〔と〕

登記所（固）………………………………538

登記簿（固）…………………462,464,536

登記簿上の所有者（固）……………………462

同居特別障害者（住）……………………49

同居老親等扶養親族…………………………53

道府県税 ……………………………………4

道府県たばこ税 ……………………………622

特殊関係者（事所）………………………721

特定株式等譲渡所得金額（住）……………115

特定居住用財産の譲渡損失（住）……………36

特定公社債……………………………………80

特定市街化区域農地（固）………584,585,588

特定内国法人の資本金等の額の算定方法

　（事）……………………………………303

　────の収入金額の算定方法 ………323

　────の所得の算定方法 ……………316

　────の付加価値額の算定方法 ……288

特定配当等（配当割）（住）………………109

特定販売業者（た）………………………622

特定非営利活動法人（住）………………67,70

特定扶養親族…………………………………53

特定持株会社に係る特例（事）……………299

特別障害者……………………………………49

－ 809 －

〔索　引〕

特別徴収（個・ゴ・軽油・入・国保）

　　……105,107,110,116,132,138,649,719,770

特別徴収義務者課税（軽油）…………………654

特別徴収義務者の登録（軽油）………………649

特別徴収税額（住）……………………102,134,140

特別法人（事）……………………………………332

特別法人事業税 …………………………………383

特約業者（軽油）…………………………………634

　　────の指定 …………………………634

特例適用住宅（不）………………………………441

都市計画税 ………………………………………745

土地（不・固）……………………………388,455

土地価格等縦覧帳簿（固）………………………539

　　────────及び家屋価格等縦覧

　　　　　　　　　帳簿の縦覧 …………539

土地課税台帳（固）………………………462,534

土地名寄帳（固）…………………………………536

土地の評価（固）…………………………………523

土地補充課税台帳（固）…………………462,535

〔な〕

内国法人の外国法人税額の損金等の算入

　　（事）……………………………………316

〔に〕

肉用牛の売却による農業所得の課税の特

　　例（住）………………………………78

日本赤十字社（住）……………………………66,69

入湯税 ……………………………………………719

二輪の小型自動車（軽自）………………………702

任意税率 ……………………………………………2

認定長期優良住宅（固）…………………………561

認定特定非営利活動法人（住）………………67,70

〔ね〕

燃料炭化水素油（軽油）…………………………655

〔の〕

農業用施設の用に供する宅地（固）…………525

農地に対する固定資産税（固）………………584

農地の取得の時期（不）………………………394

〔は〕

配偶者控除（住）…………………………………51

配偶者特別控除（住）……………………………52

配当控除（住）……………………………………62

配当割（住）………………………………………108

派遣船員（事）……………………………………269

派遣労働者（事）…………………………………269

バリアフリー改修（固）…………………………567

販売業者課税（軽油）……………………………656

〔ひ〕

東日本大震災 ……………………………………779

非課税（軽自動車税環境性能割）……………705

　　──（軽自動車税種別割）………………710

　　──（個人住民税）………………………16

　　──（固定資産税）………………………471

　　──（事業所税）…………………………724

　　──（自動車税環境性能割）……………673

　　──（自動車税種別割）…………………688

　　──（不動産取得税）……………………404

　　──（法人事業税）………………………266

　　──（法人住民税）………………………150

被合併法人（住・事）

　　………………………171,173,175,177,310

引取数量（軽油）…………………………………648

非居住者期間を有する者（住）………………25

— 810 —

被災事業用資産の損失（住・事）………30,243

被災住宅用地（固）……………………515

被収用不動産等の代替不動産の取得

　（不）…………………………425,446

比準価格（固）…………………479,481

比準課税標準額（固）……………579

ひとり親控除……………………………50

被保険者均等割額（国保）………759,762,765

評価替え（固）………………479,575

標準税率…………………………………2

〔ふ〕

付加価値額（事）………………………268

付加価値割（事）…………………255,269

　　　　　額………………………256

賦課期日（軽自動車税）………………714

　――（国民健康保険税）………………770

　――（個人住民税）………………10,128

　――（固定資産税）………454,465,615

　――（自動車税）………………696

賦課決定に係る不服申立て（固）……………550

負担水準（固）…………………………579

負担調整率（固）………………………587

負担分任（住）…………………9,18,41

普通徴収（住・事・固・自・鉱区・軽

　自・国保）……130,251,616,696,700,714,770

不動産（不）……………………………388

不動産取得税……………………………387

　――――の課税標準の特例………421

　――――の納税義務者………………395

　――――の納税義務の免除及び徴収

　　　　　猶予………………………414

不動産の価格（不）……………………418

　――――の決定……………………418

不動産の共有持分の取得（不）………391

不動産の取得（不）………389,390,391

　――――の時期………………394

扶養控除（住）…………………………53

扶養親族（住）…………………………53

扶養親族申告書（住）…………………123

ふるさと納税（住）……………………65

分割基準となる従業者数の修正又は決定

　（住）…………………………208

　――の算定方法（事）…………356

分割個人（事）…………………………247

分割法人に係る法人税割額（住）……………206

　――の課税標準額の総額の更正等

　　（事）…………………………369

　――の事業税額の算定方法…………356

分離課税の対象となる退職手当等の範囲

　（住）…………………………101

〔へ〕

変動所得（住）…………………………29

〔ほ〕

報酬給与額（事）………………………269

　――――となる掛金等………………275

法人課税信託（住）……………………146

法人事業税………………………………255

　――――の課税団体…………………259

　――――の課税標準…………………268

　――――の課税標準の特例…………325

　――――の申告納付期限の特例……344

　――――の中間申告を要しない法人……341

　――――の納税義務者………………256

　――――の分割基準………359,360,361

法人住民税（市町村民税）……………142

　――――（道府県民税）………………141

　――――（都民税）…………………142

－ 811 －

〔索　引〕

──── の課税団体 ………………148

──── の納税義務者 ……………141

──── の分割基準 ………………208

法人税額（住）……………………161

──── の課税標準の算定期間（住）…158,200

法人税割（住）……………………161

法人でない社団又は財団で代表者又は管

　理人の定めのあるもの（住・事）……144,149

法定外税 ……………………………773

──── の不同意の事由 ……………775

法定外普通税 ………………………776

法定外目的税 ………………………777

法定欠減量（軽油）………………648

〔み〕

みなす世帯主（国保）……………751

〔む〕

無償減資等（住・事）……………155,296

無償増資等（住・事）……………155,296

〔め〕

免税軽油使用者（軽油）…………658,661,662

──────── 証 ……………661,662

免税点（軽自動車税環境性能割）…………706

──── （自動車税環境性能割）………………683

──── （固定資産税）………………552,612

──── （事業所税）………………738

──── （不動産取得税）………………436

免税取扱特別徴収義務者（軽油）………661,662

〔も〕

元売業者（軽油）…………………639

──── の指定 ………………640

〔ゆ〕

優良住宅地の造成等の土地等（住）…………83

〔り〕

利子割（住）………………………105

寮等（住）…………………………143

〔れ〕

連結申告法人（住・事）…………163,308

〔ろ〕

老人控除対象配偶者………………51

老人扶養親族………………………53

── 812 ──

（編著者略歴）

石橋　茂（いしばし　しげる）

昭和54年　自治省税務局府県税課係長
平成 3 年　仙台市企画局参事
平成 6 年　国土庁地方振興局総務課課長補佐
平成 8 年　大宮市理事兼企画財政部長事務取扱
平成12年　自治省税務局府県税課税務管理官
平成15年　総務省自治税務局資産評価室長
平成18年　退官
　　　　　退官後、関西国際空港用地造成株式会社常務取締役、関西国際
　　　　　空港セキュリティ株式会社代表取締役専務等を歴任
平成26年　一般財団法人資産評価システム研究センター理事就任
　　　　　現在に至る

令和 3 年版

図　解　地　方　税

令和 3 年 6 月28日　初版印刷
令和 3 年 7 月15日　初版発行

不　許
複　製

編著者　　　石　　橋　　　　茂

発行者　　　(一財)大蔵財務協会　理事長
　　　　　　木　村　幸　俊

発行所　　一般財団法人　大 蔵 財 務 協 会
〔郵便番号　130-8585〕
東京都墨田区東駒形 1 丁目14番 1 号
(出版編集部) TEL 03 (3829) 4142・FAX03 (3829) 4005
(販　売　部) TEL 03 (3829) 4141・FAX03 (3829) 4001
http://www.zaikyo.or.jp

乱丁，落丁の場合は，お取替えいたします。　　　　　印刷・三松堂㈱

ISBN978-4-7547-2908-0

令和3年版

図 書 館 地 方 税

ISBN978-4-7547-2908-0